桥梁工程方向研究生教材

高等桥梁结构试验
Advanced Experiment of Bridge Structures

福州大学	韦建刚	吴庆雄	
武汉理工大学	陈小佳		主编
重庆交通大学	向中富	巫祖烈	
东北林业大学	于天来		

| 同济大学 | 葛耀君 | 张启伟 | 主审 |

人民交通出版社股份有限公司
China Communications Press Co.,Ltd.

内 容 提 要

本书是桥梁工程方向研究生教材之一,由福州大学、武汉理工大学、重庆交通大学、东北林业大学共同编写,同济大学主审。全书共14章,主要内容包括:绪论、桥梁结构试验常用的仪器设备、桥梁结构试验的数据分析及处理、桥梁模型试验设计和相似理论、与桥梁结构有关的无损检测技术、桥梁结构振动测试的内容和方法、桥梁荷载试验的相关内容、桥梁技术状况与承载能力评定的内容和方法、桥梁结构状态监测的内容和方法、桥梁结构拟静力试验、桥梁结构疲劳试验、桥梁碰撞试验、桥梁模型振动台试验和桥梁模型风洞试验。

本书可作为土木工程专业桥梁工程方向研究生的教学用书,同时可供本学科的科研人员、试验人员和有关工程技术人员参考。

图书在版编目(CIP)数据

高等桥梁结构试验 / 福州大学等主编. — 北京:人民交通出版社股份有限公司,2018.2
 ISBN 978-7-114-14546-9

Ⅰ. ①高⋯ Ⅱ. ①韦⋯ Ⅲ. ①桥梁结构—试验 Ⅳ. ①U443-33

中国版本图书馆 CIP 数据核字(2018)第 027061 号

桥梁工程方向研究生教材

书　　名:	高等桥梁结构试验
著 作 者:	福州大学　武汉理工大学　重庆交通大学　东北林业大学
责任编辑:	李　喆　卢俊丽
出版发行:	人民交通出版社股份有限公司
地　　址:	(100011)北京市朝阳区安定门外外馆斜街3号
网　　址:	http://www.ccpress.com.cn
销售电话:	(010)59757973
总 经 销:	人民交通出版社股份有限公司发行部
经　　销:	各地新华书店
印　　刷:	北京市密东印刷有限公司
开　　本:	787×1092　1/16
印　　张:	29
字　　数:	703 千
版　　次:	2018 年 2 月　第 1 版
印　　次:	2018 年 2 月　第 1 次印刷
书　　号:	ISBN 978-7-114-14546-9
定　　价:	80.00 元

(有印刷、装订质量问题的图书由本公司负责调换)

出版说明

随着我国研究生招生规模的持续扩大,以及"双一流"建设的开展,各高校对研究生培养质量越来越重视。教材建设是教学的重要环节之一,做好教材建设是提高人才培养质量的重要保障。相比于本科教材,桥梁工程方向研究生教材规划建设相对薄弱,已不能满足教学实际需要。在此背景下,高等学校交通运输与工程教材建设委员会桥梁工程分委员会决定组织编写一套适用于新时期研究生教学需要的教材。

2016年10月28日在长安大学举行的高等学校交通运输与工程教材建设委员会桥梁工程分委员会第三次会议上,经主任委员葛耀君教授倡议,决定启动桥梁工程方向研究生教材的多校联合编审工作,并指定同济大学葛耀君教授、西南交通大学李亚东教授、重庆交通大学向中富教授作为联合编审组召集人。考虑各学校研究生教学的共性以及对教材需求的紧迫程度,经讨论确定的第一批联合编审的研究生教材有《高等桥梁结构试验》、《桥梁结构有限元分析》、《钢桥理论与设计》和《组合结构桥梁理论与设计》。2016年12月24日在西南交通大学召开了桥梁工程方向研究生教材第一次编审研讨会,制定了"参编自愿、合编共用、编用合一"的原则,并确定了各教材联合编审组,具体为:《高等桥梁结构试验》的主编单位为福州大学、武汉理工大学、重庆交通大学、东北林业大学,主审单位为同济大学;《桥梁结构有限元分析》的主编单位为:重庆交通大学、同济大学、浙江大学、湖南大学、长安大学,主审单位为中南大学;《钢桥理论与设计》的主编单位为西南交通大学、长沙理工大学、长安大学、河海大学,主审单位为同济大学、北京交通大学;《组合结构桥梁理论与设计》的主编单位为东南大学、同济大学、长沙理工大学、北京交通大学,主审单位为西南交通大学、长安大学。2017年10月16日,在东南大学召开了桥梁工程方向研究生教材第二次编审研讨会,会议对四本教材的编写质量及进度进一步提出了相关要求。

为确保教材的编写质量,编审工作由编审单位共同参与、同步进行,即主审单位全程参与教材大纲、样章和正文的审查、修改和编写工作,开创了新的教材编审模式。

本系列教材汇集了国内主流院校研究生教学的经验和成果,贯彻了研究生教学和科研的要求,从规划、编写、审查到出版共有20多所高校和企事业单位参与,在编写过程中得到了主编单位和主审单位的大力支持。希望该套教材的出版能为我国桥梁工程专业研究生人才培养起到积极的作用,为我国桥梁工程事业的发展做出贡献。

高等学校交通运输与工程教材建设委员会
桥梁工程分委员会
2018年1月

序

　　《高等桥梁结构试验》教材是在"高等学校交通运输与工程教材建设委员会桥梁工程分委员会"的统一部署和指导下开展编审工作的。2016年10月28日在长安大学举行了分委员会第三次会议,决定启动桥梁工程方向研究生教材的多校联合编审工作,确定了第一批联合编审的研究生教材有《高等桥梁结构试验》、《桥梁结构有限元分析》、《钢桥理论与设计》和《组合结构桥梁理论与设计》四部,并指定同济大学葛耀君教授担任本教材联合编审组的召集人,先后召集了编审组五次研讨会和五轮书稿审核,最终完成本教材的编写和审核工作。

　　2016年12月24日,在西南交通大学举办了"桥梁工程方向研究生教材"第一次编写研讨会暨《高等桥梁结构试验》教材编审组第一次研讨会,会议制定了多校联合编审原则——"参编自愿、合编共用、编用合一",即教材的参编单位可以自愿申请,多校参与联合编写,参编单位承诺使用教材;选定本教材主编单位为福州大学、武汉理工大学、重庆交通大学和东北林业大学,主审单位为同济大学,分工负责教材的编审工作;明确了编写思路——"涵盖全部、自由选择",由此确定教材编写内容,其中专业基础内容占25%、就业需求内容占50%和研发需求内容占25%。涵盖试验形式——实验室试验、现场试验和监控/监测等,针对力学问题——静力(位移/应变、恒载/活载)、动力(碰撞、地震、风振)和其他(无损、疲劳、拟静力),适用课堂教学30~40学时;布置了书稿大纲和样章的编写工作。2017年2月28日,完成了书稿第一轮审核工作——编写大纲审核。

2017年4月1日,在福州大学召开了本教材编审组第二次研讨会,会议确定将教材正式定名为《高等桥梁结构试验》,并就详细大纲进行了深入讨论,同时明确了下一步的工作和要求;会议对已经完成的样章(第1、2、4、9、12章)逐一进行了认真的讨论,并对各样章及其他相关章节的内容提出了修改意见与建议;会议讨论确定了编审时间安排,应出版社要求,将交付出版的时间确定为2017年年底。2017年8月10日,完成了书稿第二轮审核工作——部分初稿审核。

2017年8月11日,在东北林业大学召开了本教材编审组第三次研讨会,会议讨论确定了教材的章节调整方案,并确定全书保持14章的篇幅,即绪论、试验仪器设备、试验数据分析及处理、相似理论与模型试验、桥梁无损检测技术、桥梁振动试验、桥梁荷载试验与评定、桥梁技术状况与承载能力评定、桥梁结构监测、桥梁结构拟静力试验、疲劳试验、桥梁碰撞试验、桥梁振动台试验、桥梁模型风洞试验等;会议对大纲和样章再次进行了认真的讨论,并对大纲和各样章的内容提出了若干修改意见与建议;会议讨论了编审时间安排,调整提前了主要时间节点,明确全书初稿提交时间为8月31日。2017年9月6日,完成了书稿第三轮审核工作——全书初稿审核。

2017年9月8日,在人民交通出版社召开了本教材编审组第四次研讨会,会议讨论确定了书稿需要统一修改的内容;会议明确了全书正文、图表和公式等的格式;会议对各章书稿需要调整和修改的内容逐一进行了讨论,详细列出了每位编写人员的修改内容,并提醒如有疏漏以会议实际讨论的结果为准;会议确定书稿完成和提交出版社的时间提前到11月30日。2017年10月12日,完成了书稿第四轮审核工作——全书修改稿审核。

2017年10月16日,在东南大学召开了"桥梁工程方向研究生教材"第二次编写研讨会暨《高等桥梁结构试验》教材编审组第五次研讨会,会议讨论确定了书稿需要再次统一修改的内容;会议对各章书稿需要调整和修改的内容再次进行了详细讨论,发现修改意见似有退回到原来书稿的倾向,且文字和语句问题需要仔细修改;会议决定不再举行编审组研讨会,由同济大学主审人员葛耀君和张启伟教授负责最后书稿的内容、语句和文字的细审、细改和审定工作。2017年11月30

日,完成了书稿第五轮审核工作——全书书稿定稿,并提交人民交通出版社。

由于联合编审组成员专业水平有限,虽然尽了最大的努力,五次召开编审组研讨会、五轮审核书稿,但是仍然无法保证书稿的质量,特别是编写中难免有错漏之处,敬请同行专家和专业读者批评指正。

葛耀君
同济大学
2017 年 11 月

前言

高等桥梁结构试验是面向土木工程专业研究生(包括硕士生和博士生)的一门专业技术课程,其任务是通过理论和实践教学环节,使学生在本科阶段学习桥梁结构试验基本知识的基础上,进一步了解本学科领域部分前沿学科内容,能进行要求更高的桥梁结构试验的规划和方案设计,并得到初步的训练和实践,以适应研究生的教学要求。

本教材是在人民交通出版社出版的《桥梁结构试验》基础上,参考《土木工程结构试验与检测》、《建筑结构试验》等教材的内容编写而成。本次编写增加了一些新内容和比较多的示例,全书共分为14章,其中:第1章绪论;第2章介绍了桥梁结构试验常用的仪器设备;第3章介绍了桥梁结构试验的数据分析及处理;第4章介绍了桥梁模型试验设计和相似理论;第5章为与桥梁结构有关的无损检测技术;第6章介绍了桥梁结构振动测试的内容和方法;第7章介绍了桥梁荷载试验的相关内容;第8章介绍了桥梁技术状况与承载能力评定的内容和方法;第9章介绍了桥梁结构状态监测的内容和方法;第10章介绍了桥梁结构拟静力试验的相关内容;第11章介绍了桥梁结构疲劳试验的相关内容;第12、13、14章分别介绍了桥梁碰撞试验、桥梁模型振动台试验和桥梁模型风洞试验。

本教材的编写单位有福州大学、武汉理工大学、重庆交通大学和东北林业大学,其中第1、6、10和13章由福州大学韦建刚研究员、吴庆雄研究员、黄福云研究员、林友勤高级试验师、程浩德高级试验师、袁辉辉副研究员共同编写,第2、3和12章由武汉理工大学陈小佳副教授、潘晋副教授和肖祥副教授共同编写,第4、9和11章由重庆交通大学巫祖烈教授和向中富教授共同编写,第5、7、8和14章由东北林业大学于天来教授、王丕祥副教授、辛大波教授编写,全书由福州大学韦建刚研究员和吴庆雄研究员负责统稿。本教材由同济大学葛耀君教授和张启伟教授主审,长安大学贺拴海教授在教材编写过程中也提出了宝贵意见,在此表示衷心感谢。

在书稿编写过程中有关兄弟单位给予了无私帮助,并提供了许多有价值的资料及图片,特此一并致谢。

由于编者的业务水平有限,编写中难免有错漏之处,敬请专家同行和读者批评指正。

编　者
2017年11月

目录

第1章 绪论 ··· 1
  1.1 桥梁结构试验目的 ··· 2
  1.2 桥梁结构试验对象 ··· 5
  1.3 桥梁结构试验内容 ··· 6
  1.4 桥梁结构试验流程 ··· 9
  本章参考文献 ·· 12

第2章 试验仪器设备 ·· 14
  2.1 概述 ·· 14
  2.2 试验系统技术指标 ··· 15
  2.3 试验加载装置 ··· 18
  2.4 响应传感元件 ··· 23
  2.5 试验测量设备 ··· 29
  2.6 无损检测设备 ··· 40
  2.7 本章小结 ··· 46
  习题与思考题 ·· 47
  本章参考文献 ·· 47

第3章 试验数据处理及分析 ·· 49
  3.1 概述 ·· 49
  3.2 静态试验数据 ··· 50
  3.3 动态试验数据 ··· 56
  3.4 试验误差分析与处理 ··· 72
  3.5 本章小结 ··· 75
  习题与思考题 ·· 76
  本章参考文献 ·· 76

第4章 相似理论与模型试验 … 77
- 4.1 概述 … 77
- 4.2 模型相似理论 … 78
- 4.3 模型相似条件 … 82
- 4.4 模型试验方法 … 89
- 4.5 本章小结 … 101
- 习题与思考题 … 101
- 本章参考文献 … 102

第5章 桥梁无损检测技术 … 103
- 5.1 概述 … 103
- 5.2 超声波检测技术 … 104
- 5.3 混凝土构件强度检测 … 108
- 5.4 混凝土构件缺陷检测 … 116
- 5.5 钢结构检测 … 126
- 5.6 桥梁耐久性检测 … 132
- 5.7 钻孔灌注桩完整性检测 … 136
- 5.8 本章小结 … 147
- 习题与思考题 … 147
- 本章参考文献 … 148

第6章 桥梁振动试验 … 150
- 6.1 概述 … 150
- 6.2 振动试验方法 … 151
- 6.3 振动响应试验 … 154
- 6.4 环境随机振动试验 … 163
- 6.5 拉索振动试验 … 166
- 6.6 本章小结 … 174
- 习题与思考题 … 174
- 本章参考文献 … 175

第7章 桥梁荷载试验与评定 … 176
- 7.1 概述 … 176
- 7.2 荷载试验的准备工作 … 178
- 7.3 桥梁结构静载试验 … 183
- 7.4 桥梁结构动载试验 … 198
- 7.5 基桩承载能力试验 … 206
- 7.6 本章小结 … 217
- 习题与思考题 … 218
- 本章参考文献 … 218

第8章 桥梁技术状况与承载能力评定 ... 219
- 8.1 概述 ... 219
- 8.2 技术状况检查与评定 ... 220
- 8.3 桥梁结构检算及承载能力评定 ... 230
- 8.4 桥梁检测工程示例 ... 235
- 8.5 本章小结 ... 254
- 习题与思考题 ... 254
- 本章参考文献 ... 254

第9章 桥梁结构监测 ... 256
- 9.1 概述 ... 256
- 9.2 监测技术应用与发展 ... 258
- 9.3 桥梁结构作用监测 ... 259
- 9.4 桥梁结构响应监测 ... 264
- 9.5 桥梁施工监测 ... 275
- 9.6 桥梁服役监测 ... 290
- 9.7 本章小结 ... 312
- 习题与思考题 ... 313
- 本章参考文献 ... 313

第10章 桥梁结构拟静力试验 ... 314
- 10.1 概述 ... 314
- 10.2 拟静力试验原理及加载装置 ... 315
- 10.3 试验加载设计及测量内容 ... 317
- 10.4 试验数据及分析 ... 321
- 10.5 拟静力试验示例 ... 325
- 10.6 本章小结 ... 333
- 习题与思考题 ... 333
- 本章参考文献 ... 333

第11章 疲劳试验 ... 335
- 11.1 概述 ... 335
- 11.2 结构疲劳与疲劳失效 ... 336
- 11.3 疲劳试验装置与试验准备 ... 340
- 11.4 疲劳试验荷载幅 ... 343
- 11.5 疲劳试验过程与观测 ... 355
- 11.6 轻轨支座疲劳试验示例 ... 357
- 11.7 本章小结 ... 367
- 习题与思考题 ... 367
- 本章参考文献 ... 367

第12章 桥梁碰撞试验 369
- 12.1 概述 369
- 12.2 桥梁碰撞试验 371
- 12.3 碰撞试验设计 381
- 12.4 碰撞试验示例 389
- 12.5 本章小结 394
- 习题与思考题 394
- 本章参考文献 394

第13章 桥梁模型振动台试验 396
- 13.1 概述 396
- 13.2 地震模拟振动台 397
- 13.3 模型动力相似 402
- 13.4 振动台模型试验 405
- 13.5 拱肋模型振动台试验示例 407
- 13.6 本章小结 416
- 习题与思考题 417
- 本章参考文献 417

第14章 桥梁模型风洞试验 419
- 14.1 概述 419
- 14.2 边界层风洞设备 420
- 14.3 桥梁风洞试验原理 425
- 14.4 典型桥梁风洞试验 432
- 14.5 桥梁风洞试验示例 440
- 14.6 本章小结 445
- 习题与思考题 446
- 本章参考文献 446

第1章
绪论

为了查看某事的结果或某物的性能而从事的某种活动称为试验,是对客观事物或社会对象的一种检测性的操作,用来检测正常操作或临界操作的运行过程、运行状况等。桥梁结构试验是针对桥梁结构开展的一种检测性操作,是一门试验科学和技术,是研究和发展桥梁工程新材料、新结构、新工艺以及检验桥梁结构计算分析和设计理论的重要手段,在桥梁工程科学研究和技术创新等方面起着重要作用。

桥梁结构试验是研究和发展桥梁结构计算理论的主要研究方法。从确定工程材料的力学性能到验证由各种材料组成的不同类型的承重结构或构件(梁、板、墩柱等)的基本计算方法,以及近年来发展的大量大跨、超高、复杂桥梁结构体系的计算理论,都离不开试验研究。特别是混凝土结构、钢结构和钢—混组合结构桥梁等设计规范所采用的计算理论几乎全部是以试验研究的直接结果作为基础的。

桥梁结构试验是桥梁结构理论分析和数值计算正确性的重要验证方法。近年来,由于电子计算机技术的快速发展,桥梁结构的设计方法和设计理论发生了根本性的变化,许多需要精确分析的复杂结构问题,均可以借助电子计算机完成分析计算。然而,由于实际工程结构的复杂性和结构在整个生命周期中可能遇到的各种风险,桥梁结构试验仍然是解决桥梁工程领域科研和设计中出现新问题时不可缺少的手段。例如,目前在进行大跨度悬索桥抗风设计时,还不能单凭计算分析方法求出桥梁的颤振临界风速。这样就不得不借助于风洞试验,或者用风洞试验的方法直接测得所需的结果,或者通过试验获取部分中间参数,然后以这些参数为基础,再用分析的方法求得最后的结果。

桥梁结构试验还是桥梁结构的工程质量与使用性能的唯一检验方法。对新建桥梁进行工程质量评定或对既有桥梁进行自然灾害或意外事故引起的损伤识别时,需要对桥梁结构的静、动力特性进行现场试验测试,检验桥梁结构的正常使用状态和承载能力是否满足设计要求,为桥梁结构技术状况及承载能力评定和日后养护、维修、加固的决策提供科学依据和支持。

由此可见,桥梁结构试验在桥梁科研、设计、施工及运营维护中的地位一直都未发生改变,相反由于测试技术的不断进步,能迅速提供精确可靠的试验数据而越发受到重视。本课程的主要目的是通过对目前常用的桥梁测试仪器设备、桥梁现场试验与模型试验方法及各种桥梁试验示例的介绍,期望能使读者对桥梁结构试验技术有一个全面的了解,为今后从事桥梁的科研、设计或施工等提供一种解决问题的试验方法。

1.1 桥梁结构试验目的

根据试验侧重点的不同,可以将桥梁结构试验分成三大类:基础性试验、生产性试验和科研性试验。

1.1.1 基础性试验

基础性试验是针对桥梁结构最基本的结构性能进行的试验,主要用于模拟桥梁结构或构件承受静力荷载作用下的工作情况,试验时可以观测和研究结构或构件的承载力、刚度、抗裂性等基本性能和破坏机理。桥梁结构是由许多基本构件组成的,主要是承受拉、压、弯、剪、扭等基本作用力的梁、板、柱等系列构件。通过基础性试验可以了解这些构件在各种基本作用力下的荷载与变形的关系,混凝土结构的荷载与裂缝的关系等。例如,为了配合混凝土结构和钢结构试验进行的混凝土和钢材的材料性能试验、教学演示需要进行的集中荷载下矩形截面适筋梁、少筋梁和超筋梁的正截面受弯破坏试验和斜截面受剪破坏试验等。

1.1.2 生产性试验

生产性试验以直接服务于生产或施工为目的,以真实结构为对象,通过试验掌握其是否符合施工规范或设计要求,并做出正确的技术结论。这类试验一般是针对具体产品或具体建筑物所要解决的问题而不是寻求普遍规律,试验主要在工程现场或在构件制作现场进行。

生产性试验通常用来解决以下几种情况的问题:

1)确定新建桥梁的承载能力和使用条件

对于新建桥梁,通常在桥梁交工或竣工阶段,通过实桥荷载试验对桥梁的主要质量指标进行测试,例如混凝土质量、钢材的焊接质量、荷载作用下桥梁的最大挠度或挠曲线、最不利断面上的应力等,根据测得的基本数据,考察结构的施工质量和性能,判明结构的实际承载力和工作状态,为即将投入使用的桥梁的运行、养护提供依据。例如,2002年12月建成的G15高速公路福州青州闽江大桥,为双塔双索面叠合梁斜拉桥,主跨605m,是目前世界上同类桥梁中跨径最大的,在正式通车前进行了实桥荷载试验(图1-1)。

2)评定既有桥梁的技术状况和承载能力

既有桥梁在运营过程中,因受到地震、台风、雨雪、冰冻以及超载、冲击荷载等因素的影响导致桥梁结构受到不同程度的损害,或因设计施工不当而产生严重缺陷,需要通过试验确定结构的实际承载能力和使用限制条件,以便决定采取何种养护或维修措施。如南京长江大桥是一座公路和铁路两用大桥,由于长年的超负荷运行,导致公路桥桥面、桥梁上部结构出现了较多的病害。2015年11月全桥进行实桥荷载试验,公路桥部分被鉴定为危桥。在对维修方案进行充分评估讨论后,2016年10月28日南京长江大桥公路桥正式封闭,开始为期27个月的维修改造工程(图1-2)。

图1-1 福州青州闽江大桥的荷载试验

图1-2 封闭维修前后的南京长江大桥

另外,随着交通运输事业的发展,许多公路都要提高运输等级,线路上的桥梁也要进行改建或重建。为了采取切合实际的旧桥改造方案以便获得最佳的经济和社会效益,常常有必要对既有桥梁的实际技术状况和承载能力进行评定,从而决定采用何种措施来满足线路对桥梁的诸如承载能力、桥宽、纵坡等各项技术指标。

3) 检验桥梁结构重要部件的质量水平和技术等级

对预应力锚具、桥梁支座、伸缩装置、减隔震装置等重要部件,对预制构件厂和大型工程现场成批制作的预制构件,在出厂和使用前均应按国家相关标准要求进行抽样检验,以保证其产品质量水平。对存在缺陷的预制构件,通过探伤、荷载试验等技术手段判明缺陷对结构受力性能的影响,以确定后期处置措施。图1-3为某隔震橡胶支座抗剪性能试验。

1.1.3 科研性试验

科研性试验主要是为了解决科研和生产中有探索性、开创性的问题而开展的一类试验。

试验的针对性较强,试验对象一般为室内模型结构,需要利用专门的加载设备和数据测试系统,对受力模型的力学性能指标做连续量测和全面分析研究,从而找出其变化规律。

图 1-3　某隔震橡胶支座抗剪性能试验

科研性试验主要达到以下目的:

1)验证新的结构分析理论或设计计算方法

在桥梁结构设计中,为便于计算和推广应用,需要对结构或构件的荷载作用计算图式和本构关系做一些具有科学概念的简化和假定,这些简化假设的正确性及适用性需要通过试验研究加以验证。例如,在进行桥梁结构分析时所采用的荷载横向分布系数算法,就是将复杂的空间问题简化成平面问题进行计算,而为了验证这种简化是否合理,需要配合理论分析做一系列的模型试验。

2)检验新结构、新材料与新工艺

随着科技的不断进步,新结构、新材料与新工艺不断涌现,而当一种新的结构形式或新的工艺刚提出来时,往往缺少设计和施工方面的经验。为了积累这方面的实际经验,常常借助于试验。例如,对波形钢腹板—混凝土组合拱(如图 1-4 所示,将混凝土拱圈中的混凝土腹板用波形钢腹板来代替,顶、底板仍采用混凝土)这种新的结构形式进行模型试验和受力性能研究,为这种新型组合结构的设计、施工等提供技术支撑。

3)支撑设计规范的制定或修订

随着设计理论的发展和设计观念的改变,例如,从按容许应力设计到按极限承载力设计,从确定性设计到概率性设计,设计规范需要作相应的修改,而设计规范的修改依据常常来自相应的结构试验。例如,近年来钢结构在我国的公路桥梁建设中得到了广泛应用,然而在重复车辆荷载、风荷载等可变荷载的作用下,桥梁钢结构可能会产生疲劳,而疲劳裂纹的不断发展,将影响钢结构的使用性能,甚至导致断裂破坏。疲劳已成为影响

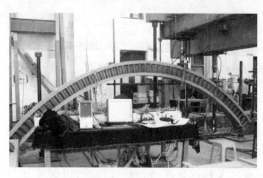

图 1-4　波形钢腹板—混凝土组合拱模型试验

公路桥梁钢结构安全和耐久的主要因素之一。例如,根据相关试验研究成果,对《公路桥涵钢结构及木结构设计规范》(JTJ 025—86)进行修订,改进了钢结构的稳定和疲劳设计与计算方法,并增加了疲劳荷载模型等内容,经批准后以《公路钢结构桥梁设计规范》(JTG D64—2015)颁布实施。

1.2 桥梁结构试验对象

桥梁结构试验对象可以分为两种,即原型和模型。因此,桥梁结构试验可以分为原型试验和模型试验。

1.2.1 原型试验

原型试验(Prototype Test)的对象是实际结构或构件。桥梁结构原型试验的对象一般就是实际桥梁或实际构件,所以原型试验也称为实桥试验。

原型试验一般直接为生产服务,但也有部分以科研为目的。例如近年来交通运输系统对诸多既有桥梁的质量鉴定试验、新建桥梁的鉴定试验,以及一些大型、新型桥梁结构的施工控制测试等基本上都属于生产性试验。而对有的大跨度桥梁进行施工全过程动力特性测试,则基本上是以科研为目的,是为此类桥梁的抗震、抗风研究积累实测资料。

原型试验是以实际结构为测试对象,试验结果真实地反映了实际结构的工作状态。对于评价实际结构的质量、检验设计理论都比较直接可靠,特别是质量鉴定试验,只能在实际结构上进行。原型试验存在所需费用大、周期长、现场测试条件不容易控制等问题。

1.2.2 模型试验

当进行桥梁结构的原型试验由于投资大、周期长、测量精度受环境影响,在物质上或技术上存在某些困难时,往往采用模型试验(Model Test)的办法来代替。特别是科学研究性试验,则更需要借助模型进行试验。模型是仿照真实结构,按照一定相似关系复制成的真实结构的试验代表物,它具有实际结构的全部或部分特征,但其尺寸比原型结构小得多。根据不同的试验目的,可以将模型分成两类。

一类是以解决生产实践中的问题为主的模型试验,这类试验模型的设计制作与试验要严格按照相似理论,使模型与原型之间满足几何相似、力学相似和材料相似的关系,以使模型能反映原型的特性,模型试验的结果可以直接推广到原型上。这种模型试验常常用于解决一些目前尚难以用分析的办法解决的工程实际问题。例如,四川省雅泸高速公路上总长1811m的干海子特大桥采用了钢管混凝土桁架连续梁和钢管混凝土组合墩,为了解这种新型桥梁结构在地震作用下的破坏模式、薄弱环节以及控制截面,进行了1:8缩尺模型在设计地震作用下结构动力响应试验研究(图1-5),相关试验结果为这种新桥型的优化设计和随后的施工、养护方面提供了理论支持。

还有一类模型试验,主要是用来验证计算理论或计算方法。这类试验的模型与原型之间不必满足严格的相似条件,一般只要求满足几何相似,同时满足边界条件。将这种模型的试验结果与理论计算的结果对比校核,可用于研究结构的性能,验证设计假定与计算方法的正确性,并确认这些结果所证实的一般规律与计算理论可以推广到实际结构中去。

图 1-5 干海子特大桥振动台缩尺模型试验

需要注意的是，上述小尺度模型试验结果对实际桥梁结构的指导意义和实用性，是目前研究中面临的难题之一，即尺寸效应（Size Effect）问题。尺寸效应是指材料的力学性能不再是一个常数，而是随着材料几何尺寸的变化而变化。例如，对于混凝土这样的非均质材料，尺寸效应现象比较突出，主要表现为断裂能随着结构尺寸的增大而增大，强度随着结构尺寸的增大而减小，即混凝土试件材料试验确定的强度不是实际材料的强度，而是依赖于结构几何尺寸的参数。因此，这就要求在进行缩尺模型的设计时，需要寻找和建立原型结构与缩尺模型的关系，通过缩尺模型来反映原型结构的真实力学行为。其中，采用数值模拟方法可有效解决模型试验研究的不足，为尺寸效应的研究提供另外一种研究手段。

1.3 桥梁结构试验内容

1.3.1 静力试验

从理论上来说，力的三要素——大小、方向和作用点都不随时间变化时称为静力。静力试验（Static Test）是结构试验中最常见的基本试验。因为桥梁结构工作时所受的荷载主要是静力荷载，如桥梁结构的自重当然属于静力荷载，即使是荷载位置随时间而变的移动车辆荷载一般也是作为静力荷载来考虑的。这样做的原因：一方面是因为区分静力问题与动力问题的主要标志并不是与结构受力状态有关的各物理量，而是由结构的运动加速度引起的惯性力，通常由移动车辆荷载引起的结构反应的动态增量部分只占全部反应的极小部分。另一方面，将移动车辆荷载作为动力问题来考虑，分析起来过于复杂，因此常采用将静力荷载乘以冲击系数的办法来近似考虑移动车辆荷载的动力影响。

静力试验一般可以通过重力或其他类型的加载设备来实现和满足加载要求，静力试验的加载过程一般从零开始逐步递增，直到预定的荷载为止。静力试验是了解结构特性的重要手段，不仅可以用来直接解决结构的静力问题，而且在进行结构动力试验时，一般也要先进行静力试验以测定结构有关的特性参数。图 1-6 为静力试验——钢管混凝土劲性骨架组合柱受压试验。

a) 加载装置   b) 轴压加载   c) 偏压加载

图 1-6　钢管混凝土劲性骨架组合柱受压试验

1.3.2　动力试验

从理论上来说,当力的三要素——大小、方向和作用点之一随时间变化时就是动力。为了解桥梁结构的动力特性及在动力荷载作用下的响应,一般要进行动力试验(Dynamic Test)。与静力试验相比,桥梁结构的动力试验具有其特殊性。首先,引起结构振动的振源(如车辆、人群、阵风或地震力等)和结构的振动影响是随时间而变化的,而结构在动荷载作用下的响应与结构本身的动力特性有密切关系,动荷载产生的静、动力总效应一般大于相应的静力效应;有时,甚至在一个不大的动荷载作用下,也可能使结构受到严重的损坏。

桥梁结构的动力试验目前主要包括两方面的内容:一是测量移动车辆荷载作用下桥梁指定断面上的动应变或指定点的动挠度;二是测量桥梁结构的自振特性和动力响应。

一般采用实桥试验,测定移动车辆荷载作用下的动应变或动挠度。试验时将单辆或多辆载重车辆按不同的车速通过桥梁,有时为了模拟路面的不良情况,还在桥面上设置人工障碍,比如用一定宽度和高度的木板,使行驶车辆产生跳动以形成对桥梁的冲击作用,以便测出指定断面上的动应变或动挠度,将动态情况下的峰值与相应的静态数值相比就可以求出车辆振动引起的动态增量。用测试的方法确定桥梁的动态增量,是研究车辆对桥梁动力作用的一种手段,由试验求得的数据可以作为确定桥梁冲击系数的依据。图 1-7 为利用动应变测量某弯桥冲击系数的实例。

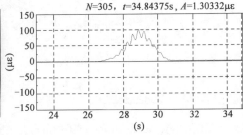

图 1-7　利用动应变测量某弯桥冲击系数

桥梁自振特性的测量对象可以是实际桥梁,也可以是桥梁模型。测量模型的自振特性时,一般要对模型进行专门的激励(输入),然后测量模型的响应(输出),在已知激励和响应(或只有响应)的情况下可以求出模型(系统)的自振特性。例如,为了研究斜拉桥斜拉索非线性振动,将斜拉桥简化为索梁结构,针对 2∶1 主不稳定区域的斜拉索参数振动,进行了大尺寸的单索—梁结构和多索—梁结构的非线性振动试验(图 1-8),试验中观察到在频率接近斜拉索一阶固有频率两倍的周期荷载作用下,斜拉索锚固端处主梁支点位移激起了拉索的参数振动,斜拉索产生了大振幅的面内和面外振动等现象。

测试实桥的自振特性时,也可以同模型试验一样对实桥进行激振,测得结构的响应后再求出自振特性。有时也可不用对实际结构进行专门的激振,而是利用自然因素如风、水流、地脉动等作为实际桥梁的振源(只要能满足一定的条件),测出实际桥梁在这些自然因素作用下的响应,再求出结构的自振特性。正确确定桥梁结构的自振特性是进行桥梁动力响应分析的基础。结构自振特性中除阻尼比外,频率与振型可以用计算的方法求得,但计算时所采用的计算图式与实际结构往往有区别,因此采用试验方法确定桥梁结构的自振特性就很有必要。

a) 单索—梁结构试验模型　　　　　　b) 双索—梁结构试验模型

图 1-8　索梁结构试验模型

测量在诸如地震荷载和风荷载作用下桥梁结构的动力响应的目的是研究桥梁结构抗震和抗风性能,确保桥梁结构抵抗突发性自然灾害的能力。这类动力响应的测试分析一般都通过模拟振动台试验和风洞试验进行。在有条件的地方,也可以在实桥上进行实时测试。如2014年建成的武汉鹦鹉洲长江大桥是目前世界上跨度最大的三塔四跨悬索桥,主桥全长2100m,跨径布置为(200+2×850+200)m,主梁为钢—混凝土结合梁,梁高3m,中塔为钢—混叠合塔,塔高152m,为了分析该桥在横向、纵向和水平双向地震动作用下的结构响应特性,开展了缩尺比例1:100的振动台模型试验,模型全长21.5m(图1-9)。

图 1-9　武汉鹦鹉洲长江大桥模拟振动台试验

1.3.3　无损检测

无损检测(Nondestructive Testing)是在不破坏整体结构或构件使用性能的情况下,检测结构或构件的材料力学性能、缺陷损伤和耐久性等参数,以对结构或构件的性能和质量状况做出定性和定量评定。

无损检测的一个重要特点是对比性或相关性,即必须预先对与被测结构具有同等条件的试样进行检测,然后对试样进行破坏试验,建立非破损或微破损试验结果与破坏试验结果的对比或相关关系,才有可能对检测结果做出较为准确的判断。尽管这样,无损检测毕竟是间接测定,受诸多不确定因素影响,所测结果仍未必十分可靠。因此,采用多种方法检测和综合比较,以提高检测结果的可靠性,是行之有效的办法。

目前,常用的无损检测方法有测试混凝土结构强度的回弹法、超声回弹综合法和钻芯法,检测混凝土缺陷的超声波法,混凝土内部钢筋位置测定和锈蚀测试,测试钢结构强度的表面硬度法,检测钢结构焊缝缺陷的超声波法、磁粉与射线探伤法等。

1.3.4 疲劳试验

桥梁结构除了承受静荷载之外,还同时承受着脉动荷载或循环荷载,此类荷载容易产生引起结构或构件疲劳失效的脉动或循环应力,此时的应力比其屈服强度要低得多,这种现象称为疲劳(Fatigue)。桥梁结构中的应力变化主要是由可变作用(车辆荷载、风荷载等)及其引起的桥梁振动所造成的。应力变化的幅度越大,即使平均应力远小于屈服强度也能发生疲劳破坏,疲劳裂纹在扩展的最后阶段是突发性的,没有预兆,无明显的塑性变形,难以采取预防措施,所以疲劳裂纹对结构的安全性具有严重的威胁。在历史上由于对疲劳的认识和研究不足,曾发生过一些由疲劳破坏所造成的灾难性事故。

疲劳现象在钢结构桥梁的节点区域、焊缝区域较为突出。截至目前,钢结构桥梁的相关设计规范仍显得过于简单,若单纯依靠空间有限元仿真分析,实在难以准确把握疲劳敏感区域各构造细节的实际受力状况,对其安全性是无法控制的,因此桥梁钢构件的疲劳试验(Fatigue Test)就显得非常必要。如图1-10所示,某斜拉桥锚拉板式索梁锚固结构模型疲劳试验的目的就是要了解在重复荷载作用下该处结构关键区域的受力性能及变形规律。

此外,混凝土桥梁普遍采用极限强度设计,其属于重复荷载作用下的构件,由于加入了高强材

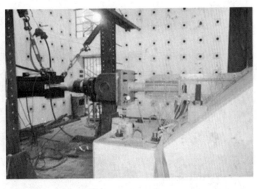

图1-10 某斜拉桥锚拉板式索梁锚固结构模型疲劳试验

料做预应力筋,以致许多结构构件工作在高应力状态下,这类构件的疲劳性能试验研究也受到一定程度的重视,通过研究以改进设计方法、改良结构材料,从而防止重复荷载下出现超限的横向裂缝和提前出现斜裂缝。

在交变荷载的作用下,试件或构件中会产生随时间变化的交变应力与交变应变,经足够的应力循环作用后,试件或构件就会产生裂纹,随着交变应力的不断循环,裂纹就会不断扩展,直至小片脱落或断裂,这一失效过程称为疲劳破坏。疲劳破坏包含裂纹形成、扩展和瞬断三个阶段。

结构构件疲劳试验一般采用专门的疲劳试验机,如:电液伺服疲劳试验系统、电磁脉冲千斤顶,也有采用偏心轮式振动设备加载。对结构构件的疲劳试验大多采用等幅匀速正弦荷载,以模拟结构构件在使用阶段不断反复加载和卸载的受力状态。

1.4 桥梁结构试验流程

1.4.1 组织准备

为了使试验能顺利进行并能达到预期的目的,试验前期的组织准备工作十分重要。试验

组织者必须熟悉与试验有关的各个方面,特别是大型复杂试验的组织者须要大量细致的工作,必须具有一定的实践经验。一般需要做好以下几方面的工作:

1)明确试验目的

在进行其他各项工作以前必须首先了解试验要达到的目的以及各项具体要求。如果提出试验要求的不是试验组织者本人,则试验组织者有必要与提出试验要求的人员进行讨论,询问提出各项试验要求的前提与背景以及通过试验要解决的问题,然后再将试验目标确定下来。最好能分清各项目的主次,试验时万一不能兼顾各项目标时可以放弃次要目标而保证完成主要任务。

2)收集有关资料

在明确试验目的以后,应该阅读与试验有关的文献资料。如有类似试验可供参考,务必事先阅读他人试验报告或情况介绍,弄清试验目的有何不同,哪些地方可以改进等。如果试验对象具有实际工程背景,在组织试验时要向有关部门收集与试验有关的设计资料,以便对试验对象有透彻的了解。在试验前应模拟试验状态,对结构进行必要的分析计算,以便对试验结果有初步的估计。

3)拟定试验方法

在以上几步工作的基础上,可以拟定试验方法。拟定试验方法主要是根据试验目的和客观条件确定静力试验的加载方法和动力试验的激振方法,选择合适的测试仪器和观察方法,确定试验程序。

4)准备仪器设备

在确定了试验方法以后,就可着手测试仪器设备的准备。为了保证试验的顺利进行,测试仪器的规格、数量、测试精度等都要满足试验的要求,对于使用数量大、容易损坏的仪器还应有一定数量的备件。

5)组织试验人员

对于规模较大的试验,通常需要较多的测试人员,也可能需要非专业测试人员的协助,试验前应该做好所有参加试验人员的组织工作。

6)保证安全措施

主持试验的人员对试验仪表设备和人身安全要有足够的防范措施,包括安全标志等。例如预应力混凝土结构在张拉试验和临近破坏时,锚具、夹具弹出的危险性;高大试件的平面外失稳;实桥荷载试验时的重载车辆调度等问题。

1.4.2 加载实施

1)仪器设备的安装

加载设备安装应与试验加载方案中的荷载图式和计算简图一致。试件的荷载图式是根据试验目的确定的在试验结构上布置的荷载形式(如集中荷载、均布荷载、集中与均布混合荷载等)以及荷载施加的方向(水平荷载、垂直荷载等)。如果由于试验条件限制,拟定的荷载图式实施起来有困难时,可以采用等效荷载的原则改变加载图式。所谓等效荷载原则是改变后的加载图式所产生的最大内力值和整体变形需要与原加载图式的相同或相近。采用等效荷载时需要注意,当满足强度等效时,整体变形条件可能不完全等效,必须对实测变形进行修正;当满足弯矩等效时,需验算剪力对试件的影响。

加载设备安装前必须经过计量标定,合格者方可使用。安装加载设备时要求传力方式和作用点明确,不应影响试验结构自由变形,在加载过程中不影响试验结构受力。荷载值应准确稳定,对于静载试验,要求能方便地加载和卸载,而且能控制加载、卸载速度。加载设备的加载值应大于最大试验荷载值,并留有安全储备。与加载设备配套使用的测力机、力传感器、油压表及所有量测仪器均应按计量技术规程和相应法规进行率定,相关率定数据均应归入试验原始记录中。量测仪器的安装位置、测点编号及测点在应变仪或记录仪表上的通道号均应按试验方案中的布置图实施。

2) 预加载试验和辅助性试验

在正式实施加载试验前,应先进行预加载试验,根据实测数据验算结构的最大破坏荷载和最大变形,进一步确认加载设备的最大加载值和量测仪表的最大量程,检验整个试验测试系统工作状况,并进行调试。对试验周期长、试件组数较多的系统性试验,尤其是混凝土结构试验,为使材料试件与试验结构的龄期尽可能一致,辅助性试验也经常与正式试验同时穿插进行。所有试验数据应及时记录并得出试验结果,归入试验原始记录档案中,作为最后试验结果分析的主要参数依据。

3) 正式加载试验

加载试验是整个桥梁结构试验过程的中心环节,应按规定的加载程序和量测顺序进行。重要的量测数据应在试验过程中随时整理分析并与事先估算的数值作比较,发现有异常情况时应及时查明原因,对有可能发生的故障,找出原因后再继续加载。

在试验过程中结构的外观变化是分析结构性能的珍贵资料,对节点的松动和任何异常变形,混凝土结构的裂缝出现与发展,特别是结构的破坏情况都应作详细的记录和描述。量测仪器的读数十分重要,如对主要控制截面的应变和挠度测量值,尤其是试验过程中发生的突变,应随时加以监控。

桥梁结构或构件破坏后要拍照并测绘破坏部位及其裂缝,必要时从其中切取部分材料测定其力学性能。破坏的结构或构件在试验结果整理分析完成之前不要过早地清理掉,以备进一步核查时使用。

1.4.3 结果分析

1) 数据分析

任何一个试验研究项目,都应有一份详细的原始试验数据记录,连同试验过程中的试件外观变化观察记录和照片、录像,仪表设备标定数据记录,材料力学性能试验结果,试验过程中各阶段的工作日志等,应收集完整,妥善保管,不得丢失。

试验加载过程的完毕并不意味试验的结束,试验过程中的原始记录是试验结果的真实记录。但是原始记录的数据必须经过分析、整理或画成图表以后才能清晰明了地反映试验结果的情况。

一项试验从进行试验设计开始直到写出试验报告为止,是一个前后紧密联系的过程,必须从一开始就非常慎重细致地对待试验的每一个环节。试验前应对有关试验的各个方面、各个环节考虑得当,试验计划需制订周密;试验过程中应该一丝不苟、认真测读、保证试验数据准确无误。

在进行数据整理时必须十分仔细,使经过整理后的数据能真实反映试验实际。对试验结果中反映出来的与常识或理论不符的"反常"现象要仔细推敲并反复核对,不宜轻易判断为测试中的失误,因为这些反常现象可能揭示了在理论分析时被忽视而客观存在的事实,这正是试验优于理论的地方。

2)报告编制

对试验结果所能得出的规律和一些重要现象做出解释,将试验值和理论值进行分析比较,找出产生差异的原因,并得出结论,撰写试验研究报告。试验报告则是整个试验的总结。试验报告要概括试验的各主要环节,内容至少应包括:①介绍试验目的、要求及依据等;②试验实施情况,包括试验荷载、加载方式、测试内容、测点布设和测试仪器等;③试验测试数据结果,各种关系曲线及相关分析;④对试验结果的综合分析;⑤结论。

参照理论分析的结果,对试验结果进行分析说明是试验报告的重要组成部分,也是试验人员深化对试验认识的过程。试验报告的结论部分应该明确回答作为试验目的所希望解决的问题,同时列出通过试验发现的新规律、新事实。对试验中发现的新问题应提出建议和进一步研究计划;对于鉴定性试验应根据现行规范和国家标准做出是否安全可靠的结论。

本章参考文献

[1] 章关永.桥梁结构试验[M].2版.北京:人民交通出版社,2002.

[2] 周明华.土木工程结构试验与检测[M].南京:东南大学出版社,2013.

[3] 施尚伟,向中富.桥梁结构试验检测技术[M].重庆:重庆大学出版社,2012.

[4] 张建仁,田仲初.土木工程试验[M].北京:人民交通出版社,2012.

[5] 王柏生.结构试验与检测[M].杭州:浙江大学出版社,2007.

[6] 宋彧.建筑结构试验与检测[M].2版.北京:人民交通出版社,2014.

[7] 林维正.土木工程质量无损检测技术[M].北京:中国电力出版社,2008.

[8] Steven B. Chase. Nondestructive Evaluation of Bridges and Highways Ⅲ [M]. Bellingham: SPIE Press, 1999.

[9] V. M. Malhotra, Nicholas J. Carino. Handbook on Nondestructive Testing of Concrete (2nd Edition) [M]. Boca Raton: CRC Press, 2003.

[10] 应怀樵.振动测试和分析[M].北京:中国铁道出版社,1979.

[11] Oreste S. Bursi, David Wagg. Modern Testing Techniques for Structural Systems: Dynamics and Control [M]. New York: Springer, 2008.

[12] Peng Pan, Tao Wang, Masayoshi Nakashima. Development of Online Hybrid Testing: Theory and Applications to Structural Engineering [M]. Oxford: Butterworth-Heinemann, 2015.

[13] 胡大琳.桥涵工程试验检测技术[M].北京:人民交通出版社,2000.

[14] 李有丰,林安彦.桥梁检测评估与补强[M].北京:机械工业出版社,2003.

[15] 王永红.公路工程试验检测仪器设备校准指南[M].北京:人民交通出版社股份有限公司,2017.

[16] 乔志琴.公路工程试验检测[M].2版.北京:人民交通出版社股份有限公司,2017.

[17] 张宇峰.桥梁工程试验检测技术手册[M].北京:人民交通出版社,2007.

[18] 交通运输部职业资格中心.公路工程试验检测人员考试用书 桥梁与隧道[M].北京:人民交通出版社股份有限公司,2016.

[19] Eva O. L. Lantsoght, Cor van der Veen, Ane de Boer, et al. State-of-the-art on load testing of concrete bridges [J]. Engineering Structures, 2017, 150:231-241.

[20] K. S. Virdi, F. K. Garas, J. L. Clarke, et al. Structural Assessment: The Role of Large and Full-Scale Testing [M]. Boca Raton: CRC Press, 1998.

[21] 马永欣,郑山锁.结构试验[M].北京:科学出版社,2015.

[22] 张望喜. 结构试验[M]. 北京:武汉大学出版社,2016.
[23] 易伟建,张望喜. 建筑结构试验[M]. 4版. 北京:中国建筑工业出版社,2016.
[24] American Society of Civil Engineers. Wind Tunnel Testing for Buildings and Other Structures: Standard ASCE/Sei 49-12[M]. Reston:American Society of Civil Engineers,2012.
[25] 朱尔玉. 工程结构试验[M]. 北京:北京交通大学出版社,2016.
[26] 刘明. 土木工程结构试验与检测[M]. 北京:高等教育出版社,2008.

第 2 章
试验仪器设备

2.1 概 述

桥梁结构的力学性态,是建立在结构各种参数基础上的,通常这些参数由基本物理量和导出物理量构成,只有充分了解各力学量之间的变化规律,才能形成对结构力学行为的准确描述,而桥梁结构试验是掌握桥梁结构力学特征的有效方法。在桥梁结构试验中,主要关注的物理量有位移、力、应变、压强、温度等,它们的相互关系可以通过其中一部分参数在外力加载或动态激励中的情况下建立起来。由于各种物理量变化量级较小,通过人的感觉难以定量化描述,这就需要借助仪器设备或装置来实现。这些设备或装置一方面用来对试验对象进行加载或激励,另一方面用于测量试验对象的受荷变形或动态响应。桥梁结构试验所需设备通常由加载设备、传感元件、信号显示与处理的仪器等组成。根据被测对象对应物理量的不同,信号采集及处理的方法也有所差异,由此构成了种类繁多的试验仪器设备。

根据试验需要和被测物理参数难易程度以及试验方法,一个测试系统可以由一整套功能完整的仪器设备组成,也可以简化为单一功能的部分传感元件。本章主要针对桥梁结构试验方面涉及的试验仪器设备,从加载、传感器、信号采集和处理设备,乃至综合试验测量系统分层次进行了讲述,并对测量设备的基本原理、构造和应用范围做了较为详细的介绍。

2.2 试验系统技术指标

桥梁试验所采用的仪器设备是一个完整的系统,它由相关传感元件、仪器或测试装置组合而成,以获取桥梁结构参数信息为目的,如图2-1所示。

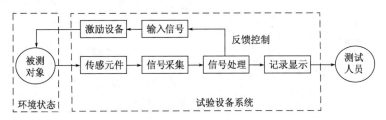

图2-1 试验系统组成

以桥梁结构为对象,其状态总是会通过几种物理量的形式体现出来,传感元件获取这些物理量的变化,并将其转化成初始信号;信号调理将传感元件的初始信息进行解析、放大、转换,以便于信号传输和处理;信号处理则在此基础上对信号进行分析,以获得测试人员所关心的物理参数;最后通过显示记录的方式呈现桥梁结构被测对象的技术状态。若视被测对象桥梁结构为未知黑箱,通过激励设备(如施加荷载或位移等)激发桥梁结构的力学行为发生改变,同时利用试验仪器设备获取结构的参数变化信息,并可根据需要进行反馈,由此可以建立起桥梁结构的外部输入(即外部荷载作用)和输出(即结构的力学参数响应)关系,从而掌握桥梁结构的力学行为。

为了准确描述结构参数的变化,要求测试系统能够准确还原被测对象的信息,这就对试验设备提出了相应的技术指标范围和要求。根据测试量与时间的关联性,通常有静态技术指标和动态技术要求两部分。

2.2.1 静态技术指标

对试验仪器设备的基本要求是可靠、实用、通用、经济。衡量仪器设备精密程度的技术指标很多。当被测对象各参数随时间不发生改变,或改变量较小时,可以不考虑时间对测试系统的影响。测试系统涉及的静态技术指标包括:

1)量程

量程是指设备标示出的最大、最小测量范围。只有被测对象测量值处于这一范围内,测量结果才是有效的。量程大,则适用的测量范围广,但精度一般会有所降低;反之,精度高,则量程一般较小。如常用的百分表量程就比千分表量程大许多,但精度低一个数量级。

2)误差

误差是指设备测量值与被测真实值之间的差值,也称为绝对误差。根据设备使用的情况,也常用相对误差来衡量设备的精密程度,它是绝对误差与被测真实值之比,是一个无量纲参数。对于特定的设备,最大绝对误差一般对应于其满量程测量。因此,从测量误差控制角度来看,在选择试验设备时,量程范围宜适当,以试验项目对应的变化范围为准。

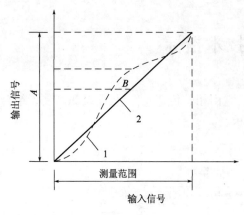

图 2-2 非线性度描述
1-定度曲线；2-拟合直线

3）非线性度

为了准确地得到被测对象的信息，需要使测试系统中各仪器设备的输入信号量和输出信号量之间满足线性关系。实际测量中均存在一定的偏差，通过试验测定，可以得到一条输入—输出关系曲线，称为定度曲线。如图 2-2 所示，在该曲线测量范围内，定度曲线与其线性拟合直线的最大偏差为 B，则定义非线性度为：

$$\text{非线性度} = \frac{B}{A} \times 100\% \quad (2\text{-}1)$$

非线性度是无量纲参数，是衡量测试系统精度的重要指标。

4）灵敏度

灵敏度用来表示设备或测试系统对被测对象输入信号的敏感程度。若输入信号变化量为 Δx，输出信号变化量为 Δy，则灵敏度表示为：

$$\text{灵敏度} = \frac{\Delta y}{\Delta x} \quad (2\text{-}2)$$

对于线性测试系统，输入量和输出量为线性关系，灵敏度为直线的斜率。当输入量和输出量量纲相同时，灵敏度为无量纲参数，此时灵敏度可理解为测试系统对输入信号的放大。为了获得被测对象细微的变化，通常希望灵敏度尽量高，但环境噪声信号也同时被放大，故测试系统选择适用的灵敏度即可。

5）分辨率

分辨率是指设备或测试系统能够检测出的输入量最小变化值，有时也称为精度。分辨率与灵敏度相关，灵敏度对应输入信号单位变化量下输出信号的变化大小，分辨率则为输出信号最小单位显示所代表的输入信号量大小。可见，分辨率与灵敏度互为倒数关系。对于数字信号测量设备，测试系统显示的最小数字单位所代表的输入量值即为该系统的分辨率。

6）稳定性

稳定性代表了在预定使用条件下设备或测试系统保持系统特征恒定不变的能力。稳定性常用设备的漂移来衡量，它指输入量未发生变化时，测试系统输出量随时间发生改变的程度。在规定条件和时长下，测试系统输入不变而输出发生改变，称之为点漂。特殊情况，在测试系统范围起始处的点漂，叫零点漂移。漂移量越小，设备稳定性越好，试验重复性也越好。

2.2.2 动态技术要求

当被测对象参数随时间变化较大时，测试系统的输入、输出量都是时间的函数。测试系统必须准确反映被测对象输入量的变化，并保持输出量 $y(t)$ 与输入量 $x(t)$ 呈线性关系，此测试系统称为线性时不变系统。用常系数线性微分方程来描述如下：

$$a_n \frac{\mathrm{d}^n y(t)}{\mathrm{d} t^n} + a_{n-1} \frac{\mathrm{d}^{n-1} y(t)}{\mathrm{d} t^{n-1}} + \cdots + a_1 \frac{\mathrm{d} y(t)}{\mathrm{d} t} + a_0 y(t)$$
$$= b_m \frac{\mathrm{d}^m x(t)}{\mathrm{d} t^m} + b_{m-1} \frac{\mathrm{d}^{m-1} x(t)}{\mathrm{d} t^{m-1}} + \cdots + b_1 \frac{\mathrm{d} x(t)}{\mathrm{d} t} + b_0 x(t) \quad (2\text{-}3)$$

式中：t——时间；

a_i、b_j——分别代表测试系统和被测对象与时间无关的特征参数（$i=0,1,\cdots,n;j=0,1,\cdots,m$，且 $n \geq m$）。

以最常见的二阶系统（$n=2$）——结构动力测试系统为例，系数 a_2、a_1 和 a_0 分别对应测试系统中的质量、阻尼和刚度等参数。受外部环境和测试系统元器件稳定性影响，理想的线性时不变系统是不存在的，但从工程实际应用角度来看，在满足一定的工作条件和允许误差范围下，均可将测试系统视为线性时不变系统进行处理。

1）传递函数和频率特征函数

将输出量 $y(t)$ 与输入量 $x(t)$ 之间通过拉普拉斯变换（Laplace Transformation），可以从更广义的角度把握测试系统的动态特性。在线性时不变系统初始状态为零的情况下，对式(2-3)等号左、右进行拉普拉斯变换，即可得到输出量和输入量的拉普拉斯变换比，即所谓传递函数（Transfer Function）：

$$H(s) = \frac{Y(s)}{X(s)} = \frac{b_m s^m + b_{m-1} s^{m-1} + \cdots + b_1 s + b_0}{a_n s^n + a_{n-1} s^{n-1} + \cdots + a_1 s + a_0} \tag{2-4}$$

式中：$Y(s)$、$X(s)$——输出量 $y(t)$ 与输入量 $x(t)$ 的拉普拉斯变换；

s——复变量。

可见，线性微分方程是在时域中描述测试系统，而传递函数 $H(s)$ 是在复数域中描述了测试系统本身的动力特性。若复变量 s 的实部位为零，即 $s=j\omega$（$j=\sqrt{-1}$，ω 为圆频率），则拉普拉斯变换实为傅里叶变换，传递函数称为频率特征函数（或简称频响函数）：

$$H(\omega) = \frac{Y(\omega)}{X(\omega)} \tag{2-5}$$

式中：$Y(\omega)$、$X(\omega)$——时域信号 $y(t)$ 和 $x(t)$ 的傅里叶变换（Fourier Transform）。

式(2-5)频率特征函数代表了测试系统频域范围的特征，其物理概念直观，因此在测试系统中应用较为普遍。应当指出，系统由初始零状态进入稳定状态过程中，经历了瞬态到稳态两个阶段，传递函数可以描述瞬态、稳态时间响应和频率响应的全部信息，而频率特征函数仅能反映简谐输入与由其引起的稳态输出之间的关系。因此在桥梁动力特性测试中，采用频率特征函数描述检测对象时，需要在系统达到稳态输出阶段方可进行测试。

频率特征函数还可以用复数函数形式表达如下：

$$H(\omega) = A(\omega) e^{-j\varphi(\omega)} \tag{2-6}$$

式中：$A(\omega)$、$\varphi(\omega)$——系统的幅频特征和相频特征，它们均为简谐输入频率的函数。

$A(\omega)$-ω 和 $\varphi(\omega)$-ω 之间的关系也分别称为幅频特征曲线和相频特征曲线，如图2-3所示为具有阻尼 D 和固有频率 ω_n 的二阶测试系统幅频特征曲线和相频特征曲线。

2）动态测量对测试系统的要求

动态测量要求测试系统能够准确还原被测对象的动态信息。从式(2-6)表示的频率特征函数可知，只要测试系统的幅频特征和相频特征满足一定的条件，即可保证系统输出与输入相一致。若系统输入为 $x(t)$，输出为 $y(t) = A_0 x(t-t_0)$（A_0、t_0 均为常数），则输出波形满足不失真条件，其对应的幅频特征和相频特征分别为：

$$\begin{cases} A(\omega) = A_0 \\ \varphi(\omega) = -t_0 \omega \end{cases} \tag{2-7}$$

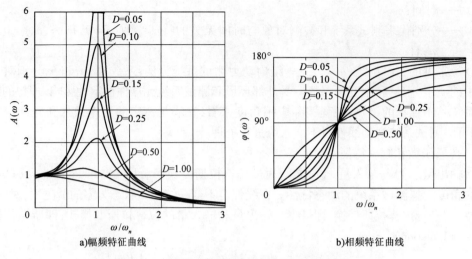

a)幅频特征曲线　　　　　　　　　　b)相频特征曲线

图 2-3　二阶测试系统幅频特征曲线和相频特征曲线

实际上，任何测试系统都不可能在全频带范围内满足上述不失真条件，如图 2-4 所示，在不同频段，幅频和相位输出均会存在偏差，即幅频失真和相位失真，导致波形难以反映真实的输入波形。如果检测仅以得到被测对象的动态波形为目的，则可以根据测试系统的幅频特征曲线和相频特征曲线合理确定检测范围，并采取技术手段减少检测误差。但对于按被测对象动态反映实时反馈控制输入量的闭环试验测试，则需要对测试系统输出幅值和相位进行适当处理，否则会因为输出相位的不同步造成被测对象丧失稳定性。

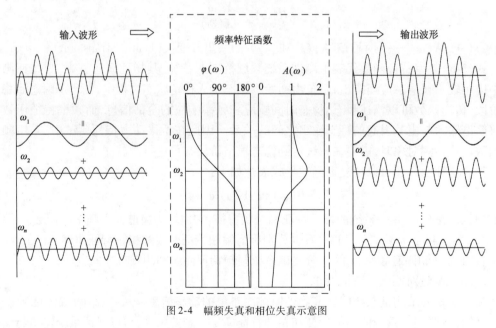

图 2-4　幅频失真和相位失真示意图

2.3　试验加载装置

在受到作用时，桥梁结构各种变化量均十分微小，一般通过仪器设备或装置获取结构的参数信息。为了达到理想的试验目的,了解试验对象完整的力学行为,需要采用相应的(静态)加载或(动态)激励设备,用于激发桥梁结构的力学行为,为此还需要配套的试验台座和反力装置。

2.3.1 静态加载装置

静态加载方式有许多,可以归纳为重力加载和设备加载两种方式。重力加载是利用物体重力产生稳定的竖向荷载;设备加载是利用液压、电液伺服等加载系统施加作用力给试验对象。为了平衡该作用力,需要配套具有足够强度和刚度的反力装置,组成完整的设备加载装置。

重力加载可以利用现场重物,如现场施工材料、水箱或汽车等。其适用于非实验室条件下没有专用加载装置场合下的长期、小荷载试验,这种加载存在占用场地大、加载难以控制、加载过程耗时长等问题。

设备加载装置中最基本的设备是液压千斤顶,它通过油压使千斤顶产生较大的荷载,试验操作安全方便,具有出力大、加载效率高、便于荷载分级等特点。

液压千斤顶按出力方向可划分为单作用式和双作用式两种。单作用式液压千斤顶通过一条油路施加单向、单点加载,结构简单。双作用式液压千斤顶则有两个工作缸和两条油路,千斤顶行程范围内通过油缸交替供油和回油施加拉、压作用,可用于实现低周反复荷载试验和动态激励。

液压千斤顶作为静态加载设备,有手动加载和电动加载两种方式。手动液压千斤顶操作简单,最大加载可达5000kN,但加载大小不容易控制,往往造成数据测量不准确、试验结果分析困难。电动液压最大加载可达10000kN以上,工作压强为60~80MPa,若结合同步加载系统可实现多点同步加载。

室内结构试验常用到的静载液压加载设备是结构试验机,它是一种系统较完备的液压加载设备。其加载系统、荷载机构、控制系统采用一体化设计,系统整体性好。其典型的结构试验机有结构长柱试验机、万能材料试验机和结构疲劳试验机等。

结构长柱试验机(图2-5)用以进行柱、墙板、砌体、节点与梁的受压、受弯等试验,其构造由液压操纵台、大吨位的液压加载器和试验机架三部分组成。由于进行大型构件试验的需要,它的液压加载器的吨位比较大(2000kN以上),机架高度在3m左右或更高,试验机的精度不应低于2级。

图2-5 结构长柱试验机

若多组液压千斤顶同时加载，则需要用到同步液压加载设备。同步液压加载设备由同步液压千斤顶、高压油泵、控制台、分油器、反力架、测力传感器等组成，解决了简单液压加载设备存在的荷载稳定性差、效率低、加载控制难、多点加载不同步等问题，且设备简单、购置费低、容易实现加载分级和加载控制、具有荷载自动补偿功能等，属于开环。简单的静力液压加载设备如图2-6所示。

图2-6 同步液压千斤顶

2.3.2 动态激励装置

动态激励与静态加载有所不同，动态激励常常是为了获取结构的动态特征。按照激励的作用方式不同，常用的激励装置有惯性力激励装置、电磁激励装置、电液伺服激励装置等。其他利用人工、车辆或环境振动对桥梁结构进行动态激励的不在此处表述。

1) 惯性力激励装置

惯性力激励装置中，一种是利用锤击施加时间很短的脉冲冲击力，根据锤子质量大小和锤头材料的类型，可以产生不同脉冲持续时间和锤击冲击力大小的激振力；另一种是偏心质量块旋转产生的离心力对结构施加简谐振动激励，其激励力除与偏心块的质量大小有关以外，主要取决于角频率，频率越高，激振出力也越大，但低频时出力小，因此此类激励装置工作频率范围较窄。上述激励装置通常用于试验室条件下对模型的激振。

为了提高惯性力激励装置的出力、增大其工作频率范围，现在较多采用由伺服电机技术开发的大型直线型惯性激振装置，该装置通过伺服电机驱动、盘式紧急制动质量块(达20t)，产生惯性力，适用于大型桥梁的动载试验，由于惯性力激振装置自身重量大，需要考虑其重量对结构动力特性的影响。如图2-7所示为日本多多罗大桥所采用的大型激振装置。

2) 电磁激励装置

电磁激励装置利用了通电导体在正交于磁场方向产生作用力的原理，小型电磁激励器构造如图2-8所示，它由励磁线圈、中心磁极、磁极板、驱动线圈等构成的电磁部件和顶杆、弹簧等机械部件组成，通过输入直流电到励磁线圈，在中心磁极、磁极板中的空隙部位形成恒定磁场，同时将放大后的激励信号所构成的交变电流输入驱动线圈，在磁场下驱动顶杆产生顶推力。由于激励信号可以任意选择，所以电磁激励装置工作

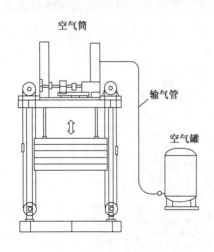

图2-7 大型往复式激振装置

频率范围较宽,一般为 $0 \sim 10^3$ Hz 级,但出力较小(最大约 10^3 N 级),较适合桥梁模型试验。除了采用顶杆作用力,也可以做成小型电动振动平台,常用于动态测试传感器的标定设备。

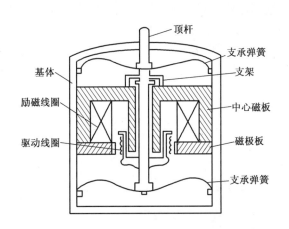

图 2-8　小型电磁激励器构造

3)电液伺服加载系统

电液伺服加载系统是先进的动态加载系统,其主要由电液伺服作动器(伺服千斤顶)、控制系统和液压油源三大部分组成,如图 2-9 所示。它利用先进的加载设备,采用电液伺服阀闭环控制,获得高精度加载控制;能精确模拟各种复杂的荷载历程,产生符合实际的受力状态,同时将荷载、应变和位移等不同力学参量直接作为控制参量,实行自动控制,并在试验过程中进行控制参量的转换。由于电液伺服技术可以较为精确地模拟试件所受的实际外力,产生真实的试验状态,所以被广泛用于抗震、疲劳、材料、拟动力试验。

图 2-9　电液伺服作动器与液压油源

电液伺服作动器是电液伺服试验系统的动作执行者,由刚度很大的支承机构和加载装置组成。控制系统由液压控制器、电参量信号控制器、图显系统和计算机四部分组成。其中,液压控制器决定油源的启动和关闭;电参量信号控制器主要控制荷载、位移和应变等参量的转换,还具有极限保护以免开环失控等功能;图显系统主要对试件的各阶段受力与变形的变化规律进行实时直观显示;计算机主要对电信号控制器和图显系统进行实时控制。液压油源为整个试验系统提供液压动力。电液伺服作动器这种高精度加载设备,对相应的液压油源有很高的技术要求。

电液伺服液压系统工作原理(图 2-10)是通过实测荷载或位移信号,将其反馈到比较器,与控制系统的设定值进行比较,其差值作为加载控制调整的信号,控制器向电液伺服阀发出指令,加载装置向消除两者偏差的方向动作,达到加载控制的目的。伺服阀根据指令控制高压油流量,驱动作动缸工作,施加荷载/位移,测力/应变/位移传感器测量结构力/应变/位移响应信号,响应信号返回比较器与指令比较,比较器比较两者的差值,产生与差值信号成正比的调整指令,伺服阀根据调整指令,驱动作动缸向消除差值的方向动作,使得其产生的荷载/位移与初始指令相同,消除误差。

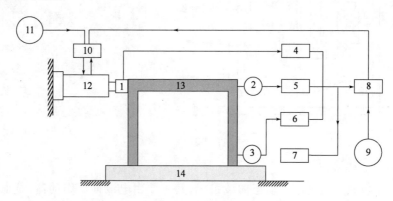

图 2-10 电液伺服液压系统工作原理

1-荷载传感器;2-位移传感器;3-应变传感器;4-荷载调制;5-位移调制;6-应变调制;7-记录显示;8-伺服控制;9-指令;10-电液伺服阀;11-液压源;12-液压加压装置;13-测试结构;14-试验台座

大型高精度电液伺服激励设备主要用于再现地震波的作用,模拟地震对结构的影响。其控制系统控制激励的方法主要有两种:一种是以位移反馈、控制方法,结合压差反馈,作为提高系统稳定的补偿;另一种是将位移、速度和加速度共同进行反馈的三参数反馈控制方法。相关内容可参见本书第 13 章。

2.3.3 试验台座及反力装置

对试验结构进行静态加载或动态激励时,需要依托外部反力架和试验台座平衡加力装置,保证被测结构对象的稳定。

反力架有竖向反力架和横向反力架之分。竖向反力架包括立柱和横梁,立柱与台座相连,横梁直接承受竖向加载时千斤顶的反力,对横梁的强度和刚度要进行专门设计,并留有足够富余。图 2-11 为一典型的竖向加载反力架和台座示意图。横向反力架对强度和刚度要求更高,通常采用剪力墙作为横向反力架更有效,在墙体上按一定间隔布置锚孔,以满足不同位置上施加横向力的需要。

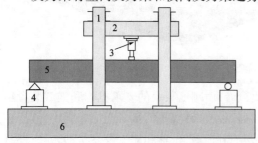

图 2-11 竖向反力架试验装置和台座示意

1-竖直反力架;2-横梁;3-千斤顶;4-竖向支墩;5-试验对象;6-台座

试验台座在形式上有板式和箱式两种,采用整体式钢筋混凝土或预应力混凝土制作,利用其自身重力平衡竖向加载力,以便于固定竖向反力架。板式台座的锚固构造一般为槽形台座,其加载点位置可沿槽方向调整,布置较为灵活;箱式台座的锚固构造采用锚孔居多,刚度大,整体性好,加上自身重大,不仅适合静载试验,也可用于动力试验的台座。

2.4 响应传感元件

结构试验中,直接感知结构响应的前端元件称为响应传感元件或响应传感器。按照结构测试参数的要求,传感器被设计成感知某一物理量的单元,用于捕捉被测结构的微小变化量或获取加载量的大小,并按照一定的原理转换为便于识别的信号,最后借助仪器设备对信号进行处理。传感器种类繁多,称谓也是多种多样,但大多结合传感器工作原理和用途加以命名。按照传感器的用途分类,可以方便区分其检测的范围领域;按传感器的内在机构原理分类,则能帮助使用者更好地了解传感器的特点,也能更好地把握其适用范围。

本节将从原理上介绍桥梁结构试验中常用的传感器,包括机械式传感器、电阻传感器、压电传感器、光纤传感器和磁电传感器等。

2.4.1 机械式传感器

机械式传感器一般由弹性组件组成,通过组件自身的物理力学特征或机械传动机构,直接反映被测物理量。如利用弹簧的变形伸长,测量力的大小;利用材料的热胀系数不同组成双金属片,反映温度的变化等。测试中常用的百分表和千分表即利用了联杆、大小齿轮组合组成的机构,实现微小变位的传感。

机械式传感器对物理量的测量是直接获取的,一般不需要转换成其他物理量形式,故具有结构简单、可靠性高、使用方便、价格低廉和读数直观等诸多优点。但通过刻度和表盘的读数方式,极大地限制了测量数据的自动化采集,因此机械式传感器不适合动态测试的量测。

为了扩大机械式传感器的应用范围,有时可将机械方式获得的检测量通过其他方式转化成电信号。钢弦传感器即为一种通过钢弦长度变化测量应变的传感元件。在受力前,钢弦处于初始张紧状态,其固有频率恒定;受力后,长度发生改变,导致其固有频率发生改变,前后频率变化量即反映了应变大小。

结合数据采集设备,钢弦传感器、数字显示百分表和千分表等可以实现检测数据的自动采集和存储。

2.4.2 电阻传感器

电阻传感器的基本原理是利用电阻的变化来反映被测对象的物理量,结构测试中,将金属丝电阻应变片粘贴在被测对象表面,用来测量该处表面的变形。

1)基本原理

金属丝电阻 R 为:

$$R = \rho \frac{L}{A} \tag{2-8}$$

式中:ρ——金属丝的电阻率;

L——金属丝长度;

A——金属丝截面面积。

当被测对象发生变形时,与其一同发生变形的金属丝电阻也发生改变。对式(2-8)进行微分,可得到电阻变化与金属丝的电阻率、长度和截面面积变化之间的关系式如下:

$$\frac{dR}{R} = \frac{d\rho}{\rho} + \frac{dL}{L} - \frac{dA}{RA} \qquad (2\text{-}9)$$

式(2-9)中,右侧各项均可写为与金属丝应变 ε 相关的表达式,即:

$$\frac{dL}{L} = \varepsilon \qquad (2\text{-}10)$$

$$\frac{dA}{A} = -2\mu\frac{dL}{L} = -2\mu\varepsilon \qquad (2\text{-}11)$$

$$\frac{d\rho}{\rho} = \lambda E\varepsilon \qquad (2\text{-}12)$$

式中:μ——金属丝材料的泊松比;

λ、E——分别为金属丝的压阻系数和弹性模量。

将上述各表达式代入式(2-9),则有:

$$\frac{dR}{R} = (1 + 2\mu + \lambda E)\varepsilon = K\varepsilon \qquad (2\text{-}13)$$

式中:K——与金属材料有关的系数。

作为电阻应变片的主要工作特征,K 也被称为电阻应变片的灵敏系数,其值大小一般为 1.9~2.3。式(2-13)反映了电阻的变化率与应变之间的关系,它建立起了电量和几何量之间的相互转换关系。

2) 电阻应变片分类

电阻应变片由表面覆盖层、电阻丝层和基底层叠合在一起组成。覆盖层起着保护的作用;电阻丝是应变片中最重要的部分,为了获得较高的电阻值,通常将其排成栅形,称为敏感栅,并固定在基层上;基层采用与被测材料黏合性好,同时又具有绝缘性的材料。通常,电阻应变片按照敏感栅、基底层材料和测试应变方向等分成若干类别,见图2-12。

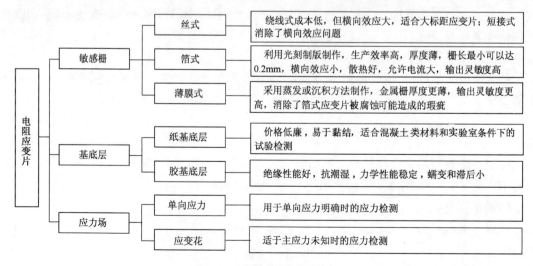

图 2-12 电阻应变片分类及特点

3)电阻应变片性能

除了在2.2节介绍的性能指标,电阻应变片还包括以下几方面的性能参数:

(1)标称电阻值:室温下应变片未参与工作时的电阻值,常有60Ω、120Ω、200Ω、320Ω、350Ω、500Ω、1000Ω等,以120Ω最常见。电阻值越大,相应允许的工作电压越高,信号强度也越高。

(2)几何尺寸:指电阻应变片敏感栅区域的尺寸,由于敏感栅内的电阻变化反映了区域内的平均应变,故应变片的选择需要考虑其尺寸大小。对于应力变化梯度较大的应力检测,应变片的尺寸不能过大,而当检测对象是混凝土时,因为集料尺寸效应,只能采用大标距尺寸的应变片。

(3)绝缘电阻:指衡量敏感栅与被测对象之间的绝缘程度,其值越大越好,一般应大于$10^{10}\Omega$。绝缘程度下降或不稳定会导致零漂,严重影响测量的精确度。

(4)允许电流:指通过敏感栅的最大上限电流,电流过大可能影响应变片工作状态。允许电流的大小除了与应变片本身(敏感栅结构、基底层绝缘性)有关以外,还与黏结材料和其他环境因素有关。箔式应变片相对于丝式应变片允许电流高,胶基应变片相对于纸基应变片允许电流高。对于静态测量,一般允许电流为25mA;对于动态测量,一般允许电流为75~100mA。

2.4.3 压电传感器

压电传感器是利用具有压电效应制作的一类传感器,这类材料能将机械能转换为电能,即可以将被测对象运动状态转换成电信号,实现对被检测对象的测量。

1)压电效应及压电材料

某些材料在两个表面受到相向正应力或剪切应力时,其内部产生极化,两个表面形成相反的电荷;去除作用力后,电荷极化现象也会消失;外力方向发生改变时,电荷极性也会随之改变,这种现象被称为压电效应(Piezoelectric Effect),故可以利用这一特性制作传感器。同时,压电效应具有可逆性,若在极化方向施加电场,则会导致材料产生相应的变形,即由电能转换成动能。这种现象称为电致伸缩效应(Electrostrictive Effect),可以用来制作激励设备。超声波换能器接收和发射信号即利用了材料的压电效应和电致伸缩效应。

具有敏感压电效应的功能材料被称为压电材料,通常用压电常数衡量材料的压电敏感程度,压电常数越大,压电效应越明显。压电材料分为单晶体和多晶体两大类,如石英晶体就是一种单晶体压电材料,其压电常数约为2.31×10^{-12}C/N,性能稳定,常用来制作标准的加速度传感器;压电陶瓷属于人造多晶体压电材料,经过极化处理后,其压电常数最大可达1.9×10^{-9}C/N,品种较多,价格便宜,可用于制成各种类型压电传感器。

2)工作原理

压电传感器可视为外力作用下的电荷发生器。若在压电材料两个表面镀上金属膜,也可将其看成一个电容器(图2-13),其电容量为:

$$C_a = \frac{\varepsilon_r \varepsilon_0 A}{\delta} \tag{2-14}$$

式中:ε_r——相对介电常数;

ε_0——真空介电常数(F/m);

A——压电晶片工作面积(m^2);

δ——晶片厚度(m)。

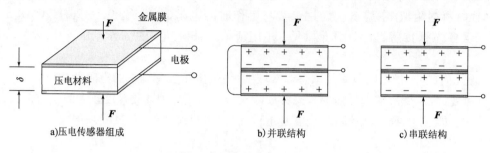

图2-13 压电传感器的结构

压电传感器输出有电荷输出和电压输出两种方式。为了增大压电传感器的信号输出,常可以设计为并联结构和串联结构。并联结构本身电容量大,输出电荷量大,适于测量频率相对较低的信号;串联结构输出电压大,但本身电容量小,要求外接测量电路输入阻抗高。

3)压电传感器特点

压电传感器属于力敏感元件,因此特别适合测量与力有关的物理量,如压力、加速度、冲击力等。用于测量静态或准静态压力的传感器,测量范围为 $10^{-3} \sim 10^7 N$。由于压电片内部泄漏或外部电路的原因,压电传感器电路的输出难以保持稳定不变。针对静态或准静态的压力测量,在压电传感器的设计上必须采取措施,使电荷的流失尽量减少。通常在使用压电传感器时必须有一定的预压力,以保证输出电荷(或电压)与作用力的线性关系。

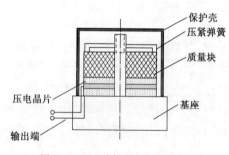

图2-14 压电式加速度传感器构造图

对于动态测量,由于存在外力以不断变化的方式作用于压电传感器,传感器的电荷得到补充,从而能提供测量电路一定的电流,故压电传感器适合动态测量,常用来制成加速度传感器。这类加速度传感器具有固有频率高、频率响应范围广(高频10kHz级以上,配合电荷放大器,大质量压电加速度传感器低频最小可达 $10^{-1} Hz$ 级)、体积小、重量轻等特点,图2-14为压电式加速度传感器的构造图。

2.4.4 光纤传感器

光纤传感器是以光导纤维作为光传播的物理介质,利用光导纤维的几何参数(如尺寸、形状)和光学参数(如折射率、模式)等的改变,感知外部信号的一类传感元件。

1)光纤传感器分类

光纤传感器是除光纤通信外,光纤材料另一个重要的应用领域,其发展较快,种类繁多。按照光纤在传感器中的作用,光纤传感器一般分为功能型传感器和非功能型传感器两大类。功能型传感器是将光纤本身当作敏感元件,敏感元件受外部影响发生变化,对光纤内传输的光强度、相位、频率或偏振态等特性进行调制,通过对被调制过的信号进行解调,从而获得被测信号;非功能型传感器则将光纤当作传输光的介质,用以传输其他敏感元件所产生的光信号。按照光纤传感器在空间上的分布,光纤传感器又可分为全分布式光纤传感器和准分布式光纤传感器两类。全分布式光纤传感器是利用一根光纤作为连续的传感元件,光纤本身既是传感单元,又是信息传输通道,因而可获得被测量沿光纤的分布信息;准分布式光纤传感器是把相同类型的光纤传感器耦合到一根或者多根光纤上,通过寻址、解调,检测出被测量的大小及空间分布,光纤仅起传光作用。

在众多光纤传感器中,基于光纤后向散射的光时域反射(Optical Time Domain Reflect, OTDR)技术传感和波长调制型布拉格光栅(Fiber Bragg Grating, FBG)分别是全分布式光纤传感器和准分布式光纤传感器的代表。在输入光脉冲通过光纤时产生的后向散射光中,存在着与输入激励光波长相同的瑞利散射,以及与激励波长不同的非弹性散射。基于光纤后向散射的光时域反射技术就是利用后向散射光特性(光强、偏振态、频率等)的变化来确定待测参量大小,同时根据回波时间确定位置,由此获得各测参量的空间分布,空间分辨率由脉冲宽度决定。

2)布拉格光栅基本原理

限于篇幅,下面仅简单介绍布拉格光栅的基本原理。

布拉格光栅利用光纤的光敏特性,光纤光栅的作用类似于光纤内的窄带滤波器,它有选择地改变了光在光纤中的传播行为。如图 2-15 所示,当输入的广谱光束传导至光纤光栅区域时,只有特定波长(Bragg 波长)的光波被过滤,并作为反射信号被接收。

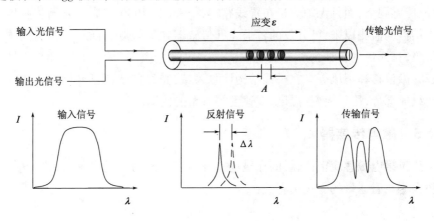

图 2-15 光纤光栅传感器工作原理

Bragg 波长可以表示为:

$$\lambda_b = 2n_{eff}\Lambda \tag{2-15}$$

式中:λ_b——Bragg 波长;

n_{eff}——光纤光栅部分的有效折射率;

Λ——光栅栅距,或光栅周期。

可见,对特定的光纤材料,制作光纤光栅传感器时,光栅周期决定了上述特定波长的大小。当被测对象随温度或应力作用发生改变时,作为传感元件的光栅栅距也发生改变,布拉格波长也随之变化。通过检测反射信号的光布拉格波长的变化量,即可获得引起光栅栅距发生变化的被测对象物理量的变化。光纤光栅反射波长随温度和应力的变化可以近似地用式(2-16)来表示:

$$\frac{\Delta\lambda}{\lambda_0} = (1 - p_e) \cdot \varepsilon + (\alpha_n + \alpha_\Lambda) \cdot \Delta T \tag{2-16}$$

式中：$\Delta\lambda$——反射波长的变化量；

λ_0——反射波长的初始值；

p_e——光纤的有效弹光系数；

ε——光栅受外部影响产生的应变；

α_n——光纤热光系数，反映了温度变化对折射率的影响；

α_Λ——光纤热膨胀系数。

式(2-16)等号右边第一项反映了受力应变量对反射波长的影响；第二项则代表了环境温度的变化对波长造成的影响。这种波长调制型光栅因采用宽带光源而具有比较高的稳定性，但其输出的功率有限，当传感器距离较远时，其输出信噪比降低，进而影响传感器的精确传感能力。近年来开展的有源 FBG 光栅研究，采用了激光器谐振腔的窄带反射元件，能显著改善检测系统的信噪比。

3) 光纤传感器特点

光纤传感器作为一种新型传感元件，由于其优越的性能而备受青睐，它具有重量轻、占空间小、抗电磁干扰能力强、防腐蚀、灵敏度高、测量带宽广等诸多优点，此外还有信号传输距离长，可形成感应网络，而且无须大量布置线路等优点。自 1989 年光纤光栅传感器首次用于钢筋混凝土结构的监测以来，已开发的各类光纤传感器在灵敏度方面较之传统的传感器提高了多个数量级，且测量的各种物理参数范围广，涵盖压力、应力（应变）、温度、磁场、折射率、变形、微振动、微位移和声压等。在桥梁结构检测领域，光纤传感器已开始逐渐成为结构健康监测的重要组成部分，用于应变、温度、加速度等参量的监测。

2.4.5 磁电传感器

根据法拉第电磁感应定律，线圈在磁场中发生切割磁力线的运动时，将产生感应电动势，其电动势大小与磁通量的变化率有关：

$$E = Blv \tag{2-17}$$

式中：E——感应电动势；

B——线圈所在磁场的磁感应强度；

l——线圈导线的平均长度；

v——线圈以垂直于磁力线方向、相对于磁场的速度。

从式(2-17)中可以看到，当磁场和线圈确定后，电势信号仅与两者之间的相对速度有关，从而可制成速度传感器。如果在测量电路中布置积分电路或微分电路，还可以用来测量动位移量或加速度量。因此，磁电传感器只适合动态测量场合。

如图 2-16 所示，磁铁与线圈的相互运动，可以是线圈运动，称为动圈式结构；也可以是磁铁运动，称为动铁式结构。图 2-17 为常见的钟摆式磁电感应传感器，它的磁铁质量较大，钟摆下部是柔性弹簧，上部设线圈，钟摆自身振动频率很低，当整个传感器磁铁受外部影响产生运动时，内部钟摆受惯性力作用保持静止状态，构成动铁式结构磁电感应传感器。这种钟摆式磁电感应传感器在特定范围（1~200Hz）内的频响特征良好，灵敏度高，适于桥梁振动的测量，但由于摆式结构的特点，运输中容易损坏，需要特别注意。

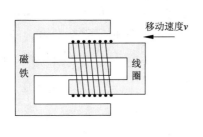
图 2-16　磁电感应传感器构造图

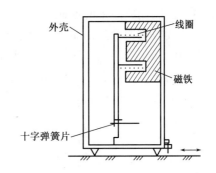
图 2-17　钟摆式磁电感应传感器

2.5　试验测量设备

通过传感元件获取相应检测量信号后,需要专门的设备对信号进行放大调理、采集处理和存储记录等。试验中,因检测量的不同,对试验设备的要求各有特点,按照与时间是否相关可分为静态和动态两大类试验设备。不论是静态还是动态试验设备,它们的基本原理相似,区别在于数据采集和记录的方式有所不同。本节主要按照用途分别介绍变形、应变、力等基本参数测量仪器,并针对振动量(速度、加速度)测量介绍相关的设备及其采集处理系统。

2.5.1　变形测试设备

变形是桥梁结构状态受外部作用最直接的反应,也是结构试验最基本的检测量之一。变形有静态和动态之分,针对静态变形主要测量位移、转角等量;针对动态变形主要测量动位移、速度或加速度量。测试仪器设备有多种,从较简单的机械式位移测量仪表、电阻式位移计到光学测量设备和卫星定位设备等。

1)机械式位移计

百分表和千分表是构件试验和模型试验最常用的位移测量仪表。百分表指示的表盘划分了100个刻度,表盘指针每一个刻度的变化相当于联杆沿杆的方向移动0.01mm,即精度为0.01mm;指针行走一圈即等于联杆发生了1cm的位移,小表盘代表了指针行走的圈数,即百分表的量程,最大可达5cm。千分表精度为0.001mm,相应量程较百分表小。使用时需要用表座将表固定在指定位置。如图2-18所示。

百分表和千分表量程均有限,在现场条件允许的情况下,中小桥的现场试验可以采用绕丝式位移计,通过钢丝与结构测点相连,测点的位移带动钢丝缠绕的指针转动,指示位移量。

利用液体不可压缩性和相同高度液位上所受

图 2-18　百分表及支架

大气压相同的特性,制作成简单的连通管,也是测量结构两点相对竖向位移的实用装置,配合毫米钢卷尺,人工读数可精确到1mm,结合液位测量方法制成的光电液位计或超声液位计,测读精度可提高至0.1mm。应该注意的是,对连通管内部的空气必须完全排出,否则当不同挠度测点有高差时,由于空气具有压缩性,液面会产生较大误差。实际上,对于大跨度桥梁检测,很难将连通管内的空气完全排出,应当对由此引起的误差作出估计。

2) 电阻式位移计

采用电阻传感元件可以制成多种位移测量仪表,较实用的有梁式位移计和滑线式位移计等。梁式位移计内部为一悬臂铍青铜弹簧片,悬臂根部贴4片应变片组成测量桥路(参见应变测量),如图2-19所示,当测点发生位移时,接触杆通过弹簧带动悬臂梁产生挠曲,悬臂梁根部产生应变,该应变值与位移存在线性关系,则可测得挠度值。量程一般为30~150mm,精度可达0.01mm。

滑线式位移计也采用了电阻传感的原理,其构造与测量原理见图2-20,滑线电阻固定在位移计内,触点将滑线电阻分成R_1和R_2,分别接入测量桥路,在初始桥路平衡后,侧杆产生位移时,电阻R_1和R_2分别增加和减少ΔR,根据式(2-8),有:

$$\frac{\Delta R}{R} = \frac{2\delta}{l} \tag{2-18}$$

式中:δ——位移计测得的位移;

l——滑线电阻丝长度。

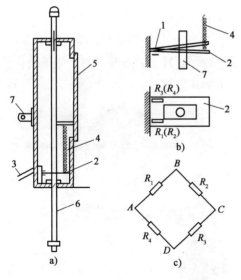

图2-19 梁式位移计构造与测量原理
1-电阻应变片;2-梁式弹簧片;3-导线;4-弹簧;5-位移计外壳;6-接触杆;7-固定座

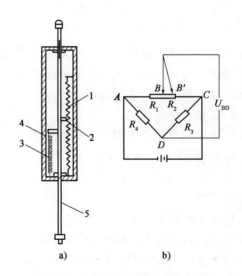

图2-20 滑线式位移计构造与测量原理
1-滑线电阻;2-触点;3-弹簧;4-位移计外壳;5-接触杆

通过测量电阻的变化,即可得到位移值。

采用相同原理的电阻传感元件,还可以设计电子倾角仪。将3根电极插入导电液液面以下,并构成半桥电路,密封在容器中,如图2-21所示。当电子倾角仪发生倾斜,液面发生改变时,桥路电阻随即改变,导致电桥平衡发生变化,通过建立电阻改变量和倾角的关系,即可测得转角的变化。

3）光学测量设备

目前用于测量变形或位移的光学测量设备包括测量定位的全站仪、水准测量的水准仪和专用的光电挠度计等。光学测量设备与前述机械式和电阻位移设备等不同，属于无接触式位移测量设备，使用起来较方便。

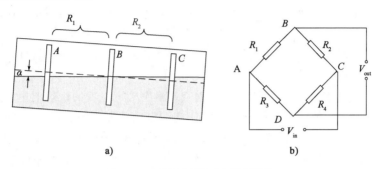

图 2-21　电子倾角仪构造与测量原理

建立在某一测站上的全站仪可以对观测点的空间坐标进行测定，通过变形前后的坐标差异确定测点的位移大小。仪器的测量精度包括测距和测角精度，桥梁静载下的变形测量一般需要高精度全站仪，测距精度 $1mm \pm 1 \times 10^{-6} D$（$D$ 为测量的距离），测角精度不大于 $1''$，这是在配合棱镜情况下的理论精度。为了减少对中误差，提高检测信号强度，采用固定棱镜测量是保证测量精度的最好方式。但对一些跨度大、建筑高度大的桥梁现场检测，采用免棱镜或反射片的模式更为便利，可参考有关测量误差分析，对测量精度作出估计，布置测点时，尽量采取小角度测量，减少测角精度有限带来的竖向挠度测量误差。随着测量技术的发展，针对以往人工操作逐点对中测量的方式，测量效率低的境况，现在已发展出高精度智能型全站仪，俗称"测量机器人"，具有预学习、全向寻、自动记录等功能，配合固定棱镜，预先对各固定测点进行预扫描学习，即可以自动定时测量桥梁的变形状态，实现桥梁健康状态在线监测。

精密水准测量特别适合桥梁结构的挠度测量，在中小跨径桥梁现场检测中经常使用，配合测微器装置和精密水准尺，可以实现 0.1mm 的测量精度。新型的数字精密水准仪，测量精度更高，配合专用条形编码因瓦尺，精度可达到 0.01mm。进行转站测量时，每公里往返测精度可达 0.2mm，适用于一、二等水准测量，以及大坝、高铁、结构沉降观测等。

由于测量采样频率低，全站仪和水准仪只适合静态位移测量。针对这一不足，近些年开发了专用的光电挠度计，其基本原理是在被测桥梁结构检测点位置安装带有标志点的目标靶，测量光学系统将标志点放大并成像于 CCD 感应元件，桥梁发生位移后，CCD 感应位置也发生改变，经光电转换获取位移的变化大小，可同时实现视场内两个维度的位移测量。其测量位移量精度取决于 CCD 成像的分辨率（最大可达测量范围的 3‰），测量量程（或范围）则由光学镜头的视场角、光学放大倍率和 CCD 有效阵列长度决定。现有光电挠度计的测量范围为：竖向 $(0 \sim 0.8m) \times$ 水平 $(0 \sim 0.3m)$，检测距离为 5～500m，采用频率为 40～200Hz，可对 20Hz 以下桥梁振动的动态位移进行测量，配合相应处理软件，可对桥梁动态挠度最大、最小值和冲击系数等进行分析。

4）全球定位系统

全球定位系统属于庞大的系统，应用范围十分广泛，具有定位效率高、测量范围广等传统测量设备所不具备的优势,可以运用于建立范围从数千米至上千千米的控制网或变形监控网,实现精度达毫米级的定位。目前全球已实际运营或已起步的全球定位系统包括美国的GPS、俄罗斯的GLONASS、我国的北斗卫星导航系统(BDS)和欧洲的"伽利略"系统。我国的北斗卫星导航系统目前已经实现了覆盖亚太地区的定位、导航和授时以及短报文通信服务功能,预计到2020年左右将覆盖全球。近年北斗升级改造工程,已经在若干地区提供具有完全自主知识产权的高精度北斗定位导航在线服务。将原来由国外软硬件设备组成的GDCORS系统提供的单一GPS精密定位服务,变成为北斗、GPS及GLONASS三系统融合,从过去只能面向测绘行业应用,升级改造为既可向行业用户提供厘米级和毫米级定位服务,又可向大众用户提供优于1m的导航定位服务。

全球卫星定位系统的基本原理,是利用太空站具有确定位置的三颗卫星,通过三球交汇定位来定点地面上某一点的三维坐标。参照三球交汇定位的原理,根据3颗卫星发布到用户终端的距离信息,理论上即可列出3个方程,得到用户终端的位置信息,这就是所谓的无源定位方法。由于卫星时钟和用户终端使用的时钟间一般会有误差,而电磁波以光速传播,微小的时间误差将会使得距离信息出现巨大失真,若视时钟误差是一个未知数 t,加上定位点三维坐标 (X,Y,Z),则需要4颗卫星来列出4个关于距离的方程式,得出用户端所在的三维位置,根据此三维位置可以进一步换算为经纬度和海拔高度。若空中有足够的卫星,用户终端可以接收多于4颗卫星的信息时,可以将卫星每组4颗分为多个组,列出多组方程,然后通过一定的算法挑选误差最小的那组结果,能够提高精度。

全球卫星导航系统一般由空间段、地面段、用户段组成。空间段由多颗静止轨道卫星和非静止轨道卫星组成。地面段由主控站、注入站、监测站组成,用于系统运行管理与控制等。主控站从监测站接收数据并对数据进行处理,生成卫星导航电文和差分完好性信息,而后交由注入站执行信息的发送。注入站用于向卫星发送信号,对卫星进行控制管理,在接受主控站的调度后,将卫星导航电文和差分完好性信息向卫星发送。监测站用于接收卫星的信号,实现对卫星的监测,以确定卫星轨道,并为时间同步提供观测资料。用户段即用户终端,既可以是专用于GPS或北斗卫星导航系统的信号接收机,也可以是同时兼容多种卫星导航系统的接收机。我国北斗卫星导航系统试运行启动后,也开发了全球体积最小的BD/GPS双模模块,该模块具有定位精度高、启动时间快及功耗低等特点。

目前全球定位系统在桥梁工程中已应用于大跨度桥梁施工放样、线形控制和结构变形监测等方面。国内外多座特大跨径桥梁,如英国的Humber悬索桥、日本明石海峡大桥,以及我国香港青马大桥、广东虎门大桥、江阴长江大桥等,其健康监测系统均运用了卫星定位系统。随着拥有完全自主知识产权、支持新一代北斗三号信号体制的高精度导航定位芯片的正式发布,我国北斗应用将进入快速发展阶段,届时在大跨径桥梁坐标定位及变形观测方面的应用会得到极大发展。

5)位移测量设备选择

综上各种测量仪表和设备可见,位移测量手段很多,包括百(千)分表、连通管、电阻式位移计、电子倾角仪、水准仪、全站仪、光电测量设备、全球定位系统等。其中,百(千)分表、电阻式位移计、水准仪等仪表设备造价低、使用简单,但需要人工测读,适合于模型试验、桥梁施工现场检测和桥梁验收等桥梁短期、静态检测试验;而高精度全站仪(测量机器人)、电子倾角仪、光电测量设备、全球定位系统运用于大跨度桥梁长期监测居多。常用的位移测量设备对比见表2-1。

常用的位移测量设备对比　　　　　　　　　　表 2-1

测量设备	精度	数据采集	使用时间	适合桥型	费用
百（千）分表	毫米级以下	静态	短期	中小型桥梁	低
连通管	毫米级	静态	长期	各种桥梁	一般
电阻式位移计	毫米级以下	静态	短期	中小型桥梁	一般
倾角仪	厘米级	静态/动态	长期	大型桥梁	较贵
水准仪	毫米级	静态	短期	中小型桥梁	一般
高精度全站仪	厘米/毫米级	静态	长期	大型桥梁	贵
光电测量设备	厘米/毫米级	静态/动态	长期	大型桥梁	较贵
全球定位系统	厘米级	静态	长期	大型桥梁	贵

2.5.2 应变测试设备

结构应变量非常微小，应变测试设备就是将传感元件获得的微小量，通过各种方法加以放大、处理并存储。最简单的应变测量仪器可以采用千分表通过测量两固定点间的相对位移来实现，称为引伸仪，以标距为 200mm 的千分表引伸仪为例，测量精度为 $5\mu\varepsilon$。此时测得的为 200mm 范围内的平均应变，较适合混凝土大标距平均应变的测量，但自动化程度较低。目前较为成熟的应变测试设备有电阻应变仪、光纤调制仪和钢弦检测仪。

1) 电阻应变仪

电阻应变仪是利用电阻应变传感元件实现应变测量的一种最常用设备。从式(2-13)中电阻变化率与金属丝应变的关系可看出，为了测量 $1\mu\varepsilon$，必须能够准确测量到 2×10^{-6} 大小的电阻变化率，这种微小的电信号测量需要采取专门设计的调理和放大设备，电阻应变仪的基本原理就是利用惠斯顿电桥，实现对电阻值微小变化的放大和检测。

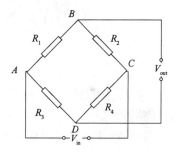

图 2-22　惠斯顿电桥

如图 2-22 所示惠斯顿电桥，AB、BC、CD 和 AD 构成了四个桥臂，在各桥臂上分别接入 4 个电阻 R_1、R_2、R_3 和 R_4，并在 A 和 C 接入内部电源，输入电压为 V_{in}，B 和 D 作为输出端，输出电压为 V_{out}，其计算式为：

$$V_{out} = V_{AB} - V_{AD} = \left(\frac{R_1}{R_1+R_2} - \frac{R_4}{R_3+R_4}\right)V_{in} = \frac{R_1 R_3 - R_2 R_4}{(R_1+R_2)(R_3+R_4)}V_{in} \qquad (2-19)$$

当电桥处于平衡状态，即输出电压 $V_{out}=0$ 时，有 $R_1 R_3 = R_2 R_4$，为电桥的平衡条件。当任意桥臂电阻值发生改变量 $\Delta R_i(i=1,2,3,4)$ 时，将 $R_i + \Delta R_i$ 代入式(2-19)，略去高阶项和非线性误差项，得：

$$V_{out} = \frac{1}{4}\left(\frac{\Delta R_1}{R_1} - \frac{\Delta R_2}{R_2} + \frac{\Delta R_3}{R_3} - \frac{\Delta R_4}{R_4}\right)V_{in} \qquad (2-20)$$

视桥臂上各电阻为应变传感器，由式(2-13)，式(2-20)可改写为：

$$V_{out} = \frac{1}{4}K(\varepsilon_1 - \varepsilon_2 + \varepsilon_3 - \varepsilon_4)V_{in} \qquad (2-21)$$

对应图 2-22 可以发现，桥路中相邻电阻片应变为差的关系，相对电阻片应变为和的关系，简写为：

$$V_{out} = \frac{1}{4}NK\varepsilon V_{in} \tag{2-22}$$

式中：N——桥臂系数。

利用上述桥臂上各电阻应变片的和差关系，合理布置桥路，可以使得桥臂系数 N 最大，输出电压高，信号更加灵敏；也可以通过桥路布置，消除相同因素影响下造成的干扰，如温度补偿。常见的测量桥路布置有全桥、半桥和 1/4 桥。以如图 2-23 所示两种半桥布置为例，测试对象为纯受弯梁[图 2-23a)]，以两个工作电阻应变片相互作为温度补偿，则输出电压为：

$$V_{out} = \frac{1}{4}K[(\varepsilon_M + \varepsilon_T) - (-\varepsilon_M + \varepsilon_T)]V_{in} = \frac{2}{4}K\varepsilon_M V_{in}$$

图 2-23b)为一个工作片、一个温度补偿片，则输出电压为：

$$V_{out} = \frac{1}{4}K[(\varepsilon_M + \varepsilon_T) - \varepsilon_T]V_{in} = \frac{1}{4}K\varepsilon_M V_{in}$$

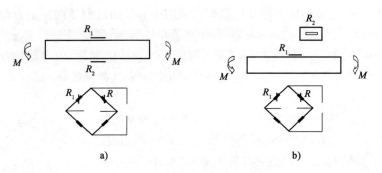

图 2-23 两种半桥布置对比

可见，针对具体的测试对象，不同的桥路组合桥臂系数是不一样的。在相同情况下，图 2-23a)的桥路布置更优。

结合前述滑线式位移计中图 2-20 的桥路布置，其电桥输入输出关系为：

$$V_{out} = \frac{1}{4}\frac{\Delta R - (-\Delta R)}{R}V_{in} = \frac{1}{2}\frac{\Delta R}{R}V_{in} \tag{2-23}$$

可以得到滑线式位移计测量位移值 δ：

$$\delta = \frac{V_{out}}{V_{in}}l \tag{2-24}$$

式中：l——滑线电阻丝长度。

2）光纤调制设备

光纤传感系统由光纤光栅传感器、激光器（光源）、光电耦合器、测量系统和计算机处理系统组成，其中将光源、光电耦合器、测量系统集成，即构成光纤调制仪设备。

以准分布式光纤光栅传感器为例（图 2-24），将一根光纤串联上多个具有不同工作波长的光栅传感器，当宽带光源照射光纤时，每一个光纤光栅反射回一个相应 Bragg 波长的窄带光，经耦合器进入可调导通频带的法布里—珀罗（F-P）滤波器，该滤波器具有很窄的导通频带，并通过压电陶瓷改变滤波器中 F-P 腔长来实现导通频带的调整。压电陶瓷在电信号作用下，控制光纤 F-P 滤波器的导通频带，扫描整个光栅反射光光谱。若 F-P 腔的透射波长与其反射波长重合,则只有这一波长范围的光带透过滤波器进入光电探测器,光电探测器将这一光纤光栅的反射光变换成电信号,这个信号的峰顶对应于从这一光纤光栅反射回的波长。通过这种途径,光纤调制仪设备能以几百赫兹频率进行扫描,获得各分布光纤光栅传感器波长的精细变化,即被测各参量值。此为基于可调光纤 F-P 滤波器的波长解调系统的基本原理。光纤光栅传感器工作波长对温度敏感性很高,用于测量应变时,同样要考虑温度补偿,一种简单的办法是额外添加一个具有相同的温度灵敏系数的光纤光栅传感器,使其处于相同环境温度下但不受应力影响,以应变传感器中测得的波长改变中减去由温度传感器测得的波长改变来消除温度变化造成的影响。

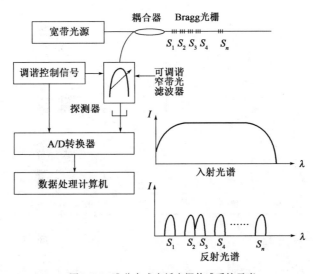

图 2-24 准分布式光纤光栅传感系统示意

随着光纤传感器的发展,各种类型光纤传感器和调制设备种类繁多,最新的传感技术还在不断涌现,如基于马赫—泽德干涉的相位调制干涉仪具有很高的灵敏度,系统分辨率可达 0.99×10^{-12} m,单点测量范围可达 3.32×10^{-9} m。该设备不仅适合测量静态信号,更适合于动态信号的检测;不仅适合应变测量,还可以用于分布式温度测量。

3) 钢弦检测仪

钢弦检测仪是针对钢弦传感器配套的检测设备,其内部实际上就是一个检测钢弦振动的小系统。如图 2-25 所示,通过电磁激励振动钢弦,在磁场中振动的钢丝由于与磁场的相对运动产生交变电势,转换成钢弦振动的频率,间接获取钢弦受力的变化。钢弦振动频率 f 与其张紧力 T 的关系为:

$$f = \frac{1}{2l}\sqrt{\frac{T}{m}} \tag{2-25}$$

式中:l、m——分别为钢弦长度和钢弦单位长度的质量。

图 2-25 钢弦传感器原理

钢弦传感器通过频率和张紧力的关系，即可间接获取钢弦的应变值，测量精度可达到 $1\mu\varepsilon$，量程可达 $10^3\mu\varepsilon$ 以上。由于密封在容器中，故钢弦传感器测量稳定性好，是一种较理想的长时效应变测量设备。其内装热电感应电阻的钢弦传感器还可以用于温度测量。

4) 应变测量设备选择

对于应变测量设备的选择，宜根据试验的目的和要求，结合设备及环境条件加以选择。对三种应变测量设备的特点总结如表 2-2 所示。

各应变测量设备的特点　　　　　　表 2-2

特　点	电阻应变测量	光纤应变测量	钢弦应变测量
灵敏度	高	较高	较低
精度	较高	高	较高
稳定性	漂移较大 不适合长期测量	漂移小 适合长期测量	漂移小 适合长期测量
动态响应	很好	好	不适合动态测量
温度影响	温度补偿	需要温度修正	需要温度修正
线路影响	须做导线电阻修正	无影响	无影响
传输距离	较短	很长	较长
抗电磁干扰	差	很强	较强
绝缘要求	高	无要求	较高

2.5.3　加载测力设备

桥梁结构试验中，加载控制需要用到测力设备，通常吨位要求较大，一般可通过对标准材料相对位移或应变的测量换算得到。比较典型的两类测力设备包括测力环和测力计。

1) 测力环

测力环是采用特种钢材料制成，在环的直径轴线上配置千分表，通过圆环轴线上的相对位移与力的线性关系测量力的大小(图 2-26)。其特点是测量数据可靠、稳定，精度高，属于永久性计量设备。测力环种类较多，按照显示方式有表盘式和数字式测力环，按照构造方式有直接测量式和杠杆放大式测力环；其量程范围通常在 10～5000kN。测力环的校准可参照中华人民共和国国家标准《单轴试验机检验用标准测力仪的校准》(GB/T 13634—2008)的规定进行。

a) 直接测量式

b) 杠杆放大式

图 2-26　机械式测力环

2)测力计

利用前述电阻、光纤、钢弦振动等应变测量方法,可以制成各种测力计(也称为测力传感器),它们均通过应变的测量换算得到力的大小。如图2-27所示为一种筒形穿心式电阻应变压力计,又称为锚索计,常用于预应力或缆索张拉力的测量。为了消除偏心和补偿温度影响,常采用多组应变片组成的桥路,同时可提高检测的灵敏度。

除上述设备外,对桥梁结构中特殊构件的受力测量还可以结合具体条件采取多种方式,如索力在线测量,即可以通过永久安装在拉索锚头端的锚索计测量索力,也可以测量索的振动,通过频率与索拉力的力学关系测得索力,这部分可参阅下节振动测试设备。

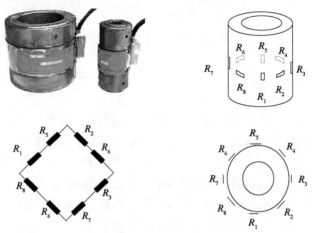

图 2-27 应变式测力计

桥梁在线健康监测中,还用到车辆称重设备,如近年出现的动态称重(Weigh-in-Motion,WIM)系统,就利用了弯板式传感器、压电式传感器和测压传感器等开发出车速车轴仪,该设备系统还在逐步完善中。

2.5.4 振动测试设备

1)基本原理

桥梁结构振动测试设备,通常主要是以检测动位移、速度或加速度等中某一参量的频率、振幅和相位等信息,进而得到有关桥梁结构的固有特征(固有频率、阻尼和模态)和动态响应,或判断引起桥梁振动的动力源特征。前述光学设备和光纤传感测量设备虽然可以在一定程度上用来检测振动参量,但受制于采样频率,故目前仍以磁电、压电和电阻应变传感器为主的拾振检测系统为主。拾振设备的基本原理是基于图2-28所示具有质量、弹簧和阻尼的惯性系统,当它与被测对象固定在一起,对于惯性系统而言,被测对象的振动就是外部激励,设外部为谐振激励 $y_g(t) = y_{0g}\sin(\omega t)$,则惯性系统的动力方程为:

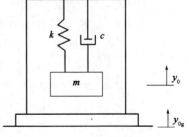

图 2-28 惯性式拾振计原理

$$m\ddot{y}(t) + c\dot{y}(t) + ky(t) = -m\ddot{y}_g = m\omega^2 y_{0g}\sin(\omega t) \quad (2-26)$$

令 $\omega_n = \sqrt{k/m}$,$c/m = 2D\omega_n$,$u = \omega/\omega_n$,式(2-26)的解为:

$$y(t) = A\,\mathrm{e}^{-D\omega_n t}\sin(\omega t - \varphi) + \frac{u^2 y_{0g}}{\sqrt{(1-u^2)^2 + (2Du)^2}}\sin(\omega t - \varphi) \qquad (2\text{-}27)$$

式中：ω、ω_n、u——分别为外部激励振动、拾振设备圆频率和两者的频率比；

y_{0g}——外部激励振动幅值；

D——拾振设备阻尼比；

φ——拾振设备响应初相位角。

由于阻尼的存在，系统由瞬态进入稳态阶段，式（2-27）第一项逐渐趋于零，则有：

$$y(t) = \frac{u^2 y_{0g}}{\sqrt{(1-u^2)^2 + (2Du)^2}}\sin(\omega t - \varphi) = y_0\sin(\omega t - \varphi) \qquad (2\text{-}28)$$

式（2-28）建立起了拾振系统位移和被测对象振动振幅、频率等的理论关系，其中拾振设备响应初相位角为：

$$\tan\varphi = \frac{2Du}{1-u^2} \qquad (2\text{-}29)$$

按照检测参量为动位移 $y(t)$、速度 $\dot{y}(t)$ 和加速度 $\ddot{y}(t)$ 的不同，拾振设备有（动）位移拾振计、速度拾振计和加速度拾振计等之分。下面分别对位移拾振计和加速度拾振计进行讨论。

2) 位移拾振计

从式（2-28）来看，位移拾振计的响应频率与被测对象不存在失真，即拾振计仍然按照谐振圆频率 ω 振动。但要使拾振设备完全准确反映被测对象的动力特性，还需要保证振幅和相位不发生失真。位移拾振计和被测对象的位移振幅比如下：

$$\frac{y_0}{y_{0g}} = \frac{u^2}{\sqrt{(1-u^2)^2 + (2Du)^2}} \qquad (2\text{-}30)$$

式（2-30）右侧仅与圆频率比和阻尼有关，参照仪器设备的动态技术要求一节内容，式（2-30）实际上反映了位移拾振计的幅频特征。从式（2-29）可知，其相频特征为：

$$\varphi = \arctan\left(\frac{2Du}{1-u^2}\right) \qquad (2\text{-}31)$$

按照不同阻尼比，可以绘制出与 2.2.2 节中相似的幅频特征曲线和相频特征曲线。为便于说明，将图 2-3a) 中竖坐标用无量纲参数 y/y_{0g}、横坐标用 $u = \omega/\omega_n$ 的对数坐标表示，示于图 2-29，即为位移拾振计的幅频特征曲线。从图中可看出，圆频率比越大、阻尼比越小，则 y_0/y_{0g} 越趋近 1，位移拾振计幅值失真也越小。当位移拾振计阻尼比为 0.7 时，圆频率比下限 $u = \omega/\omega_n \approx 1$，即位移拾振计的固有频率不能大于被测对象的固有频率。由于桥梁结构基频一般较小，因此要求位移拾振计的自振频率越小越好，故其质量一般较大。受制于自身构造原因，位移拾振计的最低固有频率为 1Hz 左右（如以磁电传感器制作的位移拾振计），故检测桥梁结

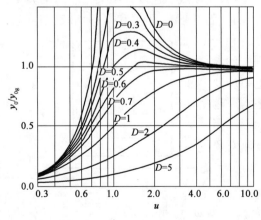

图 2-29　位移拾振计的幅频特征

构的低频范围受到一定限制。

根据位移拾振计幅频特征($u>1$),可见其相频特征仅当 D 趋于零时,才是近似线性的,对于桥梁结构低频段的多频率复合振动,位移拾振计还原波形的能力较差,这点参照设备动态技术要求一节中图 2-4 可以更好地理解。

3)加速度拾振计

加速度拾振计是以加速度量作为检测量,对于谐振而言,将式(2-30)作变换,可得到加速度拾振计和被测对象的加速度振幅比:

$$\frac{\omega_n^2 y_0}{\omega^2 y_{0g}} = \frac{1}{\sqrt{(1-u^2)^2 + (2Du)^2}} \tag{2-32}$$

同样可以绘制出加速度拾振计的幅频特征曲线如图 2-30 所示,可以发现,当被测对象振动频率与加速度拾振计固有频率之比越小($u<1$)、阻尼比越小时,则两者的加速度振幅比 $\omega_n^2 y_0 / \omega^2 y_{0g}$ 越趋近 1。在最佳阻尼比 $D=0.5\sim0.7$、频率比 $u=0.0\sim0.4$ 范围内,加速度拾振计幅值失真程度最小,故加速度拾振计检测频率的上限范围为不超过其自振频率的 0.4 倍。与位移拾振计工作范围相反,加速度拾振计的频率范围($u<1$)内的相频特性要好,在阻尼比为 0.7 左右时,相位角和频率满足近似线性关系,波形不会出现畸变。按照这一原理,压电式传感器常被

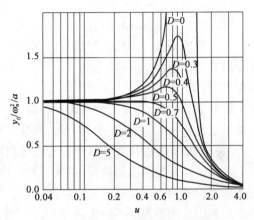

图 2-30　加速度拾振计的幅频特征曲线

用来制成加速度拾振计,它的质量小,阻尼系数也小(可接近 0),固有频率很高,故测量范围大(1Hz～10kHz)。改进的大质量压电式加速度拾振计内部设置阻抗变换电路,将电荷输出变为电压输出,具有较好的超低频频响范围(0.03～250Hz)性能和高灵敏度。采用伺服电路制成的伺服式拾振计也是一种加速度计,较大质量压电式加速度拾振计具有更小的低频响应特征,该方法特别适合大跨径桥梁的振动测试。

4)振动设备的标定

振动测量过程从拾振计获取振动信号,到信号经放大、滤波、显示、存储和处理,实际上是一整个测试系统。对系统中各个环节设备要求均应满足 2.2 节的技术要求,同时要求整个系统的技术状态达到测试要求。为此,常需要对振动测试系统进行标定,可根据具体条件采用如下方法:

(1)利用标准振动台进行标定,即在给定振动输入条件下核定振动测试系统。这种方法可以对整套测试系统的灵敏度、频响特征和线性度等进行标定。

(2)利用灵敏度更高的测试系统进行标定,即将两套系统(或仅振动拾振计)放置于同一振动源上,比较两者的差异程度,也称之为背靠背标定法。这种方法实际上利用了更高灵敏度设备作为基准,校核测试系统的灵敏度。

(3)利用参考测点对测试系统各通道进行相互标定,该方法特别适合于桥梁结构现场测试前的标定工作。为了保证动态测试各通道测试数据的一致性,可以将各通道拾振计集中在同一测点,两两比较各通道测试系统的灵敏度差异。

2.5.5 数据采集处理

桥梁结构试验中，由各类传感器获取的参数信息，经相应调制设备转化，输入数据采集设备，后端连接显示、数据分析处理及储存等设备。某些不能满足采集设备输入要求的情况下，还要配套放大器、滤波器等设备对信号进行预先处理。

放大器是通过各种电路对来自传感器较弱的电信号进行放大处理的设备，也便于信号的远距离传输。依据传感器输出的微弱电压、电流或电荷信号种类的不同，放大器电路设计成相应的电路，如磁电式传感器需要配套电压放大器，压电传感器一般配套电荷放大器；为了提高通用性，有的放大器设计了适合不同信号的输入端口，适合多种信号的输入。放大器还可起到抑制噪声、提高信噪比的作用。

动态信号测量时，被测量信号的频带范围一般较大，同时受各种干扰，信号频谱分布复杂，造成信号分析困难。采用滤波器可以过滤有效频率信号，减弱或抑制其他频谱信号或噪声信号。通常可以按照某一频率点f_c，设计成低通（$0 \sim f_c$通带）、高通（$f_c \sim \infty$通带）、带通（$f_{c1} \sim f_{c2}$通带）和带阻（$0 \sim f_{c1}, f_{c2} \sim \infty$通带）四种滤波器。桥梁结构检测中，桥梁结构自振频率较低，通常采取低通滤波，而测量索的高频振动时，也可以采取带通滤波。现有的仪器设备可以将放大和滤波组合在一起，制成滤波放大器，减少了测量仪器设备的层次。

数据采集设备的作用是对所有传感器通道进行扫描，将传感器信号进行数字转换，再将数字电信号转换成被测参量信号，送入后端计算机进行显示、数据分析处理及储存。一个基本的数据采集设备包含带多路开关的接线模块、数模转换器、控制主板、储存器和其他接口部件等。随着信息化处理手段的不断提高，现有大量数据采集设备通过硬件和软件的组合，已能将预处理、采集、处理分析、显示和存储等所有功能集成在一起，大大方便了试验人员的使用。由于系统整合在一起，设备的稳定性也得到提高。目前市场上基于视窗操作系统的示波器产品就整合了动态采集、分析处理和存储功能，采集系统通用性好，带宽可达到 8GHz，采样频率为 25GHz/s，单通道最大采样长度为 100M。国内也基于硬软件结合的方式相继开发了多个专用动态信号采集处理分析系统，完全能满足现有桥梁结构的振动测试要求。

随着计算机网络技术、多媒体技术、分布式技术等的迅猛发展，现代测试设备逐渐体现出如下特点：

(1) 利用计算机硬件资源，将传统设备的数据采集、处理、显示、存储等功能融合在一起，极大地拓展了设备的适用性。

(2) 利用现代丰富的软件资源，将原有硬件处理方案变为软件模块，增加了测试系统的灵活性，利用软件的图形用户界面，也使得软件化模块具有良好的人—机界面，形成所谓虚拟仪器设备。

(3) 利用网络技术和接口技术，将各种传感信息进入网络，使信息的采集更方便且不受距离的影响，并构成自动测试系统，实现网络化和智能化的桥梁结构实时监测。

2.6 无损检测设备

无损检测设备是在工业化发展的背景下，在无损检测（Non-Destructive Testing, NDT）技术原理基础上发展而来的检测设备。无损检测技术的出发点是在不影响或不改变被测对象的使用性能的前提下,获取被测对象的物理力学特征。与传统的有损试验检测技术相比,无损检测技术具有简便快速、费用低廉、试验重复性好等诸多优点,因此在试验检测领域得到越来越多的应用,也涌现出越来越多的无损检测设备。

无损检测技术连同由此发展而来的检测设备范围很广,在航天、机械制造、医疗等多领域均有较成熟的技术产品。对桥梁结构而言,相应的无损检测设备主要是指通过传感元件获取的信息,结合无损检测技术的基本原理,设计制造的、用于检测施工或运营阶段桥梁技术状态的设备系统总称。

桥梁结构试验中采用的无损检测设备通常结合特定损伤或缺陷的物理化学机理,在无损检测技术研究基础上开发而来。这其中基于不同的无损检测技术,种类也较多,如基于材料表面硬度与混凝土强度之间关系开发的回弹仪、利用电化学原理检测钢筋锈蚀的电位测量仪、综合金属材料磁感应制成的钢筋埋置位置检测仪和缆索检测仪、基于波在固体材料内的传播特性开发的超声波和应力波检测设备等,本节作逐一介绍。

2.6.1 回弹仪

回弹仪是利用表面硬度法进行混凝土强度测定的一种专用设备。其原理是利用重锤以一定冲击动能撞击顶在混凝土表面的冲击杆后,测出重锤被反弹回来的距离,以回弹值(反弹距离与弹簧初始长度之比)作为与强度相关的指标,进而推定混凝土的强度。

由于混凝土表面硬度与其抗压强度有关,因此回弹值的大小亦反映了混凝土抗压强度的大小,其相互关系常称为回弹曲线,详细内容参见第5章内容。

按冲击力大小,回弹仪有轻型(推定强度范围 0.4~15MPa)、中型(10~60MPa)和重型(50~100MPa)三种型号,分别适合于砖石或砂浆混凝土、一般混凝土和高强度等级混凝土。按显示模式有机械刻度和数字显示两种,前者结构简单,但需要人工记录并进行数据处理;后者自动化程度高,可以自动记录并对数据进行处理,显示推定混凝土强度,如图 2-31 所示两种类型回弹仪。

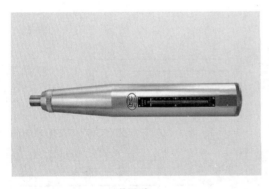
a) 普通型

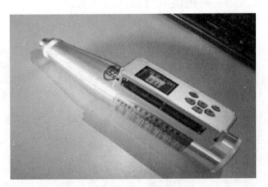
b) 数字式一体化型

图 2-31 回弹仪

回弹仪弹击超过 2000 次后,必须做定期检查,采用洛氏硬度 HRC 为 60±2 的钢砧进行率定,对于中型回弹仪率定值在 80±2 范围内,方可继续使用。对于不满足规定的钢砧率定值的或累计弹击次数超过 6000 次以上的回弹仪,则必须送法定计量部门检定,检定合格后发放检定证书方可重新使用。对回弹仪有关详细要求可参阅相关行业标准。

2.6.2 钢筋锈蚀仪

混凝土中钢筋锈蚀是耐久性检测的重要内容。检测钢筋锈蚀状况最常采用的设备是钢筋锈蚀仪。其原理基于电化学方法中的一种,即半电池电位法,由于混凝土中钢筋锈蚀本身就是一个电化学过程,钢筋锈蚀仪即把钢筋/混凝土看作一个半电池,通过钢筋锈蚀电位的测量与参考电极的电位差,作为钢筋锈蚀电位的量度。将混凝土中钢筋看作半个电池组,与合适的参考电极(铜/硫酸铜参考电极或其他参考电极)连通构成一个全电池系统。

混凝土中钢筋的活化区(阳极区)和钝化区(阴极区)显示出不同的腐蚀电位,钢筋在钝化状态下,腐蚀电位高,电位偏正;由钝态转入活化态时,腐蚀电位降低,电位偏负,故此腐蚀电位反映了金属锈蚀的状态。将混凝土视为电解质,参考电极的电位值相对恒定,而混凝土中钢筋因锈蚀程度不同产生不同的腐蚀电位,从而引起全电池电位的变化,一般可根据混凝土中钢筋表面各点的电位评定钢筋锈蚀状态。

钢筋锈蚀仪由铜/硫酸铜半电池、电连接垫、电压测量仪表和导线构成。用导线将钢筋和电压表一端连通,电压表的另一端与铜/硫酸铜参考电极连通,构成测量系统,如图 2-32 所示。

钢筋锈蚀仪适用于混凝土构件寿命期间的任何期间,不受构件尺寸、钢筋保护层厚度的限制。但钢筋锈蚀仪检测仅能判定锈蚀是否发生的概率,不能直接给出锈蚀程度。

类似混凝土结构耐久性检测,也可采用混凝土电阻测试仪。混凝土电阻率的测量采用四电极方法,即在混凝土表面等间距接触四支电极,两外侧电极为电流电极,两内侧电极为电压电极,如图 2-33 所示。通过检测两电压电极间的混凝土电阻即可获得混凝土电阻率:

$$\rho = \frac{2\pi dV}{I} \tag{2-33}$$

式中:V——电压电极间所测电压;

I——电流电极通过的电流;

d——电极间距。

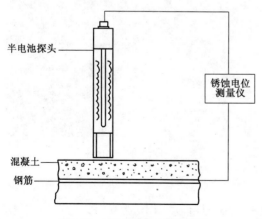

图 2-32 钢筋锈蚀仪工作示意图

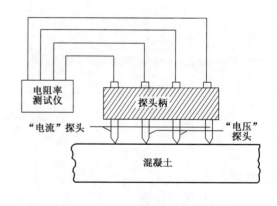

图 2-33 混凝土电阻测试仪工作示意图

2.6.3 钢筋位置检测仪

钢筋位置检测仪可以用来确定钢筋保护层厚度和钢筋分布,它是根据金属材料电磁感应原理设计制造的无损检测设备,其探头核心部分是线圈,在电流下形成磁场,与保护层以下钢筋构成一个相互作用的电磁模型,如图2-34所示。当钢筋位置检测仪主机向探头输入交变电流时,激

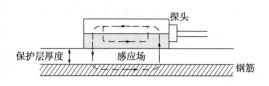

图 2-34 钢筋位置检测仪

励线圈形成电磁场,钢筋在外接电场作用下产生沿钢筋分布的感应电流,该电流重新向外辐射二次电磁场,使原探头线圈产生感应电动势,电压变化信号被主机检测到后,通过信号的强弱,在预先标定的基础上,便可确定钢筋保护层厚度和分布位置以及钢筋直径等信息。

2.6.4 缆索检测仪

缆索检测是大跨径索承桥缆索状态检测的重要内容。按照现行行业标准,当缆索内断裂钢丝面积超过其总面积的2%或钢丝锈蚀损失面积超过10%,则必须换索。检测方法主要是基于漏磁通原理的缆索检测专用设备,一些设备自带爬索功能,也称为缆索检测机器人。漏磁通检测的基本原理是铁磁材料被磁化后,其表面或近表面若存在缺陷,则会在材料表面形成漏磁场,通过检测漏磁场即可识别缺陷的存在。

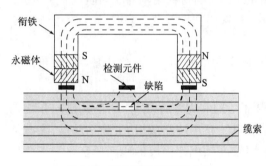

图 2-35 漏磁通检测原理示意图

如图 2-35 所示,衔铁、永磁体和被测缆索构成磁化回路,衔铁和永磁体构成的磁化器将缆索磁化到饱和状态,沿缆索检查过程中遇到断丝、锈蚀等局部缺陷时,磁通的形式表现为三部分,即:①大部分磁通在缆索内部绕过缺陷;②少部分磁通穿过缺陷;③还有部分磁通离开缆索的上、下表面经空气绕过缺陷。第三部分即为漏磁通。即对两磁极处的检测元件检测到的漏磁信号进行去噪、分析和显示,就可以建立漏磁场和缺陷的量化关系。

漏磁通检测属于强磁检测,由于缆索直径大,需要的励磁系统质量也大,造成检测设备安装携带不便。近些年也在研究开发利用弱磁检测方法和磁致伸缩导波方法等,以减轻设备自重,改善检测效果。

2.6.5 超声波检测设备

超声波检测在无损检测技术领域应用十分广泛,其最基本原理是基于超声波在介质材料中的传播方式及特点,结合波动理论,对被测介质材料声学参数进行检测。超声波是指频率大于20kHz以上的声波,常用的超声波范围为20kHz～5MHz。由于材料内部结构的不同,波的传播特点也有所不同。以混凝土材料和金属材料对比为例,超声波在混凝土材料中传播衰减较大,一般采用波长较大的低频超声波(千赫兹级),并且要求设备的输出功率要大;而金属材料比较致密,常采用高频超声波(兆赫兹级),相应的检测设备要求也有差异,故加以区分为混凝土(或称为非金属)超声波检测设备和金属材料超声波检测设备。

1) 声学参数

常用的声学参数包括声时(或声速)、衰减(或幅值)、频率和波形等。

(1) 声时(Velocity of Ultrasonic Wave)

声时反映了超声波在介质材料中沿传播路径上的传播速度,它与材料的弹性力学参数(如模量、泊松比等)有关,可以用弹性模量与材料强度之间的关系反映材料的强度指标;声时也与超声波传播路径有关,当材料内部有缺陷时,会引起超声波传播路径的改变,发生反射或绕射,从而可以用来识别材料内部的缺陷位置和大小类型等。声时是超声波检测中最基本的测量参数。

(2) 衰减(Attenuation)

超声波在传播过程中受材料内部结构的影响,幅度会发生衰减。可以用如下两种衰减系数 α 来衡量,它们均可用来描述信号的衰减程度:

$$\alpha = \ln\left[\frac{A}{A_0}\right] \quad (\text{nepers}) \quad 或 \quad \alpha = 20\lg\left[\frac{A}{A_0}\right] \quad (\text{dB}) \tag{2-34}$$

式中:A_0、A——分别为超声波换能器发射和接收信号的幅值。

一定频率 f 下的超声波衰减系数受四方面因素影响,可表述为:

$$\alpha(f) = \alpha_a + \alpha_s + \alpha_r + \alpha_o = Af + Bf^4 + Cf^{-1} + \alpha_o \tag{2-35}$$

式中:α_a——吸收衰减,为材料的黏塑性吸收,与材料的非弹性性质有关;

α_s——散射衰减,为材料内部结构及各种缺陷的散射,与材料结构的非匀质性有关;

α_r——频散衰减,因扩散角度大小造成的衰减,与探头特性有关,当测试距离一定时,α_r 与试件无关;

α_o——发射损耗,为探头与材料试件之间耦合所引起的衰减,一般采用耦合剂尽量消除发射损耗。

由此可看出,超声波幅值衰减反映了材料的内部结构和力学性质,特别是材料的非均匀性。以混凝土材料为例,其非均匀性决定了混凝土材料的超声波衰减很大,频率越高,衰减越大,也就是混凝土超声波无损检测设备一般不能采用较高频率超声波的原因所在。为了能使超声波传播的距离远,必须增大输入功率。

(3) 频率(Frequency)

在超声检测系统中,受设备精密程度影响,由电脉冲激发出的声脉冲信号是复频超声脉冲波,它包含一系列不同成分的余弦波分量。由式(2-35)可知,这种含有各种频率成分的超声波在传播过程中,高频成分首先衰减。因此,可以把材料看作一种类似高频滤波器的介质,超声波愈往前传播,其所包含的高频分量愈少,则主频率也逐渐下降。主频率下降的量值除与传播距离有关外,主要取决于材料本身的性质和内部是否存在缺陷等,较适合混凝土这类复合材料的检测。因此,根据检测超声波通过混凝土后频率的变化可以判断混凝土质量,如内部缺陷、裂缝等情况。

另一方面,按照非线性波动理论,材料呈现非弹性时,其超声波频谱分布也会发生改变。试验室条件下,以单一的频率或双频超声波信号输入,输出频谱信号中会出现倍频、旁频等现象。研究频谱分布的改变,能探测到材料力学性能的微小改变,这是目前超声波无损检测领域的一个发展方向。

（4）波形（Waveform）

当超声波在传播过程中遇到材料内部缺陷、裂缝或异物时，由于超声波的绕射、反射和传播路径的复杂化，直达波、反射波、绕射波相继到达接收换能器，这些波的叠加会使波形发生改变，相位也不相同，对接收波形的分析研究有助于对混凝土内部质量及缺陷的判断。

2）超声检测设备系统

围绕上述超声波参数的检测，一套超声波检测系统应由换能器、波形发生器、放大器、示波器、存储设备和处理设备等组成。换能器的作用是将具有一定频率的电信号转换成动能，产生超声波，发射到被测对象，成为超声波发射端；反过来，换能器也可将超声波信号转换成电信号，成为超声波接收端。超声波以电信号形式显示在示波器上，用于人工或智能识别声学参数。现场开展超声波检测时，通常将波形发生器、放大器、示波器、存储和处理等功能整合到一起，形成便携式超声波检测仪，如图 2-36 所示。

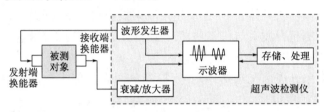

图 2-36　超声波检测系统示意图

超声波检测仪按照其电路原理可分为模拟式和数字式两类。模拟式超声波检测仪接收的信号为连续信号，检测时通过时域波形人工调节读取相应的声时、波幅和频率等声学参数。随着大规模集成电路和计算机技术的快速发展，数字式超声波检测仪成为主流产品。这类数字式超声波检测仪将接收到的模拟电信号，经过 A/D 转换成离散数字信号输入计算机，通过有关软件进行分析、处理、存储，一些智能型数字式超声波检测仪还可以自动识别声时、波幅和主频等参数，并在示波器上显示。

超声波检测仪的品种较多，在设备的选购上应满足对金属材料或混凝土材料检测的需要，为了保证接收信号的质量，要求接收放大器的频率响应好、频带范围宽。金属焊缝缺陷检测对定位要求高时，应选择水平线性误差小的仪器；而定量要求高时，应选择垂直线性误差小、衰减器精度高的仪器。在进行混凝土缺陷检测时，一般规定在信噪比 3∶1 的条件下，接收灵敏度不大于 $50\mu V$，而不是一味强调高灵敏度。具体设备的相关技术指标还可参照国家计量检定规程《声波检测仪》（JJG 990—2004）或交通行业标准《混凝土超声检测仪》（JT/T 659—2006）等的要求加以确定。

换能器一般采用压电传感器原理来制作，依换能器构造的不同，可以产生纵波和横波两种超声波动形态，分别称为纵波换能器与横波换能器，分别用于纵波与横波的测量。一般检测中所用的多是纵波换能器，其中又分为平面换能器、径向换能器以及一发多收换能器。选择合适的换能器是开展超声波检测最重要的前期准备工作。

3）金属超声波检测换能器的选择

金属材料超声波检测换能器的选择要考虑探头的形式和主频。原则上，一般由检测对象和检测目的确定。如焊缝缺陷检测采用斜探头，钢板和铸件检测采用直探头，近表面缺陷检测采用双晶直探头等。金属材料缺陷一般很小，为了提高超声波检测微小缺陷的灵敏度，需要采取较短的波长,即较高的主频。从统计规律发现,当波长不大于缺陷大小的 2 倍时,显示缺陷波明显。若针对钢工件,选择换能器主频为 2.5~5MHz,对应的不同换能器检测微小缺陷的灵敏度如下:

(1)纵波换能器:对应波长 λ 为 2.36~1.18mm,则纵波可检测缺陷最小值在 0.6~1.2mm 之间。

(2)横波换能器:对应波长 λ 为 1.29~0.65 mm,横波可稳定检测缺陷最小值在 0.3~0.6mm 之间。

金属材料超声检测除了识别缺陷是否存在,还需要对缺陷位置进行定位。对焊缝焊接质量检测通常采用不同 K 值的斜探头。所谓 K 值是指斜探头折射角的正切值,它等于斜探头入射点至缺陷反射点的水平距离和相应深度的比值,它是焊缝缺陷深度定位的重要参数。K 值的选择可以参照如下原则:

(1)结合不同工件形状具体分析,保证超声波束扫描到整个检测断面。

(2)尽可能使检测超声波束与缺陷垂直,在条件允许的情况下,尽量选择 K 值较大的换能器,工件厚度大时可采用较小 K 值换能器。

(3)根据检测对象施焊情况选择,如对于检测单面焊根部未焊透的情况,可选 $K = 0.7 \sim 1.5$ 的换能器,检测灵敏度最高。

4)混凝土超声波检测换能器的选择

与金属材料超声波检测类似,混凝土超声波检测应结合检测对象的具体情况和检测目的,选择换能器类型及合适的频率。

一般在混凝土结构表面进行检测时,均采用平面式换能器,而在钻孔或预留管道中,则采用径向式换能器。由于纵波波速较横波波速快,以声时为指标的混凝土强度检测,均采用纵波换能器,以便于获取较清晰的首波波形。其主频应为 50~100kHz。因混凝土材料超声波衰减大,当测距较大或混凝土质量较差时,宜选择主频较低的换能器;为了能够识别尺寸较小的缺陷,或者被测对象尺度较小时,则宜选用主频较高的换能器。

不同主频换能器测试的声速会存在一定差异,因此在对同一批混凝土进行超声波检测时,特别是在混凝土缺陷检测中,为了保证超声波检测参量具有对比性,不宜中途改变换能器。

混凝土材料采用超声波检测时,由于超声波衰减大,检测距离受到很大影响。采用应力波取代超声波,可以极大地提高波的传播范围,因此检测穿透区域也比较大。基于应力波的无损检测设备也逐渐实用化,如桩基动测仪就是基于低应变反射波原理,可以用来检测桩基的完整性。

2.7 本章小结

桥梁结构试验所用到的仪器设备,涵盖从加载激励装置到传感元件及采集、显示、处理设备等整套试验测量系统,各组成部分单个器件乃至整个系统都应该满足相应的技术指标。为了得到桥梁结构或构件的静态或动态力学行为,常通过加载设备施加静力荷载或动力激励使试验对象产生变化,以获取对应输入荷载下的静态变形或动态响应,达到掌握试验对象力学特征的目的,在设计试验方案时,要清楚地了解加载设备和加载条件,选用合适的试验设备。本章介绍了各种传感器的基本原理、特点和适用条件,便于试验设计中加以选用。针对桥梁结构试验常涉及的静态和动态两大类试验设备,按照用途分别介绍了变形、应变、力以及振动量(速度、加速度)的测量设备和采集处理系统。对桥梁工程试验中变形、应变和力这三个重要的静态检测参量和动位移、加速度这两个重要的动态检测参量分别作了详细介绍。本章还介绍了桥梁结构几种常见无损检测设备,针对超声波检测设备的若干特点,比较了混凝土超声波检测和钢材超声波检测时超声波换能器的异同和选用原则。

随着科学技术的不断进步,试验仪器设备也在不断地发展。无线及光纤传输技术、激光超声技术、红外感应技术、散斑干涉技术、声发射技术等新型检测手段等不断涌现,极大地提高了检测的效率,拓展了检测的范围,特别对大跨度桥梁的现场试验提供了便利。可视化和智能识别无损检测技术也在桥梁工程方面得到逐步开展,超声和红外成像技术已经在桥面铺装层、结构裂缝等方面有所运用。未来结合多模态成像、数据融合和人工智能视觉技术等,必将为自动化、智能化的桥梁结构检测设备带来全新的变化。

【习题与思考题】

1. 测量设备的静态性能指标包括哪些?
2. 动态测量时,如何保证测试系统准确还原被测对象的动态信息?
3. 简要叙述电液伺服液压加载系统的基本原理。
4. 动态激励设备包括哪些类型?其适用性如何?
5. 拱结构受轴力和弯矩作用,试设计相应电阻应变片的桥路布置,要求能满足同时测量弯矩和轴力,并消除温度影响。
6. 某加载装置由测力传感器和相应测量设备组成,传感器的灵敏度为 $K_1=8pC/kgf$,测量设备的灵敏度为 $5mV/pC$,则该装置的系统灵敏度是多少?若测量仪表读数为 $4mV$,则对应施加荷载有多大?
7. 简要叙述位移测量中设备的选用。
8. 结合频响特征,比较位移拾振计和加速度拾振计的特点和应用范围。
9. 动态测量设备的标定方法有哪些?
10. 常规超声波检测的声学参数包括哪些?
11. 超声波衰减与哪些因素相关,检测中如何尽量减少衰减?
12. 如何根据检测的需要,选定合适的超声波换能器?

本章参考文献

[1] 章关永. 桥梁结构试验[M]. 2版. 北京:人民交通出版社,2010.
[2] 宋彧. 建筑结构试验与检测[M]. 2版. 北京:人民交通出版社股份有限公司,2014.
[3] 王永红. 公路工程试验检测仪器设备校准指南[M]. 北京:人民交通出版社股份有限公司,2017.
[4] 张宇峰. 桥梁工程试验检测技术手册[M]. 北京:人民交通出版社,2007.
[5] 马永欣,郑山锁. 结构试验[M]. 北京:科学出版社,2015.

[6] 张望喜.结构试验[M].武汉:武汉大学出版社,2016.

[7] 易伟建,张望喜.建筑结构试验[M].4版.北京:中国建筑工业出版社,2016.

[8] 朱尔玉.工程结构试验[M].北京:北京交通大学出版社,2016.

[9] 施尚伟,向中富.桥梁结构试验检测技术[M].重庆:重庆大学出版社,2012.

[10] 刘明.土木工程结构试验与检测[M].北京:高等教育出版社,2008.

[11] 王惠文,江先进,赵长明,等.光纤传感技术与应用[M].北京:国防工业出版社,2001.

[12] 阳洋,李秋胜,刘刚.建筑与桥梁结构监测技术规范应用与分析[M].北京:中国建筑工业出版社,2016.

[13] 朱尔玉,冯东,朱晓伟,等.工程结构试验[M].北京:清华大学出版社,2016.

[14] 贾民平,张洪亭.测试技术[M].2版.北京:高等教育出版社,2009.

[15] 中华人民共和国行业标准.JJG 990—2004 声波检测仪[S].北京:中国标准出版社,2004.

[16] 中华人民共和国行业标准.JT/T 659—2006 混凝土超声检测仪[S].北京:人民交通出版社,2006.

[17] 张治泰,邱平.超声波在混凝土质量检测中的应用[M].北京:化学工业出版社,2006.

[18] Alan S. Morris,RezaLangari. Measurement and Instrumentation:Theory and Application(Second Edition)[M]. Elsevier Inc,2016.

[19] Eva O. L. Lantsoght,Corvan der Veen and Anede Boer,etal. State-of-the-art on load testing of concrete bridges[J]. Engineering Structures,2017,150(1):231-241.

第3章 试验数据处理及分析

3.1 概　　述

　　实际测量得到的桥梁结构试验数据往往由于仪器参数、测量误差、环境温度等因素的影响，导致数据中含有很多干扰信息。试验数据处理是对数据的一种加工操作，其目的是从大量的、可能杂乱无章的、难以理解的数据中抽取有价值、有意义的数据成分。本章主要讲述常用的静态数据处理和动态数据处理方法。静态数据处理主要包括：试验仪器或传感器的标定修正，温度影响修正和挠度数据的沉降修正。动态数据处理主要包括：试验仪器或传感器的标定修正，消除趋势项和平滑处理。

　　试验数据分析是指采用适当的数学方法对试验数据进行分析，提取桥梁结构有关的特征信息的过程。数据分析的数学基础在20世纪早期就已确立，但直到计算机的出现才使得实际操作成为可能，并使得数据分析得以推广。数据分析是数学与计算机科学相结合的产物。在桥梁结构试验中，只有通过对测量数据进行加工分析，才能从实际测量的试验数据中提取各种特征信息，从而掌握桥梁结构的状态，分析桥梁结构的受力规律、状态或解决桥梁结构的振动问题。然而，试验数据的特征信息表现形式多样，如数据统计特性、数据变化规律、数据频率特性等，这些特征信息常需要相应的数据分析方法获得。本章主要讲述常用的静态数据分析和动态数据分析方法。静态数据分析主要讲述常用的静态数据统计分析方法和静态数据的回归分析方法。动态数据分析包括动态数据时域分析和频域分析。本章所述动态数据时域分析主要内容包括：动态数据滤波、积分和微分变换、统计特性分析；动态数据频域分析主要讲述内容包括：快速傅里叶变换、常用的频域分析法——平均周期图法、自功率谱密度函数法、互功率谱密度函数法、频率响应函数法、相干函数法。

此外，由于测量原理和方法、测量仪器、测量环境等诸多因素的影响，试验数据难免存在一定的误差。为了对测量数据的可靠性作出评价，还须对试验数据进行误差分析；为了使试验数据满足一定的精度要求，还须对试验数据进行误差处理。本章试验误差分析与处理主要讲述了常用的试验误差分析和处理方法。

本章的主要任务是使学生掌握桥梁结构试验中数据处理及分析的基本内容和方法，主要包括常用的静态数据处理方法和分析方法，动态数据处理方法和分析方法，试验数据误差分析方法与评估方法。

3.2 静态试验数据

桥梁结构静态试验数据处理及分析主要包括：静态数据处理、静态数据分析。本节首先介绍静态数据处理内容和一般原理，然后介绍典型的静态数据分析方法。

3.2.1 静态数据处理

静态试验数据处理的目的是对试验数据进行调整和修正，使采集到的静态数据尽可能真实地还原实际状况。它常与试验方式和试验手段有关。在桥梁结构试验过程中，经数据采集器采样得到的静态数据，部分是数字电压值的形式，其他部分给出的常常是以采集器分辨率为单位的数字值。因此，首先需要对这些数据进行标定变换，使之还原成为具有相应物理单位的数字值。此外，由于各种干扰的存在，如温度变化和支点沉降等，使得测试系统采集到的数据偏离其真实数值。这些都需要对试验数据进行预先处理。桥梁结构试验中常用到的试验数据处理主要包括：试验仪器或传感器的标定修正，温度影响修正，挠度数据的沉降修正等。仪器或传感器标定修正试验数据时，应根据各类因素及仪表的标定结果对测试数据的影响进行修正，当这类因素对测值的影响小于1%时可不予修正，有关设备标定方法可参考本书第2章的内容。

1）温度影响修正

桥梁结构试验中，温度影响修正是静态测试经常考虑的因素，测试过程中可采取温度补偿的做法。然而，被测构件表面温度与内部温度的差异、测试位置与非测试位置的温差、局部测试与整体测试间的温差、测试与补偿间的温差等，使得温度的影响较为复杂。通常采取缩短加载时间，选择温度变化较稳定的时间段进行试验等办法，尽量减小温度对测试精度的影响。必要时，可在加载试验前进行温度敏感性观测，建立温度变化和测点测值变化的相关关系曲线进行温度修正。

假定温度影响与温度变化为线性关系，其修正可按式(3-1)进行修正计算：

$$\Delta S_t = \Delta S - \Delta t K_t \tag{3-1}$$

式中：ΔS_t——温度修正后的测点加载测量变化值；

ΔS——温度修正前的测点加载测量变化值;

Δt——相应于 ΔS 观测时间段内的温度变化量(℃);

K_t——空载时温度上升1℃时测点测值变化量。

当被测量对象是应变时,温度变化量 Δt 宜采用构件表面的温度,当被测量对象是挠度时,温度变化量 Δt 宜采用当地气温。当测值变化与温度变化关系较明显时,测值变化量 K_t 可采用多次观测的平均值。K_t 可按式(3-2)计算:

$$K_t = \frac{\Delta S_1}{\Delta t_1} \tag{3-2}$$

式中:ΔS_1——空载时某一时间区段内测点测值变化量;

Δt_1——相应于 ΔS_1 同一时间区段内温度变化量。

2)支点沉降修正

桥梁结构试验中,在试验荷载作用下梁体结构会产生挠曲变形,同时桥梁支点(支座)会产生沉降(压缩)变形,这种沉降(压缩)变形会影响桥梁梁体挠度的测量结果。当支点有沉降发生时,应修正其对变位值的影响,修正量值 C 可按式(3-3)进行计算:

$$C = \frac{l-x}{l}a + \frac{x}{l}b \tag{3-3}$$

式中:C——测点的支点沉降影响修正量;

l——A 支点到 B 支点的距离;

x——挠度测点到 A 支点的距离;

a——A 支点的沉降量;

b——B 支点的沉降量。

3.2.2 静态数据分析

桥梁结构静态试验过程中,往往需要掌握静态试验数据特性和规律,如多次测量时分析数据统计特性、桥梁静态数据与施加荷载大小间的曲线关系等。因此,本节主要介绍一些常用的静态数据统计分析方法和静态数据的回归分析方法。

1)静态数据的统计分析

(1)静态数据概率分布函数

某一静态测量数据是 N 个测试样本函数的集合 $X = \{x(n)\}$,有 N_1 个样本函数的函数值不超过指定值 x,则它的概率分布函数的估计为:

$$P(X \leq x) = \lim_{N \to \infty} \frac{N_1}{N} \tag{3-4}$$

式中,只有当样本函数个数足够大时,N_1/N 值才趋向一个稳定值,即概率。

(2)静态数据概率密度函数

概率密度函数为概率分布函数对变量 x 的一阶导数,表示静态数据的测值落在某一范围内的概率,静态数据概率密度函数的估计为:

$$P(x) = \frac{N_x}{N \Delta x} \tag{3-5}$$

式中：Δx——以 x 为中心的窄区间；

N_x——x_n 数组中数值落在 $x \pm \Delta x/2$ 范围中的数据个数；

N——总的数据个数。

式(3-5)概率密度函数在一定程度上可被用于桥梁结构某一测值分布的分析。

(3) 静态数据均值

当静态数据样本较多时，可以根据大样本统计规律估算样本的均值。如：在某次静态数据检测中，以 $\xi_1, \xi_2, \cdots, \xi_n$ 表示 n 次重复测量的结果。当 n 充分大时，静态数据的平均值可按式(3-6)估算：

$$\mu = \frac{1}{n}\sum_{i=1}^{n}\xi_i \tag{3-6}$$

(4) 静态数据方差

方差是指去除了均值后的均方值。静态试验数据方差可表达为：

$$\sigma^2 = \frac{1}{n}\sum_{k=1}^{n}[\xi(k) - \mu]^2 \tag{3-7}$$

假设在试验中只考虑因素 A_i（如温度等），该因素有 p 个水平，每个水平做 r 次重复试验，设第 i 个水平的第 j 次重复试验的数据为 y_{ij}，如表 3-1 所示。

试 验 数 据　　　　表 3-1

次数 \ 因素	A_1	A_2	...	A_i	...	A_p
1	y_{11}	y_{21}	...	y_{i1}	...	y_{p1}
2	y_{12}	y_{22}	...	y_{i2}	...	y_{p2}
⋮	⋮	⋮	⋮	⋮	⋮	⋮
j	y_{1j}	y_{2j}	⋮	y_{ij}	⋮	y_{pj}
⋮	⋮	⋮	⋮	⋮	⋮	⋮
r	y_{1r}	y_{2r}	...	y_{ir}	...	y_{pr}

根据这些数据，可以计算全体数据的均值 $\bar{y}$ 和各水平对应数据的均值 $\bar{y_i}$：

$$\bar{y} = \frac{1}{rp}\sum_{i=1}^{p}\sum_{j=1}^{r}y_{ij}, \quad \bar{y_i} = \frac{1}{r}\sum_{j=1}^{r}y_{ij} \quad (i = 1, 2, \cdots, p)$$

进一步，可以计算全体数据的方差 σ_T^2、因素 A_i 对应的偏差平方和 σ_i^2，即：

$$\sigma_T^2 = \sum_{i=1}^{p}\sum_{j=1}^{r}(y_{ij} - \bar{y})^2, \quad \sigma_i^2 = \sum_{i=1}^{p}(y_i - \bar{y})^2$$

2) 静态数据的回归分析

静态数据分析常会用到多种回归分析，此处仅介绍几种典型的回归分析方法。

(1) 单变量数据拟合

若给定的数据代表了一个量与另一个量的关系，则可以使用单变量数据拟合法寻找一个近似函数代替函数 $f(x)$。单变量数据拟合法的一般过程是：先根据给定函数 $y = f(x)$ 的数据表(表 3-2)，用几何描点法或凭经验选择一个近似函数 $F(x)$，以反映数据表中数据的一般趋势，然后使用最小二乘法确定 $F(x)$ 中的未知参数，从而得到 $f(x)$ 的近似函数 $F(x)$。

样 本 数 据 表　　　　　　　　表3-2

x 值	x_1	x_2	⋯	x_n
y 值	y_1	y_2	⋯	y_n

通常 $F(x)$ 称为拟合函数，$f(x)$ 称为被拟合函数。从单变量数据拟合法的一般过程可以看到，在使用数据拟合法求拟合函数 $F(x)$ 时，要用到最小二乘法。那么，什么是最小二乘法呢？与插值法的目的一样，单变量数据拟合法也是要寻找一个近似函数 $F(x)$ 来近似代替 $f(x)$。但它与插值法又有些不同，它不要求近似函数 $F(x)$ 一定经过点 (x_i, y_i)。显然，人们总是希望能找到一个最好的函数来近似代替 $f(x)$。现在的问题是，什么是"最好"的函数？"最好"的函数以什么标准来衡量？为了讨论这个问题，需要引入偏差的定义。

若记 $\delta_i = f(x_i) - F(x_i)$，$i = 1, 2, \cdots, n$，则 δ_i 称为 $f(x)$ 与 $F(x)$ 在 x_i 处的偏差。一般情况下，使用单变量数据拟合法能找到一个近似函数 $F(x)$，使它与 $f(x)$ 的偏差 δ_i 的平方和最小，有：

$$\sum_{i=1}^n \delta_i^2 = \sum_{i=1}^n [f(x_i) - F(x_i)]^2 \tag{3-8}$$

能使偏差 δ_i 的平方和最小的函数就是"最好"的函数。因此，可以以偏差 δ_i 的平方和最小作为原则选择近似函数 $F(x)$。以"偏差的平方和最小"为原则选择近似函数的方法称为最小二乘法。下面介绍一个呈线性关系的数据拟合的例子。

【例 3-1】　已知一组试验数据如表 3-3 所示，试用单变量数据拟合法求其拟合函数。

样 本 数 据 表　　　　　　　　表3-3

x 值	-1	0	1	2	3	4	5	6
y 值	10	9	7	5	4	3	0	-1

解：按照单变量数据拟合法的一般过程，根据给定的数据表（表 3-3），用几何描点法或凭经验选择近似函数，以反映数据表中数据的一般趋势。这里，用几何描点法选择近似函数，而用几何描点法选择近似函数要画出数据表中数据的散点图，散点图如图 3-1 所示。

从图 3-1 可以看到，点 (x_i, y_i) $(i = 1, 2, \cdots, 8)$ 在一条直线附近，这些点基本满足直线方程。因此，可以选择线性函数来拟合这些数据，即可以选取：

$$F(x) = a + bx \tag{3-9}$$

作为 $f(x)$ 的近似函数。其中 a 和 b 为待定参数。

拟合函数选定之后，还需确定拟合函数中的待定参数。确定拟合函数中的待定参数最常用的方法是最小二乘法。先求出被拟合函数 $f(x)$ 与拟合函数 $F(x)$ 的偏差：

$$\delta_i = f(x_i) - F(x_i) = y_i - a - bx_i \quad (i = 1, 2, \cdots, n)$$

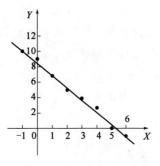

图 3-1　例 3-1 数据散点图

按照最小二乘法，要使偏差的平方和最小，即需选择 a 和 b，使下式最小：

$$\sum_{i=1}^8 \delta_i^2 = \sum_{i=1}^8 (y_i - a - bx_i)^2 \tag{3-10}$$

显然,式(3-10)右边是关于未知参数 a 和 b 的函数,可设:

$$\sum_{i=1}^{8}\delta_i^2 = \sum_{i=1}^{8}(y_i - a - bx_i)^2 = \varphi(a,b) \tag{3-11}$$

选择 a 和 b 使偏差的平方和最小的问题就转化成选择 a 和 b 使二元函数 $\varphi(a,b)$ 最小的问题。而选择 a 和 b 使二元函数 $\varphi(a,b)$ 最小的问题实际上就是求二元函数 $\varphi(a,b)$ 的极小值。根据求多元函数极小值的方法,先对 $\varphi(a,b)$ 分别求关于 a 和 b 的偏导数,得:

$$\frac{\partial \varphi(a,b)}{\partial a} = -2\sum_{i=1}^{8}(y_i - a - bx_i)^2 \tag{3-12}$$

$$\frac{\partial \varphi(a,b)}{\partial a} = -2\sum_{i=1}^{8}(y_i - a - bx_i)x_i \tag{3-13}$$

整理后得:

$$8a + (\sum_{i=1}^{8}x_i)b = \sum_{i=1}^{8}y_i \tag{3-14}$$

$$(\sum_{i=1}^{8}x_i)a + (\sum_{i=1}^{8}x_i^2)b = \sum_{i=1}^{8}x_iy_i \tag{3-15}$$

联立上两式,就得到含有两个未知参数 a 和 b 的两个线性代数方程,通常称之为正规方程组。

把 x_i 和 y_i 代入正规方程组得:

$$\begin{cases} 8a + 20b = 37 \\ 20a + 92b = 25 \end{cases} \tag{3-16}$$

解方程组(3-16)得 $a = 8.6429, b = -1.6071$。于是,拟合函数为:

$$y = 8.6429 - 1.6071x$$

通过这个具体的例子,可以把单变量数据拟合的一般步骤归纳如下:

第一步:按给定数据表画出散点图;

第二步:分析散点图,确定近似函数 $F(x)$ 的类型,以反映给定数据的一般趋势;

第三步:用最小二乘法确定近似函数 $F(x)$ 的未知参数,从而得到最小二乘拟合函数 $F(x)$。

(2)多变量数据拟合

在实际问题中,很多问题反映的不是一个量与一个量的对应关系,而是一个量与若干个量的对应关系。具体来说,是一个量由若干个量确定,这就是所谓的多元函数问题。在数学上,这若干个量通常称为自变量,而由这些自变量确定的量称为因变量。若假设这些自变量为 $x_1, x_2, \cdots, x_k$,因变量为 y,则每经过一次试验或测量就会得到一组数据 $x_{i1}, x_{i2}, \cdots, x_{ik}, y_i$,而经过 n 次试验或测量就会得到 n 组数据,由这 n 组数据构成的数据表如表3-4所示。

多变量拟合数据表　　　　　　　表3-4

测量次数 \ 数据量	x_1	x_2	$\cdots$	x_k	$y = f(x_1, x_2, \cdots, x_k)$
1	x_{11}	x_{12}	$\cdots$	x_{1k}	y_1
2	x_{21}	x_{22}	$\cdots$	x_{2k}	y_2
$\vdots$	$\vdots$	$\vdots$	$\vdots$	$\vdots$	$\vdots$
n	x_{n1}	x_{n2}	$\cdots$	x_{nk}	y_n

根据表 3-4，希望能找到一个函数来近似表达这些量的关系。要做到这一点，可以采用多变量数据拟合法。多变量数据拟合法的一般过程是：先根据表 3-4 选择变量 y 与变量 x_1，$x_2,\cdots,x_k$ 的一个近似函数 $F(x_1,x_2,\cdots,x_k)$，以反映 y 与变量 x_1，$x_2,\cdots$，x_k 的函数关系，然后使用最小二乘法确定近似函数 $F(x_1,x_2,\cdots,x_k)$ 中的未知参数，从而得到 $F(x_1,x_2,\cdots,x_k)$。通常 $F(x_1,x_2,\cdots,x_k)$ 称为拟合函数，$y=f(x_1,x_2,\cdots,x_k)$ 称为被拟合函数。

从多变量数据拟合法的一般过程可以看出，若使用这种方法求拟合函数，需根据表 3-4 选择一个近似函数 $F(x_1,x_2,\cdots,x_k)$。这是多变量数据拟合的关键。这与两个变量的情况不同，两个变量的情况可以使用几何描点法画出散点图辅助选择近似函数。但对多变量的情况，一般来说，作图是困难的，通常是凭经验或根据实际问题的物理背景和一些专业知识来寻找近似函数 $F(x_1,x_2,\cdots,x_k)$。为了说明多变量数据拟合的一般过程，现在讨论一种特殊情况。假定表 3-4 中的数据呈线性关系，这时选择线性函数：

$$F(x_1,x_2,\cdots,x_k) = a_0 + a_1 x_1 + a_2 x_2 + \cdots + a_k x_k \tag{3-17}$$

来近似表达 y 与变量 $x_1,x_2,\cdots,x_k$ 的函数关系，其中以 a_0，$a_1,\cdots$，a_k 为待定参数。

按数据拟合的方法，要确定这些参数，需使用最小二乘法。现在使用最小二乘法来确定待定参数 a_0，$a_1,\cdots,a_k$。

将 $x_{m1},x_{m2},\cdots,x_{mk}(m=1,2,\cdots,n)$ 代入式(3-17)，得：

$$F(x_{m1},x_{m2},\cdots,x_{mk}) = a_0 + a_1 x_{m1} + a_2 x_{m2} + \cdots + a_k x_{mk} \tag{3-18}$$

则 $F(x_{m1},x_{m2},\cdots,x_{mk})$ 与 $y=f(x_1,x_2,\cdots,x_k)$ 在 $x_{m1},x_{m2},\cdots,x_{mk}$ 的偏差为：

$$\begin{aligned}\delta_m &= y_m - F(x_{m1},x_{m2},\cdots,x_{mk})\\ &= y_m - a_0 - a_1 x_{m1} - a_2 x_{m2} - \cdots - a_k x_{mk}\end{aligned} \tag{3-19}$$

相应的偏差平方和为：

$$\sum_{m=1}^n \delta_m^2 = \sum_{m=1}^n (y_m - a_0 - a_1 x_{m1} - a_2 x_{m2} - \cdots - a_k x_{mk})^2 \stackrel{\text{记为}}{=} \varphi(a_0,a_1,\cdots,a_k) \tag{3-20}$$

根据最小二乘法，要选择近似函数使 $\sum_{m=1}^n \delta_m^2$ 最小，而 $\sum_{m=1}^n \delta_m^2$ 是关于 $a_0,a_1,\cdots,a_k$ 的函数，所以可以转化为选择 $a_0,a_1,\cdots,a_k$ 使 $\varphi(a_0,a_1,\cdots,a_k)$ 最小。实际上就是求 $\varphi(a_0,a_1,\cdots,a_k)$ 的极小值。

根据多元函数求极小值的方法，对 $\varphi(a_0,a_1,\cdots,a_k)$ 分别求关于 $a_0,a_1,\cdots,a_k$ 的偏导数并令其等于 0，得：

$$\frac{\partial \varphi}{\partial a_0} = -2 \sum_{m=1}^n (y_m - a_0 - a_1 x_{m1} - a_2 x_{m2} - \cdots - a_k x_{mk}) = 0$$

$$\frac{\partial \varphi}{\partial a_1} = -2 \sum_{m=1}^n (y_m - a_0 - a_1 x_{m1} - a_2 x_{m2} - \cdots - a_k x_{mk}) x_{m1} = 0$$

$$\frac{\partial \varphi}{\partial a_2} = -2 \sum_{m=1}^n (y_m - a_0 - a_1 x_{m1} - a_2 x_{m2} - \cdots - a_k x_{mk}) x_{m2} = 0$$

$$\vdots$$

$$\frac{\partial \varphi}{\partial a_k} = -2 \sum_{m=1}^n (y_m - a_0 - a_1 x_{m1} - a_2 x_{m2} - \cdots - a_k x_{mk}) x_{mk} = 0$$

整理化简后联立起来得方程组：

$$\begin{cases} na_0 + a_1\sum_{m=1}^{n}x_{m1} + a_2\sum_{m=1}^{n}x_{m2} + \cdots + a_k\sum_{m=1}^{n}x_{mk} = \sum_{m=1}^{n}y_m \\ a_0\sum_{m=1}^{n}x_{m1} + a_1\sum_{m=1}^{n}x_{m1}x_{m1} + a_2\sum_{m=1}^{n}x_{m2}x_{m1} + \cdots + a_k\sum_{m=1}^{n}x_{mk}x_{m1} = \sum_{m=1}^{n}y_m x_{m1} \\ a_0\sum_{m=1}^{n}x_{m2} + a_1\sum_{m=1}^{n}x_{m1}x_{m2} + a_2\sum_{m=1}^{n}x_{m2}x_{m2} + \cdots + a_k\sum_{m=1}^{n}x_{mk}x_{m2} = \sum_{m=1}^{n}y_m x_{m2} \\ \cdots\cdots \\ a_0\sum_{m=1}^{n}x_{mk} + a_1\sum_{m=1}^{n}x_{m1}x_{mk} + a_2\sum_{m=1}^{n}x_{m2}x_{mk} + \cdots + a_k\sum_{m=1}^{n}x_{mk}x_{mk} = \sum_{m=1}^{n}y_m x_{mk} \end{cases} \quad (3\text{-}21)$$

方程组(3-21)是一个含有 $k+1$ 个方程和 $k+1$ 个未知数的线性代数方程组,也称为正规方程组。解这个方程组就能得到 $a_0, a_1, \cdots, a_k$,即可得到拟合函数 $F(x_1, x_2, \cdots, x_k)$。

3.3 动态试验数据

桥梁结构动态试验数据处理及分析主要包括:动态数据处理、动态数据分析。动态数据处理和分析方法主要包括:动态数据处理和动态数据分析,后者包括时域分析方法和频域分析方法。

3.3.1 动态数据采样

桥梁结构试验中进行数据测量时,动态数据 $x(t)$ 是随时间 t 连续变化的,它需要按一定的时间间隔(通常是等间隔 Δt)将需要观测的瞬态数据记录下来,以便后续过程量化处理,这个过程称为采样或取样。试验数据的采样过程是将一个连续数据信号 $x(t)$ 转换成一个离散数据序列 $x_k(k=1,2,\cdots,N)$ 的过程,如图 3-2 所示。

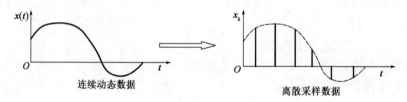

图 3-2 试验数据采样过程

对连续的动态数据 $x(t)$ 采样后得到的离散数据序列 $x_k(k=1,2,\cdots,N)$ 应该保持原数据的主要特征,既没有过大的误差干扰,也不使数据失真,这就涉及选择合适的动态数据采样频率的问题。采样频率选择得过高,即采样时间间隔 Δt 过小时,意味着在一定时间长度内抽取较多的离散数据,需要占用计算机较大的存储空间以及较多的运算时间,并且在对数据作相同点数傅里叶变换时,会导致频率分辨率下降;反之,当动态数据 $x(t)$ 随时间变化很快时,如果采样频率选择得过低,即采样时间间隔 Δt 过大,某些信息就有可能被丢失,将采样后的数据恢复到原来信号就会出现失真,则离散的时域信号可能不足以反映原来连续信号的特征。为此,动态试验数据的采样过程应遵循下述采样原理,从而使得采样数据在理论上能够满足恢复到原来信号信息所应有的条件。

采样定律又称奈奎斯特(Nyquist)采样定律,它是信号处理学科中一个重要的基本原理,即动态数据采样频率必须高于数据成分中最高频率的 2 倍:

$$f_s = \frac{1}{\Delta t} = 2f_N \geq 2f_{\max} \qquad (3\text{-}22)$$

式中：f_s——采样频率；

f_N——折叠频率，又称为奈奎斯特频率；

$f_{\max}$——连续信号的最高频率，或为结构分析所关心的最高频率上限。

一般而言，减少或消除信号失真的方法有两种。一种方法是提高信号的采样频率，如果连续信号的频率是有限的，它的最高频率为 $f_{\max}$，只要选取的采样频率 f_s 大于 2 倍的信号最高频率 $f_{\max}$，就能避免信号失真。在实际应用时，通常采样频率 f_s 的取值为信号最高有用频率的 3~4 倍，以确保信号中高频成分的完整性。另一种方法是用模拟低通滤波器滤除信号中无用的高频成分。如果连续的模拟信号频率范围很宽，可以采用模拟低通滤波器将信号中人们不感兴趣的高频成分滤除，达到满足采样定理的要求，然后才对连续信号进行采样。这种模拟低通滤波器称为抗混滤波器。

3.3.2 动态数据处理

同静态试验一样，动态数据也需要进行处理，以使得采集到的动态数据尽可能真实地还原实际状况。除了传感器和试验仪器设备自身的问题（可参考本书第 2 章的相关设备标定内容）以外，还会由于各种干扰的存在，使得动态数据测值偏离其真实值，因此，需要对其进行相应的处理。例如，对加速度数据进行积分变换求测点的位移和速度是动态数据处理中常用的方法，由于数据中的低频成分对位移振动幅值的大小起着决定性的作用，而在测试数据中往往因测试仪器温度变化造成的零点漂移含有长周期趋势项，在对数据进行积分变换时，趋势项对变换结果的影响比较突出。在对数据进行二次积分时，由于长周期趋势项的存在，得到的变换结果可能完全失真。因此消除长周期趋势项是动态数据处理的一个重要内容。此外，减少或消除采样数据中干扰成分，例如用多点平均处理和平滑处理消除数据中的高频噪声，使采样数据尽可能接近其真实值，也是动态数据预处理需要做的工作。本节动态数据预处理内容主要包括：消除趋势项和平滑处理。

1）消除趋势项

在桥梁结构试验中采集到的动态数据，由于放大器随温度变化产生的零点漂移、传感器频率范围外频响性能的不稳定以及传感器周围的环境干扰，往往会偏离基线，甚至偏离基线的大小还会随时间变化。偏离基线随时间变化的整个过程被称为数据的趋势项。趋势项直接影响数据的正确性，应该将其去除。常用的消除趋势项的方法是多项式最小二乘法。以下介绍该方法的原理。

实测动态数据的采样数据为 $\{x_k\}(k=1,2,3,\cdots,n)$，由于采样数据是等时间间隔的，为简化起见，令采样时间间隔 $\Delta t = 1$，设一个多项式函数：

$$\hat{x}_k = a_0 + a_1 k + a_2 k^2 + \cdots + a_m k^m \quad (k = 1,2,3,\cdots,n) \qquad (3\text{-}23)$$

确定函数 $\hat{x}_k$ 的各待定系数 $a_j(j=0,1,\cdots,m)$，使得函数 $\hat{x}_k$ 与离散数据 x_k 的误差平方和为最小，即：

$$E = \sum_{k=1}^{n}(\hat{x}_k - x_k)^2 = \sum_{k=1}^{n}\left(\sum_{j=0}^{m} a_j k^j - x_k\right)^2 \qquad (3\text{-}24)$$

使得上式中 E 有极值的条件为：

$$\frac{\partial E}{\partial a_i} = 2\sum_{k=1}^{n} k^i \left(\sum_{j=0}^{m} a_j k^j - x_k \right) = 0 \quad (i = 0,1,\cdots,m) \tag{3-25}$$

解方程组,求出 $m+1$ 个待定系数 $a_j(j=0,1,\cdots,m)$。上面各式中,m 为设定的多项式阶次,其值范围为:$0 \leqslant j \leqslant m$。

当 $m=0$ 时,求得的趋势项为常数,即:

$$\sum_{k=1}^{n} a_0 k^0 - \sum_{k=1}^{n} x_k k^0 = 0 \tag{3-26}$$

解上述方程,可得:

$$a_0 = \frac{1}{n}\sum_{k=1}^{n} x_k \tag{3-27}$$

可以看出,当 $m=0$ 时的趋势项为数据采样数据的算术平均值。消除常数趋势项的计算公式为:

$$y_k = x_k - \hat{x}_k = x_k - a_0 \quad (k = 1,2,3,\cdots,n) \tag{3-28}$$

当 $m=1$ 时,为线性趋势项,有:

$$\begin{cases} \sum_{k=1}^{n} a_0 k^0 + \sum_{k=1}^{n} a_1 k - \sum_{k=1}^{n} x_k k^0 = 0 \\ \sum_{k=1}^{n} a_0 k^0 + \sum_{k=1}^{n} a_1 k^2 - \sum_{k=1}^{n} x_k k = 0 \end{cases} \tag{3-29}$$

解方程组(3-29),得:

$$\begin{cases} a_0 = \dfrac{2(2n+1)\sum\limits_{k=1}^{n} x_k - 6\sum\limits_{k=1}^{n} x_k k}{n(n-1)} \\ a_1 = \dfrac{12\sum\limits_{k=1}^{n} x_k k - 6(n-1)\sum\limits_{k=1}^{n} x_k}{n(n-1)(n+1)} \end{cases} \tag{3-30}$$

消除线性趋势项的计算公式为:

$$y_k = x_k - \hat{x}_k = x_k - (a_0 - a_1 k) \quad (k = 1,2,3,\cdots,n) \tag{3-31}$$

当 $m \geqslant 2$ 时为曲线趋势项。在实际动态数据处理中,通常取 $m=1\sim 3$ 来对采样数据进行多项式趋势项消除的处理。

2)平滑处理

通过动态数据采集器采样得到的动态数据往往带有噪声数据。噪声数据除了有50Hz的工频及其倍频程等周期性的干扰数据外,还有不规则的随机干扰数据。由于随机干扰数据的频带较宽,有时高频成分所占比例还很大,使得采集到离散数据绘成的振动曲线上呈现许多毛刺,很不光滑。为了削弱干扰数据的影响,提高振动曲线光滑度,常常需要对采样数据进行平滑处理。

另外,数据平滑还有一个特殊用途,即消除数据的不规则趋势项。在桥梁动态试验过程中,有时测试仪器由于受到某些意外干扰,造成个别测点的采样数据产生偏离基线较大,形状又不规则的趋势项,可以用滑动平均法对这些数据进行多次数据平滑处理,得到一条光滑的趋势项曲线,用原始数据减去趋势项,即消除了数据的不规则趋势项。以下介绍几种平滑处理的方法。

(1)平均法

平均法的基本计算公式为:

$$y_i = \sum_{n=-N}^{N} h_n x_i \quad (i = 1,2,\cdots,m) \tag{3-32}$$

式中:x_i——采样数据;
y_i——平滑处理后的结果;
m——数据点数;
$2N$——平均点数;
h——加权平均因子。

若将式(3-32)看作一个滤波公式,h还可称为滤波因子。加权平均因子必须满足式(3-33):

$$\sum_{n=-N}^{N} h_n = 1 \tag{3-33}$$

对于简单平均法,$h_n = 1/(2N-1)$ ($n = 0,1,2,\cdots,N$),即:

$$y_i = \frac{1}{2N+1}\sum_{n=-N}^{N} x_{i-n} \tag{3-34}$$

对于加权平均法,若作五点加权平均($N=2$),可取:

$$\{h\} = (h_{-2},h_1,h_0,h_1,h_2) = \frac{1}{9}(1,2,3,2,1) \tag{3-35}$$

利用最小二乘法原理对离散数据进行线性平滑的方法称为直线滑动平均法,五点滑动平均($N=2$)的计算公式为:

$$\left. \begin{aligned} y_1 &= \frac{1}{5}(3x_1 + 2x_2 - x_3 - x_4) \\ y_2 &= \frac{1}{10}(4x_1 + 3x_2 + 2x_3 + x_4) \\ &\vdots \\ y_i &= \frac{1}{5}(x_{i-2} + x_{i-1} + x_i + x_{i+1} + x_{i+2}) \\ &\vdots \\ y_{m-1} &= \frac{1}{10}(x_{m-3} + 2x_{m-2} + 3x_{m-1} + 4x_m) \\ y_m &= \frac{1}{5}(-x_{m-3} + x_{m-2} + 2x_{m-1} + 3x_m) \end{aligned} \right\} \quad (i = 3,4,\cdots,m-2) \tag{3-36}$$

(2)五点三次平滑法

五点三次平滑法是利用最小二乘法原理对离散数据进行三次最小二乘多项式平滑的方法。五点三次平滑法计算公式为:

$$\left. \begin{aligned} y_1 &= \frac{1}{70}[69x_1 + 4(x_2 + x_4) - 6x_3 - x_5] \\ y_2 &= \frac{1}{35}[+27x_2 + 12x_3 - 8x_4] \\ &\vdots \\ y_i &= \frac{1}{35}[-3(x_{i-2} + x_{i+2}) + 12(x_{i-1} + x_{i+1}) + 17x_i] \\ &\vdots \\ y_{m-1} &= \frac{1}{35}[2(x_{m-4} + x_m) - 8x_{m-3} + 12x_{m-2} + 27x_{m-1}] \\ y_m &= \frac{1}{70}[-x_{m-4} + 4(x_{m-3} + x_{m-1}) - 6x_{m-2} + 69x_m] \end{aligned} \right\} \quad (i = 3,4,\cdots,m-2) \tag{3-37}$$

五点三次平滑法可以用作时域和频域数据平滑处理。该处理方法对于动态数据的作用主要是能减少动态数据中高频随机噪声的混入,而对于频域数据的作用则是能使谱曲线变得光滑,以便在模态参数识别中得到较好的拟合效果。需要注意是,频域数据经过五点三次平滑法会使得谱曲线中的峰值降低,体形变宽,可能造成识别参数的误差增大,因此,平滑次数不宜太多。

3.3.3 动态数据时域分析

在桥梁结构动态试验中,动态数据的分析常是对结构振动波形的时域分析,从测试动态数据中提取各种有用的信息或将动态数据转换成所需要的形式。通过不同时域分析方法,可以确定实测动态数据的最大幅值和时间历程,求出其相位滞后和波形的时间滞后,有选择地滤除或保留实测动态数据的某些频率成分,消除实测动态数据的畸变状况,再现真实波形面貌,如通过结构自由振动的实测动态数据求波形衰减系数,就需要获取真实的波形衰减形态,进而求得振动系统的阻尼比。波形时域分析还可用于确定波形与各种物理现象的关联情况,对实测波形进行相关分析,建立正常作用状态和破坏状态与波形特征的有机联系。对于随机动态数据,还常需进行统计方面的分析等。本节动态数据分析内容主要包括:动态数据滤波、积分和微分变换、随机动态数据分析。

1) 动态数据滤波

在动态数据分析中,数字滤波是通过数学运算从所采集离散数据中选取感兴趣的部分数据的处理方法。它的主要作用有滤除测试数据中的噪声或虚假成分、提高信噪比、平滑分析数据、抑制干扰数据、分离频率分量等。动态数据进入滤波器后,部分频率成分可以通过,部分则受到阻挡,能通过滤波器的频率范围称为通带,受到阻挡或被衰减的频率范围称为阻带,通带与阻带的交界点称为截止频率。在滤波器设计中,往往在通带与阻带之间留有一个由通带逐渐变化到阻带的频率范围,这个频率范围称为过渡带。

(1) 数字滤波的频域方法

数字滤波的频域方法是利用快速傅里叶变换(Fast Fourier Transformation,FFT)算法对动态数据进行离散傅里叶变换(见本章下一节动态数据频域分析的有关内容),分析其频谱。根据滤波要求,将需要滤除的频率部分直接设置成零或加渐变过渡频带后再设置成零,例如在通带和阻带之间加设一段余弦类窗函数的过渡带,然后再利用快速傅里叶逆变换(Inverse Fast Fourier Transform,IFFT)算法对滤波处理后数据进行离散傅里叶逆变换恢复出动态数据。频域方法具有较好的频率选择性和灵活性,并由于数据傅里叶谱与滤波器频率特性是简单的相乘关系,其运算速度比计算类似的时域卷积要快得多,而且不会像时域滤波方法那样产生时移。另外,将数字滤波的频域方法稍作扩展便可用来对时域数据进行积分或微分变换处理。数字滤波的频域方法可以用式(3-38)表达:

$$y(n) = \sum_{k=0}^{N-1} H(k) X(k) e^{j2\pi kn/N} \quad (3\text{-}38)$$

式中:X——输入数据 x 的离散傅里叶变换;

H——滤波器的频率响应函数,由它来确定滤波的方式和特点。

设 f_u 为上限截止频率,f_d 为下限截止频率,Δf 为频率分辨率。在理想情况下,低通滤波器的频响函数为:

$$H(k) = \begin{cases} 1 & (k\Delta f \leq f_u) \\ 0 & (\text{其他}) \end{cases} \quad (3\text{-}39)$$

高通滤波器的频响函数为：

$$H(k) = \begin{cases} 1 & (k\Delta f \geq f_u) \\ 0 & (\text{其他}) \end{cases} \quad (3\text{-}40)$$

带通滤波器的频响函数为：

$$H(k) = \begin{cases} 1 & (f_d \leq k\Delta f \leq f_u) \\ 0 & (\text{其他}) \end{cases} \quad (3\text{-}41)$$

带阻滤波器的频响函数为：

$$H(k) = \begin{cases} 1 & (k\Delta f \leq f_d, k\Delta f \geq f_u) \\ 0 & (\text{其他}) \end{cases} \quad (3\text{-}42)$$

数字滤波的频域方法的特点是方法简单,计算速度快,滤波频带控制精度高,可以用来设计包括多带梳状滤波器的任意响应滤波器。然而,由于对频域数据的突然截断造成的谱泄露会造成滤波后的时域数据出现失真变形,在不考虑加平滑衰减过渡带的情况下,数字滤波的频域方法比较适合于数据长度较大的数据或者振动幅值最终是逐渐变小的动态数据的处理。

(2)数字滤波的时域方法

数字滤波的时域方法是对离散数据进行差分方程数学运算来达到滤波的目的。经典数字滤波器实现方法主要有两种:一种是 IIR(Infinite Impulse Response)数字滤波器,称为无限长冲激响应滤波器;另一种是 FIR(Finite Impulse Response)滤波器,称为有限长冲激响应数字滤波器。

①IIR 数字滤波器。

无限长冲激响应 IIR 数字滤波器的特征是具有无限持续时间的冲激响应,由于这种滤波器一般需要用递归模型来实现,因而又称为递归滤波器。因为 IIR 滤波器不仅用了输入有限项计算,而且把滤波器以前输出的有限项重新输入再计算,这在工程上称为反馈。IIR 滤波器的滤波表达式可以定义为一个差分方程:

$$y(n) = \sum_{k=0}^{M} a_k x(n-k) - \sum_{k=0}^{M} b_k y(n-k) \quad (3\text{-}43)$$

式中:$x(n)$、$y(n)$——分别为输入和输出时域数据序列;

a_k、b_k——均为滤波系数。

它的系统传递函数可以用下式表示:

$$H(z) = \frac{\sum_{k=0}^{M} a_k z^{-k}}{1 + \sum_{k=1}^{N} b_k z^{-k}} \quad (3\text{-}44)$$

式中:N——IIR 滤波器的阶数,或称为滤波器系统传递函数的极点数;

M——滤波器系统传递函数的零点数;

a_k、b_k——均为权函数系数。

IIR 数字滤波器的设计通常借助于模拟滤波器原型,再将模拟滤波器转换成数字滤波器。模拟滤波器的设计较为成熟,既有完整的设计公式,还有较为完整的可供查询的图表,因此,充分利用这些已有的资源无疑会给数字滤波器的设计带来很多便利。常用的模拟低通滤波器的原型产生函数有巴特沃斯滤波器原型、切比雪夫Ⅰ型和Ⅱ型滤波器原型、椭圆滤波器原型、贝塞尔(Bessel)滤波器等原型。

②FIR 数字滤波。

有限长冲激响应 FIR 数字滤波器的特征是冲激响应只能延续一定时间,在工程实际应用中主要采用非递归的算法来实现。一般来讲,FIR 滤波器的设计着重于线性相位滤波器的设计。其主要优点是由于具有有限长的单位冲激响应,所以总是稳定的,并且很容易使滤波器具有精确的线性相位。FIR 滤波器的滤波表达式可以用差分方程的形式表示为:

$$y(n) = \sum_{k=0}^{N-1} b_k x(n-k) \tag{3-45}$$

式中:$x(n)$、$y(n)$——分别为输入和输出时域数据序列;
b_k——滤波系数。

FIR 滤波器的冲激响应函数 $h(n)$ 的 z 变换为系统传递函数,可以表示为:

$$H(z) = b_0 + b_1 z^{-1} + \cdots + b_{N-1} z^{1-N} = \sum_{n=0}^{N-1} b_k z^{-n} \tag{3-46}$$

则其冲激响应为:

$$h(n) = \begin{cases} b_n & (0 \leq n \leq N) \\ 0 & (其他) \end{cases} \tag{3-47}$$

FIR 数字滤波器的设计方法主要有窗函数法和频率采样法等。窗函数法设计技术是 FIR 数字滤波器设计的主要方法之一,由于其运算简便,物理意义直观,因而成为工程实际中应用最广泛的方法。

2)积分和微分变换

在动态数据测试过程中,由于仪器设备或测试环境的限制,往往需要对采集到的其他物理量进行转换处理,才能得到所需要的物理量。例如,将加速度量转换成速度或位移量,或者反过来将位移量转化成速度或加速度量,根据它们相互之间的关系,其转换处理方法有积分和微分。积分和微分可以在时域里实现,采用的是梯形求积的数值积分法和中心差分的数值微分法或其他直接积分和微分方法。积分和微分还可以在频域里实现,其基本原理是首先将需要积分或微分的数据作傅里叶变换,然后将变换结果在频域里进行积分或微分运算,最后经傅里叶逆变换得到积分或微分后的时域数据。以下具体介绍积分和微分在频域里的运算方法。根据傅里叶逆变换的公式,加速度数据在任一频率的傅里叶分量可以表达为:

$$a(t) = A e^{j\omega t} \tag{3-48}$$

式中:$a(t)$——加速度数据在频率 ω 的傅里叶分量;
A——对应 $a(t)$ 的系数;
j——虚数,即 $\sqrt{-1}$。

初速度分量为 0 时,对加速度数据分量进行时间积分可以得出速度数据分量,即:

$$v(t) = \int_0^t a(\tau) \mathrm{d}\tau = \int_0^t A e^{j\omega t} \mathrm{d}\tau = \frac{A}{j\omega} e^{j\omega t} = V e^{j\omega t} \tag{3-49}$$

式中:$v(t)$——速度数据在频率 ω 的傅里叶分量;
V——对应 $v(t)$ 的系数。

于是一次积分在频域中的关系式为:

$$V = \frac{A}{j\omega} \tag{3-50}$$

初速度和初位移分量均为 0 时,对加速度数据的傅里叶分量两次积分可得出位移分量:

$$\begin{aligned} x(t) &= \int_0^t \Big[\int_0^t a(\lambda)\mathrm{d}\lambda\Big]\mathrm{d}\tau \\ &= \int_0^t V\mathrm{e}^{j\omega t}\mathrm{d}\tau \\ &= \frac{V}{j\omega}\mathrm{e}^{j\omega t} \\ &= -\frac{A}{\omega^2}\mathrm{e}^{j\omega t} \\ &= X\mathrm{e}^{j\omega t} \end{aligned} \tag{3-51}$$

式中:$x(t)$——速度数据在频率 ω 的傅里叶分量;

X——对应 $x(t)$ 的系数。

于是二次积分在频域中的关系式为:

$$X = -\frac{A}{\omega^2} \tag{3-52}$$

同理,一次微分和二次微分在频域中的关系式分别为:

$$\text{时域}:a = \frac{\mathrm{d}v}{\mathrm{d}t}, \text{频域}:A = j\omega V \tag{3-53}$$

$$\text{时域}:a = \frac{\mathrm{d}x}{\mathrm{d}t^2}, \text{频域}:A = -\omega^2 V \tag{3-54}$$

将所有不同频率的傅里叶分量按积分或微分在频域中的关系式运算后,进行傅里叶逆变换就能得出相应的积分或微分的数据。频域积分在动态数据处理中是一个非常有用的处理方法。凡是工作中涉及振动测试的技术人员都知道,在很多情况下,振动位移的测试是非常麻烦的,甚至有的情况下振动位移是无法直接进行测试的。例如,在振动台上进行的高层楼房模型试验中,要测试模型上的测点相对于振动台台面的振动位移是非常困难的,即使要测试那些测点的绝对位移也是很麻烦的,需要在振动台周围的基础上搭起架子来安放位移传感器。另外,想要在实际的高楼的顶部直接测试楼顶相对于地面的动位移也几乎是不可能的。利用加速度数据或速度数据积分得到位移是一种行之有效的方法。

(1)时域积分

设动态数据的离散数据 $\{x(k)\}(k=0,1,2,\cdots,N)$,数值积分中取采样时间步长 Δt 为积分步长,梯形数值求积公式为:

$$y(k) = \Delta t \sum_{i=1}^{k} \frac{x(i-1) + x(i)}{2} \quad (k = 0,1,2,\cdots,N) \tag{3-55}$$

(2)时域微分

中心差分数值微分公式为:

$$y(k) = \frac{x(k+1) - x(k-1)}{2\Delta t} \quad (k = 0,1,2,\cdots,N) \tag{3-56}$$

(3)频域积分

一次积分的数值计算公式为:

$$y(r) = \sum_{k}^{N-1} \frac{1}{j2\pi k\Delta f} H(k) X(k) e^{j2\pi kr N} \tag{3-57}$$

二次积分的数值计算公式为：

$$y(r) = \sum_{k}^{N-1} -\frac{1}{(2\pi k\Delta f)^2} H(k) X(k) e^{j2\pi kr N} \tag{3-58}$$

其中：

$$H(k) = \begin{cases} 1 & (f_d \leq k\Delta f \leq f_u) \\ 0 & (其他) \end{cases} \tag{3-59}$$

式中：f_d、f_u——分别为下限截止频率和上限截止频率；

$X(k)$——$x(r)$的傅里叶变换；

Δf——频率分辨率。

(4) 频域微分

一次微分的数值计算公式为：

$$y(r) = \sum_{k=0}^{N-1} j(2\pi k\Delta f) H(k) X(k) e^{j2\pi kr N} \tag{3-60}$$

二次微分的数值计算公式为：

$$y(r) = \sum_{k=0}^{N-1} -(2\pi k\Delta f)^2 H(k) X(k) e^{j2\pi kr N} \tag{3-61}$$

其中：

$$H(k) = \begin{cases} 1 & (f_d \leq k\Delta f \leq f_u) \\ 0 & (其他) \end{cases} \tag{3-62}$$

式中：f_d、f_u——分别为下限截止频率和上限截止频率；

$X(k)$——$x(r)$的傅里叶变换；

Δf——频率分辨率。

3) 随机动态数据分析

(1) 随机动态数据统计特性

随机振动也称为非确定性振动。相对于确定性振动而言，随机振动是一种不能用确定的数学解析式表达其变化历程，也不可能预见其任意时刻所出现的振幅，同样也无法用试验的方法重复再现的振动历程。严格说来，所有振动都是随机的，或者是包含一定随机振动的成分。只有在略去非确定性成分后，才能把它看作是有规则的振动，才能用简单的函数或这些函数的组合来描述。随机振动在现实生活中普遍存在，是常见的一类振动现象。例如，行驶中的汽车、轮船，飞行中的飞机、火箭所产生的振动，以及海浪、地震、大地脉动都是典型的随机振动，即使对确定性的振动进行测试，由于各方面的干扰，所测到的动态数据也包含着一些随机振动的成分。因此对随机动态数据进行处理十分必要。

由于随机振动的特点是振动无规律性，即任何振动物理量都不能用确定的时间函数来表达，因此随机振动只能用数理统计的方法来描述。在时域中，随机振动基本特性的主要统计参数有概率密度函数、均值、均方值、方差以及相关函数等。概率是统计方法中的一个基本概念，表示某一特定事件发生的可能性大小。例如在某一时刻，振动瞬时幅值不超过指定值的可能性。概率值为 0~1 之间的正实数，事件的概率值大小表明了该事件出现的可能性大小。

在随机振动的处理分析中，通常将某随机振动的一条数据记录称为一个样本函数，无限多的样本函数构成随机动态数据的集合。如果对一随机振动所有样本函数取某一时刻的集合均值与其他任一时刻的集合均值都是相同的,则该随机振动称为平稳随机振动。一般来说,平稳随机振动的统计特性是不随时间的推移而变化的,也就是说,平稳随机振动的统计特性不是时间函数。如果一平稳随机振动的集合平均与任一样本函数的时间平均相等,称其为各态历经的随机振动。

对于实际工程中的随机动态数据,很多时候将其假设为各态历经来处理分析。根据大量统计来看,大多数的随机振动,近似满足各态历经的假设。但是,即使是各态历经的平稳随机振动,由于单个样本函数的点数仍需无限长,所以在实际工作中做起来是不可能的。通常仅能取有限长的点数来计算,所计算出的统计特性不是此随机数据的真正值,仅是接近真正值的一种估计值。以下给出的随机动态数据处理方法均为平稳随机动态数据取时间坐标上有限长度作出的估计。

(2)概率分布函数和概率密度函数

随机动态数据的概率分布函数是指一随机振动是 N 个样本函数的集合 $X(t) = \{x(n,t)\}$,其中,在 t_1 时刻有 N_1 个样本函数的函数值不超过指定值 x,则它的概率分布函数的估计为:

$$P(X \leq x, t_1) = \lim_{N \to \infty} \frac{N_1}{N} \tag{3-63}$$

瞬时值概率分布函数为 $0 \sim 1$ 之间的正实数,是变量 x 的非递减函数。必须指出的是,只有当样本函数个数足够大时,N_1/N 值才趋向一个稳定值,即概率。

概率密度函数为概率分布函数对变量 x 的一阶导数,表示 t_1 时刻随机动态数据的幅值在某一范围内的概率,它是随所取范围处的幅值而变化的,所以是幅值的函数。随机动态数据概率密度函数 t_1 时刻的估计为:

$$P(x, t_1) = \frac{N_x}{N \Delta x} \tag{3-64}$$

式中:Δx——以 x 为中心的窄区间;

N_x——t_1 时刻 x_n 数组中数值落在 $x \pm \Delta x/2$ 范围中的数据个数;

N——总的数据个数。

概率密度函数在一定程度上常被用于结构细部在运营中所受的随机振动应力分析,较多出现的应力振幅所造成的疲劳是导致这些结构细部失效的关键,因此,幅值出现概率较高的应力应成为这些结构细部设计的依据。另外,还可利用概率密度函数曲线形状特征来鉴别随机数据中是否含有周期数据以及周期数据所占比例成分。

(3)均值、均方值及方差

随机动态数据的均值是在每个时间坐标点上的样本函数 $x(k,t)(k=0,1,2,\cdots,N)$ 的平均值。其物理含义为该随机动态数据变化的中心趋势,或称为零点漂移。随机动态数据均值的估计为:

$$\mu_x(t) = \frac{1}{N}\sum_{k=1}^{N} x(k,t) \tag{3-65}$$

随机动态数据均方值的估计是样本函数记录 $x(k,t)$ 的平方在时间坐标上有限长度的平均。离散随机动态数据均方值的表达式为:

$$\phi_x^2(t) = \frac{1}{N}\sum_{k=1}^{N} x^2(k,t) \tag{3-66}$$

均方值的正平方根称为均方根值 $\sigma_x^2(t)$。均方根值是数据振动的平均能量(功率)的一种表达。在一些振动强度国际标准中常采用数据的均方根值,例如人体振动等,因为均方根值包含着对受振物体形成破坏的主要因素功率的意义。

方差定义为去除了均值后的均方值。由于去除了直流分量,所以方差也是动态数据纯动态分量强度的一种表示。随机数据方差的表达式为:

$$\sigma_x^2(t) = \frac{1}{N}\sum_{k=1}^{N}\left[x(k,t) - \mu_x\right]^3 \tag{3-67}$$

均值、均方值和方差三者的关系为:

$$\sigma_x^2 = \phi_x^2 - \mu_x^2 \tag{3-68}$$

(4)相关函数

相关是对客观事物或过程中某些特征量之间联系紧密性的反映。相关函数描述随机振动样本函数在不同时刻瞬时值之间的关联程度,可以简单描述为随机振动波形随时间坐标移动时与其他波形的相似程度。这可以对同一随机振动样本函数随时间坐标移动进行相似程度计算,其结果称为自相关函数。也可以对两个样本函数进行计算,其结果称为互相关函数。相关函数能够较为深入地揭示随机动态数据的波形结构。

自相关函数用于描述随机振动同一样本函数在不同瞬时幅值之间的依赖关系,也就是反映同一条随机动态数据波形随时间坐标移动时相互关联紧密性的一种函数。离散随机动态数据自相关函数的表达式为:

$$R_{xx}(k) = \frac{1}{N}\sum_{x=1}^{N-k}x(i)x(i+k) \quad (k = 0,1,2,\cdots,m) \tag{3-69}$$

式中: $R_{xx}(k)$——等价于 $R_{xx}(k\Delta t) = R_{xx}(\tau)$;

$x(i)$——等价于 $x(i\Delta t) = x(t)$,是随机动态数据样本函数;

τ——时间坐标移动值;

Δt——采样时间间隔。

自相关函数是偶函数,即 $R_{xx}(\tau) = R_{xx}(-\tau)$。当 $\tau = 0$ 时,自相关函数的值最大,即 $R_{xx}(0) \geq |R_{xx}(\tau)|$。当时间坐标移动值 τ 趋向无穷大时,均值为零且不含有任何确定成分的纯随机动态数据的自相关函数值等于零,即 $\lim_{\tau \to \infty} R_{xx}(\tau) = 0$。自相关函数是随机动态数据分析中一个很重要的参量。自相关函数曲线的收敛快慢在一定程度上反映了数据中所含各频率分量的多少,亦反映波形的平缓和陡峭程度。工程实际中常用自相关函数来检测随机动态数据中是否包含周期振动成分,这是因为随机分量的自相关函数总是随时间坐标趋于无穷大而趋于零或某一常数值,而周期分量的自相关函数则保持原来的周期性而不衰减,并可以定性地了解动态数据所含频率成分的多少。

互相关函数用于描述随机振动两个样本函数在不同瞬时幅值之间的依赖关系,也就是描述两条随机动态数据波形随时间坐标移动时相互紧密程度的一种函数。离散随机动态数据互相关函数的表达式为:

$$R_{xy}(k) = \frac{1}{N-k}\sum_{x=1}^{N-k}x(i)y(i+k) \quad (k = 0,1,2,\cdots,m) \tag{3-70}$$

式中: $R_{xy}(k)$——等价于 $R_{xy}(k\Delta t) = R_{xy}(\tau)$;

$x(i)$——等价于 $x(i\Delta t) = x(t)$,为随机动态数据样本函数;

$y(i)$——等价于 $y(i\Delta t) = y(t)$，为随机动态数据样本函数；

τ——时间坐标移动值；

Δt——采样时间间隔。

互相关函数不是偶函数。当 $\tau \approx 0$ 时，互相关函数的值一般不是最大。均值为零的两个统计独立随机动态数据，对所有 τ 值，互相关函数值都等于零，即 $R_{xy}(\tau) = 0$。互相关函数的大小直接反映两个数据之间的相关性，是波形相似程度的量度。互相关函数常用于识别动态数据的传播途径、传播距离和传播速度以及进行一些检测分析工作，如测量管道内液体、气体的流速，机动车辆运行速度，检测并分析设备运行振动和工业噪声传递主要通道以及各种运载工具中的振动噪声影响等。

3.3.4 动态数据频域分析

1) 快速傅里叶变换

动态数据的频域分析也称为频谱分析，是建立在傅里叶变换基础上的时频变换处理，所得到的结果是以频率为变量的函数，称为谱函数。频域处理的主要方法为傅里叶变换。傅里叶变换的结果称为傅氏谱函数，它是由实部和虚部组成的复函数。傅氏谱的模称为幅值谱，相位角称为相位谱。振动数据的幅值谱可用来描述振动的大小随频率的分布情况，相位谱则反映振动数据各频率成分相位角的分布情况。随机振动数据的频域处理以建立在数理统计基础上的功率谱密度函数为基本函数。通过自功率谱和互功率谱可以导出频响函数和相干函数。频响函数是试验模态参数频域识别的基本数据，相干函数则是评定频响函数估计精度的一个重要参数。另外，频域处理的方法还有细化傅里叶变换、实倒谱、复倒谱、三分之一倍频程谱以及反应谱等。振动数据时域和频域分析从两个不同的角度来研究动态数据，时域分析是以时间轴为坐标表示各种物理量的动态数据波形随时间的变化关系，频谱分析是通过傅里叶变换把动态数据变换为以频率轴为坐标表示出来。时域表示较为形象和直观，频域表示数据则更为简练，剖析问题更加深刻和方便。

在数字信号处理中，实现数字化的时、频域变换所采用的是离散快速傅里叶变换方法。在此，预先对下面离散算法中一些符号定义及它们之间的关系作一介绍：

T——采样周期（信号的采样时间长度）；

N——采样数据量（信号的数据点数）；

f_s——采样频率（每秒采样次数）；

Δt——采样时间间隔（采样数据点与点之间的时间长度）；

Δf——频率分辨率（离散谱数据点与点之间的频率长度）。

采样频率：

$$f_s = \frac{1}{\Delta t} = \frac{N}{T} \tag{3-71}$$

频率分辨率：

$$\Delta f = \frac{f_s}{N} = \frac{1}{T} \tag{3-72}$$

采样周期：

$$T = N\Delta t = \frac{N}{f_s} \tag{3-73}$$

采样时间间隔：

$$\Delta t = \frac{T}{N} = \frac{1}{f_s} \tag{3-74}$$

由于实际采样信号是离散的，并且采样信号的样本长度是有限的，在对数字振动信号进行傅里叶变换时需要采用傅里叶变换的离散算法，离散傅里叶变换(DET)的表达式为：

$$X(k) = \sum_{r=0}^{N-1} x(r) e^{-j2\pi kr/N} \tag{3-75}$$

$$x(r) = \frac{1}{N}\sum_{k=0}^{N-1} X(k) e^{j2\pi kr/N} \tag{3-76}$$

式中，$X(k)$等效于$X(k\Delta f)$；$x(r)$等效于$x(r\Delta t)$。

在对信号作傅里叶变换时，由于采用的离散傅里叶变换是基于对信号的有限长样本函数进行的，这意味着将对无限长信号进行截断处理。这种截断相当于在无限的时域上加了一个时间长度为$[0,T]$的矩形窗。从数学的角度上可以说，实际记录信号$x_T(t)$等同于无限长的信号$x(t)$与一个时间长度为T的矩形函数$\omega_T(t)$相乘，得到有限长函数：

$$x_T(t) = \omega_T(t)x(t) \tag{3-77}$$

其中：

$$\omega_T(t) = \begin{cases} 1 & (0 \leqslant t \leqslant T) \\ 0 & (t > T) \end{cases}$$

矩形窗函数$\omega_T(t)$的傅里叶变换为：

$$W_T(\omega) = 2T\frac{\sin\omega T}{\omega T} \tag{3-78}$$

由傅里叶变换性质可知，$x_T(t)$的傅里叶变换$X_T(\omega)$是$x(t)$的傅里叶变换$X(\omega)$与$\omega_T(t)$的傅里叶变换$W_T(\omega)$的卷积。其结果导致傅里叶变换的计算值$X_T(\omega)$与真值$X(\omega)$之间产生较大的差异，这种差异称为谱泄漏，也称为吉布斯现象(Gibbs phenomenon)。例如，圆频率为ω_0的正弦信号$x(t) = \sin\omega_0 t$，若用长度为$T(T \neq 2\pi/\omega_0)$的矩形窗函数进行截断，原来的正弦信号在频域上表示为$\omega = \omega_0$处的一根谱线变成了除位于$\omega = \omega_0$处的主瓣外，还有许多旁瓣出现。可见，矩形窗泄漏使振动信号在频域上产生误差是很大的。

减少泄漏的方法有两种。一种方法是使振动信号的采样长度尽可能地加大，当采样长度趋于无穷大时，计算值$X_T(\omega)$趋于真值$X(\omega)$。但是，在实际应用中，振动信号的时间长度总是有限。另一种方法是采用不同形状的时间窗函数，使振动信号在截断处不是突然截断，而是逐步衰减过渡到零，以减少谱泄漏。窗函数的选择对于结果起着重要的作用，针对不同信号和不同处理目的来选择窗函数才能收到良好的效果。一般情况下，选择窗函数的原则是使窗函数的旁瓣尽可能的小，而窗函数的主瓣带宽尽可能的窄。

从离散傅里叶变换的计算公式(3-71)可以看到，若采样数据为N个，计算一个频域数据需要进行N次复数乘法运算和$N-1$次复数加法运算，而计算全部N个频域数据就需要进行N^2次复数乘法运算和$N(N-1)$次复数加法运算。在一般计算机上进行乘法运算要比加法运算慢得多。由于计算量太大，计算成本过高，使DFT缺乏实用性，特别是在实现频谱的实时分析方面。

快速傅里叶变换(FFT)是有限序列离散傅里叶变换的一种快速算法，是在1965年由库里—图基(Cooly-Tukey)二人提出的。快速傅里叶变换的主要特点是大大地减少了进行离散傅里叶变换所需要的运算次数。同时，由于运算次数的减少，从而减少了运算时间，提高了计算机的使用效率，使振动信号的实时处理得以实现。以下对快速傅里叶变换作简单的介绍。

N 点序列 $x(r)$ 的离散傅里叶变换 $X(k)$ 可表示为:

$$X(k) = \sum_{r=0}^{N-1} x(r) W^{kr} \quad (0 \leq k \leq N-1) \tag{3-79}$$

其中: $W = \mathrm{e}^{-j2\pi/N}$。

利用系数 W^{kr} 的周期性,即:

$$W^{kr} = W^{k(r+N)} = W^{(k+N)r} \tag{3-80}$$

可将离散傅里叶变换运算中的某些项合并。

利用其对称性,即:

$$W^{kr+N/2} = -W^{kr} \tag{3-81}$$

并根据其周期性可将长序列的离散傅里叶变换分解为短序列的离散傅里叶变换。快速傅里叶变换 FFT 正是基于这样的基本思路发展起来的。FFT 算法基本上可以分为两大类:按时间抽取法和按频率抽取法。当信号长度为 $N = 2^L$(L 为整数),称为基-2 快速傅里叶变换。这里只简单说明一下基-2FFT 算法。

(1) 按时间的 FFT 算法 DIT(Decimation In Time)

将 $N = 2^L$ 的序列 $x(r)$($r = 0,1,2,\cdots,N-1$),先按 r 的奇偶分成两组:

$$\left.\begin{array}{l} x(2s) = x_1(s) \\ x(2s+1) = x_2(s) \end{array}\right\} \quad \left(s = 0,1,2,\cdots,\frac{N}{2}-1\right) \tag{3-82}$$

分别求其 $N/2$ 点的离散傅里叶变换,得到前半部分为:

$$X(k) = X_1(k) + W^k X_2(k) \quad \left(k = 0,1,2,\cdots,\frac{N}{2}-1\right) \tag{3-83}$$

后半部分为:

$$X\left(k+\frac{N}{2}\right) = X_1(k) - W^k X_2(k) \quad \left(k = 0,1,\cdots,\frac{N}{2}-1\right) \tag{3-84}$$

重复这一过程,可得到 $x(r)$ 的 FFT。

(2) 按频率的 FFT 算法 DIF(Decimation In Frequency)

基-2 按频率抽取的 FFT 算法与按时间抽取的 FFT 算法相似,只是划分方式略有差别。先把 $x(r)$ 按前后划分为两部分,再重复以上过程。

快速傅里叶逆变换算法和快速傅里叶正变换的算法基本相同,比较离散傅里叶正变换与逆变换公式,正变换为:

$$X(k) = \sum_{r=0}^{N-1} x(r) W^{rk} \tag{3-85}$$

逆变换为:

$$x(r) = \frac{1}{N} \sum_{k=0}^{N-1} X(k) W^{-kr} \tag{3-86}$$

可以看出,只要把离散傅里叶正变换运算中的每一个系数 W^{rk} 换成 W^{-rk},并且最后乘以常数 $1/N$,就可用于离散傅里叶逆变换的运算。

2) 频域分析法

在进行结构的动力特性测试中,诸如白噪声、大地脉动或脉动风等随机波动经常被用来作为激振源,结构上测到的振动响应数据中包含大量的随机成分,特别是对于振动强度较低的大地脉动或脉动风的激振方式,随机成分通常会在响应数据中占有较大的比例,也就是说,响应数据的信噪比较低。即使是用正弦扫频数据或锤击等确定性的数据进行激振,由于诸如激振设备、测量仪器、结构本身等多方面的原因,测试得到的响应数据中都或多或少包含着一定的随机成分。因此,动力特性测试的频域处理一般都是按照随机振动数据频域处理的方法进行的。

随机振动频域特性的主要统计参数是功率谱密度函数以及由功率谱密度函数派生出来的频响函数和相干函数等。由于随机数据的积分不能收敛,所以它本身的傅里叶变换是不存在的,因此无法像确定性数据那样用数学表达式来精确地描述,而只能用统计方式来进行表示。自相关函数能完整地反映随机数据的特定统计平均量值,而一个随机数据的功率谱密度函数正是自相关函数的傅里叶变换,于是,可用功率谱密度函数来表示它的统计平均谱特性。

单个随机振动数据的功率谱密度函数称为自功率谱密度函数,是该随机振动数据的自相关函数的傅里叶变换,其表达式为:

$$S_{xx}(k) = \frac{1}{N}\sum_{i=0}^{N-1}R_{xx}(r)e^{-i2\pi kr/N} \tag{3-87}$$

两个随机振动数据的功率谱密度函数称为互功率谱密度函数,是这两个随机振动数据的互相关函数的傅里叶变换,其表达式为:

$$S_{xy}(k) = \frac{1}{N}\sum_{i=0}^{N-1}R_{xy}(r)e^{-i2\pi kr/N} \tag{3-88}$$

式中:$S_{xx}(k)$、$S_{xy}(k)$——分别为自功率谱密度函数和互功率谱密度函数;

$R_{xx}(r)$、$R_{xy}(r)$——分别为对应的自相关函数和互相关函数。

(1)平均周期图

由于在时域进行相关函数求取需要通过卷积计算来完成,计算量较大且复杂。实现随机振动数据的功率谱密度函数估计的一种简单方法是先对振动数据进行傅里叶变换,然后取变换结果幅值的平方,并除以该数据的长度作为功率谱密度函数的一个估计。这种方法就是建立在傅里叶变换能量定理上的经典的周期图方法。但是,基本的周期图估计方法效果并不好,它的估计方差很大,而且方差不会随着数据长度的增加而减小。改进的周期图方法,采用平均法来降低功率谱密度函数估计的方差。该方法是将随机振动数据分成若干段,并允许每段数据有部分重叠,分别求出每段数据的功率谱,然后加以平均。这就是韦尔奇(Welch)方法,也称为平均周期图方法。由于在数据处理过程中使用的是快速傅里叶变换,因此用平均周期图方法计算功率谱密度函数估计是非常迅速的。平均周期图方法是目前使用最广泛的功率谱密度函数以及频响函数和相干函数估计的计算方法。鉴于平均周期图方法计算功率谱密度函数效率高、速度快,有些软件在相关函数处理方法上采用逆向求解的方式,也就是先计算数据的功率谱密度函数,再用傅里叶逆变换迅速求出自相关函数。平均周期图方法具体实现的步骤如下:

第一步:估计随机振动数据的分析频率范围,采用模拟低通抗混滤波器除去数据中分析频率范围以外的高频成分。取最高分析频率的 3~4 倍确定随机振动数据的采样频率 f_s。根据随机振动激励和结构响应的大小,确定采样时间的长短,以保证能有足够的平均次数来获得这些频域函数较为可靠的估计,然后对随机振动数据进行数据采集。

第二步:根据所需频率分辨率的带宽 Δf,确定 FFT 的数据长度 $N_{FFT} = f_s/\Delta f = 2^p$。将随机振动数据分成长度为 N_{FFT} 的若干数据段,数据段之间可以有一部分重叠,一般选取数据段长度的 50% 重叠,然后消除每个数据段的趋势项,选取适当的窗函数,并对每个数据段进行加窗处理。

第三步:用 FFT 算法对每个数据段作离散傅里叶变换,取一个数据段变换结果幅值的平方,并除以 N_{FFT} 作为功率谱密度函数的一次估计。将每次功率谱密度函数估计的对应数据累加起来并除以累加次数,最后得到功率谱密度函数的估计。

实践证明,取合适的窗函数(如海明窗、汉宁窗或凯塞窗)和一半长度的重叠率,可以合理地运用数据的全部信息,并有效降低估计的偏差。以下介绍用平均周期图方法计算功率谱密度函数以及频响函数和相干函数估计的表达式。

(2) 自功率谱密度函数

平均周期图法的自功率谱密度函数的定义为:

$$S_{xx}(k) = \frac{1}{MN_{FFT}} \sum_{i=1}^{M} X_i(k) X_i^*(k) \tag{3-89}$$

式中:$X_i(k)$——随机振动数据的第 i 个数据段的傅里叶变换;

$X_i^*(k)$——$X_i(k)$ 的共轭复数;

M——平均次数。

自功率谱密度函数是实函数,是描述随机振动的一个重要参数。它反映了振动数据各频率处功率的分布情况,使我们知道哪些频率的功率是主要的。自功率谱常被用来确定结构或机械设备的自振特性。在设备故障监测中,还可根据不同时段自功率谱的变化来判断故障发生征兆和寻找可能发生故障的原因。

(3) 互功率谱密度函数

平均周期图法的互功率谱密度函数的定义为:

$$S_{xy}(k) = \frac{1}{MN_{FFT}} \sum_{i=1}^{M} X_i(k) Y_i^*(k) \tag{3-90}$$

式中:$X_i(k)$、$Y_i(k)$——分别为二随机振动数据的第 i 个数据段的傅里叶变换;

$Y_i^*(k)$——$Y_i(k)$ 的共轭复数;

M——平均次数。

互功率谱密度函数是复函数,该函数本身实际上并不具有功率的含义,只因计算方法上与自功率谱相对应,才使有的人习惯于这样错误的称呼。正确的称呼应该是互谱密度函数。互谱密度函数可以用来分析结构的动力特性,但是一般不常用。

(4) 频率响应函数(频响函数)

频响函数为互功率谱密度函数除以自功率谱密度函数所得到的商,即:

$$H(k) = \frac{S_{xy}(k)}{S_{xx}(k)} \tag{3-91}$$

式中:$S_{xx}(k)$、$S_{xy}(k)$——分别为用平均周期图方法处理得到的随机振动激励数据的自功率谱密度函数和激励与响应数据的互功率谱密度函数的估计。

频响函数是复函数,它是被测系统的动力特性在频域内的表现形式,也就是被测系统本身对输入数据在频域中传递特性的描述。输入数据的各频率成分通过该系统时,频响函数对其一些频率成分进行了放大,对另一些频率成分进行了衰减,经过加工后得到输出数据的新的频率成分的分布。因此,频响函数对结构的动力特性测试具有特殊重要的意义。

(5) 相干函数(凝聚函数)

相干函数为互功率谱密度函数的模的平方除以激励和响应自谱乘积所得到的商,即:

$$C_{xy}(k) = \frac{|S_{xy}(k)|^2}{S_{xx}(k)S_{yy}(k)} \tag{3-92}$$

式中:$S_{xx}(k)$、$S_{yy}(k)$——分别为用平均周期图方法处理得到的随机振动激励数据和响应数据的自功率谱密度函数的估计;

$S_{xy}(k)$——激励与响应数据的互功率谱密度函数的估计。

相干函数是二随机振动数据在频域内相关程度的指标。对于一个随机振动系统,为了评价输入数据与输出数据的因果性,即输出数据的频率响应中有多少是由输入数据的激励所引起的,就可以用相干函数来表示。通常,在随机振动测试中,计算出来的相干函数的值为在 0~1 之间的正实数。工程上通常采用相干函数 $C_{xy}(k)$ 来评判频响函数的好坏,$C_{xy}(k)$ 越接近 1,说明噪声的影响越小,频响函数的估计结果越好。一般认为 $C_{xy}(k) \geq 0.8$ 时,频响函数的估计结果比较准确可靠。

3.4 试验误差分析与处理

本节试验数据误差与分析主要包括:试验误差分析、试验误差处理。

3.4.1 试验误差分析

由于测量原理的局限性或近似性、测量方法的不完善、测量仪器的精度限制、测量环境的不理想以及测量者的试验技能等诸多因素的影响,只能做到试验数据测量相对准确。随着理论和技术的不断完善,测量技术的不断提高,数据测量的误差被控制得越来越小,但是绝对不可能使误差降为零。因此,对于一个测量结果,不仅应该给出被测对象的量值和单位,而且还必须对量值的可靠性作出评价,一个没有误差评定的测量结果是没有价值的。

1)误差与偏差

(1)真值与误差

对于试验数据测量,在一定的条件下,都具有确定的量值,这是客观存在的,这个客观存在的量值称为该物理量的真值。数据测量的目的就是要尽量得到被测量的真值。常把测量值与真值之差称为测量的绝对误差。例如,设某一时刻温度的真值为 χ_0,测量得到的温度值为 χ,则绝对误差 ε 为:

$$\varepsilon = \chi - \chi_0 \tag{3-93}$$

由于误差不可避免,故温度的真值往往是得不到的。所以,绝对误差的概念只有理论上的价值。

(2)最佳值与偏差

在实际的数据测量中,为了减小误差,常常对某一物理量 x 进行多次等精度测量,得到一系列测量值 $\chi_1, \chi_2, \cdots, \chi_n$,则测量结果的算术平均值为:

$$\bar{\chi} = \frac{\chi_1 + \chi_2 + \cdots + \chi_n}{n} = \frac{1}{n}\sum_{i=1}^{n}\chi_i \tag{3-94}$$

算术平均值并非真值,但它比任一次测量值的可靠性都要高。系统误差忽略不计时的算术平均值可作为最佳值,称为近真值。例如,当测量的温度值为 χ_i,各测量结果的算术平均值

为 $\bar{\chi}$,则测量值与算术平均值之差称为偏差(或残差):
$$v_i = \chi_i - \bar{\chi} \tag{3-95}$$

(3)误差分类

正常的试验数据测量中的误差,按其产生的原因和性质可分为系统误差和随机误差两类,它们对测量结果的影响不同,对这两类误差处理方法也不同。

2)系统误差

在同样条件下,对同一物理量进行多次测量,其误差的大小和符号保持不变或随着测量条件的变化而有规律地变化,这类误差称为系统误差。系统误差的特征是具有确定性,它的来源主要有以下几个方面:

(1)仪器因素

由于仪器本身的固有缺陷或没有按规定条件调整到位而引起误差。例如,仪器标尺的刻度不准确、零点没有调准,等臂天平的臂长不等、砝码不准,测量显微镜精密螺杆存在回程差,或仪器没有放水平、偏心、定向不准等。

(2)理论或条件因素

由于测量所依据的理论本身的近似性或试验条件不能达到理论公式所规定的要求而引起误差。例如,称物体质量时没有考虑空气浮力的影响,用单摆测量重力加速度时要求摆角 $\theta \to 0$,而实际中难以满足该条件。

(3)人为因素

由于测量人员的主观因素和操作技术而引起误差。例如,使用停表计时,有的人总是操之过急,计时比真值短,有的人则反应迟缓,计时总是比真值长;再如,有的人对准目标时,总爱偏左或偏右,致使读数偏大或偏小。

对于一次实际的测量工作,系统误差的规律及其产生原因,可能知道,也可能不知道。已被确切掌握其大小和符号的系统误差称为可定系统误差;对于大小和符号不能确切掌握的系统误差称为未定系统误差。前者一般可以在测量过程中采取措施予以消除,或在测量结果中进行修正。而后者一般难以作出修正,只能估计其取值范围。

3)随机误差

在相同条件下,多次测量同一物理量时,即使已经精心排除了系统误差的影响,也会发现每次测量结果都不一样。测量误差时大时小、时正时负,完全是随机的。在测量次数少时,显得毫无规律,但是当测量次数足够多时,可以发现误差的大小以及正负都服从某种统计规律,这种误差称为随机误差。随机误差具有不确定性,它是由测量过程中一些随机的或不确定的因素引起的。例如,灵敏度和仪器稳定性有限,试验环境中的温度、湿度、气流变化,电源电压起伏,微小振动以及杂散电磁场等都会导致随机误差。

除系统误差和随机误差外,还有过失误差。过失误差是由于试验者操作不当或粗心大意造成的,例如看错刻度、读错数字、记错单位或计算错误等。过失误差又称粗大误差。含有过失误差的测量结果称为"坏值",被判定为坏值的测量结果应剔除不用。试验中的过失误差不属于正常测量的范畴,应该严格避免。

4)精密度、正确度和准确度

评价测量结果,常用到精密度、正确度和准确度这三个概念。这三者的含义不同,使用时应注意加以区别。

(1)精密度(Precision)

该指标反映随机误差大小的程度。它是对测量结果的重复性的评价。精密度高是指测量的重复性好,各次测量值的分布密集,随机误差小。但是,精密度不能确定系统误差的大小。

(2)正确度(Correctness)

该指标反映系统误差大小的程度。正确度高是指测量数据的算术平均值偏离真值较少,测量的系统误差小。但是,正确度不能确定数据分散的情况,即不能反映随机误差的大小。

(3)准确度(Accuracy)

该指标反映系统误差与随机误差综合大小的程度。准确度高是指测量结果既精密又正确,即随机误差与系统误差均小。

3.4.2 试验误差处理

1)系统误差处理

(1)发现系统误差

在静态数据测量中,系统误差一般难于发现,并且不能通过多次测量来消除。人们通过长期实践和理论研究,总结出一些发现系统误差的方法,常用的有以下几种:

①理论分析法。包括分析试验所依据的理论和试验方法是否有不完善的地方;检查理论公式所要求的条件是否得到了满足;量具和仪器是否存在缺陷;试验环境能否使仪器正常工作以及试验人员的心理和技术素质是否存在造成系统误差的因素等。

②试验比对法。对同一待测量可以采用不同的试验方法,使用不同的试验仪器,以及由不同的测量人员进行测量。对比、研究测量值变化的情况,可以发现系统误差的存在。

③数据分析法。因为随机误差是遵从统计分布规律的,所以若测量结果不服从统计规律,则说明存在系统误差。我们可以按照规律测量列的先后次序,把偏差(残差)列表或作图,观察其数值变化的规律。比如前后偏差的大小是递增或递减的;偏差的数值和符号有规律地交替变化;在某些测量条件下,偏差均为正号(或负号),条件变化以后偏差又都变化为负号(或正号)等情况,都可以判断存在系统误差。

(2)减小或消除系统误差

知道了系统误差的来源,也就为减小或消除系统误差提供了依据。方法之一是减小或消除引起误差的根源,对静态数据测量中可能产生误差的因素尽可能予以处理,比如采用更符合实际的理论公式,保证仪器装置良好,满足仪器规定的使用条件等;方法之二是改进测量方法,对于定值系统误差的消除,可以采用如下一些技巧和方法。

①交换法。根据静态数据测量误差产生的原因,在一次测量之后,把某些测量条件交换一下再次测量。

②替代法。在静态数据测量的测量条件不变的情况下,先测得未知量,然后再用一已知标准量取代被测量,而不引起指示值的改变,于是被测量就等于这个标准量。例如,用惠斯通电桥测电阻时,先接入被测电阻,使电桥平衡,然后再用标准电阻替代被测量,使电桥仍然达到平衡,则被测电阻值等于标准电阻值。这样可以消除桥臂电阻不准确而造成的系统误差。

③异号法。改变测量中的某些条件,进行两次测量,使两次测量中的误差符号相反,再取两次测量结果的平均值作为测量结果。

此外,用"等距对称观测法"可消除按线性规律变化的变值系统误差;用"半周期偶数测量法"可消除按周期性变化的变值系统误差等,这里不再详细介绍。

在采取消除系统误差的措施后,还应对其他的已定系统误差进行分析,给出修正值,用修正公式或修正曲线对测量结果进行修正。例如,千分尺的零点读数就是一种修正值。对于无法忽略又无法消除或修正的未定系统误差,可用估计误差极限值的方法进行估算。

2) 随机误差处理

静态数据测量中,随机误差是不可避免的,也不可能消除。但是,可以根据随机误差的理论来估算其大小。为了简化起见,下面讨论随机误差的有关问题时,假设系统误差已经减小到可以忽略的程度。

(1) 标准误差与标准偏差

采用算术平均值作为测量结果可以削弱随机误差。但是,算术平均值只是真值的估计值,不能反映各次测量值的分散程度。采用标准误差来评价测量值的分散程度是既方便又可靠的。例如,对温度 X 进行 n 次测量,其标准误差(标准差)定义为:

$$\sigma(x) = \lim_{n \to \infty} \sqrt{\frac{1}{n} \sum_{i=1}^{n} (x_i - x_0)^2} \tag{3-96}$$

在实际测量中,由于测量次数 n 总是有限的,而且真值也不可知。因此,标准误差只有理论上的价值。对标准误差 $\sigma(x)$ 的实际处理只能进行估算。估算标准误差的方法很多,最常用的是贝塞尔法,它用试验标准(偏)差 $S(x)$ 近似代替标准误差 $\sigma(x)$。试验标准差的表达式为:

$$S(x) = \sqrt{\frac{1}{n-1} \sum_{i=1}^{n} (x_i - \bar{x})^2} \tag{3-97}$$

本书中我们都是用式(3-97)来计算直接测量量的试验标准差,其含义将在下面讨论。

(2) 平均值试验标准差

如上所述,假如在对温度进行有限次测量后,可得到温度测量值的算术平均值 $\bar{x}$。$\bar{x}$ 也是一个随机变量。在完全相同的条件下,多次进行重复测量,每次得到的算术平均值本身也具有离散性,由误差理论可以证明,算术平均值的试验标准差为:

$$S(\bar{x}) = \frac{S(x)}{\sqrt{n}} = \sqrt{\frac{1}{n(n-1)} \sum_{i=1}^{n} (x_i - \bar{x})^2} \tag{3-98}$$

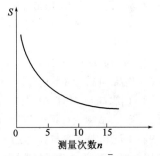

图 3-3 测量次数对 $S(\bar{x})$ 的影响

由式(3-98)可以看出,平均值的试验标准差比任一次测量的试验标准差小。增加测量次数,可以减少平均值的试验标准差,提高测量的准确度。但是,单纯凭增加测量次数来提高准确度的作用是有限的。如图3-3所示,当 $n > 10$ 以后,随测量次数 n 的增加,$S(\bar{x})$ 减小得很缓慢。所以,在科学研究中,测量次数一般取 10~20 次,而在实际的静态数据测量工作中测量次数一般取 6~10 次。

3.5 本章小结

本章主要讲述了常用的静态数据处理和动态数据处理方法、静态数据分析和动态数据分析方法、试验数据误差与分析方法。静态数据处理主要知识点包括温度影响修正和挠度数据的沉降修正。动态数据处理主要知识点包括消除趋势项和平滑处理。静态数据分析主要知识点包括常用的静态数据统计分析方法和静态数据的回归分析方法。动态数据分析重点讲述内容包括动态数据时域分析和频域分析方法。时域分析主要知识点包括动态数据滤波、积分和微分变换、统计特性分析;动态数据频域分析主要知识点包括快速傅里叶变换、常用的频域分析法——平均周期图法、自功率谱密度函数法、互功率谱密度函数法、频率响应函数法、相干函数法。试验误差分析与处理小节主要知识点为常用的试验误差分析和处理方法。

【习题与思考题】

1. 试验数据温度影响修正的主要原因是什么?
2. 静态试验数据的处理包括哪些?
3. 动态试验数据采样定理的含义是什么?
4. 动态试验数据的预处理包括哪些?
5. 简述静态数据的最小二乘法分析基本方法和原理。
6. 简述动态数据时域分析基本方法和原理?
7. 简述动态数据频域分析基本方法和原理?
8. 误差处理方法有哪些?

本章参考文献

[1] 韩国强. 数值分析[M]. 广州:华南理工大学出版社,2005.
[2] 李庆扬,等. 数值分析[M]. 北京:清华大学出版,施普林格出版社,2001.
[3] 汪卉琴,刘目楼. 数值分析[M]. 北京:冶金工业出版社,2004.
[4] Shoichiro Nakamura. 科学计算引论基于MATLAB的数值分析[M]. 梁恒,刘晓艳,等,译. 北京:电子工业出版社,2002.
[5] Pearson D S. Dynamic Data Analysis[M]. New York:Springer,2017.
[6] 周品. MATLAB 数值分析[M]. 北京:机械工业出版社,2009.
[7] 王济,胡晓. MATLAB在振动信号处理中的应用[M]. 北京:中国水利水电出版社,2006.
[8] 盛骤. 概率论与数理统计及其应用[M]. 北京:高等教育出版社,2010.
[9] 丁正生. 概率论与数理统计应用[M]. 西安:西北工业大学出版社,2004.
[10] 贾沛璋. 误差分析与数据处理[M]. 北京:国防工业出版社,1992.
[11] 钱政,王中宇,刘桂礼. 测试误差分析与数据处理[M]. 北京:北京航空航天大学出版社,2008.
[12] 章关永. 桥梁结构试验[M]. 2版. 北京:人民交通出版社,2010.
[13] D'Enza AI, Palumbo F. Dynamic Data Analysis of Evolving Association Patterns, Classification and Data Mining[M]. Springer Berlin Heidelberg, 2013.

第4章
相似理论与模型试验

4.1 概 述

在桥梁及其他工程结构中,有时力学行为很难从计算的角度分析清楚,试验研究是一种有效的手段,但真实的工程结构或构件可能由于尺寸、重量、荷载等原因导致大多数原型试验难以开展。模型试验(Model Test)是相对于原型试验而言的,其采用的试验模型是原型结构的代表物,具有原型结构的全部或部分重要特征,两者之间满足一定的相似关系,并可据此将模型试验所获得的数据结果推演到原型结构上去。对于桥梁结构或构件,试验模型可以是缩尺的或足尺的,但限于试验规模、场地条件、设备能力与研究经费等,模型试验中多采用缩尺模型。

模型试验一般包括模型设计、模型制作、试验方案设计、加载测试、结果分析等环节。其中,模型设计是至关重要的,只有遵循相似理论(Similarity Theory)进行模型设计才能使原型和模型在几何关系、材料参数、加载方式、边界条件等方面相似,才能确保模型试验的数据可以应用到原型结构上,因此相似理论是模型试验的根本保证。

成功的模型试验设计,除了满足相似条件外,还应结合试验目的、模型类型等因素。桥梁结构模型试验可从不同的角度进行分类:

(1)按照试验所要达到的目的可分为验证性试验和研究性试验。前者有明确的工程背景,主要研究桥梁结构或构件在施工及运营过程中的结构行为;后者多用于研究和发展新的结构设计理论,研究和探讨新结构、新材料、新工艺在桥梁工程中的应用。

(2)按照试验所模拟的结构范围又可分为全桥模型试验和局部模型试验。前者多用于研究全桥结构的力学行为或对桥梁施工过程的模拟(如图4-1所示为重庆朝天门大桥的施工过程先在试验室通过1/40模型模拟);后者主要研究桥梁结构关键部位的最不利受力状态。

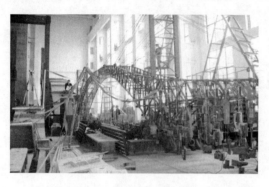 

图4-1　重庆朝天门大桥模型试验与现场施工

(3)按照试验所施加的荷载特性还可分为静力模型试验和动力模型试验。前者主要研究结构在静荷载作用下的变形形态和关键区域的应力分布,研究结构不同阶段的工作性能,分析结构的强度、刚度和稳定性问题,验证理论分析方法的可靠性;后者研究结构在动态激励下的固有特性、动力响应以及关键部位的抗疲劳性能等。

不同类型的模型试验,其预期目标决定了模型与原型的相似要求是有所区别的。

作为结构受力行为的重要研究方法,模型试验具有以下特点:

(1)经济性好。试验模型可以做得比原型结构小(小至原型的1/2～1/50,甚至更小),可节省材料、节约场地、降低对设备与设施的能力要求。

(2)针对性强。制订结构模型设计与试验方案时,均可根据试验目的,突出主要因素,忽略次要因素。

(3)数据准确。由于模型试验多在室内进行,可通过对试验过程和干扰因素的有效控制,保证试验结果的准确性。

(4)适应性强。对于科研类的模型试验,可以通过大量重复性试验获取试验过程的足够多的数据信息,发展新的结构设计计算理论,研究新型结构的受力性能;对于验证性试验,可以观察模型结构不同阶段的响应,预测原型结构的变形趋势。

(5)结果直观。对于受力复杂的结构,计算分析存在一定的局限性,可通过模型试验获取直观结果,从而验证计算方法的适应性和计算参数取值的合理性。

4.2　模型相似理论

4.2.1　相似定理

1686年,牛顿在他的著作《Principia》第1册中提出了关于相似现象的学说,而以相似理论为基础的模型研究方法诞生于19世纪中期。

相似理论是研究自然界和工程领域中两种现象之间相似的原理、相似现象的性质以及将一个现象的研究结果推演到其相似现象中去的基本方法。它确定模型设计中必须遵循的相似准则,给出确定相似准数的方法,是模型与原型相似的基础,它由以下三个相似定理组成。

1) 相似第一定理(First Similarity Theorem)

1848年,法国科学院院士别尔特兰(J. Bertrand)利用相似变换的方法,建立了相似第一定理:两个相似的物理现象,单值条件相同,其相似准数的数值也相同。

单值条件是指决定于一个物理现象的特性并使它从一群现象中区分出来的那些条件(几何要素、物理参数、边界条件、初始条件等),确保试验结果在一定的条件下是唯一的。

相似第一定理明确了两个相似现象在时间、空间上的相互关系,确定了相似现象的性质,以下以牛顿第二定律为例说明这些性质。

对于实际的质量运动系统,有:

$$F_p = m_p a_p \tag{4-1}$$

对于模拟的质量运动系统,也有:

$$F_m = m_m a_m \tag{4-2}$$

因为这两个运动系统相似,故它们各自对应的物理量成比例:

$$F_m = S_F F_p \quad m_m = S_m m_p \quad a_m = S_a a_p \tag{4-3}$$

式中:S_F、S_m、S_a——分别为两个运动系统中对应的物理量(力、质量、加速度)的相似常数。

将式(4-3)代入式(4-2)得:

$$\frac{S_F}{S_m S_a} F_p = m_p a_p \tag{4-4}$$

比较式(4-4)和式(4-1),显然,仅当:

$$\frac{S_F}{S_m S_a} = 1 \tag{4-5}$$

式(4-4)才能与式(4-1)一致,由此产生了相似现象的判别条件,$\frac{S_F}{S_m S_a}$被称为相似指标或相似条件。式(4-5)表明,两个现象若相似,则它们的相似指标(相似条件)等于1。可见,各物理量的相似常数受相似指标约束,不能都任意选取。

将式(4-3)代入式(4-5),还可得到:

$$\frac{F_p}{m_p a_p} = \frac{F_m}{m_m a_m} \tag{4-6}$$

式(4-6)的等号左右均为无量纲比值,对于所有的力学相似现象,这个比值都是相同的,称为相似准数,通常用 π 表示,也称为 π 数。本例:

$$\pi = \frac{F_p}{m_p a_p} = \frac{F_m}{m_m a_m} = \frac{F}{ma} = 常量 \tag{4-7}$$

相似准数 π 这个无量纲组合表达了相似系统中各物理量的相互关系,又称为"模型律"。利用它可将模型试验中的结果推演到原型结构中去。

相似准数与相似常数的概念不同。相似常数是指在两个相似现象中,两个相对应的物理量始终保持的比例关系,但对于与它们相似的第三个现象,它可能是不同的比例常数;而相似准数则在所有互相相似的现象中始终保持不变。

2) 相似第二定理(Second Similarity Theorem)

1915年，巴金汉(E. Buckinghan)提出了相似第二定理：对于由 n 个物理量的函数关系来表示的某现象，当这些物理量中含有 k 种基本量纲时，则可得到 $n-k$ 个独立的相似准数 $\pi_i(i=1,2,\cdots,n-k)$。即描述现象的函数关系也可由 $n-k$ 个独立相似准数的组合来表达。

$$q(x_1,x_2,x_3,\cdots,x_n) = g(\pi_1,\pi_2,\pi_3,\cdots,\pi_{n-k}) = 0 \qquad (4\text{-}8)$$

由此，相似第二定理也称为 π 定理，它为模型设计提供了可靠的理论保证，是量纲分析的基础，可指导试验人员按相似准数间关系所给定的形式处理模型试验数据，并将试验结果应用到原型结构中去。

3) 相似第三定理(Third Similarity Theorem)

相似第三定理：凡具有同一特性的现象，当单值条件彼此相似，且由单值条件的物理量所组成的相似准数在数值上相等时，则这些现象必定相似。

相似第三定理明确了现象相似的充要条件，完善了相似理论，使其成为一套科学的模型试验指导方法。

4.2.2 相似参数

模型(Model)与原型(Prototype)的相似是指模型试验的结果能够推演到实际结构(原型)，即两者相对应的物理量相似，它比通常所讲的几何相似具有更广泛的概念：除了几何相似之外，物理过程也相似。以下介绍桥梁结构试验中所涉及物理量相似的几个主要方面。

1) 几何相似

模型与原型的几何相似即是使两者之间所对应部分的尺寸成比例，以一片长、宽、高分别为 l、b、h 的矩形截面梁为例，模型与原型(相关参数分别用下标 m 与 p 表示)之间的尺寸比例关系可用几何相似常数 S_l 表示：

$$S_l = \frac{l_m}{l_p} = \frac{b_m}{b_p} = \frac{h_m}{h_p} \qquad (4\text{-}9)$$

还可进一步写出其横截面的面积 A、截面模量 W、截面惯性矩 I 的相似常数与几何相似常数的关系：

$$S_A = \frac{A_m}{A_p} = \frac{h_m b_m}{h_p b_p} = S_l^2 \qquad (4\text{-}10)$$

$$S_w = \frac{W_m}{W_p} = \frac{b_m h_m^2/6}{b_p h_p^2/6} = S_l^3 \qquad (4\text{-}11)$$

$$S_I = \frac{I_m}{I_p} = \frac{b_m h_m^3/12}{b_p h_p^3/12} = S_l^4 \qquad (4\text{-}12)$$

根据结构的位移、长度和应变之间的关系，位移(变形)相似常数为：

$$S_x = \frac{x_m}{x_p} = \frac{\varepsilon_m l_m}{\varepsilon_p l_p} = S_\varepsilon S_l \qquad (4\text{-}13)$$

式中：S_ε——应变相似常数。

2) 质量相似

在结构动力试验中，要求模型和原型的质量分布相似，即二者对应部分的集中质量成比

例。质量相似常数用 S_m 表示:

$$S_m = \frac{m_m}{m_p} \tag{4-14}$$

对于具有分布质量的部分,模型和原型的质量相似通常用质量密度相似常数 S_ρ 表示:

$$S_\rho = \frac{\rho_m}{\rho_p} = \frac{m_m V_p}{V_m m_p} = \frac{S_m}{S_V} = \frac{S_m}{S_l^3} \tag{4-15}$$

3)荷载相似

荷载相似即模型与原型对应位置所受荷载性质一样、方向一致、大小成比例,集中荷载相似常数用 S_P 表示:

$$S_P = \frac{P_m}{P_p} = \frac{\sigma_m A_m}{\sigma_p A_p} = S_\sigma S_l^2 \tag{4-16}$$

式中:S_σ——应力相似常数。

线荷载相似常数:$S_\omega = S_\sigma S_l$。

面荷载相似常数:$S_q = S_\sigma$。

力矩、扭矩相似常数:$S_M = S_\sigma S_l^3$。

当考虑重量对结构的影响时,要求模型和原型的重量分布相似,其相似常数用 S_{mg} 表示:

$$S_{mg} = \frac{m_m g_m}{m_p g_p} = S_m S_g = S_\rho S_l^3 \tag{4-17}$$

通常重力加速度的相似常数 $S_g = 1$。模型设计中,常限于材料力学特性要求而不能同时满足 S_ρ 的要求,此时需要在模型上附加质量块(也称为配重)以满足 S_{mg} 的要求。

4)物理相似

物理相似是指与模型和原型的结构强度、刚度特性相关的各物理量之间的关系相似。

弹性模量相似常数:

$$S_E = \frac{E_m}{E_p} \tag{4-18}$$

剪切模量相似常数:

$$S_G = \frac{G_m}{G_p} \tag{4-19}$$

泊松比相似常数:

$$S_\nu = \frac{\nu_m}{\nu_p} \tag{4-20}$$

正应力相似常数:

$$S_\sigma = \frac{\sigma_m}{\sigma_p} = \frac{E_m \varepsilon_m}{E_p \varepsilon_p} = S_E S_\varepsilon \tag{4-21}$$

剪应力相似常数:

$$S_\tau = \frac{\tau_p}{\tau_m} = \frac{G_p \gamma_m}{G_p \gamma_m} = S_G S_\gamma \tag{4-22}$$

式中:S_ε——正应变相似常数;

S_γ——剪应变相似常数。

由刚度和位移(变形)的关系可得到刚度相似常数:

$$S_{K} = \frac{K_{m}}{K_{p}} = \frac{P_{m}x_{p}}{x_{m}P_{p}} = \frac{S_{p}}{S_{x}} = \frac{S_{\sigma}S_{l}^{2}}{S_{l}} = S_{\sigma}S_{l} \qquad (4\text{-}23)$$

式中：K_{m}——模型的刚度；

K_{p}——原型的刚度。

模型试验中 S_{g} 和 S_{ν} 一般取 1。

5）时间相似

对于桥梁结构模型的动力试验，要求模型和原型的振动位移、振动速度和振动加速度在对应位置和对应的时刻保持一定的比例关系，并且运动方向一致，分别称为位移、速度和加速度相似，并且与之对应的时间间隔也应成比例，即时间相似，时间相似常数用 S_{t} 表示：

$$S_{t} = \frac{t_{m}}{t_{p}} \qquad (4\text{-}24)$$

6）边界条件相似

模型和原型的边界条件相似指两者的支承条件相似、约束情况相似和边界上受力情况的相似。一般要求模型的支承和约束条件与原型对应相同。

7）初始条件相似

在动力试验中，要求模型和原型在初始时刻的运动参数相似。运动初始条件包括：初始状态下结构的几何位置；质点的位移、速度、加速度等。

4.3 模型相似条件

若模型与原型的结构、物理过程相似，则它们中各物理量的相似常数之间必须满足等于 1 的组合关系式，即二者的相似条件。若满足此条件，模型试验的结果就能够对应到原型结构。因此，相似条件的确定是模型设计的关键。

确定相似条件的方法有方程分析法（Equational Analysis）和量纲分析法（Dimensional Method）。方程分析法用于物理现象的规律已知，并可以用明确的数学方程表示的情况；量纲分析法则用于物理现象的规律未知，不能用明确的数学方程表示的情况。

4.3.1 方程分析法

根据相似理论，当所研究的物理过程中各物理量之间的函数关系相当清楚，对试验结果和试验条件之间的关系有明确的数学方程式时，可运用方程分析法确定相似条件。下面通过例子来说明方程分析法的确定过程。

【例 4-1】 对于在结构试验中常见的四点弯曲试验梁，如图 4-2 所示，假定只考虑在弹性范围内工作，且忽略收缩、徐变等因素对材料和结构性能的影响。下面用方程分析法来确定试验梁的相似条件。

解：方法一：

对于原型结构，由材料力学可知，l_{2p} 区段的弯矩为：

$$M_{p} = P_{p}l_{1p} \qquad (4\text{-}25)$$

l_{2p} 区段截面下缘的正应力为：

$$\sigma_p = \frac{M_p}{W_p} = \frac{6P_p l_{1p}}{b_p h_p^2} \tag{4-26}$$

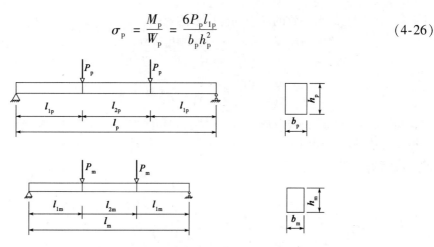

图 4-2 相似的四点弯曲试验梁

跨中截面处的挠度为:

$$f_p = \frac{P_p l_{1p}}{24 E_p I_p}(3l_p^2 - 4l_{1p}^2) \tag{4-27}$$

若要求模型和原型相似,则首先应满足几何相似条件:

$$S_l = \frac{l_m}{l_p} = \frac{l_{1m}}{l_{1p}} = \frac{l_{2m}}{l_{2p}} = \frac{b_m}{b_p} = \frac{h_m}{h_p} \tag{4-28}$$

$$S_W = \frac{W_m}{W_p} = S_l^3 \quad S_I = \frac{I_m}{I_p} = S_l^4 \tag{4-29}$$

同时,还应做到材料的弹性模量 E 相似:

$$S_E = \frac{E_m}{E_p} \tag{4-30}$$

且作用于结构的荷载也应相似:

$$S_P = \frac{P_m}{P_p} \tag{4-31}$$

当模型梁上 l_{2m} 区段的应力和跨中挠度与原型结构对应相似时,则应力和挠度的相似常数分别为:

$$S_\sigma = \frac{\sigma_m}{\sigma_p}, S_f = \frac{f_m}{f_p} \tag{4-32}$$

将式(4-28)~式(4-32)代入式(4-26)、式(4-27)则可得:

$$\sigma_m = \frac{S_\sigma S_l^2 6 P_m l_{1m}}{S_P W_m} \tag{4-33}$$

$$f_m = \frac{S_f S_E S_l}{S_P} \frac{P_m l_{1m}}{24 E_m I_m}(3l_m^2 - 4l_{1m}^2) \tag{4-34}$$

由式(4-33)、式(4-34)可见,仅当:

$$\frac{S_\sigma S_l^2}{S_P} = 1 \tag{4-35}$$

$$\frac{S_f S_E S_l}{S_P} = 1 \tag{4-36}$$

才能得到模型与原型一致的应力和挠度表达式：

$$\sigma_m = \frac{M_m}{W_m} = \frac{6P_m l_{1m}}{b_m h_m^2} \tag{4-37}$$

$$f_m = \frac{P_m l_{1m}}{24 E_m I_m}(3l_m^2 - 4l_{1m}^2) \tag{4-38}$$

即，只有式(4-35)、式(4-36)成立时，模型才能和原型相似。因此，式(4-35)、式(4-36)是模型和原型应该满足的相似条件。这时就可以按相似条件从模型试验所获得的数据推算原型结构的相应结果。即：

$$\sigma_p = \frac{\sigma_m}{S_\sigma} = \sigma_m \frac{S_l^2}{S_p} \tag{4-39}$$

$$f_p = \frac{f_m}{S_f} = f_m \frac{S_E S_l}{S_p} \tag{4-40}$$

方法二：

对于该四点弯曲试验梁，l_2 区段截面下缘的正应力为：

$$\sigma = \frac{M}{W} = \frac{Pl_1}{W} \tag{4-41}$$

跨中截面处的挠度为：

$$f = \frac{Pl_1}{24EI}(3l^2 - 4l_1^2) \tag{4-42}$$

将式(4-41)、式(4-42)写成无量纲形式：

$$\frac{Pl_1}{\sigma W} = 1, \frac{Pl_1(3l^2 - 4l_1^2)}{24EIf} = 1 \tag{4-43}$$

考虑到 l_1 与 l 量纲相同，则模型与原型的相似准数为：

$$\pi_1 = \frac{Pl}{\sigma W}, \pi_2 = \frac{Pl^3}{EIf} \tag{4-44}$$

根据相似第三定理，模型与原型的相似准数相等，有：

$$\pi_1 = \frac{P_p l_p}{\sigma_p W_p} = \frac{P_m l_m}{\sigma_m W_m}, \pi_2 = \frac{P_p l_p^3}{E_p I_p f_p} = \frac{P_m l_m^3}{E_m I_m f_m} \tag{4-45}$$

引入各物理量的相似常数，由式(4-45)可得：

$$\frac{S_P S_l}{S_\sigma S_W} = 1, \frac{S_P S_l^3}{S_E S_I S_f} = 1 \tag{4-46}$$

将式(4-29)代入式(4-46)，得到同样的相似条件：

$$\frac{S_\sigma S_l^2}{S_P} = 1, \frac{S_f S_E S_l}{S_P} = 1 \tag{4-47}$$

【例4-2】 对于"弹簧—质量—阻尼"组成的单自由度系统，下面用方程分析法来确定相似条件。

解：分析图4-3，可写出系统原型的动力平衡微分方程为：

$$m_p \frac{d^2 y_p}{dt_p^2} + c_p \frac{dy_p}{dt_p} + k_p y_p = P_p(t_p) \tag{4-48}$$

式中：m_p——质量；
c_p——阻尼系数；
k_p——弹簧常数；
$P_p(t_p)$——干扰力；
y_p——位移；
t_p——时间。

对于模型，有动力平衡方程：

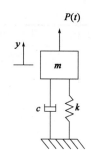

图4-3 单自由度振动系统

$$m_m \frac{d^2 y_m}{dt_m^2} + c_m \frac{dy_m}{dt_m} + k_m y_m = P_m(t_m) \qquad (4-49)$$

系统物理量的相似常数为：

$$S_m = \frac{m_m}{m_p}, S_c = \frac{c_m}{c_p}, S_k = \frac{k_m}{k_p}, S_P = \frac{P_m}{P_p}, S_y = \frac{y_m}{y_p}, S_t = \frac{t_m}{t_p} \qquad (4-50)$$

将式(4-50)代入式(4-49)替换掉模型的参数，有：

$$\frac{S_m S_y}{S_t^2 S_P} m_p \frac{d^2 y_p}{dt_p^2} + \frac{S_c S_y}{S_t S_P} c_p \frac{dy_p}{dt_p} + \frac{S_k S_y}{S_P} k_p y_p = P_p(t_p) \qquad (4-51)$$

显然，只有：

$$\frac{S_m S_y}{S_t^2 S_P} = 1, \frac{S_c S_y}{S_t S_P} = 1, \frac{S_k S_y}{S_P} = 1 \qquad (4-52)$$

式(4-51)才能与式(4-48)相同。式(4-52)即为相似条件。

4.3.2 量纲分析法

当所研究的物理过程中各物理现象的规律未知，物理量之间的关系不能用明确的数学方程式来表达时，方程分析法便不能用来求取相似条件，此时可以运用量纲分析法来建立相似条件，因为量纲分析法只需要知道影响试验过程测试值的物理量和这些物理量的量纲。

量纲分析法的理论基础是相似第二定理，它是根据量纲和谐原理，寻求物理过程中各物理量之间的关系而建立相似准数的方法。

1) 量纲系统

自然现象的变化遵循一定的规律，各物理量之间总是存在着符合这些规律的某种关系，由此人们常选择少数几个最简单的、相互独立的物理量量纲作为基本量纲，这几个物理量即为基本量。其余物理量的量纲可以表示为基本量量纲的组合，称为导出量。

在量纲分析中，有两个基本量纲系统：绝对系统和质量系统。绝对系统的基本量纲为长度$[L]$、时间$[T]$和力$[F]$，质量系统的基本量纲是长度$[L]$、时间$[T]$和质量$[M]$。对于无量纲的量，用$[1]$表示，如应变。

量纲就是被测物理量的种类，同一类型的物理量具有相同的量纲，它实质上是广义的量度单位，代表了物理量的基本属性，如：长度、距离、位移、裂缝宽度、高度等具有相同的量纲$[L]$；应力、弹性模量、面力的量纲均为$[FL^{-2}]$。表4-1列出了基于两个量纲系统的常用物理量及物理常数的量纲。

常用物理量及物理常数的量纲　　　　　表 4-1

物理量	质量系统	绝对系统	物理量	质量系统	绝对系统
长度	$[L]$	$[L]$	面积二次矩	$[L^4]$	$[L^4]$
时间	$[T]$	$[T]$	质量惯性矩	$[ML^2]$	$[FLT^2]$
质量	$[M]$	$[FL^{-1}T^2]$	表面张力	$[MT^{-2}]$	$[FL^{-1}]$
力	$[MLT^{-2}]$	$[F]$	应变	$[1]$	$[1]$
温度	$[\theta]$	$[\theta]$	比重	$[ML^{-2}T^{-2}]$	$[FL^{-3}]$
速度	$[LT^{-1}]$	$[LT^{-1}]$	密度	$[ML^{-3}]$	$[FL^{-4}T^2]$
加速度	$[LT^{-2}]$	$[LT^{-2}]$	弹性模量	$[ML^{-1}T^{-2}]$	$[FL^{-2}]$
角度	$[1]$	$[1]$	泊松比	$[1]$	$[1]$
角速度	$[T^{-1}]$	$[T^{-1}]$	动力黏度	$[ML^{-1}T^{-1}]$	$[FL^{-2}T]$
角加速度	$[T^{-2}]$	$[T^{-2}]$	运动黏度	$[L^2T^{-1}]$	$[L^2T^{-1}]$
压强、应力	$[ML^{-1}T^{-2}]$	$[FL^{-2}]$	线膨胀系数	$[\theta^{-1}]$	$[\theta^{-1}]$
力矩	$[ML^2T^{-2}]$	$[FL]$	导热率	$[MLT^{-3}\theta^{-1}]$	$[FT^{-1}\theta^{-1}]$
能量、热能	$[ML^2T^{-2}]$	$[FL]$	比热	$[L^2T^{-2}\theta^{-1}]$	$[L^2T^{-2}\theta^{-1}]$
冲力	$[MLT^{-1}]$	$[FT]$	热容量	$[ML^{-1}T^{-2}\theta^{-1}]$	$[FL^{-2}\theta^{-1}]$
功率	$[ML^2T^{-3}]$	$[FLT^{-1}]$	导热系数	$[MT^{-3}\theta^{-1}]$	$[FL^{-1}T^{-1}\theta^{-1}]$

2) 量纲分析方法

量纲分析法建立相似条件的主要过程如下：

(1) 确定研究问题的主要影响因素 $x_1, x_2, x_3, \cdots, x_{n-1}, x_n$ 及相应的量纲和基本量纲个数 k。将问题用这些物理量的函数形式表示：

$$q(x_1, x_2, x_3, \cdots, x_{n-1}, x_n) = 0 \tag{4-53}$$

(2) 根据 π 定理，将式(4-53)改写成 π 函数方程：

$$g(\pi_1, \pi_2, \pi_3, \cdots, \pi_i) = 0 \quad (i = 1, 2, \cdots, n - k) \tag{4-54}$$

式中 π 数的一般形式为：

$$\pi = x_1^{a_1} x_2^{a_2} x_3^{a_3} \cdots x_n^{a_n} \tag{4-55}$$

(3) 引入各物理量的量纲，将式(4-53)变成量纲表达式：

$$[1] = [x_1^{a_1} x_2^{a_2} x_3^{a_3} \cdots x_n^{a_n}] \tag{4-56}$$

或将任意一个量的量纲表示为其余量的量纲组合：

$$[x_i] = [x_1^{a_1} x_2^{a_2} x_3^{a_3} \cdots x_n^{a_n}] \quad (i = 1, 2, \cdots, n) \tag{4-57}$$

(4) 根据量纲和谐原理，即量纲表达式中各个物理量对应于每个基本量纲的幂数之和等于零。列出基本量纲指数关系的联立方程。

(5) 求解所列出的联立方程，因未知数个数多于方程数，故该联立方程为不定方程组，可通过确定部分未知数，求得相似准数 π。

(6) 根据相似第三定理，相似现象相应的 π 数相等，代入相似常数，并结合物理量之间关系的基本判断，确定各相似条件。

【例 4-3】 用量纲分析法确定例 4-1 的相似条件。

解：量纲分析按如下步骤展开：

(1) 确定影响因素及基本量纲个数

根据材料力学知识,受横向荷载作用的梁的正应力 σ 和跨中挠度 f 是截面抗弯模量 W、荷载 P、梁跨度 l、弹性模量 E 和截面惯性矩 I 的函数。用函数形式表示为:

$$q(\sigma, f, P, l, E, W, I) = 0 \tag{4-58}$$

因所涉及的物理量个数 $n=7$,基本量纲个数 $k=2$,故独立的 π 数 $(n-k)=5$。

(2) 根据 π 定理,将式(4-58)改写成 π 函数方程:

$$g(\pi_1, \pi_2, \pi_3, \pi_4, \pi_5) = 0 \tag{4-59}$$

式中:

$$\pi = \sigma^{a_1} f^{a_2} P^{a_3} l^{a_4} E^{a_5} W^{a_6} I^{a_7} \tag{4-60}$$

(3) 引入各物理量的量纲,将式(4-58)变成量纲表达式。

取绝对系统,本系统的基本量纲为长度 $[L]$ 和力 $[F]$,得量纲表达式:

$$[1] = [\sigma^{a_1} f^{a_2} P^{a_3} l^{a_4} E^{a_5} W^{a_6} I^{a_7}] \tag{4-61}$$

$$[1] = [(FL^{-2})^{a_1} L^{a_2} F^{a_3} L^{a_4} (FL^{-2})^{a_5} L^{3a_6} L^{4a_7}] \tag{4-62}$$

(4) 根据量纲和谐原理,式(4-62)中各个物理量对应于每个基本量纲的幂数之和应等于零。

关于 $[L]$:

$$-2a_1 + a_2 + a_4 - 2a_5 + 3a_6 + 4a_7 = 0 \tag{4-63}$$

关于 $[F]$:

$$a_1 + a_3 + a_5 = 0 \tag{4-64}$$

(5) 联立求解式(4-63)、式(4-64)组成的不定方程组中,对于 7 个未知数,需先确定 5 个才能获得解答,一般可将量纲相对简单者的指数用先确定的未知数表示,在本例先确定 a_1、a_2、a_5、a_6、a_7,得:

$$a_3 = -a_1 - a_5 \tag{4-65}$$

$$a_4 = 2a_1 - a_2 + 2a_5 - 3a_6 - 4a_7 \tag{4-66}$$

将式(4-65)、式(4-66)代回式(4-60),得:

$$\pi = \sigma^{a_1} f^{a_2} P^{-a_1-a_5} l^{2a_1-a_2+2a_5-3a_6-4a_7} E^{a_5} W^{a_6} I^{a_7} \tag{4-67}$$

进一步得到

$$\pi = \left(\frac{\sigma l^2}{P}\right)^{a_1} \left(\frac{f}{l}\right)^{a_2} \left(\frac{El^2}{P}\right)^{a_5} \left(\frac{W}{l^3}\right)^{a_6} \left(\frac{I}{l^4}\right)^{a_7} \tag{4-68}$$

通过分别确定 5 组未知数,可得式(4-59)中的 5 个独立的 π 数:

$$a_1 = 1, a_2 = a_5 = a_6 = a_7 = 0 \qquad \pi_1 = \frac{\sigma l^2}{P} \tag{4-69}$$

$$a_2 = 1, a_1 = a_5 = a_6 = a_7 = 0 \qquad \pi_2 = \frac{f}{l} \tag{4-70}$$

$$a_5 = 1, a_1 = a_2 = a_6 = a_7 = 0 \qquad \pi_3 = \frac{El^2}{P} \tag{4-71}$$

$$a_6 = 1, a_1 = a_2 = a_5 = a_7 = 0 \qquad \pi_4 = \frac{W}{l^3} \tag{4-72}$$

$$a_7 = 1, a_1 = a_2 = a_5 = a_6 = 0 \qquad \pi_5 = \frac{I}{l^4} \tag{4-73}$$

(6)由相似第三定理,相似现象相应的 π 数相等,有:

$$\frac{\sigma_m l_m^2}{P_m} = \frac{\sigma_p l_p^2}{P_p}, \quad \frac{f_m}{l_m} = \frac{f_p}{l_p}, \quad \frac{E_m l_m^2}{P_m} = \frac{E_p l_p^2}{P_p}, \quad \frac{W_m}{l_m^3} = \frac{W_p}{l_p^3}, \quad \frac{I_m}{l_m^4} = \frac{I_p}{l_p^4} \tag{4-74}$$

代入相似常数,再结合跨中挠度 f 与荷载 P、弹性模量 E 之间的基本关系,得出与方程分析法同样的相似条件:

$$\frac{S_\sigma S_l^2}{S_P} = 1, \quad \frac{S_f S_E S_l}{S_P} = 1 \tag{4-75}$$

【例 4-4】 用量纲分析法确定例 4-2 的相似条件。

解:对例 4-2 的"弹簧—质量—阻尼"单自由度系统进行量纲分析:

(1)确定影响因素及基本量纲个数:

"弹簧—质量—阻尼"单自由度系统的相关物理量有质量 m、阻尼系数 c、弹簧常数 k、干扰力 $P(t)$、位移 y、时间 t。振动系统用函数形式表示为:

$$q(m, c, k, P, y, t) = 0 \tag{4-76}$$

因所涉及的物理量个数 $n=6$,基本量纲个数 $k=3$,故独立的 π 数 $(n-k)=3$。

(2)根据 π 定理,将式(4-76)改写成 π 函数方程:

$$g(\pi_1, \pi_2, \pi_3) = 0 \tag{4-77}$$

式中:

$$\pi = m^{a_1} c^{a_2} k^{a_3} P^{a_4} y^{a_5} t^{a_6} \tag{4-78}$$

(3)引入各物理量的量纲,将式(4-76)变成量纲表达式。

取绝对系统,本过程的基本量纲为长度 $[L]$、力 $[F]$ 和时间 $[T]$,得量纲表达式:

$$[1] = [m^{a_1} c^{a_2} k^{a_3} P^{a_4} y^{a_5} t^{a_6}] \tag{4-79}$$

$$[1] = [(FL^{-1}T^2)^{a_1} (FL^{-1}T)^{a_2} (FL^{-1})^{a_3} F^{a_4} L^{a_5} T^{a_6}] \tag{4-80}$$

式中,质量量纲为 $[FL^{-1}T^2]$,阻尼系数量纲为 $[FL^{-1}T]$,弹簧常数量纲为 $[FL^{-1}]$。

(4)根据量纲和谐原理,式(4-80)中各个物理量对应于每个基本量纲的幂数之和应等于零。

关于 $[L]$:

$$-a_1 - a_2 - a_3 + a_5 = 0 \tag{4-81}$$

关于 $[F]$:

$$a_1 + a_2 + a_3 + a_4 = 0 \tag{4-82}$$

关于 $[T]$:

$$2a_1 + a_2 + a_6 = 0 \tag{4-83}$$

(5)联立求解式(4-81)、式(4-82)、式(4-83)组成的不定方程组,对于 6 个未知数,需先确定 3 个才能获得解答,本例先确定 a_1、a_2、a_3,得:

$$a_4 = -a_1 - a_2 - a_3 \tag{4-84}$$

$$a_5 = a_1 + a_2 + a_3 \tag{4-85}$$

$$a_6 = -2a_1 - a_2 \tag{4-86}$$

将式(4-84)、式(4-85)、式(4-86)代回式(4-78),得:

$$\pi = m^{a_1} c^{a_2} k^{a_3} P^{-a_1-a_2-a_3} y^{a_1+a_2+a_3} t^{-2a_1-a_2} \tag{4-87}$$

进一步得到:

$$\pi = \left(\frac{my}{Pt^2}\right)^{a_1} \left(\frac{cy}{Pt}\right)^{a_2} \left(\frac{kl}{P}\right)^{a_3} \tag{4-88}$$

通过分别确定3组未知数,可得式(4-77)中的3个独立的π数:

$$a_1 = 1, a_2 = a_3 = 0 \qquad \pi_1 = \frac{my}{Pt^2} \tag{4-89}$$

$$a_2 = 1, a_1 = a_3 = 0 \qquad \pi_2 = \frac{cy}{Pt} \tag{4-90}$$

$$a_3 = 1, a_1 = a_2 = 0 \qquad \pi_3 = \frac{kl}{P} \tag{4-91}$$

(6)由相似第三定理,相似现象相应的π数相等,有:

$$\frac{m_m y_m}{P_m t_m^2} = \frac{m_p y_p}{P_p t_p^2}, \quad \frac{c_m y_m}{P_m t_m} = \frac{c_p y_p}{P_p t_p}, \quad \frac{k_m l_m}{P_m} = \frac{k_p l_p}{P_p} \tag{4-92}$$

代入相似常数,得出与方程分析法同样的相似条件:

$$\frac{S_m S_y}{S_t^2 S_P} = 1, \quad \frac{S_c S_y}{S_t S_P} = 1, \quad \frac{S_k S_y}{S_P} = 1 \tag{4-93}$$

3)量纲分析法的注意事项

(1)分析物理过程,正确认定对问题有影响的物理参数并分清其主次。切记:遗漏任一主要因素都将导致错误的结果;引入与问题无关的物理参数,将因为得到多余的判据,给模型设计带来困难。

(2)具体的物理过程中,独立π数的个数是一定的,但π数的取法有着任意性,正确的选取离不开研究者的专业知识和对问题的合理分析。

(3)参与物理过程的物理量多,可以组成的π数就多,全部满足与之相应的相似条件将带来模型设计的极大困难,因为有些相似条件是不可能达到也没必要达到的。

(4)受技术和经济条件的影响,模型和实物难以完全相似时,可在对问题有较充分认识的基础上,简化和减少一些次要的相似要求,采用不完全相似的模型。

(5)由量纲分析法求得的只是相似的必要条件,缺少区别于同类物理现象的单值条件。

(6)当过程的物理参数之间有明确的数学表达式时,量纲分析法不如方程分析法求得的结果可靠。

4.4 模型试验方法

4.4.1 模型分类

1)基于试验目的

为了能更恰当地进行试验模型的选材设计,按试验目的的不同将结构模型分成以下两类:

(1)弹性模型:弹性模型试验的目的是要从中获得原型结构在弹性阶段的受力行为。具体来讲,弹性模型试验常用于混凝土结构的设计分析过程,以验证新结构的设计计算方法是否正确或为设计计算提供某些参数;结构动力特性试验模型一般也都采用弹性模型。

弹性模型的制作材料不必和原型结构的材料完全相似,只需模型材料在试验过程中具有完全的弹性性质;弹性模型试验结果不能预测原型结构在荷载下产生的非弹性性能,如:混凝土开裂后的结构性能;钢材达流限后的结构性能等。

(2)强度模型:强度模型试验的目的是预测原型结构的极限强度及其在各级荷载作用下直到破坏荷载甚至极限变形时的性能,如研究钢筋混凝土结构非弹性阶段受力性能,但试验成功与否取决于对模型混凝土及模型钢筋的材性和原结构材料材性的相似程度。目前,钢筋混凝土结构的小比例强度模型还只能做到不完全相似的程度,主要的困难是材料的完全相似难以满足。

2)基于模型设计的相似条件

试验模型的设计中,确定模型与原型之间的相似条件是根本任务,它除了与试验目的相关,还受试验加载性质的影响。因此,基于模型设计的相似条件,试验模型又可分为:

(1)静力试验模型:模型设计中必须考虑几何、物理、边界条件这三方面的相似。

(2)动力试验模型:模型设计中除了满足前者的相似条件外,还要满足动力相关的相似条件。

从模型设计的总体考虑出发,当模型比例与模型材料确定后,模型设计将按照静力试验模型与动力试验模型这两类展开。

4.4.2 模型设计

模型设计一般按照下列程序进行:

(1)根据任务明确试验的具体目的,选择模型类型。

(2)在对研究对象进行理论分析和初步估算的基础上,用方程分析法或量纲分析法确定相似条件。

(3)由试验目的、性质选择模型的几何尺寸、材料,即:定出长度相似常数 S_l 与材料相似系数。

(4)由试验目的选择模型材料,根据相似条件定出其他相关的各个相似常数。

(5)绘制模型结构与构造设计施工图。

结构模型几何尺寸的变动范围很大,缩尺比例可以从几分之一到几百分之一,需要综合考虑各种因素:模型类型、模型材料、试验加载测试条件、制作安装条件以及结构尺寸效应、构造要求、经费条件等。小尺度模型加工精度要求高、制作困难,虽所加荷载小,但一般对量测仪表要求较高;大尺度模型加工制作较方便,对量测仪表可能无特殊要求,但安装较困难,所需荷载大。一般来说,多数弹性模型的缩尺比例较小;疲劳试验模型缩尺比例宜为原型的 1/4~1,比例太小则不能反映影响疲劳寿命的很多重要因素;强度模型,尤其是钢筋混凝土结构的强度模型缩尺比例较大,缘于其受模型截面的最小厚度、钢筋间距、保护层厚度、制作的可操作性等方面的限制,不可能取得太小。目前最小的钢丝网水泥砂浆板壳模型厚度可做到 3mm,细石混凝土模型的壁厚可以做到 3~10mm,最小的梁、柱截面边长可做到 40~60mm。

1)静力试验模型设计

与结构静力问题相关的主要物理量包括:结构几何尺寸 l 及其相关的横截面面积 A、截面静矩 S、截面惯性矩 I、截面模量 W 等几何参数;集中力 P、线荷载 w、面荷载 q 等静荷载与弯矩 M 等;线位移 x、角位移 θ、应力 σ、应变 ε 等结构响应量;弹性模量 E、剪切模量 G、泊松比 ν、密度 ρ 等材性参数。由此,结构静力问题可用如下函数形式描述:

$$q(l,P,w,q,M,x,\theta,\sigma,\varepsilon,E,G,\nu,\rho) = 0 \qquad (4\text{-}94)$$

当式(4-94)中各物理之间的关系能用明确的数学方程式表达时,可采取方程分析法来得到相似条件,否则可以运用量纲分析法来确定相似条件。

在试验模型设计中,若按与原型应力相等的条件考虑,即为表4-2中的实用模型,并且静力模型各物理量的相似常数都为几何相似常数 S_l 与弹模相似常数 S_E 的函数,还可知模型材料的密度为原型材料的 $1/S_l$ 倍,这显然是很难直接做到的,故一般采用在模型上附加质量的办法来实现,即通常所说的"配重",但绝不能因此改变模型的结构刚度。

结构静力模型试验的相似关系 表4-2

类 型	物理量	绝对量纲	理想模型	实用模型
材料特性	应力 σ	$[FL^{-2}]$	$S_\sigma = S_E$	1
	应变 ε	$[1]$	1	1
	弹性模量 E	$[FL^{-2}]$	S_E	1
	剪切模量 G	$[FL^{-2}]$	S_E	1
	泊松比 ν	$[1]$	1	1
	质量密度 ρ	$[FL^{-4}T^2]$	S_E/S_l	$1/S_l$
几何特性	长度 l	$[L]$	S_l	S_l
	线位移 y	$[L]$	$S_x = S_l$	S_l
	角位移 θ	$[1]$	1	1
	面积 A	$[L^2]$	S_l^2	S_l^2
	惯性矩 I	$[L^4]$	S_l^4	S_l^4
荷载	集中荷载 P	$[F]$	$S_P = S_E S_l^2$	S_l^2
	线荷载 w	$[FL^{-1}]$	$S_w = S_E S_l$	S_l
	面荷载 q	$[FL^{-2}]$	$S_q = S_E$	1
	力矩 M	$[FL]$	$S_m = S_E S_l^3$	S_l^3

2)动力试验模型设计

进行结构动力模型设计时,结构惯性力应作为主要荷载考虑,这就要求模型与原型的材料质量密度相似;在动力响应模型试验(如碰撞试验)中,模型设计应考虑应变率对材料性能的影响。与结构动力问题相关的主要物理量除静力问题的相关量外,还包括:重力加速度 g、质量 m、能量 EN、阻尼系数 C、动位移 y、速度 v、加速度 a、密度 ρ、时间 t 等。由此,结构动力问题可用如下函数形式描述:

$$q(l, P, q, g, m, EN, C, y, v, a, \theta, \sigma, \varepsilon, E, G, \nu, \rho, t) = 0 \tag{4-95}$$

同样,当式(4-95)中各物理量之间的关系能用明确的数学方程式表达时,可采取方程分析法来得到相似条件,否则可以运用量纲分析法来确定相似条件。

由表4-3可见,按采用与原型应力相等的实用模型,动力模型各物理量的相似常数也都为几何相似常数 S_l 与弹模相似常数 S_E 的函数;因动力试验中要模拟惯性力、恢复力和重力,由表4-3还可知 $S_E/S_l = S_\rho$,即模型的弹性模量应比原型的小或材料密度应比原型的大,这一条件对于由两种材料组成的模型(钢筋混凝土结构、钢混组合结构等)很难满足;重力加速度一定的情况下,同样需要考虑不改变结构刚度的"配重"措施,可见此时的相似也只是近似的。

此外,影响结构阻尼的因素很多,对阻尼产生机理的认识还不很清楚,因此谈阻尼相似是非常不现实的,所幸一般结构的振动阻尼都较小,小阻尼对结构的基本特征值和固有频率的影响非常小,故此相似条件在模型设计中可不考虑。

结构动力模型试验的相似关系　　　　表 4-3

类　型	物理量	绝对量纲	理想模型	实用模型
材料特性	应力 σ	$[FL^{-2}]$	$S_\sigma = S_E$	S_E
	应变 ε	$[1]$	1	1
	弹性模量 E	$[FL^{-2}]$	S_E	S_E
	剪切模量 G	$[FL^{-2}]$	S_E	S_E
	泊松比 v	$[1]$	1	1
	质量密度 ρ	$[FL^{-4}T^2]$	$S_\rho = S_E/S_l$	S_E/S_l
几何特性	长度 l	$[L]$	S_l	S_l
	线位移 y	$[L]$	$S_x = S_l$	S_l
	角位移 θ	$[1]$	1	1
荷载特性	集中荷载 P	$[F]$	$S_p = S_E S_l^2$	$S_p = S_E S_l^2$
	线荷载 w	$[FL^{-1}]$	$S_w = S_E S_l$	$S_w = S_E S_l$
	面荷载 q	$[FL^{-2}]$	$S_q = S_E$	S_E
	力矩 M	$[FL]$	$S_M = S_E S_l^3$	$S_E S_l^3$
	能量 EN	$[FL]$	$S_{EN} = S_E S_l^3$	$S_E S_l^3$
动力特性	质量 m	$[FL^{-1}T^2]$	$S_m = S_E S_l^2$	$S_E S_l^2$
	刚度 k	$[FL^{-1}]$	$S_k = S_E S_l$	$S_E S_l$
	阻尼 C	$[FL^{-1}T]$	$S_c = S_m/S_t$	$S_m/S_t = S_E S_l^{3/2}$
	时间 t、固有周期 T	$[T]$	$S_t = (S_m/S_k)^{1/2}$	$(S_m/S_k)^{1/2} = S_l^{1/2}$
	速度 v	$[LT^{-1}]$	$S_v = S_x/S_t$	$S_x/S_t = S_l^{1/2}$
	加速度 a	$[LT^{-2}]$	$S_a = S_x/S_t^2$	$S_x/S_t^2 = 1$
	频率 f	$[T^{-1}]$	$S_f = S_l^{-1/2}$	$S_l^{-1/2}$

4.4.3　模型材料

试验研究中,虽然很多材料都可能用于制作模型,但只有结合试验目的、清楚模型材料性质、了解制作工艺等才能正确地选择模型制作材料。

模型材料应该满足如下要求:

(1)保证相似要求。要求模型设计满足相似条件,使模型试验结果可依据相似常数推算到原型结构中去。

(2)保证量测要求。要求模型材料在试验时能产生足够大的变形,使量测仪表的测试值可靠。因此,有时可选择弹性模量适当低一些的模型材料。

(3)要求材料性能稳定。不因温度、湿度的变化而对模型的试验测试值产生较大影响,这对超静定的结构模型尤其重要。

(4)要求材料徐变小。徐变是指在应力不变的情况下,变形随时间的延续而增长的材料黏性性质,一切用化学合成方法生产的材料均有不同程度的徐变性质,故选用徐变较小的模型材料才能保证试验测试结果更趋于真实。

(5)要求加工制作方便。选用的模型材料应易于加工和制作,这对于降低模型试验费、节约制作时间、保证模型与设计一致性等极为重要。

一般来讲,对于研究在弹性阶段工作的试验模型,模型材料应尽可能与一般弹性理论的基本假定一致,即在试验荷载范围内呈现各向同性的线弹性应力—应变关系和不变的泊松比;对于研究结构从弹性直至破坏阶段受力行为的试验模型,通常要求模型材料与原型材料的特性相似,最好是模型材料与原型材料一致。

下面对模型试验中常采用的金属、塑料、石膏、水泥砂浆以及细石混凝土材料作简单的介绍。

1)金属

金属是一类典型的均质材料,其受力特性大多符合弹性理论的基本假定,它最适用于对量测准确度有严格要求的试验模型。其中的钢材和铝合金是常用的模型材料,钢和铝合金的泊松比为 0.24~0.30,比较接近于混凝土材料;铝合金还允许有较大的应变量,并有良好的导热性和较低的弹性模量;钢材是钢结构试验模型设计时选用的主要材料。但金属材料存在加工困难的致命弱点,且金属模型的弹性模量较塑料和石膏等的弹性模量都高,荷载模拟较困难,缩尺构件的连接区域容易失真,因此金属模型的使用范围较窄。

2)塑料或有机玻璃

塑料用作模型材料的最大优点是强度高而弹性模量低(为金属弹性模量的 2%~10%),易于加工成型。其缺点是徐变较大,弹性模量受温度变化的影响也大,泊松比(为 0.35~0.50)比金属及混凝土的都高,而且导热性差。可用来制作模型的塑料有很多种,热固性塑料如环氧树脂、聚酯树脂,热塑性塑料如聚氯乙烯、聚乙烯、有机玻璃等,其中有机玻璃用得最多。

有机玻璃是一种各向同性的匀质材料,弹性模量为 $(2.3~2.8)\times 10^3$ MPa,泊松比为 0.33~0.35,抗拉比例极限大于 30MPa。试验时,为了避免因有机玻璃徐变带来的较显著影响,应将材料中的应力控制在小于 7MPa 范围,而此时对应的应变值已超过 $2000\mu\varepsilon$,对于保证一般应变测量精度完全没有问题。

有机玻璃材料规格齐全,给模型加工制作提供了方便,加工可用一般木工工具,成型可采用胶黏剂或热气焊接方式。常采用的黏结剂是氯仿溶剂、氯仿和有机玻璃粉屑拌和而成的黏结剂,由于有机玻璃材质透明,便于检查连接处的任何缺陷;对于曲面的模型,可将有机玻璃板材加热到 110℃ 软化,然后在模子上热压成曲面。塑料和有机玻璃因其良好的加工特性,而被大量用于制作板、壳体、框架和桥梁及其他形状复杂的结构模型。

3)石膏

石膏的优点是加工成型容易、成本较低、泊松比与混凝土十分接近,且石膏的弹性模量可以改变;其缺点是抗拉强度低,要获得均匀和准确的弹性特性比较困难。

纯石膏的弹性模量较高、材性很脆、凝结快,故用作模型材料时,往往需要通过加入掺合料(如硅藻土、塑料或其他有机物)和控制用水量来改善石膏的性能。一般石膏与硅藻土的配合比为 2∶1,水与石膏的配合比为 0.3~0.8,这样形成的材料弹性模量可在 400~4000 MPa 之间任意调整。但要注意的是,加入掺合料的石膏在应力较低时是弹性的,而应力超过破坏强度的 50% 时呈现塑性性质。

石膏模型的制作:首先按原型结构的缩尺比例制作好浇注石膏的模具;其次在浇注石膏之

前应仔细校核模具的准确尺寸;然后把调好的石膏浆注入模具。注意:为避免石膏浆内产生气泡,应先将硅藻土和水调配好,待混合数小时后再加入石膏并搅拌成石膏浆;石膏模型应在气温35℃、相对湿度40%的空调室内进行至少一个月的养护;由于石膏浇注模型表面的弹性性能与内部不同,因此,模型制作时先将石膏按模具浇注成整体,然后再进行机械加工(割削和铣)形成模型。

石膏可制作弹性模型,石膏模型也可大致模拟混凝土塑性阶段的工作。配筋的石膏模型常用来模拟钢筋混凝土板壳的破坏形态与破坏区域(如塑性铰线的位置等)。

4) 水泥砂浆

水泥砂浆性能比较接近混凝土,主要差别在于混凝土含有粗集料。水泥砂浆主要是用来制作钢筋混凝土板壳等薄壁结构的模型;模型中钢筋采用细直径的各种钢丝或铅丝等。值得注意的是,未经退火的钢丝没有明显的屈服点,如果需要模拟热轧钢筋,则应进行退火处理,细钢丝的退火处理必须防止金属表面氧化而削弱断面面积。

5) 细石混凝土

对于研究钢筋混凝土结构的弹塑性工作阶段和考察极限承载能力而言,细石混凝土是制作试验模型的较理想材料。小尺寸的混凝土与实际尺寸的混凝土结构虽然有差别(如收缩和集料粒径的影响等),但这些差别在很多情况下是可以忽略的。

非弹性工作时的相似条件一般不容易满足,而小尺寸混凝土结构的力学性能的离散性较大,因此混凝土结构模型的比例不宜用得太小,最好将其缩尺比控制在 $1/25 \sim 1/2$ 之间;细石混凝土模型的最小尺寸(如板厚)可做到 $3 \sim 5mm$,集料最大粒径不应超过最小尺寸的 $1/3$。

钢筋和混凝土之间的黏结情况对结构非弹性阶段的荷载—变形性能以及裂缝的分布和发展有直接的关系,特别是承受反复荷载(如地震荷载)时,结构的内力重分配受裂缝开展和分布的影响很大,所以黏结力问题应予以充分重视。由于黏结问题本身的复杂性,细石混凝土结构模型很难完全模拟结构的实际黏结力情况。在已有的研究工作中,为了使模型的黏结情况与实际的黏结情况接近,通常是使模型上所用钢筋产生一定程度的锈蚀或用机械方法在模型钢筋表面压痕,使模型结构黏结力和裂缝分布情况比用光面钢丝更接近实际情况。

此外,用于小比例强度模型的还有微粒混凝土,又称模型混凝土,由细集料、水泥和水组成。按试验的主要相似条件要求进行配合比设计,因为强度模型的成功与否在很大程度上取决于模型材料和原结构材料间的相似程度,而影响微粒混凝土力学性能的主要因素是集料体积含量、级配和水灰比。在设计时应首先基本满足弹性模量和强度条件,而变形条件则可放在次要地位,集料粒径依模型几何尺寸而定,与前述细石混凝土要求相同,一般不大于截面最小尺寸的1/3。

4.4.4 误差分析

1) 模型相似误差

为了使模型试验的结果能精确反映原型结构的性能,要求模型与原型之间遵循相似准则,但因条件所限,许多情况下的模型设计无法满足严格的相似条件,如:在动力试验时,一般要求模型材料具有高重度、低弹性模量、小阻尼等性能,这些条件很难同时满足。由此,模型试验结果换算到原型上去就存在误差,称为模型相似误差,它是由于相似条件不能完全得到满足造成的,与试验量测技术无关。对于模型与原型之间不存在严格相似关系而出现相似误差的情况,在根据模型试验结果推测原型时,必须对相似误差的影响进行估算修正。下面叙述如何进行相似误差的修正。

将描述模型与原型结构状态的参数分成如下两类:

已知状态参数:几何尺寸、材料强度,也可称特征参数$\{M_0\}$、$\{P_0\}$。

未知状态参数:结构的极限强度、位移、动力响应等是试验要求了解的参数,可称为响应参数$\{M_1\}$、$\{P_1\}$。

模型试验的目的在于,在直接由原型特征参数$\{P_0\}$的状态,求原型响应参数$\{P_1\}$较为困难的情况下,将原型特征参数经相似关系的变换转化为模型的特征参数$\{M_0\}$,通过模型在特征参数$\{M_0\}$状态下所进行的试验获得模型的响应参数$\{M_1\}$,再由特征参数的相似关系变换将$\{M_1\}$转化为原型的响应参数$\{P_1\}$,从而间接地获得原型结构的响应参数。

上述过程可用以下关系式表达:

$$\{M_0\} = [S_0]\{P_0\} \tag{4-96}$$

$$\{M_1\} = (F\{\overrightarrow{M_0}\}) \tag{4-97}$$

$$\{P_1\} = [S_1]\{M_1\} \tag{4-98}$$

上式中$[S_0]$和$[S_1]$是相似转换矩阵,是由严格满足相似关系的相似常数组成。由式(4-96)通过相似转换矩阵可将原型参量转换为模型参量。

$F\{\overrightarrow{M_0}\}$描述了特征参数与响应参数之间关系的物理规律,表明响应参数是特征参数的函数,它可以由明确的函数来表达,也可通过试验来给出具体的关系式。式(4-97)表明$\{M_1\}$与$\{M_0\}$的函数关系。式(4-98)将模型参数转化成原型响应参数。

将完全满足全部相似关系的模型叫做真实模型,其特征参数为$\{M_0\}$;将有一个或几个相似条件不能满足的模型称为失真模型,其特征参数为$\{\overrightarrow{M_0}\}$,两者的差异表现为特征参数的差异$\{\Delta M_0\}$,即:

$$\{\Delta M_0\} = \{\overrightarrow{M_0}\} - \{M_0\} \tag{4-99}$$

一般情况下,试验模型都有一定程度的失真,其特征参数可以表示为:

$$\{\overrightarrow{M_0}\} = \{\Delta M_0\} + \{M_0\} \tag{4-100}$$

由模型试验所获得的响应参数为:

$$\{\overrightarrow{M_1}\} = \{F(\overrightarrow{M_0} + \Delta \overrightarrow{M_0})\} \tag{4-101}$$

由相似关系可知,失真模型的响应参数$\{\overrightarrow{M_1}\}$与原型的响应参数之间不存在式(4-98)之间的关系,这样由失真模型响应参数$\{\overrightarrow{M_1}\}$按式(4-98)推算原型响应参数$\{P_1\}$也一定是不正确的。

2)相似误差的修正

在失真模型试验结果的基础上,考虑失真模型与真实模型之间特征参数的差异$\{\Delta M_0\}$对所获得响应参数$\{\overrightarrow{M_1}\}$的影响并进行修正,使响应参数接近真实模型的$\{M_1\}$,并以修正后的模型响应参数按式(4-98)推得原型的响应参数$\{P_1\}$。

对包括相似误差的模型响应函数,用泰勒级数展开得:

$$\{M_1\} = \{F(\overrightarrow{M_0})\} = \{F(\overrightarrow{M_0} + \Delta \overrightarrow{M_0})\} - \left[\frac{\partial F(\overrightarrow{M_0} + \Delta \overrightarrow{M_0})}{\partial \overrightarrow{M_0}}\right]\{\Delta M_0\} \tag{4-102}$$

$$\{M_1\} = \{\overrightarrow{M_1}\} - \left[\frac{\partial F(\overrightarrow{M_0} + \Delta \overrightarrow{M_0})}{\partial \overrightarrow{M_0}}\right]\{\Delta M_0\} \tag{4-103}$$

在试验中,若模型某一特征参数的相似误差无法减小,而响应参数对此特征参数的影响较为敏感,可采用以上修正原则对失真模型的响应参数进行修正,然后再推演到原型结构。

3) 试验注意事项

模型试验和一般结构试验的方法原则上是相同的,但模型试验也有自己的特点,针对其特点,在试验中应注意以下问题:

(1) 模型的尺寸精度。由于结构模型均为缩尺比例模型,尺寸的误差直接影响试验的测试结果,因此,在模型制作时要控制模板的精度;模型试验前,须对所设应变测点和重要部位的断面尺寸进行仔细量测,以该尺寸作为分析试验结果的依据。

(2) 模型材料的选用。模型试验成功与否与模型材料的关联很大,材料的选用应结合试验研究的目的、模型的制作工艺、材料的力学性能、缩尺比例等因素,如对于研究结构从弹性直至破坏阶段受力行为的试验模型,通常要求模型材料与原型材料的特性相似,最好是模型材料与原型材料一致。

(3) 材料性能测定。模型材料的各种性能,如应力—应变曲线、泊松比、极限强度等必须在模型试验之前进行准确的测定。测定塑料的性能可用抗拉及抗弯试件;测定石膏、砂浆、细石混凝土和微粒混凝土的性能可用各种小试件,形状可参照混凝土试件;对石膏试件进行测定时还应注意含水率对强度的影响;对于塑料应测定徐变的影响范围和程度;试验时还要注意材料龄期的影响。

(4) 试验环境控制。模型试验对周围环境的要求比一般结构试验严格,并因模型材料而异。例如,有机玻璃模型试验的环境,一般要求温度变化不超过 ±1℃,而量测时的温度补偿措施难以有效解决环境变化对试验模型的影响,所以应在试验过程中控制温度、湿度及周围其他环境的变化。

(5) 荷载的确定。模型试验的荷载必须在试验之前仔细计算。若试验时完全模拟实际的荷载有困难时,可改用明确的集中荷载,在整理和推算试验结果时才不会产生较大的误差。

(6) 变形量测。受模型缩尺比、测试量值小等因素的影响,模型试验的位移量测仪表的安装位置应非常准确,否则将模型试验结果推算到原型结构上会引起较大误差;若模型的刚度很小,还应注意量测仪表的质量和约束对试验结果的影响。

综上所述,模型结构试验比一般结构试验要求更严格,因为在模型试验结果中,较小的误差推算到原型结构则会形成不可忽略的较大的误差。因此,在模型试验的过程中应严格操作,采取相应的措施来减小误差,从而使试验结果更真实可靠。

4.4.5 试验加载

模型静力试验方案设计包含:试验荷载设计、试验加载程序设计、试验观测项目的确定等。方案的设计要充分考虑模型试验的目的、试验的依据、模型的结构形式、原型的荷载类型和试验场所的加载条件等。正确合理的荷载设计是整个试验研究工作成功的重要步骤之一,它主要包括试验荷载的等效计算、试验荷载图式的确定和加载方式的选取等;试验加载程序设计和观测项目的确定与试验研究的目的、试验加载的阶段划分有关。以下对模型结构静力试验的基本概念、工作内容、常用加载方式等作相关介绍。

1) 荷载图式及荷载等效

试验荷载在模型结构上的布置形式称为荷载图式。一般要求试验荷载图式与原型的设计荷载图式尽量相同,若由于条件限制无法实施或为了加载与观测的方便而不能采用原型的荷载图式时,可根据试验目的和考查内容,采用与原荷载图式下主导效应(控制效应)等效的试验荷载图式。

等效荷载是指加在试件上,使模型结构产生的控制效应(如内力)图形和原荷载图式作用的相近,控制截面的内力值相等的荷载。如图4-4a)所示受均布荷载的简支梁,要测定内力M_{max}和V_{max}时的结构行为,因受加载条件限制,无法用均布荷载施加至破坏,必须采用集中荷载。若按图4-4b)在二分点用一集中荷载加载的形式,则V_{max}虽相同,但M_{max}不相等;采用图4-4c)的四分点两集中荷载加载方法,可做到V_{max}相同,M_{max}也相等,但两内力图与图4-4a)差异较大;采用图4-4d)的八分点四集中荷载加载方法,内力图则更趋近图4-4a)的情况。可见,至少要用四分点两集中荷载以上的偶数集中荷载加载形式,才算是符合要求的等效荷载。

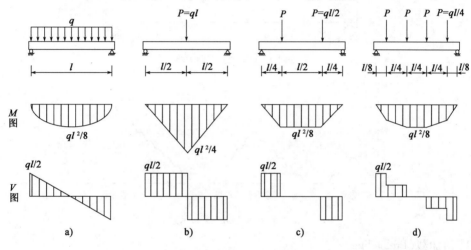

图4-4 等效荷载示意图

设计等效荷载时必须注意,除控制截面的某个效应与理论计算相同外,该截面的其他效应和非控制截面的效应,则可能有差别,所以必须全面验算因荷载图式改变对结构构件的各种影响;必须特别注意,结构构造条件是否会因最大内力区域的某些变化而影响承载性能。如此才能得到合理有效的等效荷载形式。

当采用一种等效荷载形式不能反映试验要求的几种极限状态时,应分别设计几种有针对性的荷载图式。例如:对梁的试验,不仅要做正截面抗弯承载力极限状态试验,还要求进行斜截面抗剪承载力极限状态试验;若只采用一种荷载图式,往往因一种极限状态首先破坏,而另一种极限状态不能得到反映。一般情况下,一个试件只允许一种荷载图式,只有对第一种荷载图式试验后的构件采取补强措施,并确保对第二种荷载图式的试验结果不带来任何影响时,才可在同一试件上先后进行两种不同荷载图式的试验。

2) 模型加载方式

试验荷载的加载方式很多,可通过重物实现或加载设备产生,各种方式应基于试验的性质与目的选用,均应保证加卸载过程安全可靠。利用重物加载应注意以下几个问题:采用直接加载时,为防止荷载材料本身的起拱而引起的卸载作用,荷载应采用分垛堆放,加载过程要注意安全控制,保证横向支撑,防止结构突然破坏,同时试验尽量控制加载时间,以减少温度变化对测试结果的影响。其他有关加载设备及反力装置可参见第2章有关内容。不论采取何种方式,加载和卸载要选用便于操作、易于控制的设备,反力装置应具有足够的强度和刚度,并尽量提高自动化程度,以改进试验效率和加载质量。

3)试验加载程序设计

荷载图式和加载方法确定后,还要按照一定的程序加载(如图4-5所示梁的四点弯曲试验),加载程序可以有很多种,可根据试验目的和要求不同而选择,一般结构试验的加载程序分为预载、标准荷载和破坏荷载三个加载阶段(图4-6)。针对不同的试验目的,并不是所有的结构试验都要同时经历上述三个阶段,对只进行正常使用极限状态的研究性试验则不必施加破坏荷载。对于破坏性试验,当加载到标准荷载时,可不必卸载直接进入破坏阶段试验。

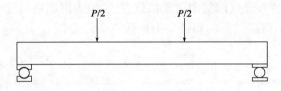

图4-5 梁的四点弯曲试验

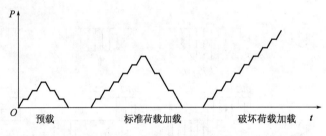

图4-6 试验加载三阶段示意

(1)预加载(Preloading)

在试验前,对模型结构进行预加载,其目的是:

①使试件各部分接触良好,达到荷载和变形关系趋于稳定的正常工作状态。

②检查全部试验装置是否可靠。

③检查全部测试仪器仪表是否正常工作。

④检查全体试验人员的工作情况,使其熟悉自己的任务和职责,以保证试验工作顺利开展。

预加载一般分三级进行,每级取标准荷载的20%,然后分2~3级卸完,对于钢筋混凝土试件,预载值不宜超过开裂荷载值的70%。

(2)试验加载(Loading test)

①荷载分级

荷载分级的目的在于:控制加载速率;方便观察结构变形,为读取各类试验数据提供必要的时间;实施试验过程的安全控制。一般的结构试验,荷载分级为:

a. 标准荷载前,每级加载值不应大于标准荷载(含自重)的20%,分5~6级加至标准荷载。

b. 标准荷载后,每级加载值不宜大于标准荷载的10%。

c. 当荷载加至计算破坏荷载的90%后,每级应取不大于标准荷载的5%,直至试件破坏。

d. 对于混凝土试验梁(图4-7),加载至计算开裂荷载的90%,每级取不大于标准荷载的5%,直至试件开裂。

图 4-7 混凝土梁试验加载示意

柱子试验,一般按计算破坏荷载的 1/15~1/10 分级,接近开裂和破坏荷载时,应减至原级的 1/3~1/2 施加。

②荷载持续时间

为了使试件在荷载作用下的变形得到充分发挥和达到基本稳定,同时观察试件在荷载作用下的各种变形,每级荷载加完后应有一定的持荷时间。一般结构试验的持荷时间为:

a. 钢试件不应小于 10min;

b. 钢筋混凝土试件应不小于 15min;

c. 标准荷载时不应小于 30min;

d. 对检验性试验,试件在抗裂检验荷载下宜持荷 10~15min;对使用阶段不允许出现裂缝的试件抗裂性能研究性试验,在计算开裂荷载下的持荷时间应为 30min;

e. 对新混凝土试件、桁架及薄腹梁等试验,使用状态短期试验荷载作用下的持荷时间不宜小于 12h。

(3)卸载(Unloading)

凡间断性加载试验,或仅做刚度、抗裂和裂缝宽度检验的试件,以及测定残余变形的试验和预载之后,均须卸载,让试件有恢复弹性变形的时间。

卸载一般可按加载级距或倍距进行,也可分 2 次或 1 次卸完。

4.4.6 试验观测

模型试验的观测内容由结构的变形特征和控制截面上的变形参数决定,因此要预先估算出结构在试验荷载作用下的受力性能和可能发生的破坏性状。观测设计的内容主要包括:确定观察和测量的项目;选定观测区域及测点布置方式;按量测项目选择合适的仪表和确定试验观测方法。

1)观测项目的确定

结构在试验荷载作用下的工作状况由两类指标反映:一类是结构整体变形指标,如试件的挠度、转角、支座偏移等;另一类是结构的局部变形指标,如局部纤维变形、开裂以及局部挤压变形等。

确定试验的观测项目时,首先应考虑量测整体变形,方能把握结构工作状况的全貌,且结构任何部位的异常变形或局部破坏都能在整体变形中得到一定程度的反映;其次是量测局部变形,如钢筋混凝土结构的裂缝观测结果可直接说明其抗裂性能,而控制截面的应力大小和方向则可反映设计是否合理、计算是否正确。在非破坏性试验中,实测应变是推断结构应力状态和极限强度的主要依据。在结构处于弹塑性阶段时,应变、曲率或位移的量测结果又是判定结构延性的主要依据。

总的来说,试验本身能充分说明外部作用与结构变形的相互关系,但观测项目和测点布置必须满足分析和推断结构工作状态的需要。

2)测点布置(Measuring Point Layout)

用仪器对结构或试件进行应变、位移等参数量测时,测点的选择与布置(图4-8)有以下原则:

(1)测点的位置必须具有代表性,便于分析和计算。

(2)为了保证量测数据的可靠性,应布置一定数量的校核性测点。这是因为在试验过程中,由于偶然因素会导致部分仪器或仪表工作不正常或发生故障,影响量测数据的可靠性。因此不仅需要在量测的部位设置测点,也要在已知参数的位置上布置校核性测点,以便于判别量测数据的可靠性。

(3)在满足试验目的的前提下,测点宜少不宜多,以便使试验工作重点突出。

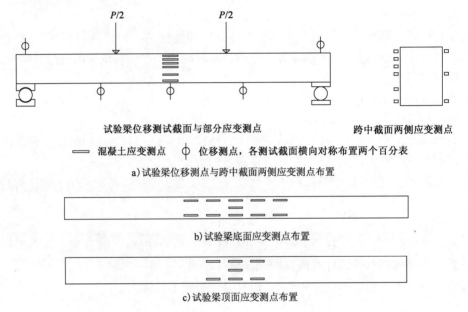

图4-8 四点弯曲试验梁测点布置示意

(4)测点的布置对试验工作的进行应该是方便、安全的。安装在结构上的附着式仪表在达到使用荷载的1.2~1.5倍时应该拆除,以免结构突然破坏而使仪表受损。为了测读方便、减少工作人员,测点的布置宜适当集中,便于一个人管理多台仪器。控制部位的测点大都是处于危险的部位,应妥善考虑安全措施,必要时应该选择特殊的仪器仪表或特殊的测定方法来满足量测要求。

(5)裂缝是钢筋混凝土梁等构件试验过程中的一个重要观测项目,试验结构的支承与安装要考虑到裂缝观测所需的操作空间。

3)仪器仪表的选择和测读原则

根据试验目的、加载方法与所测量值的类型、大小范围等条件,选择量程、分辨力和稳定性符合试验要求的仪器仪表。

由于加载过程中试件在不断地变形,特别是混凝土试件的变形在一定程度上与持荷时间有关。因此,测读试验数据时应考虑以下原则:

(1)仪器测读的时间间隔大致相同,全部测点读数时间必须基本相等,只有将同时测得的数据进行联合分析才能反映结构在某作用状态下的实际情况。

(2)测读仪器的时间,一般选择在试验加载过程中的恒载间歇时间内,最好在每次加载完毕后的某一时间开始按预定方式测读一次(应变数据每次多采集几组),到下一级荷载前,再观测一次读数。

(3)每次记录仪器读数时,应该同时记录周围环境的温度、湿度等。

(4)对重要控制测点的读数应边做记录、边做整理,并与预计理论值进行比较,以便发现问题及时纠正,并确保试验过程安全。

4.5 本章小结

模型是原型结构的替代物,在满足相似条件的前提下,模型试验结果才可推演到原型结构中。模型试验具有经济性好、试验环境可控、数据准确和针对性强等特点;相似理论是模型与原型相似的理论基础,相似三定理明确了两个相似现象在时间、空间上的相互关系,确定了相似现象的性质,形成了量纲分析的依据,为模型设计提供了可靠的保证。

模型设计时,首先确定模型的相似条件,其次综合考虑各种因素(如模型的类型、模型材料、试验条件以及模型制作条件),确定模型材料和几何尺寸,然后再确定其他相似常数;模型材料和原型材料的物理性能和力学性能的相似依使用条件而变,弹性模型材料可不与原型材料相似,而强度模型材料应与原型材料相似或相同;模型结构的静力试验,首先是在荷载等效的前提下确定荷载图式及加载方式,并根据试验观察项目进行测点布置、制定试验加载程序,然后实施试验加载与试验数据的测读。

模型试验是工程结构行为研究和验证的重要手段,虽然为工程问题的解决发挥了关键作用,但也存在较多的改进空间,今后的研究应注重如下方面:混凝土模型的材料配合比与施工工艺;模型结构的合理简化、结构局部模型的边界条件模拟;阻尼、泊松比等对动力试验的影响;新的测试技术的应用;改善模型结构的配重方式(尽量不影响结构的刚度、不增加多余的约束)。

【习题与思考题】

1. 结构模型试验及其特点是什么?
2. 模型相似的内涵与相似常数的含义是什么?
3. 什么是模型结构的相似条件?可采用什么方法确定相似条件?
4. 何为量纲分析法?它的理论依据是什么?
5. 针对模型的特点,在模型试验中应注意哪些问题?
6. 什么是结构静力试验加载图式和等效荷载?采用等效荷载时应注意哪些问题?
7. 一般结构静载试验的加载程序分为几个阶段?为什么要采用分级加(卸)载?
8. 测点选择和布置的原则是什么?

本章参考文献

[1] 章关永. 桥梁结构试验[M]. 2版. 北京:人民交通出版社,2010.
[2] 陈秉聪. 相似理论及模型试验[J]. 拖拉机,1980.
[3] 左东启,等. 模型试验的理论和方法[M]. 北京:水利电力出版社,1984.
[4] P. W. Bridgman. Dimensional Analysis[M]. Yale University Press,1931.
[5] R. C. Pankhurst. Dimensional Analysis and Scale Factors[M]. Chapman and Hall,London,1964.
[6] H. L. Langhaar. Dimensional Analysis and Theory of Models[M]. Chapman and Hall,New York,John Wiley,London,1951.
[7] 王光远. 结构模型试验的相似条件[J]. 哈尔滨建筑工程学院学报,1959.
[8] 施尚伟,向中富. 桥梁结构试验检测技术[M]. 重庆:重庆大学出版社,2012.
[9] 周明华. 土木工程结构试验[M]. 3版. 南京:东南大学出版社,2013.
[10] Sabnis G M, et al. Structural Modeling and Experimental Techniques[M]. 1983.
[11] Zhijian Hu,DajianWu,L. Z. Sun, Integrated Investigation of an Incremental Launching Method for the Construction of Long-span Bridges[J], Journal of Constructional Steel Research,2015,112:130-137.
[12] 王天稳. 土木工程结构试验[M]. 3版. 武汉:武汉工业大学出版社,2012.
[13] 赵顺波,靳彩,赵瑜,等. 工程结构试验[M]. 郑州:黄河水利出版社,2001.
[14] 刘明. 土木工程结构试验与检测[M]. 北京:高等教育出版社,2008.
[15] 宋彧. 建筑结构试验与检测[M]. 2版. 北京:人民交通出版社股份有限公司,2014.
[16] 乔志琴. 公路工程试验检测[M]. 2版. 北京:人民交通出版社股份有限公司,2017.
[17] 张宇峰. 桥梁工程试验检测技术手册[M]. 北京:人民交通出版社,2007.
[18] 马永欣,郑山锁. 结构试验[M]. 北京:科学出版社,2015.
[19] 张望喜. 结构试验[M]. 北京:武汉大学出版社,2016.
[20] 易伟建,张望喜. 建筑结构试验[M]. 4版. 北京:中国建筑工业出版社,2016.
[21] 朱尔玉. 工程结构试验[M]. 北京:北京交通大学出版社,2016.

第5章
桥梁无损检测技术

5.1 概　　述

在建或既有桥梁结构由于设计、施工或使用过程中的种种原因,可能导致桥梁结构产生如下问题:

(1)在建桥梁结构在施工过程中,由于管理、施工工艺或意外事故等原因,导致混凝土内部出现空洞、蜂窝麻面、疏松、断层(桩)、结合面不密实、裂缝、表面损伤等缺陷,影响了混凝土质量,或预留试件的取样、制作、养护、抗压试验等不符合有关技术规程或标准的规定,以致预留试件的强度不能代表结构混凝土的实际强度。

(2)对于既有桥梁结构,在使用过程中,有些桥梁已不能满足当前通行荷载的要求,有些桥梁由于各种自然原因而产生碳化、冻融、化学腐蚀等不同程度的损伤与破坏,有些桥梁由于设计或施工不当而产生各种缺陷。

针对以上问题,无论是在建桥梁还是既有桥梁结构都需要采取相应的检测方法,来检测结构构件在设计、施工或使用过程中产生的各种缺陷或推定混凝土强度,既为在建桥梁的混凝土施工过程质量控制、混凝土合格性评定以及验收提供依据,也为既有桥梁结构的鉴定、维修、加固、改建提供混凝土强度等基本参数和其他设计依据。

桥梁结构构件的检测技术,从是否使构件破坏的角度可分为:破损检测技术和无损检测技术两大类。破损检测技术是在荷载作用下对结构构件的破坏性检测,其费用昂贵,耗时较长,只有对特别重要的结构,在十分必要时才予以采用,在结构或构件原位检测中较少采用。因此,对于在建或既有桥梁结构或构件原位的现场检测常采用无损检测技术。

所谓无损检测技术(Non-Destructive Testing Technology)是指在不影响结构构件受力性能或其他使用功能的前提下,直接在构件上通过测定某些适当的物理量,推定构件的强度、均匀性、连续性、耐久性等一系列性能的检测方法,从而对结构或构件的性能和质量状况做出评定。无损检测技术一般包括半破损法、非破损法和综合法。

无损检测技术与常规的混凝土结构破坏试验相比,具有如下一些特点:
(1)不破坏被检测构件,不影响其使用性能,且简便快速。
(2)可以在构件上直接进行表层或内部的全面检测,对新建工程和既有结构物都适用。
(3)能获得破坏试验不能获得的信息,如能检测混凝土内部空洞、疏松、开裂、不均匀性、表层烧伤、冻害及化学腐蚀等。
(4)可在同一构件上进行连续测试和重复测试,使检测结果有良好的可比性。
(5)测试快速方便,费用低廉。
(6)由于是间接检测,检测结果会受到许多因素的影响,故检测精度差一些。

无损检测技术在新建工程质量评价、已建工程的安全性、耐久性评价等方面的应用越来越广泛,发挥着越来越重要的作用。目前,其主要用于混凝土结构强度、均匀性、连续性及其内部钢筋状况等性能指标检测。应根据不同的检测目的及任务,确定相应的检测方法。

5.2 超声波检测技术

5.2.1 基本原理

超声波检测目前主要是采用"穿透法",其基本原理是用一发射换能器重复发射一定频率的超声脉冲波,让超声波在所检测的物体中传播,然后由接收换能器将信号传递给超声仪,由超声仪测量接收到的超声波信号的各种声学参数,并转化为电信号显示在示波屏上。研究表明,在混凝土中传播的超声波的波速、振幅、频率和波形等波动参数与所测混凝土的力学参数(如弹性模量、泊松比、剪切模量以及内部应力分布状态)有直接的关系,也与混凝土内部缺陷(如断裂面、孔洞的大小及形状的分布)有关。首先,超声脉冲波传播速度的快慢与混凝土的密实程度有直接关系,对于技术条件相同(指混凝土原材料、配合比、龄期和测试距离一致)的混凝土来说,声速高则混凝土密实,相反则混凝土不密实。当有空洞、裂缝等缺陷存在时,破坏了混凝土的整体性,由于空气的声阻抗率远小于混凝土的声阻抗率,超声波遇到蜂窝、空洞或裂缝等缺陷时,会在缺陷界面发生反射和散射,因此传播的距离会增大,测得的声时会延长,声速会降低。其次,在缺陷界面超声波的声能会衰减,其中频率较高的部分衰减更快,因此接收信号的波幅明显降低,频率明显减小或频率谱中高频成分明显减少。再次,经缺陷反射或绕过缺陷传播的超声波信号与直达波信号之间存在相位差,叠加后相互干扰,致使接收信号的波形发生畸变。因此,当超声波在混凝土中传播后,它携带了有关混凝土的材料性能、内部结构及其组成的信息,准确测定这些声学参数的大小及变化,并对这些声学参数测量值和相对变化综合分析,就可以推断混凝土的强度和内部缺陷等情况。

目前,超声波检测主要应用在两个方面:一是推定混凝土强度,二是测定混凝土内部缺陷。

5.2.2 检测装置

超声脉冲检测装置主要有超声仪和换能器两大部分。

1)超声仪(Ultrasonic Unit)

超声仪是超声检测的基本装置。它的作用是产生重复的电脉冲去激励发射换能器,发射换能器发射的超声波在混凝土中传播后被接收换能器接收,并转换成电信号放大后显示在示波屏上。超声仪除了产生、接收、显示超声波外,还具有量测超声波有关参数(如传播时间、振幅、频率等)的功能。超声仪可分为非金属超声检测仪和金属超声检测仪两大类。一般地,非金属超声检测仪是由脉冲振荡、发射与接收装置、混频电路、扫描示波、计数显示及电源等部分组成。超声仪构造及功能要求请参考第2章相关内容及有关规程、标准。

2)换能器(Transducers)

应用超声波检测混凝土时,需要将电信号转换成发射探头的机械振动,再向被测介质发送超声波。超声波在被测介质中传播一定距离后由接收探头接收,并将其转换成电信号后再送入仪器进行处理。这种将声能与电能相互转换的仪器称换能器。上述发射探头和接收探头即为超声换能器。换能器一般是由压电晶体构成,压电晶体在受到压力或拉力而产生变形时,能在其界面上产生电荷。这种特殊晶体的压电性能是可逆的,即晶体在外加电场的作用下,也会产生变形。如果加在晶体界面上的是交变电场,则晶体由于反复变形而产生振动,并向周围介质发射声波。

常用换能器按波形不同分为纵波换能器与横波换能器,分别用于纵波与横波的测量。目前,一般检测中所用的多是纵波换能器,其又分为平面换能器、径向换能器以及一发多收换能器。

在混凝土超声检测中,应根据结构或试件尺寸、混凝土对超声波衰减情况及检测目的来选择换能器。由于超声波在混凝土中衰减较大,为了使其传播距离较远,混凝土超声检测时多使用频率在200kHz以下的低频率超声波。平面换能器用于一般结构的表面对测和平测;径向换能器(增压式、圆环式、一发双收式)则用在需钻孔检测或灌注桩声测管中检测以及水下检测等。

混凝土超声检测中主要声学参数见本书第2章相关内容。

5.2.3 声速测试技术

声速测试技术的关键是排除各种影响因素的干扰,准确测量声程和声时。声速按下式计算:

$$v = \frac{l}{t} \tag{5-1}$$

式中:v——声速(m/s);

l——声程(声波传播的距离)(m);

t——声时(声波传播距离 l 所需的时间)(s)。

1)探头频率的选择

鉴于超声波在混凝土中传播时会发生明显衰减现象,所以采用的超声脉冲频率不宜太高,探头频率应随测试距离的增大而降低。同时为了考虑声波传播时的边界条件,所选频率还应与被测试体的横截面尺寸相适应。根据有关研究,目前推荐的常用频率为 50～100kHz,此频段频散现象不明显,探头频率对声速无显著影响。但当探头频率在常用频段以外时,其影响不可忽视。根据我国现有仪器的灵敏度情况,北京地区混凝土非破损测试技术研究组曾建议按下式选用:

$$\frac{\lambda}{l} \leq (0.25 \sim 0.3) \tag{5-2}$$

式中:λ——波长,$\lambda = V/f$;

l——试件尺寸或测试的声程。

2) 探头的布置方式

(1) 直穿法(Straight Trough Method)

直穿法,即将发射探头和接收探头分别置于试体的两相对面并在同一法线上,让声脉冲穿越试体[图 5-1a)]。这种方法适合于实验室标准试块的测量,当两探头能顺利布置在构件两对应面上时,也适合于现场结构或物件的测量。

(2) 斜穿法(Oblique Penetrating Method)

在实际结构物的测量中有时用直穿法比较困难,此时可将探头斜置,这种方法称为斜穿法[图 5-1b)]。

(3) 平测法(Plane Testing Method)

当探头无法置于试体两对应面上时,可把两探头置于试体的同一侧[图 5-1c)]。这种方法是利用了低频声脉冲在混凝土中传播时指向性差的特性。这种测法,虽然探头都面向混凝土结构物的另一对应面,但接收探头首先接收到的仍然是从发射探头直接传来的或绕射的信号,而并不像金属检测中用高频脉冲测试时只能收到底面反射信号,这是混凝土检测和金属检测原则性区别之处。接收到首波信号后,在随后到达的信号中会有底面反射信号的叠加,所以平测法接收信号的波形会有畸变,在波形分析时要注意。由于两探头并排布置,因此,在声程的计算上应予以修正。这种测法只反映了表层混凝土的性质,而穿透法则能反映内部情况。

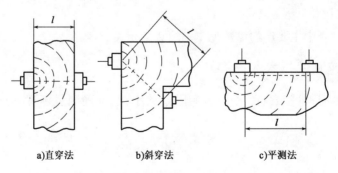

图 5-1 探头的布置方式

a) 直穿法　　b) 斜穿法　　c) 平测法

3) 测点选择和测面处理

在进行实验室标准立方体试块或棱柱体试块的测量时,应选择成型时的测面进行测试,并用探头按直穿法测量上、中、下 3～5 个测点,布置方式见图 5-2。这样所测结果的平均声速能较全面地反映试块状况。

对现场结构物进行测试时,应尽可能选择浇筑时的模板侧面为测试面。若限于条件必须在混凝土浇筑的上表面与底面之间测试时,实测声速一般低于侧面测试的声速,其原因与混凝土的离析有关,浇筑表面砂浆较多,底面则石子较多。当混凝土强度较高、离析程度较轻时,不同测试面对声速的影响较小;而当混凝土强度较低、离析程度较严重时,该影响较为明显。一般可作如下修正:

$$v = v_1 K \tag{5-3}$$

式中:v——修正后的混凝土声速,即相当于浇筑侧面上测试的声速;

v_1——在混凝土浇筑的上表面与底面之间所测的声速;

K——修正系数,可取 $K = 1.034$。

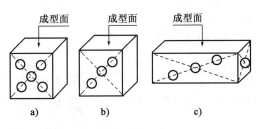

图 5-2 标准试件的测点安排

测试的部位视工程的检测要求选定,一般将 200mm × 200mm 的面积作为一个测区。每一测区内测点的布置方式与立方体试块相同,测区应尽量避开有钢筋的部位,尤其是要避开与声通路平行的钢筋部位。当无法避开时,则应进行修正换算。为了避免构件界面的影响,测区应选在距构件边缘 8～12mm 处。

若测试目的仅限于测量构件的强度,而不是为了测量构件中的缺陷或均匀性时,则测点也应避开缺陷部位(如裂缝、孔洞、疏松等)。若是为了检测均匀性等,则应采用网格布点法,在构件上根据要求选定网点间距(一般取 200～300mm),并在每一网点上进行测量。

4)声时的测读

声脉冲在材料中传播一定的声程所需的时间称为声时。声时是计算声速的要素之一,为了准确地测读声时,必须注意以下几个问题。

(1)声时的零读数问题

在测试时,仪器所显示的发射信号与接收信号之间的时间间隔,实际上是发射电路施加于压电晶片上的电讯号的前缘与接收到的声波被压电晶体换成的电讯号的起点之间的时间间隔。由于从发射电脉冲变成到达试体表面的声脉冲以及从声脉冲变成输入接收放大器的电讯号中间还有种种延迟,所以仪器所反映的声时并非超声波通过试件的真正时间,这一差异来自下列原因。

①声延迟。换能器中的压电体与试件间并不直接接触,中间一般隔着具有一定厚度的换能器外壳及耦合层,若是夹心式探头,在压电体前面还有很厚的辐射体。因此,声脉冲穿过换能器外壳、耦合层需要有一定的时间,这就是声延迟。

②电延迟。电脉冲讯号在电路内传导的过程也需有一极短的时间,因而也可能造成延迟现象。

最明显的电延迟是由于触发脉冲前沿不可能是理想的方波,而有一定的斜度,因而与触发电平的交点后移造成触发延迟。

③电声转换。在电声转换时,换能器的瞬态响应会使波形复杂化,这时声发射点 a 和波形起点 b(a、b 见图 5-3)的读数也可能有某种系统误差。

这些因素的综合,构成了显示读数与实际声时的差异。

修正上述时间差异的影响,需要先测定试件长度为零时的时间读数,简称声时零读数。所以实际声速应为:

$$v = \frac{l}{t} = \frac{l}{t - t_0} \tag{5-4}$$

式中:v——声速(m/s);

l——声程(m);

t——仪器声时直读数(s);

t_0——声时零读数(s),可参照相关规程、手册和资料实际测出。

(2)接收信号起点读数的确定

虽然施加在发射换能器上的电讯号是很窄的脉冲,但经电声转换后,从检测仪的示波管荧光屏上所观察到的则是一组有很长延续时间(可达几百微秒)的波形(图 5-3),形成这种波形的因素主要有:

①发射换能器电声转换时的瞬态机械响应。

②声脉冲讯号在试体中传播时,由于材料内部界面所引起的绕射、折射、反射及波形转换等原因而将波束分离成不同声程的波,先后到达接收探头,并与最后的接收波叠加。

③接收换能器声电转换的瞬态电响应。

以上三个因素中第二个因素是最主要的,所以接收的波形带有材料内部构造状态的信息。

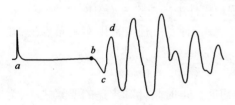

图 5-3 接收波形

在测量材料声速时,是以探头间的直线距离(即最短距离)作为声速计算的依据,所以也应以最先到达接收探头的波前作为测读声时的依据。在图 5-3 中可见,接收讯号的前沿 b 的声时读数代表声讯号波前到达接收换能器的最短时间,只有 b 点读数才能与最短声程相适应,因而作为计算声速的依据。

5.3 混凝土构件强度检测

结构或构件混凝土强度的现场检测,可采用回弹法、超声法、超声—回弹综合法等非破损法和后装拔出法、钻芯法、射击(钉)法等半破损法,检测操作应分别遵守相应的检测技术规定。本节主要介绍实际工程中最常用的回弹法和超声—回弹综合法两种无损检测技术。

5.3.1 回弹法

1)基本原理

回弹法(Rebound Method)是采用回弹仪进行混凝土强度测定的方法,属于表面硬度法的一种,其原理是回弹仪中运动的重锤以一定冲击动能撞击顶在混凝土表面的冲击杆后,测出重锤被反弹回来的距离,以回弹值(反弹距离与弹簧初始长度之比)作为与强度相关的指标,进而推定混凝土的强度。混凝土表面硬度是一个与混凝土强度有关的量,表面硬度值随强度的增大而增大,当采用具有一定动能的钢锤冲击混凝土表面时,其回弹值与混凝土表面硬度也有相关关系。所以,混凝土强度与回弹值存在相关关系。图5-4为回弹法的原理示意图。

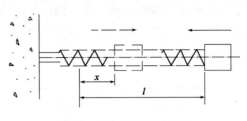

图5-4　回弹法的原理示意图

当重锤被拉到冲击前的起始状态时,若重锤的质量等于1,则这时重锤所具有的势能 e 为:

$$e = \frac{1}{2}E_s l^2 \tag{5-5}$$

式中:E_s——拉力弹簧的刚度系数;
　　　l——拉力弹簧起始拉伸长度。

混凝土受冲击后瞬时弹性变形,其恢复力使重锤回弹,重锤被回弹到一定位置时所具有的势能 e_x 为:

$$e_x = \frac{1}{2}E_s x^2 \tag{5-6}$$

式中:x——重锤反弹位置或重锤回弹时弹簧的拉伸长度。

重锤在弹击过程中所消耗的能量 Δe 为:

$$\Delta e = e - e_x \tag{5-7}$$

将式(5-5)、式(5-6)代入式(5-7)中,得:

$$\Delta e = \frac{E_s l^2}{2} - \frac{E_s x^2}{2} = e\left[1 - \left(\frac{x}{l}\right)^2\right] \tag{5-8}$$

令

$$R = \frac{x}{l} \tag{5-9}$$

在回弹仪中,l 为定值,故 R 与 x 成正比,称 R 为回弹值。将 R 代入式(5-8),得:

$$R = \sqrt{1 - \frac{\Delta e}{e}} = \sqrt{\frac{e_x}{e}} \tag{5-10}$$

从式(5-10)可知,回弹值 R 是重锤冲击混凝土表面后剩余的势能与原有势能之比的平方根。简言之,回弹值是重锤冲击过程中能量损失的反映。能量损失越小,说明混凝土表面硬度越大,其相应的回弹值也就越高。由于混凝土表面硬度与其抗压强度有一致性的变化关系,因此回弹值的大小亦反映了混凝土抗压强度的大小。

回弹法所用仪器为回弹仪,回弹仪的构造要求参见本书第2章内容和其他相关规程。

2)测强曲线(Testing Strength Curve)

(1)测强相关曲线

我国地域辽阔,各地区材料、生产工艺及气候等均有差异,影响混凝土的抗压强度 f_{cu} 与回弹值 R 的因素非常广泛,如水泥品种、粗集料、细集料、外加剂,混凝土的成型方法、养护方法,环境湿度,混凝土碳化及龄期等。回弹法测定混凝土的抗压强度,是建立在混凝土的抗压强度与回弹值之间具有一定相关性的基础上的,这种相关性可用"f_{cu}-R"相关曲线(或公式)来表示,通常称之为测强曲线。在我国,回弹法测强曲线分为统一测强曲线、地区测强曲线和专用测强曲线三种,以方便测试,提高测试精度,充分考虑各地区的材料差异。三种曲线的定义、适用范围、误差要求见表5-1。

回弹法测强相关曲线 表5-1

名称	统一测强曲线	地区测强曲线	专用测强曲线
定义	由全国有代表性的材料、成型工艺、养护条件配制的混凝土试块,通过大量的破损与非破损试验所建立的曲线	由本地区有代表性的材料、成型工艺、养护条件配制的混凝土试块,通过较多的破损与非破损试验所建立的曲线	由与构件混凝土相同的材料、成型工艺、养护条件配制的混凝土试块,通过一定数量的破损与非破损试验所建立的曲线
适用范围	适用于无地区曲线或专用曲线时检测符合规定条件的构件或结构混凝土强度	适用于无专用曲线时检测符合规定条件的构件或结构混凝土强度	适用于检测与该构件相同条件的混凝土强度
误差要求	测强曲线的平均相对误差≤±15%,相对标准差≤18%	测强曲线的平均相对误差≤±14%,相对标准差≤17%	测强曲线的平均相对误差≤±12%,相对标准差≤14%

(2)测强曲线回归方程及函数关系

测强相关曲线一般可用回归方程来表示。对于无碳化混凝土或在一定条件下成型、养护的混凝土,可用回归方程表示,即:

$$f_{cu}^c = f(R) \tag{5-11}$$

式中:f_{cu}^c——回弹法测区混凝土强度值。

对于已经碳化的混凝土或龄期较长的混凝土,可由下列函数关系表示:

$$f_{cu}^c = f(R, d) \tag{5-12}$$

$$f_{cu}^c = f(R, d, t) \tag{5-13}$$

式中:d——混凝土的碳化深度;
t——混凝土的龄期。

如果定量测出已硬化的混凝土构件的含水率,可以采用下列函数式:

$$f_{cu}^c = f(R, d, t, w) \tag{5-14}$$

式中:w——混凝土的含水率。

目前我国广泛采用回弹值和碳化深度两个指标并按式(5-12)推定混凝土强度。

3)检测方法及相关指标计算

(1)检测方法

采用回弹法检测构件的混凝土强度有两种方法:一种是逐个检测,另一种是抽样检测。逐个检测方法主要用于对混凝土强度质量有怀疑的独立结构或有明显质量问题的构件。抽样检测方法主要用于在相同的生产工艺条件下,强度等级相同、原材料和配合比基本一致且龄期相近的混凝土构件。检测时根据《回弹法检测混凝土抗压强度技术规程》(JGJ/T 23—2011)要求和规定,先确定测区数和布置测区,再进行现场测量。

①回弹值(Rebound Value)测量。测试时回弹仪应始终与被测面相垂直,并不得打在气孔和外露石子上。每一测区的两个测面用回弹仪各弹击8个点,如一个测区只有一个测面,则需

测16个点。同一测点只允许弹击一次,测点宜在测面范围内均匀分布,每一测点的回弹值读数精确至1,相邻两测点的净距一般不小于20mm,测点距构件边缘或外露钢筋、钢板的间距不得小于30mm。

②碳化深度值(Carbonation Depth)测量。对于既有桥梁,由于受到大气中二氧化碳的作用,混凝土表层的氢氧化钙逐渐形成碳酸钙而变硬,使测得的回弹值偏大,此时需根据碳化深度对回弹值进行修正。

碳化深度量测时,先用冲击钻在测区表面开直径为15mm的孔洞,其深度应大于混凝土的碳化深度。清除洞内的粉末和碎屑后(注意不能用液体冲洗孔洞),立即用1%~2%的酚酞酒精溶液滴在孔洞内壁的边缘处,碳化部分的混凝土不变色,而未碳化部分的混凝土会变成紫红色。然后用碳化深度量测仪测量出碳化深度值,每次读数准确至0.25mm,取三次量测平均值作为检测结果,并精确至0.5mm。

(2)回弹值计算及修正

当回弹仪在水平方向检测混凝土浇筑侧面时,应从每一测区的16个回弹值中剔除3个最大值和3个最小值,取余下的10个回弹值的平均值作为该测区的平均回弹值,计算公式为:

$$R_m = \frac{\sum_{i=1}^{10} R_i}{10} \tag{5-15}$$

式中:R_m——测区平均回弹值,精确至0.1;

R_i——第 i 个测点的回弹值。

回弹法测强曲线是根据回弹仪水平方向检测混凝土试件侧面的试验数据计算得出的,当回弹仪非水平方向检测混凝土浇筑侧面时,应按下列公式修正:

$$R_m = R_{ma} + R_{\alpha a} \tag{5-16}$$

式中:R_{ma}——非水平方向检测时测区的平均回弹值,精确到0.1;

$R_{\alpha a}$——非水平方向检测时回弹值修正值,按《回弹法检测混凝土抗压强度技术规程》(JGJ/T 23—2011)附录C取值。

当水平方向检测混凝土浇筑顶面或底面时,应按下列公式修正:

$$R_m = R_m^t + R_a^t \tag{5-17}$$

$$R_m = R_m^b + R_a^b \tag{5-18}$$

式中:R_m^t、R_m^b——水平方向检测混凝土浇筑表面、底面时测区的平均回弹值,精确到0.1;

R_a^t、R_a^b——混凝土浇筑表(顶)面、底面时的回弹值修正值,按《回弹法检测混凝土抗压强度技术规程》(JGJ/T 23—2011)附录D取值。

在测试时,如仪器处于非水平状态,同时构件测区又非混凝土的浇筑侧面,则应对测得的回弹值先进行角度修正,再进行顶面或底面修正。

(3)混凝土构件强度的计算

①测区混凝土强度换算值。是指将测得的回弹值和碳化深度值换算成被测构件的测区混凝土抗压强度值。构件第 i 个测区混凝土强度换算值($f_{cu,i}$)是根据每一测区的平均回弹值(R_m)及平均碳化深度值(d_m),查阅由统一曲线编制的"测区混凝土强度换算表"得出;有地区或专用测强曲线时,混凝土强度换算值应按地区或专用测强曲线换算得出。

根据《回弹法检测混凝土抗压强度技术规程》(JGJ/T 23—2011)的规定,用回弹法检测混凝土强度时,除给出强度推定值外,对于测区数小于 10 个的构件,还要给出平均强度值、测区最小强度值;对测区数大于或等于 10 个的构件还要给出强度标准差。

②构件混凝土强度平均值及标准差。构件混凝土强度平均值可根据各测区的混凝土强度换算值计算。当测区数为 10 个及 10 个以上时,应计算强度标准差。平均值和标准差应按下列公式计算:

$$m_{f_{cu}} = \frac{\sum_{i=1}^{n} f_{cu,i}^{c}}{n} \tag{5-19}$$

$$S_{f_{cu}} = \sqrt{\frac{\sum_{i=1}^{n}(f_{cu,i}^{c})^{2} - n(m_{f_{cu}})^{2}}{n-1}} \tag{5-20}$$

式中:$m_{f_{cu}}$——构件测区混凝土强度换算值的平均值,精确至 0.1MPa;

n——对于单个检测的构件,取一个构件的测区数;对于批量检测的构件,取被抽检构件测区数之和;

$S_{f_{cu}}$——构件测区混凝土强度换算值的标准差,精确至 0.01MPa。

③构件混凝土强度推定值($f_{cu,e}$)。是指相应于强度换算值总体分布中保证率不低于 95% 的结构或构件中的混凝土抗压强度值,应按下列公式确定:

a. 当该构件测区数少于 10 个时:

$$m_{f_{cu,e}} = f_{cu,\min}^{c} \tag{5-21}$$

式中:$f_{cu,\min}^{c}$——构件中最小的测区混凝土强度换算值。

b. 当该构件测区混凝土强度值中出现小于 10MPa 的值时:

$$f_{cu,e}^{c} < 10\text{MPa} \tag{5-22}$$

c. 当该构件测区数不少于 10 个或按批量检测时,应按下列公式计算:

$$f_{cu,e}^{c} = m_{f_{cu}} - 1.645 S_{f_{cu}} \tag{5-23}$$

④对于按批量检测的构件,当该批构件混凝土强度标准差出现下列情况之一时,则该批构件应全部按单个构件检测:

a. 当该批构件混凝土强度平均值小于 25MPa,$S_{f_{cu}} > 4.5$MPa 时;

b. 当该批构件混凝土强度平均值不小于 25MPa 且不大于 60MPa、$S_{f_{cu}} > 5.5$MPa 时。

5.3.2 超声—回弹综合法

1)基本原理

超声法和回弹法都是以材料的应力应变行为与强度的关系为依据的检测方法。超声声速主要反映材料的弹性性质,同时,由于它穿过材料,因而也反映了材料内部构造的某些信息。回弹法一方面反映了材料的弹性性质,同时在一定程度上也反映了塑性性质,但它只能确切反映混凝土表层(约 3cm)的状态。因此,超声—回弹综合法不仅能反映混凝土的弹性、塑性,而且还能反映混凝土表层的状态和内部的构造,自然能较确切地反映混凝土的强度。

结构混凝土强度的综合法检测,就是采用两种或两种以上的单一方法或参数(力学的、物理的或声学的等)联合测试混凝土的强度。与单一的回弹法或超声法相比,综合法具有以下特点:

(1)减少混凝土龄期和含水率的影响。混凝土的龄期和含水率对超声声速和回弹值的影响有着本质的不同:混凝土含水率越大,超声声速偏高而回弹值偏低;混凝土龄期长,超声声速的增长率下降,而回弹值则因混凝土碳化程度增大而提高。因此,两者综合起来测定混凝土强度就可以部分减少龄期和含水率的影响。

(2)可以弥补相互间的不足。一个物理参数只能从某一方面、在一定范围内反映混凝土的力学性能,超过一定范围,它可能不很敏感或不起作用。例如,回弹值主要以表层的弹性性能来反映混凝土强度。

(3)提高测试精度。由于综合法能减少一些因素的影响程度,较全面地反映整体混凝土质量,所以对提高混凝土强度无损检测的精度具有明显的效果。

2)测强的影响因素及测强曲线

实践证明:声速 v 和回弹值 R 合理综合后,能消除原来影响 f-v 和 f-R 关系的许多因素,例如水泥品种的影响、试件含水率的影响及碳化影响等,都不再像原来单一指标那么显著。这就使综合的 f-v-R 关系有更广的适应性和更高的精度,而且使不同条件下的修正大为简化。现将各影响因素及其修正方法汇总列于表 5-2 中。

超声—回弹综合法的影响因素　　　　　　　　　表 5-2

因　素	试验验证范围	影响程度	修 正 方 法
水泥品种及用量	普通水泥、矿渣水泥、粉煤灰水泥;250~450 kg/m³	不显著	不修正
细集料品种及砂率	山砂、特细砂、中砂;28%~40%	不显著	不修正
粗集料品种及用量	卵石、碎石、骨灰比:1:4.5~1:5.5	显著	必须修正或制订不同的测强曲线
粗集料粒径	0.5~2cm;0.5~3.2cm;0.5~4cm	不显著	>4cm 应修正
外加剂	木钙减水剂、硫酸钠、三乙醇胺	不显著	不修正
碳化深度		不显著	不修正
含水率		有影响	尽可能干燥状态
测试面	浇筑侧面与浇筑顶面及底面比较	有影响	对 v、R 分别进行修正

混凝土试块的抗压强度与非破损参数之间建立起来的相关关系曲线,即为测强曲线。对于超声—回弹综合法来说,先对试块进行超声测试,然后进行回弹测试,最后将试块抗压破坏,在取得超声声速值、回弹值和混凝土强度值之后,选择相应的数学模型来拟合它们之间的关系。综合法测强曲线按其适用范围分为以下三类:

(1)统一测强曲线(全国曲线)(National Testing Strength Curve)。是以全国许多地区曲线为基础,经过大量的分析研究和计算汇总而成的。该曲线以全国经常使用的有代表性的混凝土原材料、成型工艺养护条件和龄期为基本条件,适用于无地区测强曲线和专用测强曲线的单位,对全国大多数地区来说,具有一定的现场适应性,使用范围广,但精度稍差。

(2)地区(部门)测强曲线(Testing Strength Curve for Regions)。是以本地区或本部门通常使用的有代表性的混凝土原材料、成型工艺、养护条件和龄期作为基本条件,制作相当数量的试块,进行试验建立的测强曲线。这类曲线适用于无专用测强曲线的工程测试,充分反映了我国地域辽阔、各地材料差别较大的特点,因此,对本地区或本部门来说,其现场适应性和测试精度均优于统一测强曲线。

(3)专用测强曲线(Testing Strength Curve for Special Projects)。是以某一个具体工程为对象,采用与被测工程相同的原材料、配合比、成型工艺、养护条件和龄期,制作一定数量的试块,通过非破损和破损试验建立的,测试精度较地区(部门)曲线高。

超声—回弹综合法考虑了原材料品种规格、配合比、施工工艺等因素对检测参数的影响,通过大量试验研究,采用超声仪和回弹仪在结构混凝土同一测区分别测量声时值和回弹值,按统计方法建立"f-v-R"相关曲线,采用回归分析建立起测强的经验公式,来推算该测区混凝土强度。国内按统计方法建立的"f-v-R"相关曲线非线性的数学表达式为:

$$f_{cu}^c = \alpha v^b R^c \tag{5-24}$$

式中:f_{cu}^c——混凝土试件抗压强度换算值(MPa);
α——常数项;
v——声速;
b、c——回归系数。

相对标准误差按下式计算:

$$e_r = \sqrt{\frac{\sum_{i=1}^{n}(f_{cu,i}/f_{cu,i}^c - 1)^2}{n-1}} \times 100\% \tag{5-25}$$

式中:e_r——相对标准误差;
$f_{cu,i}$——第 i 个立方体试件的抗压强度实测值(MPa);
$f_{cu,i}^c$——第 i 个立方体试件计算的抗压强度换算值(MPa);
n——试块数。

地区测强曲线相对误差 $e_r \leq 14.0$,专用测强曲线相对误差 $e_r \leq 12.0\%$。经专门机构审定后,才能应用于工程现场检测。

3)检测技术及结果评定

(1)检测技术

综合法实质上就是超声法和回弹法两种单一测强的综合测试,因此回弹法有关检测方法及规定与前述相同。下面简要介绍用超声波检测混凝土强度时,声时值的测量与声速值计算。

①声时值测量。超声波检测混凝土强度是利用超声波传播速度与混凝土强度之间的相关性通过声速间接测低能混凝土强度。《超声回弹综合法检测混凝土强度技术规程》(CECS 02:2005)规定:每个构件一般不少于 10 个测区,间距小于 2m,在回弹测试的同一测区内布置,均匀分布;尽量选两浇筑侧面,定位准确,避开钢筋;对混凝土表面要进行处理,保证良好耦合。每个测区应在相对测试面上对应布置 3 个测点,超声发射和接收换能器应在同一轴线上。

②声速值计算。当在混凝土浇筑侧面对测时,测区混凝土声速值按下式计算:

$$v = \frac{1}{3}\sum_{i=1}^{3}\frac{l_i}{t_i - t_0} \tag{5-26}$$

式中:v——测区混凝土中声速代表值(km/s),精确至 0.01;
l_i——第 i 个测点的超声测距(mm),精确至 1.0,且测量误差不大于 ±1%;
t_i——第 i 个测点的声时读数(μs),精确至 0.1;
t_0——声时初读数(μs),精确至 0.1。

③声速值修正。当在混凝土浇筑的顶面与底面测试时,由于顶面砂浆较多、强度偏低,底

面粗集料较多、强度偏高,综合起来与成型侧面是有区别的。此外,浇筑后的表面不平整会使声速偏低,所以进行顶面与底面测试时,应对声速进行修正。

$$v_a = \beta v \tag{5-27}$$

式中:v_a——修正后的测区声速值(km/s);

β——超声测试混凝土面修正系数,在顶面及底面测试时,$\beta = 1.034$;在侧面测试时,$\beta = 1$。

(2)测区混凝土强度换算值及基准曲线的现场修正

①测区混凝土强度换算值。用综合法检测构件混凝土强度时,采用修正后的测区回弹值R_{ai}及修正后的测区声速值v_{ni},优先采用专用测强曲线或地区测强曲线,推定第i个测区的混凝土强度;当无专用和地区测强曲线时,按《超声回弹综合法检测混凝土强度技术规程》(CECS 02:2005)的规定,通过附录 D 验证后,可按全国统一综合法测强曲线(附录 C 测区混凝土强度换算表)换算,也可按下列全国统一测区混凝土抗压强度换算公式,计算第i个测区的混凝土强度换算值$f^c_{cu,i}$。

粗集料为卵石时:

$$f^c_{cu,i} = 0.0056 v_{ai}^{1.439} R_{ai}^{1.769} \tag{5-28}$$

粗集料为碎石时:

$$f^c_{cu,i} = 0.0162 v_{ai}^{1.656} R_{ai}^{1.410} \tag{5-29}$$

式中:$f^c_{cu,i}$——第i个测区混凝土强度换算值(MPa),精确至 0.1;

v_{ai}——第i个测区修正后的超声声速值(km/s),精确至 0.1;

R_{ai}——第i个测区修正后的回弹值,精确至 0.1。

②基准曲线(公式)的现场修正。现场结构混凝土的原材料、配合比以及施工条件等不可能与制定 f-v-R 测强曲线的条件完全一致,强度推算值往往偏大。为了提高结果的可靠性,须用同条件立方体试块或从结构构件测区钻取的混凝土芯样进行修正,试件数量应不少于 6 个。此时,得到的测区混凝土强度换算值应乘以修正系数。修正系数可按下列公式计算:

有同条件立方体试块时,

$$\eta = \frac{1}{n}\sum_{i=1}^{n}\frac{f_{cu,i}}{f^c_{cu,i}} \tag{5-30}$$

有混凝土芯样试件时,

$$\eta = \frac{1}{n}\sum_{i=1}^{n}\frac{f_{cor,i}}{f^c_{cu,i}} \tag{5-31}$$

上两式中:η——修正系数;

$f_{cu,i}$——第i个混凝土立方体试块抗压强度值(MPa),精确至 0.1;

$f^c_{cu,i}$——对应于第i个立方体试块或芯样试件的混凝土强度换算值(MPa),精确至 0.1;

$f_{cor,i}$——第i个混凝土芯样试件抗压强度值(MPa),精确至 0.1;

n——试件数。

修正系数乘以拟修正的基准曲线公式,即为修正后的基准曲线公式。

结构或构件混凝土强度的推定计算过程与本节"回弹法"相同,这里不再赘述。

5.4 混凝土构件缺陷检测

混凝土构件缺陷的无损检测方法主要有超声脉冲法、脉冲回波法、雷达扫描法、红外热谱法等。目前在工程实际中,检测混凝土构件内部缺陷最有效的方法是超声波检测法。本节主要介绍采用超声波法检测混凝土构件缺陷,依据的检测规程为《超声法检测混凝土缺陷技术规程》(CECS 21:2000)。

5.4.1 混凝土构件缺陷超声波检测方法

混凝土构件缺陷超声波检测应根据被测结构的形状、尺寸及所处环境,确定具体测试方法。常用的测试方法大致分为以下几种。

1)平面测试(用厚度振动式换能器)

对测法:一对发射和接收换能器分别置于被测结构相互平行的两个表面,且两个换能器的轴线位于同一直线上。

斜测法:一对发射和接收换能器分别置于被测结构的两个表面,但两个换能器的轴线不在同一直线上。

单面平测法:一对发射和接收换能器分别置于被测结构同一表面上进行测试。

2)测试孔测试(采用径向振动式换能器)

孔中对测:一对换能器分别置于两个对应测试孔中,位于同一高度进行测试。

孔中斜测:一对换能器分别置于两个对应测试孔中,但不在同一高度进行而是在保持一定高程差的条件下进行测试。

孔中平测:一对换能器分别置于同一测试孔中,以一定的高程差同步移动进行测试。

本节将介绍混凝土裂缝、混凝土空洞和不密实区域、两次浇灌混凝土结合面质量、混凝土表面损伤层、混凝土均匀性等的超声波检测。

5.4.2 混凝土裂缝检测

1)浅裂缝检测

所谓浅裂缝(Shallow Cracking)是指局限于结构表层,开裂深度不大于500mm的裂缝。实际检测时,一般可根据结构物的断面尺寸和裂缝在结构表面的宽度,大致估计被测的裂缝是浅裂缝还是深裂缝。浅裂缝检测方法可分为平测法和斜测法。

(1)平测法(Plane Test)

当结构的裂缝部位只具有一个表面可供检测时,可采用平测法进行裂缝深度检测。平测时应在裂缝的被测部位以不同的测距同时按跨缝和不跨缝布置测点,进行声时测量,如图5-5所示。每一个测点的超声实际传播距离为:

$$l_i = l'_i + a \tag{5-32}$$

式中:l_i——第 i 点的超声波实际传播距离(mm);

l'_i——第 i 点的 T、R 换能器内边缘间距(mm);

a——"时—距"图中 l' 轴的截距或回归所得的常数项(mm)。

首先将发射换能器 T 和接收换能器 R 置于被测裂缝的同一侧,并将 T 耦合好保持不动,以 T、R 两个换能器内边缘间距 l' 分别为 100mm、150mm、200mm……,依次移动 R 并读取相应的声时值 t_i。可以 l' 为纵轴、t 为横轴绘制 l'-t 坐标图(图 5-6),也可用统计方法求 l' 与 t 之间的回归直线式 $l' = a + bt$,式中 a、b 为待求的回归系数。

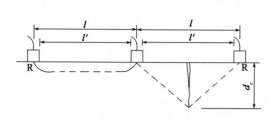 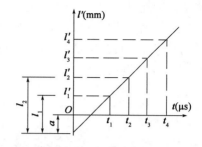

图 5-5　裂缝单面平测示意图　　　　图 5-6　平测"时—距"图

其次,进行跨缝的声时测量。将 T、R 换能器分别置于以裂缝为轴线的对称两侧,两换能器中心连线垂直于裂缝走向,以 l' 为 100mm、150mm、200mm……,分别读取声时值。该声时值便是超声波绕过裂缝末端传播的时间。

根据几何关系,可推算出裂缝深度的计算式为:

$$d_{ci} = \frac{l_i}{2}\sqrt{\left(\frac{t_i^0}{t_i}\right)^2 - 1} \tag{5-33}$$

式中:d_{ci}——裂缝深度(mm);

t_i、t_i^0——分别代表测距为 l_i 时不跨缝、跨缝检测的声时值(μs);

l_i——不跨缝平测时第 i 次的超声传播距离(mm)。

以不同测距取得的 d_{ci} 的平均值作为该裂缝的深度值 d_c,如所得的 d_c 值大于原测距中任一个 l_i,则应该把该 l_i 距离的 d_{ci} 舍弃后重新计算 d_c 值。

应注意的是:以声时推算浅裂缝深度,是假定裂缝中充满空气,声波绕过裂缝末端传播。若裂缝中有水或泥浆,则声波经水介质耦合穿裂缝而过,不能反映裂缝的真实深度。因此检测时,裂缝中不得填充水和泥浆。当有钢筋穿过裂缝且与 T、R 换能器的连线大致平行且靠近时,则沿钢筋传播的超声波首先到达接收换能器,测试结果也不能反映裂缝的深度。

因此,布置测点时应注意使 T、R 换能器的连线至少与该钢筋的轴线相距 1.5 倍的裂缝预计深度,如图 5-7 所示,即 $a \geqslant 1.5 d_c$。

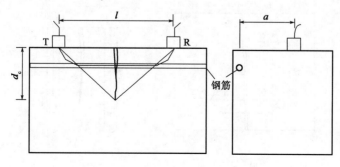

图 5-7　平测时避免钢筋的影响

(2)斜测法(Diagonal Test)

当结构物的裂缝部位具有两个相互平行的测试表面时,可采用斜测法检测。可按图5-8所示方法布置换能器,在保持 T、R 换能器的连线通过缝和不通过缝的测试距离相等、倾斜角一致的条件下,读取相应的声时、波幅和频率值。当 T、R 换能器的连线通过裂缝时,由于混凝土失去了连续性,超声波在裂缝界面上产生很大衰减,接收到的首波信号很微弱,其波幅和频率与不过缝的测点值比较有很大差异。据此便可判断裂缝的深度及是否在水平方向贯通。斜测法检测裂缝深度具有直观、可靠的特点,若条件许可宜优先选用。

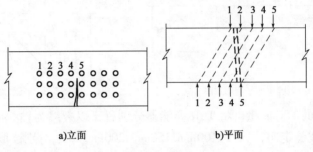

a)立面　　b)平面

图 5-8　斜测裂缝深度示意图

2)深裂缝检测

所谓深裂缝(Deep Cracking)是指混凝土结构物表面开裂深度在 500mm 以上的裂缝。深裂缝一般出现在水坝、桥墩、大型基础等大体积混凝土结构。

(1)测试方法

深裂缝的检测一般是在裂缝两侧钻测试孔,用径向振动式换能器置于测试孔中进行测试。如图5-9 所示,在裂缝两侧分别钻测试孔 A、B,同时在裂缝一侧多钻一个较浅的孔 C,测试无缝混凝土的声学参数,供对比判别之用。测试孔应满足下列要求:孔径应比换能器直径大 5~10mm;孔深应至少比裂缝预计深度深 700mm,经测试如浅于裂缝深度,则应加深测试孔;对应的两个测试孔,必须始终位于裂缝两侧,其轴线应保持平行;两个对应测试孔的间距宜为 2m,同一结构的各对应测孔间距应相同;孔中粉末碎屑应清理干净。

检测时应选用频率为 20~40kHz 的径向振动式换能器,并在其接线上作出等距离标志(一般间隔 100~500mm)。测试前要先向测试孔中注满清水作为耦合剂,然后将 T、R 换能器分别置于裂缝两侧的对应孔中,以相同高程等间距从上至下同步移动,逐点读取声时、波幅和换能器所处的深度。

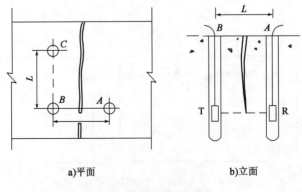

a)平面　　b)立面

图 5-9　测试孔测裂缝深度

(2)裂缝深度判定

以换能器所处深度 d 与对应的波幅值 A 绘制 $d\text{-}A$ 坐标图(图5-10),随着换能器位置的下移,波幅逐渐增大,当换能器下移至某一位置后,波幅达到最大并基本稳定,该位置所对应的深度便是裂缝深度 d_c。

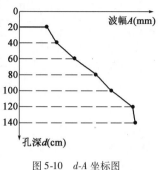

图5-10 $d\text{-}A$ 坐标图

5.4.3 混凝土空洞和不密实区检测

混凝土和钢筋混凝土结构物在施工过程中,有时因漏振、漏浆或因石子架空在钢筋骨架上,导致混凝土内部形成蜂窝状不密实区或空洞。对这种结构物内部的隐蔽缺陷应及时检查出并进行技术处理。

1)测试方法

混凝土内部的隐蔽缺陷情况,无法凭直觉判断,因此这类缺陷的测试区域,一般要大于所怀疑的有缺陷的区域,或者首先进行大范围的粗测,根据粗测情况再着重对可疑区域进行细测。根据被测结构实际情况,可按下列方法布置换能器进行检测。

(1)平面对测

当结构被测部位具有两对平行表面时,可采用对测法,换能器布置如图5-11所示。

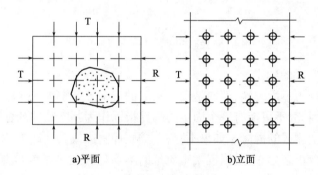

图5-11 对测法换能器布置示意图

测试时,在测区的两对相互平行的测试面上,分别画间距为 200~300mm 的网格,并编号确定对应的测点位置,然后将 T、R 换能器分别置于对应测点上,逐点读取相应的声时(t_i)、波幅(A_i)和频率(f_i),并量取测试距离(l_i)。

(2)平面斜测

结构中只有一对相互平行的测试面或被测部位处于结构的特殊位置,可采用斜测法进行检测。换能器布置如图5-12所示。

(3)测试孔检测法

当结构的测试距离较大时,为了提高测试灵敏度,可在测区适当位置钻一个或多个平行于侧面的测试孔。测孔的直径一般为 45~50mm,测孔深度视检测需要而定。结构侧面采用厚度振动式换能器,一般用黄油耦合;测孔中用径向振动式换能器,用清水作耦合剂。换能器布置如图5-13所示。检测时根据需要,可以将孔中和侧面的换能器置于同一高度,也可使两者保持一定的高度差,同步上下移动,逐点读取声时、波幅和频率值,并记下孔中换能器的位置。

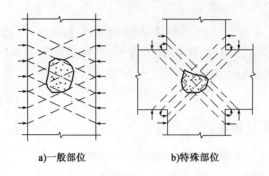

图 5-12　斜测法换能器布置示意图

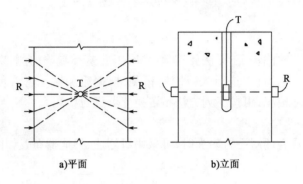

图 5-13　测试孔检测法换能器布置示意图

2)空洞和不密实区的判定

由于混凝土本身的不均匀性,即使是没有缺陷的混凝土,测得的声时、波幅等参数值也在一定范围内波动。因此,不可能有一个固定的临界指标作为判断缺陷的标准,一般都利用统计方法进行判别。一个测区的混凝土如果不存在空洞、蜂窝区或其他缺陷,则可认为这个测区的混凝土质量基本符合正态分布,虽因混凝土质量的不均匀性使声学参数测量值产生一定的离散,但一般服从统计规律。若混凝土内部存在缺陷,则这部分混凝土与周围的正常混凝土不属于同一母体,其声学参数必然存在明显差异。

(1)混凝土声学参数的统计计算

测区混凝土声时(或声速)、波幅、频率测量值的平均值(m_x)和标准差(S_x)应按下式计算:

$$m_x = \frac{1}{n}\sum_{i=1}^{n} X_i \tag{5-34}$$

$$S_x = \sqrt{\frac{\sum_{i=1}^{n} X_i^2 - nm_x^2}{n-1}} \tag{5-35}$$

上两式中:X_i——第 i 点的声时(或声速)、波幅、频率的测量值;

n——一个测区参与统计的测点数。

(2)测区中异常数据的判别

将一测区中各测点的声时值由小到大按顺序排列,即 $t_1 \leq t_2 \leq \cdots t_n \leq t_{n+1} \cdots$,将排在后面明显大的数据视为可疑,再将这些可疑数据中最小的一个(假定为 t_n)连同其前面的数据按式(5-34)、式(5-35)计算出 m_t 及 S_t 并代入式(5-36),算出异常情况的判断值 X_0:

$$X_0 = m_t + \lambda_1 S_t \tag{5-36}$$

式中:λ_1——异常值判定系数,应按表 5-3 取值。

统计数的个数 n 与对应的 λ_1 值　　　　　　　　　　表 5-3

n	14	16	18	20	22	24	26	28	30
λ_1	1.47	1.53	1.59	1.64	1.69	1.73	1.77	1.80	1.83
n	32	34	36	38	40	42	44	46	48
λ_1	1.83	1.89	1.92	1.94	1.96	1.98	2.00	2.02	2.04
n	50	52	54	56	58	60	62	64	66
λ_1	2.05	2.07	2.09	2.10	2.12	2.13	2.14	2.155	2.17
n	68	70	74	78	80	84	88	90	95
λ_1	2.18	2.19	2.21	2.23	2.24	2.26	2.28	2.29	2.31
n	100	105	110	115	120	125	130	135	140
λ_1	2.32	2.34	2.36	2.38	2.40	2.41	2.42	2.43	2.45
n	145	150	155	160	170	180	190	200	210
λ_1	2.46	2.48	2.49	2.50	2.52	2.54	2.56	2.57	2.59

把 X_0 值与可疑数据中的最小值 t_n 相比较,若 t_n 大于或等于 X_0,则 t_n 及排在其后的声时值均为异常值;若 t_n 小于 X_0,应再将 t_{n+1} 放进去重新进行统计计算和判别,直到判断不出异常值为止。

同样,将一测区测点的波幅、频率或由声时计算的声速值按由大到小的顺序排列,即 $X_1 \geq X_2 \geq \cdots X_n \geq X_{n+1} \geq \cdots$,将排在后面明显小的数据视为可疑,再将这些可疑数据中最大的一个(假定为 X_n)连同其前面的数据按式(5-34)、式(5-35)计算出 m_x 及 S_x 并代入式(5-37),算出异常情况的判断值 X_0:

$$X_0 = m_x - \lambda_1 S_x \tag{5-37}$$

把判断值 X_0 与可疑数据中的最大值 X_n 相比较,若 X_n 小于或等于 X_0,则 X_n 及排在其后的各数据均为异常值;若 X_n 大于 X_0,应再将 X_{n+1} 放进去重新计算 X_0 和判别,直到判不出异常值为止。

值得注意的是:若不能保证超声换能器耦合条件的一致性,则波幅值不能作为统计法的判据。

(3)不密实区和空洞范围的判定

一个构件或一个测区中,若某些测点的声时(或声速)、波幅或频率被判为异常值,可结合异常测点的分布及波形状况,判定混凝土内部存在不密实区和空洞的范围。当判定缺陷是空洞时,其尺寸可按下面的方法估算。

如图 5-14 所示,设检测距离为 l,空洞中心(在另一对测试面上,声时最长的测点位置)距一个测试面的垂直距离为 l_h,声波在空洞附近无缺陷混凝土中传播的时间平均值为 m_{ta},绕空洞传播的时间(空洞处的最大声时)为 t_h,空洞半径为 r。

根据 l_h/l 值和 $(t_h - m_{ta})/m_{ta} \times 100\%$ 的值,可

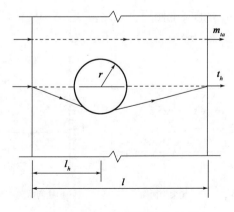

图 5-14　空洞尺寸估算原理示意图

由表 5-4 查得空洞半径 r 与测距 l 的比值,再计算空洞的大致尺寸 r。

空洞半径 r 与测距 l 的比值　　　　　表 5-4

y \ x(z)	0.05	0.08	0.10	0.12	0.14	0.16	0.18	0.20	0.22	0.24	0.26	0.28	0.30
0.10(0.9)	1.42	3.77	6.26										
0.15(0.85)	1.00	2.56	4.06	5.96	8.39								
0.2(0.8)	0.78	2.02	3.17	4.62	6.36	8.44	10.9	13.9					
0.25(0.75)	0.67	1.72	2.69	3.90	5.34	7.03	8.98	11.2	13.8	16.8			
0.3(0.7)	0.60	1.53	2.40	3.46	4.73	6.21	7.91	9.38	12.0	14.4	17.1	20.1	23.6
0.35(0.65)	0.55	1.41	2.21	3.19	4.35	5.70	7.25	9.00	10.9	13.1	15.5	18.1	21.0
0.4(0.6)	0.52	1.34	2.09	3.02	4.12	5.39	6.84	10.3	12.3	14.5	16.9	19.6	19.8
0.45(0.55)	0.50	1.30	2.03	2.92	3.99	5.22	6.62	8.20	9.95	11.9	14.0	16.3	18.8
0.5	0.50	1.28	2.00	2.89	3.94	5.16	6.55	8.11	9.84	11.8	13.8	16.1	18.6

注:表中 $x=(t_h-m_{ta})/m_{ta}\times 100\%$; $y=l_h/l$; $z=r/l$。

如被测部位只有一对可供测试的表面,空洞尺寸可用下式计算:

$$r = \frac{l}{2}\sqrt{\left(\frac{t_h}{m_{ta}}\right)^2 - 1} \tag{5-38}$$

式中:r——空洞半径(mm);

l——T、R 换能器之间的距离(mm);

t_h——缺陷处的最大声时值(μs);

m_{ta}——无缺陷区的平均声时值(μs)。

5.4.4 混凝土结合面质量检测

对于一些重要的混凝土和钢筋混凝土结构物,为保证其整体性,应该连续不间断地一次浇筑完混凝土。但有时因施工工艺的需要或意外因素,例如混凝土浇筑的中途停顿或间歇时间超过 3h 后再继续浇筑,既有的混凝土结构物因某些原因需加固补强进行第二次混凝土浇筑等。在同一构件上,两次浇筑的混凝土之间,应保持良好的结合,使其形成一个整体,方能确保结构的安全使用。因此,一些结构构件新旧混凝土结合面质量的检测就非常必要,超声波检测技术的应用为其提供了有效途径。

超声波检测两次浇筑的混凝土结合面质量一般采用斜测法,通过穿过与不穿过结合面的超声波声速、波幅和频率等声学参数相比较进行判断。超声测点的布置方法如图 5-15 所示。

布置测点时应注意以下几点:

(1)测试前应查明结合面的位置及走向,以正确确定被测部位及布置测点。

(2)所布置的测点应避开平行超声波传播方向的主钢筋或预埋钢板。

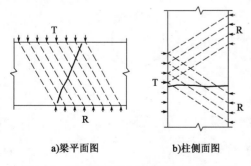

图 5-15　检测混凝土结合面时换能器布置示意图

(3)使测试范围覆盖全部结合面或有怀疑的部位。

(4)为保证各测点具有一定的可比性,每对测点应保持其测线的倾斜度一致,测距相等。

(5)测点间距应根据被测结构尺寸和结合面外观质量情况而定,一般为100~300mm,间距过大易造成缺陷漏检。

两次浇筑的混凝土结合面质量的判定与混凝土不密实区和空洞的判定方法基本相同。凡被判为异常值的测点,查明无其他原因影响时,可以判定这些部位结合面质量不良。

5.4.5 混凝土表面损伤层检测

混凝土和钢筋混凝土结构物,在施工和使用过程中,其表面层会在物理和化学因素的作用下受到损害,如火灾、冻害和化学侵蚀等。从工程实测结果来看,一般在最外层损伤程度较为严重,越向内部深入,损伤程度越轻。在这种情况下,混凝土强度和超声声速的分布应该是连续的,如图5-16所示。但为了方便起见,在进行混凝土表面损伤层厚度的超声波检测时,把损伤层与未损伤部分简单地分为两层来考虑,计算模型如图5-17所示。

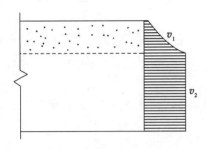
图5-16 实际混凝土声速分布

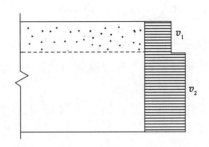
图5-17 假设混凝土声速分布

1)测试方法

超声脉冲法检测混凝土表面损伤层厚度宜选用频率较低的厚度振动式换能器,采用平测法检测,测点布置如图5-18所示。将发射换能器 T 置于测试面某一点保持不动,再将接收换能器 R 以测距 $l_i = 100mm、150mm、200mm\cdots\cdots$,依次置于各点,读取相应的声时值 t_i。R 换能器每次移动的距离不宜大于100mm,每一测区的测点不得少于5个。

2)损伤层厚度判定

以各测点的声时值 t_i 和相应测距值 l_i 绘制"时—距"坐标图,如图5-19所示。两条直线的交点 B 所对应的测距定为 l_0。直线 AB 的斜率是损伤层混凝土的声速 v_1,直线 BC 的斜率是未损伤部分混凝土的声速 v_2,则:

$$v_1 = \cot\alpha = \frac{l_2 - l_1}{t_2 - t_1} \tag{5-39}$$

$$v_1 = \cot\beta = \frac{l_5 - l_3}{t_5 - t_3} \tag{5-40}$$

损伤层厚度可按下式计算:

$$d = \frac{l_0}{2}\sqrt{\frac{v_2 - v_1}{v_2 + v_1}} \tag{5-41}$$

式中:d——损伤层厚度(mm);

l_0——声速产生突变时的测距(mm);

v_1——损伤层混凝土的声速(km/s);

v_2——未损伤部分混凝土的声速(km/s)。

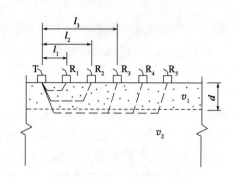 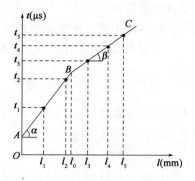

图 5-18 混凝土损伤层检测测点布置图　　图 5-19 混凝土损伤层检测"时—距"图

5.4.6 混凝土均匀性检测

所谓混凝土均匀性检测,是对整个结构物或同一批构件的混凝土质量均质性的检测。超声脉冲法直接在结构上进行检测,具有全面、直接、方便、数据代表性强的优点,是检测混凝土均匀性的一种有效的方法。

一般采用厚度振动式换能器进行穿透对测法检测,其测试方法按本章 5.2 节相关内容进行。

混凝土的声速值、混凝土声速的平均值、标准差及离差系数分别按下列公式计算:

$$v_i = \frac{l_i}{t_i} \tag{5-42}$$

$$m_v = \frac{1}{n}\sum_{i=1}^{n} v_i \tag{5-43}$$

$$S_v = \sqrt{\frac{\sum_{i=1}^{n} v_i^2 - n m_v^2}{n-1}} \tag{5-44}$$

$$C_v = \frac{S_v}{m_v} \tag{5-45}$$

上述式中:v_i——第 i 点混凝土声速值(km/s);

　　　　　l_i——超声检测距离(mm);

　　　　　t_i——第 i 点声时值(Ps);

　　　　　m_v——混凝土声速平均值(km/s);

　　　　　S_v——混凝土声速的标准差(km/s);

　　　　　C_v——混凝土声速的离差系数;

　　　　　n——测点数。

根据声速的标准差和离差系数(变异系数),可以比较相同测距的同类结构或各部位混凝土质量均匀性的优劣。

5.4.7 钢管混凝土质量检测

钢管混凝土是钢管与核心混凝土共同受力的一种新型组合结构,它具有强度高、塑性变形大、抗震性能好、施工快等优点。钢管混凝土的质量检测主要是针对混凝土的质量及其与钢管胶结紧密程度。一旦钢管和混凝土结合不良,就会影响使用效果。超声波检测的各项参数对钢管混凝土的缺陷均较敏感,适合钢管混凝土质量检测。

1)超声波检测钢管混凝土质量的方法

超声波在钢管混凝土中的传播途径不同于普通钢筋混凝土或素混凝土,其检测系统如图 5-20 所示。采用对测法检测钢管混凝土质量时,根据钢管混凝土的缺陷不同,超声波首波在钢管混凝土中的传播途径如图 5-21 所示。

采用超声波检测钢管混凝土质量时,通常有以下几种方法:

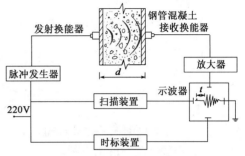

图 5-20 低频超声波检测系统方块图

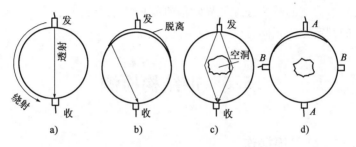

图 5-21 超声波通过钢管混凝土时首波传播途径

(1)首波声时法(声速法)

超声波检测设备的接收探头接收到的首波声时,是声波通过最短途径的声时,根据它的大小或声速的大小可判断首波的传播途径。当钢管内混凝土声速大于钢管材料声速的 $2/\pi$ 倍时,首波沿钢管混凝土径向传播,此时可根据首波声时(声速)的大小判断钢管混凝土内部是否存在缺陷;否则,首波沿钢管壁传播,此时无法检测混凝土的质量。

(2)波形识别法

超声仪发射的脉冲正弦波或余弦波在传播过程中若遇到缺陷界面,特别是固—气界面时,会发生反射、绕射现象,使声波相位发生变化,导致接收波形发生畸变,通过判断脉冲波形的畸变程度,可判断钢管混凝土内部是否存在缺陷。

(3)首波频率法

存在缺陷的混凝土将使高频波快速衰减,因而接收波形的首波频率比通过相同距离的无缺陷混凝土后收到的波形的首波频率低,故可根据首波频率的大小判断混凝土内缺陷的程度。

(4)首波幅度法

超声波在混凝土内传播过程中,当垂直射到充气缺陷的界面上时,其反射能量接近100%,即绕射信号很微弱,与无缺陷的密实混凝土相比,超声波能量损失严重,导致接收信号波幅下降,因此首波幅度的高低变化是判断缺陷的重要依据。

综上所述,采用诸多的超声声学参数综合评定混凝土的缺陷,比用单一参数更具合理性。

因此，硬化的钢管混凝土中如果存在缺陷，超声脉冲通过这种结构材料传播的声速比相同材质的无缺陷混凝土传播的声速为小，能量衰减大，接收信号的频率下降，波形平缓甚至发生畸变。综合这些声学参数可以评定钢管混凝土的质量状况。

2）超声波检测钢管混凝土质量的数值处理及异常值判别

在混凝土质量超声检测中，同一测距的声速、波幅和频率的统计计算及异常值判别应按下列公式计算。

（1）声学参数的平均值（m_x）和标准差（S_x）的计算

$$m_x = \sum \frac{X_i}{n} \tag{5-46}$$

$$S_x = \sqrt{\frac{\sum X_i^2 - n \cdot m_x^2}{n-1}} \tag{5-47}$$

式中：X_i——第 i 点的声学参数测量值；

n——参与统计的测点数。

（2）数值处理及异常值判别

钢管混凝土质量检测的数值处理及异常值判别的方法及过程，与本节 5.4.3 混凝土不密实区和空洞范围的判定方法相同，这里不再赘述。

5.5 钢结构检测

5.5.1 钢材焊缝无损探伤

1）超声波探伤（Ultrasonic Flaw Detection）

（1）探伤原理

超声波脉冲（通常为 1.5MHz）从探头射入被检测物体，如果其内部有缺陷，缺陷与材料之间便存在界面，则一部分入射的超声波在缺陷处被反射或折射，且原来单方向传播的超声能量有一部分被反射，通过此界面的能量就相应减少。这时，接收的信号，首波声时增大，振幅降低。在探伤中，利用探头接收脉冲信号的性能也可检查出缺陷的位置及大小。

（2）探伤方法

①脉冲反射法

a. 单探头（一个探头兼作反射和接收）探伤法。图 5-22 中脉冲发生器所产生的高频电脉冲激励探头的压电晶片振动，使之产生超声波。超声波垂直入射到工件中，当通过界面 A、缺陷 F 和底面 B 时，均有部分超声波反射回来，这些反射波各自经历了不同的往返路程回到探头上，探头又重新将其转变为电脉冲，经接收放大器放大

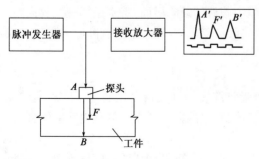

图 5-22 脉冲反射法探伤原理

后，即可在荧光屏上显现出来。其对应各点的波型分别称为始波（A'）、缺陷波（F'）和底波（B'）。当被测工件中无缺陷存在时，则在荧光屏上只能见到始波 A' 和底波 B'。缺陷的位置

(深度 AF)可根据各波型之间的间距之比等于所对应的工件中的长度之比求出,即:

$$AF = \frac{AB}{A'B'} \times A'F' \tag{5-48}$$

其中,AB 是工件的厚度,可以测出;$A'B'$ 和 $A'F'$ 可从荧光屏上读出。

缺陷的大小可用当量法确定。这种探伤方法叫纵波探伤或直探头探伤。振动方向与传播方向相同的波称纵波;振动方向与传播方向垂直的波称横波。

b. 横波脉冲反射法(Pluse Wave Reflection Method)。当入射角不等于零的超声波入射到固体介质中,且超声波在此介质中的纵波和横波的传播速度均大于在入射介质中的传播速度时,则同时产生纵波和横波。又由于材料的弹性模量总是大于剪切模量,因而纵波传播速度总是大于横波的传播速度。根据几何光学的折射规律,纵波折射角也总是大于横波折射角。当入射角取得足够大时,可以使纵波折射角等于或大于90°,从而使纵波在工件中消失,这时工件中就得到了单一的横波。图 5-23 表示单探头横波探伤的情况。

横波入射工件后,遇到缺陷时便有一部分被反射回来,即可以从荧光屏上见到脉冲信号,如

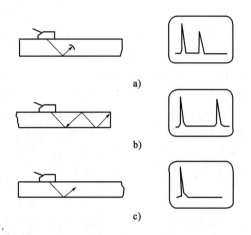

图 5-23 横波脉冲反射法—波型意图

图 5-23a)所示;若探头离工件端面很近,会有端面反射,如图 5-23b)所示,因此应该注意与缺陷区分;若探头离工件端面很远且横波又没有遇到缺陷,有可能由于过度衰减而出现图 5-23c)之情况(超声波在传播中存在衰减)。横波探伤的定位在生产中采用标准试块调节或三角试块比较法。缺陷的大小同样用当量法确定。

②穿透法

穿透法是根据超声波能量变化情况来判断工件内部状况的,它是将发射探头和接收探头分别置于工件的两相对表面。发射探头发射的超声波能量是一定的,在工件不存在缺陷时,超声波穿透一定工件厚度后,在接收探头上所接收到的能量也是一定的。而工件存在缺陷时,由于缺陷的反射使接收到的能量减小,从而断定工件存在缺陷。根据发射波的不同种类,穿透法有脉冲波探伤法和连续波探伤法两种,如图 5-24 和图 5-25 所示。

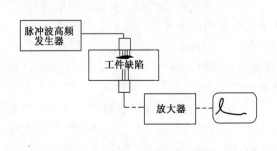

图 5-24 脉冲波穿透法探伤示意图

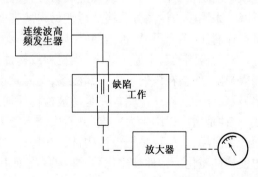

图 5-25 连续波穿透法探伤示意图

穿透法探伤的灵敏度不如脉冲反射法高,且受工件形状的影响较大,但较适宜检查成批生产的工件。如板材一类的工件,可以通过接收能量的精确对比而得到高的精度,宜实现自动化。

2)射线探伤(Ray Flaw Detection)

射线探伤是利用射线可穿透物质和在物质中有衰减的特性来发现缺陷的一种探伤方法。按探伤所用的射线不同,射线探伤可以分为 X 射线、丁射线和高能射线探伤三种。由于显示缺陷的方法不同,每种射线探伤又有电离法、荧光屏观察照相法和工业电视法几种。运用最广的是 X 射线照相法。

照相法探伤是利用射线在物质中的衰减规律和对某些物质产生的光化及荧光作用为基础进行探伤的。图 5-26a)所示,是平行射线束透过工件的情况。从射线强度的角度看,照射在工件上射线强度为 J_0,由于工件材料对射线的衰减,穿过工件的射线被减弱至 J_c。若工件存在缺陷时,见图 5-26a)的 A、B 点,因该点的射线透过的工件实际厚度减少,则穿过的射线强度 J_a、J_b 比没有缺陷的 C 点的射线强度大一些。从射线对底片的光化作用角度看,射线强的部分对底片的光化作用强烈,即感光量大。感光量较大的底片经暗室处理后变得较黑,如图 5-26b)中 A、B 点比 C 点黑。因此,工件中的缺陷通过射线在底片上产生黑色的影迹,这就是射线探伤照相法的探伤原理。

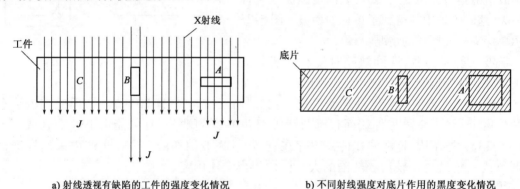

a) 射线透视有缺陷的工件的强度变化情况　　b) 不同射线强度对底片作用的黑度变化情况

图 5-26　射线透过工件的情况和与底片作用的情况

3)磁粉检测法和渗透检测法

(1)磁粉检测法(Magnetic Power Detection)

磁粉检测用于检测铁磁性材料和构件(包括铁、镍、钴等)表面上或近表面的裂纹以及其他缺陷。磁粉检测对表面缺陷最灵敏,对表面以下的缺陷随埋藏深度的增加,检测灵敏度迅速下降。采用磁粉检测方法检测磁性材料的表面缺陷,比采用超声波或射线检测的灵敏度高,而且操作简便、结果可靠、价格便宜,因此被广泛用于磁性材料表面和近表面缺陷的检测。

磁粉检测的基本原理如下:当材料或构件被磁化后,若在构件表面或近表面存在裂纹、冷隔等缺陷,便会在该处形成一漏磁场,此漏磁场将吸引、聚集检测过程中施加的磁粉,而形成缺陷显示。因此,磁粉检测首先是对被检构件加外磁场进行磁化,外加磁场的获得一般有两种方法:一种是由可以产生大电流(几百安培至上万安培)的磁力探伤机直接给被检构件通大电流而产生磁场;另一种是把被检构件放在螺旋管线圈产生的磁场中,或是放在电磁铁产生的磁场中使构件磁化。构件被磁化后,在构件表面上均匀喷洒微颗粒的磁粉(磁粉平均粒度为 5 ~ 10μm),一般用四氧化三铁或三氧化二铁作为磁粉。

如果被检构件没有缺陷,则磁粉在构件表面均匀分布。当构件上有缺陷时,由于缺陷(如裂纹、气孔、非金属夹杂物等）内含有空气或非金属,其磁导率远远小于构件的磁导率;由于磁阻的变化,位于构件表面或近表面的缺陷处漏磁场,形成一个小磁极,如图5-27所示。磁粉将被小磁极所吸引,缺陷处由于堆积比较多的磁粉而被显示出来,形成肉眼可以看到的缺陷图像。为了使磁粉图像便于观察,可以采用与被检构件表面有较大反衬颜色的磁粉。常用的磁粉有黑色、红色和白色。为了提高检测灵敏度,还可以采用荧光磁粉,在紫外线照射下更容易观察到构件中缺陷的存在。

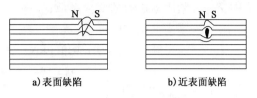

图5-27 缺陷漏磁场的产生

(2)渗透检测法(Infiltration Detection)

液体渗透检测是一种检查构件或材料表面缺陷的一种方法,它不受材料磁性的限制,比磁粉探伤的应用范围更加广泛。

液体渗透检测的基本原理是:利用黄绿色的荧光渗透液或红色的着色渗透液对窄狭缝隙良好的渗透性,经过渗透清洗、显示处理以后,显示放大了的探伤显示痕迹,用目视法来观察,对缺陷的性质和尺寸做出适当的评价。

液体渗透检测应用于各种金属、非金属、磁性、非磁性材料及零件的表面缺陷的检查。可以说,除表面多孔性材料以外,几乎一切材料的表面开口缺陷都可以应用此方法获得满意的检测结果。

此法的优点是应用不受限制,原理简单易懂,检查经济,设备简单,显示缺陷直观,并可以同时显示各个不同方向的各类缺陷。渗透探伤对大型构件和不规则零件的检查以及现场机件的检查,更能显示其特殊的优点。但渗透探伤对埋藏于表皮层以下的缺陷是无能为力的,它只能检查开口暴露于表面的缺陷。另外还有操作程序繁杂等缺点。

在现代工业探伤中应用的液体渗透探伤分成两大类,即荧光渗透探伤和着色渗透探伤。随着化学工业的发展,这两种渗透探伤技术已日益完善,基本上具有同等的检测效果。

以上两种方法在钢结构中当发现裂缝或需要检测结构表面缺陷时采用,详细操作步骤可查阅有关标准规范和无损检测书籍。

5.5.2 高强螺栓及组合件力学性能试验

1)扭剪型高强螺栓连接副预拉力复验方法

(1)复验用的螺栓应在施工现场待安装的螺栓批中随机抽取,每批应抽取5套连接副进行复验。

(2)连接副预拉力可采用各类轴力计进行测试。

(3)试验用的电测轴力计、油压轴力计、电阻应变仪、扭矩扳手等计量器具,应在试验前进行标定,其误差不得超过2%。

(4)采用轴力计方法复验连接副预拉力时,应将螺栓直接插入轴力计。紧固螺栓分初拧、终拧两次进行,初拧应采用手动扭矩扳手或专用定扭电动扳手;初拧值应为预拉力标准值的50%左右。终拧应采用专用电动扳手,至尾部梅花头拧掉时,读出预拉力值。

(5)每套连接副只应做一次试验,不得重复使用。在紧固中垫圈发生转动时,应更换连接副,重新试验。

(6)复验螺栓连接副的预拉力平均值应符合表5-5的规定;其变异系数应符合下列计算并应小于或等于10%。

$$\delta = \frac{\sigma_p}{P} \times 100\% \tag{5-49}$$

式中：δ——紧固预拉力的变异系数；

σ_p——紧固预拉力的标准差；

P——该批螺栓预拉力平均值(kN)。

扭剪型高强度螺栓紧固预拉力(kN)　　　　表 5-5

螺栓直径(mm)	16	20	22	24
每批紧固预拉力的平均值 P	≤120 ≥99	≤186 ≥154	≤231 ≥191	≤270 ≥222

2）高强度大六角头螺栓连接副扭矩系数的复验方法

（1）复验用螺栓应在施工现场待安装的螺栓中随机抽取，每批应抽取 8 套连接副进行复验。

（2）连接副扭矩系数复验用的计量器具应在试验前进行标定，误差不得超过 2%。

（3）每套连接副只应做一次试验，不得重复使用。

（4）连接副扭矩系数的复验应将螺栓穿入轴力计，在测出螺栓预拉力 P 的同时，应测定施加于螺母上的施拧扭矩值，并按下式计算扭矩系数 K。

$$K = \frac{T}{Pd} \tag{5-50}$$

式中：T——施拧扭矩(N·m)；

d——高强度螺栓的(螺纹大径)有效直径(mm)；

P——螺栓预拉力(kN)。

（5）进行连接副扭矩系数试验时，螺栓预拉力值应符合表 5-6 的规定。

螺栓预拉力值范围(kN)　　　　表 5-6

螺栓规格(mm)	M12	M16	M20	M24	M27
P	≤59	≤113	≤177	≤250	≤324
	≥49	≥93	≥142	≥206	≥265

3）高强度螺栓连接抗滑移系数试验方法

（1）抗滑移系数试验对试件的基本要求

①抗滑移系数试验应采用双摩擦面的两栓或三栓拼接的拉力试件(图 5-28)。

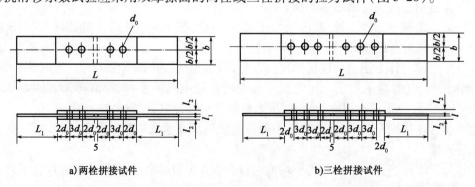

图 5-28　抗滑移系数试件的形式和尺寸

②抗滑移系数试验用的试件应由金属结构厂或有关制造厂加工,与所代表的钢结构件应为同一材质、同批制作、采用同一摩擦面处理工艺和具有相同的表面状态,并应用同批同一性能等级的高强度螺栓连接副,在同一环境条件下存放。

③试件钢板的厚度 t_1、t_2 应根据钢结构工程中有代表性的板材厚度来确定,宽度 b 规定如表5-7所示。

④试件板面应平整,无油污,孔和板的边缘无飞边、毛刺。

试 件 板 的 宽 度　　　　　　　　　　表5-7

螺栓直径 d(mm)	16	20	(22)	24
板宽 b(mm)	60	75	(80)	85

(2)试验方法

①试验用的试验机误差应在1%以内;试验用的贴有电阻片的高强度螺栓、压力传感器和电阻应变仪应在试验前用试验机进行标定,其误差应在2%以内。

②试件的组装顺序应符合下列规定。

a. 先将冲钉打入试件孔定位,然后逐个换成装有压力传感器或贴有电阻片的高强度螺栓,或换成同批经预拉力复验的扭剪型高强度螺栓。

b. 紧固高强度螺栓应分初拧、终拧。初拧应达到螺栓预拉力标准值的50%左右。终拧后,螺栓预拉力应符合下列规定:

a)对装有压力传感器或贴有电阻片的高强度螺栓,采用电阻应变仪实测控制试件每个螺栓的预拉力值应在 $0.95P \sim 1.05P$(P 为高强度螺栓设计预拉力值)之间;

b)不进行实测时,扭剪型高强度螺栓的预拉力(紧固轴力)可按同批复验预拉力的平均值取用。

c. 试件应在其侧面画出观察滑移的直线。

③将组装好的试件置于拉力试验机上,试件的轴线应与试验机夹具中心严格对中。

④加荷时,应先加10%的抗滑移设计荷载值,停1min后,再平稳加荷,加荷速度为3~5kN/s,直拉至滑动破坏,测得滑移荷载 N_v。

⑤在试验中当发生以下情况之一时,所对应的荷载可定为试件的滑移荷载:

a. 试验机发生回针现象。

b. 试件侧面画线发生错动。

c. X-r 记录仪上变形曲线发生突变。

d. 试件突然发生"嘣"的响声。

⑥抗滑移系数,应根据试验所测得的滑移荷载 N_v 和螺栓预拉力 P 的实测值,按下式计算,宜取小数点后两位有效数字。

$$\mu = \frac{N_v}{n_f \sum_{i=1}^{m} P_i} \tag{5-51}$$

式中:N_v——由试验测得的滑移荷载(kN);

n_f——摩擦面面数,取 $n_f=2$;

$\sum_{i=1}^{m} P_i$——试件滑移一侧高强度螺栓预拉力实测值(或同批螺栓连接副的预拉力平均值)之和(取三位有效数字)(kN);

m——试件一侧螺栓数量。

5.5.3 漆膜厚度检测

漆膜厚度检测(Film Thickness Detection)一般采用磁性测厚仪法。其所用仪器设备是磁性测厚仪,精确度为 $2\mu m$。磁性测厚仪法检测的主要步骤如下:

(1)调零:取出探头,插入仪器的插座上。将已打磨未涂漆的底板(与被测漆膜底材相同)擦洗干净,把探头放在底板上按下电钮,再按下磁芯,当磁芯跳开时,如指针不在零位,应旋动调零电位器,使指针回到零位,需重复数次。如无法调零,需更换新电池。

(2)校正:取标准厚度片放在调零用的底板上,再将探头放在标准厚度片上,按下电钮,再按下磁芯,待磁芯跳开后旋转标准钮,使指针回到标准片厚度值上,需重复数次。

(3)测量:取距样板边缘不少于1cm的上、中、下三个位置进行测量。将探头放在样板上,按下电钮,再按下磁芯,使之与被测漆膜完全吸合,此时指针缓慢下降,待磁芯跳开表针稳定时,即可读出漆膜厚度值。取各点厚度的算术平均值为漆膜的平均厚度值。

5.6 桥梁耐久性检测

混凝土桥梁耐久性检测,主要是借助各种现场检测设备,对混凝土桥梁结构进行由表及里的检查,再结合必要的实验室分析,给出桥梁结构的"体检"结果。找出"病因",明确损伤现状,为既有桥梁结构病害治理提供依据,并选择利用合适的材料和工艺延长结构使用年限,也可为新建桥梁有针对性预防提供依据。检测的主要内容包括混凝土表观损伤、混凝土强度、钢筋分布及锈蚀状况检测等。

5.6.1 混凝土表观损伤检测

混凝土表观损伤(Concrete Apparent Loss)主要有裂缝(包括结构受力裂缝和非受力裂缝)、混凝土层离、剥落或露筋、掉角或掉棱、蜂窝麻面、表面侵蚀(包括冻害和化学侵蚀等)及表面沉积等。其检测方法如下:

(1)裂缝是现场检测的重点之一,其检测的主要内容有裂缝形态,裂缝分布情况,裂缝的长度、宽度、深度和间距,裂缝周围有无锈迹、锈蚀产物和凝胶泌出物。检测除直接(目测)检查来描述裂缝形态、分布情况及裂缝周围外观外,可使用相关检测仪器设备现场检测:用裂缝宽度测定仪或带光源的刻度放大镜准确量测裂缝宽度,用钢卷尺(最小分辨率不得大于1.0mm)测量裂缝的长度和间距,采用无损检测技术的超声波法或敲击回声法检测裂缝深度。

(2)对混凝土层离、剥落或露筋、掉角或掉棱、蜂窝麻面、表面侵蚀及表面沉积等表观损伤的检测,主要检测损伤面积和深度,检测方法是:用目测辅助钢尺测量表观损伤面积,混凝土表面损伤层厚度(深度)采用锤击检查,或用超声波法检测表面损伤厚度。

5.6.2 钢筋分布及保护层厚度测定

混凝土保护层(Concrete Cove)为钢筋提供了良好的保护,其厚度和分布的均匀性是影响钢筋耐久性的重要因素,在结构质量检测中必须进行该项目的测量。

钢筋分布及钢筋保护层的测量通常采用钢筋位置检测仪(其构造见本书第2章相关内容),对选定区域的钢筋状况进行检测,主要包括钢筋定位、钢筋直径估测和钢筋混凝土保护层厚度的测量,将实测的钢筋分布及钢筋保护层绘制成图,并与设计图纸进行比较。其工作原理为电磁感应,当探测传感器靠近钢筋时,传感器的电感量发生变化,两端电压发生变化,从而可测定钢筋的位置、直径和保护层厚度。具体测量方法如下:

(1)在测区内确定钢筋的位置与走向:先将保护层测试仪传感器在构件表面平行移动,当仪器显示值最小时,传感器正下方即是所测钢筋的位置;再在找到的钢筋位置处,将传感器在原处左右转动一定角度,仪器显示最小值时传感器长轴线的方向即为钢筋的走向,并在构件测区表面画出钢筋位置与走向。

(2)保护层厚度的测定:将传感器置于钢筋所在位置正上方,并左右稍稍移动,读取仪器显示最小值即为该处保护层厚度;每一测点值宜读取2~3次稳定读数,取其平均值,准确至1mm。

(3)无法确定钢筋直径的构件,应首先测量钢筋直径。对钢筋直径的测量宜采用5~10次测读,剔除异常数据,求其平均值的测量方法。

5.6.3 混凝土碳化深度测定

钢筋混凝土结构物中,钢筋处于混凝土的碱性保护之中,当空气中CO_2等酸性气体与混凝土中的$Ca(OH)_2$发生中和反应使混凝土中性化,混凝土碳化会降低混凝土的pH值,当混凝土碳化深度一旦到达钢筋表面时,高碱性环境中钢筋表面钝化膜会遭到破坏,钢筋就失去保护,当外部条件成熟,就会发生锈蚀。另外,碳化的混凝土虽然硬度增加,但强度却降低,导致构件的实际有效面积折损。因此,检测混凝土碳化深度对判断钢筋状态也是很重要的。

混凝土碳化深度检测方法参照本章5.3节相关内容。若混凝土碳化深度已达到钢筋保护层的厚度,则判断钢筋已失去保护,有锈蚀的危险。

5.6.4 氯化物含量测定

混凝土中的氯离子是极强的阳极活化剂,主要来源为掺料、水、骨料等。当其浓度达到某一临界值时,可使混凝土中的钢筋失去钝化,引起并加速钢筋锈蚀,是诱发混凝土内部锈蚀的主要原因之一。

1)检测混凝土中氯离子含量的目的

(1)用于分析氯离子含量是否超过国家标准所规定的容许值。

(2)分析混凝土中氯离子可能来源。

(3)对旧混凝土结构检测氯离子含量,是判断分析混凝土中钢筋锈蚀原因及混凝土内部钢筋发生锈蚀可能性的依据。

2) 氯离子含量测定方法

氯离子含量测定的主要方法有滴定条法和实验室化学分析法。

滴定条法测试比较简便,可在现场完成对氯离子含量的测定。

检测混凝土结构氯离子含量时,在结构上选定测区,按照不同深度现场钻取(每个测区钻孔数量不少于3个)混凝土粉末作为分析样品,送交实验室进行化学分析,检测氯离子含量随深度增加的变化规律。

3) 氯离子含量测试分析结果的判评

氯化物浸入混凝土引起钢筋的锈蚀,其锈蚀危险性受到多种因素的影响,如碳化深度、混凝土含水率、混凝土质量等,因此,应进行综合的分析。因氯离子含量引起钢筋锈蚀的危险性可分为三个等级,见表5-8。

氯离子含量对钢筋锈蚀影响程度　　　　　表5-8

氯离子含量(占水泥含量的百分比)	0.4以下	0.4~1.0	1.0以上
钢筋锈蚀危险性	低	中	高

5.6.5 钢筋锈蚀状况检测

钢筋锈蚀状况检测常用方法是自然电位法(Self-Potential Method)。该方法简便,对结构无损伤,易于现场实施,结果明确,适用于混凝土构件寿命期内的任何期间,不受构件尺寸、钢筋保护层厚度的限制。其原理是:钢筋锈蚀是一个电化学过程,钢筋锈蚀电位的测量是把钢筋/混凝土看作一个半电池,通过检测与参考电极的电位差,作为钢筋锈蚀电位的量度。

1) 钢筋锈蚀状况检测

自然电位法检测钢筋锈蚀的装置是钢筋锈蚀电位测量仪。检测前,首先在选定构件上根据构件尺寸确定钢筋锈蚀电位检测区域(不宜少于3个),布设网格(一般为7cm×3cm),网格节点为测点(一般不宜少于20个测点),单个测区尺寸为20cm×20cm、30cm×30cm、20cm×10cm等,根据构件尺寸而定。检测时,将钢筋锈蚀电位测量仪的参考电极与钢筋相连接形成通道(测量系统的连接如图5-29所示),再输入高阻抗,移动钢筋锈蚀电位测量仪探头,测量网格节点的锈蚀点位,记录电位差并绘出电位图,以此来判定钢筋锈蚀的可能性或锈蚀的活动性。当一个测区内存在相邻测点的读数超过150mV时,通常应减小测点的间距;测点读数变动不超过2mV时,可视稳定。在同一测点,同一参考电极,重复测读的差异不超过10mV;不同参考电极,重复测读的差异不超过20mV。若不符合读数稳定要求,应检查测试系统的各个环节。

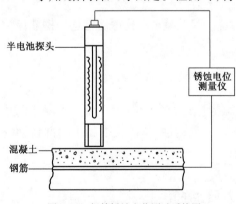

图5-29　钢筋锈蚀电位测试系统图

2) 测试结果的判读与评定

(1) 根据电化学原理,钢筋锈蚀自然电位相对于铜/硫酸铜参考电极应为负值,在测试结果的数据格式中,应按一定比例绘出测区平面图,标出相应测点位置的钢筋锈蚀电位,得到数据阵列。

(2)绘出电位等值线图。通过数值相等各点或内插各等值点绘出等值线,等值线差值宜为100mV,见图5-30。

(3)由于各种土木工程结构环境的差异,不同部门的判据也有所差别,本书仅提供了交通运输部公路科学研究院的判据供使用参考,见表5-9。

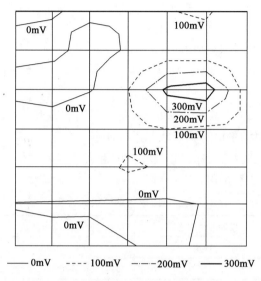

图5-30 锈蚀电位测试数据示例图

不同电位水平下钢筋状况判据　　　　　表5-9

序号	电位水平(mV)	钢筋锈蚀状况判别
1	−500 ~ −350	钢筋发生锈蚀的概率为95%
2	−350 ~ −200	钢筋发生锈蚀的概率为50%,可能存在坑蚀现象
3	> −200	无锈蚀活动性或锈蚀活动性不确定,锈蚀率为5%

5.6.6 混凝土电阻率测定

混凝土的电阻率(Electrical Resistivity)主要反映其导电性。混凝土电阻率大,若钢筋发生锈蚀,则发展速度慢,扩散能力弱;混凝土电阻率小,锈蚀发展速度快,扩散能力强。因此,对钢筋状况进行检测评定时,测量混凝土的电阻率是一项重要内容。

1)基本原理

混凝土电阻率的测量采用四电极方法,即在混凝土表面等间距接触四支电极,两外侧电极为电流电极,两内侧电极为电压电极,通过检测两电压电极间的混凝土电阻,即可获得混凝土电阻率,见式(5-52)。混凝土电阻率测试如图5-31所示。

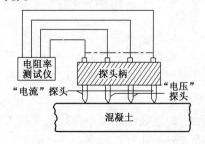

$$\rho = \frac{2\pi dV}{I} \quad (5\text{-}52)$$

图5-31 混凝土电阻率测试技术示意图

式中：V——电压电极间所测电压(mV)；

I——电流电极通过的电流(mA)；

d——电极间距(mm)。

2) 对混凝土电阻率测量要求

(1) 测区与测位布置可参照钢筋锈蚀自然电位测量的要求，在电位测量网格间进行，并做好编号。

(2) 混凝土表面应清洁、无尘、无油脂。为了提高测量的准确性，必要时可去掉表面碳化层。

(3) 调节好电极的间距，一般采用的间距为50mm。

(4) 为了保证电极与混凝土表面有良好、连续的电接触，应在电极前端涂上耦合剂，特别是当读数不稳定时。

(5) 测量时探头应垂直置于混凝土表面，并施加适当的压力。

3) 根据混凝土电阻率测量值对钢筋状况进行评定

按一定比例绘出测区平面图，标出相应测位的混凝土电阻率值。根据混凝土电阻率值大小对钢筋状况进行评定，见表5-10。

混凝土电阻率与钢筋状况关系　　　　　　　　　　表5-10

电阻率($\Omega \cdot cm$)	可能的锈蚀速度	电阻率($\Omega \cdot cm$)	可能的锈蚀速度
小于5000	很快	10000~20000	较慢
5000~10000	快	大于20000	很慢

5.7 钻孔灌注桩完整性检测

钻孔灌注桩是桥梁工程常用的基础形式。由于钻孔桩需要就地灌注大量水下混凝土，而且施工影响因素较多，难以全部预见，致使成桩后桩身出现缩颈、夹泥、断桩或沉渣过厚等各种形态复杂的质量缺陷。因此，采用无破损检测技术检测桩的质量在全国公路桥梁、铁路、高层建筑等工程的桩基中广泛应用。目前无损检测方法有超声波透射法、反射波法、射线法等。

本节主要介绍利用超声波透射法和反射波法检测桩基完整性，依据的检测规程为《公路工程基桩动测技术规程》(JTG/T F81-01—2004)。

5.7.1 超声法检测完整性

1) 基本原理

超声透射法(Ultrasonic Pulse Transmission Method)检测混凝土灌注桩的基本原理是：在桩内预埋若干根声测管道作为检测通道，将发射探头和接收探头置于声测管内，管中充满水作为耦合剂，通过桩内不同高程处声波的传播时间、接收波形的畸变和衰减等物理量，检查桩身混凝土的连续性。由于良好的混凝土声速值超过4000m/s，而外来物质(土、钻渣)或低强混凝土声速较低和有波幅衰减的接收信号，因此，可根据这些物理量与介质的关系，判断桩内混凝土匀质性及桩内缺陷的性质、大小和准确位置，确定混凝土强度等级的评价指标，并据以划分桩的施工质量等级,为事故桩的处理或修补提供必要的资料和依据。

2)超声法检测混凝土灌注桩方式

为了使超声脉冲能横穿各不同深度的横截面,必须使超声探头伸入桩体内部,因此,须预先埋设声测管,作为探头进入桩体的通道。根据桩径大小和声测管埋置情况不同,有三种检测方式:

(1)双孔检测

在桩内预埋两根以上的管道,将发射换能器和接收换能器分别置于两根管道中,如图5-32a)所示。检测时超声脉冲穿过两管之间的混凝土。这种检测方式的实际有效范围,即为超声脉冲从发射换能器到接收换能器所穿过的范围。随着两个换能器沿桩的纵轴方向同步升降,使超声脉冲扫过桩的整个纵剖面,得到各项声参数沿桩的纵剖面的变化数据。由于实测时换能器是沿纵剖面逐点移动,测读各项声参数,因此,测点间距视要求而定。为了扩大在桩的横截面上的有效检测控制面积,必须使声测管的布置合理。双孔量测时,根据两探头相对高程的变化,可分为平测、斜测、扇形扫测等方式,在检测时视实际需要灵活运用。

(2)单孔检测

在某些特殊情况下,例如,在钻孔取芯后需进一步了解芯样周围混凝土的质量,以扩大钻探检测的观察范围时,如只有一个孔道可供检测使用,此时,可采用单孔测量方式,如图5-32b)所示。单孔检测方式需专用的一发两收探头,即把一个发射和两个接收压电体装在一个探头内,中间以隔声体隔离。声波从发射振子发出,经耦合水穿过混凝土表层,再经耦合水到达上下两个接收电体,从而测出超声脉冲沿孔壁混凝土传播时的各项声参数。

运用这一检测方式时,必须运用信号分析技术,以排除管中的混响干扰以及各种反射信号叠加的影响。当孔道中有钢质套管时,由于钢管影响超声波在孔壁混凝土中绕行,故不宜使用此法检测。单孔检测时的有效检测范围,一般认为,约为一个波长的深度。

(3)桩外孔检测

当桩的上部结构已施工,或桩内未预埋声测管时,可在桩外的土层中钻一孔作为检测通道。由于超声在土中衰减很快,因此桩外的孔应尽量靠近桩身,使土层较薄。

检测时在桩顶上放置一发射功率较强的低频平探头,沿桩的轴向下发射超声脉冲,接收探头从桩外孔中慢慢放下,超声脉冲沿桩身混凝土向下传播,并穿过桩与测孔之间的土层,通过孔中的耦合水进入接收换能器,逐点测出声时、波幅等参数。当遇到断桩或夹层时,该处以下各点声时明显增大,波高急剧下降,以此作为判断依据,如图5-32c)所示。这种方式可测的桩长受仪器发射功率的限制,一般只能测量10~15m,而且只能判断夹层、断桩、缩颈、凸肚等缺陷。

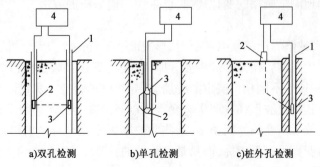

图5-32 钻孔灌注桩超声脉冲检测方式示意图
1-声测管;2-发射探头;3-接收探头;4-超声检测仪

在三种检测方式中,双孔检测是灌注桩超声脉冲检测法的基本形式,其他两种方式在检测和结果分析上都比较困难,只能作为特殊情况下的补救措施。

3) 判断桩内缺陷的基本物理量

在钻孔灌注桩超声波检测中用于灌注桩混凝土内部缺陷所依据的基本物理量有以下四项:

(1) 声时

声时即超声脉冲穿过混凝土所需的时间。如果两声测管基本平行,且当混凝土质量均匀,没有内部缺陷时,各横截面所测得的声时值基本相同。但当存在缺陷时,由于缺陷区的泥、水、空气等内含物的声速远小于完好混凝土的声速,所以使穿越时间明显增大。而且当缺陷中的物质与混凝土的声阻抗不同时,界面透过率很小,声波将根据惠更斯原理绕过缺陷继续传播,波线呈折线状。由于绕行声程比直达声程长,因此,声时值也相应增大。所以,声时值是缺陷的重要判断参数。

(2) 幅值

幅值是判断超声脉冲穿过混凝土后的衰减程度的指标之一。接收波幅值越低,混凝土对超声脉冲的衰减越大。根据混凝土中超声波衰减的原因可知,当混凝土中存在低强度区、离析区以及存在夹泥、蜂窝等缺陷时,将产生吸收衰减和散射衰减,使接收波波幅明显下降,从而在缺陷背后形成一个声阴影。幅值可直接在接收波上观察测量,也可用仪器的衰减器测量。测量时通常以首波(即接收信号的前面半个或一个周期)的波幅为准,后继的波往往受其他叠加波的干扰,影响测量结果。幅值的测量受换能器与试体耦合条件的严重影响,在灌注桩检测中,换能器在声测管中通过水进行耦合,一般比较稳定,但要注意使探头在管中处于居中位置,为此应在探头上安装定位器。

幅值或衰减与混凝土质量紧密相关,它对缺陷区的反应比声时值更为敏感,所以它也是缺陷判断的重要参数之一,是采用声阴影法进行缺陷区细测定位的基本依据。

(3) 频率

超声脉冲是复频波,具有多种频率成分。当它们穿过混凝土后,各频率成分的衰减程度不同,高频部分比低频部分衰减严重,因而导致接收信号的主频率向低频端漂移。其漂移的多少取决于衰减因素的严重程度。所以接收频率实质是衰减值的一个表征量,当遇到缺陷时,由于衰减严重,接收频率降低。

接收频率的测量一般以首波第一个周期为准,可直接在接收波的示波图形上作简易测量。近年来,为了更准确地测量频率的变化规律,已采用频谱分析的方法。

(4) 波形

由于超声脉冲在缺陷界面的反射和折射,形成波线不同的波束,这些波束由于传播路径不同,或于界面上产生波型转换而形成横波等原因,使得到达接收换能器的时间不同,因而使接收波成为许多同相位或不同相位波束的叠加波,导致波形畸变。实践证明,凡超声脉冲在传播过程中遇到缺陷,其接收波形往往产生畸变。所以波形畸变可作为判断缺陷的参考依据。

必须指出,引起波形畸变的原因很多,某些非缺陷因素也会导致波形畸变,运用时应慎重分析。目前,波形畸变尚无定量指标,而只是经验性的。

4) 超声脉冲检测装置

灌注桩超声脉冲检测装置主要由超声检测仪、超声换能器、探头升降装置、记录显示装置或数据采集与处理系统等基本部件所组成。此外,桩内预埋声测管也是实际超声脉冲检测的主要装置。必须注意的是,在超声脉冲检测装置中,探头在声测管内用水耦合,因此,探头必须是水密型的径向发射和接受探头。常用的探头一般是圆管式或增压式的水密型探头。

5)超声法检测混凝土钻孔桩

(1)声测管的预埋

声测管是进行超声脉冲法检测时换能器进入桩体的通道,是灌注桩超声脉冲检测系统的重要组成部分。声测管在桩内的预埋方式及其在桩的横截面上的布置形式,将直接影响检测结果。

①声测管的选择。声测管材质的选择,以透声率较大、便于安装及费用较低为原则。声脉冲从发射换能器发出,通过耦合水到达水和声测管管壁的界面,再通过管壁到达声测管管壁与混凝土的界面,穿过混凝土后又需穿过另一声测管的两个界面而到达接收换能器。目前常用的管材有钢管、钢质波纹管和塑料管。

声测管的直径,通常比径向换能器的直径大 10mm 即可,常用规格的内径为 50~60mm。管子的壁厚对透声率的影响较小,原则上对管壁厚度不作限制,但从节省用钢量的角度而言,管壁只要能承受新浇混凝土的侧压力,则越薄越好。

②声测管数量及布置。声测管的埋置数量及其在桩的横截面上的布置方式通常如图5-33所示,图中的阴影区为检测的控制面积。

一般桩径小于 1m 时,沿直径布置 2 根;桩径为 1~2.5m,布置 3 根,呈等边三角形;桩径大于 2.5m 时,布置 4 根,呈正方形。

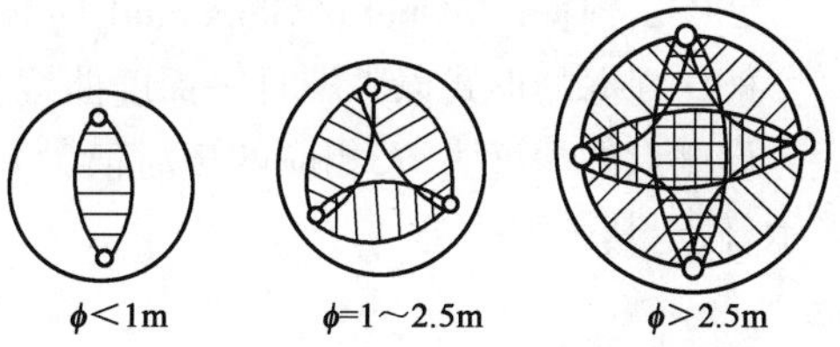

③声测管的安装方法。声测管可直接固定在钢筋笼内侧,固定方式可采用焊接或绑扎,管子之间基本上保持平行,不平行度应控制在 1% 以下。其底部应封闭,接头和底部封口应不漏浆,接口内壁应保持平整,不应有凸出物妨碍换能器移动。

$\phi<1m$　　$\phi=1\sim2.5m$　　$\phi>2.5m$

图 5-33　声测管的布置方式

(2)检测方法

①检测时分全桩扫测和有怀疑部位细测两步进行。扫测时直读声时值,观测波形的变化;细测时应同时观测声时、波高、波形的畸变。

②探头移动。若两探头置于同一高度称之为平测,将探头相差一个高差称之为斜测。斜测时两探头高差一般不超过 50cm。

③测点间距应以 50cm 为宜,在测值较均匀部位允许加大测点间距至 1m。在均一性较差的可疑区,可加密测点至 10cm。

④两探头必须同步升降,测点的探头高差变化不超过 2cm。

⑤声程以桩顶声测管间距为准,测量精度应达 ±1%。

采用平测时,声程值为:

$$L = L_0 - D \tag{5-53}$$

式中:L——混凝土声程(cm);

L_0——桩顶声测管中心距(cm);

D——声测管外径。

采用斜测时,声程值为:

$$L = \sqrt{L_0^2 + \Delta H^2} - D \tag{5-54}$$

式中:ΔH——两探头高差;

其余各项意义同前。

⑥测试时需记录声时值;打印完好波形及畸变波形图,发现波形畸变时需作文字记载。

6)灌注桩混凝土缺陷的判断

目前,常用的缺陷分析判断方法有两大类:一类为数值判据法(Numerical Criterion Method),即根据测试值,经适当的数学处理后,找出一个可能存在缺陷的临界值,作为判断依据。当前,数值判据常用于对桩全面扫测时的初步判断。另一类为声场阴影区重叠法(Acoustic Shadow Overlapping Method),即从不同的方向测出缺陷背面所形成的声阴影区,这些声影的重叠区即为缺陷的所在位置,通常用于在数值判据法确定缺陷位置后的细测判断。

(1)数值判据法

①概率法(Probabilistic Method)

同一结构物中同一配合比的混凝土的所有声时、声速、波幅及频率等的测值均应符合正态分布。当存在缺陷时,在缺陷区的声参数值将明显变化,是异常值。所以,只要检出声参数的异常值,其所对应的测点位置即为缺陷区。具体判据方法与本章 5.4 中混凝土不密实区和空洞范围的判定方法相同,这里就不再赘述。

②PSD 判据(Product of Slope and Difference)

PSD 判据的形式以"声时—深度曲线相邻两点之间的斜率与差值乘积"作为判据。

设测点的深度为 H,相应的声时值为 t,则声时随深度变化的规律可用"声时—深度"曲线表示,假定其函数式为:

$$t = f(H) \tag{5-55}$$

当桩内存在缺陷时,由于在缺陷与完好混凝土的分界面处,超声传播介质的性质产生突变。因而声时值也产生突变,该函数的不连续点即为缺陷界面的位置。

但实际检测中总是每隔一定的距离检测一点,ΔH 不可能趋向于零。而且,由于缺陷表面凹凸不平,以及孔洞等缺陷是由于波线曲折而导致声时变化的,所以 $t = f(H)$ 的实测曲线中,在缺陷界面处只表现为斜率的变化,各点的斜率可用下式求得:

$$S_i = \frac{t_i - t_{i-1}}{H_i - H_{i-1}} \tag{5-56}$$

式中: S_i——第 $i-1$ 测点与第 i 测点之间声时—深度曲线的斜率;

t_{i-1}、t_i——相邻两测点的声时值;

H_{i-1}、H_i——相邻两测点的深度。

斜率仅反映相邻测点之间声时值变化的速率。在检测时往往采用不同的测点间距,因此,虽然所求出的斜率可能相同,但当测点间距不同时,所对应的声时差值也不同。而声时差值是与缺陷大小有关的参数。而斜率只能反映该点缺陷的有无,要进一步反映缺陷的大小就必须加大声时差值在判据中的权数,因此,判据式定义为:

$$K_i = S_i(t_i - t_{i-1}) = \frac{(t_i - t_{i-1})^2}{H_i - H_{i-1}} \tag{5-57}$$

式中:K_i——i 点的 PSD 判据值。

显然,当 i 点处相邻两点的声时值没有变化或变化很小时,K_i 等于或接近于零。当声时值有明显变化或突变时,K_i 与 $(t_i - t_{i-1})^2$ 成正比,因而 K_i 将大幅度变化。

实践证明,PSD 判据对缺陷十分敏感,而对因声测管不平行,或因混凝土不均匀等非缺陷原因所引起的声时变化,则基本上不予反映。这是由于非缺陷因素所引起的声时变化都是渐变过程,虽然总的声时变化量可能很大,但相邻两测点间的声时差值却很小,因而 K_i 很小。所以,运用 PSD 判据基本消除了声测管不平行或混凝土不均匀等因素所造成的声时变化对缺陷判断的影响。

为了对全桩各测点进行判别,首先应将各测点的 K 值求出,也可绘成判据值—深度曲线。凡是在 K_i 值较大的地方,均可列为缺陷可疑点。

临界值及缺陷大小与 PSD 判据的关系:PSD 判据实际上反映了测点间距、声波穿透距离、介质性质、测量的声时值等参数之间的综合关系,这一关系随缺陷的性质不同而异,现分别推导。

a. 假定缺陷为夹层(图 5-34):

设混凝土的声速为 v_1,夹层中夹杂物的声速为 v_2,声程为 L,测点间距为 ΔH(即 $H_i - H_{i-1}$)。若在完好混凝土中的声时值为 t_{i-1},夹层中的声时值为 t_i,即两测点介于界面两侧,见图 5-34。则

$$t_i - t_{i-1} = \frac{L}{v_2} - \frac{L}{v_1} \tag{5-58}$$

将式(5-58)代入式(5-57),得:

$$K_C = \frac{L^2 (v_1 - v_2)^2}{v_1^2 v_2^2 \Delta H} \tag{5-59}$$

用式(5-59)所求得的判据值即为遇到夹杂物为声速等于 C_2 的夹层断桩的临界判据值,若某点 i 的 PSD 判据 K_i 大于该点的临界值 K_C,该点即可判为夹层或断桩。

b. 假定缺陷为孔洞(图 5-35):

如果缺陷是半径为 R 的孔洞,t_{i-1} 代表声波在完好混凝土中直线传播时的声时值,t_i 代表声波遇到空洞时绕过缺陷,其波线呈折线状传播时的声时值,则:

$$K_i = \frac{4R^2 + 2L^2 - 2L\sqrt{4R^2 + L^2}}{\Delta H v_1^2} \tag{5-60}$$

根据上式,可列出 R-K_i 关系的图或表。

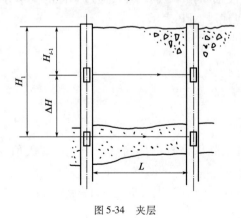

图 5-34 夹层　　　　　　　图 5-35 空洞

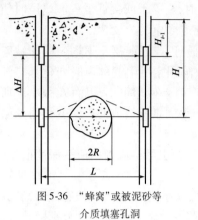

图 5-36 "蜂窝"或被泥砂等
介质填塞孔洞

c. 假定缺陷为"蜂窝"或被其他介质填塞孔洞(图5-36):这时超声脉冲在缺陷区的传播有两条途径,一部分声脉冲穿过缺陷到达接收换能器,另一部分沿缺陷绕行后到达接收换能器。当绕行声时小于穿行声时时,可按孔洞处理;如绕行声时大于穿行声时,缺陷半径与判据的关系如下。

$$K_i = \frac{4R^2(v_1-v_3)^2}{\Delta H v_1^2 v_3^2} \quad (5-61)$$

式中:v_3——孔洞中填塞物的声速;
其余各项意义同前。

根据试验,一般蜂窝状疏松区的声速为密实混凝土声速的80%~90%,故取$v_3=0.85v_1$,则式(5-61)可写成:

$$K_i = \frac{0.125R^2}{v_1^2 \Delta H} \quad (5-62)$$

通过上述临界判据值以及各种缺陷大小与判据值关系的公式,用它们与各点的实测值所计算的判据值作比较,即可确定缺陷的位置、性质与大小。

根据式(5-60)~式(5-62)求得的K_i值只要大于零,就能求得相应的孔洞半径。而实际上,t_{i-1}与t_i的微小差异即可使$K_i>0$,但这些微小差异可能是非缺陷因素引起的。即使是缺陷引起的,但因缺陷很小,桩内允许较小缺陷存在。因此,实用上应规定一个判据的上限值,判据值大于该上限值时,即应根据公式判别和计算缺陷性质和大小;当判据值小于该上限值时,则予以忽略。

实践证明,用以上判据判断缺陷的存在与否是可靠的。但由于以上公式中的v_2、v_3,均为估计值或间接测量值,所以,所计算的缺陷大小也是估算值,最终应采用各种细测方法,例如声阴影重叠法予以准确测定。

PSD判据法需逐点计算K_i,并对K_i大于允许上限值的各点进行缺陷性质和大小的计算,其工作量较大,一般用计算机完成。

③多因素概率分析法(Multivariate Probability Analysis Method)

以上两种判据都是对声时、声速、波幅、频率等声参数分别进行数据处理,未把它们综合成统一的判据。多因素概率分析法就是运用声速、波幅和频率三项参数,通过总体的概率分布特征,获得一个综合判断值作为缺陷判据,该判据以代号NFP_i表示。

全桩各测点的综合判据值,即多因素概率判据NFP,可按下式计算:

$$NFP_i = \frac{v_i' F_i' A_i'}{\frac{1}{n}\sum_{i=1}^{n} v_i' F_i' A_i' - ZS_C} \quad (5-63)$$

式中:NFP_i——第i测点的多因素综合判据;
v_i'——第i测点声速相对值,即i点声速v_i除以该桩全部测点中声速的最大值,$v_i' = v_i/v_{max}$;
F_i'——第i测点频率的相对值,即i点频率F_i除以该桩全部测点中频率的最大值,$F_i' = F_i/F_{max}$;

A'_i——第 i 测点波幅的相对值,即 i 点波幅 A_i 除以该桩全部测点中波幅的最大值,$A'_i = A_i / A_{max}$;

S_C——以上述三个参数相对值之积为样本(即综合样本)的标准差;

Z——概率保证率系数,根据与样本相拟合的夏里埃(Charliar)分布概率密度函数及样本的偏倚系数、峰凸系数及其保证率所决定。

当采用多因素概率法时,首先对原综合样本进行 X^2 检验,看是否服从夏里埃分布。若服从夏里埃分布,则从原综合样本进行概率分析;若不服从夏里埃分布,则从原综合样本中剔除一个最大值和一个最小值,直至服从夏里埃分布为止。然后以服从夏里埃分布的"新综合样本"作为该桩概率分析的依据,根据夏里埃分布的特性,求出平均值 m、标准差 S_C、偏倚系数 K_s、峰凸系数 K_e,并计算出 Z,从而按式(5-63)求出各点的 NFP 值。

当 $NFP_i < 1$ 时,该 i 点为缺陷区。

同时,可将实践经验所得的表 5-11 作为判断缺陷性质和类型的参考。从该表可见,声速、波幅、频率对各种不同缺陷的反应是不同的,把它们综合在一起,可较全面地反映缺陷的性质。同时,NFP 值越小,缺陷越严重。

用 NFP 值判断缺陷性质　　　　表 5-11

NFP	判 断 依 据			缺 陷 性 质
	C	F	A	
1	正常	正常	正常	无缺陷
0.5~1	正常	正常	略低	局部夹泥(局部缺陷)
	低	低	正常	一般低强区(局部缺陷)
0.35~0.5	正常	正常	较低	较严重的夹泥或夹砂
	低	低	较低	较严重的低强区或缩颈
0~0.35	低	低	很低	砂、石堆积断层
	很低	很低	很低	夹砂、砂断层

以上三种数值判据法各有特点,在实践应用中都已被证实是有效,但也必须指出,它们在理论和实践上都存在一定问题,有待进一步研究。因此,数值判据可作为计算机自动快速判别的一种手段,用于快速扫测时的粗略判断,以便为缺陷桩的处理提供确切依据。

(2)声阴影重叠法

运用上述数值判据判定桩内缺陷的大概位置、性质和大小后,应在初定的缺陷区段内,采用声阴影重叠法仔细判定缺陷的确切位置、范围和性质。所谓声阴影重叠法,就是当超声脉冲波束穿过桩体并遇到缺陷时,在缺陷背面的声强减弱,形成一个声辐射阴影区。在阴影区内,接收信号的波幅明显下降,同时声时值增大,甚至波形畸变。若采用两个方向检测,分别画出阴影区,则两个阴影区边界线交叉重叠所围成的区域,即为缺陷的范围。

图 5-37~图 5-41 为针对各种不同缺陷用声阴影重叠法进行具体测试的方法。测试时,一个探头固定不动,另一个探头上下移动,找出声时与波幅发生突变的位置,即声阴影的边界位置。然后交换测试,找出另一面的阴影边界,两组边界线交叉范围内的声阴影重叠区,即为缺陷区。

在混凝土中,由于种种界面的漫反射及低频声波的绕射,使声阴影的边界十分模糊。因此,需综合运用声时、波幅、频率等参数进行判断。当需要确定局部缺陷在桩的横截面的确切位置时,可采用图5-41多向叠加定位法。

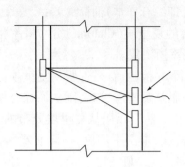

（图中箭头所指位置为声时、波幅突变点）

图5-37 断层位置的细测判断示意图

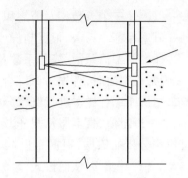

（图中箭头所指位置为声时、波幅突变点）

图5-38 厚夹层上下界面的细测定位示意图

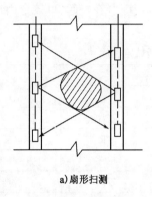

a)扇形扫测　　b)平移扫测

图5-39 孔洞、泥团、蜂窝等缺陷范围的声阴影重叠法测定示意图

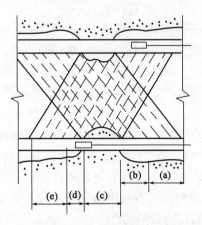

图5-40 缩颈现象的细测判断示意图
注:(a)波幅小声时大;(b)波幅大声时小;(c)波幅小声时大;(d)波幅大声时大;(e)波幅小声时大。

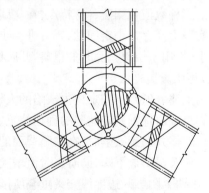

图5-41 桩横截面上局部缺陷位置的多向叠加定位法

依据《公路工程基桩动测技术规程》(JTG/T F81-01—2004),对桩基缺陷的判定还引入了声速、波幅判据:

①声速判据:当实测混凝土声速低于声速临界值时,应将其作为可疑缺陷区,声速临界值采用声速均值与2倍声速标准差的差值 $v-2S$。

②波幅判据:用波幅平均值减6dB作为波幅临界值,当实测波幅低于波幅临界值时,应将其作为可疑缺陷区。

7)桩身完整性类别判定

Ⅰ类桩:各声测剖面每个测点的声速、波幅均大于临界值,波形正常。

Ⅱ类桩:某一声测剖面个别测点的声速、波幅略小于临界值,但波形基本正常。

Ⅲ类桩:某一声测剖面连续多个测点或某一深度桩截面处的声速、波幅值小于临界值,PSD值变大,波形畸变。

Ⅳ类桩:某一声测剖面连续多个测点或某一深度桩截面处的声速、波幅值明显小于临界值,PSD值突变,波形严重畸变。

5.7.2 应力波法检测完整性

1)基本原理

应力波法(Ultrasonic Pulse Reflection Method)又称为反射波法,起源于应力波理论,其基本原理是在桩顶进行竖向激振,弹性波沿着桩身向下传播,在桩身存在明显波阻抗界面(如桩底、断桩或严重离析等部位)或桩身截面积变化(如缩径或扩径)部位,将产生反射波。经接收、放大滤波和数据处理,可识别来自桩身不同部位的反射信息,据此计算桩身波速,判断桩身完整性。应力波法检测系统由传感器、激振锤、一体化检测仪和打印机等组成,其中一体化检测仪由信号采集及处理仪和相应的分析软件等组成(图5-42)。其检测仪器设备的构造要求,请参见本书第2章相关内容。

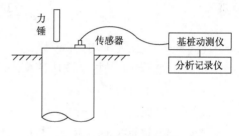

图5-42 反射波法测试框图

2)适用范围

(1)反射波法是通过分析实测桩顶速度响应信号的特征来检测桩身的完整性,判断桩身缺陷位置及影响程度,判断桩端嵌固情况。

(2)反射波法适用于混凝土灌注桩和预制桩等刚性材料桩的桩身完整性检测。

(3)使用反射波法时,被检桩的桩端反射信号应能有效。

3)现场检测方法

采用反射波法检测基桩完整性,依据《公路工程基桩动测技术规程》(JTG/T F81-01—2004)规定要求,进行现场测试前准备和现场测试。

(1)被检测基桩应凿去浮浆,平整桩头;对仪器设备进行检查,性能正常方可使用。

(2)检测时,传感器的安装可采用石膏、黄油、橡皮泥等耦合剂,黏结应牢固,并与桩顶面垂直。对混凝土灌注桩:传感器应安装在距桩中心1/2~2/3半径处,且距离桩的主筋不宜小于50mm。当桩径不大于1000mm时不宜少于2个测点;当桩径大于1000mm时不宜少于4个测点。对混凝土预制桩:当边长不大于600mm时不宜少于2个测点;当边长大于600mm时不宜少于3个测点。对预应力混凝土管桩:不应少于2个测点。

(3)混凝土灌注桩、混凝土预制桩的激振点宜在桩顶中心部位;预应力混凝土管桩的激振点和传感器安装点与桩中心连线的夹角不应小于45°;激振锤和激振参数宜通过现场对比试验选定。短桩或浅部缺陷桩的检测宜采用轻锤短脉冲激振;长桩、大直径桩或深部缺陷桩的检测宜采用重锤宽脉冲激振,也可采用不同的锤垫来调整激振脉冲宽度。

(4)采用力棒激振时,应自由下落;采用力锤敲击时,应使其作用力方向与桩顶面垂直。

(5)采样频率和最小的采样长度应根据桩长和波形分析确定。各测点的重复检测次数不应小于3次,且检测波形具有良好的一致性;当干扰较大时,可采用信号增强技术进行重复激振,提高信噪比;当信号一致性差时,应分析原因,排除人为和检测仪器等干扰因素,重新检测;对存在缺陷的桩应改变检测条件重复检测,相互验证。

4)检测数据分析

(1)桩身完整性分析宜以时域曲线为主,辅以频域分析,并结合施工情况、岩土工程勘察资料和波形特征等因素进行综合分析判定。

(2)桩身波速平均值的确定:

①当桩长已知、桩端反射信号明显时,选取相同条件下不少于5根Ⅰ类桩的桩身波速,按下式计算其平均值:

$$v_m = \frac{1}{n}\sum_{n=1}^{n} v_i \tag{5-64}$$

$$v_i = \frac{2L \times 1000}{\Delta T} = 2L \cdot \Delta f \tag{5-65}$$

式中:v_m——桩身波速平均值(m/s);

v_i——第i跟桩的桩身波速计算值(m/s);

L——完整桩桩长(m);

ΔT——时域信号第一峰与桩端反射波峰间的时间差(ms);

Δf——幅频曲线桩端相邻谐振峰间的频差(Hz),计算时不宜取第一与第二峰;

n——基桩数量($n \geqslant 5$)。

②当桩身波速平均值无法按上述方法确定时,可根据本地区相同桩型及施工工艺的其他桩基工程的测试结果,并结合桩身混凝土强度等级与实践经验综合确定。

(3)桩身缺陷位置应按下列公式计算:

$$x = \frac{1}{2000} \cdot \Delta t_x \cdot v = \frac{1}{2} \cdot \frac{v}{\Delta f_x} \tag{5-66}$$

式中:x——测点至桩身缺陷之间的距离(m);

Δt_x——时域信号第一峰与缺陷反射波峰间的时间差(ms);

Δf_x——幅频曲线所对应缺陷的相邻谐振峰间的频差(Hz);

v——桩身波速(m/s),无法确定时用v_m值替代。

(4)混凝土灌注桩采用时域信号分析时,应结合有关施工和岩土工程勘察资料,正确区分由扩径处产生的二次同相反射与因桩身截面渐扩后急剧恢复至原桩径处的一次同相反射,以避免对桩身完整性的误判。

(5)对于嵌岩桩,当桩端反射信号为单一反射波且与锤击脉冲信号相同时,应结合岩土工程勘察和设计等有关资料以及桩端同相反射波幅的相对高低来推断嵌岩质量,必要时采取其他合适方法进行核验。

(6)当出现下列情况之一时,宜结合其他检测方法进行桩身完整性分析:
①超过有效检测范围的超长桩,其测试信号不能明确反映桩身下部和桩端情况。
②桩身截面渐变或多变,且变化幅度较大的混凝土灌注桩。
③桩长的推算值与实际桩长明显不符,且缺乏相关资料加以解释或验证。
④实测信号复杂、无规律,无法对其进行准确的桩身完整性分析和评价。
⑤对于预制桩,时域曲线在接头处有明显反射,但又难以判定是断裂错位还是接桩不良。
5)桩身完整性类别判定
　Ⅰ类桩:桩端反射较明显,无缺陷反射波,振幅谱线分布正常。
　Ⅱ类桩:桩端反射较明显,但有局部缺陷所产生的反射信号,混凝土波速处于正常范围。
　Ⅲ类桩:桩端反射不明显,可见缺陷二次反射波信号,或有桩端反射但波速明显偏低。
　Ⅳ类桩:无桩端反射信号,可见因缺陷引起的多次强反射信号,或按平均波速计算的桩长明显短于设计桩长。

5.8　本章小结

　　本章主要简述构件混凝土强度及损伤的无损检测技术、构件混凝土耐久性指标检测技术及钢结构焊缝无损探伤技术的基本原理与方法,以培养学生掌握桥梁结构无损检测的能力,适应工程质量检测的需求。主要内容包括:利用超声波在混凝土传播的声速,结合混凝土材料测强曲线,来推定混凝土强度;根据波形、频率及振幅等声学参数变化,来判定混凝土内部缺陷;介绍了回弹法的测强原理方法,并详细简述了根据回弹值与混凝土抗压强度测强曲线推定构件混凝土强度的方法;讲述了超声回弹综合法测试混凝土强度的原理方法,以及根据超声波波速和回弹值,结合测强曲线推定混凝土强度的方法;介绍了超声波探伤、射线探伤、磁粉检测法和渗透检测法等钢结构缺陷检测方法,并对扭剪高强螺栓连接副预拉力复验及高强螺栓连接抗滑移系数等试验方法进行介绍;简述了工程中常用的基桩完整性检测的超声波透射法和反射波法的测试原理、方法及测试结果的判定方法。最后,介绍了既有混凝土桥梁表观损伤、钢筋锈蚀、钢筋保护层厚度等耐久性指标的检测方法,为桥梁技术状况评定奠定基础。
　　非破损无损检测属于间接测量,检测结果受许多因素的影响,检测精度和可靠性相对较差,应扩大探索的范围,以便综合更多参数,提高检测精度。而钻芯法等半破损法在结构构件原位上取芯样,直接推定结构构件强度或检测混凝土缺陷,检测结果直观可靠、准确、代表性强,是其他无损检测方法不可取代的一种有效方法。但钻芯法对构件有局部破损,不宜大量使用。实际工作中,为提高检测精度及可靠性,可将钻芯法作为校核手段,必要时可根据半破损方法的检测结果对无损检测的结果进行修正。

【习题与思考题】

1.混凝土无损检测技术的特点是什么?在工程中如何应用无损检测技术?

2. 超声法检测混凝土质量的基本原理是什么？如何采用超声波声学参数判断混凝土缺陷？如何正确确定声时测读点？

3. 某混凝土桥梁，桥墩为混凝土矩形墩，采用回弹法对其矩形墩进行强度检测，测试面为混凝土浇筑侧面（$a=0$），其中测得某一测区回弹值分别为37、38、35、34、37、36、35、34、37、39、34、35、36、37、35、36，碳化深度为0.5mm，求该测区混凝土强度，并简述当测试面为非混凝土浇筑侧面时，如何求该测区混凝土强度以及如何推定该混凝土矩形墩的强度？

4. 超声回弹综合法的特点有哪些？测强曲线建立时应考虑主要影响因素有哪些？如何建立超声回弹综合法测混凝土强度经验公式？

5. 超声波检测混凝土缺陷的方法有哪些？举例说明当混凝土存在不密实区和空洞或表面损伤层时，如何进行判别？

6. 采用超声法检测钻孔灌注桩完整性的方式有哪些？判断桩内缺陷的基本物理量有几种？采用这些物理量判断桩内缺陷的依据是什么？

7. 某钻孔灌注桩采用超声法检测其完整性，若两声测管间距$L=0.5$m，在某深度范围内实测混凝土的平均声速$v_1 = 0.37 \times 10^{-2}$m/μs，根据地质条件及施工记录分析，该范围土层为砂、砾石混合物，对该混合物实测声速$v_2 = 0.321 \times 10^{-2}$m/μs，试计算临界判据值，并简述如何用临界判据值判断该桩是否存在缺陷。

8. 钢结构焊缝无损探伤检测有哪些方法？各种方法都有什么特点？

9. 为什么要进行桥梁耐久性检测？以一座钢筋混凝土梁桥为例，简述桥梁结构耐久性检测的主要内容有哪些？钢筋锈蚀状况如何判定？

10. 在北方的某工程项目有一座钢筋混凝土梁桥，墩身为扁平墩，混凝土采用碎石、中砂配制，混凝土强度等级为C30，墩身断面为3500mm×500mm，墩高3000mm。在2-1号墩浇筑混凝土时气温偏低，混凝土试块受冻，混凝土28d抗压强度未达到设计要求。天气回暖后，采用超声回弹综合法对该墩身进行检测，测试面为侧面，测试方向为水平方向，共测10个测区，各测区回弹值平均值R_m和测区声速值v（km/s）见表5-12。试推定该墩身混凝土强度是否满足设计要求。

回弹平均值与测区声速值表　　　　　　　表5-12

	测区									
	1	2	3	4	5	6	7	8	9	10
回弹平均值	41.4	41.6	39.9	44.7	42.6	43.2	46.3	42.6	41.1	42.8
测区声速值	4.31	4.42	4.19	4.54	4.54	4.55	4.48	4.40	4.11	4.42

本章参考文献

[1] 吴新璇.混凝土无损检测技术手册[M].北京:人民交通出版社,2003.

[2] 中华人民共和国行业标准.JTG/T F81-01—2004 公路工程基桩动测技术规程[S].北京:人民交通出版社,2004.

[3] 中国建筑科学研究院.CECS 02:2005 超声回弹综合法检测混凝土强度技术规程[S].北京:中国计划出版社,2005.

[4] 张劲泉,王文涛.桥梁检测与加固手册[M].北京:人民交通出版社,2007.

[5] 刘明.土木工程结构试验与检测[M].北京:高等教育出版社,2008.

[6] 中华人民共和国行业标准. JGJ/T 23—2011 回弹法检测混凝土抗压强度技术规程[S].北京:中国建筑工业出版社,2011.
[7] 施尚伟,向中富.桥梁结构试验检测技术[M].重庆:重庆大学出版社,2012.
[8] 中华人民共和国国家标准.GB/T 11345—2013 焊缝无损检测超声波检测技术、检测等级和评定[S].北京:中国标准出版社,2013.
[9] 周明华.土木工程结构试验[M].3版.南京:东南大学出版社,2013.
[10] 王天稳.土木工程结构试验[M].武汉:武汉大学出版社,2014.
[11] 路韡.土木工程结构试验与检测实用技术[M].成都:西南交通大学出版社,2015.
[12] A. Demčenko, R. Akkerman, H. A. Visser. Ultrasonic measurements of undamaged concrete layer thickness in a deteriorated concrete structure[J]. Ndt& E International,2016.
[13] Mandal T, Tinjum J M, Edil T B. Non-destructive testing of cementitiously stabilized materials using ultrasonic pulse velocity test[J]. Transportation Geotechnics, 2016.
[14] 魏坤霞.无损检测技术[M].北京:中国石化出版社,2016.
[15] 张志恒.土木工程试验与检测技术(上)[M].长沙:中南大学出版社,2016.
[16] 乔志琴.公路工程试验检测[M].2版.北京:人民交通出版社股份有限公司,2017.

第 6 章
桥梁振动试验

6.1 概 述

　　桥梁结构的振动是影响桥梁使用与安全的重要因素之一。在车辆荷载和个别情况下的人群荷载、风力和地震动作用下,桥梁结构产生的振动,会增大按静力计算的内力和可能引起结构局部疲劳损伤,或会形成影响桥上行车舒适与安全的振动变形和加速度,甚至使桥梁完全破坏。桥梁结构的振动是伴随着外部作用输入(车辆荷载、风力、地震)和摩擦损耗(材料内摩擦和连接及支承的摩擦),结构体系的变形能量和运动能量相互转换的周期性过程。结构体系受外部作用输入的多少,或者说感应程度,与结构自身的固有频率与输入作用的频率之比(即共振程度)密切相关。因此,在所有桥梁结构振动分析中,必须首先确定结构的固有频率和阻尼这两个结构动力特性。

　　为了确定桥梁结构的基本动力特性,一般有两种方法:一种是理论分析法,一种是试验方法。理论分析法是利用振动系统的质量、阻尼、刚度等物理量描述系统的物理特性,从而构成力学模型,通过数学分析,求出在自由振动情况下的模态特性(固有频率、模态质量、模态阻尼、模态矢量、模态刚度等),并在激振力作用下,求出相应的强迫振动响应特性。这种方法称之为解决振动问题的正过程,也就是理论模态分析过程,如图6-1 所示。但较复杂结构的物理参数往往并不十分清楚,特别是系统的阻尼、部件的连接刚度、边界条件等。因此,对于实际工程中遇到的问题,很难建立一个符合实际的力学模型。解决振动问题的另一种方法是试验方法,它是第一种方法的逆过程,主要是通过某种激励方法,使试验对象产生一定的振动响应,继而通过振动测试仪器直接测量出激振力与系统的振动响应特性,例如:位移、速度、加速度的时间历程曲线,然后通过试验模态分析方法,得到系统的模态特性。

用试验方法解决工程振动问题经历了半个世纪的发展过程,到了20世纪70年代以后,振动测试技术进入了一个重要的发展时期。这一时期,由于计算机的快速发展以及快速傅里叶变换(FFT)的普通应用,各种基于数字信号处理原理的频率分析仪以及以计算机为核心的多功能信号分析软件大量涌现,从而大大加强了对工程振动信号的时域分析功能。由于有关软件功能的不断完善,在试验过程中只要掌握振动理论,并熟悉有关仪器、设备的工作原理以及操作步骤和要求,根据激励和响应的关系,就可以通过计算机软件进行模态分析而得到各阶振动模态特性。因此,试验方法是解决工程问题的有效方法。随着科学技术发展,它已成为一门多科性学科,并深入到科技和生产领域中,成为解决结构设计中有关振动问题的必不可少的手段。

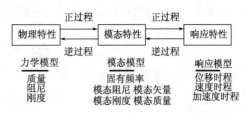

图6-1 解决振动问题求解过程示意图

桥梁振动试验是直接通过试验方法来解决桥梁结构系统的动力学基本问题,它可归纳为以下五个方面的任务。

1)试验验证——振动测试中的正问题

若已知激振力列阵及被测试系统的质量矩阵、阻尼矩阵和刚度矩阵,便可求出振动位移列阵、速度列阵及加速度列阵,用试验方法可验证振动理论公式计算结果的准确性。

2)"参数识数"和"系统识别"——振动力学的第一类反问题

对于还不清楚的系统,若已知激振力列阵,可通过振动测试测知系统的振动位移列阵、速度列阵、加速度列阵,通过数字信号分析可得到系统的模态特性,再通过坐标的逆变换,可求出物理特性参数:质量矩阵、阻尼矩阵、刚度矩阵。这类反问题对振动测试的要求,除了要精确测定外,还要应用模态分析的方法来识别参数。

3)"载荷识别"——振动力学的第二类反问题

在已知的系统情况下,测量出振动系统的位移列阵和加速度列阵。即可求出输入的激振力列阵。通过这类逆问题的研究,可以查清外界干扰力的激振水平和规律,以便采取措施来减少或控制振动。

4)振动控制

通过振动控制,减少振动量,降低振动水平,以减少甚至消除振动的危害。

5)结构健康监测

通过振动测试,从振动信号中提取对结构损伤比较敏感的特征(参数),判断结构是否存在损伤,并确定损伤的位置、程度、类型,评估结构的剩余承载力。

6.2 振动试验方法

在试验模态分析中,动态测试是第一个环节,它为模态参数识别提供可靠的频率响应函数或脉冲响应函数。模态试验中的动态测试技术的全部内容就是:合理地选择试验方法和试验仪器,准确地测量输入(激励)和输出(响应)信号,做出频响函数或脉冲响应函数的正确估计,为模态分析提供准确可靠的依据。

动态测试的第一步就是选择合理的试验方法,目前土木工程中常见的试验方法主要有强迫振动法、环境随机振动激励法、自由振动法、局部激励法。

1)强迫振动法(Forced Vibration Method)

在试验模态分析中,一般把能够测量输入的称之为强迫振动法。在结构强迫激励试验中,应用于激励的技术很多,包括:激振器、振荡器、振动台、力锤等。在大部分强迫振动试验中,可以很好确定输入力函数,通过测量输入,识别结构模态参数如共振频率、模态阻尼比、振型的系统识别技术方法可以很好地建立。强迫振动试验的一个优点是信噪比高。

2)环境随机振动激励法(Environment Random Vibration Stimulating Method)

环境激励是结构在其正常使用状态下所受到的激励,系统的输入通常无法测量。所有的结构都将不断受到来自于各种不同的环境激励,由于输入无法测量,因此对于环境激励,不仅信噪比低,无法得到频响函数,而且其输入信号的频带范围、平稳性、均衡性是未知的。但对于交通繁忙的桥梁来说,由于它不测量输入,试验成本低、不影响桥梁的正常使用,可以实时监控,这一点是非常吸引人的,但桥梁上行驶的车辆对桥梁结构具有附加质量的影响。

环境激励系统的输入通常无法测量,而强迫激励中激振力通常是可以测量或可以控制的。是否测量出激振力将造成后续系统识别方法的不同。一些结构参数如模态频率、模态阻尼及振型,可以得到识别而不需要精确测量激振力。然而,在这种情况下,应能明确激励的本质如白噪声等,尽管不需测量实际的荷载。是否测量激振力主要是由测量激振力的可行性因素确定。比如在试验室中进行一个小模型结构的模态试验,利用冲击锤、振动台、激振器产生的激振力可以用标准仪器测量。然而在现场进行桥梁试验时,激振力来自于快速行驶的车辆,那么就无法测量激振力。另外,作用在桥梁上的风荷载、温度梯度荷载等环境荷载也是很难确定的。总之,在一些情况下测量激振力是可行的也是有用的,在另外一些情况下它是不可行的也是没有用的。

3)自由振动法(Free Vibration Method)

自由振动法的特点是使桥梁产生有阻尼的自由衰减振动,记录到的振动图形则为桥梁的衰减振动曲线。为使桥梁产生自由振动,一般常用突加荷载和突卸荷载两种方法。突加荷载法,是在被结构上急速地施加一个冲击作用力,由于施加冲击作用的时间短促,因此,施加于结构的作用实际上是一个冲击脉冲作用,它可以激励结构按其低阶固有频率作自由振动。实际常见的冲击法主要应用于中、小型桥梁结构,可用试验车辆在桥面上驶越三角垫木,利用车轮的突然下落对桥梁产生冲击作用,激起桥梁的竖向振动。但此时所测得的结构固有频率包括了试验车辆这一附加质量的影响,如图6-2所示。

近年来,在桥梁的模态试验中,还采用了爆炸和发射小型火箭产生脉冲荷载等办法来激起结构的振动。采用突加荷载法时,应注意冲击荷载的大小及其作用位置。如果要激起结构的整体振动,则必须在桥梁的主要受力构件上施加足够的冲击力,冲击荷载位置可按所需结构的振型来确定。如为了获得简支梁桥的第一振型,则冲击荷载应作

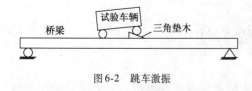

图6-2 跳车激振

用于跨中部位;如果为获得第二振型,冲击荷载应加于跨度的四分之一处。突然卸载法,是在结构上预先施加一个荷载作用,使结构产生一个初位移,然后突然卸去荷载,利用结构的弹性性质使其产生自由振动。如图 6-3 所示,卸落荷载可通过自动脱钩装置或剪断绳索等方法,有时也专门设计一种断裂器装置,当预施加力达到一定的数值时,在绳索中间的断裂装置便突然断离,因而激发结构的振动。实际上,在桥梁结构进行自由振动响应的测试中,如以试验车辆荷载作为激励,当车辆以一定的速度驶离桥跨很短的一段时间以后,桥梁的振动即为自由衰减振动。

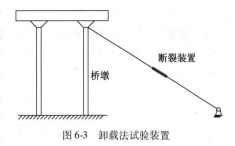

图 6-3 卸载法试验装置

4)局部激励法(Local Stimulating Method)

局部激振是可以测量输入的,是属于强迫激励的一种。对于大、中型桥梁来说,利用激振设备激励整座桥梁并测得激振力往往是不大现实的,但可以采用局部激振方式来激振结构的某一局部。这种局部激励有利于提取对局部响应比较敏感的模态参数,同时可以减少工作环境的影响,一般认为工作环境的影响更趋向于整体现象。

在进行桥梁结构的振动试验时,其试验系统如图 6-4 所示,包括激励部分、传感部分和测量分析部分。

激励部分主要包括信号发生器、功率放大器和激振设备。模态测试常用的激励信号有正弦信号、随机信号和瞬态信号等。这些信号可以是直接由信号发生器产生的模拟信号,也可以是由计算机软件实现的数字信号。然后通过 D/A 数模转换器转换为模拟信号,再经过低通滤波器,送到功率放大器。功率放大器的作用是将信号源输出的相当弱小的电压信号进行放大,并变为功率输出,供给激振设备一定的电流,以使激振设备能够被推动。

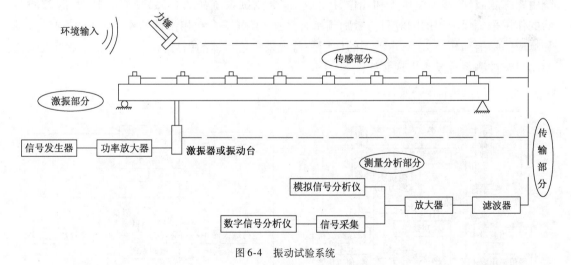

图 6-4 振动试验系统

传感部分也称之为拾振部分,主要包括传感器或拾振器与适调放大器。传感器是把被测的机械振动量转换为机械的、光学的或电的信号。适调放大器的作用是增强传感器输出信号,以便分析仪进行测量。常规的适调放大器有电荷放大器和电压放大器两种。电荷放大器把压电式传感器输入的电荷信号转换为电压信号并进行放大,电压放大器的输出电压与传感器两极电差成正比。

测量分析部分主要包括显示设备、记录设备和分析仪。分析仪常用FFT分析仪,它将激励和响应的时域信号转换成频谱,并计算其频响函数。分析仪与微机联用,可完成模态分析、参数识别等任务。

6.3 振动响应试验

6.3.1 试验方法

强迫振动试验是对系统进行激励,测出其激励和响应的大小。按照不同的激励方式和测试内容,振动系统的试验方法一般可分为:稳态正弦激励方法,瞬态激励方法(快速正弦扫描、脉冲锤击激励、阶跃松弛激励),随机激励方法(纯随机激励、伪随机激励、周期随机激励),自然激励方法(工作激励、环境激励)。下面将对前三种测试方法的原理、测试系统的构成、特点等进行详细的讨论。

1)稳态正弦激励方法

这是一种测量频率响应的经典方法,它提供被测系统的激励信号是一个具有稳定幅值和频率的正弦信号,测出激励大小和响应大小,便可求出系统在该频率点处频率响应的大小。为了包含感兴趣的频率范围,可将激励信号的频率从一个离散值步进到另一个离散值,并做相应的测量。

这种测试方法的激励系统一般由正弦信号发生器、功率放大器和电磁激振器组成,测量系统由跟踪滤波器、峰值电压表和相位计组成,整个测试系统如图6-5a)所示。其中,跟踪滤波器的作用是确保测出的响应只与激励频率有关;峰值电压表和相位计的作用是分别测量激励和响应的幅值和相位大小;示波器的作用是监视来自拾振器的信号,检查正弦信号是否太强或太弱以及被测系统是否出现非线性等。

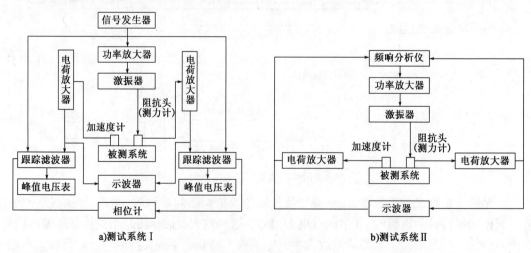

图6-5 稳态正弦激励测试系统

如果采用频率响应分析仪进行测试,则测试系统将大为简化,如图 6-5b)所示。采用这种测试方法,有两点要特别注意:第一,要在确保已经获得了稳态条件之后才进行测量,因为在选择了一个新的频率后,要经过一个过渡过程才能达到稳态,因此要延迟一个短暂的时间后,才开始测量,特别是在共振区附近要特别小心;第二,必须保证在频率响应曲线上获得必要的频率密度,当采用不等频率间隔测量时,可在共振区附近采用较密的频率密度,而在其他频率处可以采用较稀的频率密度,共振区可以事先采用正弦扫描等方法确定。

这种测试方法的优点是:①在频域内能量集中,而在时域内具有最佳峰值/平均(RMS)能量比;②信噪比高;③能检测出被测系统的非线性;④能任意选择测试频率点或测试频率密度。

主要缺点是测试速度比较慢。随着计算机技术和 FFT 分析技术的发展,这种测试方法被逐渐放弃了。但是随着测量通道的增加(多点同时拾振),FFT 技术在分析速度方面的优势大为降低,因而这种方法又有了复兴的趋势。

2)瞬态激励方法

瞬态激励方法是给被测系统提供一种瞬态激励信号,属于一种宽频带激励,即一次同时给系统提供频带内各个频率成分的能量和使系统产生相应频带内的频率响应。因此,瞬态激励方法是一种快速测试办法。同时由于测试设备简单,灵活性大,故常在生产现场使用。

目前常用的瞬态激励方法有快速正弦扫描、脉冲锤击和阶跃松弛激励等方法,下面分别进行讨论和介绍。

(1)快速正弦扫描

这种测量方法是使正弦激励信号在所需范围内作快速扫描(在数秒钟内完成),扫描信号的频谱曲线几乎是一根平坦的曲线,从而能达到宽频带激励的目的。此方法的关键测试设备是信号发生器,要求它能选择激励频带及扫描时间,并能快速自动扫描,所产生的扫描信号具有如下数学表达式:

$$F(t) = F\sin(at + b)t \quad (0 < t < T) \tag{6-1}$$

式中:a——$a = \pi(f_2 - f_1)/T$;

b——$b = 2\pi f_1$;

T——扫描周期,其时间历程和频谱曲线如图 6-6 所示;

f_1、f_2——扫描频率范围。

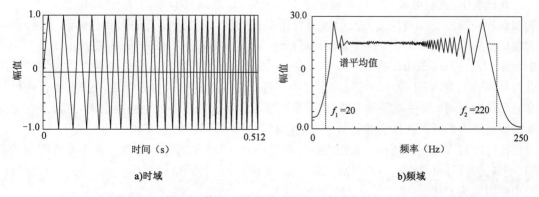

图 6-6 快速正弦扫描的时间历程和频谱曲线

快速正弦扫描是一种比较理想的振动系统测试方法。与脉冲锤击法相比,它能把激励能量集中并平均地分配在感兴趣的频率范围内,信噪比较高;与稳态正弦激励方法相比,速度快,适合生产现场应用。这种方法的测试系统如图6-7所示。其中,分析记录仪可以是磁带记录仪或频谱分析仪,信号发生器是扫描信号发生器,或者虚线框中的仪器是具有扫描信号发生器功能的频谱分析仪。

(2)脉冲锤击激励

脉冲激励信号可由冲击锤来提供,冲击锤构造见图6-8。脉冲锤击激励是用脉冲锤对被测系统进行敲击,给系统施加一个脉冲力,使之发生振动。这种方法的测试系统如图6-9所示。其中,分析记录仪可以是磁带记录仪、瞬态记录仪或频谱分析仪。此外,必要时还要在分析记录仪之前加接抗混滤波器。

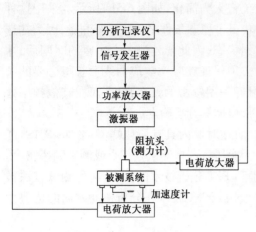

图6-7 快速正弦扫描测试系统

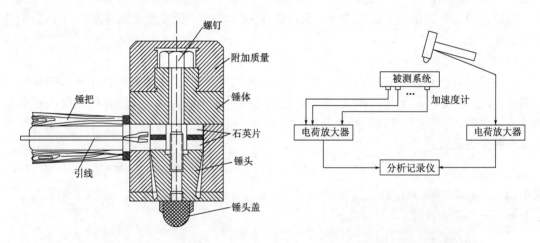

图6-8 脉冲冲击锤构造图　　　　图6-9 脉冲锤击激励测试系统

在试验中,我们可采用不同材料制成的锤头盖,以获得具有不同作用时间 t 的冲击波形,如图6-10a)所示。如将冲击力波形近似看作半正弦波,则其线性谱如图6-10b)所示,频谱主瓣频率值约等于 $3/(2t)$。例如:持续时间 $t=5ms$,则主瓣频率 $f=300Hz$,说明锤击能量主要集中在 $0\sim 1/t$,即 $0\sim 300Hz$ 这一频率范围内。在模态试验中,我们总是希望在所关心的频带内具有足够的能量,而在带外的能量尽可能小一些。更换不同硬软材料制成的锤头盖就能得到合适的持续时间 t 及主瓣频率 f。锤体质量主要是为了获得所需大小的冲击力峰值,但它对持续时间也略有影响。在锤头盖材料不变的前提下,增加锤体质量,不仅可得到较大的冲击力,而且使持续时间也稍有延长。常用力锤的质量小至几克,大到几十千克。锤头盖可用钢、铜、铝、塑料、橡胶等材料制造,可用以激励小至印刷电路板、大到桥梁等结构物的振动,在现场试验中使用尤为方便。

当采用脉冲锤激励时,关于被测系统有两个非常重要的特性——非线性和阻尼,要特别加以考虑。由于锤击脉冲具有很高的峰值/平均(RMS)能量比(时域),所以往往容易激出系统的非线性,因此这种方法不宜用于容易出现非线性现象的系统。另外,对于阻尼太小的系统,响应信号往往难于在采样时间内趋近于零,因此将产生严重的泄漏现象;而对于阻尼太大的系统,噪声影响将变得严重,这是因为响应信号在采样一开始的很短时间内就趋近于零,而噪声在整个采样时间内都是存在的。对于阻尼的影响,一般可利用加长采样时间和加窗处理等信号处理技术来消除或减小。

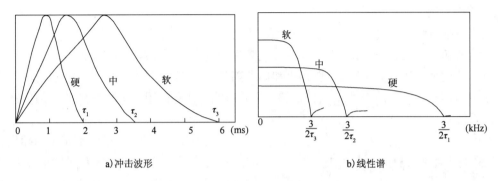

图 6-10 冲击力波形及其线性谱

在实施脉冲锤击激励时,如下几点要特别加以小心:

①锤击力度要适中。力过小不易激出系统在感兴趣频率范围内所有频率点处的响应;力过大容易激出系统的非线性和使测试仪器出现过载现象,从而得到不正确的结果。需要注意,力度的控制往往是由锤击速度而不是由它本身决定的。

②在对被测系统进行多次锤击激励时(在同一点),锤击的力度可以不一样,但锤击的方向要尽量保持一致。

③必须避免多次锤击("平锤跳动"或连击),否则将会给分析结果带来很大的误差。

④传感器的安装也非常重要。因为锤击脉冲往往产生很大的加速度,适用于其他测试方法的传感器此时未必好用。例如,用磁铁安装的传感器容易发生跳动现象,可能就不能使用。

⑤脉冲锤选用要恰当,特别是锤头。一般为了把全部输入能量注入感兴趣的频率范围内,要选用尽可能软的锤头。如果选用过硬的锤头,则会导致输入给系统的能量分布在感兴趣的频率范围之外,其代价是减低了在感兴趣频率范围内的能量。

如果操作恰当和选用了正确的信号处理技术,脉冲锤击激励方法将成为一种最有用的测试方法。这种方法的优点是:①在所有测试方法中,安装调试时间最短,测试设备最少;②测试速度最快,可以利用激励点易于移动的特点得到多点测试响应数据(互易定理);③在空间狭小或激振器难于安装的情况下,是一种理想的测试方法。

它的缺点是:①具有较高的峰值/平均(RMS)能量比,不宜用于非线性强的系统;②信噪比较低,因为输入能量比较低;③对操作者要求比较高,因为容易出现过载、连击等现象。

(3)阶跃松弛激励

阶跃松弛激励是预先在激励点对被测系统加载,使之产生初始变形,储藏一定的能量,然后突然去除该力,释放出其能量,这相当于对系统施加了一个负的阶跃激励。由于阶跃函数的导数是脉冲函数,阶跃函数引起的响应的导数是脉冲响应函数,所以这种方法也是一种宽频带激励方法。在实际应用中,常常是用一根刚度很大、质量很轻的张力弦通过力传感器对系统预加载,然后突然切断张力弦。这种方法的测试系统与图 6-9 所示的脉冲锤击激励测试系统是非常相似的,只是来自脉冲锤力传感器的脉冲信号换成了来自张力弦力传感器的阶跃信号。

这种方法的优点是:①能够用于非常小的试件,也能用于非常大的试件;②加载方向和大小易于控制;③能提供较大的低频能量。

它的主要缺点是,与脉冲锤击法相比,难以应用于一般大小的试件。

3) 随机激励方法

随机激励方法是给被测系统施加一个随机变化的,即不能用确定函数描述的激励信号。它使系统做随机振动,这种方法亦属于一种宽频带激励方法。根据所采用的随机信号的不同,可以将这种激励方法细分纯随机、伪随机和周期随机三种激励方法。它们所需的测试仪器和设备基本与图 6-7 所示的快速正弦扫描测试系统相同,只是选用的信号发生器必须能产生相应的随机信号。

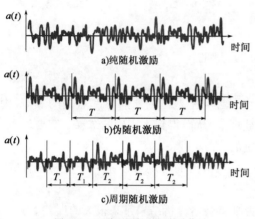

图 6-11　三种不同的随机激励信号

如图 6-11a)所示,由一个不相关的随机变量的序列构成的(即任意两个不同期的随机变量的协方差都为零)随机激励称为纯随机激励。严格数学定义为:纯随机激励信号 $x(t)$ ($t = 1, 2 \cdots$),对所有的 $s \neq t$,有 $\mathrm{cov}(x_t, x_s) = 0$。

如图 6-11b)所示,伪随机激励是指一个周期内的信号是随机的,但各个周期内的激励信号是一样的。

如图 6-11c)所示,周期随机激励是由伪随机信号组成,当激励进行几个周期后,又出现一个新的伪随机激励信号。

这三种随机信号的特点如下:

(1) 纯随机激励

理想的纯随机信号是具有高斯分布的白噪声,它在整个时间历程上是随机的,不具有周期性,在频率域上它是一条几乎平坦的直线。采用这种激励方法时,具有如下优点:①可以利用多次平均消除测试中所引起的各种噪声干扰、非线性等的影响;②可做在线识别,因为激励能量分布在很宽的频率范围内,激励能量小,不影响被测系统的正常工作;③峰值/平均(RMS)值之比(时域)较好。

其缺点是:①存在截断误差,造成泄漏现象,虽可利用加窗(如汉宁窗)方法处理,但随之带来的是频率分辨率的降低,这一点对于小阻尼系统特别严重;②激励力谱难以控制,尽管信号谱是平谱,但由于被测系统和激振器之间的阻抗不匹配而将导致不同的激励力谱。基于上述两点,在实测中不常采用纯随机激励。

(2) 伪随机激励

伪随机信号具有一定的周期性,在一个周期内的信号是纯随机的,但各个周期内的信号是完全相同的。这种方法的优点是:①速度快,比纯随机激励要快得多;②泄漏误差可以消除,因为采样时间窗长度可以取得与信号周期的长度一致或成倍数;③峰值/平均(RMS)能量比比较低;④激励信号的大小和频率成分易于控制。

它的主要缺点是,抗干扰能力比较差,因为每次的激励信号及响应是相同的信号,所以,不能采用多次平均的方法来有效的消除噪声干扰和非线性等的影响。

(3)周期随机激励

周期随机信号是一种不连续的伪随机信号,它在一个大的周期(相对于伪随机信号的周期)内是伪随机信号,而在另一个大的周期内是另一个新的与前面不相关的伪随机信号。

周期随机信号是一种理想的激励信号,特别适合于利用曲线拟合方法求取系统模态参数的场合。它综合了纯随机和伪随机的优点,又避免了它们的缺点。利用它的周期性,可以消除泄漏误差;利用它的随机性(不同的伪随机),可以采用总体平均方法消除噪声干扰和非线性等的影响。这种方法的唯一缺点是比伪随机激励和纯随机激励都慢。

6.3.2 模态参数识别

1)模态分析方法及其应用

模态分析方法是把复杂的实际结构简化成模态模型,来进行系统的参数识别(系统识别),从而大大地简化了系统的数学运算。通过试验测得实际响应来寻求相应的模型或调整预想的模型参数,使其成为实际结构的最佳描述。

主要应用有:

(1)用于振动测量和结构动力学分析,可测得比较精确的固有频率、模态振型、模态阻尼、模态质量和模态刚度。

(2)可用模态试验结果去指导有限元理论模型的修正,使计算机模型更趋于完善和合理。

(3)用来进行结构动力学修改、灵敏度分析和反问题的计算。

(4)用来进行响应计算和载荷识别。

2)模态分析基本原理

工程实际中的振动系统都是连续弹性体,其质量与刚度具有分布的性质,只有掌握无限多个点在每瞬间时的运动情况,才能全面描述系统的振动。因此,理论上它们都属于无限多自由度的系统,需要用连续模型才能加以描述。但实际上不可能这样做,通常采用简化的方法,归结为有限个自由度的模型来进行分析,即将系统抽象为由一些集中质量块和弹性元件组成的模型。如果简化的系统模型中有 n 个集中质量,一般它便是一个自由度为 n 的系统,需要 n 个独立坐标来描述它们的运动,系统的运动方程是 n 个二阶互相耦合(联立)的常微分方程。

模态分析是在承认实际结构可以运用所谓"模态模型"来描述其动态响应的条件下,通过试验数据的处理和分析,寻求其"模态参数",是一种参数识别的方法。

模态分析的实质,是一种坐标转换。其目的在于把原在物理坐标系统中描述的响应向量,放到所谓"模态坐标系统"中来描述。这一坐标系统的每一个基向量,恰是振动系统的一个特征向量。也就是说在这个坐标下,振动方程是一组互无耦合的方程,分别描述振动系统的各阶振动形式,每个坐标均可单独求解,得到系统的某阶结构参数。

经离散化处理后,一个结构的动态特性可由 n 阶矩阵微分方程描述:

$$\boldsymbol{M}\ddot{\boldsymbol{x}} + \boldsymbol{C}\dot{\boldsymbol{x}} + \boldsymbol{K}\boldsymbol{x} = \boldsymbol{f}(t) \tag{6-2}$$

式中:$f(t)$——n 维激振向量;

x、$\dot{x}$、$\ddot{x}$——分别为 n 维位移、速度和加速度响应向量；

M、K、C——分别为结构的质量、刚度和阻尼矩阵，通常为实对称 n 阶矩阵。

设系统的初始状态为零，对式(6-2)两边进行拉普拉斯变换，可以得到以复数 $s=\sigma+j\omega$ 为变量的矩阵代数方程：

$$[Ms^2+Cs+K]X(s)=F(s) \tag{6-3}$$

其中：

$$X(s)=\int_0^\infty x(t)\mathrm{e}^{-st}\mathrm{d}t \tag{6-4}$$

$$F(s)=\int_0^\infty f(t)\mathrm{e}^{-st}\mathrm{d}t \tag{6-5}$$

式(6-3)中的矩阵反映了系统动态特性，称为系统动态矩阵或广义阻抗矩阵。其逆矩阵称为广义导纳矩阵，也就是传递函数矩阵。

$$Z(s)=[Ms^2+Cs+K] \tag{6-6}$$

$$H(s)=[Ms^2+Cs+K]^{-1} \tag{6-7}$$

由式(6-3)可知：

$$X(s)=H(s)F(s) \tag{6-8}$$

在上式中，令复变量 s 实部 $\sigma=0$，即 $s=j\omega$，即可得到系统在频域中输出(响应向量)和输入的关系式：

$$X(\omega)=H(\omega)F(\omega) \tag{6-9}$$

式中：$H(\omega)$——频率响应函数矩阵。

$H(\omega)$ 矩阵中第 i 行第 j 列的元素等于仅在 j 坐标激振(其余坐标激振为零)时，i 坐标响应与激振力之比：

$$H_{ij}(\omega)=\frac{X_i(\omega)}{F_j(\omega)} \tag{6-10}$$

在式(6-6)中令 $s=j\omega$ 可得阻抗矩阵：

$$Z(\omega)=(K-\omega^2 m)+j\omega C \tag{6-11}$$

利用实际对称矩阵的加权正交性，同时假设阻尼矩阵 C 也满足振型正交性关系，有

$$\boldsymbol{\Phi}^\mathrm{T}\boldsymbol{M}\boldsymbol{\Phi}=\begin{bmatrix}\ddots & & \\ & m_r & \\ & & \ddots\end{bmatrix} \quad \boldsymbol{\Phi}^\mathrm{T}\boldsymbol{K}\boldsymbol{\Phi}=\begin{bmatrix}\ddots & & \\ & k_r & \\ & & \ddots\end{bmatrix} \quad \boldsymbol{\Phi}^\mathrm{T}\boldsymbol{C}\boldsymbol{\Phi}=\begin{bmatrix}\ddots & & \\ & C_r & \\ & & \ddots\end{bmatrix}$$

其中，矩阵 $\boldsymbol{\Phi}=[\boldsymbol{\Phi}_1,\boldsymbol{\Phi}_2,\cdots,\boldsymbol{\Phi}_N]$ 称为振型矩阵，代入式(6-11)得到：

$$Z(\omega)=\boldsymbol{\Phi}^{-T}\begin{bmatrix}\ddots & & \\ & z_r & \\ & & \ddots\end{bmatrix}\boldsymbol{\Phi}^{-1} \tag{6-12a}$$

$$z_r=(k_r-\omega^2 m_r)+j\omega c_r \tag{6-12b}$$

因此，

$$H(\omega) = Z(\omega)^{-1} = \Phi \begin{bmatrix} \ddots & & \\ & z_r & \\ & & \ddots \end{bmatrix} \Phi^T \quad (6\text{-}13a)$$

$$H_{ij}(\omega) = \sum_{r=1}^{N} \frac{\Phi_{ri}\Phi_{rj}}{m_r[(\omega_r^3 - \omega^2) + j2\xi_r\omega_r\omega]} \quad (6\text{-}13b)$$

式中：m_r、k_r——分别为第 r 阶模态质量和模态刚度（又称为广义质量和广义刚度）；

ω_r、ξ_r、Φ_r——分别为第 r 阶模态频率、模态阻尼比和模态振型，$\omega_r^2 = k_r/m_r$，$\xi_r = c_r/(2m\omega_r)$，$\Phi_r = (\Phi_{r1}, \Phi_{r2}, \cdots, \Phi_{rN})^T$。

不难发现，N 自由度系统的频率响应，等于 N 个单自由度系统频率响应的线形叠加。为了确定全部模态参数，实际上只需测量频率响应矩阵的一列[对应一点激振，各点测量的 $H(\omega)^T$]或一行[对应依次各点激振，一点测量的 $H(\omega)$]就够了。

试验模态分析或模态参数识别的任务就是由一定频段内的实测频率响应函数数据，确定系统的模态参数，即模态频率 ω_r、模态阻尼比 ξ_r 和模态振型 $\Phi_r = (\Phi_{r1}, \Phi_{r2}, \cdots, \Phi_{rn})^T$（$n$ 为系统在测试频段内的模态数）。

3）激励方法

为进行模态分析，首先要测得激振力及相应的响应信号，进行传递函数分析。传递函数分析实质上就是机械导纳，i 和 j 两点之间的传递函数表示在 j 点作用单位力时，在 i 点所引起的响应。要得到 i 和 j 点之间的传递导纳，只要在 j 点加一个频率为 ω 的正弦力信号激振，而在 i 点测量其引起的响应，就可得到计算传递函数曲线上的一个点。如果 ω 是连续变化的，分别测得其相应的响应，就可以得到传递函数曲线。然后建立结构模型，采用适当的方法进行模态拟合，得到各阶模态参数和相应的模态振型动画，形象地描述出系统的振动形态。

根据模态分析的原理，我们要测得传递函数模态矩阵中的任一行或任一列，由此可采用不同的测试方法。要得到矩阵中的任一行，要求采用各点轮流激励，一点响应的方法；要得到矩阵中任一列，采用一点激励，多点测量响应的方法。实际应用时，单击拾振法常用锤击法激振，用于结构较为轻小，阻尼不大的情况。对于笨重、大型及阻尼较大的系统，则常用固定点激振的方法，用激振器激励，以提供足够的能量。

还有一种是多点激振法，当结构常因过于巨大和笨重，以至于采用单点激振时不能提供足够的能量，把我们感兴趣的模态激励出来。或者是在结构同一频率时可能有多个模态，这样单点激振就不能把它们分离出来，这时就需要采用多点激振的方法，采用两个甚至更多的激励来激发结构的振动。

6.3.3 试验示例

1）试验目的

(1) 学习模态分析原理。

(2) 学习锤击法模态测试及分析方法。

2）试验梁

有一根梁如图 6-12 所示，长（x 方向）550mm，宽（y 方向）50mm，矩形截面，截面高（z 方向)7mm。使用单击拾振法做其 z 方向的振动模态。

3)试验仪器安装示意图

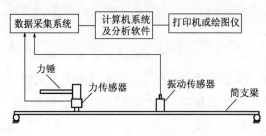

图 6-12　试验装置框图

4)试验步骤

使用多点敲击、单点响应方法做其 z 方向的振动模态,按以下步骤进行。锤击点与测点布置图见图 6-13。

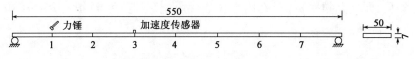

图 6-13　梁的结构示意图和测点分布示意图(尺寸单位:mm)

(1)测点的确定

在 x 方向顺序布置若干敲击点即可(本例采用多点敲击、单点响应方法),敲击点的数目视要得到的模态的阶数而定,敲击点数目要多于所要求的阶数,得出的高阶模态结果才可信。此例中 x 方向把梁分成八等份,即可布 7 个测点。选取拾振点时要尽量避免使拾振点在模态振型的节点上,此处取拾振点在三号点处。

(2)仪器连接

力锤上的力传感器接动态采集分析仪的第一通道,压电加速度传感器接第二通道。

(3)数据量测

启动控制分析软件,在软件界面设置采样频率、采样方式等参数,并调整量程范围,使试验数据达到较高的信噪比。用力锤敲击各个测点,观察有无波形,如果有一个或两个通道无波形或波形不正常,就要检查仪器是否连接正确、导线是否接通、传感器和仪器的工作是否正常等,直至波形正确为止。使用适当的敲击力敲击各测点,调节量程范围,直到力的波形和响应的波形既不过载也不过小。需要判断敲击信号和响应信号的质量,判断原则为:力锤信号无连击,信号无过载。

(4)数据预处理

采样完成后,对采样数据重新检查并再次回放计算频响函数数据。一通道的力信号加力窗,将力窗窗宽调整合适。对响应信号加指数窗。设置完成后,回放数据,重新计算频响函数数据。

(5)模态分析

将每个测点的频响函数数据读入模态软件,进行参数识别,计算频率阻尼及留数(振型)。

(6)试验结果

①模态参数(表 6-1)

锤击法模态参数记录表 　　　　　　　　　　表 6-1

模态参数	第一阶	第二阶	第三阶	第四阶
频率(Hz)	47.57	159.42	488.40	747.55
阻尼比	3.65%	1.26%	1.56%	0.95%

②各阶模态振型图(图6-14)。

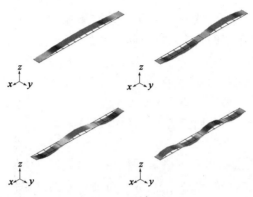

图 6-14　前四阶振型

6.4　环境随机振动试验

6.4.1　试验方法

对土木工程结构而言,结构的振动响应(输出)由安置在结构各部位的传感器记录得到,然而在工作环境中,大型复杂土木工程结构的激励(输入)却不是那么容易可以测到的,虽然有一些专用的激振设备和相应输入—输出测试装置,但现场试验条件、结构的复杂性和实测数据质量以及昂贵的费用等因素,往往限制了这类专用激振设备的使用。由于土木工程结构具有结构尺寸庞大、造型复杂、不易人工激励、噪声大、自振频率较低等特点,传统基于输入—输出的模态参数识别技术在应用上的局限性越来越突出。

环境激励下结构模态参数识别就是直接利用自然环境激励,仅根据系统的响应进行模态参数识别的方法。与传统模态识别方法相比,具有以下优点:

(1)不需要贵重的激励设备对结构进行人工激励,直接采用车辆、行人、风及其组合等作用于结构上的环境或自然激励的响应数据进行参数识别,费用低廉。

(2)由于环境激励下结构模态参数识别方法不需要人工激励,大大节省了测试时间。

(3)安全性好。人工激励只能对结构的局部实施,有可能对结构造成损伤,激励的能量越大,出现损伤的可能性越大,而环境激励则不存在这种问题。

(4)不影响结构的正常工作。传统方法在进行试验时,为了减少干扰和人工激励,需要停止结构的使用。环境激励下模态参数识别方法仅需要测得结构响应,则不会影响结构的正常使用。

环境激励模态参数识别方法是真正的多输入识别方法,直接通过这些结构在工作中的振动响应数据识别出模态参数,更符合实际情况和边界条件。

环境振动试验时,由于此时仅有振动响应的输出数据而没有测量输入情况,因此,无法得到频率响应函数或脉冲响应函数,此时的系统识别是仅仅输出数据的系统识别方法。自然环境振动条件下,结构动力响应测试数据具有幅值小、随机性强和数据量大的特点,给结构系统的识别带来很大的难度,也是一种挑战,需要应用一些特殊的系统识别和模态参数识别技术,成为工程结构系统识别领域十分活跃的研究课题。环境激励下的模态参数识别方法有很大的实用价值,在国防、交通、土木、机械、航空航天等领域都有广泛的应用。

环境振动法只能利用系统的响应数据对固有频率、模态振型、模态阻尼或阻尼比这三个模态参数进行估计,但是这三个模态参数已经能够满足绝大多数工程中结构动力特性分析的要求。利用测量得到的响应的自功率谱、互功率谱、传递率和相干函数进行模态参数的估计。

环境振动法也可分为图解法和解析法两种类型。图解法可选用自、互功率谱综合法或传递率法(峰值法PP),解析法可采用随机子空间法(SSI)等。

1) 峰值法

峰值法(Peak Picking)是最简单的频域结构模态参数识别方法。峰值法最初是基于结构自振频率在其频率响应函数上会出现峰值,成为特征频率的良好估计。由于环境振动下无法得到结构的频率响应函数,故只能用环境振动响应信号的自谱来代替,此时,特征频率由平均正则化功率谱密度(ANPSDs)曲线上的峰值来确定,故称之为峰值法。功率谱密度可以由离散的傅里叶变换(DFT)将实测的加速度数据转换到频域后直接求得。峰值法比较适合模态可以很好地分离且阻尼较小的情形,具有处理简单、快速、实用等特点。但是频域识别算法需要进行傅氏变换,在一定的窗口宽度上进行平均处理,这样的处理会忽略一些细节,因此峰值法不可避免地存在本质上的不足。例如,由于该方法要求结构模态频率不能太密集,对于高耸结构如烟囱、水塔等,结构空间扭转模态和弯曲模态的特征频率会有比较接近的值,使用峰值法会出现遗漏或误差;峰值的选取比较主观,得到的是工作挠曲形状而不是真正的模态振型;仅限于实模态和比例阻尼结构;阻尼的识别结果可信度不高。尽管存在以上不足,但是峰值法识别模态参数速度快,容易操作,在实际工程中应用广泛。

2) 随机子空间法

随机子空间法(Stochastic Subspace Identification)是1995年以来国内外模态分析方面的专家和学者讨论的一个热点。该方法基于离散时间状态空间方程,是直接处理时间序列的时域方法,输入由随机白噪声代替,适用于环境激励条件下结构模态参数的识别。

振动系统的离散状态空间方程可表示为:

$$\begin{cases} \boldsymbol{x}_{k+1} = \boldsymbol{A}\boldsymbol{x}_k + \boldsymbol{B}\boldsymbol{u}_k + \boldsymbol{w}_k \\ \boldsymbol{y}_k = \boldsymbol{C}\boldsymbol{x}_k + \boldsymbol{D}\boldsymbol{u}_k + \boldsymbol{v}_k \end{cases} \tag{6-14}$$

式中:x_k——离散时间状态向量;

A——离散状态矩阵,表示系统的全部动力特性;

B——离散输入矩阵;

C——输出矩阵,描述内部状态怎样转化到外界的测量值;

D——直馈矩阵;

w_k——处理过程和建模误差引起的噪声;

v_k——传感器误差引起的噪声。

上式中 w_k 和 v_k 都是不可测量噪声,假设是均值为零的白噪声且互不相关,且满足:

$$E\left[\begin{pmatrix}w_p\\v_p\end{pmatrix}\begin{pmatrix}w_q^T & v_q^T\end{pmatrix}\right]=\begin{pmatrix}Q & S\\S^T & R\end{pmatrix}\delta_{pq} \tag{6-15}$$

式中:E——数学期望;

δ_{pq}——表示 Kronecker delta 函数,当 $p=q$ 时,$\delta_{pq}=1$;当 $p\neq q$ 时,$\delta_{pq}=0$。

对处在环境激励情况的土木结构而言,在实际测量过程中,环境激励是不可测量的随机激励,而且强度基本和噪声影响相似,无法将两者严格区分清楚。因此,将输入项 u_k 和噪声项 w_k、v_k 合并得到随机子空间识别的基本方程:

$$\begin{cases}x_{k+1}=Ax_k+w_k\\y_k=Cx_k+v_k\end{cases} \tag{6-16}$$

随机子空间算法的本质是把"将来"输入的行空间投影到"过去"输出的行空间上,投影的结果保留了"过去"的全部信息,并用此来预测"未来"。随机子空间算法利用线性代数工具(矩阵的 QR 分解和奇异值分解),从输出数据中获得卡尔曼滤波状态,一旦状态已知,识别问题变成未知系统矩阵的线性最小二乘问题。随机子空间方法用于土木结构尤其是桥梁的实际工程系统识别问题,能够比较准确地识别结构的模态参数。其理论严密、算法清楚,便于计算机软件实现。但是随机子空间算法计算速度慢,耗时长,对硬件要求比较高。

6.4.2 试验示例

1)试验模型

采用与 6.3.3 节测试示例中一样的试验梁,使用环境振动法做其 z 方向的振动模态。

2)仪器设备

学生振动试验平台,仪器安装示意图见图 6-15。

3)试验步骤

(1)布置测点

测点的立面布置方案与 6.3.3 节测试示例中一致,共 7 个测点。在试验时,将传感器放置于每一个等分段的中点处(梁的横向的中点处),如图 6-16 所示。

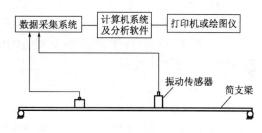

图 6-15 试验装置框图

图 6-16 测点分布图

(2)连接仪器

连接好仪器,两个加速度传感器(或多个,本试验所列举的例子中仅用两个传感器)分别接入一、二通道。

(3)数据采集及参数设置

启动控制分析软件,设置采样频率、采样方式等参数。然后设置通道参数,将两个传感器灵敏度输入相应通道的灵敏度设置栏内。传感器灵敏度为 KCH(PC/EU),表示每个工程单位输出多少 PC 的电荷,如是力,而且参数表中工程单位设为牛顿 N,则此处为 PC/N;如是加速度,而且参数表中工程单位设为 m/s^2,则此处为 $PC/m/s^2$。在本试验之中,每个传感器(A、B

号)的灵敏度必须正确设置。

试验时观察有无波形,如果有一个或两个通道无波形或波形不正常,就要检查仪器是否连接正确,导线是否接通,传感器、仪器的工作是否正常等,直至波形正确为止。如图6-17所示为本试验中的A、B号传感器的平均谱(同窗口显示)。

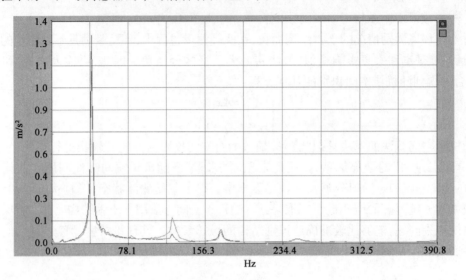

图6-17 平均谱

(4)数据预处理

回放采样数据,重新计算每个测点的平均谱。

(5)模态分析

从上述试验得到数据文件内,将每个测点的时域数据导入模态软件,然后对时域数据进行去除均值、FFT分析等操作,得到每个测点的谱数据。接着对谱数据进行参数识别的操作,计算频率阻尼及留数(振型)。

(6)试验结果

①模态参数(表6-2)。

试验模态参数记录表　　　　表6-2

模态参数	第一阶	第二阶	第三阶	第四阶
频率(Hz)	46.97	160.47	481.41	727.98
阻尼比	3.66%	1.46%	1.76%	1.05%

②各阶模态振型图:由于前四阶模态振型与图6-14一致,这里不再绘出。

6.5 拉索振动试验

6.5.1 索力测试的振动频率法

目前测量索力常用的方法有:压力表法、压力传感器法、振动频率法、磁通量法以及其他测试方法。

1）压力表法

在工程运用中，常常采用液压千斤顶张拉拉索。在张拉过程中，测定张拉油缸的液压，根据千斤顶张拉力与张拉油缸液压之间的关系，就可求得张拉的索力。施工过程中的索力控制一般采用该种方法。其优点是能够得到索力的精确数值，但无法运用于已张拉完毕的拉索索力测量。

2）压力传感器法

压力传感器法也是常用于索张拉过程中控制索力的方法，但它一样无法测量在用的拉索索力（除非施工时预埋压力传感器）。压力传感器法是在索施工时，将传感器安装在锚具和索孔垫板之间，可应用于施工时索力控制，同样也可应用于索力长期监测。然而压力传感器的售价高、质量大、输出结果易受环境因素影响、使用寿命短，这使得该方法基本上不被应用到索力长期监测中去。

3）振动频率法

目前，振动频率法在测量拉索索力上应用最广。用该方法测量索力时，传感器记录下拉索在环境振动或强迫激励下的响应信号时程数据，通过谱分析识别出索的振动频率，进而经换算间接得到索力。

4）磁通量法

磁通量法是基于铁磁材料特殊性质的一种测试索力的无损检测方法。当铁磁性材料受到外荷载作用时，其内应力势必会发生变化，从而引起材料的磁导率发生改变，这样就可以通过测定拉索磁导率的变化来推断其内应力的变化，进而测出索力。磁通量法的优点在于在使用过程中除磁化拉索之外，它不会影响拉索的任何力学特性和物理特性，使用寿命长，但该技术还需要通过实践不断完善。

5）其他测试方法

测试索力的方法还有三点弯曲法、光纤传感测试法、吊杆索伸长量测试法、电阻应变片测试法、振动波法、索拉力垂度测试法。这几种测试方法在理论上可行，但是在实际的工程中很难得到广泛应用，像电阻应变片测试法在实验室中常被用来测试钢筋的应力，而吊杆索伸长量测试法则用于静载试验时吊杆索力的测量等。

上述测试索力的方法中，压力表法和压力传感器法主要用于拉索的张拉和更换时的索力测量，光纤传感测试法由于其成本较高，目前在索力的测试中还很少采用。磁通量法是一种新型的测试方法，在国外桥梁的健康监测和检测中已被广泛运用，但是国内桥梁中的运用还相对较少，主要应用在一些特大桥和非常重要的桥梁中。振动频率法的测试仪器体积小、携带方便、安装简便、使用效率高，而且数字信号采集和处理技术的飞速进步使得其测试结果达到较高的精度。因此，目前国内在运营的斜拉桥的斜拉索或者拱桥吊杆的索力测试广泛采用的是振动频率法。

现有的振动频率法主要是以环境振动激励吊杆或拉索，通过对传感器记录下的拉索响应信号时程数据进行谱分析，进而识别出索的固有自振频率，然后根据索力与其固有自振频率之间存在的特定关系计算出索力。在索结构刚刚大量兴建的时期，频率法在斜拉桥、悬索桥等索长较长的拉索索力测试上就得到广泛运用。近几十年来,中、下承式钢筋和钢管混凝土吊杆拱桥得到大量建设,频率法也逐渐开始被广泛用于索长相对较短的吊杆索力测试中去。

传统的换算方法是基于"理想弦"的振动方程:

$$T = \frac{4\rho L^2 f_n^2}{n^2} \tag{6-17}$$

式中:T——索力;

ρ——索的线密度;

L——索的计算长度;

f_n——索的第 n 阶固有自振频率。

该换算方法目前被广泛用于实际工程中,如索张拉施工的索力控制、桥梁检测和健康监测中索力的计算等。但是由于索力的影响因素较多,使得该公式在计算精度方面存在较大误差。对于索长较长、抗弯刚度较小以至于可以忽略其影响的斜拉索而言,根据公式(6-17)计算的结果是比较准确的。但在实际工程中,拱桥的吊杆和预应力体外索的长度一般较短,因而其边界条件和抗弯刚度对索力计算的影响就比较突出。如果用公式(6-17)计算此类拉索的索力将会造成无法接受的误差。对于短索而言,影响索力计算的因素主要有:理论计算模型、索的计算长度、抗弯刚度、边界条件、线密度、斜度、附加质量、环境因素、减震器和弹性支承等。

索力计算可按下列两种方法进行,并对两种方法的计算结果进行相互验证:

1)第 1 种方法

(1)当索的抗弯刚度可以忽略时,按式(6-17)计算索力,按每一阶自振频率计算索力,一般取前 5 阶计算值的均值作为索力实测值。

(2)当索的抗弯刚度不可忽略,且索的两端约束条件可简化为简支时,按下式计算索力:

$$T = \frac{4\rho L^2 f_n^2}{n^2} - \frac{n^2 \pi^2 EI}{L^2} \tag{6-18}$$

式中:EI——索的抗弯刚度。

按每一阶自振频率计算索力,一般取前 5 阶计算值的均值作为索力实测值。

2)第 2 种方法

该方法首先引入反映拉索抗弯刚度影响大小的无量纲参数 ξ:

$$\xi = \sqrt{\frac{TL}{EI}} \tag{6-19}$$

然后根据 ξ 的不同,通过拟合得到一阶反对称振型下的索力实用计算公式。索力 T 可按图 6-18 的流程计算得到。图中,T' 为索力计算过程变量。

当 $\xi \leq 18$ 时,一般索很短,若不计垂度,可以认为此时拉索的振动近似于梁的振动,必须考虑抗弯刚度对索自振频率的影响,《公路桥梁荷载试验规程》(JTG/T J21-01—2015)建议采用以下实用计算关系式:

$$T = 3.432\rho L^2 f_1^2 - 45.191 \frac{EI}{L^2} \tag{6-20}$$

当 $18 < \xi < 210$ 时,抗弯刚度对索自振频率的影响减弱,《公路桥梁荷载试验规程》(JTG/T J21-01—2015)建议采用以下实用计算关系式:

$$T = \rho \left(2Lf_1 - \frac{2.363}{L}\sqrt{\frac{EI}{\rho}} \right)^2 \quad (6\text{-}21)$$

当 $\xi \geq 210$ 时,一般索很长,可以认为拉索的振动近似于弦的振动,人工激振很难激发出前两阶振型,但是可以得到 4 阶、6 阶、8 阶甚至更高阶的偶数阶反对称振型,可用频率差值或多个频率差值的均值替代基频 f_1,此时考虑索抗弯刚度影响的索力可按式(6-17)计算,不过此时式中的 $n = 1$。

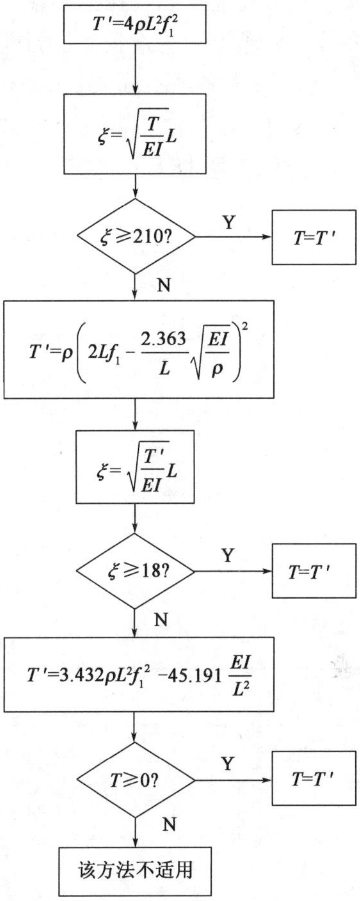

6.5.2 测量系统及技术要求

(1)传感器、放大器及信号采集系统应有足够的灵敏度,可测量索在自然环境激励或人工激振下的横向振动信号。

(2)测量系统的频响范围应能满足不同索的自振频率测量要求,其带宽应充足。

(3)信号采集与分析仪器,应有抗混滤波和频率分析功能,频率分辨率应满足计算精度要求。

(4)测试与记录应包括下列内容:

①可采用随机环境激励的测量方法,采集索在环境激励下的振动信号。当测试系统灵敏度不够时,可采用人工激振。

图 6-18 基于基频 f_1 的索力计算流程

②测量时应临时解除索的外置阻尼器。

③传感器应采用专用夹具或绑带固定在索股上,安装位置宜远离索股锚固段,测量索的面外横向振动。

④采样频率和记录时间需保证采样数据充分。现场采集数据时应注意观察信号质量。

⑤一般采用自谱分析方法,获取索的多阶自振频率,宜获取前 5~10 阶自振频率。应按随机信号处理的规定,合理选取分析数据长度、分析宽带、谱线数、重叠率、窗函数和谱平均次数等分析参数,以减少分析误差。

⑥应判断实测自振频率的阶次及漏频情况,可根据实测的多阶自振频率中相邻阶的频率差值来判断。当各相邻阶的频率差值近视相等,且和测得的第 1 阶频率相近时,不存在漏频现象;否则,存在漏频现象。

6.5.3 索力测试示例

1)试验模型

在实验室制作了预应力拉索模型。模型所用的拉索选用 $\phi15.2\text{mm}$ 高强度钢绞线来模拟,采用夹片式锚具固定拉索两端,在剪力墙上焊接钢梁作为反力支架。试验模型布置如图6-19所示。选择拉索的索长、索力作为试验控制参数来设计试验模型。

索长:为考虑不同索长的影响,试验中取3种索长,分别为6.90m、9.90m和12.95m。

索力:为考虑不同索力的影响,试验中张拉力分别取为约20kN、40kN、60kN和80kN。

拉索模型试验设计参数列于表6-3中。

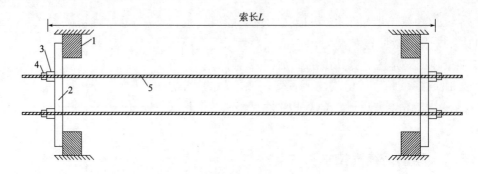

图6-19 裸索试验模型示意图
1-反力墙;2-钢架;3-拉压式传感器;4-夹片式锚具;5-预应力拉索

拉索模型试验各工况及相应设计参数　　　　　表6-3

试验工况	拉索编号	索长(m)	设计索力(N)	试验工况	拉索编号	索长(m)	设计索力(N)
1	1	6.90	20000	7	2	9.90	60000
2	1	6.90	40000	8	2	9.90	80000
3	1	6.90	60000	9	3	12.95	20000
4	1	6.90	80000	10	3	12.95	40000
5	2	9.90	20000	11	3	12.95	60000
6	2	9.90	40000	12	3	12.95	80000

2)拉索、压力传感器和夹片式锚具的安装及拉索张拉

试验中将拉索一端(张拉端)穿过钢梁的中心槽,先放置一块方形钢垫块,然后安装压力传感器,最后在最外端用夹片式锚具锚固拉索端部。压力传感器上连接应变仪以控制拉索实际张拉力。将拉索的另一端(固定端)直接通过夹片式锚具和钢垫块锚固在钢梁上。取锚固端之间的距离为拉索自由长度。利用千斤顶张拉拉索,按照试验方案制定的各个工况给予拉索不同的张拉力。试验照片如图6-20所示。

本试验采用压电式加速度传感器和动态信号采集系统来获得试验各工况拉索振动的加速度信号,进而分析出拉索振动的频率。加速度传感器分别布置在拉索的1/8、1/4、3/8和1/2跨处。数据采集和分析流程如图6-21所示,数据采集和分析仪器如图6-22所示,加速度传感器布置如图6-23所示。试验顺序为:安装拉索、垫块、压力式传感器、夹片式锚具→将压力传感器连接应变仪→千斤顶张拉拉索到设计索力→布置压电式传感器→测得振动信号→分析拉索自振频率。本组试验共12个工况,如表6-4所示。

a)拉索张拉端传感器、锚具安装
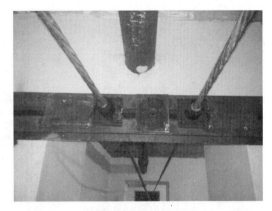
b)拉索锚固端锚具安装

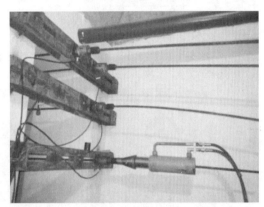
c)千斤顶张拉拉索

d)油泵

e)应变仪

图 6-20　拉索、压力传感器和夹片式锚具的安装及拉索张拉

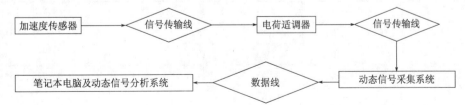

图 6-21　动态信号采集系统中信号传输过程示意图

a) 压电式加速度传感器　　　　b) 拉压力传感器　　　　c) 数据采集和分析系统

图 6-22　试验数据采集和分析仪器

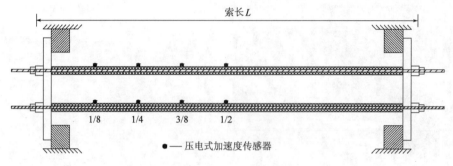

a) 加速度测点布置示意图

b) 拉索模型试验加速度传感器布置

图 6-23　试验测点布置

裸索试验各工况数据　　　　表 6-4

试验工况	拉索编号	应变(10^{-6})	实际索力(N)	试验工况	拉索编号	应变(10^{-6})	实际索力(N)
1	1	-823	19273	7	2	-2470	57305
2	1	-1587	37195	8	2	-3265	75817
3	1	-2302	53966	9	3	-780	17818
4	1	-3087	72380	10	3	-1598	36814
5	2	-824	18978	11	3	-2393	55275
6	2	-1668	38631	12	3	-3195	73899

3) 试验结果及数据分析

测试拉索振动加速度信号,分析出拉索振动基频,分别采用理想弦公式(6-17)和两端铰接的轴向受拉梁模型计算公式(6-18)计算试验拉索索力,计算结果见表6-5。部分试验工况中拉索的振动加速度时程曲线见图6-24,各拉索的频谱图测试结果见图6-25。

其中,钢绞线的等效截面刚度取值计算如下:$\phi 15.2$ 钢绞线由 7 根 $\phi 5$ 钢丝构成,钢丝有效总面积为 $1.4 \times 10^{-4} m^2$,折算成实心圆管的面积为 $1.34 \times 10^{-2} m^2$,其截面抗弯惯性矩为 $1.5597 \times 10^{-9} m^4$。因为已经折算成了实心圆管,所以弹性模量按钢材的弹性模量取值,即 $E = 2.06 \times 10^{11} N/m^2$,这样可以得到等效截面抗弯刚度为 $EI = 321 N \cdot m^2$。

从表6-5可以看出,拉索模型试验的结果表明,弦理论和铰接梁理论对于试验中拉索的索力计算具有很高的精度,误差随索长的增大而减少。

裸索索力计算　　　　　　　表6-5

试验工况	索长(m)	线密度(kg/m)	基频(Hz)	实际索力(N)	计算索力(N) 公式(6-15)	误差	公式(6-16)	误差
1	6.90	1.110	9.399	19273	18674	-3.11%	18608	-3.45%
2	6.90	1.110	12.939	37195	35390	-4.85%	35324	-5.03%
3	6.90	1.110	15.625	53966	51608	-4.37%	51542	-4.49%
4	6.90	1.110	18.066	72380	68993	-4.68%	68926	-4.77%
5	9.90	1.110	6.641	18978	19192	1.13%	19160	0.96%
6	9.90	1.110	9.180	38631	36672	-5.07%	36640	-5.15%
7	9.90	1.110	11.328	57305	55842	-2.55%	55810	-2.61%
8	9.90	1.110	12.939	75817	72854	-3.91%	72822	-3.95%
9	12.95	1.110	4.883	17818	17754	-0.36%	17735	-0.47%
10	12.95	1.110	7.031	36814	36809	-0.01%	36790	-0.06%
11	12.95	1.110	8.594	55275	54994	-0.51%	54975	-0.54%
12	12.95	1.110	9.961	73899	73880	-0.03%	73861	-0.05%

注:误差=(计算值-实际值)/实际值。

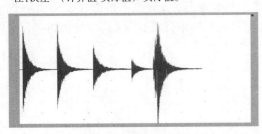
a) 试验工况3振动加速度时程曲线

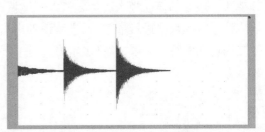
b) 试验工况9振动加速度时程曲线

图6-24　部分试验工况拉索振动加速度时程曲线

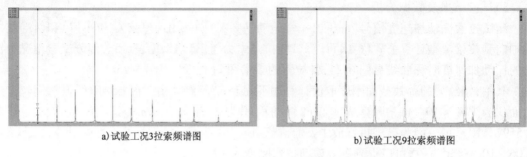

a) 试验工况3拉索频谱图　　　　　　b) 试验工况9拉索频谱图

图6-25　各拉索振动频谱图

6.6　本章小结

　　一般的振动问题由激励(输入)、系统(对象)和响应(输出)三部分组成,为了解系统的动力特性,有两种解决办法,即理论分析法与试验分析法,其中试验分析法是识别系统动力学特性的逆方法。试验分析法即以振动测试技术作为解决工程振动问题的一种有效手段,在近三十年来,随着科技、生产的发展,测试技术发生了令人瞩目的深刻变化。电子技术和传感器技术的进展,大大加强了振动测试的功能,提高了测量的精度和速度。本章设计了3个试验示例(试验项目),分别为力锤激励下的简支梁模态参数识别,环境激励下的简支梁模态参数识别,以及拉索索力测试。

　　针对一简支梁的动力特性采用了两种测试方法。其中,利用力锤输入测量简支梁的动力特性是标准的结构模态试验方法,通过该试验使学生掌握模态试验的一般过程,加深了解激励设备、激励信号的时间历程及其相应的频谱特性,了解频率响应函数的意义及模态参数识别。另一种试验示例是利用环境激励法测试简支梁的动力特性,主要目的是让学生掌握不测输入,仅利用环境激励下采集的结构响应信号进行结构模态参数识别。由于土木工程结构自身的特点,如结构尺寸庞大、造型复杂、不易人工激励、容易受到环境影响、自振频率较低等,传统模态参数识别技术在应用上的局限性越来越突出。环境激励却是一种天然的激励方式,它不需要贵重的激励设备,不打断结构的正常使用,方便省时。因此,环境激励下结构模态参数识别就是直接利用自然环境激励,仅根据系统的响应进行模态参数识别的方法。

　　目前测量索力常用的方法主要有:压力表法、压力传感器法、振动频率法、磁通量法以及其他测试方法。目前国内在运营的斜拉桥的斜拉索或者拱桥吊杆的索力测试广泛采用的是振动频率法。现有的振动频率法主要是以环境振动激励吊杆或拉索,通过对传感器记录下的拉索响应信号时程数据进行谱分析,进而识别出索的固有自振频率,然后根据索力与其固有自振频率之间存在的特定关系,计算出索力。

【习题与思考题】

1. 简述解决工程振动问题的两类方法。

2. 简述工程振动测试及信号分析的任务。
3. 简述系统动态特性的三种表述方法。
4. 简述振动测量系统的组成。
5. 简述利用环境激励进行结构模态试验的优缺点。
6. 简述结构模态试验时,经常采用的激励信号及其频谱特性。
7. 简述结构模态试验时,力锤锤帽硬度的选用原则。
8. 推导传递函数的表达式。
9. 简述拉索索力测量方法。
10. 推导"理想弦"的运动微分方程,并给出"理想弦"的索力与频率关系式。

本章参考文献

[1] 李方泽,刘馥清,王正. 工程振动测试与分析[M]. 北京:高等教育出版社,1992.
[2] 李德葆,陆秋海. 试验模态分析及其应用[M]. 北京:科学出版社,2001.
[3] 刘习军,贾启芬,张文德. 工程振动与测试技术[M]. 天津:天津大学出版社,1999.
[4] 曹树谦,张文德,萧龙翔. 振动结构模态分析——理论,试验与应用[M]. 天津:天津大学出版社,2001.
[5] 蒋洪明,张庆. 动态测试理论与应用[M]. 南京:东南大学出版社,1998.
[6] 沃德·海伦,斯蒂芬·拉门兹,波尔·萨斯. 模态分析理论与试验[M]. 白化同,郭继忠,译. 北京:北京理工大学出版社,2001.
[7] 张凡龙. 灌浆拉索振动理论与索力研究[D]. 福州:福州大学,2014.
[8] 任伟新,陈刚. 由基频计算拉索拉力的实用公式[J]. 土木工程学报,2005,11.
[9] 中华人民共和国行业标准. JTG/T J21-01—2015 公路桥梁荷载试验规程[S]. 北京:人民交通出版社股份有限公司,2015.
[10] HiroshiZui, TohruShinke, Yoshio Namita. Practical formulas for estimation of cable tension by vibration method [J]. Journal of Structural Engineering, 1996, 122(6):651-656.
[11] J. P. DenHartog. Mechanical Vibrations [M]. New York: Dover Publications, 1985.
[12] Wei-XinRen, Hao-Liang Liu, Gang Chen. Determination of cable tensions based on frequencydifferences [J]. Engineering Computations, 2008, 25(2):172-189.
[13] Y. Q. Ni, J. M. Ko, G. Zheng. Dynamic analysis of large-diameter saggedcables taking into account flexural rigidity [J]. Journal of Sound and Vibration, 2002, 257(2):301-319.
[14] Q. Wu, K. Takahashi, S. Nakamura. Non-linear vibrations of cables considering loosening [J]. Journal of Sound and Vibration, 2003, 261:385-402.
[15] G. Schmidt. Non-linear Vibrations [M]. Cambridge: Cambridge University Press, 2009.
[16] Paul H. Wirsching, Thomas L Paez, Keith Ortiz. Random Vibrations: Theory and Practice[M]. New York: Dover Publications, 2006.
[17] D. E. Newland. An Introduction to Random Vibrations, Spectral & Wavelet Analysis (3rd Edition) [M]. New York: Dover Publications, 2005.
[18] WilliamT. Thomson, Marie Dillon Dahleh. Theroy of Vibration with Applications (5th Edition) [M]. New Jersey: Prentice Hall, 1997.

第 7 章
桥梁荷载试验与评定

7.1 概 述

在桥梁工程的发展历史中,桥梁工程的发展与桥梁试验始终是密不可分的。早期古人就修建了藤索桥,那时还没有索桥理论,人们从生活实践中获得启发,修建了供人行走的藤索桥,这可以说是人类在桥梁史上具有创造性的桥梁试验实践。桥梁的每一次设计理论诞生、新材料应用及新工艺的采用,都是建立在大量的桥梁科学试验基础上的,经过多次的失败与反复试验,才使得桥梁工程设计理论与施工技术不断发展与完善。可以说,桥梁的科学试验是推动桥梁科学发展的重要手段。随着交通事业的发展,一方面新结构、新工艺、新材料不断涌现,设计理论需要不断发展与完善,这就需要提供大量的试验资料作为理论支撑,来验证理论的正确性;同时,对复杂结构,理论上很难甚至是无法找到解析解,这就需要数值分析来提供近似计算,而分析的可靠性也需要试验的数据来验证;另一方面随着桥梁服役年限的不断增加,既有桥梁的技术状况不断恶化,承载能力不断降低,因桥梁承载能力不足导致结构倒塌的例子已不鲜见,因此如何客观评定既有桥梁的承载能力也是急需解决的问题。

对于上述桥梁科技进步及行车安全运营的需求,桥梁试验是解决上述需求的一个重要途径。桥梁原型试验的目的是通过试验掌握桥梁结构在试验荷载作用下的实际受力状态及工作性能,判定桥梁的承载能力及使用性能,检验设计与施工质量;桥梁模型试验主要用于科学研究,目的在于研究结构的受力行为,探索结构的应力、应变、变形等内在规律,为设计提供依据。对于服役年限不断增加、技术状况不断恶化、承载能力逐渐降低的桥梁,可以通过荷载试验及桥梁检算来评定其承载能力。

总的来说,桥梁荷载试验的任务可以概括为以下几个方面:

(1)评估既有桥梁的使用性能与承载能力。对于因自然灾害而遭受损伤的桥梁、设计或施工存在缺陷的桥梁、长期运营结构性能退化(技术状况 3 类或 C 级以下)的桥梁,均需通过荷载试验来评定其使用性能及承载能力,为后期的养护维修、改建、限载使用等提供科学依据。

(2)确定新建桥梁的承载能力和使用性能。对于重要桥梁,在交工阶段可通过成桥荷载试验验证桥梁的设计与施工质量,为交工验收提供依据。

(3)对采用新结构、新工艺的桥梁,可通过成桥荷载试验,掌握结构在荷载作用下的实际受力状态,为完善桥梁设计理论积累资料,为规范的修改完善提供依据。

根据试验荷载作用性质的不同,桥梁荷载试验可分为静载试验和动载试验。所谓桥梁静载试验,是将静止的荷载作用在桥梁的指定位置,然后对桥梁结构的静力位移、静力应变、裂缝等参量进行测试,从而对桥梁结构在荷载作用下的工作性能及使用能力做出评价;桥梁动载试验是利用某种激振方法激起桥梁结构的振动,然后测定其固有频率、阻尼比、振型、动力冲击系数、行车响应等参量,从而判断桥梁结构的动力特性、整体刚度及行车性能等。

根据不同的试验目的,桥梁荷载试验可分为研究性试验和鉴定性试验。鉴定性试验是在比较成熟的设计理论的基础上进行的,离开了这样的理论指导,鉴定性试验就会成为盲目的试验。鉴定性试验本身也具有重要的科学价值。根据一定标准或规范进行的鉴定性试验所提供的大量数据资料是发展与充实结构设计理论的一条主要途径。鉴定性试验具有直接的生产目的,一般以真实结构为试验对象,通过试验鉴定对实际结构做出技术结论。鉴定性试验常用来解决以下几方面的问题:

(1)检验桥梁质量,验证工程的可靠性。对于一些比较重要的结构物或采用新计算理论、新材料及新工艺的结构物,在建成之后要求通过试验综合鉴定其质量的可靠程度;对于成批生产的预制构件,则在出厂或安装之前,需要按照试验规程抽样试验以推断成批产品的质量。

(2)判断结构的实际承载能力和使用条件,为桥梁的养护维修、改建和扩建工程提供数据。当旧桥梁结构需要判定结构的实际承载能力或需拓宽、需要提高其使用荷载等级时,往往要求通过荷载试验来确定这些旧桥梁结构的承载潜力和使用条件,这对于那些缺乏技术资料的旧桥梁结构更为必要。

(3)为处理工程质量事故提供技术依据。对于在建造或使用过程中产生严重缺损或遭受地震、火灾、爆炸等灾害而损伤的桥梁结构,常需通过荷载试验,分析桥梁缺损程度,掌握其变化规律,了解其实际承载能力,为技术处理提供依据。

通常指的桥梁现场试验均属于鉴定性试验范畴。一般应在桥梁技术状况检查与评定的基础上,进行桥梁荷载试验与承载能力的评定。桥梁静动载试验现场情况如图 7-1、图 7-2 所示。

图 7-1　静载试验

图 7-2　动载试验

7.2　荷载试验的准备工作

准备阶段的工作内容主要有：收集、研究试验桥梁的有关技术文件，考察试验桥梁的现状和试验的环境条件，拟定试验方案及试验程序，确定试验组织及人员组成、测试系统的构成，仪器的组配、标定及必要的器材准备等工作。本节重点叙述资料收集及仪器设备准备工作，试验方案设计及试验程序分别在静载试验与动载试验中阐述。

7.2.1　荷载试验的目的及其主要内容

1）静载试验的目的及主要内容

静载试验的目的就是将标准设计荷载或标准设计荷载的等效荷载施加于桥梁结构的指定位置，对桥梁结构的应变分布、变形等进行检测，以此对桥梁结构性能作出判断，从而检验桥梁结构的设计与施工质量，并判断桥梁结构实际的承载力。

桥梁静载试验反映桥梁结构的强度和静力刚度。由各座桥梁的结构形式选定静载试验控制截面，根据竣工设计图或维修后图纸，计算内力影响线，按照设计荷载，确定相应控制截面的加载工况及轮位,对桥梁加载,通过将试验中测得的结构应变、梁体挠度、支座位移与理论计算值进行比较,并与规范规定的强度、刚度指标进行比较,以确定桥梁的实际承载能力。

2)动载试验目的及主要内容

桥梁动载试验结果反映结构的动力刚度、桥梁结构在运营活载作用下结构动力响应和桥梁舒适度。动力试验主要测试内容包括结构固有振动特性及动力响应等。根据各座桥梁的结构形式确定动载测点布置位置,并布置加载速度、速度传感器及动挠度计等。动载试验分为强迫振动试验和脉动试验,强迫振动试验分为跑车试验、跳车试验及制动试验。动载试验的测试内容如下:

(1)脉动试验

当桥跨结构无车辆通过时,桥跨结构处于环境激振之下,作振幅微小的振动。脉动测试需记录脉动位移或加速度,将记录的信号在高精度的信号分析仪上进行频谱分析,便得到频谱图。将频谱分析的数据再结合跑车、跳车等的测试数据,综合分析便可得到精确而真实的桥跨结构自振特性数据。

脉动测试时要求封桥,试验期间不允许车辆在桥上行驶。

(2)跑车试验

在桥面无任何障碍的情况下,用试验汽车以不同车速匀速通过桥面来做跑车试验。跑车速度一般定为10km/h、20km/h、30km/h、40km/h、50km/h、60km/h(可根据现场具体情况做适当调整),测量不同行驶速度下桥跨结构控制断面的动力响应(动应变或动挠度),进而求出桥梁冲击系数和车速的关系。

(3)跳车试验

在预定激振位置设置一块高15cm的直角三角木,斜边朝向汽车。一辆满载重车后轮越过三角木由直角边落下后,立即停车,测试结构的阻尼、竖向固有频率。跳车三角垫木如图7-3所示。

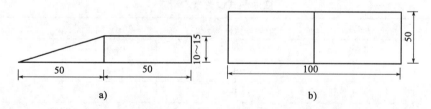

图7-3 跳车三角垫木结构示意图(尺寸单位:cm)

(4)制动试验

制动试验是测定车辆在桥上紧急制动时产生的响应,评定桥梁承受活载水平力的性能。

7.2.2 试验仪器设备的准备

在试验规划阶段,应根据试验的目的及测试的内容,选择量程适合、精度较高、性能稳定的试验设备。设备选择,一般应按下列原则考虑:

(1)所用的仪器、仪表应是经过计量检定的,对于需要系统标定的应采用可靠的方法进行系统标定。

(2)选择仪器、仪表应从试验的实际需要出发,选用的仪器、仪表应满足测试精度的要求。

(3) 在选用仪器、仪表时,既要注意环境条件,又要避免盲目地追求精度,应根据实际情况,慎重选择和比较,采用符合要求又简易的量测装置。

(4) 量测仪器、仪表的型号、规格,在同一试验中种类越少越好,尽可能选用同一类型或规格的仪器仪表。

(5) 仪器、仪表应当有适合的量程,精度过大不满足试验需要,精度过小又不满足量程的需要。桥梁现场试验中,常见设备的技术指标要求见表 7-1 ~ 表 7-7。

应变测试设备技术要求　　　　　　　　　　　　　　　表 7-1

量测内容	仪表名称	最小分划值 $\mu\varepsilon$	常用量测范围 $\mu\varepsilon$	数据采集分析系统 仪器名称	数据采集分析系统 技术参数	备注
应变	千分表	2	±(5~2000)			配附件
	杠杆引伸仪	2	±(50~200)			配附件
	手持应变仪	5	±(100~20000)			配附件
	电阻应变仪	1	±20000	应变测试分析系统	1. 测量应变范围:±20000$\mu\varepsilon$; 2. 分辨率:1$\mu\varepsilon$	贴电阻片
	振弦式应变计	1	±3000	振弦式传感器、频率测量仪或综合测试仪	1. 测量范围:振弦频率 400~6000Hz; 2. 测量精度:频率精度 0.05Hz	表面粘贴
	光纤光栅式应变计	2	±6000	光纤光栅式解调仪	1. 可接入传感单元扫描频率>60Hz; 2. 波长分辨率不大于 1×10^{-6}	表面粘贴、埋设

注:1. 测钢构件(或混凝土内钢筋)应变,宜采用标距不大于 6mm 的小标距应变计;测混凝土结构表面应变,宜用标距不小于 80~100mm 的大标距应变计。
2. 或采用符合技术要求的其他设备。

变形测试设备技术要求　　　　　　　　　　　　　　　表 7-2

量测内容	仪表名称	最小分划值及精度	常用量测范围	备 注
变形	千分表	0.001mm	0~10mm	配置安装配件
	百分表	0.01mm	1~50mm	配置安装配件
	精密水准仪	0.3mm		
	全站仪	测角:精度为 0.5″; 测距:标准测量精度 1.0mm + $1\times10^{-6}L$		监测使用时大气环境,必要时进行修正
	位移计	0.01~0.03mm	20~100mm	配置安装配件
	经纬仪	0.5mm	—	
	连通管	0.1mm	<300mm	配备测读仪器
	卫星定位系统	坐标测量 水平:5mm + $1\times10^{-6}L$; 垂直:10mm + $2\times10^{-6}L$		满足大跨度桥梁形变测量需要

注:1. 或采用符合技术要求的其他设备。
2. L 为观测距离。

裂缝观测设备技术要求 表7-3

量测内容	仪表名称	最小分划值(mm)	常用量测范围(mm)	备 注
裂缝	刻度放大镜	0.01	—	配置安装配件
	裂缝计	0.01	<200	
	千分表	0.001	0~1	

注:或采用符合技术要求的其他设备。

倾角测试设备技术要求 表7-4

量测内容	仪表名称	最小分划值	常用量测范围	备 注
倾角	水准式倾角仪	2.5′	20′~1°	固定支架
	光纤光栅式倾角计	5′	±10°	配置安装配件
	倾角仪	1′	±(1°~18°)	配置安装配件
	双轴倾角仪	1′	±30°	配置安装配件

注:或采用符合技术要求的其他设备。

自振特性参数测试设备技术要求 表7-5

测量内容	测量系统		数据采集分析系统	
	仪器名称	适用范围	仪器名称	技术参数
动力特性参数	磁电式拾振器及放大器	1. 测量范围:位移±20mm;加速度±0.5g; 2. 频率响应:0.3~20Hz; 3. 可用于行车试验、脉动试验	由计算机与相应软件构成的采集系统	1. 输入电压范围0~±5(10)V; 2. 频率响应:0~5kHz; 3. 采样频率不低于1kHz
	应变式加速度计及动态应变仪	1. 测量范围:±5g; 2. 频率响应:0~100Hz; 3. 可用于行车试验		
	压电式加速度计及电荷放大器	1. 测量范围:±100g; 2. 频率响应:0.5~1Hz; 3. 可用于行车试验,索力测量,高灵敏的也可用于脉动试验		
	伺服式加速度计及放大器	1. 测量范围:±5g; 2. 频率响应:0~100Hz; 3. 可用于行车试验、脉动试验		
	电容式加速度计及放大器	1. 测量范围:±5g; 2. 频率响应:0~100Hz; 3. 可用于行车试验、脉动试验		

动力响应测试设备技术要求　　　　　　　　　　　　　　　表 7-6

测量内容	测量系统		数据采集分析系统		备注
	仪器名称	适用范围	仪器名称	技术参数	
应变	电阻应变计（片）及动态应变仪	1. 测量范围：±15000με； 2. 频率响应：0～10kHz； 3. 可用于行车试验	由计算机与相应软件构成的采集系统	1. 输入电压范围 0～±5(10)V； 2. 频率响应：0～5kHz； 3. 采样频率不低于1kHz	可预埋或后装
	光纤光栅式应变计及调制解调器	1. 测量范围：±6000με； 2. 分辨率 1με； 3. 可用于行车试验	光纤光栅式解调仪	采样频率：不低于100Hz	

动力响应测试设备技术要求　　　　　　　　　　　　　　　表 7-7

测量内容	测量系统		数据采集分析系统		备注
	仪器名称	适用范围	仪器名称	技术参数	
位移	电阻应变式位移计及动态应变仪	1. 测量范围：±15000με； 2. 频率响应：0～20kHz； 3. 可用于低速行车试验	由计算机与相应软件构成的采集系统	1. 输入电压范围 0～±5(10)V； 2. 频率响应：0～5kHz； 3. 采样频率不低于1kHz	接触式测量，需要表架
	光电位移测量装置	1. 测量距离：±500με； 2. 测量范围：±2.5m（当最大测距时）； 3. 频率响应：20Hz； 4. 可用于行车试验			非接触式测量
	光电动挠度仪	1. 测量范围：5～500m； 2. 频率响应：±0.02～±0.03mm，与测量距离有关	—	—	非接触式测量

除了上述测试设备外，现场还应准备必要的辅助设备及工作平台，为检测人员布设测点及测试使用。同时，对具备条件的桥梁，测试挠度时尚应设置挠度计或百分表的固定支架。工作平台可利用检测车，可搭设固定支架，也可搭设吊架，具体选用可根据实际情况确定。无论采用哪种方式，要求工作平台必须安全、牢固，确保人员及设备安全。现场检测平台如图 7-4 所示。

图 7-4　检测平台

最后应事先准备加载设备,桥梁现场试验不同于实验室内的结构试验,很难采用千斤顶加载。对整桥试验来说,多采用载重汽车(也可考虑重物堆载或其他配重方案),按内力等效的原则进行加载。但堆载的时间很长,耗费人力,且会因环境因素给测试结果带来不利影响。此种方法,多用于工程中的单梁试验,为加快加载速度,根据计算结果,也可以考虑利用工程梁或其他重物的配载方案。实际检测工作中多采用载重汽车,载重汽车一般采用三轴汽车,为简化计算工作,汽车的型号不宜过多。此外,为确保加载过程中行车道板的安全,加载车辆的轴重不宜超过桥梁设计规范中车辆荷载后轴重量的1.3倍。为确保施加荷载的准确性,事先应对加载车辆的轴距、轮距进行量测,并利用地秤实测车辆的轴重及总重,并做好记录,绘出各加载车的轴距、轮距、轴重简图。表7-8为黑龙江省牡丹江西十一路自锚悬索桥部分载重汽车的量测情况,试验车型、轴重及轴距如图7-5和表7-8所示。

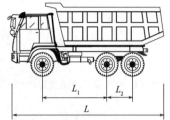

图7-5 试验车辆荷载图示

加载车辆技术参数表(t) 表7-8

车号	总重	前轴	中轴	后轴	车号	总重	前轴	中轴	后轴
××××	30.42	6.08	12.17	12.17	××××	30.68	5.02	12.83	12.83
××××	29.96	6.00	11.98	11.98	××××	29.52	4.38	12.57	12.57

7.3 桥梁结构静载试验

静载试验一般宜在桥面铺装施工完成且材料达到其设计强度后进行,可以保证加载试验时桥面板受力和桥面行车试验更接近于设计状态。静载试验的过程包括试验准备阶段、现场试验、数据处理与分析三个阶段。试验前的准备工作在上一节中已经阐述。

7.3.1 试验方案设计

桥梁静载试验是一项复杂的工作,除技术工作外,还涉及现场实际情况、封闭交通等诸多事宜,为此一定要事先统筹规划,进行周密的试验方案设计。本节主要从技术层面,阐述桥梁静载试验方案设计工作。

1)试验桥孔选择及测试断面的确定

首先应对结构的设计图纸进行研读,然后对拟试验桥联(座)进行现场踏勘和外观检查,根据桥梁的结构形式、病害严重程度及测试条件,选择代表性桥孔作为测试孔,测试孔的选择应反映结构的受力特点、结构受力最不利情况,同时宜考虑便于搭设支架或检测车操作,加载方便,仪器设备连接容易实现等因素。此外,对采用新技术、新工艺、新结构或新材料等建成的桥梁,进行荷载试验时,宜逐联或逐座进行。

常见桥梁主要测试断面及最大内力工况见表7-9。表中主要工况为该类桥型必做工况,附加情况可根据桥梁的实际病害情况选做。对于表列以外的桥型如异形桥、组合体系桥梁测试截面及其相应的荷载工况,通常结合理论计算成果和结构具体特征确定。计算时除考虑弯矩、剪力、轴力等最不利受力工况外,通常还要考虑扭矩及弯扭耦合等受力工况,并关注梁端支座反力的变化,此处不再赘述;加固或改建后的桥梁应根据其最终结构体系受力特点,按最不利受力的原则,结合加固或改建的具体内容、范围及改造前病害严重程度选择测试截面,确定相应的试验工况;加宽后桥梁试验工况和测试截面尚应针对新旧结构分别设置试验工况和测试截面,并增设横向联系试验工况。

  除上部结构外,可根据桥梁结构的具体病害情况,增加基础沉降、盖梁最大正负弯矩荷载工况等试验内容。

常见桥梁静载试验工况及测试断面　　　　　表7-9

桥型		试 验 工 况	测 试 截 面
简支梁桥	主要工况	跨中截面主梁最大正弯矩工况	跨中截面
	附加工况	1. $L/4$ 截面主梁最大正弯矩工况; 2. 支点附近主梁最大剪力工况	1. $L/4$ 截面; 2. 梁底距支点 $h/2$ 截面内侧向上 45° 斜线与截面形心线相交位置
连续梁桥	主要工况	1. 主跨支点位置最大负弯矩工况; 2. 主跨跨中截面最大正弯矩工况; 3. 边跨主梁最大正弯矩工况	1. 主跨(中)支点截面; 2. 主跨最大弯矩截面; 3. 边跨最大弯矩截面
	附加工况	主跨(中)支点附近主梁最大剪力工况	计算确定具体截面位置
悬臂梁桥	主要工况	1. 墩顶支点截面最大负弯矩工况; 2. 锚固孔跨中最大正弯矩工况	1. 墩顶支点截面; 2. 锚固孔最大正弯矩截面
	附加工况	1. 墩顶支点截面最大剪力工况; 2. 挂孔跨中最大正弯矩工况; 3. 挂孔支点截面最大剪力工况; 4. 悬臂端最大挠度工况	1. 计算确定具体截面位置; 2. 挂孔跨中截面; 3. 挂孔梁底跨支点 $h/2$ 截面向上 45° 斜线与挂孔截面形心线相交位置; 4. 悬臂端截面
三铰拱桥	主要工况	1. 拱顶最大剪力工况; 2. 拱脚最大水平推力工况	1. 拱顶两侧 1/2 梁高截面; 2. 拱脚截面
	附加工况	1. $L/4$ 截面最大正弯矩和最大负弯矩工况; 2. $L/4$ 截面正负挠度绝对值之和最大工况	1. 主拱 $L/4$ 截面; 2. 主拱 $L/4$ 截面及 $3L/4$ 截面
两铰拱桥	主要工况	1. 拱顶最大正弯矩工况; 2. 拱脚最大水平推力工况	1. 拱顶截面; 2. 拱脚截面
	附加工况	1. $L/4$ 截面最大正弯矩和最大负弯矩工况; 2. $L/4$ 截面正负挠度绝对值之和最大工况	1. 主拱 $L/4$ 截面; 2. 主拱 $L/4$ 截面及 $3L/4$ 截面

续上表

桥型	试验工况		测试截面
无铰拱桥	主要工况	1. 拱顶最大正弯矩及挠度工况； 2. 拱脚最大负弯矩工况； 3. 系杆拱桥跨中附近杆(索)最大拉力工况	1. 拱顶截面； 2. 拱脚截面； 3. 典型吊杆(索)
无铰拱桥	附加工况	1. 拱脚最大水平推力工况； 2. $L/4$ 截面最大正弯矩和最大负弯矩工况； 3. $L/4$ 截面正负挠度绝对值之和最大工况	1. 拱脚截面； 2. 主拱 $L/4$ 截面； 3. 主拱 $L/4$ 截面及 $3L/4$ 截面
门式刚架桥	主要工况	1. 跨中截面主梁最大正弯矩工况； 2. 锚固端最大或最小弯矩工况	1. 跨中截面； 2. 锚固端梁式立墙截面
门式刚架桥	附加工况	锚固端最大或最小弯矩工况	1. 跨中截面； 2. 锚固端梁或立墙截面
斜腿刚架桥	主要工况	1. 跨中截面主梁最大正弯矩工况； 2. 斜腿顶主梁截面最大负弯矩工况	1. 中跨最大正弯矩截面； 2. 斜腿顶中主梁截面或边主梁截面
斜腿刚架桥	附加工况	1. 边跨主梁最大正弯矩工况； 2. 斜腿顶最大剪力工况； 3. 斜腿脚最大或最小弯矩工况	1. 边跨最大正弯矩截面； 2. 斜腿顶中或边主梁截面或斜腿顶截面； 3. 斜腿脚截面
T形刚构桥	主要工况	1. 墩顶截面主梁最大负弯矩工况； 2. 挂孔跨中截面主梁最大正弯矩工况	1. 墩顶截面； 2. 挂孔跨中截面
T形刚构桥	附加工况	1. 墩顶支点附近主梁最大剪力工况； 2. 挂孔支点截面最大剪力工况	1. 计算确定具体截面位置； 2. 挂孔梁底距支点 $h/2$ 截面向上 45° 斜线与挂孔截面形心线相交位置
连续刚构桥	主要工况	1. 主梁中孔跨中最大正弯矩及挠度工况； 2. 主梁墩顶最大负弯矩工况； 3. 主塔塔顶纵桥向最大水平位移与塔脚截面最大弯矩工况	1. 中跨最大正弯矩截面； 2. 墩顶截面； 3. 塔顶截面(位移)及塔脚最大弯矩截面
连续刚构桥	附加工况	1. 中孔跨中附近拉索最大拉力工况； 2. 主梁最大纵向漂移工况	1. 典型拉索； 2. 加劲梁两端(水平位移)
斜拉桥	主要工况	1. 主梁中孔跨中最大正弯矩及挠度工况； 2. 主梁墩顶最大弯矩工况； 3. 主塔塔顶纵桥向最大水平位移与塔脚截面最大弯矩工况	1. 中跨最大正弯矩截面； 2. 墩顶截面； 3. 塔顶截面(位移)及塔脚最大弯矩截面
斜拉桥	附加工况	1. 中孔跨中附近拉索最大拉力工况； 2. 主梁最大纵向漂移工况	1. 典型拉索； 2. 加劲梁两端(水平位移)
悬索桥	主要工况	1. 加劲梁跨中最大弯矩及挠度工况； 2. 加劲梁 $3L/8$ 截面最大正弯矩工况； 3. 主塔塔顶纵桥向最大水平位移与塔脚截面最大弯矩工况	1. 中跨最大弯矩截面； 2. 中跨 $3L/8$ 截面； 3. 塔顶截面(位移)及塔脚最大弯矩截面
悬索桥	附加工况	1. 主缆锚跨索股最大张力工况； 2. 加劲梁端最大纵向漂移工况； 3. 吊杆(索)活载张力最大增量工况； 4. 吊杆(索)张力最不利工况	1. 主缆锚固区典型索股； 2. 加劲梁两端(水平位移)； 3. 典型吊杆(索)； 4. 最不利吊杆(索)

注：1. L-桥梁计算跨径；h-主梁梁高。
2. 为便于与规程衔接，测点布置图参考了《公路桥梁荷载试验规程》(JTG/T 21-01—2015)。

2) 测试内容

静载试验的测试内容应反映桥梁结构内力、应力(应变)、位移及裂缝最不利控制截面的力学特征,试验过程应关注可能出现的异常现象。应力(应变)观测主要是针对测试截面的受拉和受压区。通常沿截面高度或横向位置分布测点,以测试结构的应力分布特征;位移测试包括主梁控制截面的挠度、纵向或横向位移、主塔三维坐标等的测试,反映了桥梁结构整体或局部的刚度特性。当难以直接测试结构的位移时,也可通过测试其倾角来计算位移,并反映桥塔等结构的竖直度;试验荷载下的索(杆)力增量及其分布反映了结构的受力特点;除此以外,观测结构裂缝变化也是一项重要的工作;支点沉降测试,主要是为了求得结构的真实位移。常见桥梁静载试验测试内容可按表 7-10 确定。

常见桥梁静载试验测试内容　　　　　　　　表 7-10

桥型		测 试 内 容
简支梁桥	主要内容	1. 跨中截面挠度和应力(应变); 2. 支点沉降; 3. 混凝土梁体裂缝
	附加内容	1. 主拱 $L/4$ 截面; 2. 支点斜截面应力(应变)
连续梁桥	主要内容	1. 主跨支点斜截面应力(应变); 2. 主跨最大正弯矩截面应力(应变)及挠度; 3. 边跨最大正弯矩截面应力(应变)及挠度; 4. 支点沉降; 5. 混凝土梁体裂缝
	附加内容	主跨(中)支点附近斜截面应力(应变)
悬臂梁桥	主要内容	1. 墩顶支点截面应力(应变); 2. 锚固孔最大正弯矩截面应力(应变)及挠度; 3. 墩顶沉降; 4. 混凝土梁体裂缝
	附加内容	1. 墩顶附近斜截面应力(应变); 2. 挂孔跨中截面应力(应变)及挠度; 3. 挂孔支点附近斜截面应力(应变); 4. 悬臂跨最大挠度; 5. 牛腿部分局部应力(应变)
三铰拱桥	主要内容	1. $L/4$ 截面挠度和应力(应变); 2. 拱顶两侧 1/2 梁高处斜截面应力(应变); 3. 墩台顶的水平位移; 4. 混凝土梁体裂缝
	附加内容	1. $L/4$ 截面挠度和应力(应变); 2. 拱上建筑控制截面的位移和应力(应变)
两铰拱桥	主要内容	1. 拱顶截面应力(应变)和挠度; 2. $L/4$ 截面挠度和应力(应变); 3. 墩台顶水平位移; 4. 混凝土梁体裂缝
	附加内容	1. $L/4$ 截面挠度和应力(应变); 2. 拱上建筑控制截面的位移和应力(应变)

续上表

桥型		测 试 内 容
无铰拱桥	主要内容	1. 拱顶截面应力(应变)和挠度; 2. 拱脚截面应力(应变); 3. 混凝土梁体裂缝
	附加内容	1. $L/4$ 截面挠度和应力(应变); 2. 墩台顶水平位移; 3. 拱上建筑控制截面的变形和应力(应变)
门式刚架桥	主要内容	1. 主梁最大正弯矩截面应力(应变)及挠度; 2. 锚固端最大或最小弯矩截面应力(应变); 3. 支点沉降; 4. 混凝土梁体裂缝
	附加内容	锚固端附近斜截面应力(应变)
斜腿刚架桥	主要内容	1. 中跨主梁最大正弯矩截面应力(应变)及挠度; 2. 主梁最大负弯矩截面应力(应变)及挠度; 3. 支点沉降; 4. 混凝土梁体裂缝
	附加内容	1. 边跨主梁最大正弯矩截面应力(应变)及挠度; 2. 斜腿顶附近主梁或斜腿斜截面应力(应变); 3. 斜腿脚最大或最小弯矩截面应力(应变)
T形刚构桥	主要内容	1. 墩顶支点截面应力(应变); 2. 挂孔跨中截面应力(应变); 3. T构悬臂端的挠度; 4. T构墩身控制截面的应力(应变); 5. 混凝土梁体裂缝
	附加内容	1. 墩顶支点斜截面应力(应变); 2. 挂梁支点截面附近或悬臂附近斜截面应力(应变)
连续刚构桥	主要内容	1. 主跨墩顶截面主梁应力(应变); 2. 主跨最大正弯矩截面应力(应变)及挠度; 3. 边跨最大正弯矩截面应力(应变)及挠度; 4. 混凝土梁体裂缝
	附加内容	1. 墩顶支点截面附近斜截面应力(应变); 2. 墩身控制截面应力(应变); 3. 墩身纵桥向水平位移
斜拉桥	主要内容	1. 主梁中孔最大正弯矩截面应力(应变)及挠度; 2. 主梁墩顶支点斜截面应力(应变); 3. 主塔塔顶纵桥向水平位移与塔脚截面应力(应变); 4. 塔柱底截面应力(应变); 5. 混凝土梁体裂缝; 6. 典型拉索索力
	附加内容	1. 活载作用下斜拉索索力最大增量; 2. 加劲梁纵向漂移

续上表

桥梁	测试内容	
悬索桥	主要内容	1. 加劲梁最大正弯矩截面应力(应变)及挠度; 2. 主塔塔顶纵桥向最大水平位移与塔脚截面应力(应变); 3. 塔、梁体混凝土裂缝; 4. 最不利吊杆(索)力增量
	附加内容	1. 主缆锚跨索股最大张力增量; 2. 加劲梁梁端最大纵向漂移; 3. 吊杆(索)活载张力最大增量

注：L-桥梁计算跨径。

3）测点布置

（1）应变测点

应变测点应根据测试截面及测试内容合理布置，并应能反映桥梁结构的受力特征。单向应变测点布置应体现左右对称、上下兼顾、重点突出的原则，并应能充分反映截面高度方向的应变分布特征。单点应变花测点的布置不宜少于两组。测点布置完毕，应准确测量其位置。

常见截面的单向应变测点布置见表7-11。结构对称时1/2横截面的应变测点可减少。

常见桥梁结构主要截面应变测点布置示意 表7-11

构件名称	主要截面类型	应变测点布置图	备 注
混凝土主梁	板式截面	整体式实心板	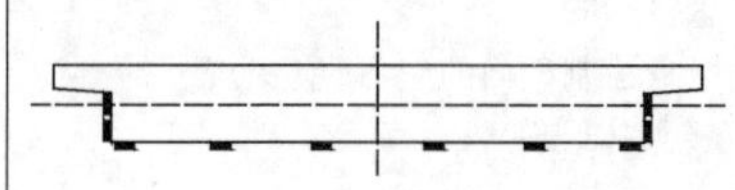 1. 板底面测点不宜少于5个，对称布置; 2. 侧面测点不宜少于2个
		整体式空心板	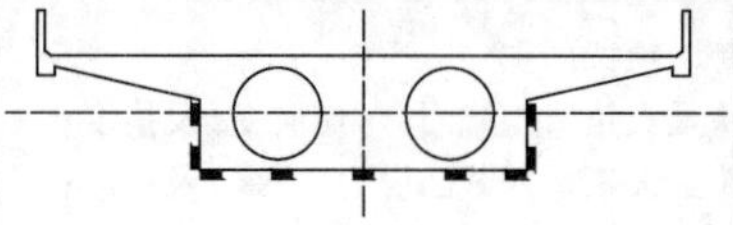 1. 板底面测点不宜少于5个，对称布置; 2. 侧面测点不宜少于2个; 3. 腹板对应位置宜布置测点
		装配式空心板	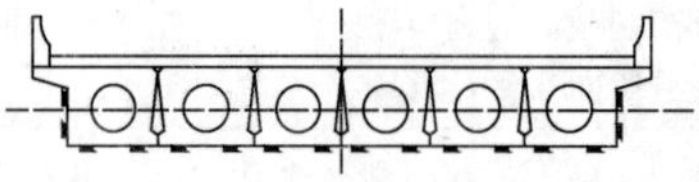 1. 每片板底面测点不宜少于2个; 2. 侧面测点不宜少于2个
		钢筋混凝土T梁	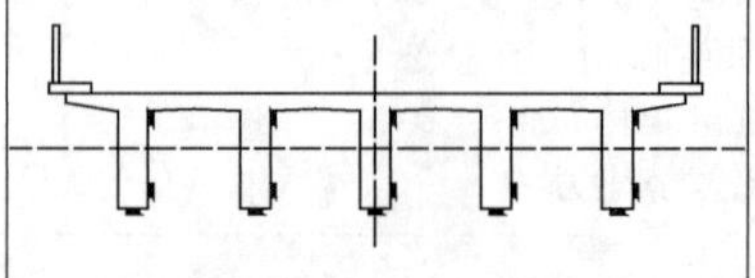 1. 每片梁底面测点为1~2个; 2. 每片梁侧面测点不宜少于2个

续上表

构件名称	主要截面类型	应变测点布置图	备注
钢箱梁及钢混组合梁	钢混组合梁 π形梁		1. 单纵梁顶、底板测点不宜少于2个; 2. 单纵梁侧面测点不宜少于3个; 3. 混凝土下缘测点不宜少于5个,对称布置
	I形梁		1. 顶、底面测点不宜少于2个; 2. 单侧面测点不宜少于3个
拱肋	钢筋混凝土 矩形		1. 顶、底面测点不宜少于2个; 2. 单侧面测点不宜少于3个
	箱形		1. 顶、底面测点不宜少于2个; 2. 单侧面测点不宜少于3个
	钢管混凝土 单肢		不宜少于4个,对称布置
	双肢		单肢不宜少于5个,钢板与缀板连接处布置测点,并准确测量几何中心

注:应变测试应设置补偿片,补偿片位置应处于与结构相同材质、相同环境的非受力部位。

主拉应力应采用应变花测量,简支梁主拉应力应变测点的布置见表7-12,其他结构可按计算确定主拉应力控制断面布置。

简支梁主拉应力应变测点布置　　　　　　　　　　表7-12

构件名称	主要测试内容	应变测点布置示意图	测 试 位 置
主梁	近支点附近主应力	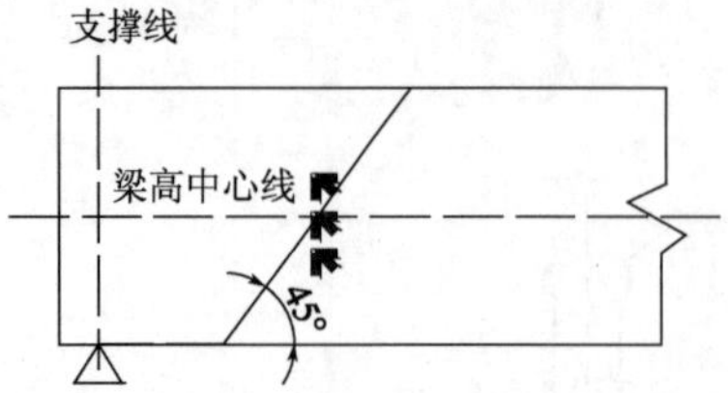 (支撑线、梁高中心线、45°方向示意图)	简支梁支点向桥跨方向1/2梁高处沿45°方向与主梁中心线相交位置不宜少于3个应变花,其余构件主应力测试位置应经计算确定

(2)位移测点的布置应遵循原则

位移测点的测值应能反映结构的最大变位及其变化规律。主梁竖向位移的纵桥向测点宜布置在各工况荷载作用下挠度曲线的峰值位置;横向位移测点的横向布置应充分反映桥梁横向挠度分布特征,整体式截面不宜少于3个,多梁式(分离式)截面宜逐片梁布置。常见主梁竖向位移测点的横向布置见表7-13。

主梁水平位移测点应根据计算布置在相应的最大位移处。墩塔的水平位移测点应布置在顶部,并根据需要设置纵、横向测点。支点沉降的测点宜靠近支座处布置。

裂缝测点应布置在开裂明显、宽度较大的部位。

倾角测点宜根据需要布置在转动明显、角度较大的部位。

典型桥梁断面挠度及支点沉降布置　　　　　　　　　　表7-13

构件名称	主要截面类型	位移测点布置图	备 注
混凝土梁	梁式截面 π形梁	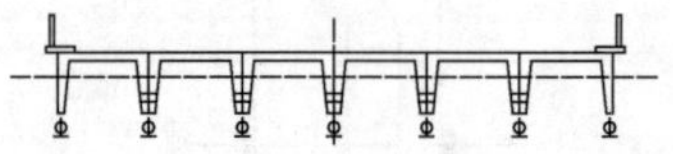 (示意图)	每片梁底面不宜少于1个或桥面不宜少于3个
	分离式箱梁	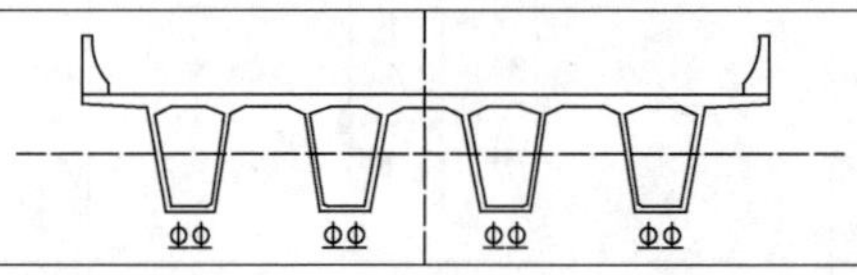 (示意图)	每片梁底面不宜少于1~2个或桥面不宜少于3个
	整体式箱梁	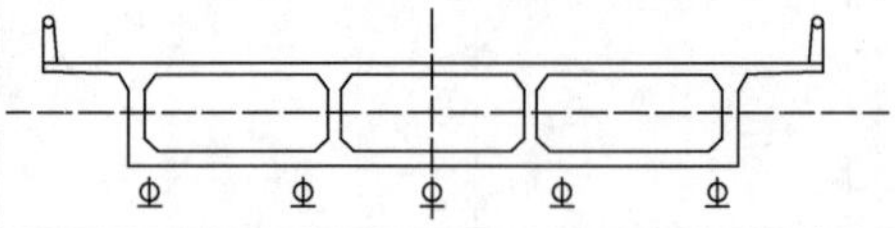 (示意图)	横桥向梁底不宜少于3个或桥面不宜少于3个
钢箱梁及钢混组合梁	钢箱梁	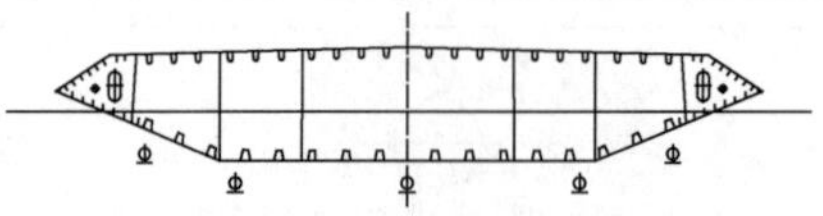 (示意图)	横桥向梁底不宜少于5个或桥面不宜少于3个
	钢混组合梁	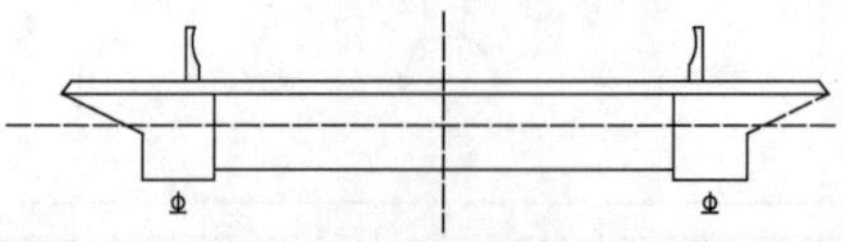 (示意图)	每片纵梁底面不宜少于1个或桥面不宜少于3个

续上表

构件名称	主要截面类型	位移测点布置图	备 注
混凝土梁	板式截面	整体式实心板	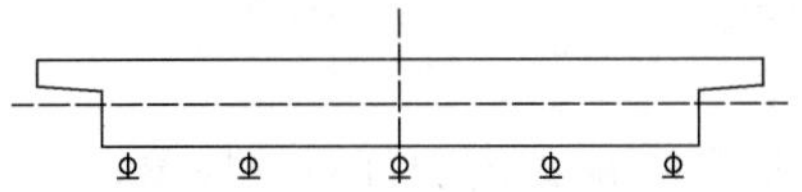 横桥向底面或桥面不宜少于3个
		整体式空心板	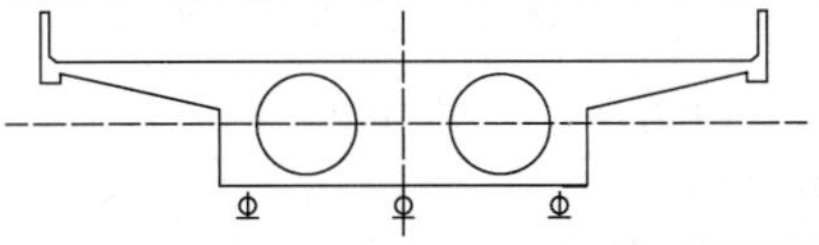 横桥向底面或桥面不宜少于3个
		装配式空心板	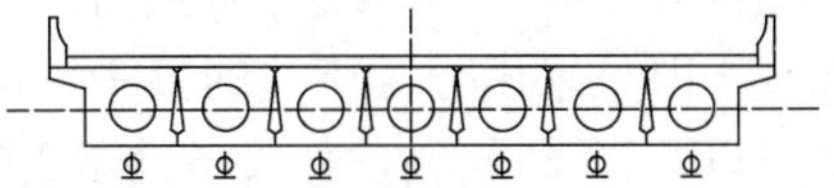 每片梁底面不宜少于1个或桥面不宜少于3个
	梁式截面	钢筋混凝土T梁	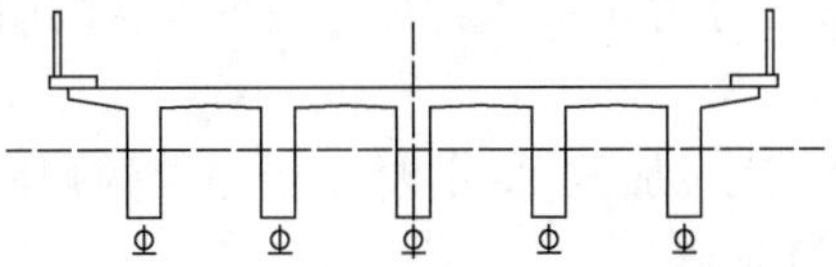 每片梁底面不宜少于1个或桥面不宜少于3个
		预应力钢筋混凝土T梁	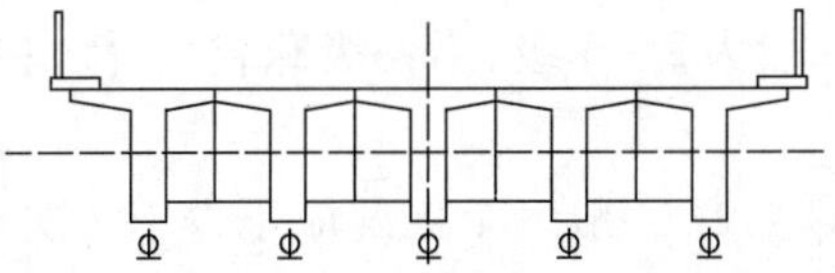 每片梁底面不宜少于1个或桥面不宜少于3个
		I形梁	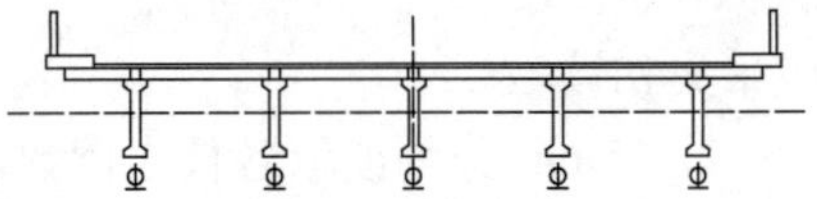 每片梁底面不宜少于1个或桥面不宜少于3个

注:为便于与规程衔接,测点布置图参考了《公路桥梁荷载试验规程》(JTG/T J21-01—2015)。

4)加载、卸载方案

(1)加载方案设计(Design of Loading Scheme)

对整桥试验来说,现场多采用载重汽车,也可采用堆载等其他加载方式,按内力等效的原则来模拟设计荷载进行加载。根据表7-13的不同桥型的控制断面应进行纵横向不利布载。对于直桥,一般先计算控制断面的内力影响线,计算设计荷载下的不利内力。然后利用试验的载重汽车在影响线进行不利布载,使得两者的内力相等或十分接近,确定纵向加载方案;根据结构的横向连接情况,确定荷载横向分布系数的计算方法,计算荷载的横向分布影响,进行横向最不利布载,确定横向加载方案。

对于曲线桥梁、异形桥梁,可采用空间有限元模型进行计算,按影响面进行纵横不利布载,同样按内力等效的原则,确定不利的加载位置及加载车辆。

除此以外,考虑到车辆荷载居中行驶的概率大,为全面考察桥梁的受力性能,一般应增加横桥向中载加载方案。

对每一种加载方案,应计算试验荷载作用下控制断面的控制应力、挠度等,以便于在试验过程中,对结构主要控制点的主要应力或变形进行控制,确保试验及结构安全。

静载试验荷载效率(Response Ratio of Test Load to Design Load)是指试验荷载的内力效应

与设计荷载内力效应的比值,是衡量试验加载充分程度的指标。对于交(竣)工验收荷载试验,宜介于 0.85~1.05 之间,其他情况为 0.95~1.05。静载试验荷载效率按式(7-1)计算。

$$\eta = \frac{S_s}{(1+\mu)S} \tag{7-1}$$

式中:η——静力试验荷载效率;

S_s——试验荷载作用下控制断面最大内力计算效应值;

S——设计控制荷载作用下控制断面内力效应值;

μ——汽车荷载的冲击系数(Impact Coefficient)。

(2)加载分级

为了获得结构试验荷载与变位关系的连续曲线和防止结构意外损伤,每一检验项目静力试验荷载宜进行预加载。预加载一般可采用分级荷载的第一级荷载或单车荷载,预加载主要目的是消除新建结构的残余变形以及调试设备,确保设备处于正常工作状态。

静力试验荷载的加载一般可分为 3~5 级,对于缺少资料的旧桥应适当加密荷载分级。

(3)试验加载、卸载程序

①按确定的试验荷载分级,逐级加载,待主要控制测点的响应达到稳定条件后,再进行下一级加载,直至预定的最后一级荷载。

②卸载,应按分级进行,一般为 2~3 级,第一级卸载后,待主要测点的响应达到稳定条件,再进行下一级卸载,直至零载。

③其他工况基本同步骤①~②,一般一个工况应不少于 2 次。

(4)静载试验数据采集与读数

①正式加载前,所有仪表应采集初读数。

②第一级加载后,在 0min、5min、15min 分别读取各仪表读数。以后,主要观测主要控制点的读数,当主要控制点在 5min 内的变形小于第一个 5min 内变形的 15%,或小于仪器最小分辨率值时,认为已经稳定,读取本级读数。可进行下一级加载。

③第二级加载读数同第一级,直至最后一级加载读数完毕。

④第一级卸载后,待达到稳定条件后,所有仪表读数,作为第一级卸载读数。开始第二级卸载,直至卸载至 0。

⑤对于需要温度修正的,应同步读取温度读数。

7.3.2 加载方案及观测方案设计与实施

静载试验现场组织是实现预定的试验方案的重要保证,其内容包括试验前准备工作、试验工作及现场清理。试验组织就是把上述内容按先后顺序互相衔接,形成一个有机、完整、高效率组织计划,并在试验中按照这个计划进行,只有遇到特殊情况或发现异常情况时,才按照加载控制及加载终止的条件予以调整。静力试验应选择在 3 级风以下,气温及结构温度稳定的时间段进行。温度低于 5℃或高于 35℃时,不宜进行试验。

1)试验前准备工作

试验前准备工作内容比较多,主要包括以下工作:

(1)为了能够较方便地布置测点、安装仪表或进行读数,必要时要搭设脚手架、使用升降设备或桥梁检测车,搭设的支架应牢固可靠,便于使用,同时注意所搭设的支架不能影响试验对象的自由变形。此外,要在距离测试部位适当的地方搭设棚帐,以供操作仪器使用,还要接通电源或自备发电设备,安装照明设备。

(2)按照试验方案设计的应变测点位置,进行应变测点的放样定位。对于结构表面测点,要进行表面打磨处理或局部改造(如在测点位置局部铲除桥面铺装);对于结构内部测点如钢筋计,则要在施工过程中预埋测试元件。然后,进行应变测试元件的粘贴、编号、防潮与防护处理,连接应变测试元件与数据采集仪,采取温度补偿措施,进行数据采集仪的预调。

(3)进行裂缝观测的试验桥梁,要提前安装裂缝监测仪,必要时用石灰浆溶液进行表面粉刷分格,表面分格可采用铅笔或木工墨斗,分格大小以 20~30cm 为宜,以便于观察和查找新出现的裂缝。

(4)按照试验方案设计的变形测点位置,进行变形测点的定位布置。对于采用精密水准仪进行挠度测量,要进行测点标志埋设、测站、测量路线的布设;对于采用全站仪等光学仪器进行水平位移测量,要进行控制基准网、站牌、反光棱镜、测量路线的布设,测量测点的布置要牢靠、醒目,防止在试验过程中移位或破坏;对于采用百分表、千分表或位移计进行变形测量的,根据理论挠度计算值的大小和方向,安装测表并进行初读数调整及测读。

(5)根据预定的加载方案与加载程序,进行加载位置的放样定位,采用油漆或粉笔明确地划出加载的位置、加载等级,以便正式试验时指挥加载车辆或加载重物准确就位。

(6)对于处于运营状态的桥梁,试验准备工作要注意测试元件、测试导线的防护,试验开始前应封闭交通,禁止闲杂人员和非试验用车辆进入。

(7)建立试验领导组织,进行人员分工安排。一般的,根据试验实际情况,设指挥长一人,其下可根据使用的仪器型号、测试项目的情况划分小组,每组由经验丰富的人员担任组长,配备相应的通信联络工具或明确联络方式,以便统一指挥,统一行动。正式开始试验前,指挥长根据试验程序向全体工作人员进行技术交底,交底的内容包括试验测试内容、试验程序、注意事项等,明确所有测试人员的职责,做到人人心中有数。

(8)正式加载前,要进行预加载,以检查仪器的工作状态,消除非弹性变形。预加荷载卸载后,进行零荷载测量,读取各测点零荷载的读数。

2)试验工作

试验开始前,应注意收集天气变化资料,核查估计试验过程中温度变化情况,落实交通封闭疏解措施,尽可能保证试验在干扰较小的情况下顺利进行。具体试验工作如下:

(1)加载的位置、顺序、重量要准确无误,利用汽车加载时,要有专人指挥汽车行驶到指定位置。

(2)试验时,每台仪器应配备一个以上的观测人员进行观测记录,每级荷载作用下的实测值应与对应的理论计算值进行比较,如有异常情况应立即检查、分析原因,并立即向试验指挥人员汇报,以便试验指挥人员做出正确的判断。

(3)在每级荷载作用下,待结构反应稳定后,不同类别的测试项目(应变、变形、裂缝)应在同一时间进行读数。

(4)对主要控制点的变形或应变进行实时监控,以控制读数时间,如有异常,应及时向指挥报告,查明原因。

(5)若加载过程中,发生下列情况之一时应中途终止加载:

①控制测点应力或力值超过计算值,并且达到或超过按规范安全条件要求反算的控制应

力或力值时。

②控制测点变位,如主要受力构件的竖向挠度、主塔水平位移等超过设计允许值时。

③结构构件出现受力损伤或局部发生损坏、开裂,影响桥梁承载能力和正常使用时。

3) 现场清理

试验完成后,应核查测试数据的完备性,如无遗漏,就可清理现场。现场清理主要包括以下工作:

(1) 清理仪器仪表及可重复利用的测试元件,回收测试导线。

(2) 拆除脚手架,清理现场,以便开放交通。

(3) 对于进行了打磨或局部改造的应变测点,要用混凝土或环氧砂浆进行修补。此外,还要拆除变形测量时所埋设的测点标志或临时站点设施。

7.3.3 试验数据整理与结果分析

1) 静载试验数据修正

(1) 测值修正。根据各类仪表的标定结果进行测试数据的修正,如机械式仪表的校正系数、电测仪表的率定系数、灵敏系数及电阻应变观测的导线电阻影响等。当这类因素对测值的影响小于1%时可不予修正。

(2) 温度影响修正。由于温度对测试的影响比较复杂,通常采取缩短加载时间,选择温度稳定性较好的时间进行试验等办法,尽量减小温度对测试精度的影响。需要时,一般可采用综合分析的方法来进行温度影响修正,即利用加载试验前进行的温度稳定观测数据,建立温度变化(测点处构件表面温度或空气温度)和测点测值(应变和挠度)变化的线性关系(温飘试验),然后按第3章试验数据处理中的方法进行温度修正计算。

温飘试验方法:桥梁结构在空载状态下,对测试断面应力测定进行数据采集,并记录采集时刻的温度,采集时间间隔可为10min。通过数据处理,建立温度与时间、温度与测定应变之间的关系。试验中的应变数据根据温飘试验结果进行温度修正。

(3) 支点沉降影响的修正。当支点沉降(Support Settlement)量较大时,应修正其对挠度值的影响,修正量按第3章试验数据处理中的方法进行。

2) 各测点变位(挠度、位移和沉降)与应变的计算

(1) 总变位(或总应变):

$$S_t = S_I - S_i \tag{7-2}$$

(2) 弹性变位(或弹性应变):

$$S_e = S_I - S_u \tag{7-3}$$

(3) 残余变位(或残余应变):

$$S_p = S_t - S_e = S_u - S_i \tag{7-4}$$

式中:S_i——加载前测值;

S_I——加载达到稳定时测值;

S_t——结构总位移(应变)值;

S_u——卸载后达到稳定时测值;

S_e——结构弹性位移(应变)值;

S_p——结构残余变形(应变)值。

3）测点实测应力计算

在单向应力状态下，测点应力可按下式进行计算：

$$\sigma = E\varepsilon \tag{7-5}$$

式中：σ——测点应力；

E——构件材料的弹性模量；

ε——测点实测应变值。

在主应力方向已知的平面应力状态下，测点应力可按下述公式进行计算：

$$\sigma_1 = \frac{E}{1-\nu^2}(\varepsilon_1 + \nu\varepsilon_2) \tag{7-6}$$

$$\sigma_2 = \frac{E}{1-\nu^2}(\varepsilon_2 + \nu\varepsilon_1) \tag{7-7}$$

式中：E——构件材料的弹性模量；

ν——构件材料的泊松比；

ε_1、ε_2——相互垂直的主应变；

σ_1、σ_2——相互垂直的主应力。

对于主拉应力方向未明确的，测点应力可按下述公式进行计算：

$$\sigma_1 = \frac{E}{1-\nu}A + \frac{E}{1+\nu}\sqrt{B^2 + C^2} \tag{7-8}$$

$$\sigma_2 = \frac{E}{1-\nu}A - \frac{E}{1+\nu}\sqrt{B^2 + C^2} \tag{7-9}$$

$$\tau_{\max} = \frac{E}{1+\nu}\sqrt{B^2 + C^2} \tag{7-10}$$

$$\varphi_0 = \frac{1}{2}\tan^{-1}\frac{C}{B} \tag{7-11}$$

式中：σ_1、σ_2——测点主应力；

$\tau_{\max}$——测点最大剪力；

φ_0——主应力方向角；

E——构件材料的弹性模量；

ν——构件材料的泊松比；

A、B、C——应变花的计算参数。

不同应变花形式计算公式中各参数计算见表7-14。

应变花计算参数表 表7-14

应变花名称	应变花形式	A	B	C
45°直角应变花		$\dfrac{\varepsilon_0 + \varepsilon_{90}}{2}$	$\dfrac{\varepsilon_0 - \varepsilon_{90}}{2}$	$\dfrac{2\varepsilon_{45} - \varepsilon_0 - \varepsilon_{90}}{2}$

续上表

应变花名称	应变花形式	A	B	C
60°等边三角形应变花		$\dfrac{\varepsilon_0+\varepsilon_{60}+\varepsilon_{120}}{3}$	$\varepsilon_0-\dfrac{\varepsilon_0+\varepsilon_{60}+\varepsilon_{120}}{3}$	$\dfrac{\varepsilon_{60}-\varepsilon_{120}}{\sqrt{3}}$
扇形应变花		$\dfrac{\varepsilon_0+\varepsilon_{45}+\varepsilon_{90}+\varepsilon_{135}}{4}$	$\dfrac{\varepsilon_0-\varepsilon_{90}}{2}$	$\dfrac{\varepsilon_{135}-\varepsilon_{45}}{2}$
伞形应变花		$\dfrac{\varepsilon_0+\varepsilon_{90}}{2}$	$\dfrac{\varepsilon_0-\varepsilon_{90}}{2}$	$\dfrac{\varepsilon_{60}-\varepsilon_{120}}{\sqrt{3}}$

4) 主要测点的校验系数及相对残余变形的计算

（1）主要测点挠度（应变）校验系数

$$\eta=\frac{S_e}{S_s} \tag{7-12}$$

式中：S_e——试验荷载作用下量测的弹性变位（或应变）值；

S_s——试验荷载作用下的理论计算变位（或应变）值。

结构主要测点校验系数小于 1.0 时，实测的结构响应小于理论计算值，说明结构满足设计要求。一旦该值大于 1.0，应查明原因，是否是试验方法不够完善造成的，是否是计算有误所引起的。如确实是结构自身因素，说明结构的强度或刚度不足。通常情况下，通过大量试验，常规桥梁的校验系数见表 7-15。

常见桥梁结构试验校验系数常值　　　　表 7-15

桥梁类型	应变（或应力）校验系数	挠度校验系数
钢筋混凝土板桥	0.20~0.40	0.20~0.50
钢筋混凝土梁桥	0.40~0.80	0.50~0.90
预应力混凝土桥	0.60~0.90	0.70~1.00

续上表

桥梁类型	应变(或应力)校验系数	挠度校验系数
圬工拱桥	0.70~1.00	0.80~1.00
钢筋混凝土拱桥	0.50~0.90	0.50~1.00
钢桥	0.75~1.00	0.75~1.00

(2)实测横向增大系数

$$\xi = \frac{S_{emax}}{\overline{S}_e} \tag{7-13}$$

式中：ξ——实测横向增大系数；

S_{emax}——实测挠度(应变)最大值；

$\overline{S}_e$——横断面内实测挠度(应变)平均值。

横向增大系数的计算宜采用实测挠度或应变与横断面内各实测点位移或应变的平均值的比值。该指标反映结构的实际横向分布，如该值明显大于理论值，可能桥梁的横向连接出现问题。

(3)相对残余变位(或应变)

$$S'_p = \frac{S_p}{S_t} \times 100\% \tag{7-14}$$

式中：S'_p——相对残余变位(或应变)；

S_p、S_t——见式(7-4)、式(7-2)。

该项指标反映结构弹性变形的程度，大于20%时，说明结构弹性工作状态不佳，存在一定的塑性变形。

5)试验曲线的整理

静载试验结果应包含以下成果：

(1)列出各加载工况下主要测点实测变位(或应变)与相应的理论计算值的对照表，并绘制出其关系曲线，如图7-6所示。

(2)绘制各加载工况下主要控制点的变位(或应变等)与荷载的关系曲线。

(3)绘制各加载工况下控制截面应变(或挠度)分布图、沿纵桥向挠度分布图、截面应变沿高度分布图等，如图7-7、图7-8所示。

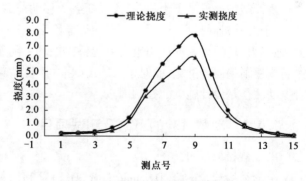

图7-6 实测与理论计算挠度值对照表

6)裂缝发展情况

若存在裂缝，应进行观测，在测试截面拉应力较大时也应进行检查。

(1)当裂缝数量较少时，可根据试验前后观测情况及裂缝观测表对裂缝状况进行描述。

(2)当裂缝发展较多时，应选择结构有代表性部位描绘裂缝展开图，图上应注明各加载程序裂缝长度和宽度的发展。代表性部位裂缝变化描述如图7-9所示。

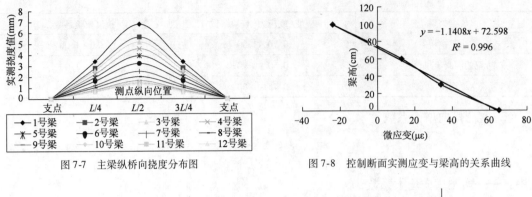

图 7-7 主梁纵桥向挠度分布图

图 7-8 控制断面实测应变与梁高的关系曲线

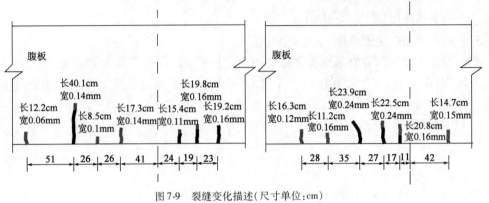

图 7-9 裂缝变化描述（尺寸单位：cm）
注：上图中浅色为试验荷载作用下裂缝发展。

7.4 桥梁结构动载试验

桥梁结构要承受车辆荷载、人群荷载等移动荷载的作用。当车辆以一定速度在桥上通过时，由于发动机的抖动、桥面的不平顺等原因会导致桥梁结构产生振动。此外，人群荷载、风动力、地震力、环境因素的作用也会引起桥梁振动。随着新结构、新材料、新工艺的推广应用，桥梁结构逐渐趋向轻型化，而对于大跨度、超大跨度桥梁结构，地震响应、风致振动响应、车桥耦合振动往往是设计施工的控制因素。

7.4.1 动载试验的目的及测试项目

1）动载试验的目的

桥梁结构动载试验（Dynamic Load Test）是利用某种激振方法激起桥梁结构的振动，测定桥梁结构的固有频率、阻尼比、振型等结构固有振动参数以及动力冲击系数、动力响应（加速度、动挠度）等动力响应参数，从而宏观地判断桥梁结构的整体刚度与使用性能。

2）动载试验的测试内容

（1）桥梁动力响应参数

动力响应测试应包括动挠度、动应变、振动加速度、速度。桥梁动挠度测试难度较大时，一般仅测试动应变以获得应变冲击系数。

(2)桥梁自振特性参数

根据桥梁结构形式的不同,桥梁自振特性试验包括竖平面内弯曲、横向弯曲自振特性以及扭转自振特性的测试。主要包括结构各阶振型、固有频率、阻尼比等。

桥梁结构的自振频率及冲击系数是必测项目。一般,单跨跨径超过80m的梁桥、T形刚构桥、连续刚构桥和超过60m的拱桥、斜拉桥、悬索桥及其他组合结构桥梁,存在异常振动的桥梁,仅依据静载试验不能系统评价结构性能时,其他特定要求时,可增加振型和阻尼比测试。桥梁振动测试时,根据结构形式的不同,测试的振型阶数应不少于表7-16的规定。

桥梁的测试阶次表　　　　　　　　　　表7-16

桥型	简支梁桥	非简支梁桥、拱桥	斜拉桥、悬索桥
测试阶次	1阶	3阶	9阶

7.4.2　动载试验的方法及测点布置

1)激振方法

桥梁结构动力试验的激振方法(Excitation Method)可根据结构特点、测试精度要求、现场情况等综合确定。一般有环境随机激法、行车激振法、跳车激振法、偏心起振机激振法或其他方法。

(1)环境随机激法(Ambient Random Excitation)

环境随机激法通常是指由风荷载、地脉动、水流等随机激励引起的微幅振动。用于结构自振特性的测试,特别适合于大跨径桥梁自振特性的测试。

(2)行车激振法(Driving Vibration Method)

行车激振法是利用车辆驶离桥面后引起的桥梁结构的余振信号来识别结构的自振特性参数,对小阻尼的桥梁效果较好。可分为桥面无障碍行车激振,或桥面有障碍行车激振(在桥面设置弓形障碍物,弓形障碍高5~7cm,长30cm)。通常,对于无障碍行车激振,跑车速度一般定为10、20、30、40、…、80(km/h);对于有障碍行车激振,跑车速度一般定为5~20km/h。可进行自振特性及动力响应的测试。

(3)跳车激振法(Jumping Shock Method)

跳车激振法是让单辆汽车的后轮在指定的15cm高的三角形垫块上突然落下对桥梁产生冲击作用,激起桥梁振动。该法更适于其他方法不易激振的、刚度大的桥梁。但此时的桥梁是带有附加质量的振动,应对测得的结构频率进行修正。主要用于桥梁振动特性测试。跳车激振如图7-10所示。

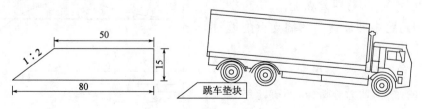

图7-10　跳车激振图示(尺寸单位:cm)

（4）起振机激振法（Vibration Method of Vibration Machine）

起振机激振法是利用偏心起振机产生的正弦或余弦激振使得桥梁结构产生稳态振动。测试精度高，但设备运输、安装不方便，且对桥面造成一定的损伤。

2）测点布置

根据桥梁结构形式与结构体系，可以利用结构动力分析通用程序进行结构动力分析，从而估计结构前几阶振型形态和动力响应的大小。桥梁的测试断面应根据桥梁结构的振型及行车动力响应最大原则确定。为便于读者掌握，下面给出了典型结构的前几阶振型与相应的固有频率理论解析解，可供常规桥型动力试验时布置测点参考。

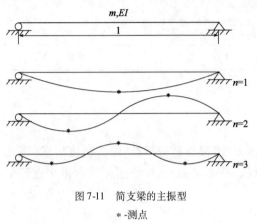

图 7-11 简支梁的主振型
*-测点

（1）简支梁的主振型

均质简支梁桥的前三阶主振型如图 7-11 所示。一阶振型的测点布置在跨中，二阶振型的测点布置在 1/4 跨处。

（2）悬臂梁的主振型

均质悬臂梁桥的前三阶主振型如图 7-12 所示。一阶振型的测点布置在悬臂端，二阶振型的测点布置在 1/2 悬臂长度处。

（3）三跨连续梁的主振型

均质三跨连续梁桥的主振型如图 7-13 所示。一阶振型的测点布置在三跨的跨中，二阶振型的测点布置在两边跨跨中和中跨的两个四分点上。

（4）拱桥的主振型

工程中常见的拱桥形式多样，结构体系也比较复杂。这里仅以两铰拱为例，说明拱桥振型形状与测点布置。

双铰拱桥前三阶振型如图 7-14 所示。一阶振型的测点布置在四分点上，二阶振型的测点布置在跨中与两拱脚附近对称位置，注意二阶振型与三阶振型的辨别。

（5）悬索桥的主振型

悬索桥的前三阶振型如图 7-15 所示。一阶振型测点布置在中跨四分点上，二阶振型测点布置在中跨跨中和加劲梁两端支点附近对称位置。

对于大跨径悬索桥，要根据空间结构动力分析程序进行结构动力分析，从而确定结构振型形式，要综合反映索塔、加劲梁和主缆等的振动特性，考虑各测点拾振器的布置方向。

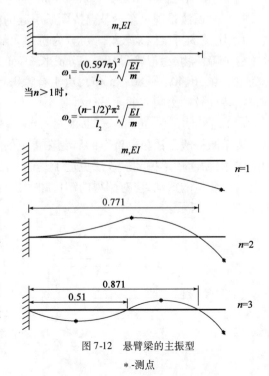

$$\omega_1 = \frac{(0.597\pi)^2}{l_2}\sqrt{\frac{EI}{m}}$$

当 $n>1$ 时，

$$\omega_0 = \frac{(n-1/2)^2\pi^2}{l_2}\sqrt{\frac{EI}{m}}$$

图 7-12 悬臂梁的主振型
*-测点

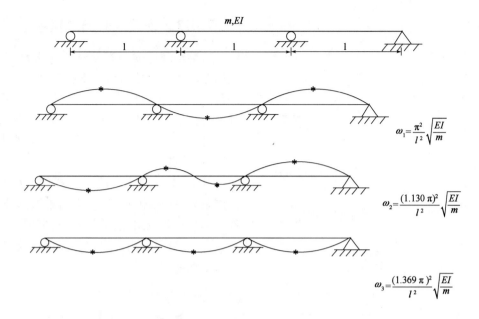

图 7-13　三跨连续梁的主振型
*-测点

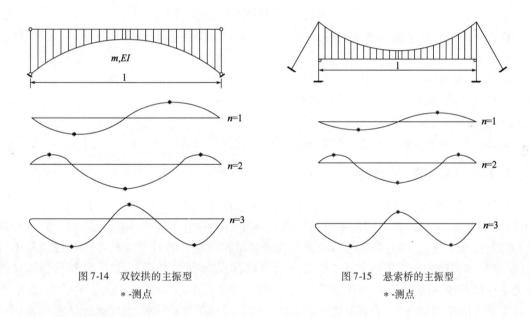

图 7-14　双铰拱的主振型
*-测点

图 7-15　悬索桥的主振型
*-测点

(6) 斜拉桥的主振型

斜拉桥的结构体系复杂,一般只能借助于空间结构动力分析程序进行结构动力分析。漂浮体系斜拉桥的前三阶主振型如图 7-16 所示。

一阶振型为面内漂浮振型,二阶振型为面内一阶弯曲振型,三阶振型为一阶对称扭转振型。随着斜拉桥抗弯与抗扭刚度的不同,前三阶振型的排列序列有可能发生变化。相应地,斜拉桥各阶振型的测点布置也比较复杂,要综合反映索塔、主梁与斜拉索的振动特性,考虑各测点拾振器的布置方向。

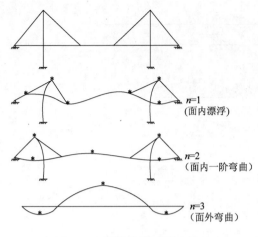

图 7-16 漂浮体系斜拉桥的主振型
*-测点

7.4.3 动载试验测试程序

桥梁动载试验是在桥梁处于振动状态下，利用振动测试仪器对振动系统各种振动量进行测定、记录并加以分析的过程。因此，依照现行规范进行动载试验时，首先，应通过激振方法使桥梁处于一种特定的振动状态中，以便进行相应项目的测试。

其次，要合理选取测试仪器仪表组成振动测试系统，振动测试系统一般由拾振部分、放大部分和分析部分组成，其原理框图如图 7-17 所示，这三部分可以由专门仪器配套集成使用，也可以组配使用。

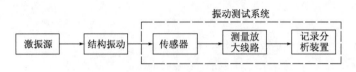

图 7-17 桥梁结构振动测试系统的原理框图

仪器组配时除应考虑频带范围外，还要注意仪器间的阻抗匹配问题。测试各参数的设备配置应满足 7.2 节要求。

再次，要根据测试桥梁的特点，制定测试内容、测点布置和测试方法，例如对于混凝土简支梁桥的动载试验，除自振特性参数外，如测试动响应则应设置跨中截面的动挠度、跨中截面钢筋或混凝土的动应变测点。

最后，对各振动试验工况进行数据采集、存储，并做好记录。

7.4.4 试验数据的分析

桥梁结构的动力特性如固有频率(Inherent Frequency)、阻尼系数(Damping Ratio)和振型(Mode of Vibration)等，只与结构本身的固有性质如结构的组成形式、刚度、质量分布、支承情况和材料性质等有关，而与荷载等其他条件无关。结构的动力特性是结构振动系统的基本特征，是进行结构动力分析所必需的。一方面，桥梁结构在实际的动荷载作用下，结构各部位的动力响应如振幅、应力、位移、加速度等，不仅反映了桥梁结构在动荷载作用下的受力状态，也反映了动力响应对驾驶人、乘客舒适性的影响。桥梁结构的动载试验，就是要从大量的实测数据信号中，揭示桥梁结构振动的内在规律，综合评价桥梁结构的动力性能。

在动载试验中，可获取各种振动量如位移、应力、加速度等的时间历程曲线。实际桥梁结构的振动往往很复杂，一般都是随机的，直接根据这样的信号或数据来分析判断结构振动的性质和规律是困难的，一般需要对实测振动波形进行分析与处理，以便对结构的动态性能做进一步分析。常用的分析处理方法可以分为时域分析和频域分析两种。时域分析是直接对时程曲线进行分析，可以得出诸如振幅、阻尼比、振型、冲击系数等参数；频域信号通过傅立叶变换的数学处理变换为频域信号，揭示信号的频率成分和振动系统的传递特性，以得到振动能量在频率域的分布情况,从而确定结构的频率和频率分布特性。得出这些振动参量后,就可以根据有关指标综合评价桥梁结构的动力性能。以下就对两种分析方法做一简述。

1)时域分析

在时域分析中,桥梁结构的一些动力参数可以直接在相应的时程曲线上得出,例如可以在加速度时程曲线上得到各测点加速度振幅,在位移时程曲线上将最大动挠度减去最大静挠度即可得出位移振幅,通过比较各测点的振幅、相位就可得出振型。而另外一些参数如结构阻尼特性、冲击系数则需要对时程曲线进行一些分析处理,简述如下。

(1)桥梁结构阻尼特性的测定

桥梁结构的阻尼特性,一般用对数衰减率 δ 或阻尼比 D 来表示。实测的自由振动衰减曲线如图 7-18 所示,由振动理论可知,对数衰减率为:

$$\delta = \ln \frac{A_i}{A_{i+1}} \quad (7\text{-}15)$$

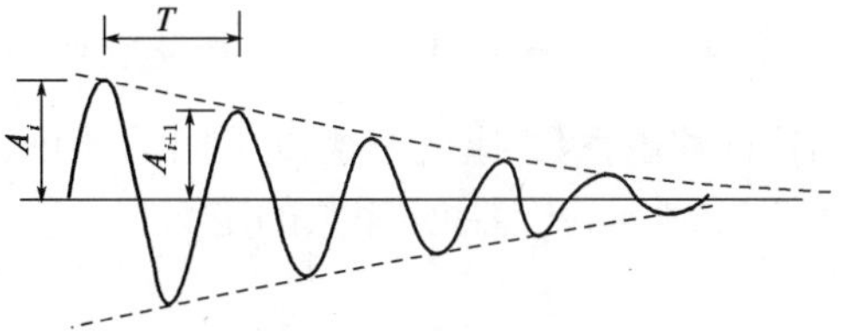

图 7-18 自由振动衰减曲线

式中: A_i、A_{i+1} ——相邻两个波的振幅值,可以直接从衰减曲线上量值。

实践中,常在衰减曲线上量取 n 个波形,求得平均衰减率:

$$\delta_a = \frac{1}{n} \ln \frac{A_i}{A_{i+n}} \quad (7\text{-}16)$$

根据振动理论,对数衰减率与阻尼比 D 的关系为:

$$\delta = \frac{2\pi D}{\sqrt{1-D^2}} \quad (7\text{-}17)$$

由于一般材料的阻尼比都很小,因此,式(7-18)可近似表述为:

$$D = \frac{\delta}{2\pi} \quad (7\text{-}18)$$

图 7-19 所示为跳车试验所产生的自由振动衰减曲线,通过对实测数据的分析,可知该桥的阻尼比为 0.019。通常,混凝土桥梁结构的阻尼比在 0.01~0.08 之间,阻尼比越大,说明桥梁结构耗散外部能量输入的能力越强,振动衰减得越快,反之亦然。

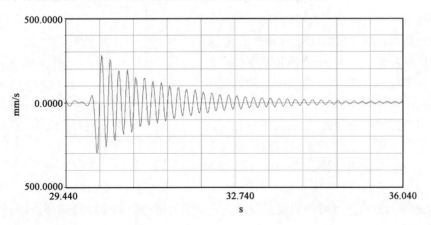

图 7-19 跳车试验产生的结构竖向振动典型波形

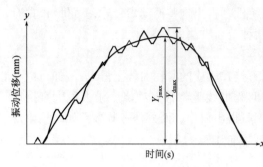

图 7-20　移动荷载作用下简支梁的挠度曲线

(2) 冲击系数的确定

动力荷载作用于桥梁结构上产生的动挠度,一般较同样的静荷载所产生的相应的静挠度要大。动挠度与相应的静挠度的比值称为活载冲击系数。由于挠度反映了桥梁结构的整体性能,是衡量结构刚度的主要指标,因此活载冲击系数综合地反映了动力荷载对桥梁结构的动力作用。活载冲击系数与桥梁结构的结构形式、车辆行驶速度、桥面的平整度等因素有关。为了测定桥梁结构的冲击系数,应使车辆以不同的速度驶过桥梁,逐次记录跨中截面的挠度时程曲线,如图 7-20 所示,按照冲击系数的定义有:

$$1 + \mu = \frac{Y_{\text{dmax}}}{Y_{\text{smax}}} \tag{7-19}$$

式中:Y_{dmax}——最大动挠度值;

　　　Y_{smax}——最大静挠度值。

2) 频域分析

桥梁结构在风荷载、地震荷载、车辆荷载作用下所产生的振动,都是包含有多个频率成分的随机振动,它的规律不能用一个确定的函数来描述。这种不确定性、不规则性是随机数据共有的特点。随机变量的单个试验称为样本,每次单个试验的时间历程曲线称为样本记录,同一试验的多个试验的集合称为样本集合或总体,它代表一个随机过程。随机数据的不确定性、不规则性是对单个观测样本而言,而大量的同一随机振动试验的集合都存在一定的统计规律。对于桥梁结构的振动,一般都属于平稳的、各态历经的随机过程,即随机过程的统计特征与时间无关,且可以用单个样本来替代整个过程的研究。随机数据可以用均值、均方值和均方差、概率密度函数、自相关函数、功率谱密度函数表示,这些参数在第 3 章、第 6 章中已讲述,在此不再赘述。

自功率谱密度在整个频率域上的积分就是随机变量的均方值。一般振动的能量或功率与其振幅的平方或均方值成比例,所以功率谱密度反映了随机数据在频率域内能量的分布情况,某个频率对应的功率谱值大,说明该频率在振动过程中占主导地位,由此即可在纷繁的量测数据中分析出结构的固有频率,如图 7-21 所示。因而,在分析随机数据的频率构成时,我们常常利用其自功率谱的分布图形来判断桥梁结构的固有频率,在实际测试中,随机数据的自功率谱计算常

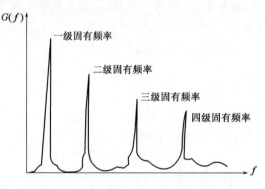

图 7-21　自功率谱图与结构的固有频率

采用快速傅立叶变换(FFT)来实现。图 7-22a)所示为某桥跨中截面跳车试验速度时程曲线,图 7-22b)所示为根据速度时程曲线进行傅立叶变换所得出的加速度自功率谱图,从图上可以看出该桥的第一固有频率为 4.102Hz。

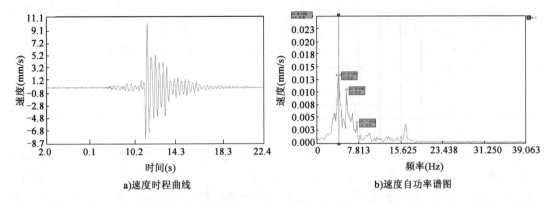

图 7-22 某桥 40km/h 跑车试验跨中截面速度时程曲线及其自功率谱

目前,在实际测试中,大部分采集仪都具有直接进行频域分析的功能,这样就极大地方便了现场测试分析。图 7-23 所示为某桥在跳车试验中的实测速度时程曲线,动态数据采集仪可直接由时域信号分析得出加速度自功率谱图,得出结构的固有频率为 3.027Hz,这样,就可比较方便地在现场进行分析与评价了。

图 7-23 为某桥主梁跨中跳车试验的时程曲线及自功率谱曲线,采样频率为 100Hz,光标位置频率:3.207Hz。

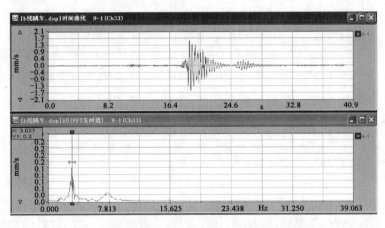

图 7-23 某桥跳车试验跨中速度时程曲线及其频谱图

采用跳车激振法时,桥梁结构增加了试验车辆等附加质量,故对实测结构自振频率应进行修正。修正公式如下:

$$f_0 = f\sqrt{\frac{M_0 + M}{M_0}} \tag{7-20}$$

式中:f_0——结构的自振频率;
f——有附加质量影响的实测自振频率;
M_0——桥梁结构在激振处的换算质量;
M——附加质量。

3)桥梁结构动力性能的分析评价

在实际测试中,通常通过以下几个方面来评价桥梁结构的动力性能:

（1）比较桥梁结构频率的理论计算值与实测值。如果实测值大于理论计算值,说明桥梁结构的实际刚度较大,整体性能较好;反之则说明桥梁结构的刚度偏小。

（2）据动力冲击系数的实测值来评价桥梁结构的行车性能。实测冲击系数较大则说明桥梁结构的行车性能差,桥面的平整程度不良;反之亦然。

（3）根据实测加速度量值的大小,评价桥梁结构行车的舒适性。根据国际标准化组织 ISO 的研究资料,车辆在桥梁结构行驶时最大竖向加速度不宜超过 $0.065g$（g 为重力加速度）,否则就可能会引起驾乘人员的不适。

（4）实测阻尼比的大小反映了桥梁结构耗散外部能量输入的能力。阻尼比大,说明桥梁结构耗散外部能量输入的能力强,振动衰减得快;阻尼比小,说明桥梁结构耗散外部能量输入的能力差,振动衰减得慢。但是,过大的阻尼比则说明桥梁结构可能存在开裂或支座工作状况不正常等现象。

7.5 基桩承载能力试验

桩基础是桥梁最常用的基础形式之一。但由于地质的复杂性,实际桩的承载能力与设计上会有一定的差异,因此对一些大型桥梁,为确保工程的安全,在初步设计阶段抽取一定比例的试桩的竖向承载能力试验,验证设计的可靠性,同时也可避免浪费。《建筑基桩检测技术规范》(JGJ 106—2014)要求,同一场地静载试桩数不少于 1%,且不少于 3 根。《公路桥涵施工技术规范》(JTG/T F50—2011)规定,试桩的数量应根据设计要求及地质条件确定,但不宜少于 2 根;对于承受大的水平力的桩基础,由于土的水平抗力计算的复杂性,很难精确计算,进行桩基的水平承载能力试验,就更有必要了。

7.5.1 试验目的、内容及方法

1）试验目的、内容

桩基础静载试验可分为基桩竖向承载能力试验与水平承载能力试验。桩基础静载试验主要目的是确定桩的承载能力,即确定桩的允许荷载和极限荷载,查明桩基础强度的安全储备,了解桩基础的变位情况,并根据试验结果,修改原定的桩长或桩径,增减桩的数量,以确保桩基础的安全性与经济性。此外,通过桩基础静载试验还可以推求桩的计算参数,积累相应的设计计算资料,发展桩基础的设计理论与计算方法,完善桩基础的施工工艺。由于静载试验是在施工现场进行的,桩的类型、尺寸、施工方法,尤其是工程地质条件都十分接近拟建桥梁的实际情况,因此它的成果是最可靠准确的。桩基础的静载试验不仅可以鉴定桩的承载能力,而且对桩基础的设计、施工、科研都具有重要的意义。

竖向荷载试验是对试验桩逐级施加竖向荷载,测量试验桩在各级荷载作用下的稳定沉降量,得出桩基础荷载与变位之间的关系,从而判定桩基础的竖向承载能力。水平荷载试验是对试验桩逐级施加水平荷载,测量试验桩在各级荷载作用下的水平变位,得出桩基础荷载与水平变位之间的关系,并由此判断试验桩的水平承载能力。一般说来,试桩试验内容主要是测定荷载—变位的关系,必要时还可以增加一些应力、反力测试项目,大致内容如下:

（1）荷载测试。进行竖向荷载试验时,应测定竖向荷载的大小;进行水平荷载试验时,测定水平荷载的大小。所有荷载都要分级施加在试桩上,直至规定的荷载或试桩出现破坏为止。施加的各级荷载必须准确测定。

(2)变位测试。变位是指试桩在地面、其他截面的竖向位移、水平位移及转角。变位与荷载的关系说明试桩的工作性能,是重要的测试项目。

(3)应力测试。测试试桩各断面钢筋及混凝土应力,可以推测桩身截面的轴力与弯矩。通过轴力与桩底反力,可间接推算基桩的侧向摩阻力。

(4)桩底反力测试。一来,通过轴力与桩底反力,可间接推算基桩的侧向摩阻力。二来,可以查明桩底的工作状态。

(5)土中应力测试。主要是测定在水平试验时,试桩对土的水平压力(土抗力)的大小,用于确定桩侧土的水平系数。

2)试验方法

(1)竖向荷载试验

竖向荷载试验是对试验桩逐级施加竖向荷载,测量试验桩在各级荷载作用下的稳定沉降量;得出桩基础荷载与变位之间的关系,从而判定桩基础的竖向承载能力。

①锚桩法和压重法

锚桩法和压重法是在桩顶逐级施加竖向荷载。桩的承载能力由桩周围土的摩擦力和桩端岩土的抵抗力所组成,当这两个组成部分没有充分发挥作用之前,桩的下沉量随着荷载成正比增加;当桩身产生突然增大的下沉或不稳定的下沉,说明桩身摩擦力和桩端阻力都已充分发挥,此时作用在桩头上的荷载就是破坏荷载,而它的前一级荷载就定义为桩的极限荷载。将桩的极限荷载除以安全系数,就得到桩的承载能力。一般地,对于桥梁桩基础,安全系数采用2.0。按照上述原理,试验时对试桩分级施加竖向荷载,测量试桩在各级试验荷载作用下的稳定沉降量,根据沉降与荷载及时间的关系,即可分析确定试桩的容许承载力。此外,还可以根据实际情况的要求,在加载过程中进行桩身应力、钢筋应力的测试,或通过预埋的压力传感器测试桩底反力。

锚桩法(Anchor Pile Method)是一种常用的加载方式,主要设备有锚梁、横梁和液压千斤顶等,如图7-24所示,采用千斤顶逐级施加荷载,反力通过横梁、锚梁传递给已经施工完毕的桩基,用油压表或力传感器量测荷载的大小,用百分表或位移计量测试桩的下沉量,以便进一步分析。一般说来,采用锚桩法进行试验应注意以下几个方面。

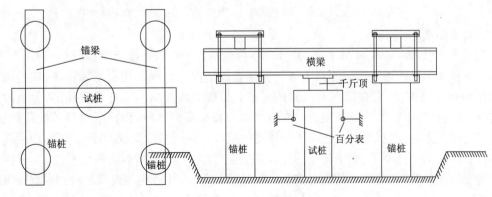

图7-24 锚桩法加载装置

a. 锚桩设计。锚桩可根据需要布置 4～6 根，锚桩的入土深度应等于或大于试桩的入土深度。当试桩直径或边长小于或等于 800mm 时，锚桩与试桩的距离应大于试桩直径的 5 倍，当试桩直径大于 800mm 时，上述距离不得小于 4m，以减小锚桩对试桩的影响。作为反力装置的抗拔锚桩，受力后横向有缩小的趋势，相对地降低了桩壁摩阻力。根据一些试验资料，上拔时桩壁的摩阻力极限值为受压时的 1/5～1/3，可供设计锚桩时参考。此外，对于锚桩，应根据要求的锚固荷载，进行抗裂计算。

b. 加载装置设计。对于横梁、锚梁等加载装置，要进行强度、稳定性、变形验算，做出周密的设计，确保加载装置的加载能力不低于试桩破坏荷载或最大加载量的 1.3 倍。

c. 观测装置的布置。试桩受力后，会引起其周围的土体变形，为了能够准确地量测试桩的下沉量，观测装置的固定点如基准桩应与试桩、锚桩保持适当的距离，见表 7-17。

观测装置的固定点与试桩、锚桩中心（压重平台支撑边）间的最小距离（m）   表 7-17

反力系统	基准桩与试桩	基准桩与锚桩或压重平台支撑边
锚桩承载梁反力装置	≥4d	≥4d
压重平台反力装置	≥2.0m	≥2.0m

注：d 为试桩直径；如 d 大于 800mm，观测装置的固定点与试桩、锚桩中心（压重平台支撑边）间距离不宜小于 4m。

压重法也称为堆载法（Accumulation Load Method），是在试桩的两侧设置枕木垛，上面放置型钢或钢轨，将足够重量的钢锭或铅块堆放其上作为压重，在型钢下面安放主梁，千斤顶则放在主梁与桩顶之间，通过千斤顶对试桩逐级施加荷载，同时用百分表或位移计量测试桩的下沉量，如图 7-25 所示。由于这种加载方法临时工程量较大，多用于承载力较小的桩基静载试验。

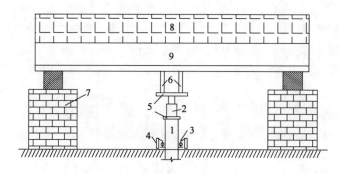

图 7-25 堆载法加载装置
1-试桩；2-千斤顶；3-位移计；4-基准梁；5-钢板；6-主梁；7-枕木；8-堆载；9-次梁

② 自平衡法

自平衡法（Self-balanced Method）是预先将荷载箱置于桩身平衡点处，将桩分为上下 2 段，利用上下段力的平衡通过荷载箱对上下段桩体施加竖向力。在采用自平衡法试桩时，确定试桩的平衡点至关重要，它直接涉及试验的成败。桩的下段受力与实际状况相同，但上段则不同，在荷载的作用下桩侧为负摩阻力。在桩承载力自平衡测试中，测定了荷载箱的荷载、垂直方向向上和向下的变位量，以及桩在不同深度的应变。通过桩的应变和断面刚度，由上述公式可以计算出轴向力分布，进而求出不同深度的桩侧摩阻力，利用荷载传递解析方法，将桩侧摩阻力与变位量的关系、荷载箱荷载与向下变位量的关系，换算成桩顶荷载对应的荷载—沉降关系（图 7-26、图 7-27）。限于篇幅所限，具体转化原理略，请参见有关文献。换算后的荷载—沉降曲线等同于传统静压桩的荷载—位移曲线。

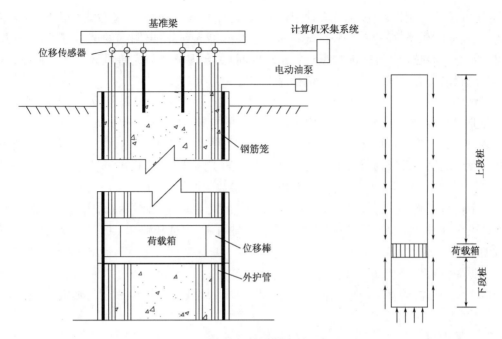

图 7-26 基桩自平衡法静载试验示意图

(2) 单桩水平荷载试验

对于承受反复水平荷载的基桩,宜采用多循环加卸载方法;对于承受长期水平荷载的基桩,采用单循环加载方法。桩的水平荷载试验的加载装置如图 7-28 所示,主要设备由垫板、导木、滚轴(圆钢)和卧式液压千斤顶等组成,采用千斤顶逐级施加荷载,反力直接传递给已经施工完毕的桩基,用油压表或力传感器量测荷载的大小,用百分表或位移计量测试桩的水平位移。

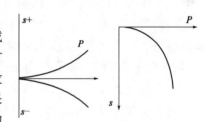

图 7-27 自平衡测试结果转换示意图

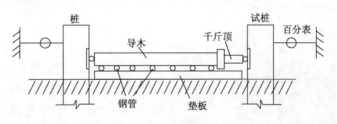

图 7-28 单桩水平静载装置

观测装置、加载装置的要求原则上与竖向静载试验相同,但应注意以下两个方面。其一,反力装置的承载能力为预估荷载的 1.3~1.5 倍,其作用方向的抗推刚度不应小于试桩。其二,基准点应设置在受试桩及反力装置影响的范围以外,公路桥梁一般设在桩侧面靠位移的反方向,与试桩的净距不小于试桩直径的 1 倍。

7.5.2 试验方案

基桩的静载试验是一项复杂的试验工作,包括试桩桩位、数量的确定、试验的目的、试验的内容、试桩设计、锚固与加载装置设计、观测装置设计、加载与测试设备仪表的配置、加载与卸载的方法、加卸载读数的方法等,在试验前一定要统筹规划,写出明确的试验方案。在现场实施时,严格按计划执行,并随时根据现场出现的问题,合理调整与完善试验方案。只有这样才能达到试验的目的。试验方案主要包括以下内容:

1)试验目的

与业主沟通,明确试验目的,是整个试验工作的指导思想。一般说来:

竖向荷载试验:通过试验,实测荷载与沉降的关系曲线,进而确定试桩的竖向承载能力,验证初步设计的可靠性;得到桩侧摩阻力、桩端反力的实际分布,检验初步设计所取的参数是否准确可靠,为桩基础施工图设计提供准确参数及参数的取值依据。

水平荷载试验:主要是确定桩的水平承载能力、桩侧地基土水平抗力系数的比例系数,验证设计可靠性,检验初步设计所取的参数是否准确可靠,为桩基础施工图设计提供准确参数及参数的取值依据。

2)试验桩桩位的选择

应与设计方沟通确定,宜选择在有代表性地质的位置,并尽量靠近地质孔,一般不大于5m,也不宜小于1m。

3)试验内容

试验内容应根据试验目的确定,一般情况下:

竖向荷载试验:实测各级荷载下桩身断面钢筋或混凝土应力,推测侧摩阻力的分布规律;实测各级荷载下桩端反力的分布规律;实测各级荷载下桩顶荷载—沉降曲线及沉降——时间曲线;实测桩底荷载—桩底反力曲线。

水平荷载试验:实测水平荷载与桩顶水平位移曲线,绘制 H-s 曲线;实测各级荷载作用下沿桩身的实测应力分布图;实测桩顶转角—荷载曲线。

4)测点布置

测点的布置宜按建筑桩基测试的规定执行。一般:

(1)基桩竖向荷载试验

①试桩桩顶沉降测点。宜在桩顶以下 20cm 处,设置 4 个数显位移计,位移计按正交直径方向对称设置。现场试桩沉降观测如图 7-29 所示。

②锚桩上拔位移监控测点。为监控锚桩上拔位移,在 4 个锚桩的桩头各设一块百分表,以监控锚桩的上拔情况。

③桩身应变测点。尽量在相邻层土交界面附近一排测点,每排各设 2 个振弦式钢筋应变计。当土层厚度较大时,可增加测点,以便于推测桩侧摩阻力。试桩桩身应变测点布置实例如图 7-30 所示。

图 7-29 试桩沉降观测现场布置图

④桩端反力测点。宜在桩底呈等边三角形布置 3 个压力盒。试桩桩底压力盒布置如图 7-31 所示。

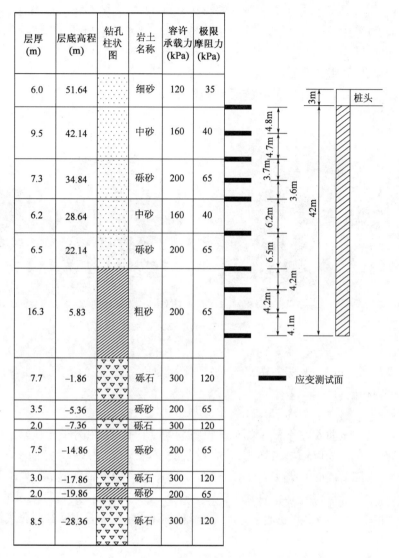

图 7-30 试桩桩身应变测点布置图

图 7-31 试桩桩底压力盒布置图(尺寸单位:m)

（2）水平荷载试验

在施加的水平力作用面的试桩两侧对称设置 2 个位移计；需要测量桩顶转角时，尚应在水平力作用面以上 50cm 处两侧对称设置 2 个位移计，或在该处对称设置 2 个倾角仪；测量桩身应力时，在 $10d$ 范围内测点断面间距不大于 d，超过此深度可适当加大，同时应兼顾地质层。每个断面在受压、受拉主筋上各设一个钢筋应变计，埋设传感器的断面尽量与力作用面一致，角度不大于 $10°$。

5）试验方法

按施加竖向荷载的方法不同，竖向荷载试验方法有锚桩法、压重法及自平衡试验法，可根据现场的视情况、各方法的优缺点，综合确定。对上述每一种方法，在桥梁试桩工程中，一般采用慢速维持荷载法进行单循环加载试验；当有成熟的地区经验时，也可以采用快速维持荷载法。水平荷载试验,对于承受反复水平荷载的基桩,宜采用多循环加卸载方法;对于承受长期水平荷载的基桩,采用单循环加载。对于钻孔桩,试验时基桩混凝土的龄期不少于28d,其他施工工艺的桩可参照有关规范执行。

6)试验加载装置、基准梁的设计

水平试验及竖向试验的试验加载装置、基准梁的设计要求见7.5.1节。现场锚桩及反力梁加载如图7-32所示。

图7-32 现场锚桩、反力梁加载

7)测试设备

竖向试验及水平试验中,竖向沉降、水平变位及转角、钢筋及混凝土应变测试仪表的配置要求与桥梁试验相同,见7.2节。

8)加载设备

除堆载外,竖向试验及水平试验的加载设备均为千斤顶,选用时千斤顶的量程不得小于试验最大荷载的1.3倍,如以试桩破坏为目的,设备的量程还应加大。对竖向承载力试验,大型试桩的吨位很大,需要同时布置多台千斤顶时,千斤顶应采用连通管连接,实现加、卸载同步。对于自平衡法,主要加载装置是特别设计的液压千斤顶荷载箱,根据桩径及试验荷载大小,荷载箱内置一个或多个千斤顶并联而成,由厂家单独加工,通过高压油泵实现分级加载。荷载箱如图7-33所示。

9)试验加、卸载分级

采用慢速维持荷载法的竖向荷载试验的加卸载一般按如下分级:

(1)加载应分级进行,每级加载量为预估最大荷载的1/15~1/10,逐级等量加载。加载稳定后再进行下一级加载。第一级荷载可取分级荷载的2倍。如采用快速维持荷载法,每级加载时间不得小于1h,且桩顶沉降收敛后,才能进行下一级加载。

图7-33 荷载箱

(2)卸载应分级进行,每级卸载量为2个加载级的荷载值,逐级等量卸载。桩顶位移回弹稳定后,再卸载下一级,直至零荷载。

水平荷载试验多循环加一般每级加载量为预估最大荷载的1/15~1/10。

10）加、卸载读数

采用慢速维持荷载法的竖向荷载试验的加、卸载读数一般采用如下程序：

每级荷载施加后，按第 5min、15min、30min、45min、60min 测读桩顶沉降量，以后每 30min 测读一次；当每 1h 内的桩顶沉降量不超过 0.1mm，并连续出现两次（从分级荷载施加后第 30min 开始，按 1.5h 连续三次每 30min 的沉降值计算），即视为桩顶沉降速率达到相对稳定标准，达到稳定标准后，测读所有测试项目读数后，可施加下一级荷载。

卸载到零后，按第 15min、30min、60min 测读沉降量，待稳定后，读取所有测试项目读数后，即可卸下一级荷载，稳定标准与加载时相同。卸载至零后，应测读残余沉降量，维持时间为 3h，测读时间为第 15min、30min，以后每 30min 测读一次。

对水平力试验，多循环加、卸载方法的加、卸载程序为：各级荷载施加后，恒载 4min，读数，然后卸载至零，2min 后测读残余量，至此完成一个加载循环。如此循环 5 次，便完成一级荷载的试验观测。

11）终止加载条件及极限荷载的取值

竖向荷载试验，当出现下列情况之一时，即可终止加载。

（1）总位移量大于或等于 40mm，本级荷载的下沉量大于或等于前一级荷载的下沉量的 5 倍时，加载即可终止。取此终止时荷载小一级的荷载为极限荷载。

（2）总位移量大于或等于 40mm，本级荷载加上后 24h 未达稳定，加载即可终止。取此终止时荷载小一级的荷载为极限荷载。

（3）巨粒土、密实砂类土以及坚硬的黏质土中，总下沉量小于 40mm，但荷载已大于或等于设计荷载 X 设计规定的安全系数，加载即可终止。取此时的荷载为极限荷载。

（4）施工过程中的检验性试验，一般加载应继续到桩的 2 倍的设计荷载为止。如果桩的总沉降量不超过 40mm 及最后一级加载引起的沉降不超过前一级加载引起的沉降的 5 倍，则该桩可以予以检验。

（5）极限荷载的确定有时比较困难，应绘制荷载-沉降曲线（P-s 曲线）、沉降-时间曲线（s-t 曲线）确定，必要时还应绘制 s-$\lg t$ 曲线、s-$\lg P$ 曲线（单对数法）、s-$[1-P/P\max]$ 曲线（百分率法）等综合比较，确定比较合理的极限荷载取值。

（6）当荷载—沉降（P-s）曲线上有可判定极限承载力的陡降段，且桩顶总沉降量超过 40mm。

水平试验多循环加载时，出现下列情况之一，即可终止加载。其他方法的条件可参照有关规范执行。

（1）桩顶水平位移超过 20～30mm（软土可取 40mm）。

（2）桩身断裂。

（3）桩侧地表明显裂纹或隆起。

7.5.3 试验结果分析

依据桩基础静载试验的不同方法，分别简要介绍数据分析的要点。

1）竖向荷载试验数据分析

为了比较准确地确定试桩的极限承载力，要根据试验原始记录资料，作成试桩曲线来分析。此处，以传统静压桩为例，说明基桩竖向承载能力试验数据的分析要点。

（1）$P\text{-}s$ 曲线转折点法

在由静载试验资料绘制的 $P\text{-}s$ 曲线上，以曲线出现明显下弯转折点所对应的荷载作为极限荷载，如图 7-34 所示。当荷载超过极限荷载之后，桩周土达到破坏阶段发生大量塑性变形，引起桩发生较大的或较长时间仍未停止的下沉，所以在 $P\text{-}s$ 曲线上呈现出明显的下弯转折点，取明显发生陡降的起始点。为了便于判断，一般地，$P\text{-}s$ 曲线以横坐标为荷载 P 轴，以 1cm 代表 50kN，纵坐标为桩顶沉降量，以 1cm 代表 1cm，并规定 P 轴与 s 轴方向的宽度比为 2:3，这样绘制的 $P\text{-}s$ 曲线，其转折点比较明显可靠。但有些时候，曲线的转折点仍不够明显，此时极限荷载就难以确定，需借助其他方法辅助判断，例如绘制各级荷载作用下的曲线沉降—时间（$s\text{-}t$）曲线（图 7-34），或采用对数坐标绘制 $\lg P\text{-}\lg s$ 曲线，可能会使转折点显得明确一些。

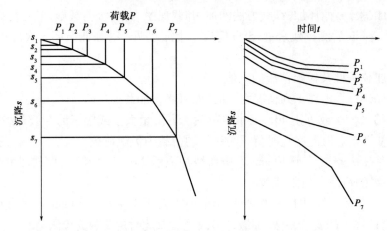

图 7-34　试桩荷载—沉降（$P\text{-}s$）曲线、沉降—时间（$s\text{-}t$）曲线

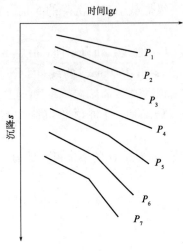

图 7-35　试桩 $s\text{-}\lg t$ 曲线

（2）$s\text{-}\lg t$ 法

这种方法是按照沉降随时间变化的特征来确定极限荷载的，根据对以往大量试桩资料的分析，发现桩在破坏荷载之前的每级下沉量 s 与时间 t 的对数呈线性关系，如图 7-35 所示，用公式表示为：

$$s = m\lg t \tag{7-21}$$

直线的斜率 m 在某种程度上反映了桩的沉降速率，m 不是常数，它随着桩顶荷载增加而增大，m 越大则桩的沉降速率越大。当桩顶荷载继续增大时，如发现绘制的 $s\text{-}\lg t$ 线型不是一条直线而是折线时，则说明该级荷载作用下桩的沉降速率骤增，此为地基土塑性变形骤增的结果，标志桩已破坏。在工程上，相应于 $s\text{-}\lg t$ 线由直线变为折线的前一级荷载即为桩的极限荷载。

对于缓变形 $P\text{-}s$ 曲线可根据沉降量确定，宜取 $s = 40\text{mm}$ 对应荷载值。

如测试了桩身应力、桩底反力，应整理出有关数据，绘制桩身轴力分布图、荷载桩底反力图，进而计算分层的桩侧摩阻力及桩端阻力值。根据实测试验桩在各级荷载下断面应变，求得对应轴向压力，沿桩身轴向的传递关系如图 7-36 所示，根据轴力平衡，自上而下得各土层摩阻力如图 7-37 所示。

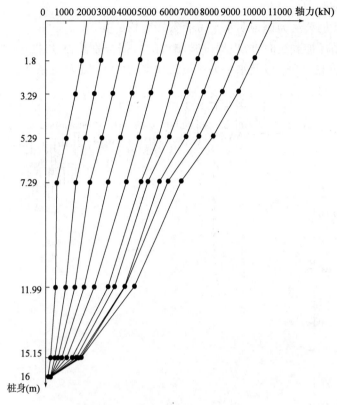

图 7-36　某摩擦桩轴力沿桩身的分布

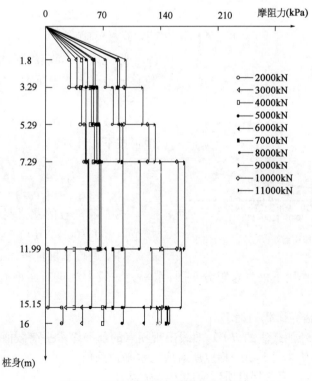

图 7-37　某摩擦桩实测桩侧摩阻力分布

2)水平荷载试验数据分析

以单向多循环加载法为例说明水平试验数据分析的要点。

采用单向多循环加载法时,应根据试验测得的数据分别绘制水平力—时间—作用点位移(H-t-Y_0)关系曲线(图7-38)以及水平力—位移梯度(H-$\Delta Y_0/\Delta H$)关系曲线(图7-39)。

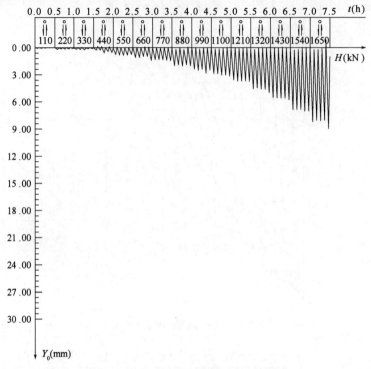

图7-38 试桩力作用点处(H-t-Y_0)曲线

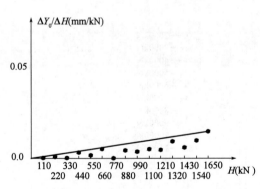

图7-39 试桩力作用点处(H-$\Delta Y_0/\Delta H$)曲线

除此以外,尚应绘制水平力、水平力作用点位移—地基土水平抗力(H-m、Y_0-m)的比例系数关系曲线。

桩顶处于自由且水平力作用于地面处时,m值可按下式计算:

$$m = \frac{(v_y H)^{\frac{5}{3}}}{b_0 Y_0^{\frac{5}{3}} (EI)^{\frac{2}{3}}} \qquad (7-22)$$

式中各符号的意义见《建筑基桩检测技术规范》(JGJ 106—2014)。

对于进行基桩桩身横截面弯曲应变的试验,尚应绘制各级荷载作用下桩身弯矩分布图;水平力—最大弯矩断面钢筋拉应力曲线(H-σ_s),如图7-40所示。

(1)单桩水平临界荷载的确定

①取单向多循环加载法的H-t-Y_0曲线出现拐点的前一级水平荷载值。

②取H-$\Delta Y_0/\Delta H$曲线上第一拐点所对应的水平荷载值。

③取H-σ_s曲线上第一拐点所对应的水平荷载值。

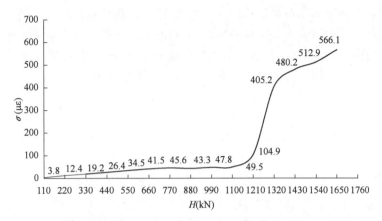

图 7-40　试桩最大弯矩断面水平力与钢筋应变曲线

(2) 单桩水平极限承载力的确定

①取单向多循环加载法的 H-t-Y_0 曲线出现明显陡降的前一级荷载值。

②取 H-$\Delta Y_0/\Delta H$ 曲线上第二拐点所对应的水平荷载值。

③取桩身折断或钢筋屈服时前一级水平荷载值。

④当达不到极限荷载,已达到最大试验荷载,且对单向多循环加载法完成 5 次循环加卸载。桩的水平极限承载力取大于等于最大试验荷载值。

(3) 单桩水平承载力特征值的确定

①当桩身不允许开裂或灌注桩的配筋率小于 0.65%,可取水平临界荷载的 0.75 倍作为单桩水平承载能力特征值。

②取设计要求的水平允许位移对应的荷载作为单桩水平承载能力特征值,且满足抗裂要求。

7.6　本章小结

本章以培养学生从事桥梁生产性试验的目的出发,主要介绍了桥梁荷载试验的准备工作及现场试验仪器设备的选择,重点简述了桥梁静载试验、桥梁动载试验以及基桩竖向承载能力试验与水平承载能力试验的试验方法及数据分析方法。本章介绍了桥梁静动载试验的准备工作,内容涉及资料收集、仪器设备选择、工作平台及测试平台的准备、加载车辆的准备等内容;重点阐述了桥梁结构静载试验的内容、测点布置、加载方案设计、卸载方案设计以及桥梁试验的程序,并对桥梁静载试验数据的处理方法与分析方法进行了重点讲述;阐述了桥梁结构动载试验的内容、测点布置(给出了常见桥型测点的布置方案)、桥梁激振方式、动载试验测试程序,并重点讲述了固有频率、阻尼比、冲击系数等常见参数的分析方法;在基桩竖向承载能力试验中,介绍了堆载法、锚桩法、自平衡法的原理、试验装置、锚桩及平台设计与构造要求,简述了慢速维持荷载法与快速维持荷载法的试验方法。并以锚桩法为例,系统介绍了锚桩设计、基准梁、基准桩的基本要求,慢速维持荷载法的试验过程及数据处理方法。在基桩水平承载能力试验中,介绍了多循环加卸载方法的设备装置及试验方法,并给出了工程实例,结合实例具体讲述了测点布置、测试方法及数据的处理方法。

本章仅讲述了桥梁静动荷载试验的一般方法，随着现代信息传输及网络技术的发展，无线采集技术将在桥梁荷载试验中获得越来越多的应用。此外，随着非接触测量技术及计算机图像处理技术的发展，三维非接触测量技术以其现场测试方便、结果直观、可提供应力场及变形场等诸多优点，将发挥其应有的作用，逐渐显示出其独特的魅力。

【习题与思考题】

1. 在什么情况下，可考虑桥梁荷载试验？
2. 桥梁现场动载试验通常采用哪些激振方式？
3. 在采用跳车激振试验时，所测得的固有频率，可否直接作为桥梁的固有频率？为什么？
4. 桥梁试验的数据为什么考虑温度修正？
5. 桥梁静载试验数据处理包括哪些内容？
6. 试绘出一座三跨连续梁的二阶振型图。
7. 一座计算跨径19.5m的预应力混凝土简支梁桥，试写出试验断面，并绘出测点布置简图。
8. 以锚桩法为例，试写出桥梁基桩竖向承载能力试验大纲的主要内容。
9. 自平衡法与静压法有什么不同？

本章参考文献

[1] 章关永.桥梁结构试验[M].2版.北京：人民交通出版社，2010.
[2] 王天稳.土木工程结构试验[M].3版.武汉：武汉工业大学出版社，2012.
[3] 宋彧.建筑结构试验与检测[M].2版.北京：人民交通出版社，2014.
[4] 张俊平.桥梁检测[M].北京：人民交通出版社，2002.
[5] 卢世森，林亚超，王邦楣.桥梁地基基础试验[M].北京：中国铁道出版社，1984.
[6] 胡大林.桥涵工程试验检测技术[M].北京：人民交通出版社，2004.
[7] 中华人民共和国行业标准. JGJ/T J21-01—2015 公路桥梁荷载试验规程[S].北京：人民交通出版社，2014.
[8] 中华人民共和国行业标准. JGJ 106—2014 建筑基桩检测技术规范[S].北京：中国建筑工业出版社，2014.
[9] 宋一凡.公路桥梁荷载试验与结构[M].北京：中国建筑工业出版社，2002.
[10] 施尚伟，向中富.桥梁结构试验检测技术[M].重庆：重庆大学出版社，2012.
[11] 周明华.土木工程结构试验与检测[M].南京：东南大学出版社，2013.
[12] 应怀樵.振动测试和分析[M].北京：中国铁道出版社，1979.
[13] 张宇峰.桥梁工程试验检测技术手册[M].北京：人民交通出版社，2007.
[14] AASHTO. Movable Bridge Inspection, Evaluation and Maimtenance Manual[M]. American Association of State Highway and Transportation Officials, Washington, DC.
[15] GongKang. F. Ed. Inspection and Monitoring Tecniques for Bridges and Civil Structures[M]. Woodhead Publishing. Cambridge, England, 2005.

第8章
桥梁技术状况与承载能力评定

8.1 概 述

随着桥梁服役年限的不断增加,加之环境因素与行车荷载的作用,旧有桥梁的技术状况不断恶化,承载能力不断降低,因桥梁承载能力不足,导致结构倒塌的例子已不鲜见。既有桥梁的现有技术状况及承载能力到底如何,是否需要维修、加固,还是需要改建,这些是管理者最为关心的问题,也是技术工作者应该给出满意答案的问题。

上述问题可以通过桥梁技术状况及承载能力的客观评定给出较为满意的答案。目前,对承载能力的评定,一种是通过基于检测指标体系的检算来评定承载能力;如评定结果依然不确定,则可以进行荷载试验,基于检测指标体系与荷载试验结果,通过检算方法来评定结构的承载能力。一般在桥梁承载能力评定前,应对桥梁的技术状况进行评定,并对结构材质等进行专项检查,这是承载能力评定的基础。

桥梁技术状况与承载能力评定的主要任务可简述如下:

桥梁现状技术状况检查是通过检查桥梁的技术状况及缺陷和损伤的性质、部位、严重程度、发展趋势,弄清出现缺陷和损伤的主要原因,以便能分析和评价既存缺陷和损伤对桥梁质量和使用承载能力的影响,并为桥梁维修和加固设计提供可靠的技术数据和依据。因此,桥梁检查是进行桥梁养护、维修与加固的先导工作,是决定维修与加固方案可行和正确与否的可靠保证。它是桥梁评定、养护、维修与加固工作中必不可少的重要组成部分。按《公路桥梁技术状况评定标准》(JTG/T H21—2011),将桥梁结构分为桥面系、上部结构、下部结构三个部分,根据桥梁结构的特点,给出上部结构各组成部件的技术评定标准以及桥面系、下部结构各构件的技术评定标准。具体的评定标准见《公路桥梁技术状况评定标准》(JTG/T H21—2011)的第 5 章~第 10 章。在技术检查时,对桥面系、上部结构、下部结构三个组成部分的每一组成构件应严格按《公路桥梁技术状况评定标准》(JTG/T H21—2011)规定的内容逐项认真进行检查,详细记录描绘桥梁构件缺损状况。

桥梁结构检算的目的是对桥梁结构当前状态的形成过程与内力状态进行计算和反演分析,以判断结构的承载能力及使用性能是否满足设计与使用要求,并查明桥梁结构的薄弱环节和不利影响因素,提出相应的处置措施与对策,为桥梁维修、改建、合理利用提供依据与技术支撑。

8.2 技术状况检查与评定

8.2.1 桥梁现状的技术状况检查要点

为准确地对病害进行描述,在检测前应对结构的各组成部件进行统一编号。编号一般以里程增加方向由小向大来编制桥孔及墩台编号,构件编号在横桥向一般自前进方向的右侧起由小向大编号。某简支梁桥的编号如图 8-1 所示。

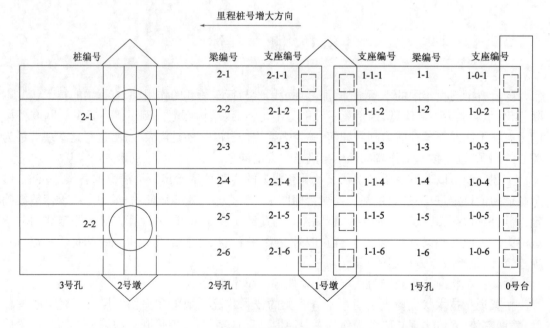

图 8-1 检测构件编号

技术检查需要的常见设备见表 8-1。其中,附加设备主要是为检测工作提供工作平台。

技术检查常见设备　　　　　　　　　　　表8-1

安全、保护用品	检测仪具	工具、器材	附加设备
警告标志 警告信号灯 反光背心 安全帽 安全带 工作服 防滑鞋 雨靴 水裤 救生衣 救生索 防护眼镜 其他劳保用品	照相机 长焦镜头 广角镜头 闪光灯 望远镜 刻度放大镜 地质罗盘 100m钢卷尺 2～3m钢卷尺 1～2m木折尺 30～50m水尺 垂球测绳 测量花杆 水准仪及塔尺 不平尺 量角器(大号) 测量记录本 记录文件夹	电筒(强光) 扁刮刀 地质锤 地铲 铁锹 钢丝刷 油漆刷 特种铅笔 喷雾筒漆 彩色粉笔 器具箱 工具袋 文件包 其他文具	软梯 伸缩梯 充气皮艇 工作船 拼装式悬挂作业架 桥梁专用检查作业架 专用检查作业车(图8-2)

图8-2　桥梁专业检查作业车

在技术检查工作中,应抓住重点,对重点部位进行重点检查,桥梁常见的重点检查部位如表8-2所示。

桥梁常见重点检查部位表　　　　　　　　表8-2

桥型或构件	重点检查部位
桥面板	①跨中;②支承处;③组合桥梁桥面板与梁的结合部位;④桥面板的接头或连接处

续上表

桥型或构件	重点检查部位
简支梁	①跨中;②1/4跨径处;③支承处
悬臂梁	①跨中;②1/4跨径处;③支承处;④牛腿部位或梁端
连续梁	①跨中;②反弯点处(约为跨径的1/5处);③支承点
刚架桥	①跨中;②隅节点处;③悬臂梁端;④柱的固结处或铰结处
桁架桥	①节点附近;②跨中
拱桥	①拱顶、1/4跨径处和拱脚处;②空腹小拱的立柱或立墙上下端;③侧墙与拱圈连接处;④双曲拱桥的波顶、肋波结合处
墩台帽及盖梁	①支承(座)附近;②盖梁跨中及柱顶

8.2.2 桥梁技术状况评定方法

《公路桥梁技术状况评定标准》(JTG/T H21—2011)将桥梁结构分为桥面系、上部结构、下部结构三个部分,每一部分由若干部件组成,每一部件由若干构件组成。将桥梁结构划分为主要部件及次要部件。公路桥梁技术状况评定应采用分层综合评定与5类桥梁单项控制指标相结合的方法,如主要承重构件按构件评定标准为5类,则桥梁结构评定为5类。否则,按层次分析法评定,首先按《公路桥梁技术状况评定标准》(JTG/T H21—2011)的第5章~第10章的病害评定标准,计算得到单个构件的得分,再由各构件的得分计算部件的得分,然后按各部件的权重及得分计算得到桥面系、上部结构、下部结构三个部分的得分,最后由各组成部分的得分及权重计算得到桥梁结构的得分。一座梁桥的层次分析法技术状况的评定流程如图8-3所示。

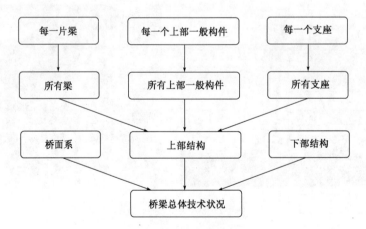

图8-3 梁桥的层次分析评定流程

桥梁结构的技术分为五类,见表8-3。各等级桥梁对应的技术状况见表8-4。

桥梁技术状况分类界限表　　表8-3

技术状况评分	技术状况等级(D_j)				
	1类	2类	3类	4类	5类
D_r(SPCI、SBCI、BDCI)	[95,100]	[80,95)	[60,80)	[40,60)	[0,40)

桥 梁 状 况 表   表8-4

技术等级	桥梁技术状况描述
1类	全新状态,功能完好
2类	有轻微缺损,对桥梁使用功能无影响
3类	有中等缺损,尚能维持正常使用功能
4类	主要构件有大的缺损,严重影响桥梁使用承载能力,不能保证正常使用
5类	主要构件存在严重缺损,不能正常使用,危及桥梁安全,桥梁处于危险状态

对于不同的桥梁结构形式,主要部件及分层综合评定法里各部件的权重值不一样,所以可根据结构形式的分布情况划分评定单元,分别对各评定单元进行桥梁技术状况的等级评定,然后取最差的单元评定结果作为全桥的技术状况等级。

例如:一座桥梁引桥部分结构形式为箱梁桥,主桥部分结构形式是斜拉桥,在进行桥梁评定时先把该桥按结构形式分成两个评定单元,一个是梁式桥单元,一个是斜拉桥单元,分别进行技术状况评定,结果是梁式桥单元评定结果为2类桥,斜拉桥单元评定结果为3类桥,那么最终该桥技术状况等级为3类桥。

8.2.3 桥梁技术状况评定

1)桥梁构件技术状况评定计算

将桥梁结构划分为主要构件及次要构件,不同桥梁结构的主要构件见表8-5。构件评定标准中将主要构件技术状况评定标度分为5个标度,次要构件技术状况评定标度分为4个标度,分别见表8-6、表8-7。根据构件的病害,对照构件评定标准,确定主次构件的技术状况评定标度,查阅表8-8,确定单项病害的扣分值。

主 要 构 件 表   表8-5

序号	结 构 类 型	主 要 部 件
1	梁式桥	上部承重构件、桥墩、桥台、基础、支座
2	板拱桥(圬工、混凝土)、肋拱桥、箱形拱桥、双曲拱桥	主拱圈、拱上结构、桥面板、桥墩、桥台、基础
3	刚架拱桥、桁架拱桥	刚架(桁架)拱片、横向联结系、桥面板、桥墩、桥台、基础
4	钢—混凝土组合拱桥	拱肋、横向联结系、立柱、吊杆、系杆、行车道板(梁)、支座
5	悬索桥	主缆、吊索、加劲梁、索塔、锚碇、桥台、支座
6	斜拉桥	斜拉索(包括锚具)、主梁、索塔、桥墩、桥台、基础、支座

主要构件技术状况评定标度   表8-6

技术状况评定标度	桥梁技术状况描述
1类	全新状态,功能完好
2类	功能良好,材料有局部轻度缺损或污染
3类	材料有中等缺损;或出现轻度功能性病害,但发展缓慢,尚能维持正常使用功能
4类	材料有严重缺损,或出现中等功能性病害,且发展较快;结构变形小于或等于规范值,功能明显降低
5类	材料严重缺损,出现严重的功能性病害,且有继续扩展现象;关键部位的部分材料强度达到极限,变形大于规范值,结构的强度、刚度、稳定性不能达到安全通行的要求

次要构件技术状况评定标度 表8-7

技术状况评定标度	桥梁技术状况描述
1类	全新状态,功能完好;或功能良好,材料有轻度缺损、污染等
2类	有中等缺损或污染
3类	材料有严重缺损,出现功能降低,进一步恶化将不利于主要部件,影响正常交通
4类	材料有严重缺损,失去应有功能,严重影响正常交通;或原无设置,而调查需要补设

构件各检测指标扣分值 表8-8

检测指标所能达到的最高标度类别	指标标度				
	1类	2类	3类	4类	5类
3类	0	20	35	—	
4类	0	25	40	50	—
5类	0	35	45	60	100

依据病害的种类、各病害的扣分值,按式(8-1)计算各构件的得分。

$$\text{PMCI}_l (\text{BMCI}_l \text{ 或 } \text{DMCI}_l) = 100 - \sum_{x=1}^{k} U_x \tag{8-1}$$

当 $x = 1$ 时

$$U_1 = \text{DP}_{i1}$$

当 $x \geq 2$ 时

$$U_x = \frac{\text{DP}_{ij}}{100 \times \sqrt{x}} \times (100 - \sum_{y=1}^{x-1} U_y) \quad (\text{其中} j = x, x \text{ 取 } 2,3,4,\cdots,k)$$

当 $k \geq 2$ 时,$U_1,\cdots,U_x$ 公式中的扣分值 DP_{ij} 按照从大到小的顺序排列。

当 $\text{DP}_{ij} = 100$

$$\text{PMCI}_l (\text{BMCI}_l \text{ 或 } \text{DMCI}_l) = 0$$

上述式中:PMCI_l——上部结构第 i 类部件的 l 构件的得分,值域为 0~100 分;

BMCI_l——下部结构第 i 类部件的 l 构件的得分,值域为 0~100 分;

DMCI_l——桥面系第 i 类部件的 l 构件的得分,值域为 0~100 分;

k——第 i 类部件 l 构件出现扣分的指标的种类数;

U、x、y——引入的中间变量;

i——部件类别,例如 i 表示上部承重构件、支座、桥墩等;

j——第 i 类部件 l 构件的第 j 类检测指标;

DP_{ij}——第 i 类部件 l 构件的第 j 类检测指标的扣分值;根据构件各种检测指标扣分值进行计算,扣分值按表8-8规定取值。

桥梁构件技术状况评分方法主要有以下两个特点:单个构件进行评分计算时,构件的得分与构件的病害种类相关联,其中病害种类越多,构件得分值越低,同类病害中取病害最为严重的一个进行评定;无论构件病害种类和数量如何增加,构件得分数始终大约等于 0 分。

单个构件的得分计算是以扣分形式体现的,关于单个构件的具体得分计算主要有两种情况,一种是单个构件的一种病害计算,另一种是单个构件的多种病害计算。下面分别举例说明两种情况的计算方法和过程。

(1) 单个构件一种病害计算

【例 8-1】 某桥一侧栏杆(一侧栏杆为单一构件)的撞坏病害,如图 8-4 所示,下面计算该桥一侧栏杆的得分。

解:按照《公路桥梁技术状况评定标准》(JTG/T H21—2011)内容要求,首先确定栏杆撞坏这项检测指标所能达到的最高标度类别为 4 类,其次根据病害实际情况或照片资料按照《公路桥梁技术状况评定标准》(JTG/T H21—2011)中的定性描述或定量描述(两者取评定结果较重者)确定该病害实际评定标度为 3 类,这样对应表 8-8,横向坐标为 4 类,纵向坐标为 3 类,扣分值即为 40,最后,该栏杆因为撞坏病害的存在得分为:

图 8-4 栏杆撞坏

$$\mathrm{DMCI}_l = 100 - \sum_{x=1}^{1} U_x = 100 - U_1 = 100 - 40 = 60$$

(2) 单个构件多种病害计算

【例 8-2】 某连续梁桥一片梁梁底出现混凝土纵向裂缝和孔洞两种病害,如图 8-5、图 8-6 所示,下面计算该桥一片梁的得分。

解:首先对两种病害分别进行查表扣分。

对于梁底纵向裂缝,按照《公路桥梁技术状况评定标准》(JTG/T H21—2011)内容要求,确定连续梁桥梁底裂缝这项检测指标所能达到的最高标度类别为 5 类,其次根据病害实际情况或照片资料按照《公路桥梁技术状况评定标准》(JTG/T H21—2011)中的定性描述或定量描述(两者取评定结果较重者)确定该病害实际评定标度为 3 类,查表 8-8,扣分值即为 45。

对于孔洞,按照《公路桥梁技术状况评定标准》(JTG/T H21—2011)内容要求,确定连续梁桥梁底混凝土孔洞这项检测指标所能达到的最高标度类别为 4 类,其次根据病害实际情况或照片资料按照《公路桥梁技术状况评定标准》(JTG/T H21—2011)中的定性描述或定量描述(两者取评定结果较重者)确定该病害实际评定标度为 2 类,查应表 8-8,扣分值即为 25。

图 8-5 梁底纵向裂缝

图 8-6 梁底混凝土孔洞

然后按照两项病害扣分值多少由大至小进行排序计算,45 分排序第一,25 分排序第二,按式(8-1)计算扣分。

$$U_1 = 45$$

$$U_2 = \frac{DP_{i2}}{100 \times \sqrt{2}} \times (100 - \sum_{y=1}^{1} U_1) = \frac{25}{100\sqrt{2}} \times (100 - 45) = 9.7$$

最后该片梁因为混凝土纵向裂缝和孔洞两种病害的存在得分为:

$$PMCI_l = 100 - \sum_{x=1}^{1} U_x = 100 - U_1 - U_2 = 100 - 45 - 9.7 = 45.3$$

2)桥梁部件技术状况评定计算

桥梁部件指的是桥梁结构中同类构件的统称,如所有梁、所有桥墩、所有支座等。部件的技术状况评定是桥梁技术状况评定的第二步工作内容,计算内容较第一步要简单。按式(8-2)~式(8-4)计算部件得分。

$$PCCI_i = \overline{PMCI} - \frac{100 - PMCI_{min}}{t} \tag{8-2}$$

或

$$BCCI_i = \overline{BMCI} - \frac{100 - BMCI_{min}}{t} \tag{8-3}$$

或

$$DCCI_i = \overline{DMCI} - \frac{100 - DMCI_{min}}{t} \tag{8-4}$$

式中:$PCCI_i$——上部结构第 i 类部件的得分,值域为 0~100 分;当上部结构中的主要部件某一构件评分值 $PMCI_l$ 在[0,40]区间时,其相应的部件评分值 $PCCI_i = PMCI_l$;

$\overline{PMCI}$——上部结构第 i 类部件各构件的得分平均值,值域为 0~100 分;

$BCCI_i$——下部结构第 i 类部件的得分,值域为 0~100 分;当下部结构中的主要部件某一构件评分值 $BMCI_l$ 在[0,40]区间时,其相应的部件评分值 $BCCI_i = BMCI_l$;

$\overline{BMCI}$——下部结构第 i 类部件各构件的得分平均值,值域为 0~100 分;

$DCCI_i$——桥面系第 i 类部件的得分,值域为 0~100 分;

$\overline{DMCI}$——桥面系第 i 类部件各构件的得分平均值,值域为 0~100 分;

$PMCI_{min}$——上部结构第 i 类部件中分值最低的构件得分值;

$BMCI_{min}$——下部结构第 i 类部件中分值最低的构件得分值;

$DMCI_{min}$——桥面系第 i 类部件分值最低的构件得分值;

t——随构件的数量而变的系数(表中未列出 t 值采用内插法计算),取值见表8-9;

t 值 表8-9

n(构件数)	t	n(构件数)	t
1	∞	9	8.3
2	10	10	8.1
3	9.7	11	7.9
4	9.5	12	7.7
5	9.2	13	7.5
6	8.9	14	7.3
7	8.7	15	7.2
8	8.5	16	7.08

续上表

n（构件数）	t	n（构件数）	t
17	6.96	28	5.64
18	6.84	29	5.52
19	6.72	30	5.4
20	6.6	40	4.9
21	6.48	50	4.4
22	6.36	60	4.0
23	6.24	70	3.6
24	6.12	80	3.2
25	6.00	90	2.8
26	5.88	100	2.5
27	5.76	≥200	2.3

注：n 为第 i 类部件的构件总数。

桥梁部件技术状况评分方法主要有以下三个特点：组成部件的单个构件分数越低，部件分数越低；通过最差构件得分对构件得分平均值进行修正；考虑到主要部件中最差构件对桥梁安全性的影响，当主要部件中的构件评分值在[0,40]时，主要部件的评分值等于此构件的评分值。

下面举例说明部件得分的计算方法和过程。

【例 8-3】 某梁式桥有 10 片空心板梁，按照《公路桥梁技术状况评定标准》（JTG/T H21—2011）第一步构件计算方法对 10 片梁进行逐一评定，得分分别为：100、65、100、100、100、75、80、100、100、100，下面计算该桥空心板梁的得分。

解：首先确定梁片的构件数量。

该桥共有 10 片空心板，所有梁片的构件数 n 为 10，查表 8-9，对应 t 值为 8.1。

计算梁部件的得分。

$$PCCI_{梁} = \overline{PMCI} - (100 - PMCI_{min})/t = 92 - (100 - 65)/8.1 = 87.7$$

【例 8-4】 某梁式桥有 10 片空心板梁，按照《公路桥梁技术状况评定标准》（JTG/T H21—2011）第一步构件计算方法对 10 片梁进行逐一评定，得分分别为：100、35、100、100、100、75、80、100、100、100，下面计算该桥空心板梁的得分。

解：当上部结构中的主要部件某一构件评分值在[0,40]区间时，其相应的部件评分值等于该构件评分值要求，由于梁属于桥梁主要部件，而且有一片梁得分为 35（35 为所有梁片最低分，且在[0,40]区间内），所以梁部件得分即为该片梁得分，$PCCI_i = PMCI_l = 35$。

3）桥梁结构技术状况评定计算

桥梁结构包括上部结构、下部结构和桥面系三部分，计算内容按照分权重相乘后累加的方法进行，将第二步的计算结果乘以部件相应权重后累加即可，计算过程简单明了。各桥梁结构形式上部结构的部件不同，其对应的权重也不同，应按对应的桥梁结构形式进行评定。计算公式如下所列：

$$\text{SPCI}(\text{SBCI 或 BDCI}) = \sum_{i=1}^{m} \text{PCCI}_i(\text{BCCI}_i \text{ 或 DCCI}_i) \times W_i \tag{8-5}$$

式中：SPCI——桥梁上部结构技术状况评分，值域为 0~100 分；

SBCI——桥梁下部结构技术状况评分,值域为 0~100 分;
BDCI——桥面系技术状况评分,值域为 0~100 分;
m——上部结构(下部结构或桥面系)的部件种类数;
W_i——第 i 类部件的权重。

下面举例说明结构得分的计算方法和过程。

【**例 8-5**】 某梁式桥按照《公路桥梁技术状况评定标准》(JTG/T H21—2011)计算方法对所有部件进行了计算,下面计算该桥结构的得分,计算过程如表 8-10 所示。

梁式桥上部结构评分计算过程   表 8-10

部件名称	权重	部件得分	权重×部件得分
上部承重构件	0.70	60	42.0
上部一般构件	0.18	70	12.6
支座	0.12	50	6.0
上部结构得分 = 42 + 12.6 + 6 = 60.6			
翼墙、耳墙	0.02	100	2.0
锥坡、护坡	0.01	80	0.8
桥墩	0.3	70	21.0
桥台	0.3	65	19.5
墩台基础	0.28	100	28.0
河床	0.07	100	7.0
调治构造物	0.02	100	2.0
下部结构得分 = 2 + 0.8 + 21 + 19.5 + 28 + 7 + 2 = 80.3			
桥面铺装	0.4	70	28.0
伸缩缝装置	0.25	65	16.3
人行道	0.1	100	10.0
栏杆、护栏	0.1	100	10.0
排水系统	0.1	100	10.0
照明、标志	0.05	100	5.0
桥面系得分 = 28 + 16.3 + 10 + 10 + 10 + 5 = 79.3			

解:对于桥梁中未设置的部件,应根据此部件的隶属关系,将其权重值分配给各既有部件,分配原则为按照各既有部件权重在全部既有部件权重中所占比例进行分配。例如单跨桥梁没有桥墩部件,在计算时要将桥墩所占的 0.3 权重分配给下部结构的其他部件,具体分配法如表 8-11 所示。

梁式桥桥墩权重分配值表   表 8-11

部位	类别	部件名称	权重	重新分配后权重	计算式
上部结构	1	上部承重构件	0.70	0.70	无
	2	上部一般构件	0.18	0.18	无
	3	支座	0.12	0.12	无

续上表

部位	类别	部件名称	权重	重新分配后权重	计 算 式
下部结构	4	翼墙、耳墙	0.02	0.03	$\frac{0.02}{0.02+0.01+0.3+0.28+0.07+0.02} \times 0.3 + 0.02$
	5	锥坡、护坡	0.01	0.01	$\frac{0.01}{0.02+0.01+0.3+0.28+0.07+0.02} \times 0.3 + 0.01$
	6	桥墩	0.30	0.00	无
	7	桥台	0.30	0.43	$\frac{0.30}{0.02+0.01+0.3+0.28+0.07+0.02} \times 0.3 + 0.3$
	8	墩台基础	0.28	0.40	$\frac{0.28}{0.02+0.01+0.3+0.28+0.07+0.02} \times 0.3 + 0.28$
	9	河床	0.07	0.10	$\frac{0.07}{0.02+0.01+0.3+0.28+0.07+0.02} \times 0.3 + 0.07$
	10	调治构造物	0.02	0.03	$\frac{0.02}{0.02+0.01+0.3+0.28+0.07+0.02} \times 0.3 + 0.02$
桥面系	11	桥面铺装	0.40	0.40	无
	12	伸缩缝装置	0.25	0.25	无
	13	人行道	0.10	0.10	无
	14	栏杆	0.10	0.10	无
	15	排水系统	0.10	0.10	无
	16	照明、标志	0.05	0.05	无

4)桥梁总体技术状况评定计算

将上部结构、下部结构和桥面系的得分乘以对应权重后累加,即得到桥梁结构的得分计算公式如下所列:

$$D_r = DCI \times W_D + SPCI \times W_{SP} + SBCI \times W_{SB} \tag{8-6}$$

式中:D_r——桥梁总体技术状况评分,值域为 0~100 分;

W_D——桥面系在全桥中的权重;

W_{SP}——上部结构在全桥中的权重;

W_{SB}——下部结构在全桥中的权重。

下面举例说明桥梁总体技术得分的计算方法和过程。

【例8-6】 某梁式桥按照《公路桥梁技术状况评定标准》(JTG/T H21—2011)第三步结构计算方法对所有结构进行计算,下面计算该桥总体得分,计算过程如表8-12所示。根据表8-3桥梁技术状况分类界限表要求,按照桥梁总体得分所落区间得出桥梁的技术状况等级为3类。

梁式桥总体评分计算过程 表8-12

结构名称	权重	结构得分	权重×结构得分
上部结构	0.4	60	24
下部结构	0.4	70	28
桥面系	0.2	50	10
梁式桥总体得分 = 24 + 28 + 10 = 62			
梁式桥技术状况等级:3 类			

5)特殊情况桥梁技术状况评定

在桥梁的技术状况评定过程中,会有一些特殊情况出现,主要有以下三种情况。

(1)当上部结构和下部结构技术状况等级为 3 类、桥面系技术状况等级为 4 类,且桥梁总体技术状况评分为 $40 \leq D_r < 60$(按照分数区间为 4 类桥)时,桥梁总体技术状况等级可评定为 4 类。但如果桥梁的上部结构和下部结构技术状况较好,仅是桥面系状况较差时,该桥也可评定为 3 类,因为主要部件没有大的问题却把桥梁评定为 4 类显得不合理,所以对于这种情况除了按照公式计算外,还应考虑桥梁现场的实际情况来最终评定桥梁的技术状况等级。

(2)全桥总体技术状况等级评定时,当主要部件评分达到 4 类或 5 类且影响桥梁安全时,可按照桥梁主要部件最差的缺损状况进行评定。按主要部件最差的缺损状况评定方法突出了桥梁结构的主要结构部件的重要性及对桥梁整体安全使用的影响。该方法重点突出、针对性强,反映桥梁的最差技术状况,总体上考虑了桥梁安全因素的影响。

为突出主要构件对安全的影响,《公路桥梁技术状况评定标准》(JTG/T H21—2011)中共列出了 14 条 5 类桥技术状况单项控制指标,总结起来主要有以下六方面内容。梁式桥上部承重构件出现落梁、断裂、全截面开裂、异常位移及出现大于规范值的永久变形;拱式桥桥面板出现严重坍塌、主拱圈严重变形、拱脚严重错台、位移砌体断裂及拱上结构的严重破损;系杆结构桥梁的系杆或吊杆出现严重锈蚀或断裂;悬索桥主缆或多根吊索出现严重锈蚀或断丝;斜拉桥拉索钢丝出现严重锈蚀或断丝;桥墩桥台基础结构出现严重滑动、下沉、位移、倾斜及冲刷。

在实际桥梁检查过程中,如果遇到上述内容的任意一种情况,即可直接将桥梁评定为 5 类桥并及时关闭交通。

8.3 桥梁结构检算及承载能力评定

8.3.1 桥梁结构检算

桥梁结构检算是桥梁承载能力评定的最重要的环节,应包括承载能力极限状态检算及正常使用极限状态检算。按《公路桥梁承载能力检测评定规程》(JTG/T J21—2011),承载能力检算系数评定标度 D 为 3、4、5 时应采用检算系数 Z_1 对限值应力、结构变形和裂缝宽度等,进行正常使用极限状态的评定计算,同时需进行承载能力检算;承载能力检算系数评定标度 D 为 1、2 时,可不进行正常使用极限状态评定计算。

桥梁结构检算时,考虑的作用种类、结构作用效应的分析方法、作用效应组合、验算的方法依然采用相应的桥梁设计规范规定的方法,即与设计相同,在此不再赘述。在规范无明确规定的情况下,桥梁结构检算也可采用为科研所证实的其他可靠方法。

结构检算时的桥梁为既有桥梁时,结构的预应力状况、恒载分布状况、结构尺寸、材料等与设计存在一定的差异。同时,对于既有桥梁结构,材料性能变化、结构损伤、支承条件的差异、拱轴线变位、基础变位等因素,均需在建立检算分析模型时按实际的考虑,这是与设计不同的。

桥梁检算时,应抓住重点,应针对桥梁的结构形式重点对主要控制截面、薄弱部位和出现严重缺损部位进行检算。

在作用效应方面,与设计也有不同之处。对基础变位影响力,根据桥梁墩台与基础变位情况调查结果、桥梁几何形态参数测定结果，综合确定基础变位最终值，按弹性理论计算基础变位产生的超静定结构附加内力；计算中应考虑拱轴线变化对结构内力的影响，分析拱轴线形变化引起的附加内力，并根据实测拱轴线计算汽车等可变荷载的作用效应；荷载横向分布宜按实测的横向分布考虑，如无实测值，也可按理论计算值采用。

在承载能力计算时，应考虑桥梁检算系数、承载能力恶化、截面折减、钢筋锈蚀等因素对承载能力的影响。这是在旧桥承载能力检算时，必须考虑的。因此旧桥的承载能力检算是在第5章材料性能检测、第8.2节技术状况检查与评定及第7章桥梁荷载试验与评定的基础上进行的，其计算要比设计时理想状态结构的抗力计算复杂得多。

8.3.2 桥梁承载能力评定

桥梁承载能力评定包括持久状况下承载能力极限状态和正常使用极限状态。承载能力极限状态针对的是结构或构件的截面强度和稳定性，正常使用极限状态主要针对的是结构或构件的刚度和抗裂性。

既有桥梁承载能力评定的流程如图 8-7 所示。

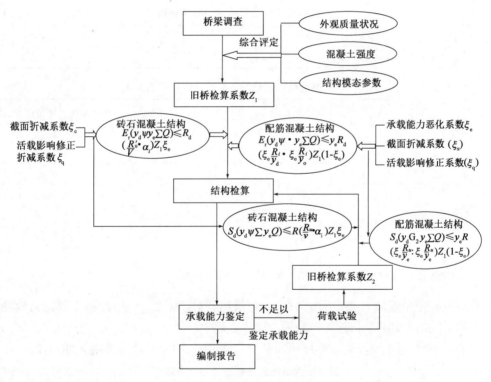

图 8-7 桥梁承载能力评定流程

1) 桥梁检算时各分项系数的确定

(1) 活载影响修正系数 ξ_q

对于频繁通行大吨位车、超重运输严重及交通量严重超限的重载交通桥梁应考虑实际运营荷载状况对结构承载能力所造成的不利影响。在进行荷载效应组合时可引入活载影响修正系数，适当地提高汽车检算荷载效应，以反映桥梁实际承受荷载情况。通过实际调查重载交通桥梁的典型代表交通量、大吨位车辆混入率、轴载分布，按式 (8-7) 确定 ξ_q。

$$\xi_q = \sqrt[3]{\xi_{q1}\xi_{q2}\xi_{q3}} \tag{8-7}$$

式中：ξ_q——活载影响修正系数；

ξ_{q1}——对应于典型代表交通量的活载影响修正系数；

ξ_{q2}——对应于大吨位车辆混入率的活载影响修正系数；

ξ_{q3}——对应于轴载分布的活载影响修正系数。

(2) 承载能力检算系数 Z_1、Z_2

砖、石及混凝土结构与配筋混凝土结构的承载能力检算系数 Z_1，应综合考虑桥梁结构或构件表观缺损状况、材质强度和桥梁结构自振频率等的检测评定结果，按式(8-8)确定。

根据表 8-13 推荐的权重，按式(8-8)计算确定结构或构件承载能力检算系数评定标度 D，根据表 8-14 确定 Z_1。

$$D = \sum \alpha_j D_j \tag{8-8}$$

式中：α_j——某项检测指标的权重值，$\sum_{j=1}^{3}\alpha_j = 1$，按表 8-13 确定；

D_j——结构或构件某项检测指标的评定标度值。

承载能力检算系数检测指标权重值 表 8-13

检测指标名称	缺损状况	材质强度	自振频率
权重 α_j	0.4	0.3	0.3

砖、石、混凝土结构及配筋混凝土结构检算系数 Z_1 表 8-14

承载能力检算系数评定标度 D	受弯构件	轴心受压	轴心受拉	偏心受压	偏心受拉	受扭构件	局部承压
1	1.15	1.20	1.05	1.15	1.15	1.10	1.15
2	1.10	1.15	1.00	1.10	1.10	1.05	1.10
3	1.00	1.05	0.95	1.00	1.00	0.95	1.00
4	0.90	0.95	0.85	0.90	0.90	0.85	0.90
5	0.80	0.85	0.75	0.80	0.80	0.75	0.80

注：1. 小偏心受压可参考轴心受压取用承载能力检算系数 Z_1。

2. 检算系数值 Z_1，可按承载能力检查系数评定标度 D 线性内插检测。

对于钢桥、拉吊索的 Z_1 值，可根据缺损状况评定标度 D，按《公路桥梁承载能力检测评定规程》(JTG/T J21—2011)中表 7.7.2、表 7.7.3 查得。

承载能力检算系数 Z_2，见表 8-15。如经过荷载试验，检算系数应采用 Z_2 取代 Z_1。

经过荷载试验的承载能力检算系数 Z_2 表 8-15

ξ	Z_2	ξ	Z_2
0.4 及以下	1.30	0.8	1.05
0.5	1.20	0.9	1.00
0.6	1.15	1.0	0.95
0.7	1.10		

注：1. 对于主要挠度测点、主要应力测点和校验系数，两者中取较大值。

2. Z_2 值，可按 ξ 值线性内插。

(3)承载能力恶化系数 ξ_e

承载能力恶化系数 ξ_e 是考虑评定期内桥梁结构质量状况进一步衰退恶化对结构抗力效应产生不利影响的修正系数,按表8-16计算恶化状况评定标度 E,按 E 值、环境条件查表8-17,得到 ξ_e。

配筋混凝土结构或构件检测指标影响权重及恶化状况评定标度　　　　表8-16

序号	检测指标名称	权重 α_j	综合评定方法
1	混凝土表观缺损	0.32	恶化状况评定值 E 按下式计算: $E = \sum_{j=1}^{7} \alpha_j E_j$ 式中:E_j——结构或构件某项检测评定指标的评定标度值; α_j——某项检测评定指标的影响权重,$\sum_{j=1}^{7} \alpha_j = 1$
2	钢筋锈蚀电位	0.11	
3	混凝土电阻率	0.05	
4	混凝土碳化状况	0.20	
5	混凝土保护层厚度	0.12	
6	氯离子含量	0.15	
7	结构混凝土强度推定值	0.05	

配筋混凝土承载力恶化系数 ξ_e 值　　　　表8-17

恶化状况评定标度 E	环境条件			
	干燥不冻 无侵蚀性介质	干、湿交替不冻 无侵蚀性介质	干、湿交替冻 无侵蚀性介质	干、湿交替冻 有侵蚀性介质
1	0.00	0.02	0.05	0.06
2	0.02	0.04	0.07	0.08
3	0.05	0.07	0.10	0.12
4	0.10	0.12	0.14	0.18
5	0.15	0.17	0.20	0.25

注:恶化系数 ξ_e 按结构或构件恶化状况评定值线性内插。

(4)截面折减系数 ξ_c、钢筋截面折减系数 ξ_s

砖、石、混凝土结构与配筋混凝土结构截面折减系数根据材料风化、碳化、物理与化学损伤检测指标的评定标度及各项指标权重值,按式(8-9)计算,由表8-18查得 ξ_c。

$$R = \sum_{j=1}^{N} R_j \alpha_j \tag{8-9}$$

式中:R_j——某项检测指标的评定标度值;
　　α_j——某项检测指标的权重值,按表8-19取值;
　　N——对砖、石结构,$N=2$;对混凝土及配筋混凝土结构,$N=3$。

砖、石、混凝土结构与配筋混凝土结构损伤影响权重值　　　　表8-18

结构类别	检测指标名称	权重值 α_j
砖、石结构	材料风化	0.20
	物理与化学损伤	0.80
混凝土及配筋混凝土结构	材料风化	0.10
	碳化	0.35
	物理与化学损伤	0.55

砖、石、混凝土结构与配筋混凝土截面折减系数 ξ_c 值   表8-19

截面损伤综合评定值 R	截面折减系数 ξ_c	截面损伤综合评定值 R	截面折减系数 ξ_c
$1 \leqslant R < 2$	0.98~1.00	$3 \leqslant R < 4$	0.85~0.93
$2 \leqslant R < 3$	0.93~0.98	$4 \leqslant R < 5$	0.85以下

对于配筋混凝土构件,钢筋腐蚀剥落造成钢筋有效面积损失,钢筋截面折减系数 ξ_s 可根据检测评定标度由《公路桥梁承载能力检测评定规程》(JTG/T J21—2011)中表7.7.6查得。

2)桥梁承载能力评定方法

桥梁承载能力评定以基于概率理论的极限状态设计方法为基础,采用引入的上述分项检算系数修正极限状态设计表达式的方法,对在用桥梁承载能力进行检测评定。

(1)圬工桥梁承载能力评定

圬工桥梁承载能力极限状态,应根据桥梁检测结果按式(8-10)进行计算评定。

$$\gamma_0 S \leqslant R(f_d, \xi_c, \alpha_d) Z_1 \tag{8-10}$$

式中:γ_0——结构的重要性系数;

    S——荷载效应函数;

$R(\cdot)$——抗力效应函数;

    f_d——材料强度设计值;

    α_d——结构的几何尺寸;

    Z_1——承载能力检算系数;

    ξ_c——圬工结构的截面折减系数。

圬工桥梁正常使用极限状态,宜按现行公路桥涵设计和养护规范进行计算评定。

(2)配筋混凝土桥梁承载能力评定

配筋混凝土桥梁承载能力极限状态,应根据桥梁检测结果按式(8-11)进行计算评定。

$$\gamma_0 S \leqslant R(f_d, \xi_c \alpha_{dc}, \xi_s \alpha_{ds}) Z_1 (1 - \xi_e) \tag{8-11}$$

式中:γ_0——结构的重要性系数;

    S——荷载效应函数;

$R(\cdot)$——抗力效应函数;

    f_d——材料强度设计值;

    α_{dc}——构件混凝土几何参数值;

    α_{ds}——构件钢筋几何参数值;

    Z_1——承载能力检算系数;

    ξ_e——承载能力恶化系数;

    ξ_c——配筋混凝土结构的截面折减系数;

    ξ_s——钢筋的截面折减系数。

配筋混凝土桥梁正常使用极限状态,宜按现行公路桥涵设计和养护规范进行计算评定。

结果分以下三方面进行计算评定:

①限制应力:

$$\sigma_d < Z_1 \sigma_L \tag{8-12}$$

式中:σ_d——计入活载影响修正系数的截面应力计算值;

σ_L——应力限值；

Z_1——承载能力检算系数。

②荷载作用下的变形：

$$f_{d1} > Z_1 f_L \tag{8-13}$$

式中：f_{d1}——计入活载影响修正系数的荷载变形计算值；

f_L——变形限值；

Z_1——承载能力检算系数。

③各类荷载组合作用下裂缝宽度满足：

$$\delta_d < Z_1 \delta_L \tag{8-14}$$

式中：δ_d——计入活载影响修正系数的短期荷载变形计算值；

δ_L——变位限值；

Z_1——承载能力检算系数。

各类桥梁结构或构件在持久状况下裂缝宽度限值见《公路桥梁承载能力检测评定规程》(JTG/T J21—2011)中第7.3.4节。

(3)钢结构承载能力评定

①钢结构构件强度、总体稳定性和疲劳强度验算应按现行公路桥涵设计规范执行，其应力限值取值为$Z_1[\sigma]$。

②钢结构荷载作用下的变形应按式(8-15)计算评定。

$$f_{d1} < Z_1[f] \tag{8-15}$$

式中：f_{d1}——计入活载影响修正系数的荷载变形计算值；

$[f]$——容许变形值；

Z_1——承载能力检算系数。

(4)拉吊索承载能力评定

拉吊索强度应按式(8-16)计算评定。

$$\frac{T_j}{A} \leq Z_1[\sigma] \tag{8-16}$$

式中：T_j——计入活载影响修正系数的计算索力；

A——索的计算面积；

$[\sigma]$——容许应力限值；

Z_1——承载能力检算系数。

当荷载效应值与抗力效应值的比值小于1.05，可判定桥梁的承载能力满足要求，否则应判定承载能力不满足要求。

8.4 桥梁检测工程示例

本示例给出了一座简支梁桥技术状况评定的算例，为节省篇幅，仅给出桥梁技术状况评定、上部结构试验结果分析及主梁承载能力评定的过程。

8.4.1 工程概况

某桥为 12×25m 预应力混凝土简支空心板梁桥,采用桥面连续结构,3 孔一联,共 4 联。桥面横断面布置:0.5m(防撞墙)+8m(行车道)+1m(中央护栏)+8m(行车道)+0.5m(防撞墙)。桥面铺装自上而下依次为:9cm 厚沥青混凝土桥面铺装+8cm 厚 C40 水泥混凝土。桥梁纵横断面示意见图 8-8。主梁梁长 24.96m,计算跨径 24.2m。主梁混凝土强度等级为 C50,每片主梁预应力钢束为 24 根 $\phi15.24(7\phi5)$ 的钢绞线,预应力采用先张法梁施工,钢束采用直线配筋,标准强度为 1860MPa,张拉控制应力为 $0.75f_{pk}$。为避免梁端附近顶板开裂,部分预应力筋在梁端部采取失效措施,失效段长 2.16m 的 4 根、6.24m 的 2 根、8.36m 的 2 根、10.46m 的 2 根,$a_y=5.3$cm。梁底设 3 根 $\phi28$ 的 HRB335 钢筋,$a_g=5.3$cm。

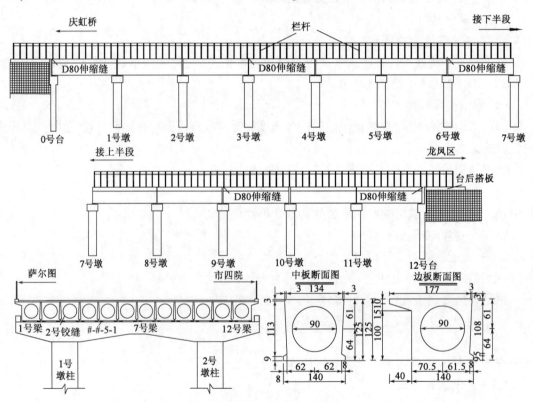

图 8-8 桥梁纵横断面及编号示意图(尺寸单位:cm)

盖梁均为钢筋混凝土倒 T 形双悬臂盖梁,盖梁悬臂高 0.7~1.2m,桥墩柱采用 1.45m×0.9m 的圆角矩形双柱式桥墩。桥台采用钢筋混凝土薄壁式桥台。桥墩、台基础均为钻孔灌注桩。

设计汽车荷载:《公路桥涵设计通用规范》(JTG D60—2004)中公路—Ⅰ级汽车荷载,设计车速 60km/h。

8.4.2 技术状况检查与评定

1) 上部结构

(1) 上部承重结构

该桥共 144 片主梁,其中 6 号孔 5 号梁及 8 号孔 9 号梁各存在 1 处底板混凝土破碎、脱落,面积分别为 65cm×20cm 和 23cm×7cm,小于 0.5m²,现场主梁病害见图 8-9。根据《公路桥梁技术状况评定标准》(JTG/T H21—2011)(以下简称《标准》)中表 5.1.1-2 定性描述或定量描述,确定该病害实际标度为 2,检测指标所能达到的最高标度类别为 4,其余各梁无此类病害,评定标度为 1。

仅 2 号孔 1 号梁跨中两侧各 2.8m 范围内发现竖向受弯裂缝,最大缝宽为 0.18mm,裂缝最大高度 36.8cm,小于截面高度的 1/3。2 号孔 1 号梁详细裂缝分布及数据见图 8-10。根据《标准》中表 5.1.1-11 的相关标准,确定该病害实际标度为 2 类,其余各梁未见此病害。

图 8-9 主梁底板受挤压混凝土局部脱落

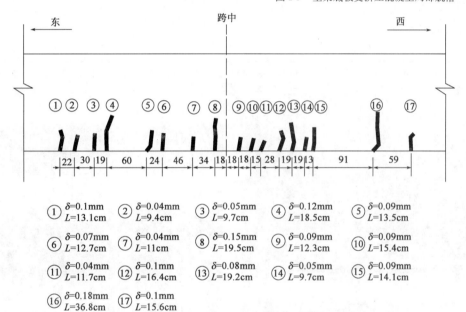

图 8-10 2 号孔 1 号梁跨中腹板裂缝(尺寸单位:cm)

根据《标准》上述 3 片主梁均为单一病害,查表 8-8,各梁扣分为 25、25、35,按式(8-1)计算单个构件得分分别为 75、75、65,其余主梁得分均为 100。但考虑到主梁为预应力混凝土 A 类构件,不容许开裂,故该病害标度取 4,检测指标所能达到的最高标度类别为 5,故该梁扣 60 分,得分 40 分,小于 60 分,故主梁构件得分取最低值 40 分。

(2)上部一般构件(铰缝)

该桥共 132 道铰缝,其中 12 号孔 1 号及 6 号铰接缝纵向通长渗水、泛白,现场主梁间铰接缝典型病害见图 8-11。根据《标准》表 5.1.1-2 的相

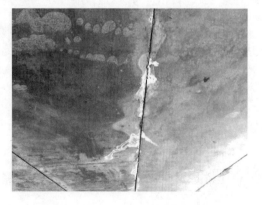

图 8-11 主梁间铰缝纵向渗水、泛白

237

关标准,确定该病害实际标度为 2 类,检测指标所能达到的最高标度类别为 4。其余各铰缝未见此病害。

由于上述一般构件(铰缝)均为单一病害,查表 8-8,上述 2 个铰缝扣分均为 25,按式(8-1)计算单个构件得分均为 75,其余铰缝得分均为 100。各构件得分均不小于 60 分,查表 8-9 通过线性内插得 $t = 2.44$,按式(8-2)~式(8-4)计算上部一般部件(铰缝)得分 89.37。

(3)支座

全桥共 576 个支座,共发现 10 处支座顶部完全脱空,可取出;7 处支座顶部局部脱空,面积在 1/5 ~ 1/2。支座详细病害汇总见表 8-20。现场支座具体检查情况见图 8-12、图 8-13。

支座详细病害汇总　　　　表 8-20

编号	位　　置	病　害	编号	位　　置	病　害
1	2-1-10-1、2-2-10-2、3-2-10-2、6-6-3-2、7-6-8-2、12-12-7-1、12-12-10-1	顶部脱空面积 1/5 ~ 1/3	2	4-3-10-1、5-4-3-2、6-5-8-2、6-5-11-2、9-8-10-2、11-11-5-2、11-11-6-1、11-11-6-2、11-11-10-1、2-2-9-2	完全脱空,可取出

注:支座编号采用 X-Y-Z-1(2)的形式。其中 X 表示桥孔编号;Y 表示墩或台编号;Z 表示主梁编号;1(2)表示支座编号。

图 8-12　支座顶部完全脱空

图 8-13　支座顶部局部脱空

根据《标准》中表 5.3.1-3 的相关标准,确定支座脱空病害实际标度为 4 类,检测指标所能达到的最高标度为 5 类。其余各支座未见此病害。支座均为单一病害,查表 8-8,各支座扣分均为 60,按式(8-1)计算单个构件得分均为 40,其余支座得分均为 100。由于构件得分小于 60 分,故支座部件评分值取最小值,为 40 分。

2)下部结构

(1)桥墩

①墩柱。

全桥共 22 个桥墩柱,各墩柱外观状态完好。构件得分均为 100,故桥墩柱部件得分 100。

②墩盖梁。

各墩盖梁跨中正弯矩及柱顶负弯矩普遍存在竖向受弯裂缝。其中,跨中正弯矩处裂缝最大缝宽为 0.2mm,最大裂缝长度 20.3cm,小于截面高度的 1/3;墩顶负弯矩处裂缝最大缝宽为 0.44mm,超过规范限值 0.25mm,最大裂缝长度 49.2cm,大于截面高度的 1/3,小于 2/3,墩盖梁详细裂缝分布如图 8-14 所示。

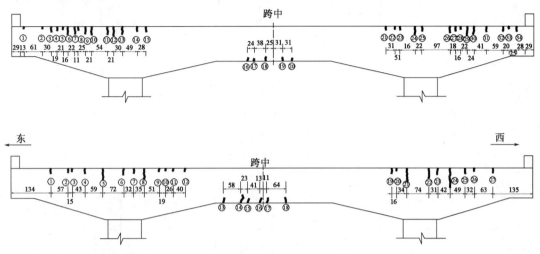

图 8-14　墩盖梁详细裂缝图(尺寸单位:cm)

根据墩盖梁竖向受弯裂缝的长度、宽度及间距,根据《标准》表 9.1.2 的相关标准,确定该病害实际标度为 4 类,检测指标所能达到的最高标度为 4 类。查表 8-8,各盖梁扣分均为 50,墩盖梁均为单一病害,按式(8-1)计算单个构件得分均为 50。由于构件得分小于 60 分,故墩盖梁部件评分值取最小值,为 50 分。

(2)桥台

两侧桥台台身均存在竖向裂缝,严重处已达到竖向通长。其中 0 号台裂缝最大宽度达 0.61mm,12 号台裂缝最大宽度达 0.63mm,超过规范限值。两侧桥台详细裂缝如图 8-15 所示。

根据桥台竖向裂缝的长度及宽度,依据《标准》中表 9.2.1-9 确定该病害实际标度为 4 类,检测指标所能达到的最高标度为 5 类。查表 8-8,各桥台扣分均为 60,桥台均为单一病害,按式(8-1)计算单个构件得分均为 40。由于构件得分小于 60 分,故桥台部件评分值取最小值,为 40 分。

(3)翼墙耳墙检查

全桥共 4 个耳墙,各耳墙整体外观状态良好,构件得分均为 100,故部件得分为 100 分。

(4)墩台基础

除两侧桥台基础存在轻微沉降且趋于稳定,其余桥墩处基础状态良好。

依据《标准》中表 9.3.2-5 相关评定标准,确定两桥台基础病害实际标度为 3 类,检测指标所能达到的最高标度为 5 类,查表 8-8,桥台基础扣分均为 45。桥台基础均为单一病害,按式(8-1)计算单个构件得分均为 55,其余墩基础得分均为 100,故墩台基础部件评分值取最小值 55 分。

(5)其余构件

该桥未设置锥坡、护坡,河床及调治构造物,上述三种结构不参加评定。

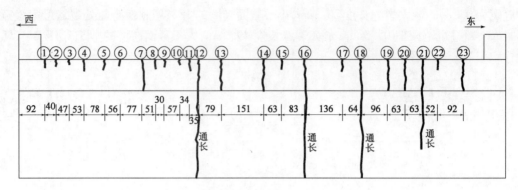

a) 0号台详细裂缝图

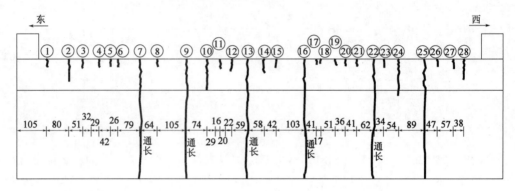

b) 12号台详细裂缝图

图 8-15 桥台台身详细裂缝图（尺寸单位：cm）

3）桥面系

（1）桥面铺装

各孔桥面沥青混凝土普遍存在纵向裂缝，缝长均大于 2.83m，严重的已达到纵向通长，最大缝宽为 6mm。桥面铺装病害如图 8-16 所示。根据《标准》表 10.1.1-4 的相关标准，确定该病害实际标度均为 4 类，检测指标所能达到的最高标度为 4 类。

图 8-16 桥面纵向裂缝

上述桥面铺装均为单一病害，查表 8-8，各孔桥面铺装扣分均为 50 分，按式（8-1）计算单个构件得分均为 50 分，小于 60 分，故桥面部件评分值取最小值 50 分。

（2）伸缩缝

9 号墩墩顶伸缩缝阻水橡胶带已完全破损、脱落，其余伸缩缝未见此病害。根据《标准》表 10.2.1-3 的相关标准，确定该病害实际标度为 4 类，检测指标所能达到的最高标度为 4 类。

3 号墩及 6 号墩墩顶伸缩缝两侧锚固区存在表层混凝土脱落，暴露集料等现象，面积均小于 10%，其余伸缩缝未见此病害。根据《标准》表 10.2.1-2 的相关标准，确定该病害实际标度为 2 类，检测指标所能达到的最高标度为 4 类。伸缩缝病害如图 8-17、图 8-18 所示。

上述伸缩缝均为单一病害，查表 8-8，9 号墩墩顶伸缩缝扣分为 50 分，按式(8-1)计算单个构件得分为 50 分，其余伸缩缝得 100 分。3 号墩及 6 号墩墩顶伸缩缝扣分均为 25 分，按式(8-1)计算单个构件得分均为 75 分。由于伸缩缝存在构件得分小于 60 分的情况，故伸缩缝部件评分值取最小值，为 50 分。

图 8-17　9 号墩墩顶伸缩缝橡胶破损　　　　图 8-18　伸缩缝锚固区混凝土表面脱落

(3) 防撞墙及栏杆

两侧栏杆表面局部防护漆起皮、脱落，导致栏杆产生锈斑，小于总体面积的 5%。现场栏杆及防撞墙典型病害如图 8-19 所示。依据《标准》中表 10.4.1-2 的相关标准，确定该病害实际标度为 2 类，检测指标所能达到的最高标度为 4 类。

根据《标准》，上述栏杆均为单一病害，查表 8-8，两侧栏杆扣分均为 25，按式(8-1)计算单个构件得分均为 75。该桥共设两侧栏杆，查表 8-9 得 $t=10$，按式(8-5)计算栏杆部件得分 72.5。

(4) 排水系统

桥面两侧各泄水孔及桥下排水管整体外观状态良好，各构件均未扣分，得分均为 100。

(5) 照明及标识

桥面两侧路灯整体外观状态良好。两侧桥头标识外观状态良好。照明及标识牌各构件均未扣分，得分为 100。

图 8-19　栏杆局部防腐漆起皮，产生锈斑

(6) 人行道

桥面两侧未设置人行道，故该部件不参加评定。

4) 桥梁技术状况评定

根据桥梁的检测情况，按照《公路桥梁技术状况评定标准》(JTG/T H21—2011)，按部件权重及综合评定法，并依据主要构件最严重程度评定法对该桥梁进行技术状况等级评定，该桥整体最终技术状态评定为 4 类。其中上部及下部结构评定为 4 类。该桥整体技术状况评定见表 8-21。

桥梁技术状况评定表　　　　　　　　　　　　　　　　表8-21

桥梁部位	桥梁部件	部件权重	重分权重	部件评分	结构评分	结构权重	总体评分 D_r
桥面系	桥面铺装	0.40	0.44	50.00	60.98	0.2	51.25
	伸缩缝装置	0.25	0.28	50.00			
	人行道	0.10	0.00	—			
	栏杆、护栏	0.10	0.11	72.50			
	排水系统	0.10	0.11	100.00			
	照明标志	0.05	0.06	100.00			
上部结构	主梁	0.70	0.70	40.00	48.89	0.4	
	一般构件	0.18	0.18	89.37			
	支座	0.12	0.12	40.00			
下部结构	翼墙、耳墙	0.02	0.02	100.00	48.75	0.4	
	锥坡、护坡	0.01	0.00	—			
	桥墩(盖梁)	0.30	0.33	50.00			
	桥台	0.30	0.33	40.00			
	基础	0.28	0.31	55.00			
	河床	0.07	0.00	—			
	调治构造物	0.02	0.00	—			
全桥技术状况等级		4类		评定依据		按总体评分评定	

8.4.3 静荷载试验与结果分析

1)静荷载试验

(1)试验孔及控制断面的选择

根据主梁结构形式,选取2号孔主梁作为静荷载试验对象。测试2号孔跨中断面边主梁混凝土应变沿梁高的变化规律及各主梁底板混凝土拉应变;试验孔跨中、两侧 $L/4$ 断面挠度及支点断面各梁的沉降;观测试验过程中主梁的裂缝变化情况。试验孔主梁试验控制断面如图8-20所示。

图8-20　2号孔主梁试验控制断面

(2)测点布置

①主梁挠度及支点沉降测点。

在2号孔主梁跨中、两侧 $L/4$ 及支点断面,每片主梁底板各布设1个竖向挠度测点,每个断面共12个挠度测点,挠度采用百分表测量,精度为0.01mm,跨中断面挠度测点布置如图8-21所示,其余断面与此相同。

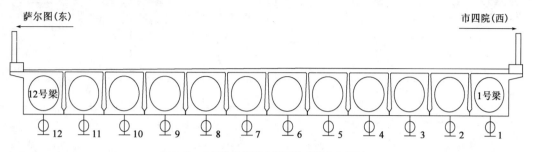

图8-21 2号孔主梁跨中断面挠度测点布置图

②主梁应变测点。

在2号孔1号梁沿腹板高度共布设3个混凝土应变测点,同时在各片中梁底板距两侧腹板边缘5cm处各布置一个混凝土应变测点。试验孔主梁混凝土应变测点布置如图8-22所示。

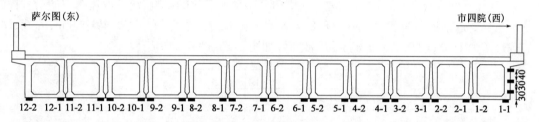

图8-22 2号孔中主梁跨中断面混凝土应变测点布置图

(3)试验荷载

该桥静载试验按公路—Ⅰ级汽车荷载考虑,先根据纵、横向最不利布载,计算车道荷载作用下的最不利内力效应,然后按内力等效的原则确定试验荷载。跨中断面的荷载横向分布系数采用铰接板法计算,支点采用杠杆法,$L/4$断面至支点按直线内插。

本次试验采用的试验车型的轴重及轴距见表8-22。

静载试验加载车轴重、尺寸　　　　　　　表8-22

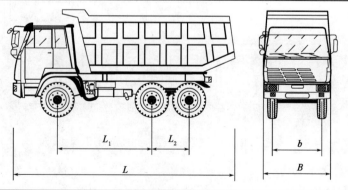

编号	车号	前轴重(t)	中、后轴重(t)	总重(t)	L_1(m)	L_2(m)	b(m)
1	****	10.68	24.38	35.06	3.85	1.4	2.0
2	****	10.04	23.92	33.96	3.85	1.4	2.0

续上表

编号	车号	前轴重(t)	中、后轴重(t)	总重(t)	L_1(m)	L_2(m)	b(m)
3	****	7.97	27.73	35.70	3.85	1.4	2.0
4	****	7.26	26.71	33.97	3.85	1.4	2.0
5	****	7.99	26.32	34.31	3.85	1.4	2.0
6	****	11.4	23.77	35.17	3.85	1.4	2.0
7	****	7.82	26.44	34.26	3.85	1.4	2.0
8	****	9.56	26.04	35.60	3.85	1.4	2.0

(4)加载工况

按《公路桥涵设计通用规范》(JTG D60—2004)计算该桥主梁跨中断面冲击系数为0.248。经计算为边梁控制设计,其跨中断面的汽车荷载的横向分布系数为0.313,由于试验测试的内容为跨中断面的弯矩响应,故未考虑支点横向分布系数变化的影响,统一取用跨中的荷载横向分布系数。边梁汽车荷载弯矩值为848.7kN·m,试验荷载内力值为857.19kN·m,静载试验加载效率为1.01,加载工况车辆的纵、横布置如图8-23、图8-24所示。

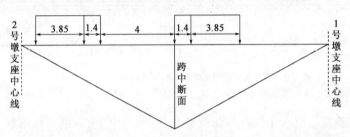

图8-23 2号孔主梁最大正弯矩车辆纵向加载布置(尺寸单位:m)

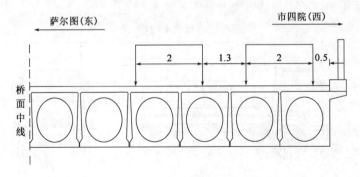

图8-24 2号孔主梁最大正弯矩车辆横向加载布置图(尺寸单位:m)

2)静荷载试验结果分析

(1)主梁挠度分析

在试验荷载作用下,从2号试验孔主梁跨中及$L/4$断面所产生的竖向挠度值中扣除支座沉降值,即为主梁不同测试断面挠度的实测值,主梁跨中及$L/4$断面挠度校验系数及相应残余变形值如表8-23、表8-24所示。

试验荷载作用下2号孔跨中断面挠度汇总表

表 8-23

测点编号	计算值①(mm)	挠度测量值(mm)		相对残余率(%) ④=③/②	校验系数 ⑤=②/①
		实测值②	残余值③		
ZN1	7.79	6.82	0.01	0.15	0.88
ZN2	7.49	5.63	0.09	1.60	0.75
ZN3	7.01	5.18	0.00	0.00	0.74
ZN4	6.24	4.57	0.28	6.13	0.73
ZN5	5.27	3.94	0.07	1.78	0.75
ZN6	4.22	3.23	0.03	0.93	0.77
ZN7	3.43	2.51	0.01	0.40	0.73
ZN8	2.83	2.03	0.07	3.45	0.72
ZN9	2.37	1.67	0.00	0.00	0.70
ZN10	2.06	1.51	0.08	5.30	0.73
ZN11	1.84	1.42	0.01	0.70	0.77
ZN12	1.71	1.30	0.01	0.70	0.76

试验荷载作用下2号孔 $L/4$ 及 $3L/4$ 断面挠度汇总表

表 8-24

测点编号	计算值①(mm)	挠度测量值(mm)		校验系数 ④=②/①	校验系数 ⑤=③/①
		$L/4$ 实测值②	$3L/4$ 实测值③		
ZN1	3.90	3.41	3.38	0.88	0.87
ZN2	3.75	2.80	2.82	0.75	0.75
ZN3	3.51	2.59	2.59	0.74	0.74
ZN4	3.12	2.26	2.29	0.72	0.73
ZN5	2.64	1.97	2.01	0.75	0.76
ZN6	2.11	1.63	1.64	0.77	0.78
ZN7	1.72	1.23	1.22	0.72	0.71
ZN8	1.42	1.04	1.04	0.73	0.73
ZN9	1.19	0.82	0.81	0.69	0.68
ZN10	1.03	0.78	0.75	0.76	0.73
ZN11	0.92	0.69	0.71	0.75	0.77
ZN12	0.86	0.65	0.62	0.76	0.73

注:1. 挠度值向下为正,向上为负。
2. 表中测点为挠度测点,所对应的主梁号见图 8-21。

由表8-23、表8-24中数据可知,在试验荷载作用下,2号孔跨中及两侧$L/4$断面主梁的挠度校验系数为0.69~0.88,均介于《公路桥梁荷载试验规程》(JTG/T J21-01—2015)中表5.7.8的预应力混凝土桥挠度校验系数常见范围0.7~1.0内,且小于1.0,说明主梁竖向抗弯刚度满足正常使用要求;2号孔主梁跨中断面挠度的相对残余变形最大值为6.13%,均小于20%,说明结构处于弹性工作状态。

(2)跨中断面荷载横向分布系数

在试验荷载作用下,根据现场实测主梁跨中断面的挠度值,2号孔主梁的实测与理论横向分布系数关系曲线如图8-25所示。

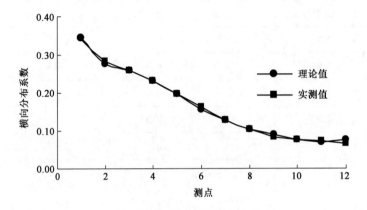

图8-25 理论与实测主梁横向分布系数分布对比图

由图8-25可知,2号孔主梁跨中断面的实测与理论横向分布系数的分布规律基本相符,分布均匀,最大差值仅为0.006,说明结构横向传力性能与理论相符。

(3)主梁混凝土应变、应力分析

将主梁应变乘以混凝土弹性模量,即得到相应测点的混凝土应力。1号梁实测混凝土应变沿梁高的分布规律如图8-26所示,控制断面实测应力及应力校验系数见表8-25。

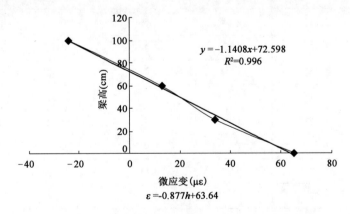

图8-26 2号孔1号梁跨中断面混凝土实测应变曲线

注:1.图中y为测点距梁底的距离;2.ε为测点微应变;3.规定应变以拉为正,以压为负;4.虚线表示实测应变曲线,实线表示回归曲线;5.图中显示数值为实测微应变值。

2 号孔 2 号 ~ 12 号主梁跨中截面底缘应力校验系数(MPa)　　表 8-25

应变测试位置	实测值	计算值	校验系数	应变测试位置	实测值	计算值	校验系数
1 号梁	22.0	2.96	0.74	7 号梁	0.86	1.10	0.78
2 号梁	1.95	2.63	0.74	8 号梁	0.79	0.94	0.84
3 号梁	1.90	2.45	0.77	9 号梁	0.64	0.79	0.81
4 号梁	1.59	2.17	0.73	10 号梁	0.53	0.67	0.80
5 号梁	1.33	1.81	0.73	11 号梁	0.38	0.59	0.64
6 号梁	1.14	1.44	0.79	12 号梁	0.35	0.63	0.55

注:表中各梁底板应力是取两个应变测点的平均值。

由表 8-25 数据表明,在试验荷载作用下,各主梁的应力校验系数均为 0.55 ~ 0.84,均介于《公路桥梁荷载试验规程》(JTG/T J21-01—2015)中表 5.7.8 的预应力混凝土桥应力校验系数常见范围 0.6 ~ 0.9 之间,说明主梁抗弯强度满足结构设计要求。

(4)主梁裂缝分析

加载后,1 号梁原有裂缝宽度最大增加量为 0.03mm,加载后最大裂缝宽度为 0.17mm,卸载后裂缝宽度恢复至加载前的状态,其余各片主梁未见受力裂缝。这说明 1 号梁的正截面抗裂性不满足预应力混凝土 A 类构件的设计要求,其余各梁均满足预应力混凝土 A 类构件的设计要求。1 号梁主要裂缝的变化情况见表 8-26。

加载前后裂缝变化汇总表　　表 8-26

工况	位置	裂缝编号	加载前裂缝		加载后裂缝		卸载后裂缝	
			δ	L	δ	L	δ	L
工况 1	1 号梁梁侧跨中断面	4	0.04	11.0	0.07	11.0	0.04	11.0
		5	0.15	19.5	0.17	19.5	0.15	19.5
		6	0.09	12.3	0.12	12.3	0.09	12.3

注:表中裂缝宽度 δ 单位为 mm;裂缝长度 L 单位为 cm。

8.4.4　动荷载试验与结果分析

1)动荷载试验

(1)测试内容

动载试验主要是测试 2 号孔主梁的固有振动特性及动力响应。试验桥孔为简支梁结构,选取试验孔主梁跨中断面作为试验控制断面,试验内容有:

①测试主梁竖向自振频率及阻尼。

②测试不同车速下汽车荷载的冲击系数。

(2)激振方式

①跳车试验。

在预定激振位置设置一块 15cm 高直角三角木,斜边朝向汽车。一辆满载重车后轮越过三角木由直角边落下后,立即停车,测试结构的阻尼、结构的竖向固有频率。

②跑车试验。

在桥面无任何障碍的情况下,用1辆三轴试验汽车,车辆总重为30t,以不同车速匀速通过桥面来做跑车试验。跑车速度一般定为10km/h、20km/h、30km/h、40km/h,测量不同行驶速度下桥跨结构的动力响应。

(3)测点布置

选取2号孔主梁跨中断面作为本次动荷载试验的测试断面,在跨中断面距防撞墙底座50cm处设置竖向速度计,在1号及3号梁底各放一个竖向动位移计。采集竖向速度及与位移计的振动信号,以测定桥梁竖向振动响应。动测测点布置如图8-27所示。

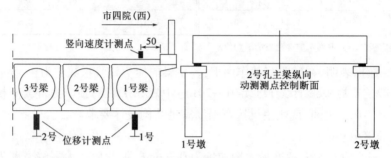

图8-27 2号孔纵、横桥向动测测点布置图(尺寸单位:cm)

2)动荷载试验结果分析

(1)结构固有频率

利用跳车振动的波形,对采集到的竖向速度及与位移时间历程波形进行时域及频域分析。在信号分析时,桥梁结构增加了试验车辆等附加质量,故对实测结构自振频率应进行修正,修正公式见式(7-20)。实测2号孔跨中断面振动响应的频谱如图8-28所示。修正后得到2号孔主梁跨中断面的一阶竖向固有频率的试验值为4.79Hz,大于计算值4.50Hz,说明主梁动刚度满足设计要求。

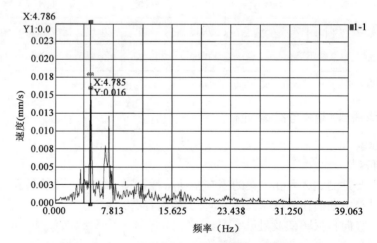

图8-28 2号孔跨中断面主梁振动响应频谱图

(2)结构阻尼比分析

通过利用放置于桥面的速度拾振器测得跳车动作用下桥跨结构自由衰减振动的时域曲线,典型速度时程曲线如图8-29所示。对采集到的时间历程波形进行时域分析,按式(7-15)计算得到2号孔主梁结构的阻尼比为$\xi=0.038$,试验孔主梁阻尼比均介于合理值范围内,结构具有较好的阻尼作用。

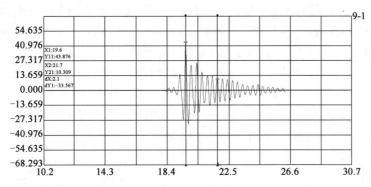

图 8-29　2 号孔主梁跨中断面速度—时程曲线

(3) 主梁冲击系数分析

测得不同车速下主梁的动挠度—时程曲线,按式(7-19)计算各车速下的冲击系数,结果如表 8-27 所示。实测冲击系数最大值分别为 1.236,小于计算冲击系数 1.250,说明桥面铺装顺畅、平整。现场实测跑车位移—时程曲线如图 8-30 所示。

2 号孔主梁冲击系数统计　　　　　　　表 8-27

速度(km/h)	12.2	26.0	35.4	43.8
2 号孔跨中断面	1.057	1.114	1.159	1.236

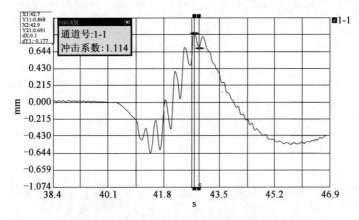

图 8-30　2 号孔 26.0km/h 跑车位移—时程曲线

8.4.5　承载能力评定

桥梁承载能力评定是桥梁检测的主要任务,本次评定采用基于荷载试验的方法进行承载能力评定。

1) 作用效应及组合

(1) 作用

①主梁自重。按主梁的实际截面计算,重度 $\gamma = 26\text{kN/m}^3$。收缩徐变按《公路钢筋混凝土及预应力混凝土桥涵设计规范》(JTG D62—2004)附录 F 的规定采用程序计算,环境湿度按 0.8 考虑。

②二期荷载。二期恒载包括9cm厚沥青混凝土桥面铺装+8cm厚C40水泥混凝土、两侧防撞墙,沥青混凝土$\gamma=24kN/m^3$,桥面水泥混凝土$\gamma=25kN/m^3$,近似按每片梁均摊考虑,主梁二期恒载为5.76kN/m。

③汽车荷载。汽车荷载采用《公路桥涵设计通用规范》(JTG D60—2004)中公路—Ⅰ级汽车荷载,汽车冲击系数计算按《公路桥涵设计通用规范》(JTG D60—2004)相关规定计算为0.248,旧桥检算时活载影响系数$\xi_q=1.0$。

④温度荷载。竖向温度梯度按《公路桥涵设计通用规范》(JTG D60—2004)中表4.3考虑,上缘$T_1=14℃$,距上缘100mm处$T_2=5.5℃$,距上缘400mm处$T=0℃$,反温差为正温差乘以-0.5。

(2)作用效应

首先计算汽车荷载的横向分布系数,支点处采用杠杆法计算,跨中处采用铰接板法计算。经计算边梁为最不利梁,其支点与跨中的横向分布系数为0.467与0.313,1/4跨径到跨中取用跨中荷载横向分布系数;然后建立该桥单片边主梁的杆系有限元模型。建模时考虑截面面积折减,在输入单元信息的特征系数对话框内通过调整截面面积修正系数来实现。考虑钢筋截面面积折减,可调整截面普通钢筋的面积;活载影响系数可通过调整冲击系数实现,但此方法挠度应手工调整。

二期恒载作用在单元上以均布荷载的形式录入,主梁自重由程序自动考虑。混凝土收缩徐变按《公路钢筋混凝土及预应力混凝土桥涵设计规范》(JTG D62—2004)附录F的规定采用程序计算,在程序中设定环境湿度0.8及与大气接触的周边长度,混凝土加载龄期按7d考虑。

采用先张法张拉钢束,两端张拉。在输入预应力筋时,应考虑梁端预应力失效段,见工程概况。

锚具变形及回缩预应力σ_{l2}:设张拉台座长50m,两端张拉,采用夹片式锚具,有顶压,$\Delta l=2\times4mm=8mm$,$\sigma_{l2}=31.2MPa$。

加热养护引起的温差损失σ_{l3}:钢绞线与张拉台座间的温差$\Delta t=15℃$,$\sigma_{l3}=30MPa$。

松弛引起的预应力损失σ_{l5}:一次张拉的张拉系数取0.9;松弛系数ξ取0.3;$\sigma_{pe}=\sigma_{con}-\sigma_{l2}=1363.8MPa$,$\sigma_{l5}=44.65MPa$。

混凝土弹性压缩引起的预应力损失σ_{l4}、混凝土收缩徐变引起的预应力损失σ_{l6}由程序自动计算。

根据简支梁杆系有限元模型计算的恒载、活载内力效应见图8-31~图8-34。

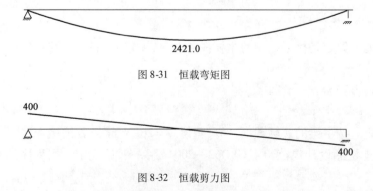

图8-31 恒载弯矩图

图8-32 恒载剪力图

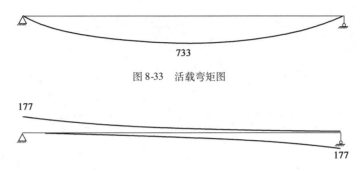

图 8-33 活载弯矩图

图 8-34 活载剪力图

注:图 8-31~图 8-33 中弯矩单位为 kN·m,剪力单位为 kN。

(3)作用效应组合

极限承载能力组合、长期效应组合、短期效应组合按《公路桥涵设计通用规范》(JTG D60—2004)中第 4.1.5 条及第 4.1.6 条对作用效应的规定进行组合,结果略。

2)主梁检算系数的确定

根据荷载试验成果、主梁构件的外观、各项专项检测的结果及相关资料,同时根据第 8.3.2 节中的相应内容对桥梁检算时各分项系数进行计算确定,计算过程从略。各项检算系数结果见表 8-28。

各项检算系数结果汇总　　　　　　　表 8-28

序号	检算系数	取 值
1	检算系数 Z_1	根据主梁技术检查结果,计算承载能力检算系数评定标度 D 得 1.3。查表采用线性内插法 $Z_1 = 1.14$,但是由于主梁腹板存在竖向受弯裂缝,偏安全考虑 Z_1 取 1.0
2	承载能力恶化系数 ξ_e	根据主梁技术检查结果,确定构件恶化状态评定标度 E 得 1.12。查表采用线性内插得 0.053
3	截面折减系数 ξ_c	根据主梁技术检查结果,计算结构损伤的综合评定标度 R 得 1.55。查表采用线性内插得 0.98
4	钢筋截面折减系数 ξ_s	查表得 0.98
5	活载影响系数 ξ_q	计算得 1.0
6	承载能力检算系数 Z_2	挠度校验系数最大值 0.88,查表取 0.98

3)主梁检算

(1)正常使用极限状态抗裂检算

①正截面抗裂性验算。

预应力混凝土 A 类构件在短期效应组合下:

$$\sigma_{st} - \sigma_{pc} \leq 0.7 f_{tk} Z_2 = 1.82 (\text{MPa})$$

在长期效应组合下:

$$\sigma_{st} - \sigma_{pe} \leq 0$$

正截面抗裂性验算结果如图 3-35、图 3-36 所示。

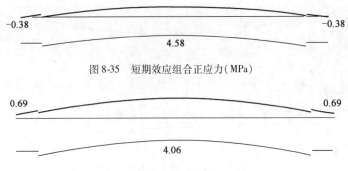

图 8-35　短期效应组合正应力(MPa)

图 8-36　长期效应组合正应力(MPa)

注:图中粗、细线分别代表上下缘最小正应力(拉应力为负数)。

图 8-35、图 8-36 中数据表明,短期效应组合的法向拉应力为 0.38MPa,小于规范限值 1.82MPa;长期效应组合未出现拉应力,正截面抗裂性满足验算要求。

②斜截面抗裂性验算。

预应力混凝土 A 类构件在短期效应组合下:

$$\sigma_{tp} \leqslant 0.7 f_{tk} Z_2 = 1.82(\text{MPa})$$

正截面抗裂性验算结果如图 8-37 所示。

图 8-37　短期效应组合主应力(MPa)
(拉应力为负数)

图 8-37 中数据表明,短期效应组合的主拉应力为 0.43MPa,小于规范限值 1.82MPa,斜截面抗裂性满足验算要求。

③持久状况应力验算。

使用阶段预应力混凝土受弯构件正截面最大压应力:

未开裂构件　　　　　　$\sigma_{kc} + \sigma_{pt} \leqslant 0.5 f_{ck} Z_2 = 15.88(\text{MPa})$

使用阶段预应力混凝土受弯构件受拉区预应力钢筋最大拉应力:

未开裂构件　　　　　　$\sigma_{pe} + \sigma_p \geqslant 0.65 f_{pk} Z_2 = 1184.8(\text{MPa})$

计算结果如图 8-38、图 8-39 所示。

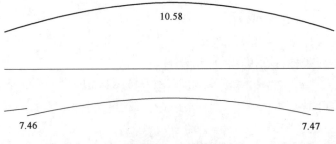

图 8-38　正截面最大压应力(MPa)

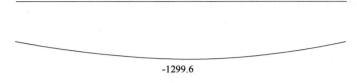

图 8-39 受拉区预应力钢筋最大拉应力(MPa)

注:1.图中粗细线分别代表上下缘最大正应力;2.图中应力以压为正;3.图中未给出预应力失效段的结果。

图 8-38、图 8-39 中数据表明,持久状况正截面混凝土最大压应力及预应力钢筋最大拉应力均满足设计要求。

④正常使用极限状态挠度验算。

C50 混凝土挠度长期增长系数 $\eta_\theta = 1.425$,按短期效应组合并计入长期的挠度,在扣除结构自重产生的长期挠度后,主梁的最大挠度不应超过计算跨径的 $1/600 \times Z_2 = 40.3$ mm。经计算最大挠度为 18.4mm,满足设计要求。

(2)承载能力极限状态强度验算

按《公路桥涵设计通用规范》(JTG D60—2004)中第 4.1.6 条对作用效应的规定进行组合,得到弯矩包络图与剪力包络图,活载影响系数也在程序中考虑。在利用程序计算抗力时,截面面积折减、钢筋截面面积折减已在模型中考虑。而承载能力恶化系数 ξ_e、检算系数 Z_2 在程序中无法考虑,可从程序中提取抗力结果,按式(8-11)进行手工折减。

限于篇幅,抗剪承载能力检算时,截面尺寸复核从略。最大弯矩及抗力包络图如图 8-40 所示,最大剪力及抗力包络图如图 8-41 所示,图中粗、细线分别代表内力及抗力。

由图 8-40、图 8-41 可见,主梁的抗弯及抗剪极限承载能力均满足检算要求。

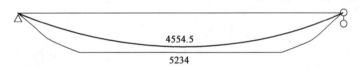

图 8-40 最大弯矩及抗力包络图(kN·m)

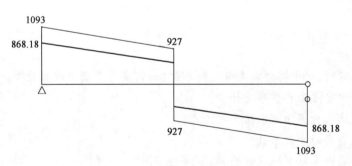

图 8-41 最大剪力及抗力包络图(kN)

(3)开裂梁开裂成因分析

为分析 2 号孔 1 号梁跨中附近出现受弯裂缝的成因,对设计梁的预应力损失进行了计算,设计梁计算的预应力损失 $\Delta\sigma = 238.25$ MPa,占张拉控制应力的 17.07%。将该梁的预应力损失依次调整为 20%、25%、30%,对主梁下缘的混凝土应力进行计算。计算结果表明,当预应力损失达 30% 时,跨中断面板底长期效应组合的正应力已出现 0.481MPa 的拉应力,不满足规范的要求。在试验荷载作用下,主梁跨中附近下缘的裂缝有所发展,这也证明预应力不足是2号孔1号梁开裂的主要原因。

8.5　本章小结

本章从培养学生掌握桥梁技术状况评定及承载能力评定的目的出发,系统地简述了桥梁技术状况评定及桥梁承载能力评定的方法,并给出一座简支梁桥的静动荷载试验、桥梁技术状况评定与承载能力评定的工程实例,以便于读者自学。本章介绍了桥梁技术状况检查的要点、常用工具、构件的编号方法及记录的基本要求;在技术状况评定方面,系统地简述了单一构件的评定方法、桥梁部件的评定方法、桥梁三大组成部分的评定方法(桥面系、上部结构、下部结构)以及桥梁结构的评定方法,并分别给出了单一构件的评定、桥梁部件的评定、桥梁三大组成部分的评定的算例;在承载能力评定方面,重点简述桥梁检算与新结构验算的差异点;系统阐述了检算系数 Z_1、承载能力恶化系数 ξ_e、截面折减系数 ξ_s、钢筋截面折减系数 ξ_s、活载影响系数 ξ_q、基于荷载试验的承载能力检算系数 Z_2 的确定方法;简述了承载能力评定的方法。最后给出一座简支梁桥的静动荷载试验、桥梁技术状况评定与承载能力评定的工程实例。

目前,关于桥梁技术状况评定主要依据《公路桥梁技术状况评定标准》(JTG/T H21—2011)进行,已考虑了不同桥型、主次要部件的影响,并根据主、次要部件制定了评定标度,部分指标实现了定量化,这与养护技术规范比,已减少了主观因素的影响。但依然有部分指标,还是定性的评定,这就导致了主观因素的影响。随着资料的不断积累,今后应进一步减少定性化评定指标,以实现主观因素的影响。

【习题与思考题】

1. 在《公路桥梁技术状况评定标准》(JTG/T H21—2011)中,为什么将桥梁组成构件分为主要构件与次要构件?
2. 在桥梁评定时,对于桥梁中未设置的部件,如何实现重新分配权重?
3. 分层综合评定方法的步骤是什么?
4. 桥梁静载试验数据处理包括哪些内容?
5. 如何测定桥梁的冲击系数?
6. 旧桥的桥梁检算与新桥设计验算,有哪些不同?

本章参考文献

[1] 章关永. 桥梁结构试验[M]. 2版. 北京:人民交通出版社,2010.
[2] 王天稳. 土木工程结构试验[M]. 3版. 武汉:武汉工业大学出版社,2012.
[3] 宋彧. 建筑结构试验与检测[M]. 3版. 北京:人民交通出版社,2014.
[4] 中华人民共和国行业标准. JTG/T J21—2011 公路桥梁承载能力检测评定规程[S]. 北京:人民交通

出版社,2011.

[5] 中华人民共和国行业标准. JTG/T H21—2011 公路桥梁技术状况评定标准[S]. 北京:人民交通出版社,2011.
[6] 中华人民共和国行业标准.公路旧桥承载能力鉴定方法(试行)[S].1988.
[7] 中华人民共和国行业标准. JTG H11—2004 公路桥涵养护规范[S].北京:人民交通出版社,2004.
[8] 张俊平.桥梁检测[M].北京:人民交通出版社,2002.
[9] 胡大林.桥涵工程试验检测技术[M].北京:人民交通出版社,2004.
[10] 宋一凡.公路桥梁荷载试验与结构[M].北京:中国建筑工业出版社,2002.
[11] AASHTO. The maintienance and Management of roadways and bridges[M]. American Association of State Highway and Transportation Officials, Washington, DC.
[12] AASHTO. Manual for Condition Evaluation of Highway Bridges[M]. 2rd. American Association of State Highway and Transportation Officials, Washington, DC.
[13] AASHTO. Guide Manual for Condition Evaluation and Load and Resistance Rating of Highway Bridges[M]. 3rd ed. American Association of State Highway and Transportation Officials, Washington, DC.

第9章 桥梁结构监测

9.1 概 述

桥梁结构监测包括施工过程监测与服役状态监测。

桥梁施工属于系统工程,其中设计图纸是目标,自开工到竣工为实现设计目标的整个过程中将受到诸多确定和不确定因素(误差)的影响,设计中考虑的桥用材料性能、施工荷载作用、环境因素影响、施工技术指标等与实际状态之间存在差异难以避免,因此,必须对施工中的结构状态进行实时识别、调整与控制,即对施工实施控制,以确保施工过程结构安全以及成桥结构受力与几何状态符合设计要求。早期的桥梁施工控制主要采取事前控制法,即在桥梁施工前对施工过程结构状态进行预测分析,施工中则根据施工过程各工况的结构受力、几何状态分析结果进行控制。在事前控制法中,虽然考虑了施工过程中可能受到的各种因素影响,但桥梁结构受到的实际影响与分析中计入的影响之间可能存在较大差异,仅仅依靠事前理论分析结果难以掌握施工过程结构的真实状态。即使对桥梁施工过程进行跟踪结构理论分析,也因为影响结构状态的相关因素可能不断变化难以体现桥梁结构的实际状态。事实上,早期不少采用事前控制的桥梁施工过程及成桥受力与几何状态严重失控,部分桥梁成桥时就存在无法挽救的缺陷,如跨中呈凹曲线等。随着人们对桥梁施工控制重要性认识的不断深入,控制方法从事前控制不断发展到事中控制、事后控制以及针对不同结构与施工特点桥梁的单一方法或事前、事中与事后相结合的控制方法，其中，仅仅依靠理论分析，仍然不能保障桥梁结构状态识别的可靠性及施工控制的效果。

相对于施工中的桥梁，服役桥梁受到的影响因素更多。除了桥梁结构形成中材料性能、施工质量等因素外，服役桥梁更要遭受使用荷载、环境因素（温度、风力等）、结构材料劣化等长期的不利影响，也就是说，桥梁自投入使用开始，其结构安全状态就开始降低，因此，需要对其进行实时有效的养护管理，保障桥梁处于安全状态。服役中的桥梁结构状态关系桥梁结构及使用安全，是桥梁管养中关心的主要对象。通常需要针对桥梁实际状态进行理论分析，以了解结构的受力、几何等状态，判定桥梁结构是否安全以及是否符合正常使用要求。由于影响服役桥梁结构状态的因素很多，且十分复杂，仅靠理论分析同样难以真实反映桥梁结构状态，如桥梁受到的荷载、环境等作用量值准确确定难度大，桥梁结构损伤真实模拟存在困难等。不能准确掌握服役桥梁结构的技术状态，必将导致管养决策失误，严重时可能突发桥梁安全事故，严重威胁人民生命财产安全。

要解决仅仅依靠理论分析不能准确识别施工过程或服役期间桥梁结构状态问题，唯一的办法就是对施工过程桥梁结构状态参数或服役桥梁结构状态参数进行现场量测。

常规的检测是桥梁结构状态参数现场量测方式之一。检测是指采用特定手段定期或不定期对桥梁结构相关技术参数进行测试。例如，施工过程中针对特定工况就桥梁结构应力、高程等进行检测；成桥阶段对桥梁结构在设计荷载作用下的应力、索力、变形、开裂性等进行加载试验检测；服役阶段对桥梁结构进行定期检测，包括外观目测检查、采用仪器设备对结构几何状态进行测量、通过荷载试验对结构的静态或动态力学状态进行检测等。检测定期进行，其结果反映的是特定时刻、环境条件和作用下结果状态，并为结构当时的技术状态以及下一检测周期桥梁结构状态变化判断提供重要依据，但因检测对桥梁结构状态参数的采集不具备连续性，难以反映结构状态量值随时间等的变化，特别是不能发现桥梁结构受到的异常作用及受力、变形等峰值状态，因此，仅仅依靠检测还难以全天候掌握桥梁结构的技术状态以及准确评估其安全性。

要解决桥梁施工过程或服役期间结构状态及其变化识别问题，离不开桥梁结构状态监测。监测是指对桥梁结构技术状态量值（如应力、变形等）进行的持续量测，也可以理解为持续性的检测。从理论上讲监测可以不间断地对桥梁结构状态的各种量值进行测试，但由于数据采集及分析技术的局限性，持续量测实质上还是按照一定频率进行的测试。即使如此，相比检测，监测结果能够在一定程度上反映桥梁结构状态量值随时间、环境、荷载等变化而变化的情况，反映结构状态量值最大变化值的概率随着监测中数据采集频率的提高而提高。可见，通过对桥梁结构的监测，可在最大程度上掌握桥梁结构实时技术状态，为准确评估桥梁结构安全性提供有效手段。

桥梁施工过程结构监测是桥梁施工控制的基础，其主要任务是实时、准确反映影响施工过程结构安全以及成桥受力与几何状态的各种参数。服役桥梁监测是桥梁管养不可缺少的技术措施，其主要任务是实时、准确反映影响桥梁结构安全以及正常使用的各种参数。

桥梁施工过程结构监测与服役桥梁结构监测的内容很多。桥梁施工过程结构监测参数的确定取决于桥梁结构与施工特点、施工环境等，服役桥梁结构监测参数则取决于桥梁结构特点、使用环境等。总体上讲，桥梁结构监测对象可以分为两大类：一是桥梁结构作用类，如风荷载、温度荷载、交通荷载、地震、船撞荷载及工作环境(雨量、腐蚀等);二是桥梁结构响应类,如结构几何状态、结构应力、索力、预应力、结构裂缝、结构动力特性、支座与伸缩缝工作状态等。

桥梁结构状态监测对掌握桥梁施工或运营过程中结构行为特征,实现结构安全预警,保障桥梁结构安全具有重要的意义。

9.2 监测技术应用与发展

自20世纪80年代起,世界各国许多国家陆续设计与安装了不同规模的桥梁结构监测系统。如,英国、美国、加拿大、日本、韩国、中国及其他国家都在桥梁结构上安装了桥梁结构长期监测系统。其中,具有代表性的有:英国连续钢箱梁桥——福伊尔大桥、加拿大预应力混凝土箱梁桥——Confederation桥、丹麦Great Belt East悬索桥、挪威Skamsunder斜拉桥,以及中国香港的青马大桥、汲水门大桥、汀九大桥,上海的徐浦大桥及江阴长江大桥等。

加拿大的联邦大桥(Confederation Bridge)安装有76个加速度计、6个热电耦温度计、2个双轴倾斜仪和一些应变计,用以监测大桥在恶劣自然条件下的结构响应;挪威的斯坎桑德斜拉桥安装了各类传感器总共37个和一套全自动数据采集系统,用以监测和记录该桥在建设和运营阶段的风速、加速度、倾斜度、应变、温度、动态位移等指标;英国的福伊尔大桥布设了大量传感器,用以监测大桥运营阶段在车辆与风载作用下主梁的振动、挠度和应变等响应,同时监测风力(速)和结构温度场。该系统是最早安装的较为完整的监测系统之一,它实现了实时监测、实时分析和数据网络共享。

中国香港青马大桥安装了加速度传感器、应变计、位移计、风速计、温度计等传感装置总计超过350个,并配备了数据采集和处理系统,用于长期监测桥梁服役期间结构状态的完整性、耐久性和安全性。世界上首座跨径超千米的斜拉桥——苏通长江大桥在建桥之初就为该桥特别设计、安装了大量传感器,包括超声风速仪、温度传感器、湿度传感器、全球定位系统、倾斜仪、位移传感器、加速度传感器、电阻应变片、振弦式应变计等16类传感器,传感器数量合计超过860个,以供运营阶段桥梁结构状态监测使用。截至目前,中国已有200余座大型桥梁安装了监测系统。

经过多年的研究与工程实践,中国桥梁结构监测技术得到飞跃式发展。从单一的几何测量到GPS实时几何监测,从机械式参数量测到实时电子传感参数监测,从间断的应变量测到光纤光栅应力监测,桥梁结构监测技术不断发展,已基本形成用于监测桥梁结构作用和响应等各种参数的技术系统。目前,桥梁施工过程及服役期间的监测已受到广泛重视,已成为大型、重要桥梁施工控制、服役桥梁技术状态评估以及安全预警等的必备手段。

纵观结构状态监测发展历程,其大致可归纳为三个阶段:

第一阶段:以结构监测领域专家感官和专业经验为基础,对诊断信息作简单的数据处理。

第二阶段:以传感技术和动态测试技术为手段,以信号处理和建模为基础,监测在工程中得到广泛应用。

第三阶段:为了满足大型复杂结构状态监测要求,进入以知识处理为核心,数据处理、信号处理与知识处理相融合的智能发展阶段。桥梁结构状态监测系统发展变化见表9-1。

结构状态监测系统发展历程   表9-1

阶 段	特 点
人工监测	利用肉眼,常规仪器等进行人工巡检,根据经验对结构状态做出判断和决策
单机集中式在线监测	用一台计算机来完成数据采集,数据处理,参数辨识,损伤识别等工作,维护方便,成本低廉;监测数目有限,不能实现实时监测,且巡检周期长,功能受限
分布式在线监测	用多台计算机来完成主要工作,相比单机集中式在线监测功能有较大提高,但系统复杂,技术难度大,成本高
远程分布式在线监测	建立在分布式在线监测基础之上,利用现代互联网技术,实现了异地监测,方便管理,但技术要求较高,对网络依赖较大
无线传感器网络监测	与远程分布式在线监测不同之处在于,采用了无线智能传感器,解决了传感器布线难、工作量大的问题

随着交通及经济社会进一步发展,桥梁建设以及管养任务十分繁重,其中,桥梁建管养一体化及智慧交通、平安交通是发展的方向,而桥梁结构状态监测是必不可少的技术手段。学习桥梁结构状态监测,必须掌握桥梁结构状态监测基础理论、基本原理与方法,以便正确应用监测手段解决实际问题或针对实际需要改进、开发新的监测技术。

9.3 桥梁结构作用监测

桥梁结构作用监测(Action Monitoring)是指作用于桥梁结构的各种因素监测。桥梁结构作用非常复杂,具体需要监测的作用应根据桥梁施工过程结构安全以及成桥状态控制或服役桥梁结构并与正常使用安全管理需要确定。本节介绍几种主要的结构作用监测。

9.3.1 风荷载监测

风荷载是桥梁结构,特别是悬索桥、斜拉桥等大跨径柔性结构设计的重要荷载之一。风荷载由两部分组成:平均风力和脉动风。目前用于定义风荷载的精度和可靠性的特征参数仍有许多不确定性,通过监测桥址处风的信息与设计的参数和假定进行比较,可验证设计,也可为以后分析风与大桥结构参数相关性以及桥梁施工、运营安全评价提供依据。在监测风荷载的影响时需注意监测台风、季风和高速风的影响,风荷载监测的主要工作内容包括:记录并存档风速时程数据;绘制平均风速和阵风的风玫瑰图,风事件—风速关系图,导出并绘制风速梯度和阵风风速图;计算风紊流强度、频谱、互功率谱和相互关系;绘制桥梁响应与风速关系图;进行风速的极值分析,以预测桥梁分别在使用极限状态和承载能力极限状态下可能遭遇的极端风事件。

根据桥梁设计、施工以及管养需要,风荷载监测的主要参数应包括:平均风速和风向、风玫瑰图、风的攻角、风的紊流强度、风的紊流尺度、脉动风风谱、风的相关系数等。环境风荷载监测采用风速风向仪进行。根据量程范围和应用场合,风速仪一般有三向超声风速风向仪和螺旋桨式风速风向仪两种。

超声风速风向仪是基于声学原理来测量风速和风向的。人们能听到的声音是由物体振动产生的,其频率在20Hz~20kHz范围内。频率超过20kHz时称为超声波。在平静的空气中,声波的传播速度被在风方向上的空气流动所改变。如果风向和声波的传播方向相同,就会提高声波的传播速度,反之则会减小声波的速度。在一个固定的测量路径中,在不同的风速和风向上叠加而成的声波传播速度会导致不同的声波传播时间。基于声速信号的传输时间,超声风速风向仪可以同时测水平向两个方向和竖向方向共3个方向的风速,进而可以根据极坐标换算成一个合成风速和对各个三维方向的夹(攻)角。

螺旋桨式风速仪属于一种机械式的仪器,其应用前端的螺旋桨转速感应风速大小和尾部的螺旋桨摆向来反应风向。螺旋桨式风速风向仪的基本工作原理:风速测量是利用一个低惯性的三叶螺旋桨作为感应元件,桨叶随风旋转并带动风速码盘进行光电扫描输出相应的电脉冲信号。风向测量是由竖直安装在机身的尾翼测定的,风作用于尾翼,使机身旋转并带动风向码盘旋转,此码盘按八位格雷码编码进行光电扫描,输出脉冲信号。

相比螺旋桨式风速仪,超声风速风向仪精度较高(包括风速和风向),而且还可测量三维风速,而螺旋桨式风速仪则只能测量二维风速,但其测量范围较超声风速风向仪大,价格也较为便宜。因螺旋桨式风速仪属于机械结构,其耐久性、可靠性和抗干扰性都要优于应用电子超声原理的超声风速仪,但精度与灵敏度则相对较低,并且只能测试二维平面内的风向和风速。

9.3.2 温度荷载监测

温度,特别是截面温度梯度对桥梁结构的变形和应力状态影响较大,其监测工作内容包括:监测混凝土、空气、沥青路面和钢结构的温度,以便绘制温度随时间(每天、每月和每年)的变化图;从桥梁代表性或关键截面的测点温度导出桥梁有效温度、温度梯度和温差,绘制桥梁有效温度随时间(每小时、每天、每月和每年)的变化图,绘制截面在高度方向上的最高和最低温度分布图;从测得的温度梯度估算桥梁上部结构的温度应力水平;绘制关键位置处桥梁热运动与温度的关系图,如主跨跨中的竖向运动,伸缩缝的纵向运动,将测得的结果与设计值进行比对。

桥梁结构受到的温度荷载监测参数主要有:桥梁结构所处大气温度及温度场,钢、混凝土结构体系温差,钢、混凝土结构局部温差(截面温度梯度)、桥面铺装温度变化。

目前,结构温度的测量方法较多,包括辐射测温法、电阻温度计测温法、热电偶测温法以及其他各种温度传感器,如箔电阻、热电偶、数字温度芯片等。每种方法的测量范围、精度和测量仪器的体积及测量繁杂程度都有所不同,通常应选用体积小、附着性好、性能稳定、精度高且可进行长距离传输监测的测温度组件。对于大跨径桥梁,温度传感测量范围需在 $-30 \sim +80$℃,分辨率和精度分别应达到 0.25℃ 和 0.20℃。

由于桥梁结构监测系统的温度测点多、测量范围广,用于监测混凝土结构、钢结构和桥面铺装温度的温度传感器需考虑使用分布式的数字温度传感器。由于箔电阻、热电偶的方式测量温度需要一个测点对应一个传感器,而且占用数据采集通道,因此成本会比较高。而一线总线制的数字式温度芯片价格低廉,多个测点的温度芯片可以通过一条总线共用一个数据采集端口,具备较高的经济性。

近年来,光纤温度传感器在结构体温度分布式测量上已有采用。沿整条光纤的温度分布可以通过光学时域反射计得以测量。最广泛应用的技术是基于拉曼或布里渊效应。当激光在本身作为传感元件的光纤中发射时,光子与光纤材料分子相互作用,由于拉曼和布里渊后向散射效应,一部分光将会向后散射。其中,拉曼散射是由于受温度影响的分子振动引起的,从而包含了温度信息;布里渊散射是由于声波引起的折射率变化而导致光的衍射而引起的。而声速是光纤的温度及应变的函数;如果适当的安装光纤使其处于零应变状态,那么声速就只是温度的函数。因为光纤中的光速是已知的,结合散射信息与激光脉冲沿光纤的传播时间,分布式温度监测可以利用拉曼散射和布里渊散射这两种技术得以实现。商用的布里渊光学时域反射计通常比基于拉曼非线性效应的光学时域反射计性能优越。由于用于将光纤温度传感器转成实际温度值的调制解调设备昂贵,应用还不够广泛,需要进一步研究、改善。

9.3.3 交通荷载监测

桥上交通荷载是桥梁承受的主要外荷载,桥上日夜行驶的交通流量、流向、轴重、偏载和车速的大小直接关系结构的长期使用安全和疲劳使用寿命,交通荷载监测可以为建立大桥的荷载谱提供原始资料,监测车辆违规现象,如超重、超速等,为大桥养护管理部门处理各种突发事件提供技术支持。监测内容包括:监测交通流量和交通荷载,从而识别车辆荷载的不同形式及通行车辆的不同类型;建立交通荷载谱,为结构疲劳损伤分析提供依据。

桥梁结构受力与所受到的荷载相关联,通过交通荷载监测,将荷载控制在设计容许范围是保障结构安全和长期耐久的关键。交通荷载监测的主要参数包括:车速、车轮轴重、交通流量、交通荷载谱。

目前,交通荷载监测的手段主要有:过磅、车速车轴仪、焊接式应变仪、数字式摄像机等。传统的过磅测量车辆是让车辆停靠在公路外的测重站(Weigh Station)过磅,过磅监测存在的主要问题是测量时间长、控制难度大等。随着交通量的增加,如何实时、快速识别车辆荷载成为业界关注的焦点。近年来出现的动态称重(WIM,Weigh-in-Motion)方法可有效解决上述问题。动态称重方法可测量运动车辆的动态轮胎压力,并由此测算得到静止车辆所对应的轮胎荷载。

动态称重在欧洲公路研究实验室论坛组(FEHRL)提议下,1992年开始研制,其目标是:
(1)提高测量的精度。
(2)更好地考虑车辆动态特性的响应。
(3)消除气候对测量的影响。
(4)提高传感器的耐久性,改进安装方法,以适应大交通量和极端恶劣的气候条件。
(5)改进信号处理。
(6)降低设备成本。

车速车轴仪就是动态称重系统之一,包括埋置于公路斜坡上的路面测定仪、位于公路外测重站的路面或平台测定仪以及使用已有的公路桥梁作为相当的静态测重仪器三类。

WIM车速车轴仪传感元件主要有:弯板式传感器、压电式传感器和测压传感器。光纤传感器则是另一类最新开发的WIM传感元件。根据欧洲WIM规范,WIM车速车轴仪传感元件包括:

(1)弯板:一个安装了应变仪并安装在轮轴下用于测量它们的静态或动态轮胎压力的板。
(2)压电式传感器:一个通过它的电阻变化计算所施加荷载大小的传感器测压元件。
(3)测压传感器:输出的信号与所施加车重荷载成正比,从输出的信号推算车重。
(4)光纤传感器:一个包含光纤的条形传感器,由施加荷载引起的光纤弯曲能修改光的传播条件,由此推导得到所施加的荷载的大小。

桥梁WIM系统将应变计安装到主梁上,将车轴探测器安装在路面。车轴探测器提供车辆速度、轴距、车辆位置等信息,并与测得的应变一起输入到桥梁WIM算法,生成车辆的轴重和总重。将WIM系统应用于桥梁时,能使用任何WIM技术采集WIM数据,如弯板式、条形传感器,得到的交通数据用于评估桥梁的荷载。桥梁安装了WIM系统,它还能提供其他有关结构性能的有用信息,如影响因子、荷载分布、应变历史、结构监测和损伤检测等。桥梁WIM系统的缺点是一般要求仅有一辆车辆运行在安装了WIM系统的桥跨上。目前,动态称重系统的研究还在继续。

9.3.4 地震及船撞荷载监测

处于地震区的桥梁,需要在极端荷载情况下监测桥梁基础地震动加速度乃至相应的结构响应,以便校验设计地震强度,并为结构和构件的整体和局部的动力和振动特性分析提供依据。对可能受到船舶撞击的桥梁,通过监测结构受到撞击荷载时程,可以较准确地评价被撞结构状态,同时也可为桥梁设计或养护提供依据。

主要通过监测桥梁基础(特别是索塔、桥塔、墩柱)的加速度获得地震、船撞荷载。对于处于地震区的特大型桥梁,需要对地震动加速度时程、地震动速度时程进行监测。地震荷载监测的主要手段包括:伺服式加速度计和伺服式速度计。

9.3.5 桥梁工作环境监测

桥梁工作环境监测的内容包括:桥梁阴面和阳面的日照强度、桥址处的降雨量、桥址处气压、混凝土中有物质(氯离子等)的侵入、钢筋的锈蚀、大气相对湿度等。处于近海、海洋环境、严寒地区的桥梁容易受到氯离子的侵害,所以对钢筋的腐蚀监测十分重要。

1)环境温度和湿度监测

大气环境的温度和湿度通常通过温湿度仪来进行监测。

湿度是指物质中所含水蒸气的量,目前湿度传感器多数是测量气体中的水蒸气含量。通常用绝对湿度和相对湿度来表示。绝对湿度是指单位体积的气体中含水蒸气的质量。相对湿度是待测气体中水汽分压与相同温度下水的饱和水汽压比值的百分数。这是一个无量纲量,通常表示为%RH。

如图9-1所示,湿度传感器主要由湿敏元件(电阻式和电容式)配以相应的检测电路、控制电路构成,其基本形式都是在基片上涂覆感湿材料形成感湿膜,基本特点都是当空气中的水蒸气吸附于感湿膜上后,元件的阻抗、介质常数发生很大的变化。

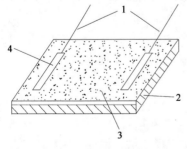

图9-1 湿敏电阻结构示意图
1-引线;2-基片;3-感湿层;4-金属电极

温度监测中常用的传感器主要有:热电阻传感器和光纤光栅温度传感器。

利用导体及半导体材料的电阻值随温度的变化而变化的特性可实现温度测量。一般把金属导体如铜、铂、镍等制成的测温元件称为热电阻,而把半导体材料制成的测温元件称为热敏电阻(图9-2)。

热电阻传感器主要用于中、低温度(-200~650℃)范围的温度测量。常用的工业标准化热电阻有铂热电阻、铜热电阻和镍热电阻。

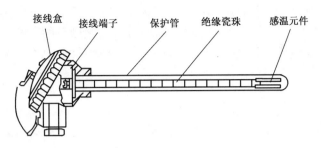

图 9-2 热电阻温度传感器结构示意图

热敏电阻是利用半导体材料的电阻值随温度变化而变化的特性实现温度测量。与其他温度传感器相比,热敏电阻温度系数大,灵敏度高,响应迅速,测量线路简单,有些型号的传感器不用放大器就能输出几伏电压,体积小、寿命长、价格便宜。而且本身电阻值较大,可不必考虑导线带来的误差,适用于远距离的测量和控制。在需要耐湿、耐酸、耐碱、耐热冲击、耐振动的场合可靠性高。热敏电阻还可在一定温度范围内对某些元件进行温度补偿。其缺点是非线性较严重,在电路上要进行线性补偿,互换性较差。因此,热敏电阻主要用于点温度、小温差温度的测量,远距离、多点测量和控制,温度补偿和电路的自动调节等。测温范围为 -50~450℃。

热敏电阻的温度系数有正有负,按温度系数的不同可分为 NTC、PTC 和 CTR 三类。NTC 为负温度系数的热敏电阻;PTC 为正温度系数的热敏电阻;CTR 为临界温度热敏电阻,CTR 一般也是负温度系数,但与 NTC 不同的是,在某一温度范围,电阻值会发生急剧变化。NTC 热敏电阻主要用于温度测量和补偿,测温范围一般为 -50~350℃,也可用于低温测量(-130~0℃);中温测量(150~750℃),甚至高温测量,测量温度范围根据制造时材料的不同而不同。PTC 热敏电阻既可作为温度敏感元件,又可在电子线路中起限流、保护作用。PTC 突变型热敏电阻主要用作温度开关;PTC 缓变型热敏电阻主要用于较宽的温度范围内进行温度补偿或温度测量;CTR 热敏电阻主要用作温度开关。

用于桥面的环境温度和湿度监测传感器主要是室外温湿度仪。室内温湿度仪则可应用于桥梁主梁箱梁、墩塔内部、锚碇锚室内等温湿度监测。

2) 环境降雨量监测

通过对降雨量的监测,了解桥址附近的降雨概率、强度、雨速、降雨量等,协同风荷载的监测结果可为桥梁结构在风、雨、交通荷载下的振动水平、受力分析和构件的疲劳分析提供依据。

降雨量的监测采用雨量计进行。常见的雨量计有机械式翻斗式雨量筒和电子式自记雨量计两种。翻斗式雨量筒的原理是在降水达到 0.1mm 或 0.2mm 后其翻斗机构的双干弹簧管开关产生一个脉冲,进入雨量筒的雨水从旁边的排水过滤器流入底座内的单独的一个容器内。自记雨量计则是在雨量计内部有个便携式电子记录仪器,它利用弹簧管被磁化而瞬时闭合的原理来记录数据,进入雨量筒的雨水从筒底流出。其中,机械式的翻斗式雨量筒使用性能、耐久性、可靠性和抗干扰性都要优于电子式的自记雨量计。

3) 腐蚀监测

在环境监测中,腐蚀,尤其是钢筋混凝土结构监测最为复杂。钢筋混凝土的破坏主要有:直接的化学侵蚀、冻—融破坏、碱集料反应、硫酸盐侵蚀、混凝土内部钢筋的腐蚀。混凝土中钢筋的腐蚀是混凝土结构破坏主要原因之一,钢筋腐蚀速率的监测和腐蚀状态的判定可以为钢筋混凝土结构的剩余承载能力和结构的耐久性提供基础数据。

由于各种腐蚀的机理不同、腐蚀部位判断困难、腐蚀速度和腐蚀测量仪器的可靠性保障难度大，因此，腐蚀的监测比其他结构监测更困难。目前，腐蚀测量的方法主要有物理方法和化学方法，其中物理方法包括试验挂片法、目视观察法、红外热铺法、声发射法、X光线照相法、电阻测量法、涡流法、磁方法、超声法等；化学方法包括：腐蚀电位测量法、腐蚀电流测量法和线性极化阻抗法等。

在物理方法中，试验挂片法系将试验挂片放于工作环境中，通过定期测量挂片的质量变化来估算挂片的腐蚀情况，从而确定结构材料的腐蚀情况。该方法的缺点在于难以实现在线监测。电阻测量法是在混凝土中埋入与钢筋同材质的电阻探针，利用探针的电阻与其截面面积成反比的关系，通过平衡电桥测量探针电阻，通过电阻的变化来判断腐蚀程度。该方法的优点是可以实现实时监测，缺点在于电阻的变化不能直接反应腐蚀速度和程度。

在化学方法中，腐蚀电位测量方法利用处于不同电化学状态的钢筋腐蚀电位不同的特点，判断钢筋的腐蚀状态。腐蚀电流测量法利用在腐蚀过程中于钝化区和活性区之间形成宏观腐蚀电流的特性，通过 $I = \Delta U / (R_E + R_A + R_C)$（$I$ 为腐蚀电流；ΔU 为宏电流间的腐蚀电压；R_E 为混凝土电阻；R_A 为阳极反应电阻；R_C 为阴极反应电阻）判定腐蚀状态。线性极化阻抗测量法则是利用：当对混凝土中钢筋施加一小信号扰动电位时，在钢筋处就可以测得一电流，并存在以下关系：$\Delta E = R_p \Delta i$（ΔE 为扰动电位；Δi 为扰动电流；R_p 为线性极化阻抗），通过测量线性极化阻抗可以很好地反映腐蚀状态。

对于阳极梯腐蚀测量单元，安装于桥梁、结构的钢筋混凝土构件中，监测钢筋混凝土的线性极化电阻（Linear Polarization Resistance，LPR）、断路电势（Open Circuit Potential，OCP，也称腐蚀电势）、电阻率（Resistivity）、氯离子浓度和温度等重要参数。该测量提供了有害物质（如氯化物和二氧化碳）的入侵速率信息。测量结果与使用寿命模型的预测结果相比较，可为预测钢筋的腐蚀开始时间提供基础。

氯离子浓度也是反映腐蚀的重要参数。当混凝土中氯离子浓度增大时，电极的腐蚀电势增大。通过测量 Ag/Ag-Cl 电极和 MnO_2 参考电极间的电位，可测得反映混凝土中氯离子浓度的参数。虽然 MnO_2 参考电极有很长的使用寿命，但是 Ag/Ag-Cl 电极的使用寿命却只有 4~7 年。因而，不适合长期测量，需要进一步研究。

由于腐蚀测量参数很多，如果进行实时监测，每个阳极梯系统将占用大量的数据采集系统通道，使得监测系统造价很高，因此目前主要采用定期测量。鉴于腐蚀发展速度缓慢，一年仅需读 1~2 次。

9.4　桥梁结构响应监测

无论是施工过程还是运营过程，桥梁结构响应监测（Respone Monitoring）的对象主要为结构几何监测、应力监测、索力监测等。具体需要监测的响应应根据桥梁施工过程结构安全以及成桥状态控制或服役桥梁结构与使用安全管理需要确定。本节介绍几种主要的结构响应监测。

9.4.1　几何监测

桥梁结构的几何变形是识别结构内力状态的重要参数。主拱圈、主梁、加劲梁、桥（索）

塔、主缆等的空间位置变化不仅影响行车的安全和舒适度,同时也意味着整个大桥结构的受力状态发生了改变,通过连续监测结构线形(高程、轴线),以便掌握桥梁恒载和活载的长期效应。对于铁路、轨道交通桥梁,除了线形(竖向、横向挠曲)外,影响行车安全的梁端转角监测也十分重要。对于一些短期荷载效应如台风、重车载的测量等,将实测得到的变形和修正后的有限元模型结合,以了解关键截面的内力。监测桥梁的整体纵向位移,以便为伸缩缝、支座是否损坏提供直接的判断依据。

桥梁结构几何监测对象主要有:水平位移及变形、竖向位移及变形、倾斜度、高程及线形等。常用的监测方法有:①常规地面监测法:采用高精度测量仪器测量角度、边长的变化测定水平位移或变形,主要有交会法、极坐标法、视准线法等;②基准线法:适用于直线桥梁的水平位移监测的系列方法,主要包括视准线法、引张线法、激光准直法和垂线法等;③专用测量法:采用专门仪器测量两点之间的水平位移,如多点位移计、光纤位移计等;④GPS 监测法:利用 GPS 自动化、全天候监测的特点,在桥梁外设置监测点,进行高精度全自动化的水平位移监测等。

用于桥梁几何监测的传感器较多,对于桥墩、桥(索)塔、主梁、加劲梁、主缆的变位以及基础不均匀沉降的监测可采用全球定位系统(GPS)、激光全站仪、倾斜仪、光电图像式桥梁挠度仪、连通管配合光电液位计、压力变送器、位移计等。

1) GPS 监测

全球定位系统 GPS 是"Global Positioning System"的缩写,意为"全球定位系统"。该系统拥有 24 颗人造卫星,排列在 6 个近似圆形的轨道上,卫星高度约 2 万 km。这种设计方案保证地球上任何地方、任何时刻都能收到卫星发出的信号。通过设置在地球上任何地方的接收机,接收人造卫星发出的电波并进行解析,以测量出该处的位置,进行快速定位。

GPS 具有精度高(平面坐标可达 mm 级)、观测时间短、测站间不需要通视和全天候作业等优点,并使三维坐标的测定变得简单。GPS 已广泛应用到工程测量的各个领域,从一般的控制测量到精密工程测量,都显示了极大的潜力。在桥梁工程中,GPS 已用于三角控制网测量,并逐步扩展到特大规模桥梁的施工控制测量中,主要特点是经济、快速、精度均匀、不受天气、时间和通视条件限制。

GPS 主要由卫星、控制机构和接收系统三大部分组成,而测量者使用的部分主要是接收系统。接收系统包括:

(1) 接收机

其主要功能是对来自卫星的复杂而大量的信号进行处理、解析和记录,内有非常高级的电子线路。在接收机的前面板上有显示器和输入键,用于静态测量和动态测量的选择、卫星发射接收状态和观测卫星的选择、观测条件的输入等,内设充电电池。

(2) 天线

天线的功能是接收从 GPS 卫星发来的微弱高频电波,并变换为低频波,以放大后再送入接收机。根据天线组件形状的不同可分为微波带天线和地表带天线等类型,但其所有的功能是基本相同的。在固定点,天线设在三脚架上,它与常规测量仪器一样要进行整平、对中和测量天线高。动态测量用的移动式天线则安装在测杆上。天线的体积小、重量轻、因此安装和搬运均较方便。

(3) 计算和解析程序

GPS 卫星绕轨道旋转时速度约为 4km/s,接收机从卫星传来的信号中接收大量的数据,并从这些复杂而大量的数据中计算出精度达 mm 级的距离,因此必须要有高级的计算程序(基线解析程序)来进行解析计算,且这种计算程序可用于普通计算机。

GPS 的测量方法大致可分为"单点定位法"和"相对定位法"两类方法:

(1)单点定位法

使用一台接收机和天线求所在地的位置,精度是从数十米至 100m,因此不宜用于工程测量定位。

(2)相对定位法

使用两组以上的接收机和天线,以求得观测点的相对位置。目前大多采用干涉定位法,但要通过计算程序对数据处理后才能得到观测点的位置,因此要在观测现场接收卫星电波并存储观测数据,待外业观测结束后再计算得出结果。

接收机和天线安置在测点上的测量称为静态法。在已知点和未知点上各自设置接收机和天线,要同一时刻接收同一卫星发射的电波,观测数据经专用计算程序处理后,可求得距离和方向。

缩短静态法是利用两点接收的电波进行计算,此法比一点测量的时间要缩短 10min,且能确保精度。快速静态法一般应用 4 个卫星的电波进行计算;模拟动态法则是在 1h 内进行两次同一点的测量。

移动未知点的测量方法称为动态法。将一组接收机和天线设在已知点作为固定点,其他的接收机和天线安置在未知点(流动点),在一个未知点上所需的测量时间为数分钟,然后移至下一个未知点继续测量。与静态法相比虽能高效率地测量多个未知点,但精度较差。

实时 GPS 测量系统:

以上所述的 GPS 测量属后处理定位技术,即记录下各测站的数据要在计算机上作数据后处理,其结果只能在作业观测结束之后才能得到。

实测 GPS 测量系统则可在测量过程中将参考站(已知点)的观测数据通过无线电调制解调器连续地传输给流动站(未知点),在流动站的接收机内也连续对参考和流动站组合起来的数据进行加工处理。由于采用高速电子计算机处理数据,因此几乎在外业观测的同时就得到了点位的成果。

实时 GPS 测量系统在工程控制测量领域极具优越性,它可以适用于各种工程测量、三维放样和找点定点以及其测量工作。由于 GPS 测量无须通视,使得在控制点十分匮乏的地区(如海峡)也能进行精密工程测量。

全球定位系统(GPS)是一种非常有效的桥梁监测技术,应用 GPS 进行桥梁结构的线形监测或偏位监测虽不受天气条件的影响,能做到全天候、台风雨雾等恶劣环境下的自动化监测,但是成本较高,而且相对于连通管和压力变送器监测精度不高(在 10Hz 的采样率下,竖向在厘米级,水平向在几个毫米)。因此,GPS 技术主要用于特大跨径桥梁的控制性监测,如桥(索)塔顶,跨中变形等。

2)倾斜仪

力平衡伺服倾斜仪由非接触位移传感器、力矩马达、误差和放大电路、反馈电路、悬臂质量块五部分组成。悬臂质量块与力矩马达的电枢连接一起。非接触位移传感器用于检测质量块的位移量和方向。当整个传感器发生倾斜时,悬臂质量块便会离开原来的平衡位置,非接触位移传感器检测出该变化后,将位置信号送入误差和放大电路,一方面传感器输出与倾角成一定比例的模拟信号;另一方面,该信号经反馈电路送入力矩马达的线圈,此时,力矩马达会产生一个与悬臂质量块运动方向相反、大小相等的力矩,力图使悬臂质量块回到原来的平衡位置。这样经过一定的时间后,悬臂质量块就停留在一个新的平衡位置上,这时,传感器输出的信号才是真正的有效信号。

3) 激光全站仪、连通管配合光电液位计和压力变送器

用于桥梁主梁、加劲梁挠度监测的有传统的激光全站仪和连通管配合光电液位计,还有应用连通管原理加高精度的压力变送器(测试连通管内液体压力反映高程)。激光全站仪精度比较高,但是受天气状况影响很多,在雾天或下雨天没法正常测试,因此不适合结构长期在线监测,不满足耐久性、可靠性和抗干扰性的要求;连通管结合液位计的方案精度比较差,而且受液体温度影响较大,抗干扰性较差;连通管加压力变送器原理是目前精度比较高,比较可靠的一种监测技术,但是高精度的压力变送器价格昂贵。通过在箱梁两侧各布置一个压力变送器,还可以监测截面的偏载扭转情况。

4) 位移计

用于桥梁结构位移响应监测的传感器是位移计,分为拉杆式位移计和拉绳式位移计两种。拉杆式位移计为将传感器测头与变送器封装在一起的机电一体化产品,使用时将传感器壳体固定,测杆与被测物连接,可以刚性连接(非回弹式),也可依靠传感器内置的复位弹簧顶在被测物上(回弹式)。在外形尺寸上,回弹式比非回弹式的多一个导向的长度,测头往往为硬质合金半圆形。拉杆式位移计的分辨率较高,线性度较好,阻值范围大。

拉绳式位移计由可拉伸的不锈钢绳绕在一个有螺纹的轮毂上,此轮毂与一个精密旋转感应器连接在一起,感应器可以是增量编码器,绝对(独立)编码器,混合或导电塑料旋转电位计,同步器或解析器。位移传感器安装在固定位置上,拉绳缚在移动物体上。拉绳直线运动和移动物体运动轴线对准。运动发生时,拉绳伸展和收缩。一个内部弹簧保证拉绳的张紧度不变。带螺纹的轮毂带动精密旋转感应器旋转,输出一个与拉绳移动距离成比例的电信号。测量输出信号可以得出运动物体的位移、方向或速率。

5) 光电图像式桥梁挠度仪、准直点激光投射式桥梁结构挠度仪

随着桥梁监测的需要,近年来出现了多种新型非接触式挠度测量方法,主要有光学成像法、连通管法、倾角仪法、测量机器人法、GPS 法和激光图像法等。其中,光学成像法测量距离远,但算法复杂、时效性不足;连通管法测量精度高,但结构复杂,长期实时监测难度大;倾角仪法测量范围大,但精度不高;测量机器人法测量量程大、速度快,但实时性差,随着测量距离的增大分辨力下降;GPS 法测量范围广,但测量精度低;激光图像法采样速率高、测量距离远,但抗干扰能力差。因此,在既有监测技术基础上,不断改进,进一步增强其准确性、稳定性等非常必要。

(1) 光电图像式桥梁挠度仪

图像法的基本原理:在桥梁的测试点上安装一个测试靶,在靶上制作一个光学标志点,通过光学系统把标志点成像在 CCD 的接收面上,当桥梁结构产生振动时,测试靶也跟着发生振动,通过测出靶上标志点在 CCD 接收面上图像位置的变化值,就可得到桥梁振动的位移值,其最小可测动态范围由 CCD 器件像元的分辨率决定,最大测量范围由镜头的视场角、光学系统放大率和 CCD 有效像元阵列长度决定。

由于桥梁在振动可能为空间三维运动,通过光学解析系统把靶标的横向和纵向分量分别检出,传动线阵 $CCD\perp$ 和 $CCD/\!/$ 上。系统的 K 值(KY、KX),即 CCD 上每个像素代表的实际位

移值,可在测量之前进行标定。CCD 为电荷耦合固体成像器件,它是用大规模硅集成电路工艺制成的模拟集成电路芯片,具有光电转换、电荷储存、传输和读出功能,在驱动电路的作用下,通过光电转换、电荷存储传输、输出后,对初始信号进行预处理,获得幅度正比于各像素所接收图像光强的电压信号,用作测量的图像信号经过量化编码后,传输到单片机进行运算处理,通过接口把数据传递给便携式计算机。该计算机首先把从每一个测点上传输来的纵向和横向位移信号储存起来,在一个试验过程结束后,通过专用软件进行数据计算,给出被测桥梁的纵向和横向位移及其对时间的响应曲线,结果可由屏幕显示、打印机输出。在这一基础上,使用者可以进一步通过频谱分析给出桥梁的强迫振动频率的固有频率。通过计算分析给出桥梁试验的冲击系数、横向转角等参数,通过对软件进一步开发还可对桥梁进行动态分析以及相关分析。

光电图像式桥梁挠度仪包括测试头部分包括:望远成像系统,分束系统,成像系统,CCD器件及驱动电路以及安平三角基座、垂直和水平微调、高精度两维机械轴系等部件;控制器部分包括:微处理接口电路、单片机、面板控制键。电源部件包括控制器直流供电电源及充电电源;靶标部分包括:靶标、靶标电源、靶标支架等;标定器:仪器在现场被测量点进行测量标定的专用标定装置。根据距离的远近,即测量范围的大小选择标定数值的大小,专用标定器装有特定的计量用数字百分表,每次标定后的位移数值由百分表上读出;聚焦镜头:每台仪器均配有专门设计的靶标聚光镜头,以便在测量距离远时将其加在靶标的前面,会聚靶的光束使其达到最好的测量效果。

(2)准直点激光投射式桥梁结构挠度仪

如图 9-3 所示,准直点激光投射式桥梁结构挠度监测原理:将激光器固定在被测物体上,从激光器发出的准直激光束照射在远处固定的半透射接收屏上形成一个圆形光斑。摄像头置于接收屏正后方不远处。在任一时刻,从摄像头输出的模拟视频信号经视频卡(图像采集卡)采集后即可进行处理得到接收屏上光斑中心的坐标位置。一旦被测结构在外界环境影响下沿 y 方向发生挠度 Δy,由于激光器固定在被测结构上,因此激光器也会随之发生位移,使得投射在接收屏上的激光光斑也发生相同的位移量 Δy。通过工控机采集各个时刻的激光光斑变化图像,通过精确的图像处理算法,比较容易得出光斑在接收屏上中心位置的各个变化值,取相邻的两幅图片的差值就能够直观地反映出桥梁在该测点的挠度变化量 Δy。

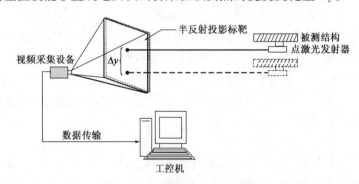

图 9-3　准直点激光投射式挠度监测原理

9.4.2　应力监测

应力监测是桥梁结构监测的基本内容之一。应力变化的监测分为动应力监测和静应力监测。通过对桥梁结构各控制部位断面进行静应力监测,了解桥梁结构,如主拱圈、主梁、加劲梁、桥(索)塔等,在各种施工荷载、交通荷载、自然荷载(包括风荷载、温度荷载、地震荷载等)作用下的受力情况,分析其应力水平,然后与各种荷载组合下的设计值进行比对,判断结构的受力状况。另外,对桥梁结构疲劳敏感区域的动应力监测,掌握不同应力水平的循环次数,对构件进行疲劳分析,估算构件的疲劳寿命,间接判别、诊断桥梁的病害,从而确定结构损伤部位,对桥梁管养十分重要。

结构应力系通过量测结构应变,再根据结构材料的应力应变关系计算出应力。设桥梁结构某点在第 k 次监测时所对应的应变为 ε_k,该点的初始应变测量值为 ε_0,则该点应变 ε 为:

$$\varepsilon = \varepsilon_k - \varepsilon_0$$

若结构材料弹性模量为 E,则测点应力为:

$$\sigma = \varepsilon E$$

可见,只要准确测出测点的应变就能计算出应力。

结构应变监测的手段较多,如电阻应变片传感器、钢弦式传感器等。电阻应变片传感器只能用于短暂的荷载增量下的应力测试,并且使用不便、耐久性差。所以,一般仅用于辅助应力测试与校核。对于适合于现场复杂情况、连续时间较长且量测过程始终要以初始零点作为起点的应力监测,目前基本上均采用钢弦式传感器。

图9-4所示为常用的钢弦式传感器,其中,图9-4a)为钢筋应力传感器示意图,用于监测钢筋混凝土结构内的钢筋应用;图9-4b)为埋入式应变传感器示意图,用于混凝土结构内部的应变(应力)测量;图9-4c)为表面应变传感器示意图,用于量测结构表面应变,如钢结构、已成混凝土结构构件。

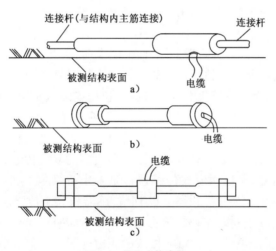

图9-4 钢弦式传感器

从实际使用看,钢弦式传感器虽然已成为过程中普遍采用的经济适用型传感器,但还存在诸多问题:一是使用寿命不够长,对于施工过程监测,由于一座桥梁施工时间一般不超过5年,所以还能满足要求。但对于服役桥梁监测,超过10年就可能失效,影响其连续监测;二是混凝土凝结过程中的水化热容易造成埋置式传感器显示出非受力应变,影响监测结果的真实性,需要根据实际情况进行修正;三是温度漂移和零点漂移影响较大。另处,钢弦式传感器体积仍然较大,通常要埋入结构内或固定于结构表面上,在施工时容易被损坏而失效。为更好地适应施工控制应力监测以及使用阶段的长期应力监测需要,必须对应力监测手段作进一步研究,开发或引进更为先进的监测技术,使其应力监测更方便、更准确。光纤传感器、压电式传感器等就是颇具发展潜力的新型传感器。

1) 光纤及光纤光栅传感器

与传统的电子传感器相比,光纤传感器,特别是利用光纤本身作为传感元件的内在光纤传感器具有许多优点,包括体积小、精度高、抗干扰、抗腐蚀、工作寿命特别长、分布式测量及遥感等。在桥梁监测中,光纤传感技术提供了一种相当简单的安装解决方案,因为低损耗的光纤允许多个传感器连接在一条光纤上。这样,只要一条连接光纤就可以把几十个光纤传感器连接到数据采集系统,而且,这些传感器可以距离数据采集系统数公里之遥。

布雷格光栅应变传感器是能够提供波长多元技术及自考能力的内在式光纤传感器。该传感器通过修正直径约为9mm的光纤核的折射率而形成对温度和应变敏感的反射式布雷格光栅。温度补偿式的应变测量可以通过以下途径实现:将两个光纤布雷格光栅紧靠放置,其中一个与结构黏合用于测量应变,而另一个置于零应变状态用于温度补偿。布雷格光栅应变传感器的主要优点在于可以将几十个光栅传感器串联在一根光纤上,从而大大简化了安装。布雷格光栅传感器对拖跩及连接光纤的操作并不敏感。布雷格光栅传感器由电信传输级别的光纤制作,因而保证其长期可靠性。

目前,光纤及光纤光栅传感器已成为桥梁结构应变(应力)及动态响应等较为理想的传感组件,不过费用较高,需要进一步研究、改善。

2) 压电式传感器

压电式传感器是以某些物质的压电效应为基础的一种自生电传感器。压电效应是 Jacques Curie 和 Pierre Curie 在1880年发现的。压电效应是可逆的,分为正压电效应和逆压电效应两类。正压电效应是指沿着一定方向对某些电介质施加力而使其产生变形时,会在电解质的某些表面上产生电荷,当外力拆除后,其表面上的电荷又会消失,重新回到不带电的状态,这是由于压电材料内部的电偶极子的正负电荷中心发生相对移动而产生电极化,在材料的各个表面上出现束伯电荷,从而产生极化电场的缘故。逆压电效应是指当在电介质的极化方向施加电场,这些电介质就会在某些方向上产生机械变形或机械应力,当外加电场拆除后,上述机械变形或机械应力就会随之消失,这是由于压电材料的内部电偶极子的正负电荷中心在外电场作用下产生偏移的缘故。可见压电传感器是一种典型的双向传感器。近年来,压电式传感器得到了广泛重视与研究,相信压电式传感器将是未来桥梁施工状态(以及服役状态)应变(应力)与动态响应监测的主要传感设备。PVDF 传感器和 PZT 传感器就属于压电式传感器。

PVDF 传感器:采用压电材料聚偏二氟乙烯(Polyvinylidene Fluoride,简称 PVDF)做成的传感器。PVDF 薄膜具有强压电性,由 PVDF 做成的压电薄膜柔性好、强度大、耐力学冲击、耐腐蚀、可以任意分割,目前已成为最具潜力的聚合物压电材料。目前已有 PVDF 压电薄膜供应市场,膜厚 $50 \sim 200\mu m$。使用时根据需要可以直接分割成任意尺寸与形状,用导电胶黏结或采用电镀方法生成电极引出,然后用聚酯胶黏结在被测物表面,植入构件内部(如钢筋混凝土构件的钢筋、斜拉桥的拉索内部钢丝、悬索桥的主缆和吊索内部钢丝等)即可。PVDF 传感器除用于监测结构静应变(应力)外,在监测结构动应变(应力)时更具优越性。

PZT 传感器:是锆钛酸铅系压电陶瓷,它是由 $PbTiO_3$ 和 $PbZrO_3$ 按 47∶53 的摩尔分子比来组成的,居里点在300度以上,性能稳定,具有较高的介电常数和压电常数。同时,压电陶瓷具有明显的热释点效应,即除机械应力外,温度变化也可产生电极化,在温度变化十分迅速情况下要特别注意。

9.4.3 索力监测

斜拉桥、悬索桥、柔性系杆拱桥等是以索(主缆、吊索、系索)为主要承重构件的结构,其强度或几何形状主要依靠索(主缆、吊索、系索)的强度和索长来保证。尤其是索长,除直接影响结构几何形状外,还影响结构受力、从而影响强度。(主缆、吊索、系索)索力及其变化是监测的重点,可以直接确定索(主缆、吊索、系索)的工作状态和推断加劲梁、主梁、主拱圈、桥(索)塔等结构受力水平,从而推断全桥的受力状态和承载力。索力可以通过多种方法进行监测。

1)压力表法

在工程运用中,常常采用液压千斤顶张拉拉索。在张拉过程中,测定张拉油缸的液压,根据千斤顶张拉力与张拉油缸液压之间的关系,就可求得张拉的索力。施工过程中的索力控制一般采用该种方法。其优点是能够得到索力的精确数值,但无法运用于已张拉完毕的拉索索力测量。

2)压力传感器法

压力传感器法也是最常用于索张拉过程中控制索力的方法,但它一样无法测量在用的拉索索力(除非施工时预埋压力传感器)。压力传感器法是在索施工时,将传感器安装在锚具和索孔垫板之间,可应用于施工时索力控制,同样也可应用于索力长期监测。然而压力传感器的售价高、重量大、输出结果易受环境因素影响、使用寿命短,这使得该方法基本上不被应用到索力长期监测中。

3)振动频率量测法

振动频率量测法的原理是利用拉索索力与索的振动频率之间存在对应关系,在已知索的长度、两端约束情况、分布质量等参数时通过测量索的振动频率,进而计算出索的拉力。振动频率量测理论与方法详见本书6.5节。

振动频率量测法的优点在于:快速、方便、实用、可重复测试,精确度较高,简单易行,成本低;缺点在于对短索和约束复杂的拉索测量误差较大,容易受风及主梁自身振动的影响,并且无法做到实时性。目前,振动频率量测法在监测中的虽然已很广泛,但在增强对不同索体构造适应性,提高测量准确性和使用耐久性方面研究还有很大的发展空间。

4)磁通量法

磁通量法是利用放置在索中的小型电磁传感器,测定磁通量变化,根据索力、温度与磁通量变化之间的关系,推算索力。

磁通量法的基本原理在于:当铁磁性材料受到外力作用时,其内部产生机械应力或应变,相应地引起磁化强度发生改变,这种物理现象称为材料的磁弹性效应。利用铁磁材料的这种效应,通过测定磁导率变化来反映应力变化,依据此原理可制成传感器。EM索力传感器的工作原理就是利用钢铁的磁性能变化检测其应力。EM 传感器的结构简图如图9-5所示,它由激磁(初线圈)和测量(次线圈)两层线圈组成。当在激磁线圈通入脉冲电流时,铁磁材料被磁化,会在钢芯试件纵向产生脉冲磁场。由于相互感应,在测量线圈中产生感应电压,感应电压同施加的磁通量成正比关系。对任一种铁磁材料,建立磁通量变化与结构应力、温度的关系后,即可用来测定用该种材料制造的拉索索力。

EM 传感器主要由钢索、主线圈和次线圈(被检测的钢索实际上是传感器的一部分),主线圈和次线圈信号反映钢索所受张力。EM 传感器系统主要由 EM 传感器及与之相连的磁弹仪组成。

EM 索力传感器的主要特点：非接触性测量，不影响结构一致性；不需对被测件进行表面处理，不破坏杆件 PE 保护层；无磨损，不需对部件定时维护，理论寿命无限长；校准及检测方便可靠。

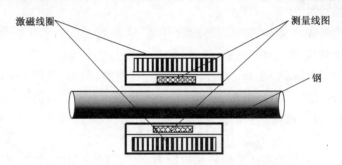

图 9-5　EM 传感器的结构简图

EM 传感器适用于悬索桥、系杆拱桥的吊杆和系杆、悬索桥斜拉索、悬索桥的缆索体系、预应力桥梁的体外索等关键受力构件的张力测量，可用于其施工阶段及运营阶段的张力大小监控。

磁通量法除磁化拉索外，不会影响拉索的任何力学特性和物理特性，使用寿命长，但其技术还需通过实践不断完善。

5) 油压式压力环索力计

为提高索力长期实时监测的精度和耐久性，除振动频率量测法、磁通量法外，业界一直在研发新型的监测技术。苏通长江大桥结构在多根斜拉索中布设光纤光栅传感器；在南京长江三桥研制了可更换的直接安装在拉索锚头端的压力环式整体索力计。压力环式索力计主要采用贴应变片方式和采用油压方式，但无论采取哪种方式，其使用性能、耐久性和可靠性均还需得到工程的长期考验。此外，拉索不同的锚固形式也是选择监测传感器的重要依据，压力环式索力计只能适用于承压式锚固的拉索，如锚碇预应力锚索。

6) SoundPrint 声学监测

SoundPrint 是一种新型的声学监测系统，它能够用来监测高拉力的钢丝、钢丝束和拉索的断裂。SoundPrint 声学监测系统和 SoundPrint R 振动监测系统为桥梁主缆、锚固系统、吊杆提供了实时、远程的监测方法，使得拉索中钢丝的腐蚀和脆断能够在早期检测出来。利用 SoundPrint 监测系统，可分析拉索的振动特性并推断拉索振动的原因。另外，根据拉索的振动特性，还可以推断拉索索力的变化。该系统能够跟踪拉索的整个应力变化过程，因而还可以推断拉索实际的疲劳寿命。

声学监测工作原理：当拉索中的高强钢丝束突然断裂时，储存在钢丝束中的应变能很快释放。这个释放的能量使得该钢丝束的声学特性发生变化。安装在拉索上的传感器将测到的声学响应传递到附近的数据采集单元，然后再通过局域网或拨号网络传输到中央处理设备上。最后，SoundPrint R 软件通过处理这些数据，生成所记录事件的类型、时间和断裂位置。

SoundPrint 振动监测系统采用最新的数据采集、滤波和传输硬件和软件来连续地采集各种风速、风向、环境温度和相对湿度、雨量以及桥面振动和拉索振动，通过专用软件生成全面、及时的关于拉索振动的原因的信息。因为预应力钢丝束断裂引起的响应频率位于 20Hz～20kHz 的范围，即人类听觉可以分辨的频带，所以称这种测量方法为声学测量。加速度计采集到的信号通过放大器、信号调解硬件并通过 AD 转换卡储存到计算机上。然后对信号利用专业软件进行第一阶段的过滤。这个过程可以滤掉不想要的数据,最后将过滤后的信号送入中央处理中心。

数据采集系统能够以超过 40000Hz 的频率进行采集,这样使得可以解析的频率超过 20kHz。虽然这种采样频率会产生大量的数据,但是 SoundPrint 的专业软件能够有效地管理这些数据,这使得 SoundPrint 成为一种实用的监测钢丝束特性的系统。这种系统不仅能够用于预应力混凝土中预应力钢筋的监测,也能用于索支撑桥中拉索、吊杆和主缆的监测。

7) 其他测试方法

测试索力的方法还有三点弯曲法、光纤传感测试法、吊杆索伸长量测试法、电阻应变片测试法、振动波法、索拉力垂度测试法等,这些测试方法在理论上可行。

上述的几种测试索力的方法中,压力表测定法和压力传感器法主要用于拉索的张拉和更换时的索力测量,光纤传感测试法因其成本较高,在索力测试中使用还较少。三点弯曲法、吊杆索伸长量测试法、电阻应变片测试法、振动波法、索拉力垂度测试法等在理论上可行,但是在实际的工程中很难得到广泛应用,像电阻应变片测试法在试验室中常被用来测试钢筋的应力、吊杆索伸长量测试法运用于静载试验时吊杆索力的测量等。磁通量法是一种新型的测试方法,在国外桥梁的状态监测和检测中已被广泛运用,但是国内桥梁中的运用还相对较少,主要应用在一些特大桥和非常重要的桥梁中。振动频率法的测试仪器体积小、携带方便、安装简便、使用效率高,而且数字信号采集和处理技术的飞速进步使得其测试结果达到较高的精度。因此,目前国内在运营的斜拉桥的斜拉索或者拱桥吊杆的索力测试广泛采用的是振动频率法。

9.4.4　结构裂缝监测

混凝土桥梁结构裂缝是常见的病害。裂缝分为结构裂缝和非结构裂缝两种。非结构裂缝通常由施工时温度作用引起,其宽度、深度一般不会变化。结构裂缝是指因受力产生的裂缝,其宽度、深度会随着受力的变化而变化。对于预应力结构桥梁,结构裂缝标志着结构受力超出设计状态,存在安全隐患。通过对裂缝的监测,可以掌握结构的受力状况。由于结构裂缝反应结构的受力,影响结构安全,对其实施监测非常重要。

从已有研究来看,结构裂缝可采用下列方法进行监测:①将功能光导纤维植入或粘贴在桥梁上,通过测量光纤变形或断裂实时判断桥梁中的变形或断裂;②利用电时域反射传感器实时测量桥梁中变形或断裂;③利用雷达波、超声波、应力波等扫描并分析桥梁结构裂缝情况等。监测方式有:点监测方法、分布式监测方法、图像监测方法。从工程实践来看,目前,桥梁结构裂缝监测技术还很不成熟,或者说还处于研究实践阶段。重点需要解决监测传感器对裂缝发生、发展的识别精度,裂缝在线监测技术,监测成本控制与实施方便等问题。

9.4.5　结构振动特性监测

桥梁动力特性参数(频率、振型、模态阻尼比等)和振动水平(振动强度和幅值)是桥梁构件性能退化的标志之一。桥梁自振频率的降低、桥梁局部振型的改变可能预示着结构的刚度降低和局部破坏,或约束条件的改变,因此监测桥梁动力及振动水平,实现对主梁结构承受波动荷载历程的记录,可以从整体使用状态上把握结构的安全使用状况。同时,系统动态特性监测结果还可以用来检验和调校用于桥梁状态分析预测的有限元模型。

结构动力和振动特性监测主要是通过加速度传感器来实现,主要有力平衡式加速度传感器、压电式加速度传感器等。

①力平衡加速度传感器,又称为伺服式加速度传感器,通常由敏感质量、换能器、伺服放大器和力矩器四部分组成,当外界加速度 a 沿敏感轴方向输入时,敏感质量 m 相对平衡位置运动而产生惯性力 F 或惯性力矩 M,通过换能器将此机械运动转换成电压信号 u,再通过伺服放大器变成电流信号 I,将此信号反馈到处于恒定磁场中的力矩线圈而产生反馈力 F_∞ 或反馈力矩 M_∞,与惯性力 F 或惯性力矩 M 平衡,直到敏感质量 m 再次恢复到原来的平衡位置,此时 $F_\infty = F$。根据牛顿第二定律 $F = ma$,和电流通过恒定磁场内线圈所产生的电磁力公式 $F_\infty = BLI$,得 $ma = BLI$。式中 B 为恒定磁场中磁感应密度;L 为线圈导线长度。令 $K = m/BL$,则 $I = Ka$,式中 K 为常数,反馈电流 I 正比于被测加速度 a 的大小。在伺服放大器输出端接精密电阻 R,即可得到输出电压 $U_c = IR = KaR$,故测出输出电压的大小,即可知被测加速度 a 值。这就是电感式伺服加速度计的原理,电容式伺服加速度计也同样是力平衡式伺服系统,输出电压也正比于被测加速度。

目前常用的力平衡加速度传感器多为差容式力平衡加速度传感器,就是把被测得的加速度转换为电容器的电容量变化。实现这种功能的方法有变间隙、变面积和变介电常量三种,而差容式力平衡加速度传感器主要是利用变间隙,且用差动式的结构,其优点是结构简单,动态响应好,能实现无接触式测量,灵敏度好,分辨率强,能测量 $0.01\mu m$ 甚至更微小的位移,但是由于本身的电容量一般很小,仅几皮法至几百皮法,其容抗可高达几兆欧至几百兆欧,所以对绝缘电阻的要求较高,并且寄生电容(引线电容及仪器中各元器件与极板间电容等)不可忽视。近年来由于广泛应用集成电路,使电子线路紧靠传感器的极板,使寄生电容,非线性等缺点不断得到克服。力平衡加速度传感器的机械部分紧靠电路板,把加速度的变化转变为电容中间极的位移变化,后续电路通过对位移的检测,输出一个对应的电压值,由此即可以求得加速度值。为保证传感器的正常工作,加在电容两个极板的偏置电压必须由过零比较器的输出方波电压来提供。

②压电式加速度传感器是利用某些具有压电效应的材料而制成的。压电效应是指某些电介质在沿一定的方向受到外力作用变形时,由于内部电荷的极化现象,会在其表面产生电荷的现象。压电式加速度传感器的结构是,在两块表面镀银的压电片(石英晶体或压电陶瓷)间夹一片金属薄片,并引出输出信号的引线。在压电片上放置一质量块,并用硬弹簧对压电元件施加预压缩荷载。静态预荷载的大小应远大于传感器在振动、冲击测试中可能承受的最大动应力。这样,当传感器向上运动时,质量块产生的惯性力使压电元件上的压应力增加;反之,当传感器向下运动时,压电元件的压应力减小,从而输出与加速度成正比的电信号。相比较之下,力平衡式加速度传感器具有零漂小、分辨率高以及低频性能卓越等特点。

9.4.6 支座反力与伸缩缝伸缩量监测

支座是重要的桥梁传力构造,其反力则是直观评价支座的受力和工作状态的重要依据,并可作为边界条件进行桥梁结构受力状态的分析。支座变位能力是保证桥梁结构设计受力模式与实际受力模式吻合的关键,否则将导致结构受力改变,严重时可能发生结构破坏,因此,实施长期的支座反力和变位监测可为桥梁结构受力状态判断及支座维修或更换提供可靠的依据。伸缩缝的伸缩能也是保证桥梁结构设计受力模式与实际受力模式吻合的关键,实施长期的伸缩缝伸缩量监测可为桥梁结构受力状态判断及伸缩缝维修或更换提供可靠的依据。

对于支座反力，目前还缺少用于长期监测的传感器。南京三桥结构监测中，利用岩土工程监测使用的油压式土压力计原理设计改装出可更换的球形钢支座受力的支座反力计。支座反力计还需在实践中对其使用性能、耐久性、可靠性进行检验，并不断完善。

伸缩缝伸缩量可以采用人工量测方法监测，但其实时性、准确性不高，需要研发专门的自动监测技术。

9.4.7 地震及船撞响应监测

地震及船撞后的桥梁结构分析中需要明确桥梁结构受到的作用情况。因为在没有地震发生的情况下，大地脉动的幅度和频率都很低，所以要求用于地震响应监测的加速度传感器的耐久性、可靠性和对低频的响应性能良好。目前，可用于地震动监测的三向力平衡伺服式加速度传感器和电容式加速度传感器。地震及船撞响应监测技术应是未来研究开发的方法。

9.5 桥梁施工监测

9.5.1 施工监测的重要性

桥梁施工控制目标在于确保施工过程桥梁结构安全及成桥结构内力与线形状态符合设计要求，其工作内容在于：①控制分析。对施工过程进行模拟结构分析，确定施工控制理论预测参数。②施工监测。对施工过程结构应力、高程、轴线等结构参数以及主要施工临时结构应力及变形进行监测，为施工过程结构状态控制提供支撑。③误差分析与反馈控制。对施工控制理论预测参数与施工监测结果之间的误差进行分析，进行施工过程跟踪控制分析，对施工过程结构安全及几何状态进行研判，就后续施工正常进行还是需要进行调控做出决策。可见，在桥梁施工控制中，结构分析与施工监测是关键，考虑到结构分析难以绝对真实的模拟结构实际状态，因此，反映结构实际状态的施工监测更加重要。

通过施工监测，可实时掌握桥梁施工过程各工况结构应力和变形状态，从而判断桥梁结构的安全状态，为施工控制提供数据依据，为下一步施工及安全保障措施提供决策依据；施工监测还可为桥梁竣工验收提供重要依据，长期稳定可靠的测试元件也可作为桥梁服役监测使用，为养护维修建立科学的数据档案；施工监测同时可验证桥梁结构设计、施工计算理论方法及其分析假定的合理性，为桥梁设计与施工研究与发展积累实测数据。

9.5.2 施工监测系统

施工监测系统是桥梁施工控制系统中的一个重要组成部分，各种桥梁施工控制中都必须根据实际施工情况与控制目标建立完善的施工监测系统。无论何种类型的桥梁，施工监测系统一般都包括结构设计参数监测、几何状态监测、应力监测、动力监测、温度监测等几个部分。其中，通过应力监测使得桥梁施工过程中的结构构件应力始终处于安全和平稳的状态，竣工后结构构件内无较大的附加应力，通过几何监测使得施工过程中不出现较大变形，避免结构达不到预期的成形效果或施工中出现倾覆破坏，是桥梁施工监测的关键环节。

通过桥梁施工监测系统的建立,跟踪施工过程并获取结构的真实状态,不仅可以修正理论设计参数,保证施工控制预测的可靠性,同时又是一个安全警报系统,通过警报系统可及时发现和避免桥梁结构在施工过程中出现的超出设计范围的参数(如变形、截面应力等)以及结构的破坏。

桥梁工程施工监测是一个复杂的过程,通常按下列步骤实施:

(1)制订施工监测方案。包括:施工监测的对象、目标、方法、频率,监测制度及管理体系的建立与运作等。施工监测方案是整个监测活动的前提和基础。

(2)建立施工监测系统。施工监测系统由预分析系统、测试系统、后处理系统等几部分组成。其中,预分析系统主要是预测施工过程受力、变形趋势,确定监测的关键部位;测试系统主要是在施工过程中采集数据,以备结构分析使用;后处理系统主要是分析监测数据,并提出应对措施。

(3)施工全过程跟踪监测。施工全过程跟踪监测的主要任务是监测施工各步骤中各种监测指标的发展变化趋势,将其记录并储存以备后处理系统进行分析。

(4)数据处理。将监测得到的数据进行整理、分析,掌握施工各个步骤的结构状态。

(5)对结构状态做出判断。根据数据处理的结果以及相关施工成形的标准,对结构施工的后续工序进行预测,并采取对应措施来避免或者降低施工的误差,提高施工质量。

图 9-6 所示为施工监测系统示意图。

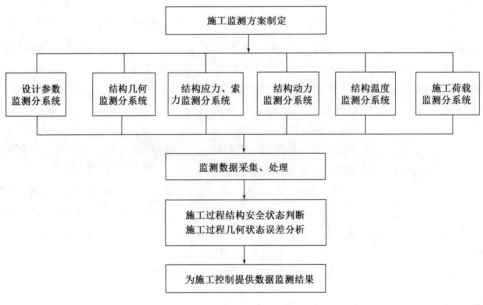

图 9-6 施工监测系统示意图

9.5.3 施工监测方法

目前,国内对于大型复杂结构的施工过程应力监测主要采用光纤光栅通信与传感技术、振弦式应变计法、电阻应变片法等方法来完成。变形监测主要是依据测量仪器和建立的基准数据测量变形体在空间三维几何形态上的变化,普遍使用的常规测量仪器(水准仪、经纬仪、测距仪、全站仪等),随着电子技术、空间定位技术和远程通信技术的发展,以 GPS

技术为代表的全天候连续自动实时监测系统,在变形测量方面发挥着重要作用,同时也代表了变形监测技术的发展趋势,提高了对外部变形监测数据的获取能力。总之,施工监测方法很多,具体应根据监测对象、监测目的、监测频度、监测时间长短等情况选定最方便实用、最可靠的监测方法。

1)几何形态监测

几何形态监测的目的主要是获取(识别)已形成的结构的实际几何形态,其内容包括高程、跨长、结构或缆索的线形、结构变形或位移等。它对施工控制、预报非常关键。

目前用于桥梁结构几何形态监测的主要仪器包括测距仪、水准仪、经纬仪、全站仪、光电图像式挠度仪等。通常采用测距和测角精度不低于规定值[如 $\pm(2\text{mm} + 2 \times 10^{-6})$ 和 $\pm 2''$]的全站仪并结合固定高亮度发光体照准目标作为需要全过程动态跟踪监测的三维几何形态参数[如悬索桥索塔位置、主索鞍位置、主缆索和加劲梁线形、索夹位置等;斜拉桥索塔位置、斜拉索锚固位置、加劲梁平面位置(线形)等;拱桥轴线线形、拱上结构位置等;连续刚构桥墩位、悬臂施工箱梁的平面位置等]的监测手段;采用精密水准仪和铟钢水准尺水准联测、活动砧标视准线法观测和精密电子倾角仪倾角测量等激光挠度仪等作为高程、变形(位)等的监测手段。

对需全过程跟踪监测的结构几何形态参数的监测通过指定控制点的位置坐标监测加以体现。一般系在结构温度趋于恒定的时间区段内(一般为夜间10:00至次日凌晨6:00),利用桥址附近的施工平面和高程控制网,采用全站仪并以安装在各控制点的高度发光体和测距棱镜作为照准目标进行多测回观测的极坐标和三角高程测量获取控制测点三维大地坐标,并通过坐标变换求出控制测点的施工设计位置坐标。在进行控制点位置坐标监测时,应同时对结构温度进行监测,只有在结构温度趋于稳定后,所观测到的控制点位置坐标方可作为监测结果,结构温度监测详见后续部分。对于结构温度趋于稳定的标准问题,根据经验可定为:若以结构件同一断面上的表面测点平均温度作为结构件断面测试温度,则构件长度方向测试断面的最大温差 $|\Delta t|$ 应不超过节2℃,在同一测试断面上测点温度的最大温差 $|\Delta t|$ 应不超过1℃。某悬索桥主缆 $L/4$ 点位置测方法示意如图9-7所示。

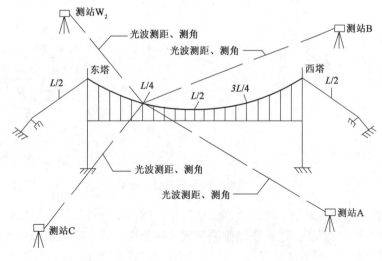

图9-7 悬索桥主缆 $L/4$ 点位置监测方法示意图

对需定期监测的结构几何形态参数的监测是指对那些需全过程监测的控制量进行定期复核性的监测,目的是为解诸如桥墩(塔)、拱座、锚碇等有无超出设计范围的异常变形或变位,属于结构安全性监测。这些监测通常采精密水准仪、精密倾角仪位移传感器等进行量测。为了确保桥梁施工放样和几何控制的精度,施工现场一般都建立有高精度的施工平面和高程控制网。在上述控制网的基础上,根据结构几何形态参数监测工作的可实现和现场操作便利性要求,在进行局部控制网优化处理后,便可形成一个形变监测控制网,并以此作为结构几何形态参数监测的基准。虎门大桥施工控制网和形变监控网如图 9-8、图 9-9 所示。形变监测控制网的精度必须满足设计、规范以及施工控制本身的要求。

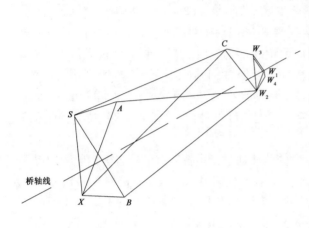

控制点点位坐标与高程

编号	点名	X 坐标(m)	Y 坐标(m)	高程(mm)
1	N_2	2 523 576.398 5	460 857.432 5	49.660 0
2	N_4	2 523 219.534 3	460 775.975 6	3.575 9
3	N_1	2 523 121.279 5	460 855.398 2	3.514 0
4	N_3	2 523 281.513 8	461 200.976 6	7.336 4
5	W_2	2 525 312.002 0	463 921.162 4	3.658 9
6	W_4	2 525 459.939 2	464 017.718 0	54.830 3
7	W_1	2 525 514.024 3	464 023.443 4	55.805 5
8	W_3	2 525 603.851 9	463 854.005 0	30.101 5
9	S	2 525 046.329 1	462 435.787 5	27.791 3
10	X	2 524 297.136 0	462 625.493 1	4.103 8

图 9-8 虎门大桥施工控制网

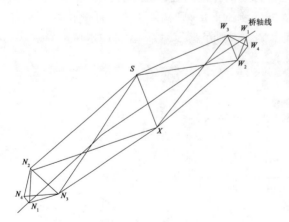

控制点点位坐标与高程

编号	点名	X 坐标(m)	Y 坐标(m)	高程(mm)
1	W_2	2 525 312.002 0	463 921.162 4	3.658 9
2	W_4	2 525 459.939 2	464 017.718 0	54.830 3
3	W_1	2 525 514.024 3	464 023.443 4	55.805 5
4	W_3	2 525 603.851 9	463 854.005 0	30.101 4
5	S	2 525 046.329 1	462 435.787 5	27.791 3
6	X	2 524 297.136 0	462 625.493 1	4.103 8
7	A	2 525 154.944 0	462 675.657 0	2.722 0
8	B	2 524 381.763 0	463 033.421 0	2.407 0
9	C	2 525 685.925 0	463 634.791 0	3.636 0

图 9-9 虎门大桥形变监测控制网

由于几何形态参数监测结果将直接反馈给施工控制系统,所以,不但要求其结果具有准确性,同时还要求数据整理及时,这可通过监测数据实时处理分析系统完成。对于定期监测的数据,按照不同等级水准测量的国家规范等有关标准规定的作业成果记录整理方法。采用手记录、现场外业手簿计算水准联测的闭合差、测量中误差以及观测点的变形或变形位值。对全过程动态跟踪的几何参数监测数据,首先对在现场手工记录的角度、距离等原始观测值进行100%的检查,在观测数据满足有关规范、标准规定的限差要求的前提下,对观测成果进行必要的改正(如仪镜常数、气象条件等),然后进行观测点的三维坐标转换(一般需转换至施工设计位置坐标)。上述实时处理分析系统可通过计算机完成,并可将其结果直接与施工控制系统相联系。

2)应力监测

结构截面的应力(包括混凝土应力、钢筋应力、钢结构应力等)监测是施工监测的主要内容之一,它是施工过程的安全预警系统,无论是拱桥、梁(刚构)桥,还是斜拉桥和悬索桥,其结构某指定点的应力也同其几何位置一样,随着施工的推进,其值是不断变化的。在某一时刻的应力值是否与分析(预测)值一样,是否处于安全范围是施工控制关心的问题,解决的办法就是进行监测。一旦监测发现异常情况,就立即停止施工,查找原因并及时进行处理。

由于桥梁施工的时间一般较长,所以,应力监测是一个长时间的连续量测过程。要实时、准确监测结构的应力情况,采用方便、可靠和耐久的传感组件非常重要。目前应力监测主要是采用电阻应变片传感器、钢弦式传感器等。电阻应变片传感器只能用于短暂的荷载增量下的应力测试,并且使用不便、耐久性差。所以,一般仅用于辅助应力测试与校核。对于适合于现场复杂情况、连续时间较长且量测过程始终要以初始零点作为起点的应力监测目前基本上均采用钢弦式传感器,其主要原因是钢弦式传感器具有较良好的稳定性,自然具有应变累计功能,抗干扰能力较强,数据采集方便等。

3)索力监测

大跨径桥梁采用斜拉桥、悬臂桥等缆索承重结构越来越广泛,特别是跨径在500m以上时基本上是斜拉桥、悬索桥一统天下。斜拉桥的斜拉索、悬索桥主缆及吊索索力是设计的重要参数,也是施工监控施工中需要监测与调整的施工控制参数之一。索力量测效果将直接对结构的施工质量和施工状态产生影响。要在施工过程中比较准确地了解索力实际状态,选择适当的量测方法和仪器,并设法消除现场量测中各种误差因素的影响非常关键。

桥梁结构中的索并不处于绝对静止状态,而是时刻发生着环境随机振动,且各阶频率混在一起,要用精密的拾振器才能感受,通过频谱分析,根据功率谱图上的峰值才能判其各阶频率。频率得到后即可据以求算索力。现有的仪器及分析手段使频率测定精度可达0.005Hz。当索力的端部约束不明显时,通常经现场试验确定相应的换算长度。振动频率法在实施中要求现场操作人员有一定的经验。

在监测中应根据实际情况选用最为合适的测试方法。为确保监测的确情,需要两种以上方法并用,互为校验,在掌握了某种关系和规律后,也可采用以某种方法为主,以其他方法作为校核的方式进行大批量监测。以虎门悬索桥主缆锚跨索股张力为例,为保证其量测精度,又同时能覆盖全部440束索股,采用了几种方法结合作用、互相校验的做法:根据主缆锚固端的结构特点,设计了专门的插入式压力传感器,埋设于部分索股锚下,其位置依据索股长度的不同,将一锚块的110束索股分为5个长度等级,每个长度等级的索股下安装1~2个压力传感器,在索股架设时主要采用油压表量测和压力传感器量测相结合进行测试与调整,所有索股张力采用张拉千斤顶油压表测读,对埋有插入式压力传感器的索股,通过压力感器量测值校正油表的读数换算值,同时对埋有插入式压力传感器的索股采用振动频率法作校正量测,量测采用人工激振与环境随机振动法相结合。通过现场对比测试,对频率法进行率定并获得不同长度索股的修正值后,在加劲梁吊装阶段即以振动频率法量测为主,同时辅以锚下压力传感器检验校正。

4）预应力监测

预应力水平是影响预应力桥梁（如连续梁、连续刚构桥等）施工控制目标实现的主要因素之一。监测中主要是对预应力筋的张拉真实应力、预应力管道摩阻损失及相应永存预应力值进行测定。对于前者，通常在张拉时通过在张拉千斤顶与工作锚板之间设置压力传感器测得，对于后者，可在指定截面的预应力筋上贴电阻应变片测其应力，张拉应力与测得的应力之差即为该截面的预应力管道摩阻损失值。

5）温度监测

对于大跨径桥，特别是斜拉桥、悬索桥等，其温度效应是十分明显的。如斜拉桥斜拉索在温度变化时其长度将相应伸长或缩短，直接影响主梁高程；悬索桥主缆线高将随温度的改变而变化，索塔也可能因温度变化而发生变位，这些都会对主缆的架设、吊杆料长计算确定等产生很大影响；悬臂施工连续刚构桥（梁）高程也将随温度的变化发生上（下）挠。因此，在大跨径桥梁施工过程中对结构的温度进行监测，寻求合理的立模、架设等时间，修正实测的结构状态的温度效应，对桥梁按目标施工和实施施工监控制是十分重要的。

目前，结构温度的测量方法较多，包括辐射测温法、电阻温度计测温法、热电偶测温法以及其他各种温度传感器等。每种方法的测量范围、精度和测量仪器的体积及测量繁杂程度都有所不同，通常应选用体积小、随着性好、性能稳定、精度高且可进行长距离传输监测的测温度组件。例如，BTS-400 型 P-N 结构温度传感器作为结构测温组件，用 TD-10 型数字测温仪进行定点接触测温，且可多点测量、操作方便，并可进行长距离传输监测。

对于悬索桥主缆架设期间的温度监测，其重点应放在基准索股和一般索股上。通常沿跨长方向选择多点（断面）进行测量，每一断面则沿索股周长上、下和左右对称布置温度传感器，并使其紧贴于索股表面股丝之间，确保所测温度是索股表面丝的真实温度，在基准索股线形观测的同时对各断面温度进行监测。在一般索股架设时对基准索股和欲调一般索股同时进行温度监测。根据基准索股和欲调索股的相对温差计算其间的相对高差修正值。

对斜拉桥斜拉索、悬索桥主缆等成缆结构的温度状态确定正确与否将直接影响其主梁立模高程的确定和加劲梁吊装架设的控制计算。由于钢丝间的空隙影响，缆索横截面内的温度场分布很不均匀，根据国内外经验，对直接较小的缆索，其平均温度可取主缆表面测点温度的平均值，但对直径超过 60cm 的缆索，应对其表面测点的平均温度进行适当地修正才能作为其平均温度（即计算温度取用值）。斜拉索索温修正的一般方法是制造一段同实索等粗的试验索，在其中心和内部以及外表均对称布置测点，吊挂于施工现场实索部位，使之处于同样的大气环境条件。对其他实索，每种型号选择 1~2 根，在其表面布设测点，测得表面温差，对照试验短索的测量结果，确定实索的内外温差。

对连续刚构梁体、斜拉桥和悬索桥索塔等混凝土结构的温度测量包括表面温度测量和体内温度测量两方面。对结构表面温度采用表面温度点测计测量，点测计测量灵活性大，可对任意点处的表温进行测量；对体内温度测量通常是将选好的温度传感器贴在钢筋上，在作防潮和防机械损伤处理后埋入指定截面的混凝土体内并引出导线，通过温度测量显示仪读取测量值。

由于大跨径桥梁的结构温度是一个复杂随机变量，它与桥梁所处的地理位置、方位、自然条件（如环境气温、当时风速风向、日照辐射强度）、组成构件的材料等因素有着密切的关系，设计中很难预计施工期间的结构实际温度（只能根据施工进度安排和当地既有气候情况预估，若施工计划改变和气候变化则更难预估），因此，为保证大桥施工达到设计要求的内力状态和线形，必须对结构实际温度进行实地监测。监测时要特别注意对结构局部温度与整体温度相结合的测量,只有准确掌握施工结构整体温度分布状态,才能有效地克服温度对施工结构行为的影响,这就是要求进一步开展对结构整体温度场监测方法的研究。

6) 桥梁施工远程监测

桥梁施工监测是桥梁施工控制的主要内容之一,同时也是耗费人力、物力最多的一项工作。随着科学技术的发展。桥梁施工远程监测,桥梁施工监测信息的获取、传输和处理完全实现自动化和智能化是可行的,同时也是必要的。

这是因为桥梁一般位于交通干线上,如果在每一座桥梁附近建一个现代化的测试中心,这样会造成投资重复,同时国家在其人力、物力、财力上也难以承受;另一方面,为了使桥梁旁边的测试中心正常地运作,要为其长期配备大量的工程技术人员、测试专家、桥梁专家等,而这些专家不可能长期位于测试现场。为了把有限的人力、物力、财力运用于桥梁监测系统,一个较好的方法是远程监测,即测试现场实现无人化操作,现场的传感器系统在现场控制系统的指挥协调下,进行数据的采集,然后借助于调制解调器经过目前发达的电话网络系统自动把数据传送到研究中心。一个桥梁监测研究中心,就可以实现对众多桥梁的自动化监测。这样不仅方便、快捷,而且可以高效率地利用有限的资源。随着科学技术的发展,网络化仪器已经出现,在监测领域正在兴起远程测量的热潮。

图9-10即为桥梁远程监测系统示意图。其中,桥梁现场监测点的工控机是远程监测系统的远端核心,它不仅要肩负通信功能,而且要负责整个系统的数据采集、工作控制、命令接收、命令执行、报警和定时工作等众多功能。中心计算机则是远程监测系统的近端核心,它不仅要肩负通信功能,而且要负责命令发布、数据接收、数据分析整理等一系列功能。所以整个系统中的两台计算机构成了系统的主要骨架。

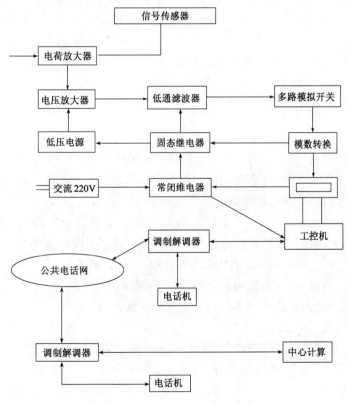

图9-10 桥梁远程监测系统示意图

前端的工控机在平时处于半工作状态,除了进行定时的数据采集之外就一直处于待机状态。这时如果有近端的中心计算机通过通信系统向远程的工控机发布命令,工控机才根据命令的具体要求进行相应的工作,或者工控机在采集的数据中发现异常,也可以主动向测试中心的计算机发出呼叫,建立链路,传送报警信息,所以整个系统中的计算机要保证长时间工作的可靠性和稳定性,这是整个桥梁远程监测系统正常运作的关键之一,这也是我们采用工控机作为远程端计算机的原因之一。

整个系统中的电源由民用普通 220V 交流电提供,电源线首先经过一个长闭的继电器之后,才为整个远程端测试系统提供能源。一部分供给工控机,另一部分再次经过一个固态继电器为低压电源部分提供能源,然后低压电源给予电荷放大器、电压放大器、低通滤波器提供能源。这样进行系统设计的目的在于,系统可以按照中心计算机发布的命令要求,随时控制前端数据采集部分的工作进程,在不需要进行信号采集时,可以通过固态电器切断低压部分的能源供给,使之处于休眠状态;在需要进行数据采集时,再通过固态继电器接通低压部分,开始正常的数据采集工作。这样做,一方面可以节约能源,另一方面可以延长数据采集部分的使用寿命,有利于整个系统长期、可靠、稳定地正常运行。在交流 220V 之后,紧接着设计了一个常闭继电器,主要是为了工控机的定时重新启动。可以在工控机中设置需要进行重新启动的时间,时间一到,工控机控制继电器使之断开,于是整个系统的电源在此时全部切断,工控机由于突然掉电而重新启动,继电器也会由于突然掉电而由断开状态恢复至原来的闭合状态,重新对整个系统供电,于是整个系统就会重新初始化。这样做的目的在于,如果由于异常情况出现程序中断,系统可以重新恢复到正常工作。

上述远程监测系统具有相对的独立性,也就是说,该系统具有无限扩展能力。在该系统的前端可以加接多种传感系统,从而构成不同性质的远程监测系统:如接上光纤 FP 应变传感器就可以构成远程光纤应变监测系统;接上激光挠度计就可以构成远程挠度监测系统;按上压电片动态应变传感就可以构成远程振动监测系统等。

9.5.4 施工监测示例

1) 工程概况

重庆三环高速公路永川长江公路大桥为 64 + 2 × 68 + 608 + 2 × 68 + 64(m) 7 跨连续半漂浮双塔混合梁斜拉桥,边跨设置 2 个辅助墩和 1 个过渡墩(台),中跨为钢箱梁,边跨为预应力混凝土梁,主梁顶板宽 35.5m,桥型布置见图 9-11。

桥塔高 196.7m 和 206.4m,设置上、中、下三道横梁,采用爬模现浇施工;边跨主梁为混凝土结构,断面由两个倒梯形的边箱及连接两个边箱的横隔板构成,总宽 37.6m,通过落地支架逐跨浇筑形成;中跨主梁为等高度封闭式流线型扁平钢箱,采用预制阶段悬臂拼装法架设;斜拉索采用平行钢丝斜拉索,双索面扇形布置,每一扇面由 19 对斜拉索组成,全桥共设 76 对斜拉索,最大索长 332.086m,最大索重 24.2t,张拉最大索力约 4400kN。

2) 施工监测内容与方法

根据桥梁施工控制目标及实施方案要求,永川长江公路大桥施工监测内容主要包括:结构参数、几何状态、索力、应力、环境参数等,具体详见表 9-2。

除表 9-2 所列监测项目外,还需对施工控制结构分析所需参数进行监测,包括:

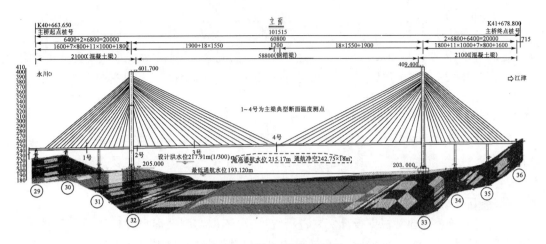

图 9-11 全桥桥型布置示意图

永川长江公路大桥施工监测项目 表 9-2

监测内容	分项内容	监测方法	测试仪器	测试元件	测试精度
结构参数	桥用材料密度	常规检测方法			
	桥用材料力学特性				
	施工机具及临时荷载	动态识别法	位置测量仪器		
	结构构件尺寸	直接量测法	钢尺		
索力监测	斜拉索索力	频谱分析法	索力测试软件	加速度传感器	3%
			振动信号采集系统		
			高倍率直流放大器		
几何监测	桥塔偏位	坐标法	全站仪	棱镜	≤1mm+1×10⁻⁶,0.5″
	主梁高程	水准法	精密水准仪	标尺	≤1.0mm
	主梁偏位	光学准直法	全站仪	棱镜	≤1mm+1×10⁻⁶,0.4″
	主墩沉降	水准法	精密水准仪	标尺	≤1.0mm
	边跨支架高程				
	边跨支架偏位	坐标法	全站仪	棱镜	≤1mm+1×10⁻⁶,0.5″
应力监测	主梁结构应力	振弦法	振弦式读数仪	应变传感器	≤1με
	桥塔结构应力				
	边跨支架结构应力				
环境参数监测	环境温度	自动化监测方法	自动化温度系统	智能数字化温度传感器	≤0.5℃
	结构温差				
	桥塔、主梁、斜拉索结构温度				
	风力		机械式风速风向仪		

(1) 混凝土密度、弹性模量

混凝土弹性模量是结构计算中的一个非常重要的参数,实际的弹性模量与假定值总是存在一定的差距,需要按规范要求,通过试验了解实际的混凝土弹性模量,通常需要试块 8 组,每组 3 个,分别做 3d、7d、28d 等不同龄期的弹性模量试验,试验频率根据实际施工节段浇筑方案决定。

(2) 斜拉索的弹性模量和密度

斜拉索的弹性模量对评价张拉阶段张拉引伸量及张拉高程变化存在影响。采用弦振频率法测试索力时,斜拉索的实际重量是分析塔上索力及主梁上索力值的主要参数。通常由工厂提供,必要时应进行实测。

(3) 施工中的荷载参数

节段混凝土重量通常根据设计资料进行统计,再依据实测截面尺寸计算节段重量。二期恒载通常根据设计资料与现场调查相结合,并采用现场测试的材料参数加以计算。施工机具及临时荷载通常根据施工组织设计资料,经现场核对,确定在主梁施工过程中施工机具荷载的大小及作用位置。临时荷载包括:施工机具荷载的改变;在主梁上堆放较长时间的机具、材料等;在主梁安装阶段中置于梁内临时堆放的机具、材料等以及施工过程中对结构体系的临时约束。

3) 几何监测

(1) 桥塔空间几何状态监测

在主梁的施工过程中,由于施工偏载或日照影响,桥塔将发生偏位。体系转换及合龙段施工时也可能导致主墩及桥塔偏位。桥塔偏位不仅会引起主梁高程的变化,而且会引起斜拉索索力的变化。本桥施工监测中,在索塔顶面的上下游各设一个永久性的索塔水平变位观测点,以便在施工过程及完工后静动载试验时观测两个塔顶的水平位移。

桥塔偏位监测在吊机前移及所有拉索张拉工况和二次调索前后以及二期恒载施工前后进行,以拉索最后一次张拉到位作为一个梁段的监测控制结果评价工况。在主梁拼装时,计入索塔轴线偏移对主梁架设高程及张拉索力、调整索力的影响。

桥塔空间几何状态采用全站仪及其配套棱镜进行监测。

(2) 主梁立面几何状态监测

在主梁每一节段的施工过程中,对各节段高程进行监测,为控制分析提供实测数据。挠度观测资料是施工控制中控制成桥线形最主要的依据。

在岸上设置永久性的水准点和索塔偏位测量点,在桥塔中心对应的主梁顶面位置设水准点,以控制顶板的高程,同时也作为后续各现浇或悬拼节段高程观察的基准点。基准点每施工两个节段校核一次。

对于现浇混凝土箱梁,在每一跨的拉索锚固位置附近设置监测断面,每个断面在桥轴线和两侧各布置 1 个测点,共布置 3 个测点。对于钢箱梁,测点布置在距离每个梁段前端 50cm 处,桥轴线和两侧各布置 1 个测点,共布置 3 个测点。测点采用 $\phi16$ 钢筋,头部做成球面,长度 2cm,预埋或焊接在结构上。

全桥现浇混凝土箱梁共设置 78 个测点,钢箱梁共设置 114 个测点。测点不仅用于施工高程(线形)监测,也用于监测箱梁挠度、横向变形以及扭转变形。主梁高程测点布置如图 9-12 所示。

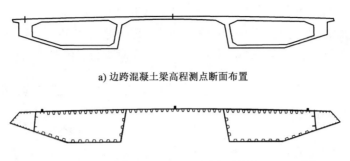

a) 边跨混凝土梁高程测点断面布置

b) 主跨钢箱梁梁段高程测点断面布置

图 9-12　主梁梁段高程测点断面布置示意图

为最大限度规避温度变化的影响,几何监测从凌晨 0 点至早上 7 点之间气温平稳时段进行。对有索区的梁段,在主梁吊机前移后、每根斜拉索张拉完毕后,监测后 3 个梁段和当前梁段的梁端高程,共 4 个梁段高程。以拉索最后一次张拉到位作为一个梁段的监测控制结果评价工况。每施工完三个梁段进行一次控制工况的线形通测。

主梁立面几何状态采用高精度水准仪进行监测。

(3) 主梁平面几何状态监测

主梁轴线偏位监测是为了保证施工时主梁轴线的顺直,也可由此分析桥塔总拉索拉力均匀性。

主梁平面几何状态监测利用桥轴线上几何监测点进行。观测在凌晨 0 点至早上 7 点之间气温平稳时段进行。在测点布点完成后及时读取初值,以后每施工完 1 个节段后,进行轴线测点测量。在二期恒载施工阶段,针对荷载施加、索力调整进行监测。

主梁平面几何状态采用全站仪及配套的棱镜进行监测。

(4) 主梁顶面横坡度监测

利用主梁横断面上的几何监测点高程进行横坡度监测。

(5) 桥塔基础沉降监测

桥塔沉降监测点布置在桥塔承台顶面上,其横桥向和纵桥向布置如图 9-13 所示。每月监测不少于 1 次。桥塔基础沉降采用精密水准仪进行监测。

(6) 边跨支架结构变形监测

边跨支架结构刚度关系到边跨施工线形控制。在纵桥向有钢管支撑处和每两排钢管支撑的跨中位置布置观测断面,采用高精度水准仪进行变形观测。支架预压前进行支架初始监测,然后针对各分级预压加载工况监测支架的变形情况。在边跨混凝土主梁浇筑期间,对支架变形进行监测。

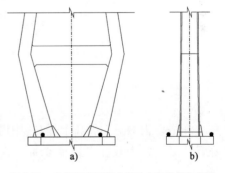

图 9-13　索塔沉降观测点横桥向和纵桥向布置

4) 应力监测

主梁、桥塔控制截面应力监测是施工控制的一个重要监测内容,通过应力监测实时掌握结构受力及安全状况。

(1) 应力监测点布置

根据施工过程控制模拟分析计算,主梁应力控制截面在靠近主塔的主梁根部、中跨合龙段处、边跨的辅助墩附近、永川侧边跨跨中附近以及永川侧钢混结合段左右两边和钢混结合段处等，共计14个截面，监测截面位置如图9-14所示。每个截面布置9个测点，边箱顶底板各布置4个，中间顶板布置1个，全桥共设126个测点。截面监测点位置如图9-15所示。

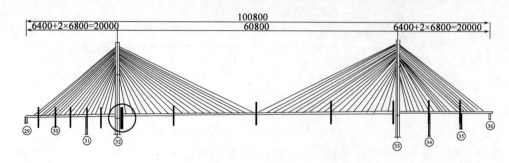

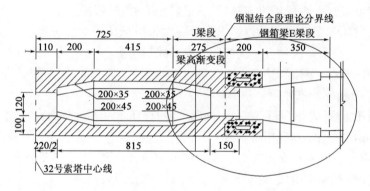

图9-14 主梁主要控制截面应力测点断面位置(尺寸单位:cm)

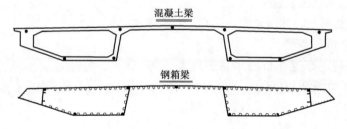

图9-15 主梁应力测点布置示意图

桥塔应力测点布置在上塔柱、中塔柱、下塔柱和塔柱根部截面变化处，横向布置在中、下横梁跨中处。每个截面布设4个应变测点，全桥共设置80个测点。测点布置位置如图9-16所示。

边跨支架结构应力关系到边跨施工过程结构安全。为了保障支架结构受力安全，针对受力最不利的钢管桩布置监测点，以监测支架钢管桩的应力情况。每个断面布置4个应变传感器，如图9-17所示。支架结构应力针对支架预压和主梁混凝土浇筑全过程进行。

(2) 应力监测系统

结构应力监测系统由传感器系统、数据采集系统、数据处理系统组成。

应变传感器和导线组成的传感器对应力进行观测。经过技术经济比选，采用应力监测元件采用温度误差小、性能稳定、抗干扰能力强、适应施工期间长期绝对应力观测的钢弦式应变计。导线采用双芯高质量信号屏蔽线,可以有效传输所需要的测试信号。其中,边跨混凝土箱梁设置81个埋入式钢弦应变传感器,中跨钢箱梁设置45个表贴式钢弦应变传感器,桥塔设置80个埋入式钢弦应变传感器。

数据采集系统由数据采集站、数据测频仪、选点箱组成。所有智能弦式数码应变计与箱梁固定后,其导线平联集中到一点,接入数据采集站,然后接入自动测试系统。

采集到的数据经过处理分析,给出结构各测点的实际应力数据,供施工控制使用。

5)索力监测

本桥采用频率法对拉索索力进行监测。在斜拉索安装施工过程中,为保证索力量测精度,采用两种方法结合使用,互相校验。现场量测时用专门制作的绑带将加速度计垂直固定在索上,量测方向为水平横桥向,由索力动测仪记录索在环境随机振动或人工激振时的振动信号,再利用信号处理机进行频谱分析。拉索张拉分级进行,即20%、50%、100%、超张拉。针对各级张拉,借助事前标定的油压和拉索索力的关系曲线,得出千斤顶中的张拉力,同时,利用环境随机振动识别出各级应力状态下的拉索频率,再根据索力与频率的关系,识别出拉索的相关参数,回归得出索力和频率的关系,再通过测量锚固后的拉索频率,从而计算出锚固后拉索中的实际拉力。

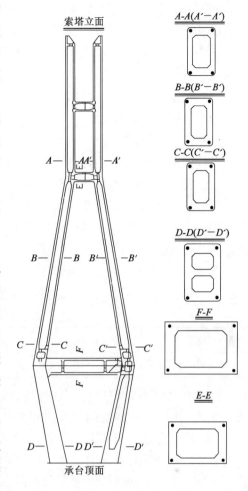

图9-16 索塔控制截面应力测点布置示意图

为减小避免信号干扰和环境温度影响,拉索索力测试在凌晨0点至早上7点之间,且无施工,无风,无雨条件下进行。

根据施工监测技术经济要求,采用穿套式索力传感器和基于环境随机振动原理的动测仪对本桥进行测试。其中,斜拉索的索力用动测仪进行测试,部分采用油压传感器进行监测。传感器通过屏蔽线缆,与安装在现场中心内的巡检仪、测量仪连接,并通过专用接口将信号送入计算机进行后续处理。

6)温度监测

由于斜拉桥施工控制模拟分析中难以准确将各施工阶段中塔、梁、索温度场分布状况和温度变化计入,而钢箱梁、斜拉索对温度变化十分敏感。因此,

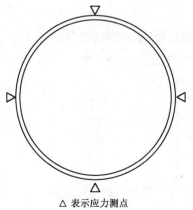

△ 表示应力测点

图9-17 支架钢管柱应力测点布置图

本桥施工控制中,除了通过控制监测数据采集时间来减少温度变化对施工监测值的影响外,选择代表性天气对主梁温度场及温度变化进行24h连续观测,根据温度变化趋势确定主梁梁段匹配工序、斜拉索二次张拉工序以及中跨合拢工序的时间段。施工工序中控制阶段的实际时间根据当日的气温状况做出具体调整。

对各控制施工阶段,通过施工过程控制模拟结构分析给出"温度—主梁挠度影响曲线",以便根据环境温度对施工控制目标值进行合理修正。在各斜拉索第二次张拉阶段,通过施工过程控制模拟结构分析给出"斜拉索张拉力—主梁挠度、倾角影响曲线",结合对斜拉索张拉进行分级张拉同步观测,由计算数据及分级张拉的实测挠度变化数据确定斜拉索的超张拉误差量,控制主梁高程及倾角的误差。

通过温度监测,分析并预测温度对施工过程中主梁变形的影响,及时、直观地评价施工过程中的应力及变形,以实现桥梁跨季节和全天候施工;同时,通过温度监测预测施工过程中可能出现的极限温度荷载。在本桥主梁、桥塔、拉索关键部位安装温度传感器,进行结构温度场监测,同时对环境温度进行监测,温度测量结合应变测量进行。主梁、桥塔、拉索等构件温度场的测量采用模拟/数字混合式测温传感器进行测试,温度传感器主要性能指标见表9-3。

温度传感器主要性能指标　　　　　　　　表9-3

测量范围(℃)	测量精度(℃)	工作电压(V)	工作电流(mA)	接口
-50~150	±0.05	9~24	18m	RS485

通过对主梁与索塔进行温度监测,以获得与应力及位移相对应的大气温度以及主跨梁体温度,为应力和挠度的测试进行补偿修正,校核设计取值,评估温度荷载引起的结构变形、应力变化对结构的影响。鉴于施工周期长,主梁不同块件的安装将在不同的季节进行,为了消除温度引起的误差,除了控制工况的监测必须在夜间完成外,每隔5个梁段进行一次变形连续观测,以便部分消除温度影响。桥塔与主梁的温度测试截面与测点布置与应力测试相同,如图9-18~图9-21所示。借助数码智能应变计和配套的频率接收仪进行温度监测仪器。

斜拉索温度监测对正确分析斜拉索由于温度变化引起的索力变化十分重要,特别是斜拉索张拉力和主梁高程确定尤为重要。

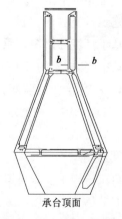

图9-18　桥塔温度测点断面位置

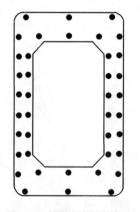

图9-19　桥塔温度测点位置

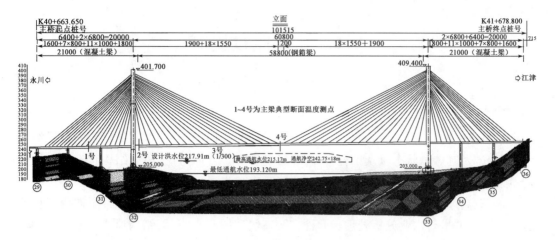

图 9-20　主梁温度测点断面布置

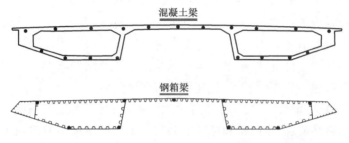

图 9-21　主梁温度测点位置示意图

由于斜拉索表面温度与索内心温度不同，针对测温需要特制长约 2m 的试验索段，试验索段构造方法与实际索完全相同。在试验索段的内部与表面钢丝上均匀埋设热敏电阻，用数字万用表测量其电阻值，然后根据电阻与温度的标定曲线，由所测电阻值推算出索的内芯与表面的温度值，从而给出表面和内部温度以及平均温度的关系曲线，在实测出拉索表面温度后，利用该曲线得到拉索的内部温度与平均温度。

每个桥塔两侧各索面设 1 根 2m 长的温度索，规格为 PES7-163，全桥共设 8 根温度索。斜拉索温度测点布置如图 9-22 所示。

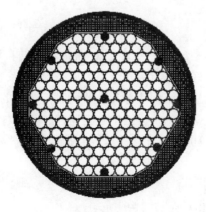

图 9-22　斜拉索温度测点布置示意图

9.6 桥梁服役监测

9.6.1 服役监测方式

服役桥梁结构状态监测是一种贯穿桥梁服役期的长期、实时监测。针对不同桥梁结构形式、监测内容及其体量状态以及工程管养需求、经费等多方面考虑，桥梁结构状态监测一般可以分为静态、离线、被动状态监测和全自动全网络实时监测两种。

①静态、离线、被动状态监测主要是指在桥梁结构关键截面布设传感器，定期由工程人员采集相关信息并进行内业分析处理。此种方案一般适用于小跨径、结构形式简单、投资有限、安全性要求不高的桥梁工程。

②全自动全网络实时监测是指在结构关键截面布设传感器并将传感器网络化，通过网络通信将监测信息实时传送数据中心，并由数据中心处理软件实时进行安全评估及预警预报。而对于大跨径斜拉桥等结构形式复杂、安全要求高的桥梁一般可采用全自动全网络实时监测方案。由此，针对大跨径斜拉桥的桥梁结构状态监测就涉及结构动力学、信息技术（如信号的传输、处理、存储与管理）、传感器技术、优化设计等多个学科。

大型桥梁因其桥型、重要性、使用年限等因素的不同，其状态监测系统的预期目标也有所不同。如在香港的青马桥、汲水门桥和汀九桥上安装了保证桥梁运营阶段安全的状态监测系统，可以监测作用在桥梁上的外部荷载（包括环境荷载、车辆荷载等）与桥梁的响应；在上海徐浦大桥上安装的带有研究性质的结构状态监测系统，其目的是为了获得大型桥梁状态检测的经验，监测内容包括车辆荷载、中跨主梁的高程和自振特性，以及跨中截面的温度和应变、斜拉索的索力和振动水平；在江阴长江公路大桥上安装的状态监测系统，主要监测加劲梁的位移、吊索索力、锚跨主缆索股索力以及主缆、加劲梁、吊索的振动加速度等。在南京长江大桥上安装的状态监测系统，主要进行温度、风速风向、地震及船舶撞击、墩位沉降，以及恒载几何线形、结构振动、支座位移等方面的监测。由此，在实施桥梁状态监测系统时就需要针对不同结构形式及工程需求选择具体监测方案。

9.6.2 服役监测内容

桥梁结构状态参数监测不是短期的人工检测，而是长期的自动监测。它要求传感器一旦安装到结构的被测部位并连接好供电与信号线路之后，传感器系统就在无人干预的条件下，长期自动地采集结构参数。因此桥梁结构状态参数监测对传感器的长期稳定性、可靠性、环境适应性、抗干扰能力等的要求，比常规的桥梁结构施工监控、荷载试验的要求要苛刻得多，而且在传感器系统的连线、布网方式等方面也比施工监控和荷载试验严格得多。对于这些要求，不同的参数有不同的具体要求。

1) 服役桥梁结构主要监测内容

(1) 结构的固定模态及其相对应的结构阻尼。

(2) 桥梁在正常车辆荷载及风载作用下的结构响应和力学状态。

(3)桥梁在突发事件(如强烈地震、意外大风或其他事故等)后的损伤情况。
(4)桥梁结构构件的真实疲劳状况。
(5)桥梁重要非结构构件(如支座)和附属设施的工作状态。
(6)大桥所处的环境条件,如风速、温度、地面运动等。

2)应变监测

应力是反映结构受力与破坏状况的关键内在指标。监测结构应力的主要目的在于通过对结构控制部位和重点部位的内力监测,研究结构的内力分布、局部结构和连接处在各种荷载下的响应,为结构损伤识别、疲劳寿命评估和结构状况评估依据。应力与应变具有确定关系,结合桥梁结构的弹性模量可由应变计算出桥梁结构的应力。因此必须对桥梁结构进行应变监测。对于成桥问题的应变监测,相比于施工中的应变监测有不同的特点。一般而言,凝固引起的收缩是混凝土结构变形中的最大部分,混凝土浇筑28d以后这一过程基本完成;经过预应力张拉以后的两年内,混凝土的大部分徐变也基本完成。此时混凝土的应变反映为载荷应变和温度应变,其变化范围较小,因而成桥的应变测量对传感器的要求是:量程不大,但测量精度要求高。

目前桥梁结构的主要材料有钢结构与混凝土结构。对于以钢材材料为主的钢结构而言,应变传感器只需也只能安装在结构表面。但是对于现场浇注的混凝土结构而言,应变传感器既可以在建设期间就埋入混凝土结构内部,也可以在建设之后安装在结构表面。由于混凝土结构存在固化收缩、徐变,因此预埋的应变传感器测量范围要求大于表面安装的传感器。虽然有电阻应变计、差动应变计、钢弦应变计、压磁应变盒、光纤应变传感器等多种应变监测的方法,但真正形成产品并能够实际应用于桥梁结构应变监测的传感器目前还很有限。

3)索力监测

索构件通常为桥梁主要承重构件,不仅在桥梁上应用广泛,而且有桥梁生命线之称,如悬索桥主缆索、斜拉桥斜拉索以及拱桥系杆索等。桥梁索力关系到桥梁整体受力,由于桥梁结构材料自身特点(如混凝土桥梁的徐变)、桥梁支承变位、桥梁荷载变化,环境温度影响均可能引起索力变化,为了准确掌握桥梁服役状态,必须对索力进行监测。

4)变形监测

变形是结构受力与破坏状况的外在表现,是反映结构安全最为直观的关键指标。桥梁结构的不同部位具有不同的变形形式,其监测的特点要求也不一样。

5)温度、湿度等环境监测

通过对桥梁温度场分布状况的监测,可为设计中温度影响的计算分析提供原始依据;对不同温度状态下桥梁的工作状况的变化,如桥梁变形、应力变化等进行比较和定量分析,对于桥梁设计理论的验证和完善有积极的意义。

6)动力特性监测

结构的整体性能改变时,反映其内在动力特性的一些模态参数(如频率、振型等)也会发生相应的变化。振动监测是通过监测结构在外界激励下的振动,掌握结构的内在动态特性,从而对结构进行损伤分析及安全评估。桥梁结构受损和安全性降低主要是由于桥梁主要构件和结构的疲劳损伤累积的结果,而桥梁的结构疲劳损伤主要是由于动荷载作用下的交变应力的结果。对桥梁的振动监测,可以考察结构的疲劳响应,进而考察结构的安全可靠性。主梁的动态响应往往与引起结的振动的强震源相联系,因此对结构的振动监测,不仅可以识别结构的动态特性参数,还可以实现对主梁结构承受波动荷载历程的记录。

7) 腐蚀与疲劳监测

对处于腐蚀性环境的桥梁来讲,实时了解桥梁结构腐蚀状况,对保证桥梁结构安全十分重要。

桥梁结构在交变荷载作用下存在疲劳问题,不仅对其耐久性产生不利影响,更值得关注的是桥梁结构在长期疲劳作用下的逐渐破坏,进而导致桥梁的突然垮塌,引起灾难性事故。因此,对大跨径桥梁结构的疲劳状况进行监测应引起高度重视。疲劳监测的目标是实时掌握桥梁结构因车辆反复作用可能出现的损伤情况,以便在因损伤形成宏结构观裂纹前采取相应措施,避免桥梁结构因开裂出现破坏甚至垮塌。

8) 交通量(荷载)监测

交通量(荷载)监测的目的是对桥梁通行荷载进行实录,一方面,为结构的自诊断分析提供荷载数据,另一方面,对超载进行预警。

9.6.3 服役监测系统构成

服役桥梁结构状态监测系统包括下列组成部分:

1) 传感系统

传感系统包括感知元件的选择和传感器网络在结构中的布置方案。该子系统的设计即监测方案制定,主要工作内容有:监测项目、监测部位及监测传感器的选择等。其中,监测项目一般包括结构工作环境、材料特性及结构静动力响应等三大类。监测部位的选择要从结构受力的角度出发,并考虑到桥梁设计建造中的具体情况等综合确定。监测传感器所需的费用占监测系统总费用的大部分,在传感器的选择上应遵循技术可行、性能可靠及稳定耐久等原则。

2) 数据采集与传输子系统

该子系统负责将来自传感器的电、光、声、磁等信号处理成数字信号,并对其进行初步处理后传输至中心数据库。其设计应满足如下技术要求:

①系统应具有与其安装位置、功能和预期寿命相适应的质量和标准;

②通信协议、电气、机械、安装规范应采用相应国家标准或兼容规范;

③系统具有实时自诊断功能,能够识别传感器失效、信号异常、子系统功能失效或系统异常等;

④数据采集单元能24h连续采样,在风、雨、地震等恶劣环境下仍能正常工作;

⑤数据采集及传输可实现远程控制,采样参数可远程在线设置;

⑥数据采集软件应具有数据采集、数据初步处理和缓存管理功能;

⑦传输网络的设计和构造要满足相关标准、规范的要求。

3) 数据处理与控制子系统

数据处理与控制子系统由数据处理与控制服务器和相应的软件系统组成,其中数据处理与控制服务器通过网络控制安装在桥梁上的数据采集设备,要求对所有的数据处理及提取都是通过数据库操作来实现。主要包括两个方面的内容:信号处理流程和具体的信号解析方法。

4) 安全预警与评估决策子系统

该子系统通过现场实测结果同基准分析结果之间的对比,了解结构是否受到损伤以及损伤位置、损伤程度等,确定桥梁结构的工作状态及安全状况,是监测系统的目的之所在。主要内容包括:结构基准有限元模型的建立及分析、安全指标体系的建立、损伤识别、安全预警及综合评估策略等。图 9-23 所示为桥梁结构监测系统示意图,图 9-24 所示为桥梁结构监测系统工作流程图。

本节主要介绍桥梁结构状态监测部分,桥梁结构状态评估部分可参考相关文献。

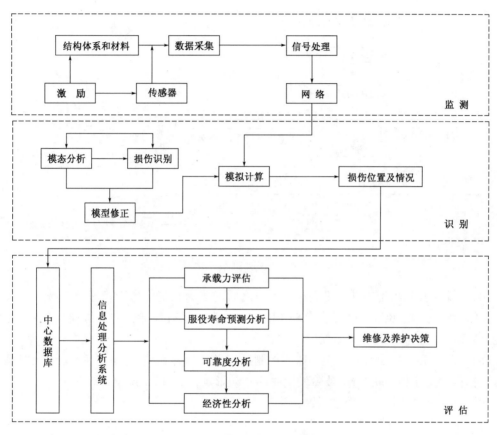

图 9-23　桥梁结构监测系统示意图

9.6.4　服役监测系统设计

1)设计原则

桥梁状态监测系统设计需紧密结合大桥实际情况与相关技术的发展,注重实用性、可靠性、先进性、可操作性和易维护性、完整性和可扩容性等几个原则:

(1)实用性。系统设计中必须考虑实用性的问题,并说明对实用性的保证措施。

(2)可靠性。系统设计中应优先选择成熟、可靠的数据处理以及损伤评估方法,保证能稳定、准确地分析桥梁的安全状况;应使用稳定、成熟、可靠性好、可扩展性好的设备及数据库结构,便于桥梁的远期管理。

(3)先进性。考虑到监测设备主要为电子设备,更新较快,因此桥梁结构监测系统在考虑实用性、可靠性的前提下,需考虑具有一定先进性的检测设备与技术。

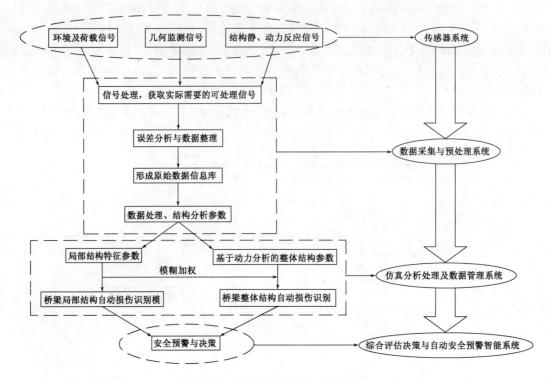

图 9-24　桥梁结构监测系统工作流程图

(4) 可操作性和易维护性。进入正常运行之后的监测系统应易于管理，易于操作，以节省操作员的劳动力和避免因复杂操作带来的困难和失误。系统应能方便升级换代，不因为系统功能上的适当调整而破坏整个系统。

(5) 完整性和可扩容性。系统的监测控制过程必须内容完整、逻辑严密，单个功能模块之间既互相独立又互相关联，避免故障发生时的联动影响，也方便系统扩容。

除了对监测中涉及的参数进行综合管理外，还综合考虑桥梁环境参数信息等。

2) 监测参数的测试方法

桥梁状态监测系统测试中涉及的参数种类较多，主要有：环境参数、结构变形、结构振动特性与振动水平、结构应力/应变、拉索(吊杆)索力、结构预应力状态、钢筋锈蚀以及其他相关的重要参数，应有针对性地选择测试方法。

(1) 环境温度的测试。

可以通过热敏元件、振弦式温度计或者光纤式温度仪进行测试。热敏元件造价低廉，使用方便，但耐久性相对较差；振弦式温度计较为成熟；光纤传感器测试较为稳定，且寿命较长。温度、湿度监测，主要是对桥梁的环境以及结构自身的温度场监测，因此其测量范围就是桥梁所在环境的极限温度、湿度。在南方一般是 $-10 \sim 70℃$、$30 \sim 95RH$，而北方则一般是 $-4 \sim 50℃$、$10 \sim 90RH$。测量精度 $0.5℃$、$1RH$ 即可。虽然市面上有热电偶、热敏电阻等多种不同类型的温度传感器商品，但几乎绝大多数都是只能用于室内环境，难以满足桥梁所在的野外恶劣工作环境，其长期稳定性一般都达不到要求。故温度、湿度传感器的关键是野外恶劣工作环境下的长期可靠性。常用温度参数测试方法对比见表 9-4。

常用温度测试方法对比表   表9-4

测量方法	使用工具	工作原理	特 点
温度计法	水银温度计	通过温度计中的水银的热胀冷缩变化对应刻度来体现温度	主要用于测试环境温度,价格便宜,但需要现场测量
电阻法	热敏元件 数字式万能表	利用数字式万用表测试热敏元件电阻变化,根据电阻与温度的对应关系测试混凝土内部温度,测试误差在1℃以内	需在建设期预埋热敏元件在混凝土中,精度较高,但需要现场测量
系统法	数字式一体化温度传感器	一个数字式一体化温度传感器集成了单片机、多路A/D转换器以及温度探头,利用温度探头感知温度,通过A/D转换器和工业总线远程输出温度值	快速、方便、可远程测试,精确度较高,简单易行,但成本较高

(2)风力风向测试。

有机械式和超声波式,超声波式采样频率较高,机械式测试的最大风速稍高,可根据实际情况选择测试设备。

(3)车辆荷载测试。

可通过车辆称重系统进行,静态车辆称重系统可以置于收费站等车辆必须减速慢行的地方,而动态称重系统可以置于桥梁桥头处,可实时监测车辆的荷载并进行统计。

(4)变形/位移测试。

有全站仪、经纬仪、精密水准仪等巡检式测试方法;有用于实时静态测试的连通管(电感式、光电式、压差式)水准仪等测试;有以GPS等卫星定位系统的测量方式实现自动测试,而且可以进行动态测试,不过测试精度相对较差,可用于远离陆地跨海桥梁以及大跨度桥梁测试。由于目前桥梁结构变形监测的方法很多,且各自在性能、价格等各方面有极大差异,而且不同桥梁结构及不同部位,其变形的特点差异也极大,因此,没有一种通用的桥梁结构变形监测方法,只能根据不同桥梁结构、不同部位的不同要求,选取不同的监测方法。常用变形/位移参数测试方法对比见表9-5。

常用变形/位移参数测试方法对比表   表9-5

监测方法	仪器	精 度	适 用 性 评 价
常规大地测量方法	水准仪、经纬仪、测距仪、全站仪	适用于不同精度	灵活性大,能适用于不同结构形式的桥梁、不同的外界条件。缺点是难以实现自动化监测
特殊测量手段	位移传感器	可达到0.01mm	精度较高,安装必须保证桥下无水,而且桥下净空较大。测量过程简单,容易实现连续监测和自动化观测,能够提供局部的观测信息
	机械位移计	百分表的精度0.01mm,千分表的精度0.001mm	
	测角仪	精度与距离有关,最高可达1mm	可以测量主梁的挠度、索塔的倾斜、基础的沉降
	准直测量	一般精度 $10^{-6} \sim 10^{-5}$ m	可以测量横向位移
摄影测量方法	摄影经纬仪	精度可达毫米级	观测精度低,有时不能满足要求,各监测点不同步,精度与桥梁的形状、大小有关,受地理条件限制
	数码相机		

续上表

监测方法	仪器	精度	适用性评价
TCA 测量机器人		$1mm + 1 \times 10^{-6}$	能够观测桥梁主梁的挠度变形、横向扭转、纵向伸缩及主塔及墩台的沉降、位移、倾斜量等。易于实现自动化
GPS RTX 方式		平面精度 $10 + 1 \times 10^{-6}$,垂直精度可达 $20 + 1 \times 10^{-6}$	全天候监测、操作简单、自动化程度高、定位速度快、精度高

(5)结构振动特性及振动水平测试。以传感器感知结构的振动,包括压电式加速度传感器、磁电式速度传感器、ICP 传感器以及电容式传感器等。由于结构各自的固有振动特性不同,因此,选择传感器是要充分考虑传感器的技术性能(频率范围、灵敏度、采样特性等)。大型桥梁的固有频率极低,因此,对加速度传感器的低频响应要求极高,一般要求低频响应达到 0.1Hz,甚至 0.01Hz。因此加速度传感器的低频响应截止频率是最主要的指标,其主要的指标有灵敏度、长期可靠性、信号传输距离、环境适应性等。值得注意的是,高采集精度能保证设备有更大的动态测试范围,可以在特殊状态(如地震、船只撞击)中保证振动测试。

(6)结构应变/应力测试:常用的应变传感器有电阻式应变计、振弦式应变计和光纤应变计。电阻式应变计由于自身特点,适用于桥梁动应变的测试。振弦式应变计技术相对来说较为成熟,耐久性好些,在桥梁中应用的也很广泛,不过仅能测试结构静态应变。光纤式应变计虽然费用较高,但其稳定性、耐久性均较好,适合于长期应力/应变测试。常用应变/应力参数测试方法对比见表 9-6。

常用应变/应力参数测试方法对比表 表 9-6

监测方法	使用元件	工作原理	特点
电测法	电阻应变计	通过粘贴在构件测点的感受原件电阻应变计与构件同步变形,输出电信号进行量测和处理	重量轻,体积小,灵敏度高,但只能使用一次
	混凝土应变计	预埋混凝土中,随混凝土一起变形。将预埋钢筋上的钢片的应变反应通过导线输出信号	浇灌混凝土时,预埋混凝土中,防水性能好,灵敏度高,但只能使用一次
	差动电阻式传感器	两端头随结构测点相对移动,引起电阻丝的阻值改变,结成半桥互补,输出信号	可埋在大体积钢筋混凝土中,引出导线遥测,可用电阻应变仪量测,不能重复使用
机械法	千分表法	两个固定在测点上的脚标,一个固定位移计,一个固定刚性杆,结构变形即由测出	不受电测场等的影响,操作简单,但分辨率低,必须现场监测,时候短期应变测试
频率法	振弦式应变传感器	其内部张紧钢弦振动的谐振频率与钢弦的应变成正比	输出频率而不是电压,不会受电阻变化、温度波动等影响,可埋设在被测结构的表面和内部,适合于长期监测
光学法	光纤(光栅)应变传感器	通过拉伸和压缩光纤光栅,可以改变光纤光栅的周期和有效折射率,从而达到改变光纤光栅的放射波长,而其波长与应变呈线性关系	抗干扰强,耐腐蚀,传输损耗低,可远距离监测,但价格昂贵

索力测试:目前常用的测试方法有传感器法(压力传感器、光纤传感器),动测法(振动法)、磁通量法等。常用索力参数测试方法比较见表9-7。

常用索力参数测试方法对比表 表9-7

监测方法	传感元件	工作原理	特点
压应力法	压力传感器	将弹性材料和应变传感材料组成的压应力传感器安装在拉索锚具和索孔垫板之间,拉索在张力 T 的作用下使弹性材料受到锚具和索孔垫板之间的压力作用后发生形变,通过应变传感材料将弹性材料的变形转换成可以测量的电信号或者光信号,再通过二次仪表测量索力	在桥梁的建设期间就预先安装压力传感器,这种监测方法的寿命不长,价格较昂贵
磁通量法	电磁传感器	利用放在拉索上的小型电磁传感器测定磁通量变化,根据索力、温度与磁通量变化的关系,推算索力	除磁化拉索外,它不会影响拉索的任何力学特性和物理特性,有很长的使用寿命,但技术不够成熟
频率法	索力仪	通过传感器获取拉索在人工激励和随机激励下的振动信号,通过频谱分析仪对振动信号的频谱进行分析,得出拉索的基频或者通过拉索前几阶振动频率,计算得到基频,再推算索力	快速、方便、实用、可重复测试,精确度较高,简单易行,成本低,对于短索和防护好的拉索测量误差大

(7)桥梁结构中 Cl^- 含量测试:可以通过取样的方法,进行化学成分的分析。对于桥梁监测来说,一般通过间接测试的方法进行 Cl^- 含量的测试,主要通过电位的方法进行。

(8)腐蚀测试:目前,已可以通过腐蚀监测仪器对处于海水环境、大气环境、其他腐蚀条件下的钢结构桥梁、混凝土桥梁结构进行腐蚀测试。

(9)疲劳测试:目前已可以通过疲劳传感器实现疲劳测试。

总之,不同测试方法需要根据桥梁实际情况进行选择,在桥梁监测系统设计时必须很好地了解桥梁的实际情况,从而科学地选择合适测试方法。测试方法的选择需要根据方法的适用性、测试方法的精度、测试设备的可更换性和延续性、设备施工的便易性和可维护性等多个角度进行考虑。

3)监测参数确定

桥梁结构监测系统所监测参数应适度,不宜过多,也不能太少。参数的需求分析应考虑下列因素:

(1)桥梁结构形式。不同桥型所监测的部位以及参数不同,采取的监测方法也不同。

(2)桥梁工作环境。既包括温度、湿度、风力、降雨、地震、盐分含量等自然环境的分析,也包括车流量、车辆荷载、超重超限等运营环境的分析。

(3)桥梁养护管理系统。分析养护管理不易通过日常检查得到的信息,或者对桥梁养护管理连续性数据很重要的参数,对这些参数进行长期监测。

(4)桥梁易发事故。综合分析桥型、工作环境等因素,结合已有的经验教训,分析桥梁易发生的事故,针对能此类事故的参数进行分析。

对于不同桥梁,应该根据实际情况进行针对性的分析,从而得出结构所需监测的参数,并合理进行测点设计。

4)测点布置与数量设计

测点位置与数量设计应遵循下列原则:

(1)测点位置应为主要受力部位或典型部位。例如,主跨跨中的变形、桥塔变形、关键部位应变、重要拉索的索力等。

(2)测点数量适度。除具有重要意义的特大型桥梁或者安全状况不良的桥梁外,测点数量不宜过多。测点数量过多会造成结构数据量过大,管理人员工作效率降低,同时,也会导致系统投入过大,不利于系统的维护及建设。

(3)测点的设计部位及数量应具有可实施性。如有些部位不便于安装或者不宜安装(如会造成结构本身损坏)的情况,此时,应寻找替代位置。

5)测试设备选择

桥梁监测系统所选择的设备应有相关部门的计量产品合格证(CMC)或其他相关质量证明。设备选择应遵循的原则为:

(1)可靠性:产品安全可靠,不宜损坏,且不会造成相关设备的损坏。

(2)稳定性:设备能长期稳定运行,受外界稳定、湿度、振动等影响小,设备指标长期稳定性好。

(3)可更换性:随着设备的升级,系统所安装的传感器、采集设备能进行更换,更换不会影响到数据的延续性。

设备指标的选择应考虑几个原则:

(1)考虑桥梁参数的变化范围及损伤敏感范围。例如,桥梁变形监测,对于大跨径桥梁主跨需要量程大的测试设备(最大量程可达 2000~3000mm),此时测试精度可适当放宽,而对于中小桥梁,则可选择量程小的设备(量程 90mm 即可),此时其测试精度应达到 mm 量级,甚至需要更加精确。

(2)桥梁测试设备的测量精度应该考虑意外状况引起的结构响应。例如,地震情况下,结构的振动可能大于日常振动,而且此时振动测试对于结构安全评估非常重要,因此应该考虑异常情况对结构的影响。一般需要选择测试动态范围较大的设备。

(3)考虑测试原理不同对参数指标和精度的影响。不同方法的精度、用途各有区别,因此在选择测试设备时应该合理选择测试方法,然后再选择相应精度的测试设备。

(4)环境监测中,考虑到自然环境参数和运营环境参数较多,可以选择对结构安全影响大的参数进行监测。例如,超载车辆多的桥梁可设计车辆承重系统。另外可以考虑各类参数的对结构安全影响重要的方面选择设备,例如,称重系统可以选择对重车敏感的测试系统。

6)监测系统功能

监测系统功能应该具体考虑到桥梁监测系统的规模、管理形式决定,可以做成定期监测的系统,也可以做成在线监测的系统。一般来说监测系统应包括如下功能:

(1)能够对硬件系统进行远程控制。对于在线监测系统(定期监测系统可不考虑),应能远程调整测试参数,避免传统仪器以及系统因为进行参数改变而必须进入桥梁现场的问题。另外对数据采集方式进行控制,可以根据不同需求及状况进行实时监控、定时间采集、特殊状况采集等自动测试方式(当达到一定条件时进行采集),也可进行人工干预控制采集。

(2)能够对测试数据进行预处理。主要功能有数据的过滤、数据压缩、数据分类等功能,为后续的自动分析和人工分析提供良好的信息源。

(3)各阶段数据的显示。可以显示实时监控的数据,也可将历史数据调出进行显示,或对几种参数同时进行显示分析。

(4)数据分析功能。主要对数据进行各类分析处理,主要有:数据的统计分析(极值、平均值、有效值、均方值、方差、标准差等)、结构参数识别(结构固有特性识别等)、结构的安全评估(趋势分析、原始指纹、动静结合、养护管理评定、承载力评定等)等功能。

(5)自动报表功能。可根据系统自动或者人工分析的结果,自由选择自动生成各类型报表。

(6)可进行设备的自诊断。对故障设备元件以报表形式提出,提示进行检查或维修。如果为在线监测系统,则需要自动进行设备的自诊断,以避免采集到错误的数据。

(7)可进行结构安全状况的预报警。当判断出结构存在安全隐患时,系统进行预报警,报警可通过实时界面提示(声音、光学、文字等报警)、报表、电子邮件和短信形式进行。

(8)系统管理的安全保障。为保障大桥监测系统的安全运行,对不同管理者提供不同的权限,对用户身份进行验证,所提供的功能有查看、检索、修改、增加和删除等不同操作。

(9)资料长期整编。系统对监测分析结果以标准的表格形式进行,对分析结果以数据库形式存储,可形成长期的档案,方便管理人员对结构状况的查询与分析。便于对桥梁状况进行评估。

7)数据处理与安全评估预警

(1)系统数据处理

数据处理方式是正确分析的重要一步,必须有针对地对不同信号形式采取适当的处理方式。在数据处理之前一般必须有数据的预处理,主要处理数据的整理、滤波等工作,将部分不合理的信号数据。信号有时域、频域与幅域的区别,另外信号有静态和动态(采样速率较快)之分,对于不同的信号采取的数据处理方式不同,一般有统计的方法、频域的方法、时频的方法等。在上述处理的方法基础上采取对应的结构参数识别的方法,例如索力识别、结构模态参数识别等。一般来说静态数据以时域统计的方法为主。动态的数据主要为频域方法、视频方法,也有统计的方法。在系统设计中,应该明确不同信号所采取的处理方式,做到针对性、合理性。

(2)安全评估方法

信号处理之后得到的数据直接提供给结构用作安全评估。安全评估方法很多,在系统设计时应选取实用性好、可操作性好的方法。安全评估方法中必须有原始指纹法、趋势分析法。原始指纹法将测试的结果与结构的初始状态进行比较,从而了解该参数的变化大小,通过变化率分析评判桥梁的安全状况。桥梁变形、索力、振动水平、固有频率、静态应变等参数均可以进行原始指纹的分析。趋势分析可以通过长期监测的数据,以时间为横坐标、所分析的参数为纵坐标,了解该参数随时间的变化规律,从而了解桥梁的发展状况,当变化很大或者变化率很大时应对其加强分析,并以此作为桥梁状况的判断依据。

另外,安全评估方法必须和桥梁的养护管理相结合,通过对桥梁不同参数进行评分,综合得出桥梁的安全状况。

在进行结构安全评估设计时,应该充分考虑不同工作环境对参数的影响,并在进行结构分析中,剔除环境因素对结构参数的影响,例如温度对结构线形、应变等有很大的影响,外界荷载对结构线形、应变、索力、振动等影响很大。在分析桥梁结构固有状况时,应提出这些因素的影响。

(3)桥梁结构安全预警

桥梁结构安全预警主要是当结构出现安全状况时,提供报警。

报警方式必须是直观、有效的方式,一般有以下几种:声音、光的报警:在系统终端通过声音和亮不同颜色警报灯提醒,进行报警;报表的报警:在日报表、周报表等各类报表中将超载、超过振动参数等数值进行报警,以提醒管理人员桥梁运营现状;电子邮件的报警:通过对专门的管理人员发电子邮件进行桥梁运营状况的报警;短信的报警:对特殊紧急状况,通过短信平台,对有关管理人员发出短信进行通知。

不同报警方式用于不同等级,需要根据实际情况选择,如果不能接入互联网,则考虑以前两种报警方式为主。如有监控中心,则最好配以监控人员。在系统设计中必须考虑到后续管理的方式,从而设定不同的安全预警方式,以便管理人员能及时掌握桥梁的安全状况。

8) 监测系统安全

桥梁监测系统安全设计包括监测系统本身的安全设计以及其他相关的安全设计。

(1) 系统设备的安全设计

桥梁监测系统需要长期为桥梁的安全运行提供保障,首先需要保证监测系统自身的安全。除了对设备、系统的稳定性需要考虑外,还需要考虑系统建设中遇到的问题。设备外壳或者防护箱外壳的制作材料必须坚固耐用,耐腐蚀性能好,密封性能好,能承受设备坠落、碰撞等事故,即能有好的抗震性能。选择的设备应能够在高温或低温环境下正常工作,能达到 -30 ~ 70℃或更好的指标。选择的设备能在潮湿的环境下工作(有些地方达到90%),甚至在雨雪的环境下也能保证工作稳定。设备安装应在大风环境和振动的环境下保持稳定,不至于由于外界因素而导致设备的不可用。

另外,需要考虑在冰雹等恶劣环境下,不会对设备(特别是暴露于外面的设备)造成使用的故障,也不会对设备的位置造成影响,保证监测设备得到数据的稳定可用。因此在设备的防护方面需要慎重设计。在安装桥梁监测设备时,为了保证能安全可靠地接收信号,进行测试,必须考虑到设备的防雷击措施。尤其在我国多雷雨地区,此问题尤为重要。

在系统设计中,还需要考虑桥梁监测设备的防盗问题,特别是部分安装于桥面的设备。因此需要根据桥梁的实际情况,考虑防盗方案的设计。对于设备防丢失,除了从预防的角度采取措施外,还应有相应的补救措施,例如系统的可更换性等。

(2) 其他安全问题

在桥梁监测系统设计中还需要对其他相关的安全问题进行设计。在设计中需要考虑系统实施工程中的安全问题,在施工工序的设计中需要说明如何保证施工的安全,特别是对于拱桥、悬索桥和斜拉桥桥塔等外部设备的实施。在投入运营的既有桥梁监测中,桥面车辆很多,应在设计中说明施工组织及安全生产组织措施。在监测系统实施中,不可避免地会和已有结构进行交叉,甚至进行局部的破坏。如进行钻孔、破坏已有涂层等,因此在设计中,应考虑系统实施是否会对桥梁结构重要部位造成破损,要尽量避免对结构的破坏,并评估施工对结构造成的损害。在实施过程中应和相应部门进行协商,讨论补救措施。

(3) 系统稳定性

系统稳定性设计考虑保证桥梁监测系统的相关措施,既需要从硬件的角度考虑设备的选择、考虑施工工艺的问题,又需要考虑软件系统优化、自检查等功能。系统的优化主要有测点的优化和采集优化制度的确定,前面已经对测点优化的相关内容进行分析。采集优化主要考虑尽量减少重复性的冗余信息,避免系统采集到的数据量巨大而且重复无用的信息过多。一般采集优化的原则有定时间段采集,可由管理人员根据实际情况(车流量等情况)控制采集时间;系统可定阀值采集,当测试参数超过设定的阀值时,系统能自动启动采集,可对温度、风速、车辆荷载、结构振动等参数进行控制,定阀值采样可以对结构的重要状况或者意外状况(地震、撞击等)进行监测。系统设计时应考虑到当测试元器件或测试设备出现故障时,系统具备自感知的功能,能够在设备出现故障时通过一定的原则对设备进行判断,并将这些设备测试得到的数据单独处理,保证系统得到数据的正确性。一般来说,系统错误自感知的实现功能可通过通信检验,测试数据的相关性对比(横向比较)以及测试数据的发展规律比较(纵向比较)等多种方法实现,也可通过定期检查进行判断。在系统设计中应该根据监测系统的特点和桥梁实际情况说明自感知功能的方法。

9.6.5 服役状态监测示例

1)工程简介

重庆涪陵石板沟长江大桥主桥为双塔双索面预应力混凝土斜拉桥(图9-25),跨径布置为200m+450m+200m。采用预应力混凝土双主梁截面,标准梁段梁高2.5m,高跨比为1/166.67,宽跨比为1/19.565,双主梁间横隔梁间距为4m,节段长8m。主塔为花瓶形,墩塔全高179.82m。桥面总宽22m。斜拉索采用27对双索面扇形布置,平行钢丝体系。主桥桥面设置2.0%的双向横坡,桥面铺装组成为:8.5cm SMA沥青混凝土。设计荷载:公路—Ⅰ级,并用城—A级荷载标准验算,人群荷载3.0kN/m²,行车速度60km/h。地震烈度按基本烈度Ⅵ度设计,Ⅶ度设防。

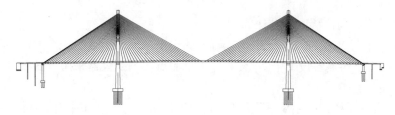

图9-25 重庆涪陵石板沟长江大桥立面图

2)结构状态监测系统

重庆涪陵石板沟长江大桥结构状态监测系统为一对桥梁结构关键部位进行自动监测并实时安全评定的系统,即通过布设在桥梁结构关键部位的各种监测传感器对桥梁的整体性态与局部性态以及作用在桥梁上的荷载响应进行长期、连续的监测数据采集,借助结构损伤识别、模型修正及安全评定等子系统对桥梁实施在线的安全评定,预测桥梁的运营安全状态。监测系统组成框图如图9-26所示。

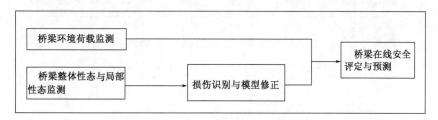

图9-26 重庆涪陵石板沟长江大桥结构状态监测系统组成框图

3)监测系统设计

(1)桥梁结构竖向挠度监测设计

基于桥梁状态监测与安全评估的目的,而建立的有限元模型,既要满足通过数值模拟来反映大桥各部分的特性,又要满足"在线"评估的目的。因此,必须对结构及边界条件做适当的简化,同时根据施工设计图中的几何特性、材料特性、边界条件及初应力,建立满足桥梁状态评估的有限元模型。本桥采用大型通用软件建立模型,在传感器传统布设方法基础上,结合桥梁的实际情况和静力水准仪的布设原则(静力水准仪的位置大致在一个水平面上),制订了挠度测点的布置方案。主梁挠度测试截面共计7个,如图9-27所示。其中为了测试桥梁上下游挠度,并作相应的对比,在1号、3号、4号、5号、7号截面上下游各布置一个,其他截面只在上游布设测点。静力水准仪横断面布置见图9-28。

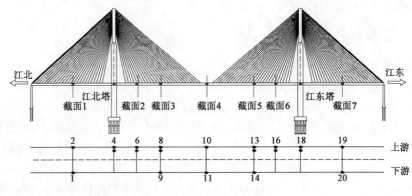

图9-27 静力水准仪布置断面

(2)桥梁结构纵向位移监测设计

通过测量主桥主梁梁端与相邻引桥梁端上固定点之间的距离变化来测定主梁纵向位移变化的规律,梁端上下游侧各设1个测点,共计4个测点。测试仪器采用表面型测缝计。

(3)桥塔变形监测设计

桥塔作为索支承桥梁的主要承重构件,其刚度远大于柔性的斜拉索和桥面主梁。涉及桥塔结构安全的问题有:塔身在强风、地震等荷载作用下的稳定性;在纵向不平衡荷载作用下可能导致横梁与塔身连接部的开裂;塔基的沉降对主体结构内力分布的影响等。主塔沉降及变位观测主要包括两部分:

①主塔沉降观测:测定主桥主塔的沉降值,每个主塔设2个观测点,全桥共4个观测点。监测仪器同样采用静力水准仪,传感器布设于桥塔壁上。

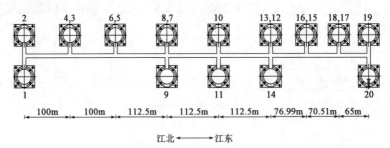

图9-28 静力水准仪横断面布置

注:图中包括桥塔上的两个测点截面。

②主塔侧移监测:主塔侧移监测采用固定式测斜仪(倾角仪)。将其安装在两桥塔横梁上,当发生变形时,测斜仪可以测量出主塔相对于重力轴线的倾角,结合传感器安装位置即可推算出桥塔X、Y方向的变形,实现监测目的。

(4) 主梁应力监测设计

① 测试仪器选择。本桥采用适合长期监测用的光纤光栅传感器进行应力监测。由于它本身不但对应变敏感、对温度也极为敏感,因此监测中必须对温度补偿。

② 测试位置。主梁应变监测截面为两边跨跨中和中跨跨中、中跨低索塔区 1/2 处、中跨高索塔区 1/2 处,江北塔根部截面,江东塔根部截面共计 7 个截面。每个截面布设 9~10 个测点。全桥共设置 85 个应变传感器。应力监测截面及测点,布置如图 9-29~图 9-31 所示。

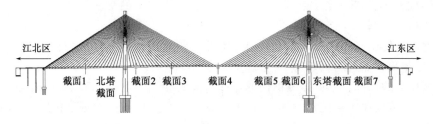

图 9-29 石板沟长江大桥主梁、桥塔应力监测截面布置

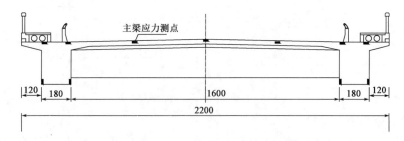

图 9-30 北塔根部、东塔根部、截面 4 应力测点布置(尺寸单位:cm)

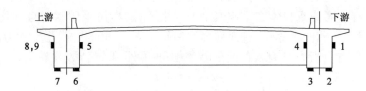

图 9-31 截面 1、截面 3、截面 5、截面 7 应力测点布置

(5) 主塔应力监测设计

索塔承担巨大的轴向压力,同时对于运营过程中出现的不对称荷载情况,将使索塔产生附加弯矩,这对索塔的受力极为不利,因此要在主塔关键截面布设应变传感器,进行主塔应变的监测,监测仪器同样使用 FBG 光纤光栅传感器,桥塔监测截面传感器的布设如图 9-32 所示。

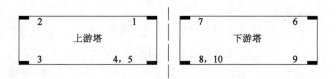

图 9-32 桥塔截面应力传感器布置
注:5 号和 10 号为温度传感器。

(6) 温度参数监测设计

在桥梁的施工和使用过程中,温度对桥梁的影响都是不可忽视的重要因素。置于自然环境中的混凝土结构,长期经受自然界气温的变化、太阳辐射以及季节温度变化的作用,由于混凝土结构的热传导性能差,在周围环境气温及太阳辐射等作用下,将使其表面温度迅速上升或下降,但结构的内部温度仍处于原来的状态,从而在混凝土结构中形成较大的温度梯度,混凝土结构的各个部分处于不同的温度状态中。对于斜拉桥来说需对其进行温度监测,获得与应力及位移相对应的大气温度以及主跨箱体温度,为应力和挠度的测试进行补偿修正,校核设计取值,评估温度荷载引起的结构变形、应力变化和对结构安全的影响,为桥梁结构的状态评估提供可靠的初始数据。

①温度监测传感器的选择。为了获得温度补偿的相关数据,更好地对所测初数据进行修正,本桥温度监测仪器选用 FBG 光纤光栅温度传感器。

②监测位置的选择。主梁监测截面的选择与应力相同。如图 9-33 所示,截面 1 布设在 1 号位置,截面 3 布设在 3 号位置,截面 4 在 1 号、2 号位置各布置一个温度传感器,截面 2、截面 5、截面 6 布设在 4 号位置。

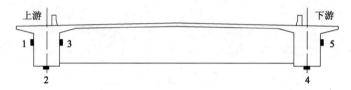

图 9-33　主梁监测截面温度传感器布置

(7) 斜拉索索力监测设计

由于外界激励(风、交通荷载等)的作用而引起斜拉索疲劳损伤,使得拉索在远没有达到设计寿命的情况下被迫更换。因此拉索需重点进行监测。

①传感器选择。考虑到拉索在结构安全中的重要性,本桥采用索力自动化监测系统对拉索进行监测,以确保监测的可靠性,进而准确评估斜拉索工作的状况,指导索力的校正。

②索力监测位置。索力监测点布置在边、中跨的最外边索,以及中跨1/4索和边跨1/2跨上,并布置在一侧索面上,共计 8 个测点,见图 9-34。

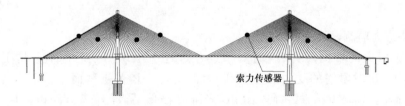

图 9-34　索力监测点布置图

(8) 结构动态特性监测设计

影响主梁振动特性的主要因素是主梁结构刚度、质量分布、阻尼等,同时环境温度、斜拉索索力、交通状况、桥塔振动、风况等对主梁的振动特性也有影响。主梁结构的动态响应往往与引起整体振动的强振源相联系,因此,通过对主梁和桥塔振动的监测,不仅可以识别主梁结构的动态特性参数,还可以实现对主梁结构承受波动载荷历程的记录。振动特性的监测可采用加速度传感器来实现,但是由于桥塔、双肋梁、主缆、吊索、斜拉索各自的固有振动特性不同,因此在选择传感器时要充分考虑传感器的技术性能(频率范围、灵敏度、采样特性等)。

本桥采用加速度计进行监测。加速度计布置在主梁边跨跨中、中跨跨中3个截面,塔顶布置1个测点,边、中跨最外边索、1/4截面各布置1个测点,全桥共布置加速度传感器12个,并均布置在上游侧,见图9-35。

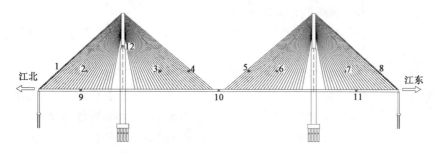

图9-35 加速度计布置断面及测点示意图

(9)人工检测数据的处理和分析评估

重庆涪陵石板沟长江大桥结构状态监测和安全评估系统采用"实时监测+定期检测"的模式。因此,桥梁的安全状态评估应包括对自动(传感器)监测数据的评估和人工检测的数据的评估。

自动监测数据的采集、分析在很短的时间内就可以完成,并且随时可以启动监测系统进行数据的采集、存储及处理,这满足了对桥梁安全状态评估的"实时性"要求。人工检测数据由于每次所需时间较长,并且按照现行规范要求,即使是经常检查项目,一个季度也不会超过2、3次,因此人工检测难以实现"实时"的要求。但是人工检测对全面掌握桥梁的安全状态又是非常重要的,比如对桥梁局部损伤的检测等,所以在本桥的数据处理和安全评估系统中为人工检测数据的录入设置了接口及其相应的数据库系统。人工检测采集到的数据将以与自动监测系统采集到的数据相同的等级被平行送入数据处理和安全评估系统进行分析和评估。人工检测采集的数据和自动监测系统采集的数据互不隶属,是相互补充、相互验证的平级关系,但对桥梁安全状态评估的权重有所不同。

4)数据采集及安全评估软件的开发

(1)自动综合测试系统

重庆涪陵石板沟长江大桥数据自动测量系统是利用先进的传感技术,通过多种不同的传感器(静力水准、测缝计、倾角仪、拾振器),将被测的不同形式物理量转换成电信号,并借助与其相配的放大器将电信号放大加工处理,然后,利用A/D转换技术和前置数据采集计算机实现被测物理量的数字化和自动采集。

数据自动采集系统采用与自动综合测试模块相配套的软件,具有使用界面友好方便,功能齐全,用户可通过本软件对仪器设备进行初始化设置、远程测量、远程读取数据并将所获得的数据转换为文本、Excel数据表格以及从打印机中输出等特点,操作使用或分析更加安全、方便、简洁、高效。

(2)结构状态监测及评估软件

桥梁结构状态的统计模式分析及综合评估,需要处理大量的数据,涉及复杂的计算,利用计算机语言编制桥梁的评估软件,可使数据处理快速而有效。本桥以C++语言编制算法程序开发了评估系统分析软件。系统软件以评估模型为基本结构,用基于变权原理的层次分析法和有关统计学理论来处理数据,在大桥完整记录的基础上,对大桥的状态进行综合评估,使大桥管理者可以及时准确地发现损伤隐患,进行预防性养护。

系统功能设计就是根据需求,对系统的功能进行总体规划。评估系统软件具有强大的数据存储和处理功能,具体的功能是：

①系统设置：设定网络连接、定期采集和采集制度。

②基础参数：实现了系统运行的基本参数设置,包括系统初始参数、部门参数、操作员资料的设置。

③监测资料设置：对桥梁信息、监测结构物、监测点的信息设置。

④实时数据监测：在设定的采集时间区间,实时采集数据,将其作为状态评估的原始数据。

⑤数据查询：对实时采集数据及历史数据的查看、编辑、添加和删除功能。

⑥状态评估：通过定期检测和实时监测数据实现桥梁的实时评估。

⑦统计分析：对监测数据进行统计和分析,包括短期模式和长期模式。

⑧使用帮助：提供评估系统软件的简介及使用说明,监测构件传感器的使用方法等。

5) 部分监测结果与评价简介

(1) 主梁实测挠曲变形

以 2010 年 11 月 4 日为例,1 日内中跨跨中挠度监测结果见表 9-8。

1 日内中跨跨中挠度监测结果(mm) 表 9-8

时间 测点	上游测点	下游测点	时间 测点	上游测点	下游测点
0:19	-1.15	-1.31	12:19	10.41	10.89
1:19	-1.49	-0.66	13:19	13.59	13.69
2:19	-1.56	-1.58	14:19	-0.30	1.03
3:19	-2.05	-1.40	15:19	1.19	1.74
4:19	-0.83	-1.46	16:19	3.53	3.25
5:19	-0.56	-1.26	17:19	3.55	3.29
6:19	-0.33	-0.68	18:19	3.50	2.92
7:19	-0.64	-0.27	19:19	3.16	2.16
8:19	-0.72	0.66	20:19	1.02	1.24
9:19	2.33	1.03	21:19	1.66	1.31
10:19	4.21	3.33	22:19	1.39	0.96
11:19	6.89	6.53	23:19	1.35	0.65

注：定义 2010 年 11 月 4 日深夜 00:19 的读数为仪器初始读数(此时通常对应于桥梁无荷载和温度较低的状况,即假定此时由活载和环境引起的挠度为 0),变形值为正时表示主梁上拱,变形值为负时表示主梁下挠。

可见,1 日内上下游测点产生的变形值对应相等,24h 变形规律也一致。主梁随外界温度变化的规律：从 0:00 到 9:00 时段上下游测点的挠度值变化不大,因为此时段无日照,梁体上下缘无明显温差;而 9:00 以后挠度值(上拱)逐渐增大,原因在于日照下梁体上缘升温加快,下缘升温滞后,故主梁逐渐上拱;在 14:00 左右达到最大值,虽然最强日照通常发生在

12:00～13:00时段,主梁感受温度引起的变形比外界温度的变化明显滞后;然后随着日照强度的减弱,主梁上下缘温差逐渐减小,挠度值逐渐减小;到23:00以后挠度值基本上与00:00到9:00时段的挠度值相差不大,此时主梁上下缘温度趋于一致。

以2010年11月24日至12月4日为例,10日内中跨跨中上下游挠度监测结果见表9-9。

10日内挠度监测结果(mm)　　　　表9-9

日　期	上　游　测　点					下　游　测　点				
	最大值	对应时刻	最小值	对应时刻	差值	最大值	对应时刻	最小值	对应时刻	差值
2010－11－24	16.75	13:00	－8.15	5:00	24.9	16.33	13:00	－8.28	5:00	24.61
2010－11－25	14.19	14:00	－8.83	7:00	23.02	14.29	13:00	－8.75	8:00	23.04
2010－11－26	16.41	17:00	－7.99	5:00	24.4	16.42	17:00	－7.42	6:00	23.84
2010－11－27	3.16	14:00	－3.57	5:00	6.73	2.27	14:00	－3.19	5:00	5.46
2010－11－28	1.17	13:00	－4.82	5:00	5.99	1.15	13:00	－4.57	5:00	5.72
2010－11－29	3.28	17:00	－2.17	7:00	5.45	3.86	0:00	－2.47	6:00	6.33
2010－11－30	2.16	16:00	－1.11	5:00	3.27	2.05	16:00	－1.36	5:00	3.41
2010－12－1	16.6	13:00	－9.26	5:00	25.86	15.51	13:00	－8.24	5:00	23.75
2010－12－2	3.13	15:00	－4	4:00	7.13	2.94	15:00	－3.58	4:00	6.52
2010－12－3	12.96	15:00	－6.21	5:00	19.17	14.17	15:00	－6.38	5:00	20.55
2010－12－4	11.04	15:00	－4.93	5:00	15.97	10.8	15:00	－6.86	5:00	17.66

可见,同一天中挠度最大值与最小值之间相差25.86mm,一般情况下差为5～20mm,相对850m跨径主梁而言,小于跨径的1/6000,说明桥梁具有足够的刚度。另外,上下游测点最大、最小值对应的时间基本相同,且最大值与最小值之间的差值也基本相等,表明上下游测点对应的主梁温度作用下产生变形的趋势是一致的,增量水平也基本相等。

(2)主梁纵向位移监测

以2010年11月4日为例,江北塔上下游伸缩缝处、江东塔上下游伸缩缝处纵向位移监测数据如图9-36所示。其中,定义2010年11月4日深夜00:19的读数为仪器初始读数(此时通常对应于桥梁无荷载和温度较低的状况,即假定此时由活载和环境引起的变形为0),变形值为正时表示主梁向两岸方向变形,变形值为负时表示主梁向跨中方向变形。

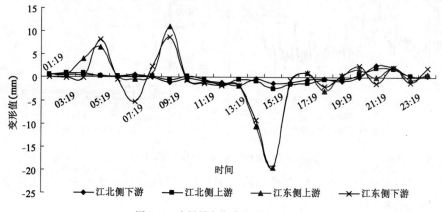

图9-36　主梁纵向位移随时间日变化

可以看出，同一侧上下游测点变形吻合较好，表明上下游对日照有一致响应。在每天的 0:00～11:00 时段，由于日照引起主梁感温效果不强烈，主梁主要承受拉效应，随着日照强度增强，13:00～17:00 主梁逐渐承受压效应，在 18:00 以后，由日照引起主梁感温效果逐渐减弱，结构变形相应减小；而在 21:00～8:00 时段，由于温度相对稳定，主梁温差较小，结构产生的变形又趋于受拉。表明：桥梁梁端伸缩缝及整体工作状态正常。

(3) 斜拉索索力

由自动综合测试系统测试斜拉索的频率是个不确定值，系统执行一次采集得到的频率是随机的，即不确定为第几阶频率，因此需要进行结构频谱分析识别出拉索基频，进行索力换算。采用 Origin 软件对采集到的振动数据进行 FFT 变换，把信号分解成不同频率的正弦函数的叠加。

4 号拉索和 7 号拉索进行 FFT 变换的频谱分析分别如图 9-37、图 9-38 所示。

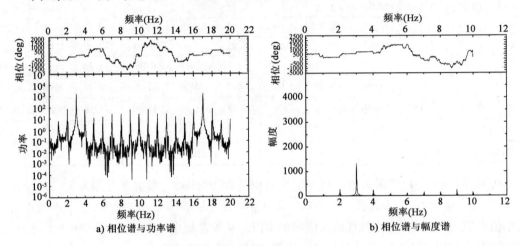

图 9-37　4 号拉索 FFT 变换的频谱分析

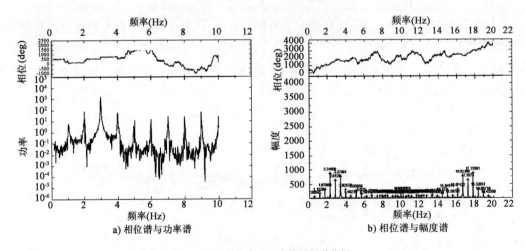

图 9-38　7 号拉索 FFT 变换的频谱分析

由上图可以得到该时段 4 号、7 号斜拉索振动基频为 0.81Hz、0.52Hz，其他拉索索力计算参数及基频见表 9-10。

斜拉索索力计算参数　　　　　　　　　　　　　　　表9-10

拉索位置	拉索编号	K值	拉索基频(Hz)
江北塔	1号	17760.77	0.53
	2号	4420.09	0.83
	3号	11818.53	0.51
	4号	6695.63	0.81
江东塔	5号	6775.73	0.82
	6号	4270.13	0.84
	7号	13006.66	0.52
	8号	6694.81	0.85

以2010年11月4日为例，各拉索索力监测数据见图9-39、图9-40。

江北塔侧拉索由于拉索安装减振器，对振动频率的测试精度存在一定的影响，拉索索力较稳定。

江东塔侧拉索由于拉索安装减振器，对振动频率的测试精度存在一定的影响，拉索索力较稳定。

（4）主梁模态

主梁模态参数 ξ：

$$\xi = \frac{f_{e1}}{f_{a1}} \tag{9-1}$$

式中：f_{e1}——通过实测模态分析获得的主梁自振基频；

f_{a1}——通过理论分析获得的基准状态下的理论基频。

根据规范要求，利用主梁自振基频的变化来评估主梁状态。主梁模态指标的评估准则见表9-11。

利用大型有限元分析软件计算大桥前7阶振动频率，利用数学分析软件对原始振动数据FFT变换识别各阶频率，由公式（9-1）计算出主梁模态参数 ξ（表9-12）。主梁模态指标数据大于1.0，表明桥梁结构状况良好。

主梁模态指标的评估准则　　　　　　　　　　　　　　表9-11

等级	主梁模态参数 ξ	结构状态
1	$\xi \geqslant 1.1$	良好状态
2	$1.1 \geqslant \xi \geqslant 1.0$	较好状态
3	$1.0 \geqslant \xi \geqslant 0.9$	较差状态
4	$0.9 \geqslant \xi \geqslant 0.75$	坏的状态
5	$0.75 \geqslant \xi$	危险状态

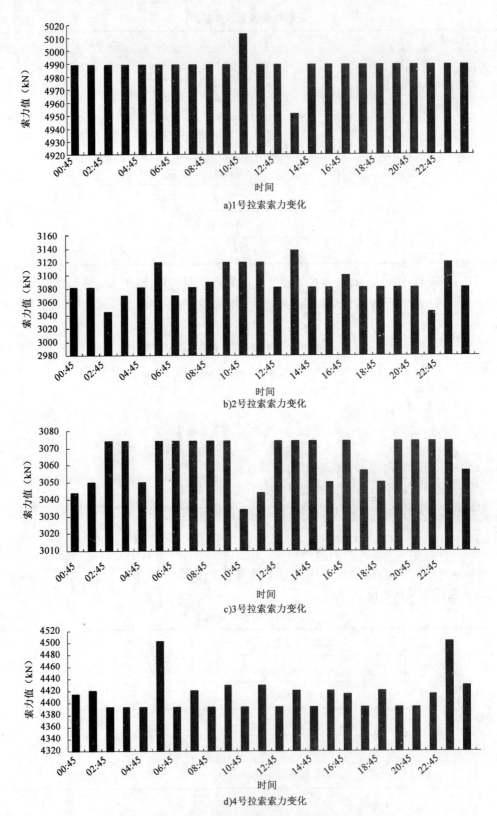

图9-39 江北塔侧斜拉索索力实测变化

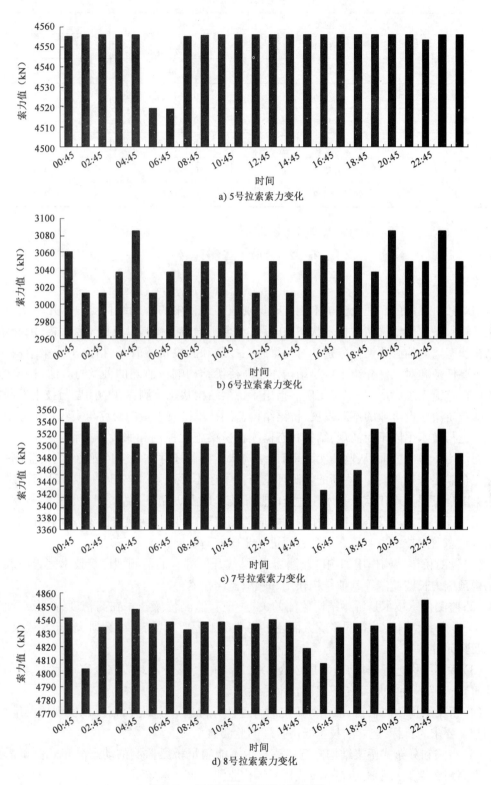

图 9-40 江东塔侧斜拉索索力实测变化

主梁模态参数分析　　　　　　　　　　　　　　　表 9-12

序号	理论值	实测值	ξ
1	0.1031	0.1021	1.0
2	0.1274	0.1314	1.0
3	0.2466	0.2642	1.1
4	0.3164	0.3173	1.0
5	0.3185	0.3207	1.0
6	0.4553	0.5724	1.3
7	0.5422	0.6316	1.2

9.7 本章小结

本章针对仅仅依靠理论分析不能准确识别施工过程中的桥梁结构受力和几何状态,不能真实了解服役中的桥梁结构技术状态的问题,结合桥梁施工控制以及桥梁管养需要,介绍了桥梁结构状态监测的必要性。分别针对桥梁施工控制和服役桥梁管养,指出了桥梁结构状态监测的主要任务和对象。介绍了桥梁结构作用与桥梁结构响应监测的种类与方法,桥梁施工监测与服役监测系统、方法及工程实例。指出了桥梁结构状态监测存在的问题与技术发展方向。

随着桥梁建设事业的不断发展,桥梁结构监测技术已有大量的研究与实践。一方面,新的监测理论与技术手段不断涌现,结构状态监测在桥梁施工控制和服役桥梁管养中起到了不可替代的作用。另一方面,从监测实践来看,结构状态监测还存在诸多问题,传统的监测手段已不能完全满足工程需要,一些新的监测理论与技术还不够成熟,需要进一步验证与改进,其他与桥梁工程发展及现代信息技术相适应的监测技术还需研究与开发。针对桥梁结构状态识别与安全性评估要求以及桥梁结构作用和响应监测在准确性、长期稳定性等方面存在的问题,桥梁结构状态监测技术主要需在下列方面进一步研究与发展:

（1）针对桥梁结构作用和响应监测需要,继续开展既有的监测理论与技术完善或改进,开发结构预应力长期监测等其他结构作用和响应监测技术。

（2）监测传感技术是桥梁结构监测的关键,现有监测传感技术在高精度、高稳定性、高适应性、长寿命、低功耗、动态同步等方面还不能满足工程要求,需要继续研究、开发或改进传感技术及其元件。

（3）桥梁结构远程、自动监测是必然要求,现有的传感技术难以完全实现远程、自动监测,需要研究、开发。加快桥梁传感组网技术的发展。

（4）桥梁结构监测项目、部位等确定的合理性有待进一步研究,需要以实现桥梁结构状态评估基本要求为目标,建立的技术经济合理的监测体系。

（5）点式和分布式桥梁结构监测传感技术不能满足桥梁监测的动态分布式测试需要,需要研发高耐久性的长距离动态分布式桥梁结构监测传感技术体系。

（6）传感信号有线传输不能满足监测需要,需要研发低功耗、高抗干扰能力的无线动态传感网络装备与监测技术。

(7)桥梁工作环境越来越复杂,需要研发基于分布式数据的桥梁持续环境作用及其效应的高精度监测与识别技术。

(8)桥梁关键状态参数和性能指标长期跟踪监测技术越来越受到桥梁管养部门的重视,需要加快发展。

(9)海量监测数据处理技术还不能完全满足监测需要,需要进一步研究开发。

(10)随着我国北斗卫星定位技术的发展,需要研究开发基于北斗卫星的桥梁监测技术,以掌握我国桥梁结构监测的主动权。

【习题与思考题】

1. 监测与检测在本质上有何区别?简述各自的适用场合。
2. 服役桥梁结构响应监测中如何应对相关量值峰值的遗漏?
3. 为何埋置式钢弦应变传感器在混凝土浇筑过程中显示出频率变化?可以从哪些方面加以改进?
4. 在桥梁结构变形监测中如何过滤非使用荷载引起的变形值?
5. 悬索桥吊索与斜拉桥斜拉索在索力监测中需考虑的影响因素是否存在区别?为什么?
6. 分析桥梁施工监测与桥梁服役监测的异同?

本章参考文献

[1] 段向胜,周锡元.土木工程监测与健康诊断[M].北京:中国建筑工业出版社,2010.
[2] 刘君华.现代检测技术与测试系统设计[M].西安:西安交通大学出版社,1999.
[3] 黎敏,廖延彪.光纤传感器及其应用技术[M].武汉:武汉大学出版社,2008.
[4] 向中富.桥梁工程控制[M].北京:人民交通出版社,2011.
[5] 交通部公路科学研究所,广东省公路工程总公司,重庆交通学院.虎门大桥悬索桥关键技术研究报告[R].1998.
[6] 张永水.重庆市涪陵区重庆涪陵石板沟长江大桥健康监测与安全评估报告[R].2011.
[7] 重庆交通大学,等.重庆永川长江大桥施工监控细则[R].2012.

第 10 章
桥梁结构拟静力试验

10.1 概　述

地震对结构物的作用,实质上就是结构承受多次反复的水平或竖向荷载作用。因此,结构抗震试验的特点就是探索和再现结构在地震反复作用下的响应。结构抗震试验通常要求做到结构屈服以后,进入非线性工作阶段直至完全破坏的过程,能观测到结构的强度、非线性变形性能和结构的实际破坏状态。因此,结构抗震试验在设备和技术难度及复杂性方面都比结构静力试验要大得多。

近年来,随着科学技术的发展,抗震试验设备和试验技术得到迅速发展,目前结构抗震试验一般可分为结构抗震静力试验和结构抗震动力试验两大类。其中,结构抗震静力试验分为拟静力试验和拟动力试验;结构抗震动力试验可分为模拟地震振动台试验和现场强震观测试验。拟静力试验方法是目前研究结构或构件性能中应用广泛的一种试验方法,采用一定的荷载控制或变形控制对试件进行低周反复加载,使试件从弹性阶段直至破坏的一种试验方法,通过结构或结构构件在正反两个方向重复加载和卸载,以模拟地震时结构在往复振动中的受力特点和变形特点。

本章着重介绍结构抗震静力试验中的拟静力试验,关于结构抗震动力试验的相关内容可参见本书第 13 章"桥梁振动台试验"。

10.2 拟静力试验原理及加载装置

10.2.1 拟静力试验原理

拟静力试验方法是一种低频率往复的循环加载试验方法。拟静力试验通过控制荷载的位移与大小，使结构在正反两方向反复加载与卸载，以模拟地震作用下结构从弹性阶段到塑性阶段直至破坏的受力全过程。通过试验可获得结构或构件的恢复力特性曲线、骨架曲线、强度和刚度退化规律、耗能能力以及破坏机理。由于低周反复加载的每一个加载周期都远远大于结构自身的基本周期，拟静力试验实质上是用静力加载方法来近似模拟地震作用，故又称其为低周反复加载试验。这种方法于1969年由日本东京大学高梨教授首先提出，而后逐渐成为国际上应用最广泛的结构抗震试验方法。

进行桥梁结构拟静力试验的目的主要为以下三个部分：
(1) 恢复力模型

通过试验所得的滞回曲线和曲线所包围的面积求得结构的等效阻尼比，衡量结构的耗能能力，同时还可得到骨架曲线、结构的初始刚度及刚度退化等参数。
(2) 抗震性能判定

从强度、刚度、变形、延性、耗能等方面判断和鉴定结构的抗震性能。
(3) 破坏机制研究

通过试验研究结构构件的破坏机制，为改进现行结构抗震设计方法及改进结构设计的构造措施提供方法和依据。

拟静力试验的加载速率很低，因此由于加载速率而引起的应力、应变速率对试验结果的影响可以忽略，更重要的是这种试验可以最大限度地利用试件提供各种基本信息，例如：承载力、刚度、变形能力、耗能能力和损伤特征等。拟静力试验方法可用于获取构件的数学模型，为结构的计算机分析提供构件模型，并通过地震模拟振动台试验对结构模型参数做进一步的修正。在试验过程中可以随时停下来观察结构的开裂破坏状态，便于检验校核试验数据和仪器的工作情况，并可按试验需要修正和改变加载历程。

拟静力试验的不足之处在于，试验的加载历程是事先由试验者主观确定的，与地震记录不发生关系；由于荷载是按力或位移对称反复施加，因此与任一次确定性的非线性地震反应相差很远，不能反映应变速率对结构的影响；拟静力试验控制软件比较欠缺，大多数还是人工控制或半自动控制，与设备的发展不相适应。原因之一是拟静力试验比较复杂，试验软件与结构静力模型、结构类型、试件特征、作动器的位置安排、测量传感器的布置等均有密切关系。

10.2.2 试验加载

拟静力试验装置是使被试验结构或构件处于预期受力状态的各种装置的总称。拟静力试验装置包括以下几个部分：
(1) 加载装置：其作用是将加载设备施加的荷载分配到试验结构。
(2) 支座装置：用以准确模拟被试验结构或构件的实际受力条件或边界条件。

(3)观测装置:用于安装各种传感器的仪表架和观测平台。

(4)安全装置:用来防止试件破坏时发生的安全事故或损坏设备。

拟静力试验加载装置多采用反力墙或专用抗侧力构架。过去主要采用机械式千斤顶或液压式千斤顶进行加载,这类加载设备主要是手动加载,试验加载过程不容易控制,往往造成数据测量不稳定、不准确、试验结果分析困难。目前许多结构实验室主要采用电液伺服结构试验系统装置,并用计算机进行试验控制和数据采集。

常见的桥梁结构及构件的拟静力试验加载装置如图10-1~图10-5所示。

1)墙体结构试验装置

对于墙体类型的构件,可采用图10-1所示的试验加载装置进行低周反复荷载试验。

2)梁式构件试验装置

如图10-2所示,梁式构件可采用不设滚动导轨的试验加载装置,同时试验梁的支座应能承受反复荷载作用。

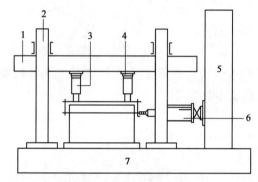

图10-1 墙体试验装置示意图

1-横梁;2-反力架;3-千斤顶;4-滚动导轨或平面导轨;
5-反力墙;6-往复作动器;7-静力台座

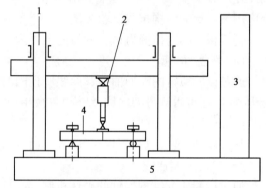

图10-2 梁式构件试验装置示意图

1-门架;2-往复作动器;3-反力墙;4-试验梁;5-静力台座

3)梁柱节点试验装置

对于梁柱节点试验,当试件不考虑$P\text{-}\Delta$效应时,可采用梁—柱试验装置,如图10-3所示;当考虑$P\text{-}\Delta$效应时,可采用柱端试验装置,如图10-4所示。

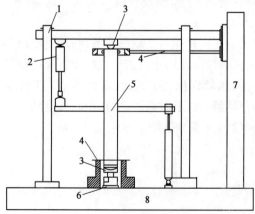

图10-3 梁—柱试验装置示意图

1-门架;2-往复作动器;3-铰;4-固定连接件;5-试件;
6-千斤顶;7-反力墙;8-静力台座

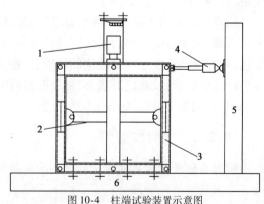

图10-4 柱端试验装置示意图

1-千斤顶;2-试件;3-试件架;4-往复作动器;5-反力墙;
6-静力台座

4）多点加载试验装置

对结构进行多点同步侧向加载时，可采用多点加载试验装置，如图10-5所示。

对于上述拟静力试验装置，《建筑抗震试验规程》(JGJ/T 101—2015)第4.2条规定：

(1)试验装置与试验加载设备应满足试件的设计受力条件和支承方式的要求。

(2)试验台座、反力墙、门架、反力架等传力装置应具有足够的刚度、承载力和整体稳定性。试验台座应能承受竖向和水平向的反力。试验台座提供反力部位的刚度不应小于试件刚度的10倍，反力墙顶点的最大相对侧移不宜大于1/2000。

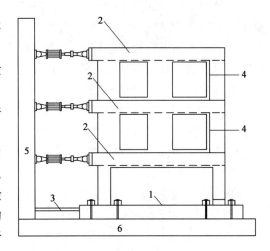

图10-5 结构多点同步侧向加载试验装置示意图
1-往复作动器；2-传递梁；3-连接杆；4-LVDT和支架；
5-反力墙；6-静力台座

(3)通过千斤顶对试件施加竖向荷载时，应在门架与加载器之间设置滚动导轨或接触面为聚四氟乙烯材料的平面导轨。设置滚动导轨时，其摩擦系数不应大于0.01；设置平面导轨时，其摩擦系数不应大于0.02。

(4)竖向加载用千斤顶宜有稳压装置，保证试件在往复试验过程中竖向荷载保持不变。

(5)作动器的加载能力和行程不应小于试件的计算极限承载力和极限变形的1.5倍。

(6)加载设备精度应满足试验要求。

10.3 试验加载设计及测量内容

10.3.1 拟静力加载

1）单向反复加载制度

(1)位移控制加载

位移控制加载是目前在抗震恢复特性试验中使用最普遍的一种加载方案，以加载过程的位移作为控制量，按照一定的位移增幅进行循环加载，常以屈服位移或最大层间位移的某一百分比来控制加载。加载过程的位移有时是由小到大变幅值的，有时幅值是恒定的，有时幅值是大小混合的。

当试验对象具有明确屈服点时，一般都以屈服位移的倍数为控制值。当试验对象没有明确的屈服点（如轴力大的柱）或无屈服点时（如无筋砌体），则由研究者主观制定一个认为恰当的位移标准值来控制试验加载。

常用的位移控制加载方案如图10-6所示，简单说明如下：

①变幅加载。如图10-6a)所示，当对一个构件的性能不太了解时，常作为探索性试验研究用或在确定恢复力模型时，用变幅加载来研究构件的强度、变形和耗能性能。

②等幅加载。如图 10-6b)所示,这种加载制度在整个过程中始终按照等幅位移施加,主要用于研究强度退化和刚度退化规律。

③变幅等幅混合加载。如图 10-6c)和 d)所示,混合加载制度是将变幅、等幅两种加载制度结合起来的一种混合加载方式,可以综合地研究构件的性能,其中包括等幅部分的强度和刚度变化,以及在变幅部分特别是大变形增长情况下强度和耗能能力的变化。在图 10-6c)的加载制度下,等幅部分的循环次数可随研究对象和要求不同而异,一般可从 2 次到 10 次不等(我国规范规定同一级荷载下重复 3 次);图 10-6d)所示的混合加载制度,在两次大幅值之间有几次小幅值的循环,是为了模拟试件承受二次地震冲击的影响,而其中用小循环加载来模拟余震的影响。

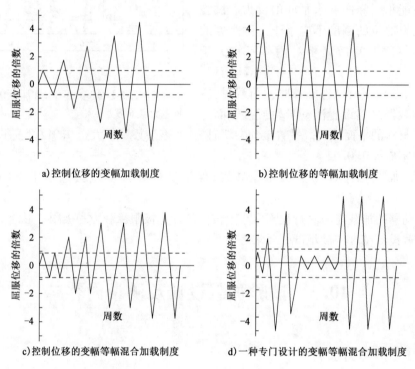

图 10-6 位移控制加载制度

（2）力控制加载

力控制加载是在加载过程中,以力作为控制值,按一定的力幅值进行循环加载,如图 10-7 所示。由于必须事先对试验结构的承载力进行估算,根据估算的承载力分级控制加载,试件屈服后难以控制加载的力,所以这种加载制度较少单独使用。

（3）力—位移混合控制加载

《建筑抗震试验规程》(JGJ/T 101—2015)第 4.4.5 条建议,拟静力试验的加载程序宜采用荷载—位移混合控制的方法,如图 10-8 所示,并符合以下规定：

①对无屈服点试件,试件开裂前应采用力控制并分级加载,接近开裂荷载前宜减小级差进行加载;试件开裂后应采用位移控制,位移值宜取开裂时试件的最大位移值,并以该位移值的倍数为级差进行控制加载。

②对有屈服点试件,试件屈服前应采用力控制并分级加载,接近屈服荷载前宜减小级差加

载;试件屈服后应采用位移控制,变形值应取屈服时试件的最大位移值,并以该位移的倍数为级差进行控制加载。

③施加反复荷载的次数应根据试验目的确定,屈服前每级荷载可反复一次,屈服后宜反复三次。

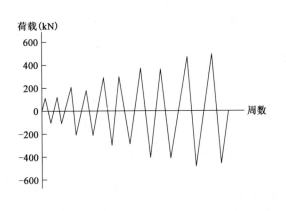

图 10-7 力控制加载制度　　　　图 10-8 力—位移混合控制加载制度

上述规定在实际应用上存在的具体问题,一是试验过程中如何确定开裂荷载,目前仍然是用人工方法检查,且逐级加载也难以准确地得到开裂荷载;另一个问题是没有一个确定屈服点的统一标准。在试验过程中很难精确确定试件的屈服荷载和屈服位移,仍然是由人的经验判断,所以试验中判断试件屈服与否只是一个不精确的概念。另外,有些试件本身没有明显的屈服点,对于这样的试件,应当考虑用位移控制完成试验。

2)双向反复加载制度

为了研究地震对结构构件的空间组合效应,克服在结构构件单方向(平面内)加载时未考虑另一方向(平面外)地震力同时作用对结构影响的局限性,可在 X、Y 两个主轴方向(二维)同时施加低周反复荷载。双向反复加载主要有以下两种方式:

①X、Y 轴双向同步加载

与单向反复加载相同,在低周反复荷载与构件截面主轴成 α 角的方向做斜向加载,使 X、Y 两个主轴方向的分量同步作用。反复加载同样可以是位移控制、力控制、力—位移混合控制的加载制度。

②X、Y 轴双向非同步加载

非同步加载是在构件截面的 X、Y 两个主轴方向分别施加低周反复荷载。由于 X、Y 两个方向可以不同步的先后或交替加载,因此它可以有如图 10-9 所示的各种变化方案。图 10-9a)为在 X 轴不加载,Y 轴反复加载,或情况相反,即前述的单向加载;图 10-9b)为 X 轴加载后保持恒载,而 Y 轴反复加载;图 10-9c)为 X、Y 轴先后反复加载;图 10-9d)为 X、Y 轴交替反复加载;此外还有图 10-9e)的 8 字形加载和图 10-9f)的方形加载等。

10.3.2 测量内容

拟静力试验的测量内容可根据试验目的而确定。一般要求量测的项目有:裂缝、开裂荷载、破坏荷载、结构或构件位移、应变及荷载—位移曲线等。

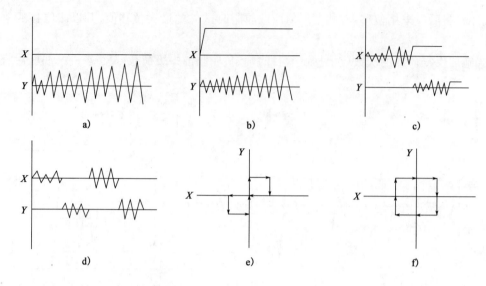

图 10-9 双向低周反复加载制度

1) 裂缝和开裂荷载

这是钢筋混凝土结构或试件的拟静力试验中的一个主要测量项目。要求测量试件出现裂缝时的位置、开裂时的荷载数值、裂缝发展的过程和最后破坏时的裂缝形式。

目前在大多数的试验中裂缝观测都是采用肉眼或借助放大镜进行观察,由于混凝土材料的不均匀性,实际上裂缝往往在肉眼观察之前就已经出现。可以利用应变计读数突增的方法,检测到最大应力和开裂部位。另外,试验中可在预计开裂区域涂以石蜡或脆漆的方法,以便准确地检测到裂缝的出现和初裂的位置。

正确测定初始裂缝即可确定开裂荷载,也可通过记录得到的荷载—位移曲线上的转折点来发现并确定开裂荷载。

2) 破坏荷载

可由水平作动器的荷载传感器的输出显示,或由荷载—位移曲线上荷载最大值来确定。此时必须同时记录竖向加载装置的荷载数值。

3) 试件位移和荷载—位移曲线

试件位移主要是测量试件在低周反复荷载作用下的侧向位移,可以沿着试件高度在其中心线位置上均匀间隔布置测点,既可以测到试件顶部的最大位移,又可以得到试件的侧向位移曲线。同时,为了测量试件在反复荷载作用下产生的移动和平移,经常通过侧向位移计算来消除影响,并布置相应测点来测定试件转动。

电液伺服加载系统可自动记录拟静力试验的每个加载循环施加的荷载值和位移值,并生成相应荷载—位移曲线。

4) 应变测量

应变测量对于分析试件破坏机理是一个重要的内容。梁柱纵筋应力一般用电阻应变计量测,测点布置以梁柱相交处截面为主;为了测定桥梁结构塑性铰区段的长度或钢筋应力,可根据试验要求沿选定区域的纵向钢筋或钢管表面布置多个测点;为了测量试件的剪切变形,应变测量还需布置三向应变测点。

10.4 试验数据及分析

10.4.1 滞回曲线和骨架曲线

拟静力试验得到的滞回曲线(图 10-10)或恢复力曲线综合反映了任意加载时刻试件的应力、变形、刚度退化及能量耗散能力,也反映了试件开裂、屈服、钢筋与混凝土间的黏结退化及滑移、混凝土损伤等,是抗震试验分析的重要内容。低周反复加载试验中每一级荷载第一次循环的峰值点连接的包络线就是骨架曲线,如图 10-11 所示,它是每次循环的荷载—位移曲线到达最大峰点的轨迹,在任意时刻的运动中,峰值点不能超过骨架曲线,只能在到达骨架曲线后沿骨架曲线运动。

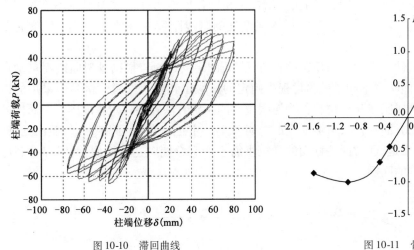

图 10-10 滞回曲线

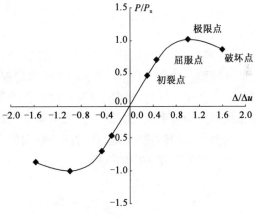

图 10-11 骨架曲线

10.4.2 强度与刚度

1) 强度

《建筑抗震试验规程》(JGJ/T 101—2015)规定:

(1) 试件的开裂荷载 P_c 取试件受拉区出现第一条裂缝时相应的荷载。
(2) 试件的屈服荷载 P_y 应取受拉区纵向受力钢筋或钢管达到屈服应变时相应的荷载。
(3) 试件承受的极限荷载 P_{max} 应取试件承受荷载最大时相应的荷载。
(4) 试件的破坏荷载 P_u 应取试件在荷载下降至最大荷载的 85% 时的荷载。

2) 刚度

结构刚度是结构变形能力的反应,由拟静力试验得到的滞回曲线可以看出,结构的刚度一直在变化之中,它与位移及循环次数有关。在非线性恢复力特性中,由于是正向加载、卸载、反向加载的重复荷载试验,且有刚度退化现象存在,其刚度问题远比单调加载时要复杂。

根据《建筑抗震试验规程》(JGJ/T 101—2015)第 4.5.3 条的规定:试件的刚度可用割线刚度来表示,即图 10-12 中直线 AB 的斜率,按下式计算:

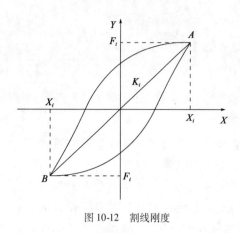

$$K_i = \frac{|+F_i|+|-F_i|}{|+X_i|+|-X_i|} \qquad (10\text{-}1)$$

式中：$+F_i$、$-F_i$——第 i 次正、反向峰值点的荷载值；
$+X_i$、$-X_i$——第 i 次正、反向峰值点的位移值。

10.4.3 延性

1）屈服位移与极限位移的确定

屈服位移的确定一般比较困难，因为在荷载—位移曲线上通常没有明显的屈服点，这与材料的非线性特征、不同部位的钢筋进入屈服的时间不同等原因有关。目前常用的四种屈服位移确定方法如图 10-13

图 10-12　割线刚度

所示：a）分图表示屈服开始时的位移；b）分图表示与实际结构具有相同弹性刚度和极限强度的弹塑性系统的屈服位移；c）分图表示与实际结构有相同耗能能力的等效弹塑性系统的屈服位移；d）分图表示刚度为实际结构在 75% 极限强度处的割线刚度的等效弹塑性系统的屈服位移。

试验过程中判别试件屈服通常采用第一种方法。值得注意的是，根据骨架曲线拐点确定的试件屈服位移值，可能明显不同于试验过程中判定的屈服位移值。这说明试验中采用的以控制截面受拉主筋达到屈服时相应位移作为屈服位移的判别方法存在一定程度的误差。误差的原因可能为以下两个方面：一是，量测应变的电阻片不一定正好贴在受力最大的截面处，即钢筋发生屈服的位置；二是，通常同一截面的受拉主筋不一定会同时达到屈服，此时存在到底以哪根钢筋的应变为准的问题。

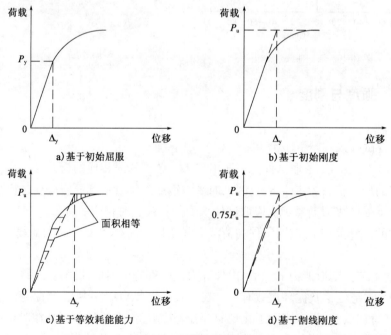

图 10-13　屈服位移的确定

根据《建筑抗震试验规程》(JGJ/T 101—2015)规定,极限位移是取试件极限荷载出现之后,荷载下降到极限荷载的85%时所对应的变形值。

2) 试件的延性

在抗震设计中,要求结构有必要的延性,才能避免结构的脆性破坏,使结构能抵御偶然发生的地震作用或冲击荷载。因此,延性是抗震设计中最重要的参数之一。结构的延性通常用延性指标来表示。延性指标可以用不同的参数,如位移、转角、曲率或应变来表示。而其中以位移延性系数 μ_Δ 最为常用,按照本节前述方法确定了试件的极限位移和屈服位移,试件的延性系数即可按下式计算:

$$\mu_\Delta = \frac{\Delta_u}{\Delta_y} \tag{10-2}$$

式中:Δ_u——结构的极限位移;
Δ_y——结构的屈服位移。

由于抗震设计的基本原则是利用结构进入塑性阶段后的变形来吸收和耗散地震的能量,因此就要求结构必须具有良好的延性。而延性指的就是结构在达到屈服状态后,承载能力没有显著下降的情况下继续承受变形的能力。目前一般采用式(10-2)得到的位移延性系数作为评定结构延性的一种指标,延性系数越大,就判定结构的延性越好。

但是现在采用延性系数判定结构的延性存在一个问题,就是在同样的配筋情况下,结构越柔,它的屈服位移也越大,虽然它的变形能力很大,延性很好,但是根据公式计算的延性系数却越小。这一点在预应力混凝土框架结构上就表现得非常明显,由于预应力混凝土框架结构通常采用高强钢筋和高强混凝土,在满足同样的强度要求情况下,一般可以采用较小的构件截面,也就是说其柔性更大;而且目前判别结构屈服点的方法尚未统一,使得延性系数的计算具有相当的随意性。因此,目前已经逐渐开始直接采用结构的变形能力来表示结构的延性,这一点也比较符合结构延性的定义。

10.4.4 耗能能力

结构的耗能能力是衡量结构抗震性能的另一个重要指标,应以荷载—位移滞回曲线所包围的面积来衡量,通常用等效黏滞阻尼系数、功比系数等指标来表示。

1) 功比系数

功比系数 I_W 可以反映耗能能力的大小,其可按下式计算:

$$I_W = \sum_{i=1}^{n} \frac{P_i \Delta_i}{P_y \Delta_y} \tag{10-3}$$

式中:n、i——分别为循环次数和循环序数;
P_y——结构的屈服荷载;
P_i——第 i 级循环的荷载;
Δ_i——第 i 级循环的位移。

功比系数主要是表征结构在加载后吸收能量的能力,由于功比系数的计算同时考虑了结构的强度和位移的情况,因此它可以避免像延性系数那样存在结构越柔、延性越差的问题。

但是它采用的结构耗散能量是等效弹性体产生同样的荷载与位移所输入的能量,并没有像等效黏滞阻尼系数那样充分体现结构在加载和卸载的整个历程情况,因此在衡量结构在地震荷载作用下的耗能能力方面具有较大的局限性。

2) 等效黏滞阻尼系数

1930年，Jacobson提出等效黏滞阻尼概念，即采用等效黏滞阻尼系数 h_e 作为判别构件的耗能能力的指标，计算公式如下：

$$h_e = \frac{1}{2\pi} \cdot \frac{S_1}{S_2} \tag{10-4}$$

式中：S_1——图10-14中滞回曲线所包含的阴影面积，即 $S_1 = S_{ABC} + S_{CDA}$；

S_2——图10-14中虚线三角线所包围的面积，即 $S_2 = S_{OBE} + S_{ODF}$。

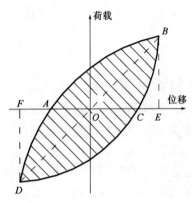

图10-14 面积法求等效黏滞阻尼系数

h_e 越大，耗能能力也越大。滞回曲线是梭形的 h_e 比呈弓形、倒S形的 h_e 大。正如前面所介绍的，抗震设计原则就是利用结构弹性后变形来吸收和耗散地震的能量，而结构的耗散能力一般采用等效黏滞阻尼系数来表征。等效黏滞阻尼系数等于结构滞回耗散的能量与等效弹性体产生同样位移时输入的能量之比，再除以 2π。该系数充分体现了结构在反复荷载作用下，其滞回耗能能力受到强度和刚度退化的影响。由于该系数的计算利用的是滞回耗能，因此充分考虑了结构加载卸载的情况。

10.4.5 强度与刚度退化率

结构强度或刚度退化的退化率是指在控制位移作等幅低周反复加载时，每施加一次荷载后强度或刚度减低的速率。它反映在一定的变形条件下，强度或刚度随着反复加载次数增加而降低的特性，退化率的大小反映了结构是否经受得起地震的反复作用。

1) 强度退化

在水平反复位移的作用下，试件承载力逐渐降低，即为试件的强度退化。根据《建筑抗震试验规程》(JGJ/T 101—2015)第4.5.5条的有关规定，试件的强度退化可用同一级位移加载每次循环所得的荷载峰值降低系数 λ_i 表示，按下式计算：

$$\lambda_{Fi} = \frac{F_j^i}{F_j^{i-1}} \tag{10-5}$$

式中：F_j^i——第 j 级加载时，第 i 次循环峰值点的荷载值；

F_j^{i-1}——第 j 级加载时，第 $i-1$ 次循环峰值点的荷载值。

2) 刚度退化

试件在水平反复荷载作用下，试件刚度逐渐减小，即试件发生刚度退化。试件的刚度退化系数可用每一级循环所得割线刚度与初始割线刚度的比值来表示，按下式计算：

$$\lambda_{Ki} = \frac{K_j^i}{K_0} \tag{10-6}$$

式中：K_j^i——第 j 级加载时，第 i 次循环所得割线刚度，按式(10-1)计算；

K_0——试件的初始割线刚度。

10.5 拟静力试验示例

10.5.1 试验概况

干海子大桥总长1811m,共36跨,分三联布置,其上部结构采用轻型的钢管桁架连续梁,下部结构也采用轻型化桥墩,其中15个高为20～70m的桥墩采用钢管混凝土格构柱,利用组合桁梁的轻型和格构式高墩的延性,实现了桥梁结构的轻型化。由于干海子大桥结构构造较为复杂、桥位处于强震到弱震活动的过渡带,为了保证此类高墩大跨钢管混凝土组合桁梁—格构墩轻型桥梁应用于高地震烈度区时的安全性与适用性,有必要对四肢钢管混凝土格构柱的抗震性能进行更加深入的研究。

为研究低周反复荷载下平缀管式钢管混凝土格构柱的抗震性能,进行共计7根试件的单向拟静力试验,重点考察不同柱肢混凝土强度、柱肢纵向间距、平缀管竖向间距对此类构件刚度、强度和延性的影响。

10.5.2 试验模型与加载方案设计

1)试件设计

本次试验共制作了7根平缀管式钢管混凝土格构柱试件,柱肢均采用直径 $\phi = 114$ mm、壁厚 $t = 2$ mm 的 Q235 焊接钢管,平联缀杆均采用规格为直径 $\phi = 48$ mm、壁厚 $t = 2$ mm 的 Q235 焊接空钢管,每根试件的高度均为2.5m。为了便于试件的制作和吊装,保证试件面内为强轴方向,不发生面内屈曲,同时考虑到墩顶作动器加载宽度等要求,横向柱肢中心间距定为700mm。基准试件 S1-C50-L50-V25 的构造图见图10-15。各试件的轴压比 n 均取0.15,各试件的基本参数详见表10-1。

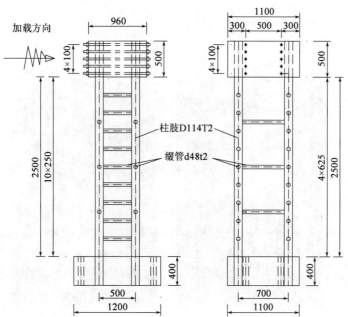

图10-15 基准试件 S1-C50-L50-V25 的构造示意图(尺寸单位:mm)

试件基本参数 表10-1

试件编号	管内混凝土强度等级	柱肢纵向间距(mm)	缀管竖向间距(mm)
S1-C50-L50-V25	C50	500	250
S2-C40-L50-V25	C40	500	250
S3-C60-L50-V25	C60	500	250
S4-C50-L25-V25	C50	250	250
S5-C50-L65-V25	C50	650	250
S6-C50-L50-V20	C50	500	200
S7-C50-L50-V31	C50	500	313

2）加载方案

各试件的底座通过高强螺杆固定于地槽，竖向力由100t液压千斤顶施加，试件顶部加载板用以确保仅施加竖向轴力并避免混凝土柱帽顶端发生局部破坏。格构柱试件传给千斤顶的竖向反力通过钢横梁传递给两侧的钢架，再传递给地槽。反复水平力采用位移控制，由固定于反力墙上的500kN水平作动器施加。加载装置示意图如图10-16所示。实际试验加载情况如图10-17所示。

在拟静力试验的加载过程中，先施加墩顶的竖向轴力，在保证轴力恒定的情况下，再在墩顶水平方向施加反复水平位移，加载制度可参见本章10.3.1节图10-8的相关内容，这里不再赘述。

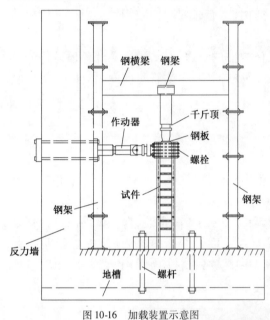

图10-16 加载装置示意图

图10-17 试验加载照片

3) 测量方案

试验过程中每级位移加载持荷 2~3min,等所有量测仪器稳定后记录各测点数据,并观察格构柱试件的变化,是否发生局部屈曲、撕裂等现象,观测柱肢钢管是否发生屈服等,并记录试验现象。位移计的布置示意图如图 10-18 所示,为获得试件顶部的位移情况,在柱帽中部分别布置一个纵向与横向的位移计以校验试件是否发生侧偏,并在试件底座布置相应位移计以检验底座是否发生松动。如图 10-19 所示,为了解柱肢钢管的应变情况,在各柱肢的中截面、1/4 截面以及柱脚截面的 A、B、C、D 各点处布置双向应变花,以测得柱肢钢管轴向和环向应变。此外,在部分纵向缀管上布置应变片以观测缀管的受力状态。

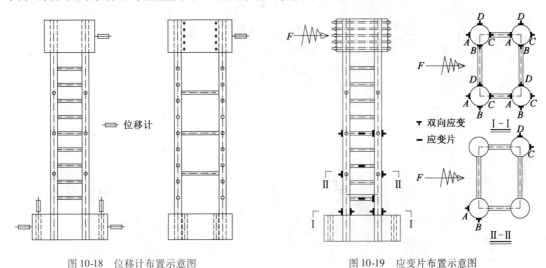

图 10-18 位移计布置示意图　　　　图 10-19 应变片布置示意图

10.5.3 试验结果与分析

1) 破坏模式

从 7 个试件的试验现象可以看出,试件的破坏形态基本相同,如图 10-20 所示,均为柱脚鼓曲的整体压弯破坏,属于弯曲型破坏,延性较好。由于试件 S1-C50-L50-V25(以下各试件均取试件编号前两个字符作为简称)、S2 和 S3 的几何尺寸一致,只是改变了柱肢管内混凝土强度,破坏现象和过程基本一致,只有试件的承载力随着混凝土强度的增加有所提高;随着柱肢纵向间距的减小,即试件长细比的增大,试件 S4 与试件 S1 和 S5 相比,整体挠曲明显,试件刚度明显减小;由于缀管竖向间距的增大,格构柱四根柱肢的整体性降低,试件 S7 与其他试件相比,试件延性较差,水平峰值荷载过后,试件的承载力下降较快,而试件 S6 由于缀管分布最密,格构柱整体工作性能最好,试件加载过程最长,试件的荷载和延性在 7 根试件中达到最佳。

2) 荷载—应变曲线

本试验在柱肢钢管不同高度处均布置了双向应变片,由于测点较多,本章只选取标准试件 S1 的部分有代表性的测点,绘制如图 10-21 所示的水平荷载—钢管应变曲线。由图 10-21 可知,墩顶水平荷载—柱肢底部钢管的轴向应变曲线较为饱满,在试验加载过程中此处的钢材最先进入屈服;在加载初期钢管应变较小,随着水平往复加载的进行,钢管产生较大的应变,致使钢材达到屈服;柱肢钢管的纵向应变从下往上呈减小的趋势,柱肢中部截面的钢管基本处于弹性工作状态。

a) 整体压弯破坏　　　　　　　　　　　　b) 局部屈曲变形

图 10-20　试件的整体压弯破坏模式

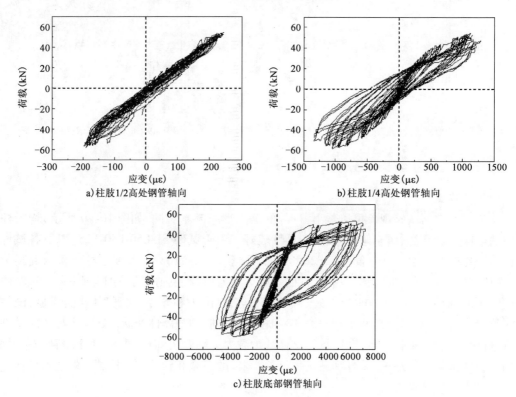

图 10-21　水平荷载—钢管应变曲线

3) 荷载—位移滞回曲线

拟静力试验实测得到的平缀管式钢管混凝土格构柱试件的水平荷载—位移滞回曲线如图 10-22 所示。可以看出：在低周往复荷载作用下的形状均较为饱满，基本上呈稳定的梭形，无明显的捏缩现象，说明平缀管式钢管混凝土格构柱试件具有良好的耗能能力及抗震性能。混凝土强度的增加对滞回曲线形状的影响较小；随着柱肢钢管纵向位移的减小，或者缀管竖向间距的增加,试件滞回曲线的饱满程度均有所降低,滞回环所包围的面积明显减小,达到最大荷载后,承载力衰减,极限变形和循环加载次数减小。

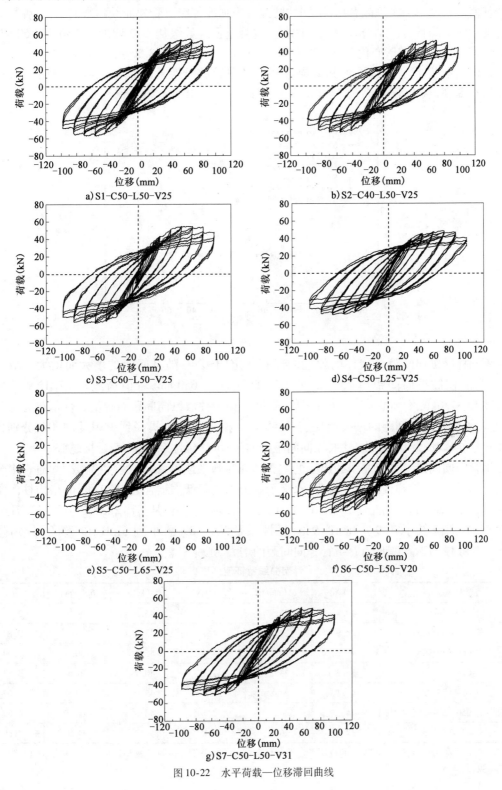

图 10-22　水平荷载—位移滞回曲线

4）骨架曲线

图 10-23 比较了不同参数对格构柱试件骨架曲线的影响，表 10-2 列出了各试件骨架曲线的特征值。从图 10-23 可以看出，不同柱肢混凝土强度等级对骨架曲线的影响不大，弹性阶段的骨架曲线基本重合。结合表 10-2 可知，当混凝土强度等级从 C40 增加到 C50 和 C60 时，试件的峰值荷载从 51.1kN 变化到 52.7kN 和 54.0kN，分别提高了 3.2% 和 5.7%，说明混凝土强度对试件的承载能力有影响，但其影响不大；试件的位移延性系数也随着核心混凝土强度的增加而微小提高，从 3.87 提高到 3.91 和 3.94，分别提高了 1.0% 和 1.8%，幅度较小。

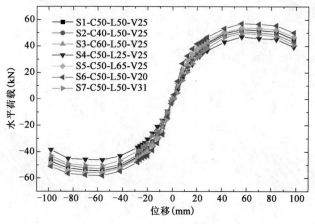

图 10-23　骨架曲线

不同柱肢纵向间距对试件的弹性刚度有一定的影响，随其间距的增大而增大。结合表 10-2 可知，柱肢纵向间距由 250mm 增加到 500mm 和 650mm，峰值荷载从 47.1kN 增加到 52.7kN 和 54.0kN，分别提高了 11.8% 和 14.5%，说明柱肢纵向间距对提高试件承载力有一定的影响，承载力随其间距的增大而提高；位移延性系数从 3.81 提高到 3.91 和 4.07，分别提高了 2.6% 和 6.8%。说明随着柱肢纵向间距的增大，位移延性系数增大，延性越好。

缀管竖向间距对骨架曲线的影响的主要体现在弹性刚度和水平峰值荷载上，随着缀管竖向间距的增大，试件弹性阶段的刚度、水平承载力随之降低。结合表 10-2 可知，格构柱的缀管竖向间距由 200mm 增加到 250mm 和 312.5mm，峰值荷载从 57.2kN 减小到 52.7kN 和 49.8kN，分别降低了 7.9% 和 12.9%；延性系数从 4.09 减小到 3.91 和 3.60，分别降低了 4.4% 和 12.0%。说明随着缀管竖向间距的增大，延性变差。

骨架曲线特征值列表　　　　表 10-2

试件编号	P_y(kN)	δ_y(mm)	P_{max}(kN)	P_u(kN)	δ_u(mm)	μ_u
S1-C50-L50-V25	40.4	25.3	52.7	44.8	99.0	3.91
S2-C40-L50-V25	38.9	25.2	51.1	43.4	97.3	3.87
S3-C60-L50-V25	41.0	25.6	54.0	45.9	100.9	3.94
S4-C50-L25-V25	36.2	25.3	47.1	40.1	96.6	3.81
S5-C50-L65-V25	41.1	24.8	54.0	45.9	100.9	4.07
S6-C50-L50-V20	44.1	24.5	57.2	48.6	100.1	4.09
S7-C50-L50-V31	37.4	26.4	49.8	42.4	94.9	3.60

注：P_y、δ_y 分别为屈服荷载及其对应的位移；P_{max} 为峰值荷载；P_u、δ_u 分别为极限荷载及其对应的位移；μ_u 为位移延性系数，$\mu_u = \delta_u/\delta_y$。

5）耗能能力

图 10-24 采用等效黏滞阻尼系数 h_e 来评价格构柱试件的能量消耗能力，取每一级的最后一个滞回环面积求得各个试件在每一级循环位移下对应的等效黏滞阻尼系数。由图 10-24 可知，柱肢管内混凝土强度对试件的能量耗散能力影响不大；随着柱肢纵向间距的增大，能量耗散系数随之增大；随着缀管竖向间距的增大，能量耗散系数明显减小。

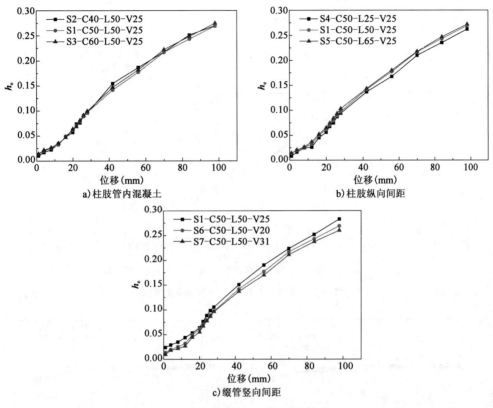

图 10-24 等效黏滞阻尼系数—位移曲线图

6）刚度退化

试件的刚度用割线刚度 K_i 表示，即在试件每一次循环加载与卸载的过程中正向卸载点与反向卸载点连线的斜率。各试件的刚度退化曲线如图 10-25 所示。可以看出，随着加载位移的增大，各格构柱试件的刚度退化明显，主要原因是试件钢材的包兴格效应及损伤累计；在反复荷载的作用下，钢材的包兴格效应越为明显，导致承载力降低；而损伤主要是指柱肢钢材的屈服与塑性发展以及柱肢管内混凝土细微裂缝的产生与发展，在两者的共同作用下，导致试件刚度的退化。另外，图 10-25 中管内混凝土强度等级对试件的刚度和刚度退化的影响较小，各试件的刚度退化曲线基本重合；增大柱肢纵向间距和减小缀管竖向间距可一定程度上提高试件的刚度，各试件刚度退化趋势基本一致。

7）强度退化

图 10-26 为试件强度退化系数 λ_i 随加载位移的变化情况。可以看出，平缀管式钢管混凝土格构柱试件的强度退化并不严重，其主要原因可能是柱肢钢管对核心混凝土起到约束效应，延缓了管内核心混凝土裂缝的产生及发展，从而降低了试件的强度退化。

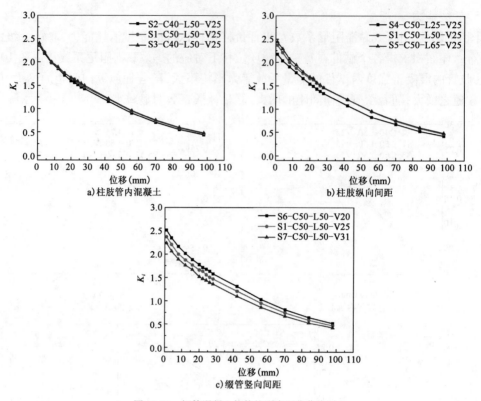

图 10-25　钢管混凝土格构柱刚度退化曲线图

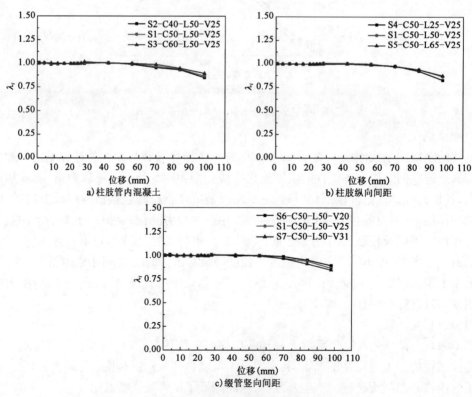

图 10-26　钢管混凝土格构柱强度退化曲线图

10.6 本章小结

本章主要介绍桥梁结构抗震试验研究中最常采用的拟静力试验的方法。拟静力试验方法是一种低频率往复的循环加载试验方法,几乎可以应用于各种工程结构或构件的抗震性能研究,从试验设备和设施来看,它的要求比较低,具有经济性和实用性的突出优点,从而使它具有应用上的广泛性。

进行拟静力试验时,要根据研究的目的选择相应的加载方式和控制方法,使结构在正反两方向反复加载与卸载,模拟地震作用下结构的受力过程。

通过拟静力试验可获得结构构件的恢复力特性曲线、骨架曲线、强度和刚度退化规律、耗能能力以及破坏机理,确定结构或构件的抗震性能。

由于拟静力试验的加载速率很低,无法考虑应力、应变速率对试验结果的影响,不能模拟结构的地震反应过程,这是它的不足之处。

【习题与思考题】

1. 拟静力试验方法与传统静力试验方法有何区别与联系?
2. 简述拟静力试验常用的加载装置和设备。
3. 拟静力试验有哪些常见的加载制度? 不同加载制度的适用情况?
4. 拟静力试验主要获取哪些数据? 如何处理这些数据?

本章参考文献

[1] 朱伯龙. 结构抗震试验[M]. 北京:地震出版社,1989.
[2] 邱法维,钱稼茹,陈志鹏. 结构抗震试验方法[M]. 北京:科学出版社,2000.
[3] 姚振纲,刘祖华. 建筑结构试验[M]. 上海:同济大学出版社,1996.
[4] 唐九如. 钢筋混凝土框架节点抗震[M]. 南京:东南大学出版社,1994.
[5] Kazuhiko Kawashima, Kinji Hasegawa. Experimental investigation on nonlinear seismic response of bridge columns and accuracy of equal energy assumption [J]. Journal of Infrastructure Planning and Management JSCE, 1994(483):137-146.
[6] 中华人民共和国行业标准. JGJ/T 101—2015 建筑抗震试验方法规程[S]. 北京:中国建设工业出版社,2015.
[7] Hanbin Ge, Tsutomu Usami. Cyclic tests of concrete-filled steel box columns [J]. Journal of Structural Engineering ASCE, 1996, 122(10):1169-1177.
[8] M. S. Williams, A. Blakeborough. Laboratory testing of structures under dynamic loads: an introductory review [J]. Philosophical Transactions of the Royal Society A, 2001(359):1651-1669.
[9] Linhai Han, Youfu Yang. Cyclic performance of concrete-filled steel CHS columns under flexural loading [J]. Journal of Constructional Steel Research, 2005, 61: 423-452.

[10] H. L. Hsu, F. J. Jan, J. L. Juang. Performance of composite members subjected to axial load and bi-axial bending [J]. Journal of Constructional Steel Research, 2009, 65: 869-878.

[11] 陈宝春,牟延敏,陈宜言,等. 我国钢—混凝土组合结构桥梁研究进展及工程应用[J]. 建筑结构学报, 2013, 34(增刊1): 1-10.

[12] 吴庆雄,黄育凡,陈宝春. 钢管混凝土组合桁梁—格构墩轻型桥梁振动台阵试验研究[J]. 工程力学, 2014, 31(9): 89-96.

[13] 聂建国,廖彦波. 四肢钢管混凝土格构柱轴压受力试验[J]. 清华大学学报(自然科学版), 2009, 49(12): 1919-1924.

[14] 蒋丽忠,周旺保,伍震宇,等. 四肢钢管混凝土格构柱极限承载力的试验研究与理论分析[J]. 土木工程学报, 2010, 43(9): 55-62.

[15] 袁辉辉,吴庆雄,陈宝春,等. 平缀管式等截面钢管混凝土格构柱抗震性能试验与有限元分析[J]. 工程力学, 2016, 33(10): 226-235.

[16] Yoshiaki Goto, Takemasa Ebisawa, Xilin Lu. Local buckling behavior of thin-walled circular CFT columns under seismic loads [J]. Journal of Structural Engineering ASCE, 2014, 140:1-14.

第11章 疲劳试验

11.1 概 述

桥梁和不少的其他工程结构除承受静荷载之外,还同时承受着脉动荷载或循环荷载,此类荷载容易产生使结构或构件发生疲劳失效的脉动或循环应力,此时的应力比其材料静力强度要低得多,这种失效现象称为疲劳。据统计,有80%的工程结构失效都是源于疲劳失效(破坏)。

桥梁结构中的应力循环主要是由可变作用(车辆荷载、风荷载等)及其引起的桥梁振动所造成的。应力变动的幅度越大,即使平均应力远小于屈服强度也能发生疲劳破坏,疲劳裂纹在扩展的最后阶段是突发性的、没有预兆、无明显的塑性变形,难以采取预防措施,所以疲劳裂纹对结构的安全性具有严重的威胁。在历史上由于对疲劳的认识和研究不足,曾发生一些由疲劳破坏所造成的灾难性事故。

疲劳现象在钢结构桥梁的节点区域、焊缝区域较为突出,导致其疲劳破坏的原因总体上可以从疲劳荷载、构造细节和设计规范三方面考虑。到目前为止,钢结构桥梁的相关设计规范仍然显得简单,若单纯依靠空间有限元仿真分析,难以准确把握疲劳敏感区域各构造细节的实际受力状况,对其安全性是心存疑虑的。迄今为止,最有效合理的方法是疲劳试验,模拟钢桥运营期间的疲劳行为,以评价实桥疲劳性能,并为验证和完善设计理论提供依据。因此桥梁钢构件的疲劳试验(图11-1)就显得非常必要。结构疲劳试验的目的就是要把握在重复荷载作用下结构关键区域的受力性能及变形规律。

此外,混凝土桥梁普遍采用极限强度设计,也属于重复荷载作用下的构件,由于加入了高强材料作为预应力筋,以致许多结构构件工作在高应力状态下,这类构件的疲劳问题也受到一定程度的重视,通过疲劳试验研究(图11-2),可以为改进设计方法、改良结构材料、防止重复荷载下超限受力裂缝的出现提供依据。

图 11-1 观音岩长江大桥锚拉板疲劳试验

图 11-2 混凝土梁疲劳试验

疲劳问题涉及的面比较广,对某一种结构而言,它包含材料的疲劳和结构构件的疲劳。如:混凝土结构中有钢筋的疲劳、混凝土的疲劳和构件的疲劳,钢结构中有节点部位的疲劳与钢材的疲劳等。目前疲劳设计理论仍在不断发展中,疲劳试验研究也因目的和性质的差异而采取不同的方法。

混凝土构件的疲劳试验多为研究性质,目的不一,方式多样;桥梁钢结构的疲劳试验目的多为验证性,方法相对统一。本章主要介绍桥梁钢结构疲劳试验的相关内容。

桥梁结构疲劳试验研究工作涉及:原型桥梁结构的受力计算、疲劳影响因素分析、疲劳荷载幅(应力幅)的计算、大比例尺的疲劳试验模型设计、疲劳试验荷载幅与加载方式的确定、疲劳试验观测与试验结果的分析等。

11.2 结构疲劳与疲劳失效

11.2.1 疲劳相关概念

随时间呈周期性或非周期性变化的荷载称为交变荷载,脉动荷载与循环荷载均如此。大多数桥梁等土木工程结构和机械构件都在交变载荷作用下工作,结构的材料内会产生随时间变化的交变应力(应变),经足够多的应力循环作用后,就可能经历裂纹萌生、扩展直至断裂的疲劳过程。结构因疲劳损伤而丧失正常工作性能的现象称之为疲劳失效,疲劳失效包含裂纹形成、扩展和瞬断三个阶段。

疲劳强度指结构材料在无限多次交变荷载作用下而不会产生破坏的最大应力,也称为疲劳极限(Fatigue Limit)。疲劳研究中会涉及下述概念。

从图 11-3 所示的一般循环曲线上可以列出：

(1) 最大循环应力(Maximum Cyclic Stress)：交变应力循环时的最大应力值 σ_{max}。

(2) 最小循环应力(Minimum Cyclic Stress)：交变应力循环时的最小应力值 σ_{min}。

(3) 应力脉(Stress Pulse)：交变应力循环时，最大应力值与最小应力值之差。

$$\sigma_R = \sigma_{max} - \sigma_{min}$$

(4) 应力幅(Stress Amplitude)：应力脉的一半。

$$\Delta\sigma = \frac{\sigma_{max} - \sigma_{min}}{2}$$

(5) 应力比(Stress Ratio)：交变应力循环时，最小应力值与最大应力值之比。

$$\rho = \frac{\sigma_{min}}{\sigma_{max}}$$

(6) 应力水平(Stress Level)：交变应力循环时，最大应力值与最小应力值之均值。

$$\sigma_m = \frac{\sigma_{max} + \sigma_{min}}{2}$$

图 11-4 所示为交变应力的对称循环曲线：

$$\rho = \frac{\sigma_{min}}{\sigma_{max}} = -1$$

$$\Delta\sigma = \sigma_{max}$$

$$\sigma_m = 0$$

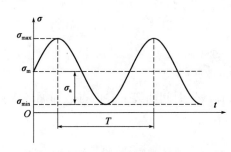

图 11-3　一般循环曲线

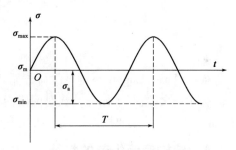

图 11-4　对称循环曲线

图 11-5 所示为对称循环曲线：

$$\rho = \frac{\sigma_{min}}{\sigma_{max}} = 0$$

$$\Delta\sigma = \frac{\sigma_{max}}{2}$$

$$\sigma_m = \frac{\sigma_{max}}{2}$$

疲劳问题研究中，还会关注到：

(1) 疲劳寿命(Fatigue Life)：构件或材料经受完整应力循环的最多次数。

(2) 疲劳曲线(Fatigue Curve)：一般指金属材料承受交变应力和断裂循环周次之间的关系曲线，显示材料对交变应力的抵抗能力。用一定循环作用次数 N 下，不产生破坏的最大应力

σ_N 来表示。一般以横坐标为作用次数 N、纵坐标为极限应力 σ_N 来绘成曲线,习惯上称为 σ-N 曲线(应力—寿命曲线),如图 11-6 所示。

(3)材料持久限(Fatigue Limit):循环应力只要不超过某个"最大限度",构件就可以经历无数次循环而不发生疲劳破坏,这个限度值称为"材料持久限"(即疲劳极限),用 σ_r 表示。

(4)荷载谱(Load Spectrum)(应力谱,Stress Spectrum):荷载(应力)随时间变化的历程称为荷载谱(应力谱)。图 11-7 为荷载谱示意图。

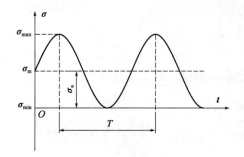

图 11-5 对称循环曲线

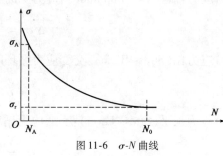

图 11-6 σ-N 曲线

σ_A-名义持久限;N_0-循环基数。

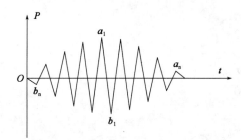
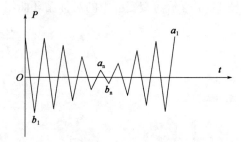

图 11-7 荷载谱

(5)荷载幅(Load Amplitude):每次荷载循环的幅值。
(6)荷载循环次数:一个循环计数时间段内,荷载—时间曲线上谷值点数即循环次数。荷载幅与循环次数主要按雨流计数法或泄水法确定。

11.2.2 结构疲劳失效的特征

一般情况下,结构的失效可能源于构件的强度破坏、构件的失稳、构件或节点区域的疲劳三种情况。对于钢结构桥梁来说,疲劳破坏是主要的破坏形式之一,高应力状态下工作的混凝土构件也面临疲劳问题。决定疲劳开裂的主要内因是材料性质与构件沿传力路径的截面变化所引起的应力集中,外因主要是随时间变化的动荷载及循环次数,还有环境、温度、腐蚀介质等。因此,疲劳破坏相对于静力破坏有着本质不同的特征,主要表现在:

(1)在交变荷载作用下,构件中的交变应力在远小于材料的强度极限的情况下,疲劳失效就可能发生。

(2)不管是脆性材料或塑性材料,疲劳断裂在宏观上均表现为无明显塑性变形的突然断裂,故疲劳断裂常呈现低应力类脆性断裂。这一特征使疲劳破坏具有更大的危险性。

(3)疲劳破坏常具有局部性质,而并不牵涉到整个结构的所有材料。局部改变细节设计或工艺措施,就可较明显地增加疲劳寿命。因此,结构或构件的抗疲劳破坏能力不仅取决于所用的材料,而且敏感地决定于构件的形状、尺寸、连接配合形式,表面状态和环境条件,等等。也正因为疲劳破坏带有局部性,因此当发现疲劳裂纹时,一般并不需要更换全部结构,而只需要更换损伤部分。在疲劳损伤不严重的情况下,有时只需要排除疲劳损伤(如磨去细小的表面裂纹或扩铰排除孔边裂纹等),甚至采取止裂措施即可(如在裂纹前端钻一个止裂孔)。

(4)疲劳破坏是一个累积损伤的过程,要经历一定的,甚至是很长的时间历程。实践证明,疲劳断裂由三个过程组成,即:裂纹形成、裂纹扩展、裂纹扩展到临界尺寸时的快速断裂。

(5)疲劳破坏断口在宏观和微观上均有其特征,特别是其宏观特征在现场目视检查就能发现,这样有助于分析判断是否属于疲劳破坏等。

11.2.3 结构疲劳的类型及疲劳设计程序

1)结构疲劳的类型

(1)按受力方式分为拉压疲劳、弯曲疲劳、扭转疲劳和复合疲劳。
(2)按引起疲劳的荷载特性分为冲击疲劳、接触疲劳、摩擦疲劳与磨损疲劳。
(3)按应力与时间是否有确定的函数关系可分为定常疲劳与随机疲劳。
(4)按环境温度分为常温疲劳、高温疲劳和热疲劳。
(5)按有无腐蚀性介质作用分为一般疲劳和腐蚀疲劳。
(6)按结构设计寿命长短分为无限寿命设计和有限寿命设计。有限寿命设计中,寿命数大于10^5循环的称为高周疲劳,小于10^5循环的称为低周疲劳。

高周疲劳一般在构件受到较小的交变应力时发生,疲劳寿命较长;低周疲劳一般发生在构件受到较高应力或者应力集中区域,局部应力超过材料的屈服极限,形成较大的塑性区,在交变应力作用下,塑性区极易产生宏观裂纹,裂纹主要在塑性区扩展。根据结构及构件的工作性质,桥梁结构疲劳试验多数都属于常温条件下的高周疲劳试验。

2)结构疲劳强度设计的一般程序

桥梁结构疲劳强度设计程序一般分两步走:

(1)疲劳计算

桥梁构件的设计包括几何形状设计和结构强度设计。根据桥型的构成特性进行几何设计后,再按照预期的寿命、构件工作荷载、工作环境等选择适当的设计规范、材料和必要参数,对构件特征尺寸进行计算,或者根据静强度理论确定出特征尺寸,再作寿命估算,并将计算结果与规定寿命相比较,通过对特征尺寸、材料、加工工艺、连接方式等方面的调整,直至最后使计算寿命满足规定寿命要求为止。

(2)结构疲劳试验

由于桥梁结构工作条件的特殊性以及连接构造的复杂性,加上计算中对构造细节、荷载环境难以进行合理、全面考虑,不可能把握结构在运营状况下的疲劳性能,再结合疲劳数据的分散性和疲劳理论与构件实际使用情况之间的种种差异,必须在疲劳计算之后再对结构进行模型疲劳试验甚至原型疲劳试验。

实践表明,疲劳寿命分散性较大,因此必须进行统计分析。

11.3 疲劳试验装置与试验准备

11.3.1 疲劳试验装置

疲劳试验装置涉及试验反力装置、针对不同试验项目加工的工作装置、试验加载设备。反力装置包含反力架、反力墙、地锚孔、槽道、连接螺杆；试验工作装置是为各个试验而加工的临时结构或构件，不能统一其形式；试验加载设备是疲劳试验的荷载施加装置，其形式也是多样的，但用得最多的是脉动疲劳试验机和电液伺服结构动态试验系统。

1) 脉动疲劳试验机(Impact Fatigue Testing Machine)

(1) 工作原理

电液脉动疲劳试验机采用"电—机—液"转换系统，进行动态疲劳试验时，先通过试验机静力加载方式将被测试样加载至动态测试力值的下峰值，再通过全数字电磁调速控制器控制主电动机的输出，驱动惯性飞轮和曲柄连杆机构，通过可调整摇杆、连杆、滑块机构驱动脉动活塞，液压系统压力发生正弦波形式的变化，液压站输出脉动液压油，驱动主机上的液压作动器工作，脉动试验力值、试样变形的大小通过调整滑块位移大小来完成，这一原理的核心是主电机仅对系统压力的变化(ΔP)和试样变形做功，液压系统在工作状态是一个变压变量系统，试验机功率消耗小。

(2) 设备结构

电液脉动疲劳试验机(图11-8)主要由脉动液压站、全数字测控系统、数据采集与处理系统、液压管路、试验安全保护装置、加载主机或者试验台架等组成。脉动液压站由驱动主电机、惯性飞轮、曲柄摇杆滑块、脉动油缸活塞、工作油泵电机组、润滑油泵电机组、试验力加载阀、脉动量调整机构等组成。

图11-8 电液脉动疲劳试验机

最新一代的电液脉动疲劳试验机测控系统采用工业控制计算机、PCI板卡集成式测量控制器，将试验力、位移、变形测量、试验次数、试验频率、试验时间、试验曲线等通过软件界面集中处理和显示，动静态试验力、位移、变形示值精度均达到±1%以内，与电液伺服疲劳试验机的测量精度一致。随着试验力、位移、变形全闭环控制系统的进一步研究，疲劳试验荷载下限值的稳定性会逐步得到保证。

电液脉动疲劳测试技术中增加了机械能转换环节,使得电液脉动疲劳试验机的泵站结构比较复杂,机械零部件的设计制造难度较大、制造周期长,但由于不需要冷却系统,整机占地面积小、电机功率小、噪声低。

(3)设备能力

目前,电液脉动疲劳试验机主要有脉动液压站脉动排量 400mL、800mL、1200mL、1600mL 系列;作动器和加载主机的试验出力为 20kN、50kN、100kN、150kN、250kN、300kN、500kN、600kN、1000kN、1500kN、2000kN、3000kN、4000kN、5000kN。

电液脉动疲劳试验机特别适合中低频(1~10Hz)、大振幅大变形(0~300mm)、较大荷载及重载的疲劳试验,可以多作动器同周期、同荷载、同振幅多点同步协调加载运行,但不能进行交变疲劳试验(同时拉—压应力幅试验)。适用于橡胶支座、桥梁构件、锚杆、钢绞线锚具等的应力—疲劳寿命周期试验。

2)电液伺服动态试验系统(Electro-Hydraulic Servo Dynamic Loading System)

(1)工作原理

电液伺服动态试验系统采用"电—液"转换系统,由电动机直接驱动高压油泵,计算机通过程序控制伺服比例阀的开口大小来调整输出到液压作动器的流量多少,从而驱动作动器进行动态试验加载,系统可以按照开环或闭环控制模式进行工作。计算机控制程序输出的波形有正弦波、方波、锯齿波等多种形式,伺服控制阀是实现液压控制的核心元件,由于伺服比例阀控制的需要,输入比例阀的液压油必须在整个运行过程中始终保持压力和流量恒定,液压系统按照达到并超过最大试验力和位移的排量要求进行设计,电液伺服液压系统是恒压定量输出系统,工作状态下始终按照设计最大功率运行,液压系统发热快、温度高,必须配备循环冷却装置进行不间断水冷或风冷。

(2)设备结构

电液伺服动态试验系统(图 11-9)是由液压油源、多道数字控制系统(全数字多任务控制器、数据分析处理软件)、加载测试系统(伺服控制作动器、储能分油站、泵站)、数据分析处理系统和循环水冷却系统组成,泵站结构相对简单、电机功率高、油泵排量大、冷却系统复杂,测控系统采用电气和计算机自动控制模式。

a)　　　　　　　　　　　　　　b)

图 11-9　电液伺服动态试验系统

(3)设备能力

液压油源排油量也有多种规格可选,高响应作动器最大试验力规格有:25kN、50kN、100kN、250kN、500kN、1000kN、2500kN、4000kN。

电液伺服动态试验系统特别适合中低频(0.001~6Hz)、小振幅小变形(0~10mm)、较大荷载的疲劳试验,在多作动器多点加载试验时可以不受频率、载荷、振幅大小、试验波形限制,有明显优势,但是随着试件变形增大、试验频率的提高,必须相应增加伺服泵站的额定输出排量,加大电机功率。该系统适用于桥梁和建筑结构及构件静动态试验、疲劳试验、地震反应拟动力试验、快速拟动力试验等。

11.3.2 疲劳试验模型设计

一般混凝土疲劳构件设计较难统一要求,可根据不同的考察目的确定设计方法。

钢桥构件疲劳模型的设计,关键在于保持原型结构疲劳敏感区域的真实性与完整性,对疲劳破坏有影响的结构细节,如:铆钉孔、局部圆角等,都应反映到模型中去。因为结构上一些细小的变化通常会大大影响疲劳寿命,这一点完全不同于静力试验的试验件。因此,模型应尽可能反映实桥构件的受力特性及连接处的构造细节,模型设计应从以下几个方面来考虑:

(1)遵从应力等效原则。根据描述结构疲劳性能的 S-N 曲线,任意应力幅 $\Delta\sigma_i$ 与对应的循环次数 N_i 满足:$\Delta\sigma_i^m N_i = C$,m 和 C 是与构件材料、构造细节有关的常数。如果试验模型和实桥结构材料和构造细节保持相同,那么 m 和 C 都是常量,因此只要应力幅 $\Delta\sigma_i$ 相同,那么疲劳寿命 N_i 就是一致的,这就是应力等效原则。

(2)模型结构的合理简化。模型不是对原型简单的比例缩放,那样做有时很难达到设计的初衷。基于应力等效原则,模型应能够反映实桥结构的主要力学特征,忽略次要的因素,即:在保持疲劳敏感区域的应力场分布不变的前提下,适当去掉一些次要连接、简化一些复杂构造,达到方便模型设计、加工、安装的目的。

(3)模型比例的合理选取。试件的尺寸一般根据研究目的、实验室设备及场地条件、道路运输条件等确定,如果模型不可能做成与实际结构一样大小,其应力分布与实际结构就会存在一定的差异。一般情况下,疲劳模型宜选用实际结构或比例大于1/4的缩尺模型。

(4)应力集中状态的一致性。模型的结构细节与原型形状一致、尺寸成比例,模型的过渡区也应模拟实际结构的刚度,以保证模型试验区(即应力集中处)的应力场与原型结构一致,使得模型的试验段与原型的疲劳危险细节具有相同或相近的疲劳裂纹萌生特性和裂纹扩展特性。

(5)材料材质的一致性。模型除了原型在疲劳敏感区域结构尺寸成比例外,在模型材料的金相组织、轧材的取向、热加工与冷加工的工艺参数、热处理方法等方面均应与实际结构的一致。

(6)工艺质量的一致性。模型的加工质量、表面处理工艺应与原型结构完全一致。特别是与应力方向垂直的加工痕迹,应最大可能地与实际结构的加工方向保持一致。不应认为是试验件就特别注意,使得其加工的质量高于实际的结构细节,但也不能单纯为了保证安全将试件加工得十分粗糙。值得注意的是,由于模拟件易引起重视且量小,即使用同样的加工方法,其加工质量一般会高于实际的结构。

(7)模型支承条件的合理性。边界条件的模拟是疲劳试验难题之一,模型的支承条件与桥梁构件一般都不可能一致,安装定位方式应基于实验室条件、设计者经验与计算分析结果,关键是对疲劳模型的支承方式不能改变考察区域的受力状态。

(8)安装定位措施的可行性。缩尺试验模型的安装有时是很困难的,不能采取只按比例将原型缩小的思路设计模型,必须要综合考虑安装和设置测点时的可操作性(设手孔、人洞等)、构件连接条件的保真性(接触表面、连接方式与原型的一致性)。

(9)模型设计与加载方式的协调性。加载方式应结合实验室设备条件与场地空间,设计与之相适应的试验辅助装置(简称"试验工装"),同时应注意辅助连接件、加载传力杆件的疲劳问题以及与模型的配合方式。

11.3.3 疲劳模型安装与过程保障

疲劳试验不同于静载试验,它具有试验过程振动剧烈、延续时间长,且构件的疲劳破坏可能是突然的脆性破坏等特点。因此,试验装置应具有安全防护能力,试件的安装就位以及相配合的安全措施均应认真对待,否则将会产生严重后果。试件安装时应做到以下几点:

(1)严格定位、过程保持

加载作动器、荷载分配梁、试验工装、试验模型、支座等都应便于安装与定位,并有相应措施保证试验中不走位、不脱空;验证性疲劳试件在安装工艺过程方面与原型一致;在试验过程中对非考察区域的连接螺栓松动,应及时拧紧。

(2)接触密贴、加载平稳

安装疲劳试验模型、加载装置时,作动头与试件之间、支座与支墩之间、试件与试验工装之间都要保证接触密贴,面面接触需用较薄的砂浆找平;加载过程应平稳无冲击。

(3)消除隐患、安全防护

疲劳破坏通常是脆性断裂,事先没有明显预兆;特别是高强螺栓安装环节的过拧、加载过程中螺栓拉力的增加都可能导致其断裂伤人。对此,应采取安全防护措施,避免人员和设备因试件突然破坏而受损。

11.4 疲劳试验荷载幅

疲劳试验荷载幅的确定是疲劳试验的关键环节,不同研究目的、不同类型的结构或构件确定荷载幅的方式是不一样的。一般混凝土受弯构件疲劳试验的上限荷载是根据构件在最大标准荷载最不利组合下产生的弯矩计算而得,荷载下限根据疲劳试验设备或保证试验顺利进行的最小荷载确定;钢结构桥梁构件或节点的疲劳试验荷载幅确定起来要复杂得多,这是本节主要阐述的内容。

11.4.1 疲劳损伤累积理论

疲劳破坏是一个累积损伤的过程,疲劳损伤累积理论(Theory of Fatigue Accumulation)则是在疲劳试验和理论分析的基础上找寻材料的损伤累积规律,即揭示每一次荷载循环与该循环造成的材料损伤之间相互关系的依据。

对于等幅荷载,可以利用 S-N 曲线来估算结构在不同应力水平下的疲劳寿命,但工程结构会承受着两个或更多应力水平下循环加载,很多实际结构承受的往往是随机荷载,其应力在不断地变化,情况就更加复杂。在变幅循环荷载作用下进行疲劳强度(疲劳寿命)计算,关键在于如何建立变幅疲劳强度和常幅疲劳强度之间的联系。对此,各国学者曾先后提出不少工作假设,比较有代表性的有如下两种疲劳损伤累积理论。

1)线性疲劳损伤累积理论(Linear Fatigue Cumulative Damage Rule)

线性疲劳损伤累积理论是指在循环荷载作用下,疲劳损伤可以线性地累加,各个应力之间相互独立、互不相关,当累加的损伤达到某一数值时,结构或构件就发生疲劳破坏。1945年 M. A. Miner 根据材料吸收净功的原理,提出疲劳线性累积损伤的数学表达式。设材料在破坏时吸收的净功为 W,材料经 n_1 次应力循环吸收的功为 W_1,材料经 N_1 次应力循环后破坏,则有:

$$\frac{W_1}{W} = \frac{n_1}{N_1} \tag{11-1}$$

同理,设 W_2 为经 n_2 次应力循环材料吸收的功,且材料经 N_2 次应力循环后破坏,则有:

$$\frac{W_2}{W} = \frac{n_2}{N_2} \tag{11-2}$$

于是在材料破坏时有:

$$W_1 + W_2 + W_3 + W_1 + \cdots + W_n = W \tag{11-3}$$

比较式(11-1)~式(11-3),可以得到

$$\frac{n_1}{N_1} + \frac{n_2}{N_2} + \frac{n_3}{N_3} + \cdots + \frac{n_n}{N_n} = \sum \frac{n_i}{N_i} = 1 \tag{11-4}$$

式中:n_i——应力幅 $\Delta\sigma_i$ 作用的次数;

N_i——用 $\Delta\sigma_i$ 作常幅应力循环试验时的疲劳破坏次数,或在常幅疲劳强度曲线"$\Delta\sigma\text{-}N$"中相对于 $\Delta\sigma_i$ 时的疲劳寿命(循环次数)。

Miner 线性损伤累积理论认为:变幅疲劳中各个应力幅 $\Delta\sigma_i$ 所造成的损伤可用 n_i/N_i 来定量表示,并可以线性叠加。因此,对任意结构在变幅应力循环作用下的损伤度 D 可定义为:

$$D = \sum \frac{n_i}{N_i} \tag{11-5}$$

大量的试验证明,疲劳破坏时 D 并不一定等于1,而是大于1或小于1。例如,即使在简单的两应力级分级试验中,也发现试件的寿命取决于加载的顺序。常规疲劳试验的试件在简单的两应力级分级试验中,低—高应力试验时的 D 值往往大于1,这可能是在低应力下材料产生低载"锻炼"效应,使裂纹的形成时间推迟;反之,高—低应力试验时的 D 值往往小于1,这可能是在高应力下裂纹易于形成,后继的低应力也能使裂纹继续扩展。尽管如此,由于 Miner 线性损伤累积理论形式简单,使用方便,考虑到对于桥梁结构所承受的随机荷载,试件破坏时的临界损伤值一般都在1附近,所以 Miner 线性累积损伤理论在桥梁试验研究中仍然被普遍采用。

2)非线性疲劳累积损伤理论(Nonlinear Fatigue Cumulative Damage Rule)

Miner 线性累积损伤理论的优点是形式简单、使用方便,不足之处在于局限性较强、试验值与理论值有时会相差很大,于是许多学者就提出不同的非线性疲劳损伤累积理论,其中比较著名的就是 Corten-Dolan 非线性疲劳损伤累积理论,但由于相关非线性理论太多,而且争议很大,又不方便实际应用,故不做更多叙述。

11.4.2 随机荷载的统计处理

作用在桥梁上的循环荷载是随机的。随机荷载的循环计数法有很多,对于同一荷载随时间变化历程采用不同的计数法进行计数,所得的寿命可以相差很大。常用的有峰值计数法、泄水计数法和雨流计数法。峰值计数法是把荷载—时间历程中的全部峰值和谷值都进行计数;泄水计数法是对相邻的峰值和谷值的差值,或是以此循环中最大荷载与最小荷载的差值进行计数;雨流计数法是根据所研究的应力—应变行为进行计数。本小节主要介绍雨流计数法和泄水计数法。

1) 雨流计数法(Rain-Flow Cycle Counting Method)

雨流计数法,简称雨流法。它可以根据荷载—时间历程分别计算出全循环的均值、幅值及不同幅值所具有的频次。

(1) 雨流法计数原理

将荷载—时间历程的时间轴向下,荷载—时间历程就形如是一系列屋面,雨水依次自上而下流动[图 11-10c)],根据雨水向下流动的轨迹确定出荷载循环,并计算出每个循环的幅值与均值大小。用于疲劳寿命计算时,每个荷载循环就对应于一个应力循环。

(2) 雨流法计数规则

①重新安排载荷历程,以最高峰值或最低谷值为雨流的起点(视两者的绝对值哪一个更大而定);②当从谷值点开始的雨水到达一峰值点并且见到下一个峰值点更高时,雨水可以流到下一层屋面并流向更高的峰点,但若见到下一个谷点比这雨水出发的谷点还要低,则停止流动;当从峰点开始的雨水到达一谷值点并见到下一谷值点更低时,可以流到下一层屋面并流向更低的谷值点,但若见到下一个峰值点比这雨水出发的峰值点还要高,则停止流动;③当雨流遇到来自上层屋面流下的雨流时即停止流动;④取出所有的全循环,并记录下各自的幅值和均值。

(3) 雨流法应用示例

对于图 11-10a)所示的荷载-时间历程,由于起点不是最高峰值或最低谷值,故重新安排荷载—时间历程。如图 11-10b)所示,最高峰值点 a 为新荷载—时间历程的起点,将 a 点以后的荷载历程移到 c 点的前面,使 c' 点与 c 点重合。

把图 11-10b)的荷载—时间历程顺时针旋转 90°,得到图 11-10c)。根据计数规则,对这个荷载历程进行一次雨流计数,共计 8 个雨流:

① $a \to b \to b' \to d$ 点,然后下落。
② $b \to c \to d$ 点的对应处,由于 d 的谷值比 b 为低,从 c 点下落。
③ $c \to b'$,遇到来自上面的雨流 $abb'd$,bc 与 cb' 构成一个全循环 bcb',取出全循环 bcb'。
④ $d \to e \to e' \to a'$ 点下落。
⑤ $e \to f \to f' \to h$ 点下落。
⑥ $f \to g \to h$ 点对侧的对应处,由于 h 点的谷值比 f 点为低,从 g 点下落。
⑦ $g \to f'$ 处,遇到雨流 $eff'h$,取出全循环 fgf'。
⑧ $h \to e'$,遇到雨流 $dee'a'$,取出全循环 $eff'he'$,而 $abb'd$ 与 $dee'a'$ 又组成全循环 $abb'dee'a'$,取出 $abb'dee'a'$。至此,已将全部荷载历程计数,得到如图 11-10d)所示的 4 个全循环及均值。

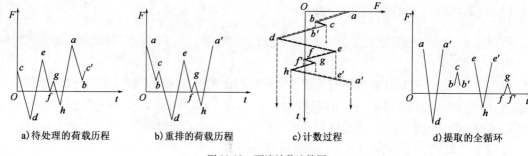

图 11-10 雨流计数法简图

2）泄水计数法（Sluicing Counting Method）

泄水计数法简称泄水法，其计数原理如图 11-11 所示，具体规则如下：

①对同样的荷载—时间历程，在其右侧再画一个荷载循环图（图 11-11），将两个最大峰值点 5 和 5′用水平虚线相连，把该虚线以下部分图形看作一个水池的横断面。

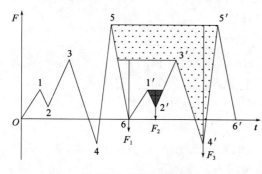

图 11-11 泄水计数法简图

②选择最低的谷点泄水。如果有两个或更多相等的最低谷点，则可以选择任何一个谷点泄水，以水面到该谷点的泄水深度作为一次循环的荷载幅。

③对泄不出去的剩余水，重复第②步，直到水池的水全部泄完为止，并将每次泄水深度作为一次循环的荷载幅。

泄水法在计算出全循环的幅值及不同幅值所具有的频次的同时，也可得到各循环的均值。

11.4.3 变幅荷载与常幅荷载的转化

钢桥构件及节点的疲劳属于变幅、低应力、高循环、长寿命的疲劳范畴。但是考虑试验设备、技术水平和试验研究周期等现状，通常只能进行常幅疲劳试验，所以必须建立变幅疲劳强度和常幅疲劳强度（等效应力幅 $\Delta\sigma_0$）之间的联系。所谓"等效应力幅 $\Delta\sigma_0$"的概念是：对于变幅应力循环 $\Delta\sigma_i$、n_i（$i=1、2、3\cdots$）的重复荷载作用，可以运用 Miner 线性累积损伤理论得到一个损伤度相同的常幅循环应力幅 $\Delta\sigma_0$，其循环次数为 $\sum n_i$，则 $\Delta\sigma_0$ 称为"等效应力幅"。有：

$$\Delta\sigma_0 = \left[\frac{\sum n_i (\Delta\sigma_i)^m}{\sum n_i}\right]^{\frac{1}{m}} \qquad (11-6)$$

式（11-6）即变幅荷载转化为等效常幅荷载计算式。m 取值参见 BS5400 第 10 篇与 Eurocode 的相关规定。

11.4.4 荷载谱的制定

钢桥疲劳损伤，取决于经常作用的各种实际车辆荷载，由此就需要制定疲劳验算所需的荷载谱（Load Spectrum）。荷载谱是指桥梁在规定的寿命期内所遇到的各种活载及其作用次数。准确地讲，桥梁荷载谱的制定应将设计基准期内通过桥梁的每一类车型按不同量值的影响线计算出相应的内力历程，然后再将所有的内力历程予以累计，就得到所需要的荷载谱。因此，荷载谱包含相关量值影响线的形状、车辆类型、车辆编组、通行量等影响因素。由于车型复杂多变,但实际制定时不可能也没必要进行如此烦琐的计算工作,一般都将各种活载通过一定的统计分析和规律研究概括为典型荷载,荷载谱的制定即是确定以下两个参数:

(1)典型荷载。
(2)典型荷载的作用次数。

公路桥的典型荷载可以是一种,公轨两用桥的典型荷载至少有两种;典型荷载的作用次数与各类荷载在设计基准期内的通行量有关。

公路典型荷载常称为公路标准疲劳车,轨道典型荷载称为轨道标准疲劳车。各"标疲车"出现的次数根据与实际营运荷载等效的原则来确定。通过计算"标疲车"内力历程并乘以其出现的累计次数,再累加起来,即得到所需要的荷载谱。

11.4.5 标准疲劳车

各国在对钢结构桥梁的疲劳研究中,产生了不同的"标准疲劳车"样式。

1)我国《公路钢结构桥梁设计规范》(JTG D64—2015)的疲劳验算荷载图式

(1)疲劳荷载计算模型Ⅰ采用等效的车道荷载,集中荷载为$0.7P_k$,均布荷载为$0.3q_k$。P_k和q_k按公路—Ⅰ级车道荷载标准取值,并考虑多车道的影响,横向车道布载系数按现行《公路桥涵设计通用规范》(JTG D60—2015)的相关规定选用。此模型对应于无限寿命设计方法,即构件永不出现疲劳破坏的情况。

(2)疲劳荷载计算模型Ⅱ采用双车模型,两辆模型车轴距与轴重相同,其单车的轴重与轴距布置如图11-12所示。加载时,两模型车的中心距不得小于40m。

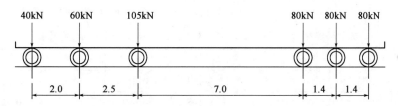

图11-12 疲劳荷载计算模型Ⅱ(尺寸单位:m)

(3)疲劳荷载计算模型Ⅲ采用单车模型,模型车轴载及分布规定如图11-13所示。

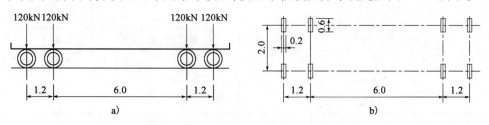

图11-13 疲劳荷载计算模型Ⅲ(尺寸单位:m)

(4)当构件和连接不满足疲劳荷载模型Ⅰ验算要求时,应按模型Ⅱ验算。
(5)桥面系构件应采用疲劳荷载计算模型Ⅲ验算。

疲劳荷载计算模型Ⅱ以及疲劳荷载计算模型Ⅲ仅按单车道加载,其多车道效应在损伤等效系数中考虑。

2)英国BS5400第10篇给出了三种计算模式

(1) 典型车式样

BS5400 根据英国干线公路桥所行驶的营运车概况,规定了 25 种标准营运车的重量、轴位及其出现的频率谱(详见 BS5400 第 10 篇),于是组成英国公路桥的标准荷载谱。它们代表了英国公路干线所行驶的营运车的全部情况。其他相对不常用的车辆,已按疲劳损伤等效原理折算在其最相近的车辆类型中,其中以 15kN 为营运车的最小重量,小于 15kN 的所有车辆对疲劳的影响很小,均忽略不计。加载计算时"疲劳车"直接按照 25 种车型的轴重及轴距计算即可,但是这种计算模式的工作量较大。

(2) 标准疲劳车及 k_w-k_n 表式样

单独一种型号车辆对公路桥所造成的损伤,对所有型号车辆所造成的总损伤的比值,悬殊颇大。对于常遇的细节构造分级和常遇的影响线,已认识到"25 种标准营运车"中型号 4A-H 车辆对公路桥的疲劳损伤最为严重,以该型号为基础,就提出了标准疲劳车。标准疲劳车轴数为 4 个,轴重 80kN,总重 320kN,如图 11-14 所示。结合表 11-1 给出的 k_w-k_n 关系(k_w 为各种典型车在 25m 长度范围内的轴重之和与标准疲劳车轴重之和的比值,k_n 为每种典型车出现的次数与所有典型车总出现次数的比值),即可得出车辆的荷载频值谱。

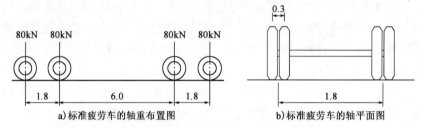

a) 标准疲劳车的轴重布置图　　b) 标准疲劳车的轴平面图

图 11-14　英国公路桥采用的标准疲劳车(尺寸单位:m)

英国公路桥以标准疲劳车为基数的活载频值谱以及 k_w-k_n 关系表　　表 11-1

车型	k_w	k_n	车型	k_w	k_n	车型	k_w	k_n
18GT-H	6.75	0.00001	5A-L	0.78	0.015	3A-L	0.28	0.030
18GT-M	2.38	0.00003	4A-H	1.05	0.090	3R-H	0.75	0.015
9TT-H	5.03	0.00002	4A-M	0.81	0.090	3R-M	0.61	0.015
7GT-H	4.09	0.00003	4R-H	0.88	0.015	3R-L	0.38	0.015
7GT-M	2.13	0.00007	4R-M	0.75	0.015	2R-H	0.42	0.017
7A-H	2.47	0.00002	4R-L	0.38	0.015	2R-M	0.20	0.017
6TT-M	2.34	0.00004	4A-L	0.45	0.090	2R-L	0.09	0.018
5A-H	1.97	0.000028	3A-H	0.67	0.030			
5A-M	1.13	0.01450	3A-M	0.44	0.030			

(3) 轴重式样

对于影响线长度在 1.5m 左右的情况,每一个轴重就将使构件受到一个应力循环。因此,BS5400 给出了以轴重形式表达的活载频值谱(表 11-2),专供影响线特别短的构件(例如:正交异性桥面板)使用。

此外,还规定了各类道路每一车道上的交通量。营业车年交通量 $n_c \times 10^6$ 是根据运输部门规定的各级道路设计能力而列出的。净重 15kN 以上的营业车在全部交通量中所占的比率为:混合行驶线为20%,汽车专用线为25%。

英国公路桥的轴重频值谱　　　　　　　　　　　　　表11-2

轴重(kN)	车数为10^6时的轴数	轴重(kN)	车数为10^6时的轴数	轴重(kN)	车数为10^6时的轴数
264	240	99	240280	49	150000
231	120	93	320000	44	120000
176	160	88	59320	39	320000
165	560	77	59350	33	380000
154	100	71	180000	22	60000
143	780	66	59930	17	360000
121	80	61	165000		
110	90040	55	290040		

3)美国 AASHTO 规定

美国 AASHTO 规定的疲劳荷载是一辆三轴设计货车,货车的轴重、轴距及轮距如图 11-15 所示,并考虑15%的动力系数(特殊部件除外),则总重为 $325 \times 1.15 = 373.75 \text{kN}$。AASHTO 疲劳车对应的疲劳寿命是 75 年。

AASHTO 不像 BS5400 那样给出一个通用的荷载频值谱,而是规定疲劳荷载的频率应取单车道日平均货车交通量 $ADTT_{SL}$。此频率应施加于桥梁的全部构件,甚至施加于那些位于承受货车数量少一些的构件上。

在缺少更可靠资料的情况下,单车道日平均货车交通量应取为:

$$ADTT_{SL} = P \times ADTT \tag{11-7}$$

式中:ADTT——在设计寿命期限内平均每天的单向货车数;

　　　$ADTT_{SL}$——在设计寿命期限内平均每天的单车道货车数;

　　　P——单车道内货车交通量占的比率,按表 11-3 取用。

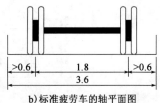

a)标准疲劳车的轴重布置图　　　　　　　　b)标准疲劳车的轴平面图

图 11-15　美国公路桥采用的标准疲劳车(尺寸单位:m)

单车道内货车交通量占的比率 P　　　　　　　　　　表11-3

能容纳的车道数	P	能容纳的车道数	P
1	1.00	≥3	0.80
2	0.85		

因为疲劳及断裂极限状态是用累积应力幅来定义的,所以仅有荷载规范是不够的,荷载应与荷载出现的频率一起来规定。

单车道 ADTT 是大部分货车过桥时所走的那条车道的 ADTT。对于一座附近没有出入匝道的典型桥梁,路肩车道承受大部分货车交通。由于将来桥梁上的交通模式不确定,所以假定对单车道疲劳荷载的频率适用于所有车道。在此,货车定义为多于两轴或多于四轮的任何车辆。

研究表明,日平均交通量 ADT,包括所有汽车,即小汽车和货车,在正常条件下,每车道每天实际上限于 20000 辆左右。在估计 ADTT 时,应考虑交通量的限定值。ADTT 可以用 ADT 乘以货车在交通量中所占的比率来确定。对于常规的桥梁可以用表 11-4 中的值。

货车在交通量中的比率　　　　　表 11-4

公路分类	货车分类	公路分类	货车分类
乡村州际公路	0.20	其他乡村公路	0.15
城市州际公路	0.15	其他城市公路	0.10

验算疲劳强度时,可根据桥梁实际行车情况,选用实际经常发生的荷载组合中的车辆荷载进行计算。对只承受压力的构件和临时性结构物的构件,可不验算疲劳强度。以压为主兼受拉的构件,在验算疲劳强度的同时,还应验算构件的稳定性。

疲劳计算时车队荷载可只考虑主车,不考虑重车。

4)欧洲规范(Eurocode)

欧洲规范 EN1991-2 指出:在桥上行驶的交通荷载会产生可造成疲劳的应力谱,该应力谱取决于车辆尺寸、轴载、车辆间距、交通组成及其动力效应,对于具体工程可能必须同时考虑水平力(如:离心力)与竖向力,该规范给出了 5 种疲劳荷载模型:

(1)疲劳荷载模型 1。采用与 EN1991-2 之 4.3.2 中定义的荷载模型 1(图 11-16)同样的双轴集中荷载 + 均布荷载形式,只是双轴集中荷载各等于 $0.7Q_{ik}$,均布荷载值等于 $0.3 q_{ik}$ 和 $0.3q_{rk}$(除非有其他规定),由此可确定考察部位的最大与最小应力。

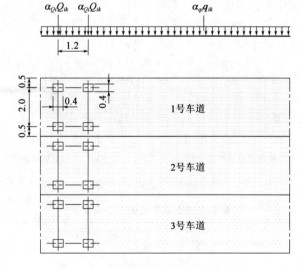

图 11-16　荷载模型 1(尺寸单位:m)

注:1.1 号车道:$Q_{1k}=300\ kN$,$q_{1k}=9kN/m^2$;2.2 号车道:$Q_{2k}=200kN$;$q_{2k}=2.5kN/m^2$;3.3 号车道:$Q_{3k}=100kN$;$q_{3k}=2.5kN/m^2$;4.其余车道与剩余区:$Q_{ik}=0kN$;$q_{ik}=2.5kN/m^2$;5.α_{Qi}、α_{qi} 和 α_{qr} 的值见欧洲规范的国家附录。

(2)疲劳荷载模型 2。由一系列理想化的"频遇"卡车组成,卡车参数见表 11-5。由沿适当车道单独行驶的不同卡车产生的最不利效应来确定最大和最小应力。

"频遇"卡车组 表11-5

1	2	3	4
卡车轮廓	轴距(m)	频遇轴载(kN)	轮胎类型(见表11-7)
	4.50	90	A
		190	B
	4.20	80	A
	1.30	140	B
		140	B
	3.20	90	A
	5.20	180	B
	1.30	120	C
	1.30	120	C
		120	C
	3.40	90	A
	6.00	190	B
	1.80	140	B
		140	B
	4.80	90	A
	3.60	180	B
	4.40	120	C
	1.30	110	C
		110	C

(3)疲劳荷载模型3。采用四轴的单车模型,如图11-17所示,模型单轴重120kN,每一车轮的着地面积为0.4m×0.4m。需要时应该考虑两辆车在同一车道出现的情形,此时的第二辆车几何尺寸也如图11-16所示,但单轴重改为36kN,两车中心距离不小于40m。由此计算每个应力波动循环的最大和最小应力以及应力范围。

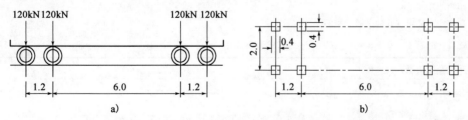

图11-17 疲劳荷载模型3(尺寸单位:m)

(4)疲劳荷载模型4。按交通类别采用不同比例的标准卡车组,卡车组产生的效应等同于欧洲道路上典型交通荷载产生的效应。表11-6和表11-7给出符合预测混合交通的一组卡车。

351

等效卡车组 表11-6

车辆类型				交通类别			
1		2	3	4	5	6	7
				长距离	中距离	局部交通	
卡车		轴距(m)	等效轴载(kN)	卡车百分比(%)	卡车百分比(%)	卡车百分比(%)	轮胎类型(见表11-7)
		4.50	70	20.0	40.0	80.0	A
			130				B
		4.20	70	5.0	10.0	5.0	A
		1.30	120				B
			120				B
		3.20	70	50.0	30.0	5.0	A
		5.20	150				B
		1.30	90				C
		1.30	90				C
			90				C
		3.40	70	15.0	15.0	5.0	A
		6.00	140				B
		1.80	90				B
			90				B
		4.80	70	10.0	5.0	5.0	A
		3.60	130				B
		4.40	90				C
		1.30	80				C
			80				C

注:1. 本模型基于5个标准卡车,模拟交通产生的疲劳破坏等效于由EN1991-2中表4.5定义的相应实际交通类别产生的疲劳破坏。
2. 国家附录和具体工程中定义了其他标准卡车和卡车百分比。
3. 选择交通类别时,可考虑以下因素:"长距离"意味着上百公里;"短距离"意味着50~100km;"局部交通"意味着距离小于50km。
4. 现实中可能出现几种交通类别的混合。

车轮和车轴的定义 表11-7

车轮车轴类型	几何尺寸定义(cm)
A	200, 32, 22, 顺桥向, 32, 22

续上表

车轮车轴类型	几何尺寸定义(cm)
B	200, 54, 54, 32, 32, 22, 22, 顺桥向
C	200, 32, 32, 27, 27, 顺桥向

(5)疲劳荷载模型 5。直接应用有记录的交通数据,并结合应用通过适当的统计和工程推测得出补充数据。

疲劳荷载模型 1 和荷载模型 2 是基于无限疲劳寿命考虑的,适于用钢结构而不适合采用其他材料的结构;荷载模型 3～5 通过参照规范中定义的疲劳强度曲线评估结构疲劳寿命,其中的荷载模型 3 结合桥梁所在位置的交通数据后比较适合公路桥梁的疲劳验算,荷载模型 4 由一系列标准货车组成、荷载模型 5 是根据实际交通数据确定的,但在实际的疲劳试验荷载研究中计算量太大。

对疲劳验算要分清交通类别,确定慢车道数量,并通过观测或估计得出每年每慢车道(主要指卡车行驶的车道)的重型车辆(最大车辆总重超过 100kN)数量 N_{obs}。表 11-8 定义了交通类别和相应取值,给出采用疲劳荷载模型 3 和模型 4 时一个慢车道 N_{obs} 的指示值,在每个快车道上(主要指汽车行驶的车道), N_{obs} 考虑增加 10%。

每年每慢车道重型车辆的期望指示数量　　　表 11-8

	交　通　类　别	每年每慢车道的 N_{obs}
1	每方向有 2 个或更多车道,并且有高速卡车行驶其上的道路和机动车道	2.000×10^6
2	有中速卡车行驶其上的道路和机动车道	0.500×10^6
3	有低速卡车行驶其上的主干道	0.125×10^6
4	有低速卡车行驶其上的地区道路	0.050×10^6

各种疲劳荷载模型的具体使用见 EN1992～EN1999 中的相关内容。

11.4.6　等效疲劳加载车及其作用次数确定示例

某长江大桥的设计交通量,每种车型所占的比例为:小货车(2t 以下)15%;中货车(2～7t)6.4%;大货车(7～20t)2%;小客车(6 人以下):70%;大客车(6～26 人,16t):6%;重载车辆(20～55t):0.6%。其中,能够引起疲劳问题的车辆应包括大货车和重载车辆的全部,以及中货车和大客车的一部分。根据我国交通部门对部分城市桥梁交通状况的调查分析,桥梁所承受的能引起疲劳的车辆通常在 10% 以内,有的甚至只有 3% 左右。因此,在计算等效疲劳车辆荷载重量时,考虑中货车和大客车在内,选取能引起疲劳的车辆数量占总车辆总数的 10%

是非常保守的。10% 的构成为：中货车(7t)占 3.4%，大货车(20t)占 2%，大客车(16t)占 4%，重载车辆(55t)占 0.6%。

按照 Miner 线性疲劳损伤累积理论，参考 BS5400 和 Eurocode，取疲劳曲线的斜率倒数 $m=5$（疲劳曲线的第二个直线部分，小应力幅区段），可以将上述不同重量的车辆换算为同一重量的等效车辆重量，其公式为：

$$W_e = \left[\sum f_i W_i^5\right]^{\frac{1}{5}}$$

其中，W_i 为第 i 种产生疲劳影响的车辆的重量，f_i 为其在所有产生疲劳影响的车辆总数目中所占的比例，将各种车辆所占比例代入上式，可得：

$$W_e = \left(\frac{0.034}{0.10} \times 70^5 + \frac{0.02}{0.10} \times 200^5 + \frac{0.04}{0.10} \times 160^5 + \frac{0.006}{0.10} \times 550^5\right)^{\frac{1}{5}} = 315.5(\text{kN})$$

因此该长江大桥公路的等效疲劳加载车辆重量大约为 315.5kN，即此桥的公路荷载谱可以定为：标准疲劳车重 315.5kN，其作用次数为桥梁寿命期内交通量的 10%。

按交通流量和车辆组成分析，该长江大桥公路的标准疲劳车重 315.5kN；考虑到 BS5400 的标准疲劳车总重为 320kN；AASHTO 的标准疲劳车总重为 325×1.15=373.75kN；再根据我国某些代表性桥梁的设计交通流量，通过对各种车型所占比例的分析，按疲劳损伤等效的思路，由等效轴重公式得到的等效标准疲劳车辆的总重也在 320kN 左右，因此，该长江大桥公路疲劳荷载的标准车辆可以分别依据 BS5400 和 AASHTO 进行取用，荷载的作用次数为桥梁寿命期内实际交通量的 10%。

11.4.7　内力历程例与等效荷载幅

1) 内力历程例(Internal Force History)

当标准疲劳车已确定，并且各个车道的影响线求出后，就可得到构件或节点处的内力（或应力）历程例。将疲劳加载车辆沿着内力（或应力）的影响线从一端进入，直到它在影响线另一端完全驶出为止，为一加载例。把内力在一个加载例中随时间的变化过程记录下来就可以得到一个内力历程例，图 11-18、图 11-19 分别为某 20m 跨径的简支梁桥在"BS5400 的标准疲劳车"与《公路钢结构桥梁设计规范》"疲劳荷载计算模型 Ⅱ"作用下的支承截面剪力历程例。

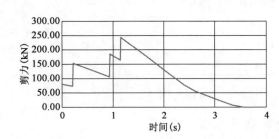

图 11-18　某跨径 20m 简支梁桥在"BS5400 的标准疲劳车"作用下的支承截面剪力历程例

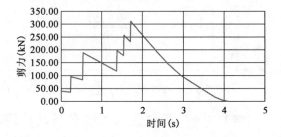

图 11-19　某跨径 20m 简支梁桥在"疲劳荷载计算模型 Ⅱ（单车）"作用下的支承截面剪力历程例

2) 等效荷载幅(Equivalent Load Amplitude)

用雨流计数法或泄水法对求得的标准疲劳车内力历程例分别进行计算后，可以得到构件或的内力频值谱。计算中应注意：

(1) 冲击力影响。不同的规范对此规定不一，应用 BS5400 时不考虑冲击力效应；美国

AASHTO 规范考虑 15% 的动力系数（特殊部件除外）；《公路钢结构桥梁设计规范》（JTG D64—2015）不考虑冲击力效应。

（2）多车效应

BS5400 与 AASHTO 的标准疲劳车在同一车道只有一辆，但必须考虑多辆车在不同分车道同时引起同一符号的效应。

《公路钢结构桥梁设计规范》（JTG D64—2015）中，对应于无限寿命设计的疲劳荷载计算模型Ⅰ，考虑多车道的影响；疲劳荷载计算模型Ⅱ以及疲劳荷载计算模型Ⅲ加载仅按单车道加载，其多车道效应在损伤等效系数中考虑。

3）疲劳荷载的循环次数和等效内力谱

通过变幅疲劳强度和常幅疲劳强度之间的关系式（11-6），可以得出不同车道的等效内力幅及其循环次数。

11.4.8　模型试验荷载幅

按照目前的试验设备、技术水平和试验研究周期的要求，疲劳试验一般不可能进行上千万次的加载，都控制在几百万次以内。因此，可根据疲劳损伤等效原则适当的提高荷载幅值，以减少循环次数。按照常规疲劳试验的做法，根据疲劳损伤累积理论，把各种"标准疲劳车"计算的内力幅值等效成循环次数为 200 万次时的内力幅值。

11.5　疲劳试验过程与观测

11.5.1　疲劳试验内容

结构构件疲劳试验的实施一般采用专门的疲劳试验机，如：电液伺服疲劳试验系统、电磁脉冲千斤顶，也有采用偏心轮式振动设备加载。对结构构件的疲劳试验大多采用等幅匀速正弦荷载或脉冲荷载，以模拟结构构件在使用阶段不断反复加载和卸载的受力状态。

（1）对于检验性疲劳试验，在控制疲劳次数内主要测试抗裂性及开裂荷载、裂缝宽度及其发展、最大挠度及其变化幅度以及疲劳强度和疲劳寿命，同时应满足现行设计规范的要求。多见于钢结构或构件的疲劳性能验证。

（2）对于研究性疲劳试验，根据研究目的和要求确定测试内容，以正截面的疲劳性能试验为例，主要测试各阶段截面应力分布状况、中性轴变化规律、抗裂性能及开裂荷载、裂缝及其发展情况、最大挠度及其变化规律、疲劳强度以及疲劳破坏特征。多用于混凝土构件的疲劳性能研究。

11.5.2　疲劳试验过程

疲劳试验过程中，虽然所有的信息都在随时间变化，但是在一定的荷载循环中，试验信息的变化幅度不大，没有必要采用自动数据采集设备记录试验数据（数据量太大，不好处理）。疲劳试验可采用荷载控制与位移控制，试验系统一般都有动态方式测量、记录和显示，以便对试验过程进行监控、对试验荷载值的偏差及时进行调整、对加载异常状况采取停机保护。疲劳试验的主要过程可归纳为以下几个阶段：

1）静力预载阶段

对构件施加不大于上限荷载60%的静载1~2次，消除连接处的松动及接触不良，并使加载与测试的各个部分工作正常。

2）疲劳试验阶段

（1）首先做静载试验。其目的主要是为了对比构件经受反复荷载后受力性能有何变化，荷载分级加到疲劳上限荷载，每级荷载可取上限荷载的20%，对于某些混凝土试件，加载到开裂荷载的80%后应适当加密级数，满载后可分级卸载，级数可相应于加载时减半。

（2）然后进行疲劳试验。在调节好加载上下限后，就进行疲劳循环。待示值稳定后，可读取第一次动载读数，以后每隔一定次数读取数据。根据要求也可在疲劳循环过程中进行停机静载试验，完毕后重新启动疲劳机继续疲劳试验。

（3）最后是破坏试验。试件达到要求的疲劳次数后，有两种情况的破坏试验可选择，一种是继续施加疲劳荷载直至破坏，得到承受疲劳荷载的次数，这种情况有利于分析其实际疲劳寿命；另一种是作静载破坏试验，方法同前，这种情况可考察构件经历预定疲劳循环次数后的极限承载能力。一般疲劳试验步骤可用图11-20表示。

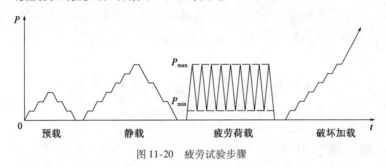

图11-20 疲劳试验步骤

需要注意的是，试验的目的和要求不同，疲劳试验所采取的试验步骤也不一样，如带裂缝的疲劳试验，静载可不分级缓慢地加到第一条可见裂缝出现为止，然后开始疲劳试验，如图11-21所示；也有在疲劳试验过程中变更荷载上限，如图11-22所示。提高疲劳荷载的上限，可以在达到要求疲劳次数之前，也可在达到要求疲劳次数之后。

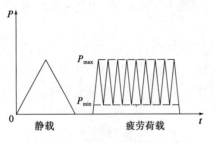

图11-21 带裂缝构件的疲劳试验步骤

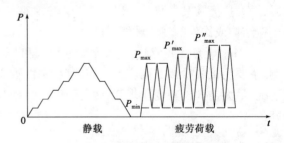

图11-22 变更荷载上限的疲劳试验步骤

11.5.3 试验观测内容与方法

疲劳试验与静力试验有基本相同的观测内容，主要包括构件的变形、应变分布及裂缝的变化，但与常规静载试验不同的是，疲劳试验所获取的数据一般都是以荷载相同为前提条件，测试数据随循环次数的变化反映出结构或构件的性能变化,即疲劳性能。具体表现在疲劳强度确定,应变、挠度和裂缝测量等方面。

1)疲劳强度确定

当进行研究性疲劳试验时,构件以疲劳极限强度和疲劳极限荷载作为最大的疲劳承载能力,构件达到疲劳破坏时的荷载上限值为疲劳极限荷载,构件达到疲劳破坏时的应力最大值为疲劳极限强度。为了得到给定值条件下的疲劳极限强度和疲劳极限荷载,一般采取的办法是:根据构件实际承载能力,取定最大应力值,作疲劳试验,求得疲劳破坏时荷载作用次数,将与双对数直线关系中求得控制疲劳极限强度作为标准疲劳极限强度。它的统计值作为设计验算时疲劳强度取值的基本依据。

对于验证性疲劳试验,考察实际结构的构件或节点的疲劳性能,其疲劳加载的荷载幅一定要根据疲劳损伤等效原则确定,其下限值应为恒载效应的等效荷载值或国内外相关规范允许的最低荷载值。

疲劳破坏的标志应根据相应规范的要求而定,对研究性的疲劳试验有时为了分析和研究破坏的全过程及其特征,往往将破坏阶段延长至构件完全丧失承载能力。

2)应变与挠度测量

疲劳试验中,应变测量一般采用电阻应变片,测点布置依试验构件的应力场分布情况而定;挠度测量可根据实际情况选择接触式和非接触式位移传感器等。按照预定循环次数测量动应变与动挠度的时程曲线,或停机进行静载试验,以比较不同循环次数后的量值变化情况。

3)裂缝测量

由于裂缝的萌生和裂缝的扩展宽度对构件安全使用具有重要意义。因此,裂缝测量在疲劳试验中是必须要做的,目前测裂缝的方法还是利用光学仪器、目测或利用应变传感器电测裂缝,此项工作一般需暂停疲劳加载或施加静载时才便于观测。

11.6 轻轨支座疲劳试验示例

11.6.1 试验项目概述

跨座式轻轨技术最初由日本引进,与之相应的PC轨道梁预制模板、轨道梁支座等均从日本进口。为了降低建设费用、掌握并提升全套技术,主管机构组织了大量的技术消化、自主研发工作,支座的研制便是其中的组成部分。

PC轨道梁在使用过程中会将车轮循环荷载传递给相应的支座,长期应力循环可能会导致支座损伤、支承性能变差,因此自主研制的支座疲劳性能考察是非常必要的,支座疲劳承载能力验证的有效办法是疲劳试验,由此需要展开一系列的工作:确定疲劳试验荷载幅、选定疲劳试验所用的原型支座、拟定试验加载循环次数、确定观测内容与观测方式、试验结果分析等。其中疲劳试验荷载幅的确定是关键环节。

11.6.2 疲劳试验荷载幅确定

轻轨支座疲劳试验采用实际使用的原型支座,试验荷载幅的确定将经历如下过程。

1) 轻轨标准疲劳车荷载图式与运行次数确定

跨座式轻轨的设计寿命为100年,在规划的运行初期(前10年)、近期(20年)、远期(后70年)轻轨列车分别采用4、6、8节车厢的编组形式。通过对三个时期的客流量、行车组织形式、车辆种类及编组、列车载客量等的分析,再结合各编组的空车、定员载客和超员载客的轻轨列车重量,以及静力设计采用的轻轨荷载(图11-23),确定轻轨疲劳加载车的等效轴重。

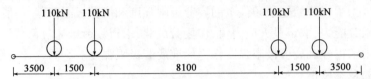

图11-23 单节车厢轻轨标准静力车荷载图式(尺寸单位:mm)

试验分析所采用的轻轨标准疲劳车荷载图式(设计建议)如图11-24所示,与静力设计的荷载图式相比,只是轴重不同,其他参数均相同。按照初期、近期及远期编组分别为4节、6节和8节车厢。

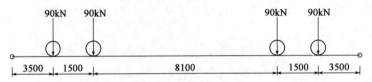

图11-24 单节车厢轻轨标准疲劳车荷载图式(尺寸单位:mm)

按照轨道交通线各时期的客流特征,再结合线路设计图,可得到各个交通段所开行的列车对数,进而得到轨道交通线的全日行车计划安排,具体如表11-9所示。

轻轨每日行车计划表 11-9

年限	列车编组	轴数	每天单向运行次数
初期	4节	16	257
近期	6节	24	277
远期	8节	32	277

2) 反力历程例的计算

当轻轨标准疲劳车荷载图式确定后,就可将各种编组的轻轨标准疲劳车从支反力影响线的一端驶入,至另一端完全驶出以完成一个加载例。在一个加载例中,支座发生反力变化的记录就是反力历程例,当然须首先求出支反力影响线。

因跨座式轻轨采用跨径20m的简支PC轨道梁,很容易得到支座的反力影响线。

根据初期、近期及远期编组分别为4节、6节和8节车厢的实际情况,轻轨支座的反力历程例需按这三种情况进行计算,见图11-25~图11-27。

3) 试验等效荷载幅

(1) 反力频值谱

要得到实际荷载幅,首先需要根据计算出的反力历程例换算出反力频值谱,即为了计算疲劳损伤度的需要,把一个反力程例中所包含的大小不同的反力脉(现在用f_r代表其作用的反力脉)和它们的次数提取出来,编制为反力频值例;然后将所有编组的反力频值例都取出来后,用各反力脉的次数分别乘以各编组轻轨列车通过轨道梁的次数,汇总起来就得到所需要的反力频值谱。

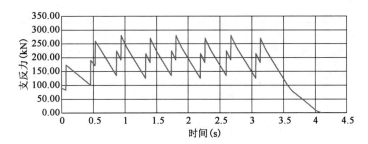

图 11-25　轻轨支座在 4 编组列车作用下的反力历程例

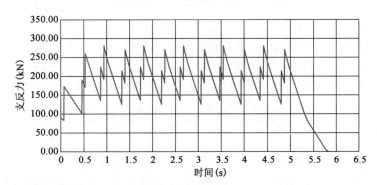

图 11-26　轻轨支座在 6 编组列车作用下的反力历程例

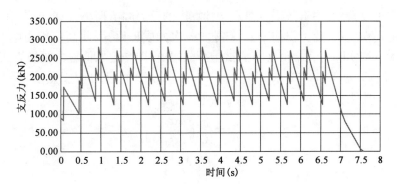

图 11-27　轻轨支座在 8 编组列车作用下的反力历程例

从反力历程例提取反力脉和次数有多种方法,下面将采用前面介绍的泄水法对轻轨支座反力脉和次数进行提取。

根据图 11-25 ~ 图 11-27,泄水法所提取的反力脉及次数如表 11-10 所示。

泄水法所提取的反力脉及次数　　　表 11-10

4 编组（初期）		6 编组（近期）		8 编组（远期）	
次数	反力脉（kN）	次数	反力脉（kN）	次数	反力脉（kN）
1	280.35	1	280.35	1	280.35
1	6.30	1	6.30	1	6.30
1	72.00	1	72.00	1	72.00
1	89.10	1	89.10	1	89.10
1	125.15	1	125.15	1	125.15

续上表

4 编组(初期)		6 编组(近期)		8 编组(远期)	
次数	反力脉(kN)	次数	反力脉(kN)	次数	反力脉(kN)
6	31.50	10	31.50	14	31.50
3	154.31	5	154.31	7	154.31
2	134.50	4	134.50	6	134.50

(2)等效荷载幅

从反力历程例提取反力脉和次数后,根据变幅疲劳强度和常幅疲劳强度之间的关系式(11-6),即可推出轻轨列车作用于支座的等效荷载幅。

轻轨支座设计基准期100年,按照4编组列车初期运营10年,6编组列车近期运营20年,8编组列车远期运营70年进行考虑,可以得出轻轨列车的循环次数。在轻轨列车的等效荷载幅及循环次数都确定的情况下,就可求得设计反力频值谱,如表11-11所示。

轻轨支座反力频值谱   表11-11

加载车辆	加载位置	泄水法反力幅值(kN)	单列次数	作用次数
4 编组(初期)	轨道梁	167.68	16	14892000
6 编组(近期)	轨道梁	158.28	24	48530400
8 编组(远期)	轨道梁	152.59	32	226475200

通过上表可以看出,编组数多时泄水法计算出的反力幅值稍小,但单列作用次数增多。

根据疲劳损伤理论,疲劳损伤度同荷载的 m 次方成正比,因此高值应力幅对构件的疲劳寿命影响更大。把实际荷载幅值换算成试验荷载幅值,即是把低值应力幅换算成高值应力幅。

BS5400 第10篇第11.3条规定:低于 $\Delta\sigma_0$ 的各个应力幅 $\Delta\sigma_r$ 的循环次数,应按 $(\Delta\sigma_r/\Delta\sigma_0)^2$ 比例减小。

$\Delta\sigma_r \geq \Delta\sigma_0$ 时,
$$\frac{n}{N} = \frac{n}{10^7}\left(\frac{\Delta\sigma_r}{\Delta\sigma_0}\right)^m \tag{11-8}$$

$\Delta\sigma_r \leq \Delta\sigma_0$ 时,
$$\frac{n}{N} = \frac{n}{10^7}\left(\frac{\Delta\sigma_r}{\Delta\sigma_0}\right)^{m+2} \tag{11-9}$$

Eurocode3 规定,疲劳强度曲线在常幅疲劳极限 $\Delta\sigma_1$ 处,改变斜率 m 为 $m+2$ 以及设置变幅疲劳截止限 $\Delta\sigma_2$。改变 m 是认为低应力幅的损伤作用有所减弱,设置 $\Delta\sigma_2$ 是认为低应力幅小到一定程度就无损伤作用。这样,既可以肯定低应力幅的损伤作用又不会扩大它的作用。Eurocode3 还规定 $N=5\times10^6$ 次和 $N=10^8$ 次时的应力幅,分别为常幅疲劳极限 $\Delta\sigma_1$ 和变幅疲劳截止限 $\Delta\sigma_2$。

根据前面的分析,可知疲劳寿命 N_0 与应力幅的 $m+2$ 次方成反比,而1000万次疲劳寿命对应的疲劳曲线斜率的倒数为 $m=5$,所以利用上面公式将低值应力循环换算为1000万次等效等幅疲劳荷载的 n_0 倍。n_0 值计算如下:

$$n_0 = \left(\frac{N_0}{10^7}\right)^{\frac{1}{5}} \tag{11-10}$$

按照试验模型、试验设备、技术水平和试验研究周期等因素,疲劳试验加载一般按常幅应力循环1万~500万次进行。本次轻轨支座疲劳试验的循环次数按300万次考虑,也就是需要再将1000万次的荷载幅度,换算至试验所需循环次数 N 的荷载幅度,而300万次疲劳寿命对应的疲劳曲线斜率的倒数为 $m=3$，则荷载的幅度应为原来的 n_1 倍。n_1 值计算如下：

$$n_1 = \left(\frac{10^7}{N}\right)^{\frac{1}{3}} \tag{11-11}$$

因此，疲劳试验荷载为：

$$\Delta P_{qg} = n_0 n_1 f_v \tag{11-12}$$

此处，f_v 为反力脉。

根据轻轨支座设计基准期寿命，再结合轻轨支座反力频谱值（表11-11），通过公式(11-10)和公式(11-11)将低值应力幅向高值应力幅转换，就可求得在各段时期内各种不同列车编组作用的等效荷载幅值，如表11-12所示。

轻轨支座等效荷载幅值　　　　　　　　　　　表11-12

加载车辆	n_0	n_1	ΔP_{qg}(kN)
4编组（初期）	1.083	3.218	584.38
6编组（近期）	1.372	2.554	554.63
8编组（远期）	1.866	1.682	478.92

再根据 Miner 累积损伤法则 $\Delta\sigma_e = \left[\sum_{i}^{k}\frac{n_i \Delta\sigma_i^m}{N}\right]^{\frac{1}{m}}$，就可把表11-12中各种列车编组计算的反力幅值等效成循环次数为300万次时的试验荷载幅：

$$\Delta P_{qg} = \left(\frac{300000 \times 584.38^3}{3000000} + \frac{600000 \times 554.63^3}{3000000} + \frac{2100000 \times 478.92^3}{3000000}\right)^{\frac{1}{3}} = 507.84 \text{(kN)}$$

对于该轻轨支座，根据它在结构上所处的位置，还需要乘上一个对应的结构安全系数。因此，在循环300万次时，根据计算的试验内力幅结合实际情况，取结构安全系数为1.0。最终，确定的轻轨支座试验疲劳荷载幅为508kN。

11.6.3　试验模型及安装

由于支座有固定支座、可动支座、弯道固定支座、弯道可动支座等类型，根据有限元分析结果和试验研究进程，先选定固定支座进行疲劳试验。

支座的安装要考虑实验室反力设施的结构形式与各试验组成部分（地锚孔、模型与定位装置、支座、作动器与连接装置、反力架横梁等）的尺寸、连接方式。

11.6.4　试验模型的有限元分析与测点布置

为了合理地布置模型的应变测点，需要确定应力分布的最不利区域，由此，模型的三维实体有限元分析甚至精细有限元分析是必不可少的，图11-28是支座的设计图。

1) 有限元分析结果

通过对轻轨支座有限元模型的应力云图分析得知：在最大静力（设计要求取1.5倍疲劳荷载上限值，即 $1.5 \times 838\text{kN} = 1257\text{kN}$）加载下，最大主拉力为85.44MPa，位于支座上肢摆与轴销的接触面上；绝对值最大主压力为 -193.87MPa，位于支座上肢摆与轴销的接触面上；最大 Von Mises 应力为126.42MPa，出现在支座上肢摆与轴销的接触面及支座上肢摆根部；最大的接触应力为69.11MPa，远小于材料的许用接触应力。可见，支座在最不利工况下处于弹性工作状态，结构承载力足够。

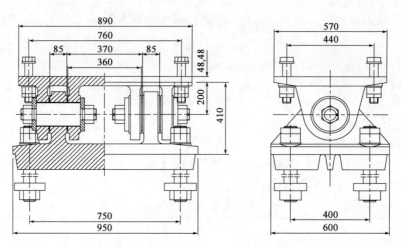

图 11-28　轻轨支座设计图(尺寸单位:mm)

2)应变观测部位的确定

对轻轨支座进行实体有限元分析,根据计算得到的应力分布情况找到支座受力的不利区域,并据此确定应变测点布置方式,特别是结构上第一主应力最大的部位,裂纹往往垂直于该应力方向。

根据应力分布与应变测点布置的可行性,确定出主要应变测试区域为支座上肢摆根部及支座下肢摆根部;支座上肢摆和下肢摆通过轴销连接,虽然它们之间的接触部位应力值大,但不方便设置测点,只能做间接分析。

3)应变测试方法

应变的测量采用电测法。根据试验模型的构造特点,选取一些有代表性的点位进行应变测量,从而了解其关键区域的应力分布。由于支座测试部位受力复杂、主应力方向不明显,因此在测试区域全部布置直角应变花,通过测量应变来换算模型的主应力和剪应力。

轻轨支座上共在上肢摆根部与侧面、下肢摆根部设置 36 个应变花测点,一个应变花包括 3 枚应变片,应变片编号按从小到大的顺序。例如,A-000 表示 A 面 $0°$ 方向应变片,A-001 为 A 面 $45°$ 方向应变片,A-002 为 A 面 $90°$ 方向应变片,依次循环。其中字母 A、B、C、D 依次代表支座模型按逆时针方向依次排列的四个立面,轻轨支座疲劳试验模型的具体应变测点布置,如图 11-29a)、b)所示。

a)

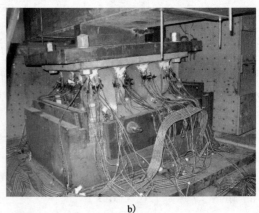
b)

图 11-29　支座疲劳试验应变测点布置图

11.6.5 疲劳试验加载与观测

1）试验加载

试验加载设备采用 MTS 公司制造的五通道结构动态试验系统的全自动液压伺服作动器。

按照疲劳试验等效荷载幅的计算，轻轨支座疲劳试验荷载幅取为 508kN。取轨道梁的自重 330kN 为疲劳荷载的下限，则疲劳荷载上限为下限再加上支座设计疲劳荷载幅 508kN。因此，设计疲劳荷载幅上、下限分别为 330kN 与 838kN。

进行疲劳试验前应首先进行静力预载。预载完成后，试验的各个部分均工作正常再开始疲劳试验；疲劳试验时，为了考察疲劳循环与结构损伤的关系，在试验疲劳荷载循环次数每达到 100 万次，就停机进行 1.5 倍上限值的静载试验。

疲劳试验前的静力预载试验、疲劳过程中停机静载试验均采用逐级加、卸载，每次静载试验重复三次，每次荷载分级为：

0kN→100kN→200kN→300kN→400kN→500kN→600kN→700kN→800kN→900kN→1000kN→1100kN→1150kN→1200kN→1257kN→1000kN→800kN→600kN→400kN→200kN→0kN。

在静载试验时进行应变测量，以便通过各测点应变的变化情况，检查是否出现开裂或异常情况，每次静载试验要对应变数据进行三次以上的重复采集，根据试验数据是否一致或相近来判断数据的有效性。

当静载试验完成后，疲劳加载幅从零开始，然后按照一定的荷载增量逐级增加至疲劳加载值。如果加载次数达到 200 万次，试件仍未发生破坏，期间荷载每循环 20 万次，就要观察模型是否开裂。若有开裂，则记录疲劳裂纹扩展的情况。在荷载作用下达循环次数达 300 万次，试件仍未发生破坏，则终止疲劳试验。

2）试验观测

试验过程的观测内容包括：疲劳荷载大小、试验加载部位的位移、测试区域的应变、疲劳裂纹的萌生与扩展等。

疲劳加载值与测试部位的位移通过位于作动器上的力传感器与位移传感器测定；应变由 TDS602 静态数据采集器量测，应变测试仪器如图 11-30 所示；裂纹的出现通过肉眼观察或应变值异常捕捉，裂纹的扩展通过裂缝观测仪与钢尺测试。

a) TDS602

b) SSW-50C

图 11-30　静态数据采集仪器

11.6.6 疲劳试验结果分析

疲劳试验过程中,在 0 次、100 万次、200 万次、300 万次循环后,静力加载时模型量值最大测点的主拉应力随荷载级别的变化情况见图 11-31;模型量值最大测点的主压应力随荷载级别的变化情况见图 11-32;剪应力随荷载级别的变化情况略。

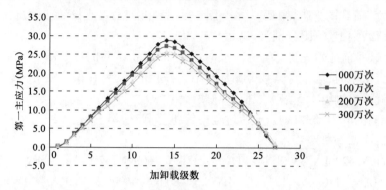

图 11-31　D 面代表性应变花测点荷载—主拉应力变化曲线图

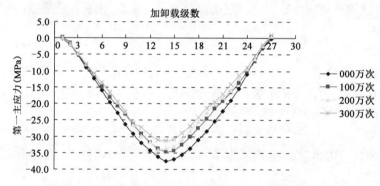

图 11-32　A 面代表性应变花测点荷载—主压应力变化曲线图

从图 11-31、图 11-32 可以看出,测点主应力在每次静载试验曲线时随加载级数均有一定程度的变化,但各次静载试验的主应力数值差别不大,发展趋势一致;就所有测点而言,加载历程和卸载历程的荷载—主应力变化曲线趋势基本相同,且归零值较好,无残余变形;整个试验过程中,没有观察到任何异常现象。可见,支座的疲劳强度满足使用要求。

11.6.7　轻轨支座疲劳强度评价

从疲劳试验过程中的静载试验来看,疲劳循环疲劳 100 万次、疲劳 200 万次、疲劳 300 万次时,在最大竖向力 1257kN 作用下上下肢摆测点的最大主拉应力为 28.70MPa、27.20MPa、25.50MPa,通过对静载试验中最大拉应力测点第 4 级、第 5 级以及第 9 级、第 10 级加载进行线性插值,可得到在设计疲劳荷载幅下限 330kN 及上限 838kN 所对应的拉应力,疲劳上限应力减下限应力即为支座模型试验疲劳应力幅。通过计算,疲劳循环 100 万次、200 万次、300 万次下,试验疲劳应力幅测试值分别为 10.99MPa、10.39MPa、10.10MPa。根据测点的计算值与实测值之比(即校验系数),主拉应力的校验系数介于 0.804~0.985 之间,主压应力的校验系数介于 0.816~0.939 之间,偏保守取 1.0。由此,根据有限元分析结果可推测:支座中上下肢摆的最大疲劳试验主拉应力幅为34.53MPa、主压应力幅为-78.60MPa、剪应力幅为12.16MPa；轴销的试验疲劳主拉应力幅为22.28MPa、主压应力幅为-35.66MPa、剪应力幅为12.16MPa。

根据损伤等效原则，可将上述轻轨支座300万次疲劳循环应力幅换算成200万次疲劳循环的相应值：上下肢摆中绝对值最大的主拉应力幅为39.49MPa、主压应力幅为-89.90MPa、剪应力幅为13.90MPa；轴销中绝对值最大的主拉应力幅为25.48MPa、主压应力幅为-40.79MPa、剪应力幅为13.90MPa，此时试验荷载幅由508kN换算为581kN。下面分别根据国内外相关规范对轻轨支座上下肢摆、轴销的疲劳强度进行检算并给出相应的评价。

1）按《公路桥涵钢结构及木结构设计规范》(JTJ 025—1986)验算

（1）轻轨支座上下肢摆疲劳强度评价

轻轨支座上下肢摆的构造细节可为1类（轧制母材），容许应力类别为A类，其最大应力为拉、压应力时疲劳容许应力计算式为：

$$\Delta\sigma = \frac{245}{1-0.6\rho} \quad 但 \leq [\sigma] \quad （拉）$$

$$\Delta\sigma = \frac{245}{0.6-\rho} \quad 但 \leq [\sigma] \quad （压）$$

其中，$[\sigma]$为钢材的拉压容许应力；$\rho = \frac{|\sigma|_{min}}{|\sigma|_{max}} = \frac{330}{911} = 0.362$，同号应力为正，反号应力为负。疲劳容许拉压应力幅的计算值均取180MPa（铸钢ZG45Ⅱ）。

轻轨支座上下肢摆的构造细节也可为2类（带孔母材），许应力类别为D类，其最大应力为拉应力时疲劳容许应力计算式为：

$$\Delta\sigma = \frac{145}{1-0.6\rho} \quad 但 \leq [\sigma] \quad （拉）$$

$$\Delta\sigma = \frac{145}{0.6-\rho} \quad 但 \leq [\sigma] \quad （压）$$

疲劳容许拉压应力幅的计算值均取180MPa（铸钢ZG45Ⅱ）。

可见，两种情况的疲劳容许拉应力幅180MPa均大于39.49MPa，疲劳容许压应力幅180MPa均大于89.90MPa，因此轻轨支座上下肢摆的疲劳强度满足要求。

（2）轻轨支座轴销疲劳强度评价

轻轨支座轴销可视为受剪或承压的铆钉，其受剪、受压时的疲劳容许应力计算式为：

$$\Delta\tau = \frac{110}{1-0.6\rho} \quad 但 \leq [\tau] \quad （剪）$$

$$\Delta\sigma = \frac{280}{0.6-\rho} \quad 但 \leq [\sigma] \quad （压）$$

其中，$[\tau]$为钢材的剪切容许应力；$[\sigma]$为钢材的拉压容许应力；$\rho = \frac{|\sigma|_{min}}{|\sigma|_{max}} = \frac{330}{911} = 0.362$，同号应力为正，反号应力为负。疲劳容许剪、压应力幅的计算值可分别取为110MPa、180MPa。

可见，轻轨支座轴销的疲劳容许剪应力幅110MPa，大于13.90MPa；疲劳容许压应力幅180MPa，大于40.79MPa。因此轻轨支座轴销的疲劳强度满足要求。

2）按《公路钢结构桥梁设计规范》(JTG D64—2015)验算

由于轻轨支座的疲劳荷载与《公路钢结构桥梁设计规范》(JTG D64—2015)不同，但支座

本身是考虑的有限疲劳寿命,因此可以借用其5.5.5条,采用疲劳荷载计算模型Ⅱ的公式进行验算:

$$\gamma_{Ff}\Delta\sigma_{E2} \leqslant \frac{k_s \Delta\sigma_C}{\gamma_{Mf}}$$

$$\gamma_{Ff}\Delta\tau_{E2} \leqslant \frac{\Delta\tau_C}{\gamma_{Mf}}$$

$$\Delta\sigma_{E2} = (1+\Delta\phi)\gamma(\sigma_{pmax} - \sigma_{pmin})$$

$$\Delta\tau_{E2} = (1+\Delta\phi)\gamma(\tau_{pmax} - \tau_{pmin})$$

本问题中:$\gamma_{Ff} = 1.0, k_s = 1.0, \gamma_{Mf} = 1.35, \gamma = 1.0, \Delta\phi = 0$

轻轨支座各部分的拉压与剪切疲劳细节类别分别属于160、100,根据《公路钢结构桥梁设计规范》(JTG D64—2015)的附录C和公式说明,$\Delta\sigma_C \approx 160\text{MPa}$、$\Delta\tau_C \approx 95\text{MPa}$。支座中,最大的主应力幅为89.90MPa,剪应力幅为13.90MPa,于是:

$$\Delta\sigma_{E2} = (1+\Delta\phi)\gamma(\sigma_{pmax} - \sigma_{pmin}) = 89.90(\text{MPa})$$

$$\Delta\tau_{E2} = (1+\Delta\phi)\gamma(\tau_{pmax} - \tau_{pmin}) = 13.90(\text{MPa})$$

有:

$$\gamma_{Ff}\Delta\sigma_{E2} = 89.90\text{MPa} \leqslant \frac{k_s \Delta\sigma_C}{\gamma_{Mf}} = \frac{160\text{MPa}}{1.35} = 117.82\text{MPa}$$

$$\gamma_{Ff}\Delta\tau_{E2} = 13.90\text{MPa} \leqslant \frac{\Delta\tau_C}{\gamma_{Mf}} = \frac{95\text{MPa}}{1.35} = 69.96\text{MPa}$$

表明轻轨支座各部分的疲劳强度满足要求。

3)其余规范只简要给出按照主应力的验算结果

(1)《钢结构设计规范》(GB 50017—2003)

轻轨支座构造细节类别为无连接处的主体金属。在300万次应力循环下,疲劳容许应力幅153.80MPa>78.60MPa;在200万次应力循环下,疲劳容许应力幅176.00MPa>89.90MPa,满足要求。

(2)英国 BS5400

轻轨支座构造细节可归为C类,300万次疲劳容许应力幅109.20MPa>78.60MPa;对应在200万次应力循环下,疲劳容许应力幅125.00MPa>89.90MPa,满足要求。

(3)《欧洲钢结构设计规范》(Eurocode 3)

轻轨支座各部分可定为细节类型160,在300万次应力循环下,疲劳容许应力幅139.80MPa>78.60MPa;在200万次应力循环下,疲劳容许应力幅160.00MPa>89.90MPa,满足要求。

(4)美国 AASHTO

轻轨支座构造细节可归为细部分类A,在300万次应力循环下,疲劳容许应力幅144.14MPa>78.60MPa;在200万次应力循环下,疲劳容许应力幅165.00MPa>89.90MPa,满足要求。

4)评价

在验算满足相关规范的要求的基础上,结合300万次疲劳试验后的试件检查,未发现疲劳裂纹,整个疲劳加载过程中未观察到其他异常现象,可得出轻轨支座的疲劳强度能够满足设计使用要求的结论。

11.7 本章小结

  桥梁与多数工程结构都处于交变荷载的作用下,受多重因素的影响,结构或构件的疲劳受力性能单靠计算难以把握,疲劳试验是重要的研究方法;混凝土构件的疲劳试验多为研究性质,目的不一,方式多样;桥梁钢结构的疲劳试验目的多为验证性,方法相对统一;疲劳试验结果具有明显离散性,与疲劳试验方法所存在缺陷有关。因此,对于研究性疲劳试验结果的处理,一般采用统计分析的方法进行。

  疲劳试验荷载幅的确定极为重要,可按此流程进行:将作用在桥梁上的随机荷载进行统计分析,获得等效疲劳荷载(标准疲劳车)及其作用次数(即循环荷载谱);求取标准疲劳车作用下的内力历程例与内力频值谱;通过变幅疲劳强度和常幅疲劳强度之间的关系式,将变幅荷载转化为等效常幅荷载,得到等效荷载幅;运用损伤等效的思路,进而得到规定试验循环次数下的模型疲劳试验荷载幅。

  线性疲劳累积损伤理论是目前疲劳试验荷载确定的重要依据,但试验结果与实际存在较大的差异,疲劳试验结果准确性的提高,期盼更能反映实际情况的疲劳累积损伤理论;随着设备控制技术的提高,疲劳试验加载会逐步由现在的常幅荷载向更接近实际荷载循环的方式发展;脉动疲劳试验机的全闭环控制系统的进一步研发,将会使得疲劳试验在费用较低的同时,能保证疲劳试验荷载下限值的准确性、稳定性。

【习题与思考题】

  1. 结构疲劳试验的特点是什么?
  2. 荷载谱的内涵与确定荷载谱的意义是什么?
  3. 说出等效内力谱与疲劳试验荷载幅的联系与差异。
  4. 试验模型如何反映原型结构的疲劳受力特性?

本章参考文献

[1] 钱冬生. 钢桥疲劳设计[M]. 成都:西南交通大学出版社,1986.
[2] 吴富民. 结构疲劳强度[M]. 西安:西北工业大学出版社,1985.
[3] 周明华. 土木工程结构试验[M]. 3版. 南京:东南大学出版社,2013.
[4] 王天稳. 土木工程结构试验[M]. 3版. 武汉:武汉工业大学出版社,2012.
[5] 强士中,周志祥,卫星,等. 重庆朝天门长江大桥节点模型疲劳试验研究报告[R]. 2008.
[6] 叶华文,史占崇,肖林,等. 大跨钢桥疲劳试验模型整体设计及控制方法研究[J]. 土木工程学报,2015,6.
[7] 龚尚龙,吴海军,等. 江津观音岩长江大桥研究报告[R]. 重庆交通大学,2008.
[8] 中华人民共和国行业规范. JTG D64—2015 公路钢结构桥梁设计规范[S]. 北京:人民交通出版社股份有限公司,2015.

[9] 英国标准学会. BS5400 钢桥、混凝土桥及结合桥[S]钱冬生,译. 成都:西南交通大学出版社,1986.
[10] British Standards Institution. BS 5400-Steel, concrete and composite bridges[S]. 1988.
[11] 美国各州公路和运输工作者协会. 美国公路桥梁设计规范[S]. 辛济平,等,译. 北京:人民交通出版社,1998.
[12] American Association of State Highway and Transportation Officials. AASHTO LRFD Bridge Design Specifications[S]. 2012.
[13] 欧洲标准化委员会. 欧洲规范3:钢结构设计—第二部分:钢桥[S]. 中交公路规划设计院,译. 2003.
[14] European Committee for Standirdazation. Eurocode 3-Design of Steel Structures. 2002.
[15] 刘君梅. 重庆菜园坝长江大桥轻轨支座疲劳试验研究[D]. 重庆:重庆交通大学,2011.
[16] 陈康明,黄汉辉,吴庆雄. 锚拉板式索梁锚固结构焊缝抗疲劳性能研究[J]. 福州大学学报(自然科学版),2016.
[17] 赵顺波,靳彩,赵瑜,等. 工程结构试验[M]. 郑州:黄河水利出版社,2001.
[18] 刘明. 土木工程结构试验与检测[M]. 北京:高等教育出版社,2008.
[19] 宋彧. 建筑结构试验与检测[M]. 2版. 北京:人民交通出版社,2014.
[20] 马永欣,郑山锁. 结构试验[M]. 北京:科学出版社,2015.
[21] 易伟建,张望喜. 建筑结构试验[M]. 4版. 北京:中国建筑工业出版社,2016.
[22] 朱尔玉. 工程结构试验[M]. 北京:北京交通大学出版社,2016.
[23] 王学颜,宋广惠. 结构疲劳强度设计与失效分析[M]. 北京:兵器工业出版社,1992.

第12章
桥梁碰撞试验

12.1 概　　述

　　近年来,随着陆上交通以及水上交通的快速发展,桥梁遭受车辆和船舶撞击的情况越来越多。在车—桥碰撞方面,据不完全统计,车辆碰撞桥梁事故占桥梁各类事故总数的15%以上[图12-1a)],车辆撞击是导致桥梁损害的第二大原因,远高于地震和风灾。美国大约有61%的桥梁遭受过车辆的撞击,每年仅预应力梁桥被车辆撞击的事故就有160多次。北京市约50%的立交桥曾遭受过车辆撞击;在被损坏的各类桥梁中,20%都是因为被超高车辆撞击而损坏的。实车碰撞试验如图12-1b)所示。

　　在船—桥碰撞方面,由于桥位通航船舶艘次及吨位的增长,船舶碰撞桥梁事故发生的概率呈不断增长的趋势。根据1847～1975年世界各地发生的桥梁垮塌事故原因的统计,由于船舶撞击导致的各类大型桥梁垮塌事故位居桥梁垮塌事故排序的第三位。这表明船舶撞击导致的桥梁垮塌已逐渐成为桥梁工程界面临的尖锐问题之一。仅在2007～2011年的5年间,我国就发生了20余起造成桥梁倒塌、航线中断、人员伤亡等恶劣后果的重大船—桥相撞事故(图12-2),这其中还不包括仅造成船舶及桥梁局部结构损坏、降低船舶及桥梁安全性、影响船舶及桥梁使用寿命的小型船舶碰撞桥梁事故。

a) 车辆碰撞桥梁事故　　　　　　　　　　　b) 实车碰撞试验

图 12-1　车辆碰撞桥梁事故及碰撞试验

a) 九江大桥　　　　　　　　b) 四异大桥　　　　　　　　c) 金塘大桥

图 12-2　船舶碰撞桥梁导致桥梁倒塌的事故

桥梁碰撞问题的研究方法主要包括理论分析方法、规范公式方法、数值模拟方法以及模型试验方法等。理论分析方法是基于碰撞动力学，将桥梁与撞击物视作弹簧质量系统，建立相应的数学模型并求解撞击点处的最大位移、加速度、撞击力以及撞击过程的持续时间等的方法。规范公式方法主要是整理已有的试验或数值计算研究成果，形成经验公式来计算桥梁碰撞力。数值模拟方法通常是采用商用有限元软件建立桥梁（或桥墩）以及撞击物的数值模型，通过仿真计算获得桥梁碰撞力、碰撞变形以及能量转换关系等。模型试验方法是采用缩尺模型或足尺模型模拟真实的桥梁碰撞过程，通过试验数据的采集、处理及分析，了解实际桥梁在碰撞场景下的桥梁碰撞力、结构损伤等碰撞响应。

在上述方法中，理论分析方法对实际碰撞问题进行了大量的简化与假设，可以提供理论参考但不足以支撑实际桥梁的抗撞设计与研究；规范公式方法来源于对已有研究成果的总结，在使用条件和适用范围上具有一定的局限性；数值模拟方法的结果与数值算法的选取、数值模型的精度以及计算参数的确定等均有较密切的关系，通常用于开展碰撞模型试验前对试验结果的预估以及不具备试验开展条件时的补充研究；碰撞模型试验方法能较真实地反映实际桥梁碰撞场景及碰撞结果，具有碰撞工况可控、数据真实可信的特点，是进行桥梁结构抗撞设计的重要研究手段。

开展桥梁碰撞试验主要是为了获得桥梁所受的碰撞力以及桥梁在撞击力作用下的响应，为桥梁抗撞设计以及桥梁在撞击场景下的安全性评估提供参考，目前主要开展的桥梁碰撞试验包括：

1）车辆碰撞试验

车辆碰撞试验包括以下3种类型。

（1）实车与桥墩碰撞试验或缩尺碰撞模型试验。该试验能够获得桥墩在水平撞击作用下的碰撞力、桥墩位移、结构变形等动力响应。

（2）实车或台车与桥梁防车撞设施的碰撞试验。该试验中的防车撞设施包括钢管混凝土防撞桩、钢制护栏、复合材料防车撞结构[图12-1b)]等形式，能够获得桥梁所受的碰撞力、变形以及能量转换情况，并能进一步分析桥梁防车撞设施的耐撞性能，评估其对桥梁结构的保护作用。

（3）竖向落锤与水平放置的钢筋混凝土梁的碰撞试验。该试验能够获得落锤对桥梁的撞击力，并能根据撞击力探讨桥梁碰撞力的简化计算方法。

2）船舶碰撞试验

船舶碰撞试验包括以下3种类型。

（1）实船碰撞试验。实船碰撞桥墩的试验较少，可参考船—船碰撞[图12-3a)]、船—闸门碰撞[图12-3b)]以及船—闸墙碰撞[图12-3c)]的过程开展，能够获得碰撞力、碰撞能量转化、碰撞变形以及速度和加速度响应，进而提出等效静态碰撞力的估算方法。

（2）实船与桥梁防船撞设施的碰撞试验。该试验中防船撞设施包括群桩式防撞结构、柔性消能防撞结构等形式，能够获得桥梁碰撞力、碰撞位移、结构变形以及能量转换等结果，进而评估防船撞设施对于桥梁的保护作用。

（3）缩尺船舶（或船首）与桥墩或刚性墙的碰撞试验。该试验能够获得缩尺模型对桥梁的碰撞力，进而探讨桥梁碰撞力的简化计算方法。

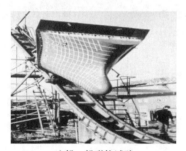  

a）船—船碰撞试验　　　　b）船—闸门碰撞试验　　　　c）船—闸墙碰撞试验

图12-3　船舶撞击试验

桥梁碰撞试验方法能直观准确地反映碰撞过程及结果，是指导桥梁抗撞设计的最好方法。但其试验成本较高、试验过程复杂、可重复性差，需要在开展桥梁碰撞试验之前对其试验目的、试验准备、试验过程、试验的数据采集及结果整理等方面有较深入的了解。本章将对上述问题进行介绍，为车辆/船舶碰撞桥梁试验的开展提供参考。

12.2　桥梁碰撞试验

12.2.1　基本理论

桥梁抗撞的设计方法按桥梁与撞击物的相对强度主要分为3类：延性设计方法、强度设计

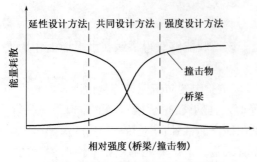

图 12-4 桥梁碰撞的设计方法适用范围

方法及共同设计方法,如图 12-4 所示。延性设计方法假设车辆/船舶(以下简称"车/船")的刚度为无限大,假设撞击动能主要由桥梁吸收,适用于在车/船相对于桥梁的刚度很大时,即桥墩较弱的情况。强度设计方法假设撞击能量主要由车/船吸收,适用于桥梁刚度很大的情况,该方法相对比较简单,但计算结果偏保守。共同设计方法主要用在车/船和桥梁的强度比较接近的情况下,考虑车/船和桥梁之间的相互影响,能够较好反映真实情况。

车/船碰撞桥梁分析一般分为外部碰撞动力学分析和内部碰撞动力学分析。外部碰撞动力学研究碰撞过程中车/船的刚体运动,进而建立包括碰撞力在内的运动方程并求解;而内部碰撞动力学则研究结构碰撞区的弹塑性破坏过程、表现于外部的非线性碰撞阻力以及碰撞力作用下的结构内部响应。对于船舶运动还需要考虑周围流体的作用,一般采用考虑附连水质量系数的方式进行分析。

根据物理学一般原理,当不知道两物体间的碰撞力大小时,利用能量守恒原理和冲量原理可以计算出撞击物对桥墩的撞击动能。简化的碰撞理论中,假设两物体碰撞后的弹性回弹量为零,将撞击物对刚性桥墩的撞击处理成桥墩承受撞击物的撞击荷载。该理论将撞击物及桥墩等效成一个弹簧质量系统的数学模型,计算桥墩受撞位置处的最大位移、加速度、撞击力以及撞击过程的持续时间。下面考虑碰撞运动的二维情况,以船—桥碰撞为例介绍碰撞数学模型。车—桥碰撞的基本过程与船—桥碰撞相似,但须忽略水动作用力。

1) 运动方程

假设动坐标系原点 o 与撞击物重心 G 重合,撞击物的运动取决于重心的运动和绕重心的转动,应用刚体动力学中的质心运动定理和绕质心的动量矩定理,可得:

$$\begin{cases} \dfrac{\mathrm{d}\vec{D}}{\mathrm{d}t} = \vec{F} \\ \dfrac{\mathrm{d}\vec{Q}}{\mathrm{d}t} = \vec{M}_o \end{cases} \quad (12\text{-}1)$$

式中:$\vec{D}$——刚体的动量;

$\vec{Q}$——绕质心的动量矩;

$\vec{F}$——外力矢量;

$\vec{M}_o$——绕质心的外力矩矢量。

式(12-1)在惯性坐标系内成立。

假设动坐标系的原点选在重心 G 处。若船体的质量为 m,重心的运动速度为 $\vec{v}_o$,绕过重心的某瞬时轴转动的角速度为 $\vec{\omega}$,则有:

$$\begin{cases} \vec{D} = m\vec{v}_o \\ \dfrac{\mathrm{d}\vec{D}}{\mathrm{d}t} = m\dfrac{\mathrm{d}\vec{v}_o}{\mathrm{d}t} = m\left(\dfrac{\partial \vec{v}_o}{\partial t} + \vec{\omega} \times \vec{v}_o\right) \end{cases} \quad (12\text{-}2)$$

式中：$\dfrac{\mathrm{d}}{\mathrm{d}t}$——相对惯性坐标系的时间导数；

$\dfrac{\partial}{\partial t}$——相对于动坐标系的时间导数。

以动坐标系中的分量表示时，式(12-1)中的质心运动定理可写作：

$$m\left(\dfrac{\partial v_{oi}}{\partial t}+\varepsilon_{ijk}\omega_j v_{ok}\right)=F_i \quad (i,j,k=1,2,3) \tag{12-3}$$

式中：ε_{ijk}——交变张量符号。

而绕重心的动量矩为：

$$\vec{Q}=\int_m \vec{r}\times(\vec{\omega}\times\vec{r})\mathrm{d}m=\vec{\omega}\int_m \vec{r}\cdot\vec{r}\mathrm{d}m-\int_m(\vec{\omega}\cdot\vec{r})\vec{r}\mathrm{d}m \tag{12-4}$$

式中：$\vec{r}$——船体中某点至重心的矢径，即 $\vec{r}=x_1\vec{e}_1+x_2\vec{e}_2+x_3\vec{e}_3$；

$\vec{e}_i(i=1,2,3)$——动坐标轴的单位矢量。

式(12-14)亦可记作：

$$Q_i=\omega_i\int_m x_j x_j \mathrm{d}m-\omega_j\int_m x_i x_j \mathrm{d}m \tag{12-5}$$

引入惯性矩记号：$I_{11}=\int_m(x_2^2+x_3^2)\mathrm{d}m$，$I_{22}=\int_m(x_1^2+x_3^2)\mathrm{d}m$，$I_{33}=\int_m(x_1^2+x_2^2)\mathrm{d}m$ 及 $I_{21}=I_{12}=-\int_m x_1 x_2 \mathrm{d}m$，$I_{23}=I_{32}=-\int_m x_2 x_3 \mathrm{d}m$，$I_{13}=I_{31}=-\int_m x_1 x_3 \mathrm{d}m$。

则式(12-5)变为：

$$Q_i=I_{ij}\omega_j \quad (i,j=1,2,3) \tag{12-6}$$

$\vec{Q}$ 作为一个矢量，应有：

$$\dfrac{\mathrm{d}\vec{Q}}{\mathrm{d}t}=\dfrac{\partial\vec{Q}}{\partial t}+\vec{\omega}\times\vec{Q} \tag{12-7}$$

由于 I_{ij} 都是在动坐标系内计算的，故对给定的船体，它们不随时间变化。将式(12-6)和式(12-7)代入式(12-1)中，可得：

$$I_{ij}\dfrac{\partial\omega_i}{\partial t}+\varepsilon_{ijk}\omega_j I_{kl}\omega_l=M_i \quad (i,j,k,l=1,2,3) \tag{12-8}$$

式(12-3)和式(12-8)构成了在动坐标系中表示船体运动的一般方程。该方程是用张量形式表示的。如果只考虑在水平面内的运动，表示船体运动的一般方程还可以进一步简化。在这种情况下，忽略升沉、纵摇和横摇运动，得出：

$$\begin{cases} m(\dot{v}_{o1}-v_{o2}\omega_3-x_G\omega_3^2)=F_1 \\ m(\dot{v}_{o2}+v_{o1}\omega_3+x_G\dot{\omega}_3)=F_2 \\ I_{33}\dot{\omega}_3+mx_G(\dot{v}_{o2}+\omega_3 v_{o1})=M_{o3} \end{cases} \tag{12-9}$$

2) 数学模型推导

假设船桥碰撞运动发生于同一水平面内，即只考虑二维情况，水动作用力的处理方法为，假设式(12-9)中的外力 $\vec{F}$ 由水动作用力 $\vec{F}_H$ 和碰撞力 $\vec{F}_C$ 组成，即：

$$\vec{F}=\vec{F}_H+\vec{F}_C \tag{12-10}$$

水动作用力 $\vec{F}_H$ 可以采用切片法计算或采用经验公式估算。为简化碰撞模型的数学表达式,这里采用经验的附加质量系数和阻尼系数来表示水动作用力。

附加质量用 dm_x、dm_y、dI_z 表示[这里的 x、y、z 分别与式(12-3)的 i、j、k 相对应],阻尼力则用阻尼系数 c_x、c_y 来表示。假设附加质量沿船长均匀分布,阻尼力作用在船舶的重心 G,如果知道 G 点的加速度和速度,则水动作用力可表达为:

$$\begin{cases} F_{Hx} = -dm_x a_{Gx} - c_x v_{Gx}^2 \\ F_{Hy} = -dm_y a_{Gy} - c_y v_{Gy}^2 \\ M_{Hz} = -dI_z \dot{\omega} \end{cases} \tag{12-11}$$

因为在动坐标系 $oxyz$ 中有:

$$\begin{cases} v_{Gx} = v_x \\ v_{Gy} = v_y + x_G \omega \\ a_{Gx} = \dot{v}_x - v_y \omega - x_G \omega^2 \\ a_{Gy} = \dot{v}_y + v_x \omega + x_G \dot{\omega} \end{cases} \tag{12-12}$$

将式(12-10)~式(12-12)代入式(12-9),并整理得:

$$\begin{cases} (m + dm_x)(\dot{v}_x - v_y \omega - x_G \omega^2) + c_x v_x^2 = F_{cx} \\ (m + dm_y)(\dot{v}_y + v_x \omega + x_G \dot{\omega}) + c_y v_y^2 + 2x_G c_y v_y \omega + c_y x_G^2 \omega^2 = F_{cy} \\ (I_z + dI_z)\dot{\omega} + m x_G (\dot{v}_y + \omega v_x) = M_{cz} \end{cases} \tag{12-13}$$

如果在一个时间步长内速度变化是小的,式(12-13)可以在一个时间步长内线性化。当已知 t_0 时刻的速度和加速度时,$t_0 + \Delta t$ 时刻的解可由式(12-14)得到:

$$\begin{bmatrix} m + dm_x & 0 & 0 \\ 0 & m + dm_y & x_G(m + dm_y) \\ 0 & mx_G & I_z + dI_z \end{bmatrix} \begin{Bmatrix} \dot{v}_x(t_0 + \Delta t) \\ \dot{v}_y(t_0 + \Delta t) \\ \dot{\omega}(t_0 + \Delta t) \end{Bmatrix} +$$

$$\begin{bmatrix} c_x v_x(t_0) & -(m + dm_x)\omega(t_0) & -x_G(m + dm_x)\omega(t_0) \\ (m + dm_y)\omega(t_0) & c_y v_y(t_0) + 2x_G c_y \omega(t_0) & c_y x_G^2 \omega(t_0) \\ 0 & 0 & mx_G v_x(t_0) \end{bmatrix} \begin{Bmatrix} v_x(t_0 + \Delta t) \\ v_y(t_0 + \Delta t) \\ \omega(t_0 + \Delta t) \end{Bmatrix}$$

$$= \begin{Bmatrix} F_{cx}(t_0 + \Delta t) \\ F_{cy}(t_0 + \Delta t) \\ M_{cz}(t_0 + \Delta t) \end{Bmatrix} \tag{12-14}$$

根据式(12-14),可以得到船—桥碰撞的数学模型。如果已知 t_0 时刻的速度和加速度已知,则 $t_0 + \Delta t$ 时刻的速度和加速度可以表示为:

$$M \ddot{x}(t_0 + \Delta t) + C(t_0) \dot{x}(t_0 + \Delta t) = X_c(t_0 + \Delta t) \tag{12-15}$$

其中: $\ddot{x}^T = \{\dot{v}_{1x}, \dot{v}_{1y}, \dot{\omega}_1, \dot{v}_{2x}, \dot{v}_{2y}, \dot{\omega}_2\}$;$\dot{x}^T = \{v_{1x}, v_{1y}, \omega_1, v_{2x}, v_{2y}, \omega_2\}$;$X_c^T = \{F_{1cx}, F_{1cy}, M_{1cz}, F_{2cx}, F_{2cy}, M_{2cz}\}$。下标 1 和 2 分别代表撞击船和被撞桥墩,所有变量都与在船体运动坐标系中表示的一样。考虑到船—桥碰撞的特殊性,$\dot{v}_{2x}$、$\dot{v}_{2y}$、$\dot{\omega}_2$、v_{2x}、v_{2y}、ω_2 均为零。

式(12-15)中的矩阵 M 和 $C(t_0)$ 可分别表示为:

$$M = \begin{bmatrix} M_1 & 0 \\ 0 & M_2 \end{bmatrix} \tag{12-16}$$

$$C(t_0) = \begin{bmatrix} C_1(t_0) & 0 \\ 0 & C_2(t_0) \end{bmatrix} \tag{12-17}$$

其中，M_1、M_2、$C_1(t_0)$、$C_2(t_0)$可以从式(12-14)中推导得到。

碰撞力是随着撞深或贯入量的变化而变化的，而贯入量随时间的变化而变化。碰撞力与贯入量的关系可以通过内部碰撞力学的分析得到。假设在t_0时刻的碰撞力$X_c(t_0)$已知，那么在Δt以后碰撞力可以表达为：

$$X_c(t_0 + \Delta t) = X_c(t_0) - S(t_0)\Delta x \tag{12-18}$$

式中：$S(t_0)$——刚度矩阵，它取决于t_0时刻贯入量的大小以及船桥相撞的角度。

将式(12-18)代入式(12-15)可得：

$$M\ddot{x}(t_0 + \Delta t) + C(t_0)\dot{x}(t_0 + \Delta t) + S(t_0)\Delta x = X_c(t_0) \tag{12-19}$$

3) 碰撞方程的求解

假定在一个时间步长内，加速度是线性变化的，则可用时间积分方法来求解式(12-19)。

若在时间$t_0 + \Delta t$时刻的加速度向量可写成：

$$\ddot{x}(t_0 + \Delta t) = \ddot{x}(t_0) + \Delta\ddot{x} \tag{12-20}$$

则速度向量为：

$$\dot{x}(t_0 + \Delta t) = \dot{x}(t_0) + (\Delta t)\ddot{x}(t_0) + \frac{\Delta t}{2}\Delta\ddot{x} \tag{12-21}$$

进而可得位移增量：

$$\Delta x = (\Delta t)\dot{x}(t_0) + \frac{\Delta t^2}{2}\ddot{x}(t_0) + \frac{\Delta t^2}{6}\Delta\ddot{x} \tag{12-22}$$

将式(12-20)~式(12-22)代入式(12-19)可得到加速度向量的增量：

$$\begin{aligned} & M + \frac{\Delta t}{2}Ct_0 + \frac{\Delta t^2}{6}S(t_0)\Delta\ddot{x} \\ & = X_c(t_0) - M + \Delta t C(t_0) + \frac{\Delta t^2}{2}S(t_0)\ddot{x}(t_0) - C(t_0) + \Delta t S(t_0)\dot{x}(t_0) \end{aligned} \tag{12-23}$$

由式(12-23)可求出加速度增量，然后求得速度增量和位移增量，进而得到新的贯入量，从而得到碰撞力大小。

12.2.2 相关规范和规定

1) 车—桥碰撞

车辆碰撞桥墩事故对桥梁结构造成的严重危害已经引起了各国的关注。早在1978年，英国BS 5400荷载规范就规定限速80 km/h以上公路的上跨桥墩需要设置防护结构，并考虑一定的车辆撞击力。欧洲Eurocode规范规定按道路的类型确定桥墩的撞击力特征值，并采用风险评估的方法确定撞击力调整系数。美国AASHTO规范要求在没有安装防撞装置的情况下，对于在道路边界线9m范围内或距离铁轨中心线15m范围内的桥墩，在设计初期需要考虑车辆碰撞力的作用。车辆碰撞力可以取任意水平方向，大小取1800kN，在构件上的作用位置离地面高1.2m，其中1800kN为等效静态作用力，是通过36t拖挂车撞击防护装置的碰撞试验以及其他卡车撞击试验的数据资料分析得到的。对于单独的墩柱，撞击力应视为集中荷载；对于墙式墩，撞击力既可当作集中荷载，也可以视为面荷载，其作用面积可根据碰撞的车辆和结构尺寸而定，但宽不超过1.5m，高不超过0.6m。当路侧安全净区内有桥墩时需设置防撞

护栏。除以下情况外,设计桥墩时均需要考虑车辆撞击力:

(1)桥墩受到路堤的保护。

(2)3m 范围内有高于 1370mm 的防撞护栏。

(3)3m 范围以外有高于 1070mm 的防撞护栏。

(4)桥墩或桥台结构距离公路边缘 9m 以上。

我国《公路桥涵设计适用规范》(JTG D60—2015)(以下简称公路相关规范)、《铁路桥涵设计规范》(TB 10002—2017)(以下简称铁路相关规范)要求桥梁结构设计应考虑汽车的撞击作用,在比较容易受到车辆撞击的桥墩位置处应设置隔离带或安装吸能防车撞设施,如图 12-5a)所示。车辆碰撞力取值同欧洲相关规范一样分两种情况,即行驶方向的碰撞力取 1000kN,垂直于行驶方向的碰撞力取 500kN,但不能同时考虑这两组方向的碰撞力,作用位置在距车道以上高 1.2m 处。各国规范关于车辆碰撞力的规定如表 12-1 所示。从表 12-1 中可以看出美国 AASHTO 规范于 2012 年把车辆对桥墩的碰撞力从原来的 1800kN 提高到 2670kN,远大于中国公路和铁路相关规范中的撞击力取值。该差异使我国公路桥梁在承受汽车撞击时经常出现较大损伤甚至倒塌事件,因此有必要对车辆撞击力开展更深入的研究。现阶段可以考虑增加隔离防护或防车撞装置来保护桥墩,弥补目前我国相关规范中桥梁抗撞力偏小的问题。

a)防车撞设施

b)附着式防船撞设施

c)独立式防船撞设施

图 12-5 防撞设施示意图

各国相关规范规定的车辆碰撞力 表 12-1

规 范	碰撞力(kN)	碰撞方向(与行车方向关系)	离地作用高度(m)	作用面积(m×m)
美国 AASHTO 规范(2010)	1800	任意方向	1.2	小于 1.5×0.6(宽×高)
美国 AASHTO 规范(2012)	2670	任意方向	1.2	小于 1.5×0.6(宽×高)
欧洲 Eurocode 规范	1000	平行	1.25	小于 1.5×0.5(宽×高)
	500	垂直		
英国 BS 5400 规范	150	平行	0.75	小于 1.5×0.5(宽×高)
	50	垂直		
中国《公路桥涵设计通用规范》(JTG D60—2015)	1000	平行	1.2	—
	500	垂直		
中国《铁路桥涵设计规范》(TB 10002—2017)	1000	平行	1.2	—
	500	垂直		

2)船—桥碰撞

各国相关规范对位于通航河流或有漂流物的河流中的桥墩,都规定设计时应考虑船舶或漂流物的碰撞作用,但对于碰撞力大小的要求差别较大,如表12-2、表12-3所示。从表中可以看出,对于驳船碰撞力,我国的铁路和公路相关规范的取值均小于美国相关规范的取值,特别是我国公路相关规范的船舶碰撞力的取值远小于美国相关规范和我国铁路相关规范的取值;对于轮船,我国公路相关规范的船舶碰撞力的取值与美国规范接近,但我国铁路相关规范的船舶碰撞力却远小于我国公路相关规范和美国相关规范。相对于《公路桥涵设计通用规范》(JTG D60—2004),《公路桥涵设计通用规范》(JTG D60—2015)中增加了"对于水中桥墩均需要进行抗撞、防撞论证"要求。此外,《公路桥梁防撞抗撞设计指南(送审稿)》中大幅度提高了船撞力要求(表12-2),并对桥梁抗撞和防撞系统做了如下规定:

(1)应比较增强结构自身抗撞能力和采用附加防撞设施两种方案的效果,宜优先采用增强结构自身抗撞能力的方案,该方案不可行时可考虑增加防撞设施。

(2)防撞设施的采用应使桥梁主体结构承受的船舶碰撞力下降到主体结构自身可接受的水平。

(3)防撞设施几何外形设计应有利于改变撞击后船舶的航向。

(4)桥梁防撞设施设计,应考虑防撞设施承担的碰撞力以及桥梁结构承担的残余碰撞力。

驳船撞击力的比较(MN)(船舶撞击速度3m/s)　　　　　表12-2

船舶吨位(净重吨数,DWT)	50	100	300	500	1000	2000	3000
中国《公路桥涵设计通用规范》(JTG D60—2015)	0.15	0.25	0.40	0.55	0.80	1.10	1.40
中国《铁路桥涵设计规范》(TB 10002—2017)	0.89	1.26	2.18	2.82	3.99	5.64	6.90
美国《公路桥梁抗撞设计指南》	3.67	6.18	6.57	6.80	7.57	8.82	10.18
中国《公路桥梁防撞抗撞设计指南(送审稿)》	0.62	1.00	2.17	3.10	5.04	8.18	10.87

注:$1MN = 10^5 N$。

轮船撞击力的比较(MN)(船舶撞击速度3m/s)　　　　　表12-3

船舶吨位(净重吨数,DWT)	3000	5000	7500	10000	20000	30000	40000	50000
中国《公路桥涵设计通用规范》(JTG D60—2015)	19.60	25.40	31.00	35.80	50.70	62.10	71.70	80.20
中国《铁路桥涵设计规范》(TB 10002—2017)	6.90	8.91	10.92	12.61	17.83	21.83	25.21	28.19
美国《公路桥梁抗撞设计指南》	20.05	25.88	31.70	36.60	51.76	63.39	73.20	81.84
中国《公路桥梁防撞抗撞设计指南》(送审稿)	18.30	24.40	30.60	36.00	53.00	66.50	78.20	86.60

注:$1MN = 10^5 N$。

《公路桥梁防撞抗撞设计指南》(送审稿)建议可以采用一体式、附着式或独立式防撞设施来隔离或降低船舶对桥墩或承台的撞击力,从而保护桥梁,如图12-5b)、c)所示。对于已具有整体抗撞能力的桥梁,可采用局部防撞结构对可能受到撞击的部位进行局部防护。目前,桥梁防撞设施的设计已有对应的专题研究及评估的规定和指南,但尚无专门的国家规范,主要是依托高校或科研院所对防撞结构的整体稳定性、局部强度、设计方法和防撞效果等进行研究及评估。

12.2.3 碰撞荷载计算

1)桥梁车撞力

目前,欧洲国家、美国对桥梁防车撞问题的研究较为系统,对桥墩的抗撞力要求也很严格。相对于欧洲和美国规范,我国对桥梁防车撞设计的研究尚存不足,相关规范中桥梁抗撞力标准偏低。对于车辆撞击力的计算,由于其复杂的非线性特性,有部分学者针对某特定工况提出了简化公式,但仍然难以建立精确的数学模型,还未有较为简便、通用的计算方法,主要是采用数值模拟及试验方法进行评估。

2) 桥梁船撞力

目前船舶碰撞力的计算方法主要有:数值模拟方法、经验公式方法和试验方法。数值模拟方法通常是采用有限元软件建立桥梁(或桥墩)以及船舶的数值模型,通过仿真计算得到船舶碰撞力。经验公式方法是根据部分研究成果形成的经验公式来计算船舶碰撞力,主要包括Woisin 公式、Pedersen 公式、Saul-Svensson-Knott-Greiner 公式、美国 AASHTO 规范公式、欧洲规范公式、中国铁路相关规范公式和中国公路相关规范公式。

Woisin 通过试验发现船舶撞击刚性墙产生的最大碰撞力大概出现在 0.1~0.2s 之间,其数值大概是平均碰撞力的两倍。Woisin 认为船舶对刚性墙的碰撞力与船舶载重吨是平方根关系,Woisin 公式如下:

$$F_A = 0.88 (DWT)^{0.5} \tag{12-24}$$

式中:F_A——等效平均碰撞力(MN);

DWT——载重吨(t)。

Pedersen 通过一系列数值计算总结了 500~300000 DWT 船舶正撞力的经验公式:

$$F_{max} = \begin{cases} P_0 \bar{L} [\bar{E}_{imp} + (5-\bar{L}) \bar{L}^{1.6}]^{0.5}, \bar{E}_{imp} \geq \bar{L}^{2.6} \\ 2.24 P_0 [\bar{E}_{imp} \bar{L}]^{0.5}, \bar{E}_{imp} < \bar{L}^{2.6} \end{cases} \tag{12-25}$$

式中:F_{max}——最大荷载(MN);

P_0——参考撞击荷载(MN);

$\bar{L}$——$\bar{L} = L_{PP}/275$,其中 L_{PP} 为撞击船舶垂线间长(m);$\bar{E}_{imp} = E_{imp}/1425$,其中 E_{imp} 为塑性变形吸收的能量(MN·M),$E_{imp} = \frac{1}{2}mV^2$;$m$ 是撞击船舶质量(t);V 是撞击船舶速度(m/s)。

Saul-Svensson-Knott-Greiner 公式如下:

$$F = 0.88 \times \sqrt{DWT} \times (V/8)^{2/3} \times (D_{act}/D_{max})^{1/3} \tag{12-26}$$

式中:F——船舶碰撞力,(MN);

DWT——载重吨(t);

V——船舶撞击速度(m/s);

D_{act}——船撞击时排水量(t);

D_{max}——船满载时排水量(t)。

美国 AASHTO 规范采用等效平均碰撞力公式:

$$F_A = 0.122 V \sqrt{DWT} \tag{12-27}$$

式中:F_A——等效平均碰撞力(MN);

DWT——载重吨(t);

V——船舶撞击速度(m/s)。

欧洲相关规范规定在计算船舶撞击桥梁的碰撞力时,假设桥梁为刚性而且不产生位移,船舶采用单自由度模拟:

$$F_A = \sqrt{Km} \cdot V \tag{12-28}$$

式中：F_A——等效平均碰撞力（MN）；
　　　K——船舶等效刚度；
　　　m——碰撞船舶质量（t）；
　　　V——碰撞船舶速度（m/s）。

我国铁路相关规范把船舶对桥梁的碰撞力列为偶然荷载，采用准静力假设，即船舶作用于墩台的有效动能全部转换为碰撞力所做的功：

$$F = \gamma V \sin\alpha \sqrt{\frac{W}{C_1 + C_2}} \tag{12-29}$$

式中：F——船舶碰撞力（kN）；
　　　γ——动能折减系数（$s/m^{1/2}$），当船只斜向撞击墩台（指船只驶近方向与撞击点处墩台面法线不一致）时可取 $\gamma = 0.2$，正向撞击（指船只驶近方向与撞击点处墩台面法向方向一致）时可取 $\gamma = 0.3$；
　　　V——船舶撞击速度（m/s）；
　　　α——船只或排筏驶近方向与墩台撞击点处切线所成的夹角（°），应根据具体情况确定，如有困难取 $\alpha = 20°$；
　　　W——船舶重或排筏重（kN）；
　　C_1、C_2——船舶和墩台的弹性变形系数（m/kN），缺乏资料时可假定 $C_1 + C_2 = 0.0005 \text{m/kN}$。

动能折减系数表明船舶的动能在碰撞过程中只有一部分转化为系统的内能。但式（12-29）中船舶和墩台的弹性变形系数参数难以准确确定，实际应用中往往因为该值的选择会产生较大误差。

我国公路相关规范公式如下：

$$F = \frac{WV}{gT} \tag{12-30}$$

式中：F——碰撞力（kN）；
　　　W——漂浮物重力（kN），应根据河流中漂流物情况，按实际调查确定；
　　　V——水流速度（m/s）；
　　　T——撞击时间（s），应根据实际资料估计，在无实际资料时，一般取 1s；
　　　g——重力加速度（m/s²），取 9.81m/s^2。

3）试验撞击力

由于各类桥墩的结构形式及构造不同，抗撞力有较大区别，因此一般情况下无法对每种桥墩结构都进行车/船撞击试验。在大部分情况下撞击试验的目的主要是获得不同桥墩形式下的撞击力，为桥梁设计提供参考依据，或用于验证提出的计算撞击力理论方法。

车/船撞击桥墩的碰撞荷载可以采用力传感器测量，但有些情况下由于试验场地或设备的限制无法安装力传感器，则可以在撞击车辆上安装加速度传感器以获得撞击车辆的加速度时间历程，然后根据牛顿第二定律计算撞击力。需要注意的是由该方法计算的撞击力与实际接触点的撞击力有一定差别。

试验中的信号噪声会对加速度传感器产生干扰，而该数据并没有实际的物理意义（图12-6a）为测量得到的加速度时程曲线，应对试验中采集的加速度数据进行滤波处理以移除高频段的信息。滤波可以采用均值滤波、巴斯沃兹滤波、Savitzky-Golay 滤波及快速傅里叶变换等方法。以均值滤波为例，其公式如下：

$$g_f(t) = \frac{\int_{t-\frac{\Delta t}{2}}^{t+\frac{\Delta t}{2}} g(t)\,dt}{\Delta t} \tag{12-31}$$

式中：$g_f(t)$——滤波后的加速度（m/s²）；

　　　$g(t)$——加速度传感器测量得到的加速度时程原始数据（m/s²）；

　　　Δt——时间间隔（s）。

滤波后的加速度时程如图 12-6b)所示，继而可根据此加速度数据获得撞击力时程曲线。美国 AASHTO 规范要求对车辆加速度时程曲线进行滤波处理，并建议采用 60Hz 滤波方式，但目前对船舶撞击力的滤波方法还没有相关规定。

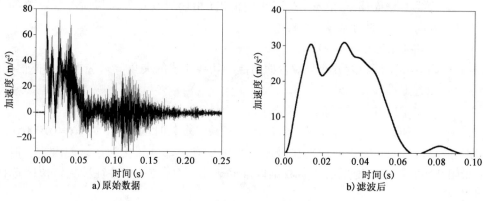

图 12-6　车辆加速度时程曲线

12.2.4　桥梁失效校核

由于车/船撞击桥梁属于破坏性事件，无法通过对每座桥梁进行撞击试验来校核桥梁在碰撞荷载下的安全性。因此，目前主要是通过撞击试验获得某些典型车/船的撞击力，然后用于桥梁的失效校核中。在通过撞击试验获得撞击力后，可以采用动力或等效静力方法校核桥梁整体和局部强度、稳定性。动力方法可以采用有限元法对桥梁进行三维建模，然后把试验获得的碰撞荷载历程作为外荷载施加到桥梁有限元模型上，从而获得桥梁的动力响应。

桥梁设计主要是基于结构承载力要求，采用静力或等效静力法对桥梁进行抗撞设计。而试验得到的是动态撞击力时程，如果将该历程中的撞击力峰值直接用于结构承载力计算中，可能导致桥梁设计偏于保守，因此宜将动态撞击力换算成等效静力后再用于桥梁抗撞设计。等效静力是指在相同作用位置与动态撞入产生相同的偏移与最大动态位移的静力，其大小与桥墩的刚度、最大变形以及动态特性相关。如欧洲相关规范采用碰撞系统初始动能与车/船—桥墩最大变形之和的比值代替等效静力。为了简化等效静力的计算，在车辆撞击时美国相关规范采用将原始撞击力时程曲线按 25ms 平均处理，并将处理完后的峰值作为等效静力。但在船舶碰撞领域，目前还没有类似的平均处理规定。在确定了等效静力后，可根据相应的规范对比车/船撞击力和桥梁自身的抗撞力来评判桥梁的安全性。

12.3 碰撞试验设计

在实际情况中车/船有可能撞击桥墩或其防护结构,亦可能有超高结构撞击桥梁的上部结构,在本小节仅介绍车/船撞击桥墩的情况。桥梁车/船碰撞试验的主要目的是确定撞击力,为桥梁抗撞设计提供参考。撞击试验可以有多种形式,一般可以分为缩尺和足尺模型试验。对于缩尺模型试验,需要采用相似理论设计结构尺寸;对于足尺试验,其难度大、经费高,需要做好充分的准备以确保试验顺利进行,顺利获得所需要的所有数据并确保数据的准确性。另外,在足尺试验前还应对危险工况进行数值模拟以确保撞击试验过程中的安全性。

12.3.1 车辆碰撞试验

1) 试验准备

试验环境要求采用具有一定硬度的平整路面,尽量减小路面对运动轨迹和不规则运动的限制,使车在加速和碰撞过程中能够自由运动。由于土质在不同地点、不同时间都有差别,而车辆碰撞响应受土质的影响较大,因此试验采用的土质应该与实际桥墩位置处的土质相同。如果没有现场的土质勘测资料,可以参考桥梁设计时所要求的等级。试验土必须夯实,在试验时应保持干燥。除非该试验是为了研究冻土情况下的碰撞性能,出现冻土时应停止试验。试验场地测试土的范围(长度、宽度、深度)应该足够大,当测试土的范围不能准确确定时,深度可以取桥梁结构埋深的 1.2 倍,长度和宽度可取桥梁结构的 1.3 倍。桥梁结构的埋深、埋置方法应该与实际情况相同,并考虑最恶劣情况。

用于试验的结构应该包含对结构整体冲击行为有影响的所有构件,同时应该说明被撞结构的详细尺寸和材料组成,并根据相关标准规范要求,通过测试材料性能给出其力学特性。结构的建造过程和工艺应该与实际结构相同。试验车辆主要包括实车和模型车。实车一般指量产的汽车,测试车辆要求没有任何车体损伤及构件丢失,使用年限应该不超过 6 年。试验时应包括除油箱和电池以外的其他所有附属设备。轮胎尺寸应该与实际车辆一致,包括四季使用的轮胎,但不包含雪地轮胎。表 12-4、表 12-5 列出了美国相关规范推荐的参考车型。

美国相关规范推荐测试小汽车属性(700C、820C 和 2000P)　　表 12-4

属性		700C (小型车辆)	800C (小型车辆)	2000P (皮卡)
质量(kg)	试验惯性质量	700 ± 25	820 ± 25	2000 ± 45
	假人	75	75	—
	最大压载	70	80	200
	静态总值	775 ± 2	895 ± 25	2000 ± 45
尺寸(cm)	轴距	230 ± 10	230 ± 10	335 ± 25
	前悬挂	75 ± 10	75 ± 10	80 ± 10
	总长	370 ± 20	370 ± 20	535 ± 25
	轮距	135 ± 10	135 ± 10	165 ± 15

续上表

属　性		700C （小型车辆）	800C （小型车辆）	2000P （皮卡）
质心位置(cm)	前轴尾部	85±15	80±15	140±15
	离地高度	55±5	55±5	70±5
引擎位置		前置	前置	前置
传动轴位置		前置	前置	前置
变速方式		手动或自动	手动或自动	手动或自动

美国相关规范推荐测试卡车属性（8000S、36000V 和 36000T）　　　表 12-5

属　性		8000S （厢式卡车）	36000V（厢式挂车）			36000T（柜式挂车）		
			拖拉机	厢式挂车	混合	拖拉机	柜式挂车	混合
质量 (kg)	控制质量	5450±450	未规定	未规定	13200±14	未规定	未规定	13200±140
	压载	如需要	不适用	如需要	不适用	如需要	如需要	不适用
	试验惯性质量	8000±200	未规定	未规定	36000±50	未规定	未规定	36000±500
尺寸 (cm)	轴距	535（最大）	480（最大）	未规定	不适用	480（最大）	未规定	不适用
	全长	870（最大）	未规定	1525（最大）	1985（最大）	未规定	未规定	1985（最大）
	拖车悬挂	不适用	不适用	220（最大）	不适应	不适用	185（最大）	不适应
	货仓底部高度	130±5	不适用	132±5	不适用	不适用	不适用	不适用
质心 位置 (cm)	压载 （距地高度）	170±5	不适用	185±5	不适用	不适用	205±10	未规定
	试验惯性 （距地高度）	125±5	未规定	未规定	未规定	未规定	未规定	未规定

替代试验模型车也可以用于撞击试验，但要求替代的模型车具有实际碰撞汽车的本质特征。然而到目前为止，替代试验模型车还没有被广泛接受的设计方法，使其特性与实际车辆完全相同。现在有两种替代试验模型车，即四轮台车和摆锤系统。四轮台车可用于替代小汽车的低速和高速冲击，而摆锤系统一般用于低速撞击试验（图 12-7）。但由于四轮台车车架结构的外形与实际车辆有很大差别，不能考虑车顶、挡风玻璃等与被撞结构之间的接触过程，若要求考虑这些因素的影响就需要采用实际车辆进行碰撞试验。

车辆撞击试验试验工况设计从研究对象分主要有两种，一种是车辆撞击桥墩，一种是车辆撞击防护结构，如纵向护栏、防撞垫及支撑结构等。撞击工况考虑的参数主要包括碰撞车型、总质量、碰撞速度和碰撞角度 4 个因素。《公路交通安全设施设计规范》（JTG D81—2006）对我国高速公路和干线公路交通量的统计结果表明，小型车（2.5t 以下）比例为 57.8%，中型车（10t 以下）及以下车辆比例为 88.3%，大型车（10t 以上）比例为 11.7%［其中大型客车（14～18t）占有率为 4.5%］，可以看出，80% 左右的车辆是 10t 以下的中型车辆（包括小型车）。对设计速度为 120km/h 的高速公路上所有车辆车速数据进行统计，其结果如表 12-6 所示。据此，《公路交通安全设施设计规范》（JTG D81—2006）对小型车、中货车和大客车的建议碰撞速度取值分别为 100km/h、60km/h 和 80km/h，同时也对不同公路等级下的设计速度与碰撞速度进行了规定，如表 12-7 所示。各种公路护栏的防撞等级如表 12-8 所示，其中路侧分为 B、A、SB、SA、SS 五级，中央分隔带分为 Am、SBm、SAm 三级。

a) 摆锤撞击试验

b) 四轮台车

图 12-7　替代试验模型

典型车型的车速统计（单位：km/h）　　　　　　表 12-6

车型	平均车速	15%位车速 $V_{15\%}$	85%位车速 $V_{85\%}$	建议碰撞速度 V_c
小型车	116.5	97.6	134.8	100
中货车	68.9	56.5	79.5	60
大客车	90.9	73.8	107.4	80

设计速度与碰撞速度（单位：km/h）　　　　　　表 12-7

公路等级	高速公路、一级公路				二、三、四级公路
设计速度	120	100	80	60	80、60、40、30、20
碰撞速度计算值	96	80	64	48	—
碰撞速度规定值	100	80	60	—	40

护　栏　防　撞　等　级　　　　　　表 12-8

防撞等级	碰撞速度(km/h)	碰撞车质量(t)	碰撞角度(°)
B	100	1.5	20
	40	10	20
A、Am	100	1.5	20
	60	10	20
SB、SBm	100	1.5	20
	80	10	20
SA、SAm	100	1.5	20
	80	14	20
SS	100	1.5	20
	80	18	20

美国 AASHTO 规范给出了 6 个水平的防撞等级(表 12-9),桥墩防车撞规范主要依据 LT-1 和 LT-3 制定。设计速度较低的一般公路需要满足 LT-1 和 LT-2 水平,大部分公路和高速公路需要满足 LT-3 水平。LT-4 为可能需要考虑的参考水平,LT-5 和 LT-6 为特殊情况下的参考建议水平。在《公路交通安全设施设计规范》(JTG D81—2006)和美国 AASHTO 规范中对车辆撞击工况都进行了规定,在工况设计时可以根据实际研究要求进行选择。

桥墩防车撞防护水平(美国 AASHTO 规范)　　　　　表 12-9

防撞等级	撞击速度(km/h)	车辆质量(t)	撞击角度(°)
TL-1	50	2	25
TL-2	70	2	25
TL-3	100	2	25
TL-4	80	8	15
TL-5、TL-6	80	36	15

撞击荷载主要与撞击车辆的质量、速度和角度有关,在试验中很难做到与设定的值完全一样,特别是对大型车辆,因此有必要对撞击荷载的容差进行规定。测试车辆的惯性质量如表 12-4、表 12-5 所示。碰撞速度和角度的推荐容差如表 12-10 所示。

试验速度容差和角度容差　　　　　表 12-10

车型	速度容差(km/h)	角度容差(°)
700C	±4.0	±1.5
820C	±4.0	±1.5
2000P	±4.0	±1.5
8000S	±5.0	±1.5
36000V	±5.0	±2.0
36000T	±5.0	±2.0

为了满足整体效果,还需要考虑碰撞质量、速度和角度等因素的综合影响容差,该综合影响容差值表达式为:

$$IS = \frac{1}{2} m_c (v_c \mathrm{Sin}\theta)^2 \qquad (12\text{-}32)$$

式中:IS——综合影响容差(J);

　　　m_c——车辆的测试惯性质量(kg);

　　　v_c——碰撞速度(m/s);

　　　θ——撞击角度(°),在正撞工况时为 0°。

理论上,可以通过调整碰撞质量、速度和角度来使综合容差系数 IS 的值在规定范围内。但比较可行的方法是调整车辆的质量和碰撞速度,来获得允许的 IS 值,这是因为 IS 值对碰撞角度非常敏感。

2)试验过程

撞击车辆需要通过拖动、推动或自身动力达到所需要的撞击速度。如果是通过拖动、推动的方式,需要提前设计拖动或推动系统,并要求车辆在碰撞过程中能够自由滑行;如果是靠自身动力的车辆,应该在碰撞前能关闭点火装置,使车辆自由滑行。制动系统至少要在碰撞后、车辆运动了两倍车辆长度再加上 25m 后才能启动,同时在每次碰撞测试报告中记录制动时间。如果是人员驾驶情况下的碰撞测试试验,必须保证碰撞过程中的人员安全,同时要有人员保护措施。为了安全起见,在试验中强烈建议不采用人员驾驶的形式进行碰撞试验。碰撞前的车辆导向方法应该不影响碰撞过程,而且应该放空挡。如果没有采用空挡,应该明确说明所用的挡位约束情况。撞击之前测试车辆的牵引方法并没有强制规定,但牵引方法不能改变汽车在碰撞期间的运动。除非是为了安全考虑,方向盘不能固定,如果方向盘固定应该进行说明。

3) 试验数据采集

碰撞试验文档应该记录的主要内容包括三部分:试验前桥墩和碰撞车辆的关键特征;试验过程中桥墩和碰撞车辆的动力行为;碰撞后桥墩和碰撞车辆的损伤。试验前主要记录碰撞车辆和桥墩的结构特征,所需要测量归档的车辆信息如图 12-8 所示。此外,应该对整车的外部、驾驶室和加速度传感器位置进行拍照保存;应该记录货物的类型、质量、位置、质心坐标,保险起见也应该要拍照留底。对于 36000V 和 36000T 卡车,应该记录牵引车和没有货物的拖车的质心在纵向和横向的位置。对于所有碰撞试验,应该详细记录道路的类型及土表面特征,并根据相关规范要求对所有结构材料和土特性进行说明。记录文档应该包括试验试样建造的相关细节,包括所使用的特定设备、工艺以及所碰到的问题。建造完的试验试样、场地与所设计尺寸一般会有所差别,因此要在现场对试样的几何尺寸进行重新测量,并说明基础及桥墩的建造、埋置过程和方法。

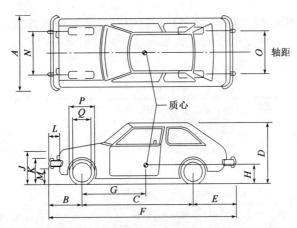

图 12-8 需要测量归档的车辆信息

注:A-车宽;B-前景;C-轴距;D-车高;E-后悬;F-车长;G-质心至前轴距离;H-质心高度;J-发动机盖离地高度;K-保险杠上缘离地高度;M-保险杠下缘离地高度;N-前轮距;O-后轮距;P-轮胎外径;Q-轮胎内径

试验中需要记录车辆碰撞速度、角度、碰撞点,车辆碰撞后的速度、加速度、车辆的响应以及桥墩的位移、加速度、应变等,具体如表 12-11 所示。

试验过程中的测试参数　　　表 12-11

参　数	推荐测量容差	可接受的测量技术	备　注
碰撞/分离速度	见表 12-10	车速监视区、高速摄像机、雷达	只针对碰撞速度;最低摄像速度 400 帧/s
碰撞/分离角度	±0.1°	高速摄像、速率陀螺仪	最低摄像速度 200 帧/s,俯视摄像机;由积分速率陀螺仪数据获得脱离角度

续上表

参　数	推荐测量容差	可接受的测量技术	备　注
撞击点： 试验对象 车辆	±30cm ±0.05W	常规缩尺比 常规缩尺比	—
车辆加速度	—	加速度传感器	—
车辆轨迹	±30cm	高速摄像机	最低摄像速度200帧/s,俯视和后视视角安装优先
车辆滚动、俯仰、偏向率	足尺±1%	速率陀螺仪	敏感度≤0.02deg/s/G
试验对象变形	±5 cm	高速摄像机、位移电位计	最低摄像速度200帧/s,俯视摄像机
乘客(可选)	—	试验假人或车载影像	车载摄像机最低拍摄速度为64帧/s,摄像机需安装在可获得预期假人运动的位置

注：W 为车辆宽度。

可以采用加速度传感器测量车辆的加速度,但需要注意最大加速度不应该超过设备的测试数据范围。此外,为避免图像扭曲失真,一般不采用广角镜头。在计算中,车辆加速度一般采用质心位置的加速度,因此三向加速度传感器一般安装在汽车质心位置。如果无法安装在质心位置,需要进行换算。加速度传感器应该固定在主要强构件上,尽量保证其运动与车体一致。一般可以考虑把加速度传感器固定在金属块上,然后把金属块与车体固定连接,但金属块的质量应尽量小。

试验后,应该记录桥墩和碰撞车辆的变形、损伤以及车辆最后的位置,需要记录的关键参数如表12-12所示。此外,建议尽量从不同角度拍摄照片存档。试验报告应包括桥墩和车辆结构的失效模式图片及相应的描述。

试验后测试参数　　　　　　　　　　　　　　　　　　　　表12-12

参　数	推荐测量容差	可接受的测量技术	备　注
试验对象永久变形或位移	±5cm	无特殊要求	—
最终静止位置	±30cm	无特殊要求	定位和报告明显的碎片
一般损伤	(不适用)	目测检查	识别和报告明显的损伤
试验车辆最终静止位置	±30cm；±5.0°	无特殊要求	—
外部损伤	(不适用)	目测检查和照片	需在报告中展示 VDS 标准照片
内部损伤	(不适用)	目测检查和照片	—
底盘损伤	(不适用)	—	—

应该尽量详细、系统地将碰撞试验的结果归档,以便进一步开展研究。试验报告至少应该包括如下信息：

(1)基本信息：负责人、测试组织的名称和地址,测试场地位置,测试时间等。

(2)测试车辆：详细的测试车辆信息,包括测试车辆的品牌、型号、使用年限。

(3)测试对象：应该包含桥墩尺寸、构造,所用材料的详细信息以及建造工艺和安装过程。

(4)土：土的选择原则及土材料特性。

(5)测试过程：要详细描述试验场地、相关设备、天气条件、温度、所用测试设备以及数据的采集、校准和处理过程。

12.3.2 船舶碰撞试验

1）试验准备

由于桥墩形状、尺寸、配筋以及桥梁的上部结构对船舶撞击力均有影响，在实际工程中无法对所有桥墩进行试验，因此应该选择具有代表性的桥墩形式及尺寸，并且试验场地应满足一定的要求。用于试验的结构应该包含对结构整体冲击行为有影响的所有构件。如果需要考虑上部结构的影响，可以采用两跨三桥墩形式。新建桥梁的建造过程和工艺应该与实际情况相同，如果是在旧桥上开展试验还要说明旧桥的使用年限和损伤情况。在试验前应测量被撞结构的尺寸，并根据标准规范要求进行材料性能试验，包括弹性模量、泊松比等。对基础土需要测量每层土的特性，主要包括每层土的深度、密度、摩擦角、强度、剪切模量、剪切失效强度、泊松比等。

船舶种类较多，包括内河客货运输船舶、海船、江海直达船等，实际中不可能对所有船舶进行试验。由于每种船型的各项指标差异性较大，不同的船型对船舶撞击力有影响，因此有必要根据航区和具体通航船舶情况确定代表性船舶类型。对于相同的撞击情况和撞击能量，船舶的撞击力主要受船艏刚度的影响较大，因此在选择船型时主要考虑不同的船艏形式。代表船型的信息主要包括船舶类型、船艏类型、吨级以及主尺度等。对于通用撞击试验的代表船型，需要根据研究目的采用合适的统计方法进行确定；对于某特定桥梁的船撞力试验，航区船舶数据可以参考通航影响评估报告或根据桥梁航区的船型数据确定，如

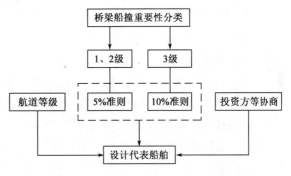

图 12-9　确定代表船型流程

Pan(潘晋)等基于 AIS(船舶自动识别系统)数据对武汉长江二桥的通航船舶数据进行了统计。代表船型可参考图 12-9 所示的流程确定。船舶撞击桥梁的速度按图 12-10 的规定计算。

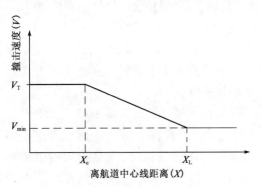

图 12-10　设计船舶撞击速度曲线

注：V-设计船舶撞击速度(m/s)；V_T-船舶在航道内的正常行驶速度(m/s)；V_{min}-船舶最小设计撞击速度，可由所在水域特征流速确定(m/s)；X-桥墩中心线至航道中心线的距离(m)；X_c-航道中心线至航道边缘的距离(m)；X_L-航道中心线至 3 倍船长处的距离(m)。

船舶撞击速度除了根据研究要求确定外，还需要满足试验设备和环境条件要求。船舶撞击桥梁的速度取值是确定撞击力的关键问题之一，最小速度可以取水流速度，但水流速度有包括高水位(洪水)、低水位(枯水)和通航水位等多个指标，需要综合考虑，最高速度可取正常船舶航速(含水流速度)。

船舶的结构尺寸和形式对船撞力有很大影响，因此应该测量船舶主尺度、基本结构图及详细尺寸等信息。由于船舶在使用过程中受到腐蚀，钢板会因此变薄，所以如果是旧船还需要重新测量各构件的厚度，特别是船舶的结构尺寸应该有详细记录，为后期进一步开展数值模拟提

供数据。计算船舶有效荷载条件时,可以通过船舶的质量和撞击速度来确定撞击动能,并要提前进行初步数值模拟,确保试验过程的安全。可以对船舶进行压载以达到所需要的排水量,但试验时的排水量应该小于设计的总排水量,避免沉船。配载时尽量使船体的倾角不要太大,确保能够进行纵向撞击。船舶动力的提供可以考虑船舶自身的动力或采用推船使船舶产生运动,如果采用推船推动撞击船,在船舶撞击前就应该停止推船,减小推船对撞击过程的影响。船舶吃水深度会影响撞击点位置,在试验前要测量压载后的吃水深度,确定撞击点和计算排水量。由于水面受波浪的影响,测量的吃水深度会有变化,因此需要测量多个点然后采用最小二乘法拟合出吃水深度,然后根据吃水深度和船舶的类型计算出船舶真实的排水量。

2)试验过程

为了使船舶的航线与预计的相同,在保证结构不产生塑形变形的情况下,可以采用较低的速度试撞,同时测试数据采集系统是否能正常工作。由于水中会有与行船方向不同的交叉水流,因此在试验时船舶的加速运动距离应尽可能小。

3)试验数据采集

桥墩的主要测量设备包括加速度传感器、位移传感器、光电感应设备、压力传感器、高速摄像机等,桥墩数据采集设备安装位置如下:

(1)在桥墩上部结构连接点、撞击位置安装加速度传感器。

(2)在桥墩背面安装位移传感器,测量桥梁的动态响应。

(3)在撞击点安装力传感器,测量船舶撞击力。

(4)非迎撞面水中安装压力传感器测量水压力,用于研究水压力的影响。

(5)选择合适的位置安装摄像机进行录像。

船舶数据采集设备主要包括加速度传感器和 GPS 定位系统,一般需要两组加速度传感器分别安装在船艏和船尾的甲板上,测量三个方向的加速度,用于计算惯性力。在船上安装电池和数据采集系统,用于传感器的信号接收、转换和存储。需要提前确认碰撞过程产生的加速度不会造成数据采集设备的破坏。在船舶撞击点安装触发器,当船舶一旦接触到桥墩时,就触发数据采集器和高速摄像机。一般要求每个通道、每秒的数据采集率不少于 2000 个样本,更详细的样本采集率可以通过有限元计算确定。可以采用电脑存储数据,但电脑应满足湿度环境和抗冲击要求。此外,需要安装减震隔离系统来保护数据采集系统,避免碰撞过程中发生设备损坏现象。一般要求减震隔离系统能够承受 $2g$ 的加速度。

船舶撞击桥墩时,由于材料会发生屈服、开裂、屈曲等船体结构失效模式,进而产生永久变形而耗散船体的动能,因此需要测量船体的永久变形以及撞深。可以在撞击前在船体上画出参考线,每次撞击后测量船体的变形曲线。为了确保测量精度,测量的间隔距离不应太大。由于船体的变形是三维的,因此条件允许的情况下可以采用三维扫描技术获得船体变形分布。

当把压力传感器安装在桥墩上时,船舶直接撞击压力传感器可以获得撞击力的时间历程曲线。但在没有安装压力传感器时,也可以通过测量加速度值并根据牛顿第二定律估算撞击力。如果桥墩结构的变形较大,建议在桥墩与水接触位置安装压力传感器,测量撞击过程的水压力。船舶撞击试验采集数据类型与试验目的息息相关,一般情况下试验目的主要是为了获得船舶的撞击力。如果需要更进一步了解桥梁内部应力情况,可以在桥墩危险位置设置应变片来测量桥墩的应力变化情况。

12.4 碰撞试验示例

12.4.1 车辆碰撞试验示例

1) 试验设施

图 12-11 所示的卡车撞击桥墩试验是在美国得克萨斯交通研究所提供的场地上完成的,其目的是为了测量卡车对桥墩的撞击力。钢桥桥墩直径为 0.914m,立柱埋置于混凝土桩里。两根直径为 0.3m 的传力拉杆安装在桥墩和立柱之间,拉杆两端采用铰接。在卡车撞击桥墩时,其撞击力会通过传力拉杆传递到立柱上。通过在拉杆上安装动态应变片可以测量出作用在桥墩上的撞击力。混凝土的抗压强度为 34.5MPa,钢筋的屈服强度为 413.8MPa。刚性或可变形货物对撞击力影响较大,应该分别考虑。在本试验中仅考虑可变形货物的情况,做法是将沙袋放在拖车上来替代可变形货物。

a) 侧视图　　　　　　　　　　　　　　　b) 斜视图

图 12-11　卡车撞击桥墩试验

2) 试验过程

将试验车辆牵引到指定地点,远程控制车辆的行驶状态从而获得撞击速度,在临近撞击时挂空挡自由滑行。撞击车辆为 2001 年生产的卡车,撞击速度为 89km/h,撞击过程如图 12-12 所示。测试时间为 2009 年 12 月 21 日下午,风速为 14.5km/h,温度为 65°F(18.3℃),湿度为 44%。在撞击 0.02s 后引擎开始接触桥墩,在 0.393s 时拖车开始接触桥墩。

a) 撞击0.016s后　　　　　b) 撞击0.03s后　　　　　c) 撞击0.232s后

图 12-12　卡车撞击过程

3）数据采集

本试验主要研究卡车对桥墩的撞击力，因此在车上没有安装数据采集仪器。试验前对试验车辆的记录信息要求如图 12-13 所示。两套应变片用桥接法与压力传感器绑定，压力传感器最大测力值为 454t，在安装前压力传感器须在 MTS（Mechanical Testing & Simulation）力学测试与模拟仪器上面进行荷载校准。每套压力传感器单独与采集系统（TDAS 系统）连接，每秒可读取 10000 个数据并将数据储存到电脑上。试验时采用两台高速摄像机记录碰撞过程，一台放在桥墩斜后方，一台放在侧边与撞击方向垂直。闪光灯与压力传感器相连，当汽车开始撞击时闪光灯自动闪光。

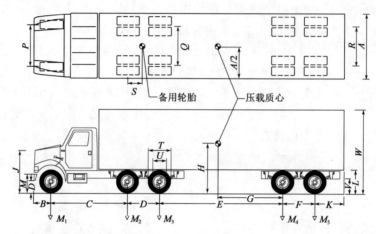

图 12-13　车辆尺寸信息

注：A- 车宽；B- 前悬；C、D、E、F- 各轮轴距；G- 质心至后辆距离；H- 质心高度；J- 引擎盖离地高度；K- 后悬；L- 车厢离地高度；P- 前轮距；R- 后轮距；T- 轮胎外径；U- 轮胎内径；W- 车高。

4）结果分析

采用 25ms 平均方法对传感器采集的加速度进行滤波，并采用牛顿第二定律获得撞击力时间历程曲线，如图 12-14 所示。从图 12-14 可以看出，在 0.025s 时撞击力的峰值为 2489kN，其他两个峰值为 1511kN 和 2134kN，分别出现在 0.09s 和 0.28s。美国 AASHTO 规范依据该试验结果，于 2012 年把桥墩的抗撞力标准提高到 2670kN，远大于中国公路和铁路相关规范规定的 1000kN。

12.4.2　船舶碰撞试验示例

贝里安桥于 20 世纪 60 年代建成于美国佛罗里达州北部，2000 年该桥进行重建。2004 年美国佛罗里达大学在即将拆除的贝里安桥上，对 4 个桥墩进行了 15 次足尺驳船撞击试桥墩试验，并测量了碰撞过程中桥墩、基础和驳船的动力响应，试验场景如图 12-15 所示。下面以无上部结构的试验工况为例介绍船—桥碰撞试验的过程。

1）试验设施

对 3 个地点的混凝土进行材料性能试验。混凝土和钢筋的平均弹性模量、泊松比、密度分别为 3.06×10^{10}Pa、1.67、2400kg/m³ 以及 2×10^{11}Pa、0.3、7840kg/m³。桥墩周围土的材料特性如表 12-13 所示。

撞击船为一艘旧的驳船，主尺度为：船长 46.2m、船宽 15.1m、型深 4.3m。试验前进行了检测,没有发现严重的损伤和腐蚀。钢材型号为 A36 钢,屈服应力为 248.2MPa,钢板厚度为 6.35~9.53mm。测量的船舶吃水深度为 1.524m。根据测量不同位置的尺寸,计算船舶排水量。驳船质量312t,压载292t,总质量为604t。

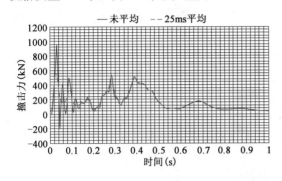

图 12-14　卡车撞击力时间历程曲线　　　　图 12-15　足尺驳船撞击桥墩的试验

土 的 材 料 特 性　　　　表 12-13

	土 壤 类 型	S_{PT}	D_s	ρ_b	θ_f	V_s	σ_w	$\varepsilon_{50\%}$	E_T	ν	σ_v
1	松散淤泥和甲壳	3	2.74~6.10	1554	27	1218	4.98	0.02	4.4	0.3	13.4
2	细粉沙	2	6.10~6.40	1703	27	991	NA	NA	7.4	0.3	9.0
3	含有机质的沙	2	6.40~6.70	1671	—	—	27.8	0.02	1.0	0.37	7.7
4	粉沙	2	6.70~7.62	1757	27	1444	NA	NA	14.1	0.3	9.0
5	粉质黏土—黏质粉土	3	7.62~9.14	1554	—	—	15.9	0.02	0.7	0.3	13.4
6	粉沙	5	9.14~10.67	1746	28	2180	NA	NA	32.6	0.3	23.2
7	黏土	10	10.67~12.19	1594	—	—	17.7	0.07	0.7	0.35	26.0
8	细沙	30	12.19~19.20	2008	33	6343	NA	NA	161	0.37	20.3

注:S_{PT}-标准贯入试验锤击数;D_s-深度(m);ρ_b-密度(kg/m³);θ_f-摩擦角(°);V_s-地基开挖量(m³);σ_w-不排水强度(kPa);$\varepsilon_{50\%}$-50%应变;E_T-剪切模量(MPa);ν-泊松比;σ_v-垂向剪切失效强度(kPa)。

在试验时可以通过调整撞击速度和压载来获得所需要的船舶动能。为了获得更高的撞击动能,同时保证撞击速度在安全范围内,试验通过测量两根长 16.8m 的混凝土梁进行压载(图 12-15)。通过测量撞击前、后船舶边沿线与参考线之间的距离获得撞击后的变形尺寸。变形尺寸测量的数据为 152mm,如图 12-16 所示。

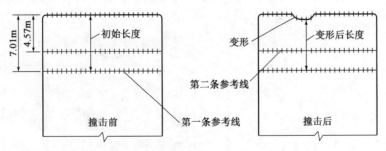

图 12-16　变形尺寸测量

2)试验过程

试验前首先进行低速撞击(撞击速度为 0.39m/s),用于测试各数据采集设备是否能够正常运行。由于有水流的影响,太远的加速距离可能使撞击轨迹与预想不同,因此加速距离不宜太大,本试验的加速距离约为 61m,最大撞击速度为 1.77m/s。撞击时由一艘推船推动驳船,动力约为 400ps(1ps = 0.735kW)。推船在撞击前与驳船分离,不参与撞击过程。

3) 数据采集

为了捕捉到桥墩和船舶的动力响应和数字信号,所有数据采集系统应该要有足够高的采样率,并能够承受 $2g$ 的加速度,并能在潮湿和有灰尘的环境中正常运行。根据有限元数值模拟结果,传感器每秒的数据采集率要大于 2000。两套数据采集系统分别安装在桥墩和船舶上,采集的数据被存储在笔记本电脑上。采用具有 20 个通道的数据采集设备,其中 8 个用于力传感器,7 个用于加速度传感器,2 个用于位移传感器,2 个用于光电传感器,1 个用于压力传感器。采集设备安装位置如图 12-17a) 所示,说明如下:

(1) 7 个单向加速度传感器分别安装在桥墩不同位置。

(2) 船舶撞击在混凝土块上,4 个双向力传感器连接桥墩和混凝土块,如图 12-18 所示。试验前对力传感器进行校验。

(3) 在拉索上安装两个位移传感器,减小数据采集误差。

(4) 4 个光电感应设备安装在撞击点前方,可以获得船舶在两个点之间的时间,然后计算得到撞击速度,同时触发数据采集设备。

(5) 压力传感器安装在被水浸没的承台上,用来测量撞击时的水压力。

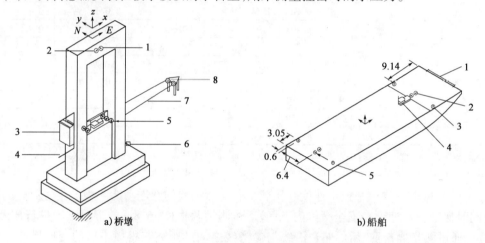

图 12-17 测量设备布置图(尺寸单位:m)

a)1、2、5-x、y、z 方向加速度传感器;3-力传感器;4-红外探测器;6-水压力传感器;7-拉索;8-位移传感器

b)1-触发线;2、3、5-x、z、y 方向加速度传感器;4-数据采集设备、直流电源、GPS 系统、摄像机

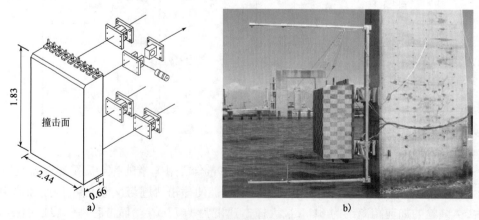

图 12-18 力传感器布置图(尺寸单位:m)

船舶数据采集设备主要包括加速度传感器、触发线、GPS系统,安装位置如图12-17b)所示,说明如下:

(1)7个单向加速度传感器分别安装在船艏和船尾甲板上,可以更好地获得船舶的运动状态。

(2)GPS系统包括手持式GPSMap76S、天线、连接线和笔记本电脑。

(3)数据采集系统安装在减震器上,避免碰撞过程造成仪器的损毁。

4)结果分析

试验工况和结果如表12-14所示,船舶的撞击动能计算公式如下:

$$E_k = C_w \frac{1}{2} MV^2 \tag{12-33}$$

式中:E_k——船舶的撞击动能(kJ);
C_w——附连水质量,取1.05;
M——船舶质量(t);
V——船舶撞击速度。

试验工况和结果　　　　　　　表12-14

工况	撞击速度(m/s)	质量(t)	动能(kJ)	撞击力峰值(kN)	水压力峰值(Pa)	撞击时间(s)	撞深(mm)
P1T1	0.39	626	49	454	2482	0.2	0
P1T2	1.02	604	329	3447	1931	0.54	39
P1T3	1.33	604	563	4737	3792	0.6	31
P1T4	1.24	604	491	3678	2275	0.62	37
P1T5	1.77	604	999	3923	2068	1.12	139
P1T6	1.75	604	976	3843	2689	1.19	120
P1T7	1.56	604	776	3042	1103	0.79	121

撞击力时程曲线如图12-19所示,在撞击发生后不到0.1s的时间内撞击力达到最大值,最大撞击力持续的时间大约为1.2s。最大撞击力出现在P1T4工况,为4737kN,远大于我国公路相关规范对于1000吨级船舶的桥梁抗撞力800kN的要求。

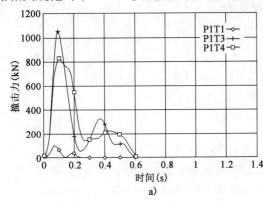
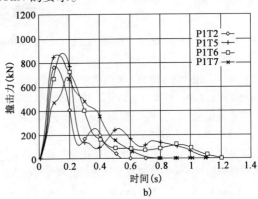

图12-19　撞击力时程曲线

12.5 本章小结

本章主要介绍了车/船—桥碰撞试验的国内外研究进展、基本理论和相关规范,阐述了试验设计方法、试验过程、试验结果采集以及分析方法,并给出了试验示例,为同类型试验的开展提供了参考。需要说明的是,随着交通运输业的发展,车/船的载重吨均有显著增加,虽然目前我国的铁路、公路相关规范对桥梁的抗撞力(车/船撞击)已经给出了一些相关的规定,但针对这方面的足尺撞击试验数据非常有限。我国公路和铁路相关规范中桥梁对车/船的抗撞力要求小于美国 AASHTO 规范,新设计的桥梁抗撞力仍然可能偏低。虽然《公路桥梁抗撞防撞设计指南(送审稿)》对桥梁抗撞力的要求有所提高,但该指南只能作为参考。因此,非常有必要开展桥梁车/船撞的足尺试验,为公路和铁路相关规范关于桥梁车/船抗撞力要求的修订提供依据。

根据研究目的不同,足尺车/船撞击桥梁或防护结构试验需要在试验设计时就充分考虑需要采集的数据及相应的设备,因此试验前应采用数值模拟方法对整个碰撞过程进行模拟,以确定合理的试验过程和合适的数据采集设备。试验场地及试验过程对试验结果的影响较大,应对碰撞试验的各个细节进行严格地控制,且尽可能详细地记录每个环节,以便为后期分析提供参考。

【习题与思考题】

1. 撞击试验前应该记录哪些信息?
2. 撞击试验一般需要哪些数据采集设备?
3. 撞击试验报告主要包含哪些内容?
4. 船舶正撞附连水质量系数一般取多少?
5. 车撞试验采集加速度为什么需要滤波?一般有哪些方法?

本章参考文献

[1] El-Tawil S, Severino E, Fonseca P. Vehicle collision with bridge piers [J]. Journal of Bridge Engineering, 2005, 10(3):345-353.
[2] 刘玲. 侧向撞击荷载下桥墩动力响应有限元分析[J]. 公路工程, 2010, 35(5):67-70.
[3] 张圆, 王惠. 桥墩撞击力计算方法研究[J]. 低温建筑技术, 2010, 6:84-86.
[4] 陆新征, 张炎圣, 何水涛, 等. 超高车辆撞击桥梁上部结构研究:损坏机理与撞击荷载[J]. 工程力学, 2009, 26(S2):115-124.
[5] 钟伟. 车—桥墩水平碰撞模型试验与数值研究[D]. 广州:华南理工大学, 2015.
[6] 彭勃阳. 桥墩—车辆撞击力的试验研究与仿真分析[D]. 北京:北京交通大学, 2013.
[7] Chen L, Xiao Y. Test and numerical simulation of truck collision with anti-ram bollards [J]. International Journal of Impact Engineering, 2015, 75:30-39.

[8] 张誉,赵鸣. 钢筋混凝土防撞护栏实车冲撞试验研究[J]. 建筑结构,1998.

[9] Atahan A-O, Yucel A-O, Crash testing and evaluation of a new generation:L1 containment level guardrail[J]. Engineering Failure Analysis, 2014, 38: 25-37.

[10] 吴亚锋,潘晋,方涵,等. 桥梁复合材料防车撞结构的参数灵敏度分析及耐撞性优化[J]. 武汉理工大学学报(交通科学与工程版),2017,41(2):338-343.

[11] 吴亚锋. 桥梁复合材料防车撞结构的设计与耐撞性研究[D]. 武汉:武汉理工大学,2016.

[12] Minorsky V. U. An analysis of ship collisions with reference to protection of nuclear power plants[J]. Journey of Ship Research, 1959, 3: 1-4.

[13] Woisin G. The collision tests of the GKSS [J]. Jahrbuch der Schiffbautechnischen Gesellschaft, Berlin, 70: 465-487.

[14] Goble G, Schulz J,Commander B.. Lock and dam No. 26 field test report for the Army Corps of Engineers [R]. Boulder,Bridge Diagnostics Inc. CO., 1990.

[15] Vredeveldt A W and Wevers L J., Full-scale ship collision test results [R]. Delft, Building and Construction Research, 1992.

[16] Arroyo J. R, Ebeling R. M, Barker B. C., Analysis of impact loads from full-scale low-velocity, controlled barge impact experiments[R]. Washington D. C, US Army Corps of Engineers, 2003.

[17] 林建筑,郑振飞,卓卫东. 泉州后渚大桥船撞力试验研究[J]. 中国公路学报,2003,16(2).

[18] 郭志辉,李德明. 昂船洲大桥船舶撞击分析及测试//第18届全干过桥梁会议论文集[C]. 北京:人民交通出版社,2008.

[19] 唐长刚,王敏,杨黎明. 船撞桥墩模型试验及分析[J]. 力学季刊, 2010, 31(4):478-484.

[20] 冒一锋,刘伟庆,方海,等. 石臼湖大桥主墩船撞荷载下承载性能试验[J]. 桥梁建设, 2016, 46(3): 69-73.

[21] 潘晋. 船桥碰撞机理及桥墩防护装置研究[D]. 武汉:武汉理工大学,2003.

[22] BS 5400. Steel,Concrete and Composite Bridges-Part 2 Specification for Loads[S]. Lodon,British Standards Institution,1978.

[23] AASHTO-LRFD. Bridge design specifications-customary US units (fifth edition) [S]. Washington D. C, American Association of State Highway and Transportation Officials, 2010.

[24] 中华人民共和国行业标准. JTG D60—2015 公路桥涵设计通用规范[S]. 北京:人民交通出版社股份有限公司,2015.

[25] 中华人民共和国行业标准. TB 10002—2017 铁路桥涵设计规范[S]. 北京:中国铁道出版社,2017.

[26] AASHTO-LRFD. Bridge design specifications-customary US units (sixth edition)[S]. Washington D C, American Association of State Highway and Transportation Officials, 2012.

[27] Douglas J G, Kristofer D K, Dhafer M, Kenneth O' Martin H' Hampton C G. Pendulum testing as a means of assessing the crash performance of longitudinal barrier with minor damage [J],International Journal of Impact Engineering, 2010, 37: 1121-1137.

[28] 中国人民共和国行业标准. JTG D81—2006 公路交通安全设施设计规范[S]. 北京:人民交通出版社,2006.

[29] Buth C. E, Williams W. F, Brackin M. S.. Analysis of large truck collisions with bridge piers: Phase Ⅰ,Report of guidelines for designing bridge piers and abutments for vehicle collisions[R]. Texas: Texas Transportation Institute, 2010.

第13章 桥梁模型振动台试验

13.1 概 述

　　地震是地球内部应力释放的一种自然现象,全世界每年大约发生500万次地震,其中造成灾害的强烈地震平均每年发生十几次。我国是一个地震多发国家,1949年新中国成立后破坏性较大、影响深远的地震有1975年2月4日辽宁省海城市和营口市发生的7.4级地震、1976年7月28日河北省唐山市发生的7.8级地震。近几年我国西部更是频发破坏性地震。2008年5月12日四川省汶川县发生的8级特大地震、2010年4月14日青海省玉树市发生的7.1级地震、2013年4月20日四川省庐山市发生的7.0级地震、2014年2月12日新疆维吾尔自治区于田县发生的7.3级地震、2014年8月3日云南省鲁甸县发生的6.5级地震,均导致大量道路、桥梁和建筑物受到破坏,人民群众的生命和财产安全受到了严重威胁。

　　地震作用下桥梁结构的响应及可能遭受的破坏非常复杂,一般难以用纯理论的分析方法来分析。近年来,随着结构抗震试验设备和试验技术的发展,结构的模拟地震振动台试验逐渐引起了研究者们的关注,并开始在结构抗震研究的实践中得到应用。对于重要或特殊桥梁结构的抗震设计,除常规的设计计算与构造要求外,进行地震振动试验研究是很重要的。地震模拟振动台是一项综合有土建、机械、液压、电子、计算机控制技术以及振动量测技术的系统工程,可真实地再现各种地震波以及结构在地震作用下的动力响应规律、失效机理和破坏模式,是最为直接和准确的抗震试验方法之一。

相比结构抗震静力试验,模拟地震振动台试验在设备和技术难度及复杂性方面都要大得多,其主要原因是:

(1)模拟地震振动台试验的荷载一般均以动态出现,荷载的速度或加速度及频率将使结构产生动力响应。例如,加速度产生的惯性力,其荷载的大小与结构本身的质量直接相关,荷载对结构产生的共振使应变、挠度等显著增大。

(2)应变速率的大小会直接影响结构的材料强度。动荷载作用对结构的应变速率会产生影响。动荷载加载速度越快,会引起结构或构件的应变速率越高,试件强度和弹性模量也相应得到提高。在冲击荷载作用下,材料强度与弹性模量的变化更加明显。以往的试验表明,在动荷载反复作用下,结构的强度会比静力的低周反复加载条件下提高10%以上。

一般来说,不同的试验模型,试验目的也不一样。钢筋混凝土节段拼装桥墩的地震振动台试验的试验目的主要包括:

(1)钢筋混凝土节段拼装桥墩在横向、纵向和水平双向地震动作用下结构的响应特点。

(2)钢筋混凝土节段拼装桥墩在水平双向地震动作用下损伤发展的过程和破坏特点。

(3)钢筋混凝土节段拼装桥墩抗震性能评估方法验证等。而对于特高压交流线路酒杯形铁塔和塔线体系缩尺模型,主要是通过对铁塔和塔线体系模型的地震振动台试验研究,测试单基铁塔和塔线体系的频率、振型和阻尼比等动力参数,测试铁塔及导地线的地震响应,确定行波效应、塔线耦合效应对杆塔地震响应的影响规律,为建立杆塔结构地震分析简化模型和实用计算方法提供依据。

不过,对于桥梁结构,其抗震试验研究的主要任务一般是:验证理论和计算方法的合理性和有效性;确定弹性阶段桥梁结构的基本动力特性以及结构的应力、位移以及加速度等地震响应规律;了解桥梁结构在弹塑性状态下的损伤机理或破坏模式等。

桥梁模型振动台试验的具体内容大致如下:

(1)确定桥梁结构的动力特性参数,主要是结构各阶的自振周期、频率、阻尼和振型等。

(2)在给定的模拟地震作用下测定结构的地震反应,验证理论模型和计算方法的合理性和可靠性。

(3)研究结构在地震荷载作用下的损伤机理和破坏特征。

(4)验证所采取的抗震措施或加固措施的有效性。

本章主要基于地震模拟振动台,分别介绍其试验目的、地震模拟振动台特点与试验原理、模型动力相似比设计、模型安装与加载等,最后介绍了一座钢管混凝土拱桥模型的地震振动试验案例。

13.2 地震模拟振动台

13.2.1 地震模拟振动台基本特性

1)基本情况

地震模拟振动台是通过振动台台面对试验模型输入地面运动,模拟地震对试验模型作用全过程的抗震试验,也被称为模拟地震振动试验。地震模拟振动台的基本原理是:控制系统中给出的地震波,经过三参量发生器,与由台面上的反馈控制位移、加速度传感器归一放大后的三参量反馈信号形成闭环控制,经伺服放大、象限控制合成后形成各个激振器的控制信号,经阀控器驱动电液伺服阀,在液压源高压液流的推动下,由激振器带动地震模拟振动台台面运动。了解地震模拟振动台的工作原理和参数特性对于模型设计具有重要的作用。

地震模拟振动台的研究始于20世纪60年代末期,发展于20世纪70年代,目前已形成规模,但还在发展中。世界上已有上百座模拟振动台,主要分布在日本、中国和美国。按承载能力和台面尺寸可分为大、中、小三种规模,其中小型振动台承载能力一般小于10t、台面尺寸小于2m×2m,中型振动台承载能力一般达到了30t、台面尺寸约为6m×6m,而大型振动台承载能力可达到100t、台面最大尺寸超过10m×10m。

地震模拟振动台在早期多为机械式,且多数只能进行正弦波试验,个别的可以进行随机波试验,但也只能是某些固定的形式。电磁式振动台具有一定优越性,可以对模拟地震波随意进行控制,波形失真小,但是要进行大位移试验难度较大,这是因为输出较大力时需要庞大设备,因而电磁式振动台在小型地震模拟振动台中可以应用。目前,地震模拟振动台中应用最广泛的是电液伺服控制的地震模拟振动台,低频下大位移很容易实现。虽然辅助设备大,但台体部分的激振机构简单、轻便,易于形成多向控制、出力大,动力消耗可针对地震的瞬态运动特点而大量节省,故当今各国在建造地震模拟振动台中广泛应用电液伺服控制方式。表13-1为目前常用的地震模拟台的类型与性能。

地震模拟振动台的种类和性能 表13-1

项 目	电液伺服式	电磁式	机 械 式	
			惯性式	凸轮曲柄式
最大出力(kN)	±6000 或更大	±200	±100	±30
最大位移(mm)	±200 或更大	±25	±3	±20
频率范围(Hz)	0~1000	0~3000	10~100	1~10
波形种类	正弦、随机	正弦、随机	正弦	正弦、随机
波形失真	中	小	高频时大	高频时大
自动程序	可以	可以	不可	不可
控制领域	a,v,d	a,v,d	a	d
横向负荷	可以	不可	不可	不可
运行费用	中	大	小	小
(体积或重量)出力	小	大	—	—
放大装置推动功率	小	大	—	—
移动性	易	难	—	—
电源功率	可省	不可省	—	—
多向振动	易	难	—	—

注:a-加速度;v-速度;d-位移。

2)性能参数

地震模拟振动台的参数包括很多,主要有地震模拟振动台的规模、运动参数、机械系统刚度、基础及精度要求。根据所要开展的模型试验的要求,合理选择这些参数,在保证满足使用要求的前提下,尽可能做到投入最少的资金并收到最好的效果。

地震模拟振动台的规模包括选择台面的尺寸、台面上的荷载重量以及台面自身重量。在建造地震模拟振动台之前,首先要确定做多大规模的模型试验,模型的最大几何尺寸、最大质量是多少,据此来确定将建造多大规模的振动台。

(1) 台面尺寸

台面尺寸依据所需进行试验的最大模型的平面尺寸来定。模型底面尺寸小于 2m×2m 的,可以建造 2m×2m 以下的小型地震模拟振动台;模型尺寸大于 3m×3m、而小于 10m×10m,可建造中型地震模拟振动台;要进行实物试验,或大比例尺试验的,如核反应堆试验,需进行 1∶1 的实物试验,则需要建设大型振动台。

(2) 台面质量和荷载

地震模拟振动台上的荷载根据大小分有三种类型:数吨以下是小型地震模拟振动台,数十吨为中型地震模拟振动台,数百吨以上为大型地震模拟振动台。一旦荷载确定后,其台面质量也就确定了。从控制的实现容易程度、台面和模型的共同作用影响减小程度等方面考虑,一般选台面质量与模型质量相等为好。但是为了尽可能地发挥振动台的性能,往往超出此值。如在仅是水平向振动时,最大的台面质量与模型质量之比可达 1∶5;水平和垂直同动时,一般选取 1∶2 为宜。

(3) 振动方向和振动频率

地震模拟振动台的运动方向视需做的模型试验要求而定,可以是单水平向、单垂直向、双水平向,水平和垂直两向、三向六自由度,即三个平移加三个转动。就地震而言,它是一种空间运动,包含有三个平移分量及三个转动分量。理想的地震模拟振动台应是三向六自由度地震模拟振动台,但是其造价太高,而不同的试验对象可能只是受其中一个分量或几个分量影响为主,故在满足试验要求的前提下不必追求多向。工作频率范围一般是 0.1~50.0Hz,对于水工结构模型,其最高工作频率可达 100~120Hz。

(4) 机械系统刚度

台面板的刚度包括板的刚度、与水平激振器或垂直激振器连接部件的刚度等。

在连接部分及台面板刚度保证情况下,研究者们最关心的是板的整体刚度。板的横向刚度容易保证,而其弯曲刚度在设计时必须严格考虑。台面板的弯曲刚度指标直接反映为板的弯曲频率。如果弯曲频率落于使用频率范围内,则会影响到台面上的不均匀度指标。

对于板的弯曲频率,其前三阶典型的振型图如图 13-1 所示。f_1、f_2、f_3 对应三个振型的频率,一般情况下刚性大 $f_1 < f_2 < f_3$,常常只要考虑 f_1 即可。一般 f_1 越高越好,但是由于台面尺寸大,要做到台面刚性大是比较困难的。通常 f_1 取值为:

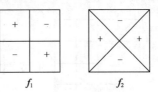

图 13-1　板的弯曲振型

$$f_1 \geqslant \sqrt{2} f_{\max} \tag{13-1}$$

式中:$f_{\max}$——地震模拟振动台的最高使用频率。

当有荷载时,由于荷载与台面的接触面积很大,固紧后增加了组合刚度,因而在有荷载时 f_1 值不一定降低。因次,在计算 f_1 时,可仅考虑空载状态即可。

13.2.2 地震模拟振动台基本构成

地震模拟振动台主要包括台面及支承导向系统,液压激振与控制系统。以下分别予以介绍。

1) 台面及支承导向系统

台面及支承导向系统主要包括:固定试件的刚性振动台台面,限定自由度数的导向装置,竖向支承导向装置,垂直向振动时的静荷载平衡支承装置,机械安全保护装置以及反力基础等。

(1) 台面

目前全世界建成的地震模拟振动台,台面采用的材质可分为三大类,即钢筋混凝土结构、钢焊结构、铝合金或镁铝合金铸造结构。这三种结构各有优缺点,如表 13-2 所示。

台面结构比较　　　　　　　表 13-2

结构形式	内阻尼	成本	重量	频率	有效荷载/推动
钢筋混凝土结构	大	低	大	低	小
钢焊结构	小	中	中	高	中
铝合金结构	小	高	小	高	大

钢筋混凝土台面结构优点是内阻尼大、成本低,不过台面重量大、频率低,有效荷载/推力比小,因此采用的不多。加州大学伯克力分校台面采用的是钢筋混凝土米字形梁板结构,激振器的连接部位位于米字梁上。

铝合金台面结构正好与钢筋混凝土结构相反,应用的也不多。日本鹿岛建设技术研究所台面采用的是网格型焊接结构,网格上有台面板,下有封闭板,形成箱形,保证了所需刚度。另外,镁铝合金铸造结构可铸造成放射形、蜂窝形,这种结构无底部封闭,刚度较小;有的为了提高刚度,采用有上下板的侧面掏孔的结构,类似于空心楼板形式。

钢焊结构多采用上下封闭的网格形结构,用薄钢板形成网格,上覆一块较厚的平板,下覆薄钢板,形成箱体形。在小型台面中,可以采用等厚的台面型式,如图 13-2a)所示;在中型和大型振动台中采用较多的形式如图 13-2b)、c),台面的网格高度不相等。

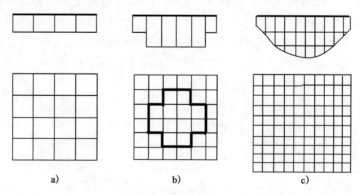

图 13-2　台面结构形式

(2) 支承导向装置

台面支承导向装置包括连杆铰接方式和静压轴承连接方式,如表 13-3 所示,其中连杆铰接方式包括台面激振器固定型的连杆铰接方式和激振器摆动型的连杆铰接方式,此三种方式的优缺点如表13-4所示。

不同连接装置　　　　　　　　　　表13-3

连杆铰接方式		静压轴承方式
激振器固定型	激振器摆动型	

连接方式比较　　　　　　　　　　表13-4

连接方式比较	连杆铰接激振器固定型	连杆铰接激振器摆动型	静压轴承方式
构造	比较简单	比较简单	较为复杂
润滑	可有可无	可有可无	必须有
可动部分重量	小	中	大
维护	易	易	防污染、防水
成本	小	小	大
横向负荷	有	有(稍小)	小
稳定性	不稳	不稳	稳定
基础影响	安装深度大	中	小
铰间隙	大	大	小
几何耦联	有	有	无
接头刚性	易保证	易保证	难

(3) 反力基础

反力基础的选择在地震模拟振动台相关操作中是一个很重要的方面。基础选择不当,造成基础振动大,一是对台面运动性能有影响,二是对周围建筑物有影响,三是现场工作人员将在超标准的振动环境中工作,有损人体健康。

基础面的振动加速度,人体能忍受的限度小于 $0.25g$,而从对周围建筑物影响来考虑,应小于 $0.1g$,此相当于Ⅶ度烈度。有些特殊场所,如周围环境要求,此值应更小。

要减小基础的振动可从三个方面来考虑:一为选择大重量的基础;二是选择合理的基础几何形状,以提高基础系统的阻尼比和固有频率;三是使基础重心尽量与力作用线重合。

基础重量的选定在振动台最大加速度小于 $1g$ 时,可动质量(包括台面重量和模型重量)与基础重量之比一般应小于 $1/50$;在加速度大于 $1g$ 时,一般取最大出力与基础重量之比小于 $1/20$,通常取 $1/40$。

基础频率尽量选高为宜,这样可以避免基础共振时台面与建筑物的最低频率产生共振。

2) 液压激振与控制系统

液压源系统主要包括液压泵站、蓄能器组、水冷却系统、高低压管道系统、为激振器供油的油路分配系统以及液压源控制系统。

液压激振系统主要包括双出杆双作用液压激振器、激振器与台面和基础之间的连接装置、电液伺服阀以及作为控制元件的位移传感器。激振器系统包括激振器主体,电液伺服阀和位移传感器三部分。激振器主体由缸体、活塞和端盖三部分组成,如图 13-3 所示。激振器在地震模拟振动台中一般均采用双作用双出杆的对称结构。

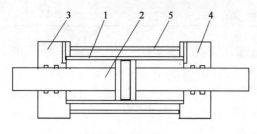

图 13-3 激振器示意图
1-液压缸体;2-活塞;3-端盖;4-进出两端缸腔的油孔;5-固定螺栓

激振器根据激振器端盖与缸体连接方式可分为薄壁式和厚壁式两种。图 13-3 为薄壁式结构,在二个端盖间用长螺栓连接。厚壁式的端盖直接用螺栓固定在缸壁上。相较而言,薄壁式的重量要比厚壁式轻,但薄壁缸体的材质要好。

激振器的出力 F 有两种表示方法,一种是用静出力来表示,即油源额定压力与活塞有效工作面积的乘积,即:

$$F = A_p P_s \tag{13-2}$$

式中:A_p——活塞有效工作面积;
P_s——油源额定工作压力。

另一种是用动出力来表示,通常采用最大功率点的动出力值,即:

$$F = \frac{2}{3} A_p p_s \tag{13-3}$$

美国 MTS 公司给出的动出力一般为:

$$F = (0.85 \sim 0.93) A_p p_s \tag{13-4}$$

电液伺服阀是电液地震模拟振动台中的心脏部分,其系统性能对振动台的性能起着决定性作用。常用的伺服阀有力矩发动机驱动的喷嘴挡板式和力矩发动机驱动的滑阀式。

控制系统包括模拟控制系统和数字控制系统,目前比较难的就是控制系统,其他三个组成系统目前都可在国内制造。另外,要有效发挥地震模拟振动台作用,还必须有配套的设施:

(1)安装地震模拟振动台主体的基础。
(2)放置地震模拟振动台和基础的试验大厅。
(3)试验大厅中配备有安装及运送试件的起重设备。
(4)放置地震模拟振动台控制系统的设备操控室,操控室应具有防静电功能,并要求视野开阔,能够良好地观察到室外模型的振动与响应情况。
(5)安装液压源的油源室。
(6)放置量测仪器和进行数据处理室。
(7)强电配电室,主要供液压源用强电。
(8)供液压源冷却的水供应系统,包括供水池、冷却塔等。

13.3 模型动力相似

13.3.1 模型的相似要求

地震模拟振动台试验是一个系统工程,要达到预期目标,应进行试验模型的设计,其设计原则一般是：

(1) 根据原型结构的尺寸，按照现有地震模拟振动台的规模来确定模型几何相似比。

(2) 按照台面的最大承载能力和模型的质量，确定所施加的最大配重荷载。

(3) 综合给出模型的相似比，即给出与地震模拟振动台参数有关的时程曲线等的压缩比、加速度能级等的相似比。

振动台试验中，在结构模型进行设计时，应严格按照相似理论来进行：

(1) 几何相似——要求模型和原型结构之间所有对应部分尺寸成比例，模型比例即为长度相似常数。

(2) 质量相似——要求结构的质量分布相似，即模型与原型结构对应部分的质量成比例。

(3) 荷载相似——要求模型和原型在各对应点所受的荷载方向一致，荷载大小成比例。

(4) 物理相似——要求模型与原型的各相应点的应力和应变、刚度和变形间的关系相似。

(5) 时间相似——在随时间变化的过程中，要求结构模型和原型在对应的时刻进行比较，要求对应的时间成比例。

(6) 边界相似——要求模型与原型在与外界接触的区域内的各种条件保持相似。

(7) 初始条件相似——为保证模型与原型的动力反应相似。还要求初始时刻运动的参数相似。运动的初始条件包括初始状态下的初始几何位置、质点的位移、速度和加速度。

关于模型试验相似理论的具体内容，可参照本书 4.2 节"模型相似理论"，这里不再赘述。

13.3.2 模型的相似参数

1) 基本物理量的选择

从国内外试验研究来看，由于原型结构的试验规模大，要求试验设备的容量大、试验经费高。因此，目前采用较多的还是缩小比例的模型试验。模型是根据结构的原型，按照一定比例制成的缩尺结构，它具有原型结构的全部或部分特征。对模型进行试验可以得到与原结构相似的工作情况，从而可以对原结构的工作性能进行了解和研究。模型必须和原型相似，并符合相似理论的要求。任何结构模型都必须按照模型和原型结构相关联的一组相似要求来设计、加载和进行数据整理。相似条件的确定，可采用方程式分析法，在研究对象各参数与物理量之间的函数关系不能用明确的方程式来表示时，可采用量纲分析法来进行模型相似设计，具体内容可参照第 4 章模型试验与相似理论的有关介绍。

由于钢筋混凝土为非匀质材料，试件尺寸过小会带来许多失真的问题。柱和梁的截面尺寸缩小了，但所配钢筋直径和混凝土骨料尺寸一般不能按比例缩小。在国内试验中，框架尺寸一般取原型的 1/4~1/2。

2) 地震波的选择

地震地面加速度记录是反映地震动特性的重要信息。地震波具有强烈的随机性，观测结果表明，同一场地上同次地震所得到的记录也不尽相同。而结构的弹塑性时程分析表明，结构的地震反应随输入地震波的不同而差距很大，相差高达几倍甚至十几倍之多。故要保证时程分析结果的合理性，必须在综合考虑了场地条件、现有地震波记录的持续时间、峰值及频谱特性等因素之后，才能选定振动台试验的输入波。

一般而言，在进行结构时程分析时使用的地震波有三种：

（1）拟建场地的实际地震记录。
（2）人造地震波。
（3）典型的有代表性的过去强震记录。

如果在拟建场地上有实际的强震记录可供采用，是最理想、最符合实际情况的。但是，许多情况下拟建场地上并未得到这种记录，所以至今难以实际应用。

人造地震波是采用电算的数学方法生成的符合某些要求的地面运动过程，这些指定的条件可以是地面运动加速度峰值、频谱特性、震动持续时间和地震能量等。显然，这是获取时程分析所用地震波的一种较合理途径，但目前在人工地震波的产生方面的研究尚不充分。

目前，在工程中应用较多的是一些典型的强震记录。国外用得最多的是埃尔森特罗强震记录。它具有较大的加速度值（$A_{max}=341\mathrm{Gal}$)，而且在相同的加速度时，它的波形能产生更大的地震反应。其次塔夫特地震记录也用得较多。近年来，国内也积累了不少强震记录，可供进行时程分析时选用。其中有滦河（1976年8月31日）、宁河（1976年11月25日）地震记录，这两条地震记录的最大加速度已放大到200Gal。其中，埃尔森特罗和塔夫特地震记录适用于Ⅱ类场地；滦河地震记录适用于Ⅰ类场地；宁河地震记录适用于Ⅲ～Ⅳ类场地。

考虑到不同的地震波对结构产生影响差异很大，故选择使用典型的过去强震记录时，应保证一定数量并应充分考虑地震动三要素（振幅、频谱特性与持时）。

3）地震动的幅值

地震动幅值是指峰值加速度、峰值速度及峰值位移，对一般结构常用的是直接输入动力方程的加速度曲线，这主要是为了与结构动力方程相一致，便于对试验结构进行理论计算和分析。此外采集的地震加速度记录较多且加速度输入时的初始条件容易控制，对选用的地震记录峰值加速度应按比例放大或缩小，使峰值加速度相当于设防烈度相应的峰值加速度。表13-5展示了烈度与峰值加速度对应关系。

烈度与峰值加速度对应关系　　　　表13-5

烈度	6	7	8	9	10
峰值加速度	0.05g	0.1g	0.2g	0.4g	0.8g

4）地震动频谱

地震动频谱的特征包括谱形状、峰值、卓越周期等因素。研究表明，在强震发生时，一般场地地面运动的卓越周期将与场地土的特征周期相接近。因此，在选用地震波时，应使选用的实际地震波的卓越周期乃至谱形状尽量与场地土的谱特征相一致。

因此考虑到地震动频谱时，选择的地震波应与两个因素相接近：
（1）场地土特征周期与实际地震波的卓越周期尽量一致。
（2）考虑近、远震的不同。

现行建筑抗震规范给出不同场地、远近震下的特征周期，见表13-6。

5）地震动持续时间

地震时，结构进入非线性阶段后，由于持续时间的不同使得结构能量损耗积累不同，从而影响结构反应。持续时间的选择有三点要素：

（1）保证选择的持续时间内包含地震记录最强部分。

(2) 对结构进行弹性最大地震反应分析时,持续时间可选短些;若对结构进行弹塑性最大地震反应分析或耗能过程分析时,持续时间可取长些。

(3) 一般取持续时间 $T \geqslant 10T_1$ (T_1 为结构的基本周期)。

场地土特征周期(s)　　　　　　　　　　　表 13-6

场地类别	Ⅰ	Ⅱ	Ⅲ	Ⅳ
近震	0.2	0.3	0.4	0.65
远震	0.25	0.4	0.55	0.85

13.4　振动台模型试验

1) 模型制作

模型在缩尺后尺寸大幅度减小,为保证质量,一定要精心制作。

模型与地震模拟振动台台面间有一底盘,底盘上留有与台面上安装孔相吻合的预留孔,此孔要比安装螺孔大,便于模型成型后顺利安装。模型底盘上应有吊装环,吊装环要与底盘中钢筋网相连,或与钢底板焊接一起,以便于吊车吊装。

底盘的底平面要尽量平,以与台面较好地接触。一种做法是在台面上直接制作底盘;另一种做法是在台面上制作一个样板底盘,模型在样板底盘上制作,包括模型底盘及上部模型。

砌块模型所用砌块最好按原型尺寸缩小。钢筋混凝土模型的骨料也应相似缩小。捣制混凝土时,由于尺寸小,机具振捣可实现时可使用;如难以振捣时,只能分层手工捣制,以免出现空洞。

2) 模型安装

模型吊装时,要缓缓吊至地震模拟振动台上,下落时一定避免冲击,以保证模型的安全。

模型就位后,在底盘上要设置平垫圈、弹簧垫圈,以将固紧螺栓拧紧。拧螺母时要均匀用力予以拧紧,以防止螺母在强地震时松动。

模型上配重荷载可用铅块或铸铁块,施加时一定要牢固固定于模型上。配重荷载可用螺栓固结,或用胶结、水泥砂浆固定,以防止在振动时荷载块脱落而飞出。

3) 测量仪器选择

振动台上模型试验,常用的仪器包括加速度、位移、应变测量以及相应的动态数据采集系统。

应变测量采集系统,其应变片对钢筋混凝土模型可以测量其内部钢筋的应变。需在模型制作时预埋,保证应变片的绝缘电阻在 $500m\Omega$ 以上,并引出测量线。在混凝土表面测量混凝土应变时,一般采用长标距的应变片,可以后粘贴。为了在试验过程中不受温度影响,应配有相对应的温度补偿片。在二桥臂上的应变片电阻及所引导线电阻应尽量相等,以便于应变仪的桥路的平衡,应变仪可以是直接由数采集系统所带,或将动态应变仪后接入动态数据采集系统的电压采集中,再进行数据采集。

加速度测量,常用的是力平衡加速度计、集成固态加速度计、应变式加速度计、压电晶体加速度计(带保持频带可达 0.1Hz 的电荷放大器,ICP 型内置放大器加速度计)。频带上限通常到 80~100Hz 即可。量程一般考虑到模型的放大作用,达 5g 即可。

位移测量据需要而定。如要测量楼层间位移,或模型相对于台面间位移,需采用相对式位移计,如要测量绝对位移,一般需要在基础上设置安装仪器的刚架。

其他特殊要求的仪器(如土压力计、观察裂缝开展过程的仪器等)视需要而定。

4)测点布置及仪器调试

按照模型设计时的要求,除应变片事先已预埋外,加速度、位移测点应就位。如要测量试件不同高度之间的变化情况,应在对应高度上布置加速度计和相对位移计。如要观察模型是否有转动,则在模型振动方面的两侧各布测点,从其差值上来判断。

加速度计与模型间的黏结,可用万能胶,也可用石膏固定。在加速度为 1g 左右时,可用橡皮泥固定。位移计如用拉线式,则采用直径为 0.3mm 的钢丝张拉,位移计需黏结牢固。如用激光式位移计,光靶与光源间的位置需细致调整好。通常在台面上需布置一台加速度计,以便于以台面加速度实测记录为准而进行模型反应的分析。

各测点需用屏蔽电缆连接,连接前必须逐条线进行检测,如有断开的电缆应将其舍弃。各导线检查合格后,进行联机检查。

在检查各测量仪器是否正常工作时,如测量仪器有单独中间仪器时,可以单独检查。如直接与采集系统相接,则可进行系统检查。此时开启数据采集系统,对各测量通道进行逐点工作状态检查,按照预计的测量量程来决定,如查出某路工作不正常,再在此通道上进行分段检查。加速度计可用晃动检查,拉线式位移计可用拉动检查,以判断出问题所在。对应变而言,如果桥路不能平衡,可能是断线或两桥臂电阻差别太大所致。如果应变在零点处跳动而不稳定,往往是绝缘电阻不够,或连线未接牢靠。要检查是否绝缘电阻不够,可用摇表检查,但千万不能在全部联机情况下进行,必须把所有测线从采集系统或中间仪器上脱开后才能进行摇表检查,否则摇表的高压(达千伏量级)会击坏后接的各种仪器。如是绝缘不够,这种应变片只能舍弃。

所有仪器调试正常后即可进行下步试验。

5)动力特性试验

在未做地震波试验前,需要测量其动力特性的,则按动力特性测量方法中的配套仪器进行测量。如需要测量在模型不同破坏情况下的动力特性,则在进行了某一加速度能级的地震波试验后再进行一次测量。

6)地震波试验

在振动台系统正常开启后,组织正式的地震波试验。

(1)需要有一位统一指挥的人员。

(2)按预先需要的试验步骤设定地震波形、压缩比和能级。

(3)施加地震波振动,与数据采集系统同步进行。一般采集系统要稍早一些开动,以避免记录丢失头部数据。

(4)一次地震波试验过程结束后,从采集系统中回放记录进行观察。

(5)观察模型的破坏状态,并描述出来。此时为避免安全事故发生,必须使地震模拟振动台系统中的液压源停止工作。

(6)设定下步试验。

(7)如要进行大加速度破坏试验。应防止模型倒塌而损伤人员和仪器设备,应用大厅中的吊车扶住模型进行保护。

7）数据处理

如数据采集系统有数据分析功能,可在数据采集系统中进行分析。一般由于连续试验,试验者可以从采集系统中取回数据,在其他计算机上按自己的要求进行处理。

8）模型拆除

模型试验结束后,由于模型已经损坏,拆除时更应安全进行。一般按下列顺序进行：

(1) 拆卸各种量测仪器及布线。

(2) 拆卸配重荷载块。

(3) 拆卸模型与台面间的固紧螺栓。

(4) 用吊车将模型吊离地震模拟振动台,如模型损坏严重,可能要分部进行吊离。

(5) 模型如有保留价值,可放置于试验大厅的某个部位,或运出试验大厅至指定地点。如无保留价值,则在大厅中就地拆除。

9）编制试验大纲

在每个试验前,试验者均要按上述试验的组织过程编出试验大纲,以与地震模拟振动台操作者协调工作,使整个试验能有条不紊地进行。试验大纲应包括下列几个方面：

(1) 试验目的。

(2) 模型概况。

(3) 测量的参数和测点布置。

(4) 选择的测量仪器,试验要求的数量、量程。

(5) 选用的地震波、压缩比、能级。

(6) 是否需要测量动力特性。

(7) 试验的分级试验顺序。

(8) 要求试验日期及试验延续时间。

13.5　拱肋模型振动台试验示例

13.5.1　试验概况

福安市群益大桥跨越福安市龟湖河,连接市区与阳头新开发区(图13-4)。大桥采用桥梁上部为单孔净跨46m、净矢跨比为1/3的单跨中承式钢管混凝土拱桥,矢高为15.33m,桥面净宽为9+2×2.5m,人行道宽2×1.75m,桥面总宽18m。设计荷载为汽车-20,挂车-100,人群荷载为3.5kN/m²。主拱圈为单圆管截面,由$\Phi 800 \times 14$mm的钢管内灌C30混凝土组成,吊杆采用高强钢丝,桥面系为现浇钢筋混凝土连续板。桥台采用重力式桥台,基础为刚性扩大基

图13-4　福安群益大桥

础，Ⅱ类场地，桥址处于烈度为6度区域，按7度设防。

本次试验以福安市群益大桥为试验对象，设计制作了几何比例1∶10的缩尺模型，依据人工质量相似律模型配重，采用地震模拟振动台三台阵系统，输入Taft波等几种典型的地震波以及根据实际场地条件按E1、E2抗震设防要求生成人工波等地震波，通过一致激励和非一致激励作用，开展钢管混凝土拱结构模型的动力特性试验研究、地震反应性能试验研究及破坏特性研究，为钢管混凝土拱桥抗震设计规范的制订提供参考。

13.5.2 模型相似比

1）模型设计

钢管混凝土拱结构试验模型按几何缩尺比例1∶10设计制作，模型净跨径L为4.6m，净矢高f为1.53m，矢跨比$\vartheta(\vartheta=f/L)$为1/3，拱轴线为二次抛物线。为了设置模型配重，在沿拱轴线方向每隔20cm焊接与之垂直的长度为48cm的钢杆来固定配重。为了使模型固定在振动台台面上，加工制作了两块长宽为1.0m×1.0m、厚为35mm的固定铁板，使该模型的两拱脚通过设置三角撑焊接在铁板上，再在铁板上开螺孔，然后通过高强螺栓连接使铁板锚固于振动台台面上。拱结构模型截面为单圆管截面，若按几何缩尺比例1∶10缩小，缩放后的钢管的外径D应为80mm、壁厚t为1.4mm，由于该尺寸难以采购和制作，因此，该模型单圆管截面实际尺寸D和t分别为76mm和3.8mm。缩尺模型如图13-5所示。

图13-5 模型试验照片

2）模型材料性能

钢材采用Q345钢，测得三个标准试件的钢材平均屈服强度f_s为320MPa、抗拉强度f_u为540MPa、弹性模量E_s为2.00×10^5MPa、泊松比μ_s为0.283。混凝土采用C30，测得混凝土28d立方体抗压强度f_{cu}为45.6MPa、弹性模量E_c为3.65×10^4MPa、泊松比μ_s为0.245。

由模型拱肋截面的实际尺寸D和t分别为76mm和3.8mm，可计算含钢率$\gamma=A_s/A_c=0.24$、套箍系数$\xi=f_sA_s/f_cA_c=2.47$，相应的截面总抗压刚度$EA=E_sA_s+E_cA_c=3.11\times10^5$kN、截面总抗弯刚度$EI=E_sI_s+E_cI_c=2.52\times10^2$kN·m²。若模型按设计尺寸80mm和4mm计，则含钢率γ为0.07、套箍系数ξ为0.78，相应的截面总抗压刚度EA为2.42×10^5kN、总抗弯刚度EI为3.04×10^2kN·m²。相比设计模型与实际模型可知，实际模型的抗压刚度增加了22%、抗弯刚度则下降了21%，该变化在接下来的相似比设计中忽略，没有考虑。

3）相似比设计

结构模型动力相似比设计中，完全满足相似要求难以实现。因此，可根据实际模型特点使主要参量满足相似比要求，一般可采用人工质量（配重）来实现，并通过量纲分析得到模型动力相似系数。参照本书4.4节"模型设计与相似误差分析"中动力试验模型设计的相关内容，对于结构的地震反应，在线弹性范围内，各主要参量函数关系如下：

$$\sigma=f(l,E,\rho,t,\delta,v,a,g,\omega) \tag{13-5}$$

式中：σ——结构的动力响应应力；

l——结构构件尺寸;

E——结构构件的弹性模量;

ρ——结构构件的质量密度(或人工配重后的);

δ、v、a——结构响应位移、速度、加速度;

g——重力加速度;

ω——结构自振圆频率。

取前三个物理量 l、E 和 ρ 作为基本量,对应的量纲和量纲相似比分别为 $S_L = [L]$、$S_E = [E]$ 和 $S_\rho = [\rho]$,那么其余各参量的量纲相似比都可表示为这三个量的单项式,表 13-7 给出了该模型各相似系数的关系式和比值。本模型的 $S_L = 1/10 = 0.1$,由于采用原型材料,因此,$S_E = 1.0$,S_ρ 也应为 1.0。但是,由于重力加速度相似比 $S_g = [E_\rho^{-1} L^{-1}] = 1.0$,因此,$l$、$E$ 和 ρ 三个参量不能独立地任意选择。为了满足这一要求,通过设置一定的人工质量,使 $S_\rho = 10$ 来实现加速度相似比为 1.0,即 $[\rho] = S_\rho = S_E/S_L = 10$,也即需设置 9 倍模型自重的人工质量才能满足相似要求。考虑到理想模型复杂得多,实际很难完全满足相似比要求。配重不同,$S_{\rho i}$ 也不同,分别为 1.0,2.5,5.0,7.5 和 10.0,表 13-8 给出了该模型各相似系数的关系式和比值。

模 型 相 似 系 数　　　　　　　表 13-7

物理量	量纲	量纲相似比关系	相似系数比值
线尺寸 l	S_L	$[L]$	取 $1/10$,$S_L = 0.1$
线位移 δ	S_L	$[L]$	$S_L = 0.1$
弹性模量 E	S_E	$[E]$	$S_E = 1.0$
应力 σ	S_σ	$[E]$	$S_\sigma = S_E S_\varepsilon = 1.0$
应变 ε	S_ε	—	$S_\varepsilon = 1.0$
密度 ρ	S_ρ	$[\rho]$	$S_\rho = 10$
加速度 a	S_g	$[E_\rho^{-1} L^{-1}]$	1.0
重力加速度 g	S_g	$[E_\rho^{-1} L^{-1}]$	1.0
荷载 P	S_P	$[EL^2]$	$S_P = S_E S_L^2 = 0.01$
弯矩 M	S_M	$[EL^2]$	$S_M = S_\sigma S_L^3 = 0.001$
时间 t	S_T	$[E^{-0.5} \rho^{0.5} L]$	$S_T = 1/S_\omega = 0.316$
自振频率 ω	S_ω	$[E^{0.5} \rho^{-0.5} L^{-1}]$	$S_\omega = 3.16$
阻尼比 ζ	S_ξ	—	$S_\xi = 1.0$
速度 v	S_v	$[T^{-0.5}]$	$S_v = S_\omega = 3.16$
刚度 k	S_k	$[EL]$	$S_k = S_E S_L = 0.1$
模型自身质量 m_m	S_m	$[\rho L^3]$	$S_m = S_\rho S_L^3 = 0.001$
人工质量 m_a	S_a	$[EL^{-2}] - [\rho L^3]$	$S_a = 9 S_m = 0.009$

模 型 相 似 系 数 表13-8

物理量	量纲	量纲相似比关系	相似系数比值				
			满载配重	3/4载配重	半载配重	1/4载配重	无配重
密度 ρ_i	S_ρ	$[\rho]$	$S_\rho=10$	$S_\rho=7.5$	$S_\rho=5$	$S_\rho=2.5$	$S_\rho=0.0$
线尺寸 l	S_L	$[L]$	$S_L=0.1$				
弹性模量 E	S_E	$[E]$	$S_E=1.0$				
线位移 δ	S_L	$[L]$	$S_L=0.1$				
应力 σ	S_σ	$[E]$	$S_\sigma=S_E S_\varepsilon=1.0$				
应变 ε	S_ε	—	$S_\varepsilon=1.0$				
加速度 a	S_a	$[E\rho^{-1}L^{-1}]$	$S_a=1.0$	$S_a=4/3$	$S_a=2$	$S_a=4$	$S_a=10$
重力加速度 g	S_g	—	$S_g=1.0$				
荷载 F	S_P	$[EL^2]$	$S_P=S_E S_L^2=0.01$				
弯矩 M	S_M	$[EL^3]$	$S_M=S_\sigma S_L^3=0.001$				
时间 t	S_T	$[E^{-0.5}\rho^{0.5}L]$	$S_T=\sqrt{10}/10$	$S_T=\sqrt{7.5}/10$	$S_T=\sqrt{5.0}/10$	$S_T=\sqrt{2.5}/10$	$S_T=\sqrt{1.0}/10$
自振频率 ω	S_ω	$[E^{0.5}\rho^{-0.5}L^{-1}]$	$S_\omega=1/S_T=3.16$	$S_\omega=1/S_T=3.65$	$S_\omega=4.46$	$S_\omega=6.32$	$S_\omega=10.0$
阻尼比 ζ	S_ξ	—	$S_\xi=1.0$				
速度 v	S_v	$[E^{0.5}\rho^{-0.5}]$	$S_v=0.316$	$S_v=0.365$	$S_v=0.446$	$S_v=0.632$	$S_v=1.0$
刚度 k	S_k	$[EL]$	$S_k=S_E S_L=0.1$				
模型自重 m_m	S_m	$[\rho L^3]$	$S_m=S_\rho S_L^3=0.001$				
人工质量 m_a	S_a	$[EL^{-2}]-[\rho L^3]$	$S_a=0.009$	$S_a=0.0065$	$S_a=0.004$	$S_a=0.0015$	$S_a=0$
模型总重 m_0	S_m+S_a		0.01	0.0075	0.005	0.0025	0.001

13.5.3 模型试验

1)输入地震波

图13-6为输入的典型的地震波Taft波和E2人工波。Taft波和E2人工波的峰值最大加速度(PGA)均为$0.26g$,E1人工波的PGA则为$0.1g$,各波形如图13-7所示。此外,该台阵系统要求输入的地震波采样频率f必须为2^n。由于该系统的最高使用频率为50Hz,而一般采样频率不小于系统频率的2倍,因此,$n>6$,即$f>64$。本文Taft地震波的采样频率为512Hz,人工波为256Hz,满足这一要求。

E1和E2人工波是通过当地场址条件下的地震反应谱生成得到。地震反应谱的计算依据《公路桥梁抗震设计细则》(JTG/T B02-01—2008)进行,计算公式为:

$$S = \begin{cases} S_{max}(5.5T+0.45) & (T<0.1s) \\ S_{max} & (0.1s \leqslant T \leqslant T_g) \\ S_{max}(T_g/T) & (T>T_g) \end{cases} \quad (13\text{-}6)$$

$$S_{max} = 2.25 C_i C_s C_d A \quad (13\text{-}7)$$

式中:S_{max}——水平设计加速度反应谱最大值(平台段);

T_g——特征周期(s);

T——结构自振周期(s);

C_i——结构抗震重要性系数;

C_s——场地系数;

C_d——阻尼调整系数;

A——水平向设计基本地震动加速度峰值。

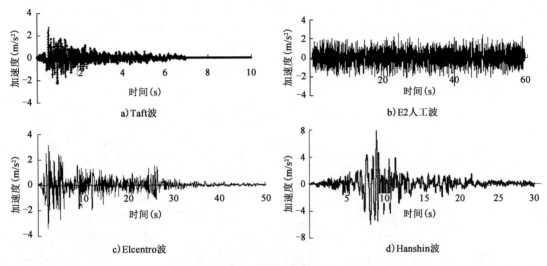

图 13-6　各输入地震波波形

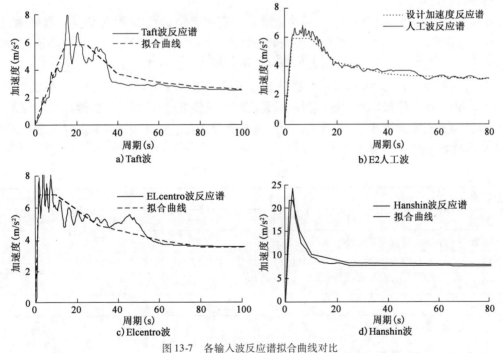

图 13-7　各输入波反应谱拟合曲线对比

以 E2 人工波为例,按照抗震烈度 8 度、场地类型为 Ⅱ 类计算,根据抗震设计细则,可得到上述公式中的系数分别为:$T_g = 0.35$,$C_i = 1.3$,$C_s = 1.0$,$C_d = 1.0$,$A = 0.2g$。根据抗震设计细则(阻尼比为 0.05)得到的设计加速度反应谱曲线如图 13-7b)所示,通过频响变换关系可以得到相应的 E2 时程曲线,即图 13-6b)。同时,图 13-7b)也给出了通过 E2 时程曲线反变换得到的人工波反应谱曲线,峰值 S_{max} 平台对应的频率约为 2.5~10.0Hz。由图 13-7b)可知,设计反应谱曲线与人工波反应谱曲线基本一致。

2)传感器布置

该拱结构模型的应变测试点沿 X 向对称选取在拱肋的拱脚、$L/8$、$L/4$、$3L/8$、$5L/8$ 以及拱顶处,各测点处沿管壁周围均匀布置四个环向应变和轴向应变片,总计 36 个应变片。同时,在各关键截面处布置加速度传感器,测量纵向、横向及竖向加速度,总计 23 个加速度传感器。此外,在拱顶处布置 2 个 LVDT 位移传感器用来测量拱顶相对于拱脚的纵向位移和横向位移;而拱脚的位移由振动台系统自带的传感器测量。全桥传感器布置如图 13-8 所示。

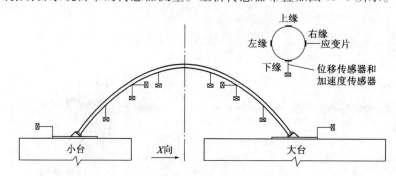

图 13-8　测点位置和截面应变片布置示意图

3)试验工况

试验工况主要是正弦波激励、白噪声激励和地震波激励,地震波激励包括一致激励、双向激励和行波激励,输入方向主要考虑了纵向、横向、"纵向 + 横向"等。其中,双向输入时的 Y 向激励为单向时的 0.85 倍;行波输入为沿纵向由左到右延迟 0.1s(即当视波速取 150m/s 时,原桥从左拱脚传至右拱脚约 0.31s,模型考虑时间相似比后取 0.1s)。试验工况见表 13-9,总计 25 个。由于正弦波激励和白噪声激励只是用来测试模型的动力特性、检测系统是否正常工作、试验模型是否安装可靠、传感测量装置是否有效等,因此,正弦波激励和白噪声激励未列入表 13-9 的试验工况中。

台 阵 试 验 工 况　　　　表 13-9

地震波输入	X 向一致	Y 向一致	$X + 0.85Y$ 一致	X 向行波	Y 向行波
Taft 波	工况 1	工况 2	工况 3	工况 4	工况 5
E1 波	工况 6	工况 7	工况 8	—	—
E2 波	工况 9	工况 10	工况 11	—	—
Elcentro	工况 12	工况 13	工况 14	—	—
Hanshin	工况 15	工况 16	工况 17	—	—

注:X-纵向(纵桥向)、Y-侧向(横桥向)。

13.5.4　试验结果与分析

1)加速度响应

(1)地震波激励下结果分析

限于篇幅,图 13-9 和图 13-10 分别为 Elcentro 波在 X 向 Y 向一致激励下(对应表 13-9 的工况12和工况13),钢管混凝土拱结构模型拱顶和拱脚处、1/4L和3/4L处的加速度响应时程曲线,为表示方便,只给出了具有代表性的0～16s的时程曲线。

由图13-9可知,当台面X向的最大加速度激励PGA=3.40m/s²时(工况12),拱结构模型1/2L、1/4L、3/4L以及拱脚处的最大加速度响应分别为7.54m/s²和7.33m/s²、8.74m/s²和3.77m/s²。分别放大了约2.22倍和2.16倍、2.57倍和1.11倍。同时,拱顶峰值加速度出现的时间约为2.64s,1/4L的约为2.43s,与激励的峰值加速度时间2.25s相差不大。纵桥向激励下最大加速度响应并不在拱顶处,而是在1/4L处,且左半跨的响应稍大于右半跨的。激励结束后模型以0.183s(即第二阶频率5.5Hz)为周期逐渐衰减,与白噪声扫描时的频率和周期一致,说明模型未出现塑性变形或破坏。观察模型拱结构外壁,也未发现有裂缝。

由图13-10可知,当台面一致激励为Y向(横桥向)时(工况13),模型拱顶、1/4L以及3/4L处的加速度响应峰值分别为13.86m/s²、8.66m/s²和8.25m/s²,分别放大了4.08倍、2.56倍和2.51倍,放大作用显著,不过仍然稍小于E2人工波的相应放大作用,但峰值加速度要大于E2波的相应峰值加速度。拱顶峰值加速度出现的时间约为5.35s,1/4L的约3.12s,与激励的峰值加速度时间2.25s相差较大。当激励结束后模型以0.49s(即第一阶频率2.0Hz)为周期逐渐衰减,稍微大于此前的0.48s。一阶频率没有明显下降,模型基本无损伤。

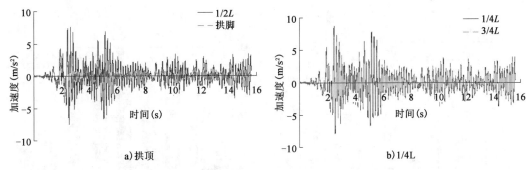

图13-9 Elcentro波X向激励下模型加速度响应时程曲线

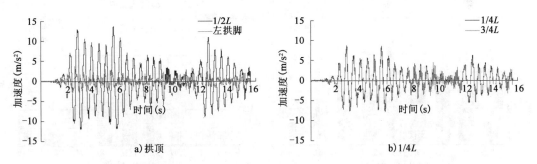

图13-10 Elcentro波Y向激励下模型加速度响应时程曲线

(2)放大系数比较

图13-11和图13-12为各激励波形引起的钢管混凝土单圆管拱结构模型沿跨径方向各主要截面的峰值加速度响应放大系数的对比。为了便于比较和分析,本节也给出了文献[14]的试验结果,如图13-11和图13-12所示。

由图13-11a)可知,X向激励下,人工波对该模型拱的加速度响应远大于其他波,且人工波(E2)和Elcentro波对拱结构模型的加速度响应放大效应均较为显著;而Hanshin波和Taft

波对模型的放大效应相对前两者来说小得多,基本上不大于2倍。由图13-11 b)可知,Y向激励下,人工波和Elcentro波激励对模型的加速度响应放大作用非常显著,Hanshin波的也有一定的放大效应,放大效应最明显的部位均在拱顶截面处,而Taft波的放大效应基本可忽略不计。此外,Elcentro波的加速度响应放大效应仍然要小于人工波的,这是因为后者的卓越峰值频率平台范围要比前者的更宽一些。

由图13-12a)~d)可知,各地震波激励下,该模型拱的响应均为从拱脚至$1/4L$,一般是X向的大于Y向的放大系数,从$1/4L$至拱顶则一般是Y向的大于X向的。

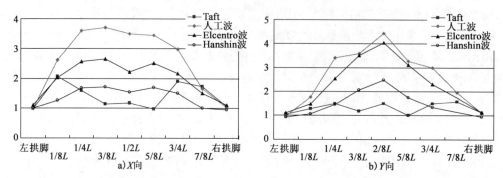

图13-11　X向与Y向的加速度响应放大系数对比

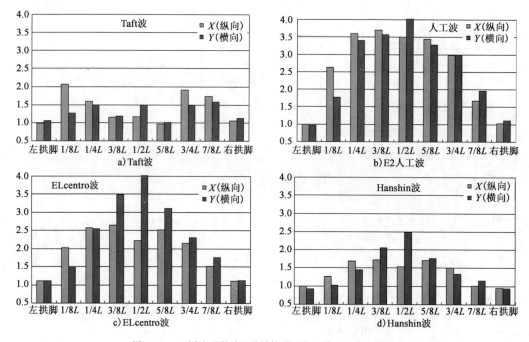

图13-12　不同波形激励下拱结构模型主要截面的放大系数

2)位移响应

本节的位移响应均指相对位移,如图13-13所示。由于拱顶位移相对于其他测点较大,且拱肋变形值在横向和纵向较大,竖向变形较小,基本为零。因此,图13-13只给出了各激励下拱顶的纵、横向位移响应峰值。

从图13-13a)的拱顶X向位移可知,Hanshin波引起的位移响应为10.5mm,Elcentro波的约为7.1mm。比较可知,以Hanshin波产生的位移最大,E2人工波的位移大于Elcentro波的位移、E1波的位移大于Taft波的位移。从图13-13b)的拱顶Y向位移可知,Hanshin波产生的位移约为25.0mm,Elcentro波的为18.2mm。此外,激励越大,位移响应也越大。

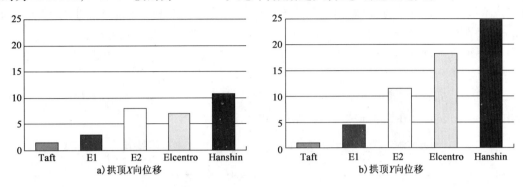

图13-13 模型拱顶位移及比较(单位:mm)

3)应变响应

本次台阵试验测试了钢管混凝土单圆管拱肋关键截面处的轴向应变和环向应变,包括截面的上、下缘应变和左、右缘应变。图13-14为模型拱在Elcentro波、Hanshin波、Taft波和E2波激励下各关键截面轴向下缘点的最大应变响应关系曲线,其中,图13-14a)为X向激励时的最大应变响应、图13-14b)为Y向激励时的最大应变响应,限于篇幅,上缘、左缘、右缘各点以及环向各点的应变没有给出。

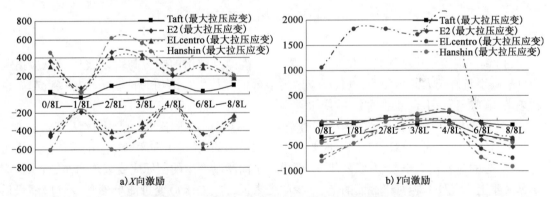

图13-14 模型拱关键截面轴向下缘的最大应变响应

由图13-14a)可知,X向激励产生的下缘应变均不大,未超过钢材的弹性极限应变。相对来说,以$1/4L$截面的应变最大、其次是$3/4L$截面的(峰值加速度反应也是以这两个截面最大)。除Taft波外,其他三个波产生的拉、压应变具有一定的对称性。由图13-14b)可知,Y向激励下产生的应变较大,尤以Elcentro波的最为显著。一般拱顶处的最大拉应变大于压应变,而拱脚的压应变大于拉应变,应变在$1/2L$处具有对称性。

图13-15给出了模型拱在Elcentro波和Hanshin波以及Taft波、E2人工波Y向激励下,左拱脚截面各测点的最大压应变响应,包括轴向左缘、右缘应变,轴向下缘应变(上缘应变片在试验过程中损坏了),以及环向左、右缘和上、下缘应变。由于X向激励产生的应变不大,限于篇幅,其值未给出,同时,最大拉应变也未给出,其他截面的也未给出。

由图 13-15 可知，Y 向激励下，模型拱脚截面处的应变不论是轴向的还是环向的，均以左、右缘的应变大于上、下缘的（不过，X 向激励时上、下缘的应变稍大于左、右缘的，本文未给出）。这说明，地震作用下除通常计算截面的上、下缘应变外，还应计算左、右缘应变。不过，缩尺后的模型为应变失真模型，即实际结构自重产生的应变远比相似模型自重产生的应变大，实际结构在地震波激励下产生的应变和自重产生的应变的比值与相似模型的也不相同，因而对于应变失真模型来说，其应变响应结果难以推及到原型上，其与原型结构的真实结果的关系还有待进一步的研究。不过，上、下缘应变仍然是主要验算的部位。

从图 13-15a）可以看出，Hanshin 波产生的轴向应变最大，超过 $2500\mu\varepsilon$；从图 13-15b）可以看出，Elcentro 波产生的环向应变最大，超过 $2000\mu\varepsilon$。

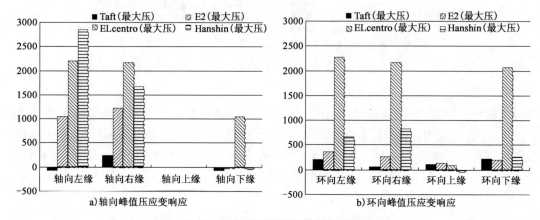

图 13-15　Y 向激励下模型拱脚截面的最大应变响应

4）结论

（1）钢管混凝土拱结构具有良好的抗震性能，模型拱结构的响应与输入波形的反应谱起始卓越频率具有较大的相关性，也与反应谱的平台范围相关。结构的自振频率越接近起始卓越频率，响应越大；平台范围越宽，响应也越大。

（2）模型拱的加速度响应一般为从拱脚至 $1/4L$ 是 X 向的大于 Y 向的，从 $1/4L$ 至拱顶则一般是 Y 向的大于 X 向的；双向激励一般要大于单向激励的。纵桥 X 向激励产生的截面应变表现为上、下缘的应变稍大于左、右缘的应变；而横桥 Y 向激励产生的截面应变表现为左、右缘的应变远大于上、下缘的。相对于截面的上、下缘应变来说，左、右缘应变可能更不利。不过，缩尺后的模型为应变失真模型，上、下缘应变仍然是主要验算的部位。

13.6　本章小结

地震模拟振动台可真实地再现各种地震波以及试验模型在地震作用下的动力响应规律、失效机理和破坏模式，是最为直接和准确的抗震试验方法之一。本章主要基于地震模拟振动台，分别介绍了试验目的、地震模拟振动台特点与试验原理、模型动力相似比设计、模型安装与加载等，最后介绍了一座钢管混凝土拱桥模型的地震振动试验案例。不过，通常地震模拟振动台试验都是较为大型的试验，费用也较高。为确保试验顺利进行，保障设备和人员安全，并获得理想的试验结果,在进行地震模拟振动台模型试验前,一定要先详细了解地震模拟振动台设备的性能参数,并基于该性能参数进行模型相似比设计,同时制订具体的试验方案并进行初步的有限元分析,在此基础上才能进行试验模型的制作、加工、安装和加载等。

【习题与思考题】

1. 简述地震模拟振动台的基本原理。
2. 简述地震模拟振动台的构成。
3. 根据本章的介绍,任意选取一建筑结构物或桥梁为工程背景,进行地震模拟振动台模型试验方案的设计。
4. 模型配重计算:

某钢筋混凝土简支桥梁,其结构构件总质量 m_p 为 6.0×10^7 kg,非结构构件质量 m_{op} 为 3.0×10^7 kg,欲使用微粒钢筋混凝土制作模型,选取几何尺寸相似比系数 $l_r = 0.05$,弹性模型相似比系数 $E_r = 0.2$,其中,原型钢筋混凝土质量密度为 2400kg/m³,模型微粒钢筋混凝土质量密度为 2300kg/m³。请分别采用人工质量模型、忽略重力模型求其他物理量的相似比系数和台面载荷(包括模型与配重的质量)。同时,基于台面最大可承载能力为 15.0×10^3 kg 计算欠人工质量模型的相似比物理量。

5. 模型相似比设计与倾覆力矩计算:

工程原型为两跨预应力混凝土 T 形刚构桥,每跨跨径为 90m、桥墩高为 30m。原型结构构件总质量 m_p 为 4.0×10^6 kg,二期铺装等非结构构件质量 m_{op} 为 0.5×10^6 kg。场地设防烈度为 8 度(0.25g)、罕遇地震下加速度为 0.50g。地震作用下模型最大加速度放大系数为 4.0。模型采用陶粒钢筋混凝土材料制作,弹性模型相似比系数 $E_r = 0.8$,其中,原型钢筋混凝土质量密度为 2500kg/m³,钢筋混凝土模型质量密度为 2000kg/m³。请根据福州大学振动台三台阵性能特点(达到台阵设备的设计极限时小台可利用的最大抗倾覆力矩为 100kN·m、大台为 300 kN·m)合理选取几何尺寸相似比系数 l_r,设计人工质量模型,并求解其他物理量的相似比系数和台面载荷。

本章参考文献

[1] Williams D, Godden W. G. Experimental model studies on the seismic response of high curved overcrossings [R]. No. FHWA-RD-77-91, EERC, University of California, Berkeley, 1976.
[2] Carvalho E. C, Ravara A, Duarte R. T.. Seismic studies for the International Guadiana Bridge[C]. Proceedings of the 6th European Conference on Earthquake Engineering, 1978.
[3] Casirati M, Franchioni G, Bousias S.. Seismic Tests on Three Shaking Tables of a 1:8 Irregular Bridge Model in Support of Design Eurocode 8 [C]. Proceedings of the 11th World Conference on Earthquake Engineering, 1996.
[4] 黄福云,方子明,吴庆雄,等. 地震模拟振动台三台阵反力基础动力特性试验研究[J]. 福州大学学报, 2016, 44(3):144-153.
[5] 徐艳, 胡世德. 钢管混凝土拱桥的动力稳定极限承载力研究[J]. 土木工程学报, 2006, 39(9): 68-73.

[6] Zong Zhou-hong, Bjiaya Jashi, Ge Ji-ping, et al. Dynamic analysis of a half-through concrete-filled steel tubular arch bridge[J]. Engineering Structures, 2005, 27(1): 3-15.

[7] 张波, 李术才, 杨学英, 等. 上承式大跨度钢管混凝土拱桥地震反应分析[J]. 公路交通科技, 2009, 26(3): 64-67, 73.

[8] 赵灿晖, 周志祥. 大跨度钢管混凝土拱桥非线性地震反应分析[J]. 重庆建筑大学学报, 2006, 28(2): 47-51.

[9] 李勇, 闫维明, 陈彦江. 某异型钢管混凝土拱桥地震反应分析[J]. 震灾防御技术, 2010, 5(3): 346-351.

[10] 王浩, 李爱群, 乔建东. 不同激励下大跨度钢管混凝土拱桥地震反应时程分析[J]. 工程抗震与加固改造, 2006, 28(6): 68-71.

[11] 樊珂, 闫维明, 李振宝. 行波激励下千岛湖大桥的随机地震响应特征[J]. 辽宁工业大学学报, 2008, 28(4): 232-235.

[12] 李勇, 任晓强, 闫维明, 等. 三跨飞燕式异型钢管混凝土拱桥模型振动台试验[J]. 北京工业大学学报, 2012, 38(9):1301-1309.

[13] Haudhary D. J., Vishal C. Shelare, Seismic analysis of concrete filled steel tube composite bow-string arch bridge[J]. Advances in Bridge Engineering, 2006, (3):241-247.

[14] Wu Qing-xiong, Mistuhiro Yoshimura, Kazuo Takahashi et al.. Nonalinear seismic properties of the second Saikai Bridge: A concrete filled tubular (CFS) arch bridge[J]. Engineering Structure, 2006, 28(2): 163-182.

[15] 张敏政. 地震模拟试验中相似律应用的若干问题[J]. 地震工程与工程振动, 1997, 17(2): 52-58.

[16] 樊珂, 李振宝, 闫维明. 拱桥多点动力响应振动台模型试验与理论分析[J]. 2007, 4(6): 19-24.

[17] 中华人民共和国行业标准. JTG/T B02-01—2008 公路桥梁抗震设计细则[S]. 北京: 人民交通出版社, 2008.

[18] 郭月哲, 童申家. 钢管混凝土拱桥试验模型相似理论研究[J]. 工程抗震与加固改造, 2011, 33(3): 33-37.

[19] 黄福云, 李建中, 陈宝春. 钢管混凝土单圆管拱结构罕遇地震作用下地震模拟振动台试验研究[J]. 工程力学, 2015, 32(7):64-73.

[20] Fuyun Huang, Ziming Fang, Jiangzhong Li, et al. Study on design and construction of reaction mass of earthquake simulation triple shaking tables[J]. Applied Mechanics and Materials, 2014, 518:279-285.

[21] Yufan Huang, Bruno Briseghella, Tobia Zordan, et al. Shaking table tests for the evaluation of the seismic performance of an innovative lightweight bridge with CFST composite truss girder and lattice pier[J]. Engineering Structures, 2014, 75: 73-86.

第14章
桥梁模型风洞试验

14.1 概　　述

　　1940年11月7日,美国华盛顿州建成仅4个月的Tacoma峡谷悬索桥在风速不到20m/s的八级大风作用下发生强烈风致振动,最终吊索断裂,桥面垮塌。图14-1展示了Tacoma桥垮塌的情况。Tacoma桥事故使得风对桥梁结构的作用成为桥梁设计师和研究者必须考虑的因素,并成为桥梁风工程研究的起点。

　　随着人类交通运输需求的增长,现代桥梁追求更大的跨度,桥梁结构对风荷载的敏感度也随之增加。桥梁主梁、缆索、桥塔等结构构件的大幅风致振动现象普遍存在于世界各地的大跨度桥梁。虽然如Tacoma桥事故这样的风毁事故再也没有发生,但是桥梁结构的大幅度风致振动仍然威胁交通安全,且极易造成桥梁结构的疲劳破坏,影响桥梁使用寿命。因此,桥梁的抗风设计已经成为现代桥梁设计不可或缺的部分。

图14-1　Tacoma桥桥面垮塌瞬间

桥梁抗风研究的主要手段包括理论分析、风洞试验(Wind Tunnel Test)、现场实测和数值模拟等。目前,桥梁风工程的基本理论尚不完善,桥梁结构的许多空气动力现象的机理尚不明确,仅通过理论分析不足以支撑桥梁结构抗风的研究和设计。现场实测虽然可以获得真实的风速和桥梁风响应,但无法控制环境荷载条件,也无法测量到如桥梁颤振这种不能发生在真实桥梁上的极端效应。近年来数值模拟技术快速发展,但由于计算量和计算精度仍然受到计算机性能的限制,还不能用计算机模拟完全替代风洞试验。风洞试验由于其来流风和结构参数可控,测量数据准确可信,试验模型的风响应直观可见,已成为桥梁抗风研究中不可替代的手段。《公路桥梁抗风设计规范》(JTG/T D60-01—2004)也在总则中明确指出,风洞试验是进行桥梁结构抗风设计的重要手段。

在桥梁的抗风研究和设计中,桥梁风洞试验通常用于获取桥梁结构构件的气动参数和桥梁结构的风响应。主要包括以下内容:

(1)通过桥梁节段模型试验,获取桥梁断面的气动力系数(Aerodynamic Coefficients)、颤振导数(Flutter Derivatives)、气动导纳函数(Aerodynamic Admittance Function)等,测定桥梁断面的颤振临界风速并评估其颤振安全性,测量主梁的涡振、抖振等风致响应。

(2)通过桥塔模型试验,获取桥塔的气动力系数和风致响应。

(3)通过斜拉索模型试验,获取斜拉索的气动力系数和风致响应。

(4)通过全桥模型试验,获取桥梁在正常使用状态和施工状态下的风致响应,验证桥梁抖振和颤振稳定性,对桥梁结构进行抗风安全性评估。

根据风洞试验模型的不同,桥梁风洞试验可以分为节段模型试验和全桥模型试验。由于桥梁结构一般为细长结构,沿主梁展向方向的尺寸远大于横断面内两个方向的尺寸,风对桥梁的作用近似满足片条假定,即可用任意桥梁横截面的风荷载代替其他横截面上的风荷载。因此,可以用桥梁的节段模型进行风洞试验来研究桥梁结构的风荷载和风致响应。桥梁节段模型试验一般用于桥梁截面的气动选形和颤振稳定性的检验。为了充分模拟大气边界层中脉动风作用下桥梁结构的气动响应,还可以使用全桥气弹模型进行风洞试验。全桥气弹模型风洞试验可以更真实地反映桥梁结构在实际大气边界层中的气动稳定性和风致响应,重要的大跨经桥梁一般都要进行全桥模型风洞试验以检验桥梁抗风设计效果。

根据风洞试验测量内容,桥梁风洞试验可以分为测压试验、测力试验和测振试验。测压试验指通过测压设备测量桥梁模型表面的风压,一般用于获取作用于结构上的风荷载。测力试验指通过测力设备直接测量结构承受的风荷载。测振试验指通过加速度传感器、速度传感器或者位移传感器测量桥梁模型的风致振动响应。在同一次风洞试验中,测压、测力和测振设备可以相互配合,甚至可以同时进行测量。

14.2 边界层风洞设备

14.2.1 风洞的基本类型

风洞是一种通过动力设备在管道中产生和控制气流,用以模拟物体周围空气流场的空气动力学试验设备,被广泛应用于航空航天、交通运输、建筑桥梁和能源环境等领域。

根据风洞试验段所能达到的风速上限,风洞设备可以分为极低速风洞($U<3{\rm m/s}$)、低速风洞($U<0.4{\rm Ma}$)、亚音速风洞($U<0.8{\rm Ma}$)、跨音速风洞($U<1.4{\rm Ma}$)、超音速风洞($U<5{\rm Ma}$)以及高超音速风洞($U<10{\rm Ma}$)。极低速风洞一般用于大气环境领域的风洞试验;低速风洞可以用于低速飞行器、车辆、建筑、桥梁等的风洞试验;亚音速风洞一般用于汽车和飞行器的风洞试验;跨音速、超音速和高超音速风洞通常用于高速飞行器的风洞试验。

根据风洞的工作方式,风洞可以分为直流式和回流式风洞,如图14-2和图14-3所示。直流式风洞外形是一根直管道,风洞内空气与大气直接连通。直流式风洞适用于扩散试验(如风雨联合试验),但是其流场易受外部大气干扰,运转能耗高,且噪声污染较严重。回流式风洞外形是一根闭合管道,气流在洞体中

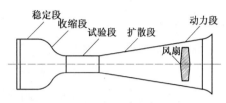

图14-2 直流式风洞示意图

循环流动,不易受到干扰,运转能耗较低,噪声污染相对较小,但长时间运行需要冷却装置对气流降温,且不适合于扩散试验。

另外,风洞设备也可以按产生的流场特征分为常温风洞、增压风洞、低温风洞、低紊流风洞和大气边界层风洞。

桥梁风洞试验一般在低速的大气边界层风洞中进行。

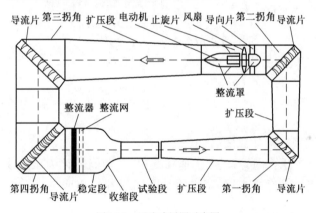

图14-3 回流式风洞示意图

14.2.2 边界层风洞的构造与特点

大气边界层风洞的构成与其他风洞基本一致,由稳定段、收缩段、试验段、扩压段和动力段构成。稳定段设置在收缩段之前,主要功能是利用一段管道和整流设备使气流进入均匀稳定的流动状态。收缩段设置在试验段前,利用一段收缩的管道使气流流速增加,从而提高试验段气流的均匀性,降低紊流度。试验段主要用于试验模型和测量设备的布设,是开展风洞试验的场地。扩压段通过扩张的管道使气流的动能转换为压力能,减少风洞的动力损失。动力段用于安装风扇,为风洞中的空气流动提供动力。

大气边界层风洞最重要的功能是在试验段产生模拟大气边界层中空气流动的气流,保证试验段气流具有与大气边界层空气流动相似的风速剖面、湍流强度、湍流积分尺度和风速功率谱等流动特性。这就要求大气边界层风洞的试验段具有足够的长度,以便布置尖劈和粗糙元等模拟地表粗糙度的设备,或者布置特殊的地形地貌模型,使得近地边界层的气流特性得以充

分发展。一般大气边界层风洞的试验段长度取为试验段当量直径的 8~10 倍。

14.2.3 桥梁风洞试验的主要仪器设备

1) 风速测量仪器

桥梁风洞试验中用于风速测量的仪器包括:基于机械方法的机械式风速仪、基于散热率法的热线(热膜)风速仪、基于动力测压法的皮托管、基于光学手段的激光多普勒测速仪和粒子成像测速(PIV)仪等。风洞试验的常用设备有:皮托管和热线风速仪。

(1) 皮托管(Pitot Tube)

常见的皮托管如图 14-4 所示,为一双层套管。内管在前端开口,开口方向迎着来流,通过管道末端的压力传感器可以测量来流总压;外管在侧面开口,开口方向垂直于来流,通过管道末端的压力传感器可以测量来流静压。皮托管的测量原理是基于伯努利方程设计的。皮托管附近的气流可以近似视为一维理想流体定常流动,满足伯努利方程应用条件。伯努利方程如下:

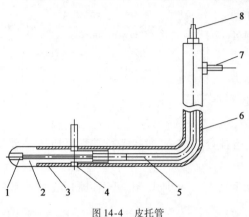

图 14-4 皮托管
1-全压测孔;2-感测头;3-外管;4-静压测孔;5-内管;
6-管柱;7-静压引出接管;8-全压引出接管

$$p_1 + 1/2\rho U_1^2 = p_2 + 1/2\rho U_2^2 = p_0 \tag{14-1}$$

式中:p_1、p_2——1、2 点处的静压(Pa);

U_1、U_2——1、2 点处的风速(m/s);

ρ——流体密度(kg/m³),边界层风洞中风速较低,空气视为不可压缩流体,密度为常数;

p_0——常数,视为流体总压(Pa)。

空气从外部进入皮托管内管,速度迅速降低为零,动能转化为压力能,进而通过压力传感器测得总压 p_0。在皮托管外管入口,空气流动方向与开口方向垂直,通过压力传感器只能测得静压 p_1。

由伯努利方程可得风速:

$$U_1 = \sqrt{\frac{2(p_0 - p_1)}{\rho}} \tag{14-2}$$

通常的皮托管测速公式:

$$U_1 = K_p \sqrt{\frac{2(p_0 - p_1)}{\rho}} \tag{14-3}$$

在公式(14-3)中引入了测压管校正系数 K_p,该系数由皮托管生产厂家提供,与皮托管形状、结构和尺寸等有关。

(2) 热线风速仪(Hot-wire Anemometer)

被电流加热的金属丝散热率与流体的流速存在一定的关系,金属丝的电阻变化可以反映出流速的变化。热线风速仪应用此原理,通过热线探头输出的电信号测量流速。典型热线探头如图 14-5 所示。热线风速仪有恒流式和恒温式两种工作模式,恒流式热线风速仪保持通过热线的电流不变,流速改变造成的温度变化反应为热线的电阻变化,继而导致电压信号的变化;恒温式热线风速仪保持热线的温度不变,流速的改变使通过热线的电流改变,继而导致电压信号改变。恒流式热线风速仪电路简单,高风速下灵敏度良好,但测速探头温度经常变化,易导致敏感元件老化,稳定性差;恒温式热线风速仪低风速灵敏度高,测量稳定,但功耗相对较大。目前恒温式热线风速仪应用较为广泛,其原理如图 14-6 所示。

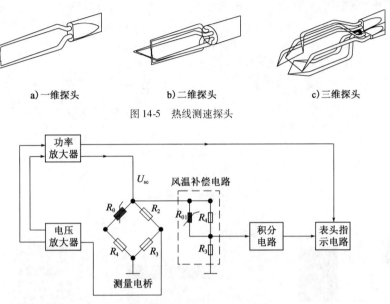

a) 一维探头　　　　b) 二维探头　　　　c) 三维探头

图 14-5　热线测速探头

图 14-6　恒温式热线风速仪工作原理

2) 风压测量仪器

风压测量仪器根据原理可分为液柱式、弹性式、电气式、活塞式测量仪器。这里主要介绍风洞试验中常用的电气式测量仪器,具体包括:应变式、压阻式、电容式、电感式和压电式。

应变式测压传感器工作原理:风压作用于弹性元件使弹性元件上的电阻应变片发生应变而改变电阻值,令输出的电压信号发生变化从而反映风压的变化。

压阻式测压传感器工作原理:风压作用于压阻元件使其电阻发生变化,进而令输出的电压信号发生变化来反映风压的变化。

电容式测压传感器工作原理:弹性元件上安装一可动电极,与一固定电极形成电容器,风压作用于弹性元件导致可动电极移动,电容器电极间距改变使电容量改变,导致输出电信号改变而反映风压变化。

电感式和压电式测压传感器工作原理也类似于上述三种测压传感器,都是以输出电信号反映压力变化。

电气式测压传感器的突出优点在于:输出电信号与被测风压成比例,可以直接由数据采集系统记录和处理;传感器体积小,适用于风洞试验模型;对压强变化反应快;测量灵敏度高。其缺点主要在于易受温度变化影响,稳定性差,需要经常校准。

除测压仪器以外,风压测量还需要压力扫描阀系统,一般分为机械式和电子式。风洞试验常用的是电子压力扫描阀,其部件和系统如图 14-7 和图 14-8 所示。电子压力扫描阀使每个测压管路对应一个压力传感器,可以同时对多个测压点进行测量和采集,大大简化了风洞试验程序。电子压力扫描阀可以对上千个压力测点按 $5 \times 10^4 \sim 5 \times 10^5$ Hz 的频率采集数据,精度高达 0.03%,并配有高精度的压力较准器进行联机实时校准。

a) 数据采集机箱　　　　　　　b) 压力扫描阀块

图 14-7　电子压力扫描阀系统

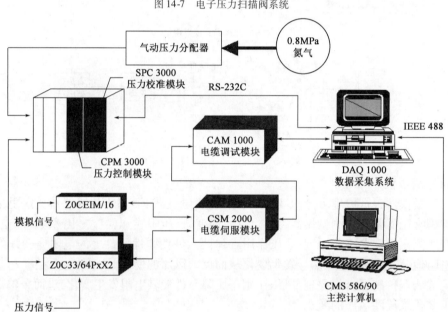

图 14-8　电子扫描阀测压系统组成示意图

3) 测力仪器

风洞试验中应用的主要测力仪器是测力天平 (Force-balance), 根据原理可分为机械天平、应变天平、压电天平和磁悬挂天平。图 14-9 展示了一种常见的测力天平。机械天平通过机械构件传递模型的受力，并采用机械平衡元件或力传感器进行测量。应变天平采用应变计测量模型传递的力导致的弹性元件的应变，进而通过应变计输出的电信号来获取模型受力信息。压电天平基于压电效应设计，模型传递来的力使压电元件变形并产生电荷，电荷量表征模型受力大小。磁悬挂天平利用电磁铁磁力将模型悬挂在风洞中，通过电流变化或位置变化测量模型受力大小。目前桥梁风洞试验通常使用应变天平。

4) 振动测量仪器

在桥梁风洞试验中，往往需要测量桥梁模型的风致振动响应。一般需要在模型上布置加速度传感器、速度传感器和位移传感器等设备，高频测力天平也具有测振的功能。

图 14-9 测力天平

14.3 桥梁风洞试验原理

14.3.1 缩尺模型试验和相似准则

进行桥梁风洞试验时,由于风洞空间和试验成本的限制,一般采用缩尺模型来代替实际桥梁结构。相应的,桥梁模型的几何参数、力学参数、材料性能都与桥梁原型结构存在差异。要在风洞中利用桥梁模型重现发生在真实桥梁上的物理现象,就必须根据相似理论来设计试验模型和工况。

1)相似准则和无量纲参数

两种物理现象相似,则意味着反映该物理现象的物理方程和单值条件相似,即对应空间和时间点上由特征物理量组合成的无量纲参数相同。单值条件指将满足同一物理方程的各种物理现象单一区分开来必备的基本条件,一般包括:

(1)物理条件:物体的状态和性质,如密度 ρ、黏性系数 μ 等。

(2)几何条件:物体的几何尺寸或空间范围。

(3)边界条件:物体同周围介质相互作用的条件。

(4)时间条件:非定常现象某一时刻的物理参数或定常现象时刻保持的物理参数。

在桥梁风洞试验中,常见的作为相似准则的无量纲参数主要有以下几种:

(1)斯托拉哈数(St, Strouhal Number):

$$St = \frac{Bf}{U} \tag{14-4}$$

式中:B——流动的特征尺度;

f——周期性流动的特征频率;

U——流速。

斯托拉哈数(St)表征非定常流动现象的无量纲频率,在考虑流动非定常特性时需要满足斯托拉哈数相似。

(2)雷诺数(Re, Reynolds Number):

$$Re = \frac{UB}{\nu} \tag{14-5}$$

式中:U——流速;
B——流动的特征尺度;
ν——流体的运动黏度。

雷诺数(Re)表征流体的惯性力和黏性力之比,体现黏性对流动的影响。因此,对近流线型断面的模型试验,应当重视雷诺数相似条件。

(3)弗劳德数(Fr, Froude Number):

$$Fr = \frac{U^2}{gB} \tag{14-6}$$

式中:U——流速;
B——流动的特征尺度;
g——当地重力加速度。

弗劳德数(Fr)表征流体惯性力与结构重力之比,当结构重力对结构风致振动特性影响较大,如悬索桥、斜拉桥、悬吊或张力结构等,需要考虑弗劳德数相似条件。

(4)欧拉数(Eu, Euler Number):

$$Eu = \frac{p}{\rho U^2} \tag{14-7}$$

式中:p——流体压力;
ρ——流体密度;
U——流速。

欧拉数(Eu)表征流体压力和流体惯性力之比,一般在考虑流体压缩性影响时考虑欧拉数相似。

(5)斯克拉顿数(Sc, Sctruton Number):

$$Sc = \frac{4\pi m \zeta}{\rho B^2} \tag{14-8}$$

式中:m——结构质量;
ζ——结构阻尼比;
ρ——流体密度;
B——结构的特征尺度。

斯克拉顿数(Sc)表征结构的惯性力与流体的惯性力之比,当进行气动弹性现象的风洞试验时,对结构模型设计应当考虑斯克拉顿数相似。

(6)柯西数(Ca, Cauchy Number):

$$Ca = \frac{E_{eq}}{\rho U^2} \tag{14-9}$$

式中:E_{eq}——结构等效弹性模量;
ρ——流体密度;
U——流速。

柯西数(Ca)表征结构的弹性力与流体的惯性力之比,当进行气动弹性现象的风洞试验时,对结构模型设计也应当考虑柯西数相似。

2)相似准则的推导

相似准则的推导有两种方法:相似变换法和量纲分析法。相似变换法一般用于物理现象较简单,可由简单物理方程描述的情况。而量纲分析法一般用于物理现象复杂不能用物理方程组描述的情况。

(1)相似变换法

相似变换法是列出描述现象的物理方程,给出各物理量的无量纲表达式并代入物理方程,整理得到带有无量纲系数的物理方程的方法。

以一维 N-S 方程为例:

$$\frac{\partial U}{\partial t} + U\frac{\partial U}{\partial x} = F - \frac{1}{\rho} \cdot \frac{\partial P}{\partial x} + \nu\frac{\partial^2 U}{\partial x^2} \tag{14-10}$$

如果已知:特征尺度 $L_0(\mathrm{m})$,特征来流速度 $U_0(\mathrm{m/s})$,常压流体密度 $\rho_0(\mathrm{kg/m^3})$,运动黏性系数 $\nu_0(\mathrm{m^2/s})$,流体压力 $P_0(\mathrm{Pa})$,当地重力加速度 $g_0(\mathrm{m/s^2})$。

可以构建无量纲变量:无量纲尺寸 $x^* = x/L_0$,无量纲时间 $t^* = t/t_0$,无量纲密度 $\rho^* = \rho/\rho_0$,无量纲流速 $U^* = U/U_0$,无量纲体积力 $F^* = F/g_0$,无量纲压力 $P^* = P/P_0$,无量纲黏度 $\nu^* = \nu/\nu_0$。

将无量纲变量代入 N-S 方程:

$$\frac{\partial(U_0 U^*)}{\partial(t_0 t^*)} + U_0 U^* \frac{\partial(U_0 U^*)}{\partial(L_0 x^*)} = g_0 F^* - \frac{1}{\rho_0 \rho^*} \cdot \frac{\partial(P_0 P^*)}{\partial(L_0 x^*)} + \nu_0 \nu^* \frac{\partial^2(U_0 U^*)}{\partial(L_0 x^*)^2} \tag{14-11}$$

得到:

$$\frac{U_0}{t_0} \cdot \frac{\partial U^*}{\partial t^*} + \frac{U_0^2}{L_0} U^* \frac{\partial U^*}{\partial x^*} = g_0 F^* - \frac{P_0}{\rho_0 L_0} \cdot \frac{1}{\rho^*} \cdot \frac{\partial P^*}{\partial x^*} + \frac{\nu_0 U_0}{L_0^2} \nu^* \frac{\partial^2 U^*}{\partial x^{*2}} \tag{14-12}$$

令式(14-12)两侧同除以 $\frac{U_0^2}{L_0}$ 得:

$$\frac{L_0}{t_0 U_0} \cdot \frac{\partial U^*}{\partial t^*} + U^* \frac{\partial U^*}{\partial x^*} = \frac{g_0 L_0}{U_0^2} F^* - \frac{P_0}{\rho_0 U_0^2} \cdot \frac{1}{\rho^*} \cdot \frac{\partial P^*}{\partial x^*} + \frac{\nu_0}{U_0 L_0} \nu^* \frac{\partial^2 U^*}{\partial x^{*2}} \tag{14-13}$$

这样,无量纲的 N-S 方程中各项系数即为需要的无量纲参数。可以注意到,式(14-13)左侧第一项系数 $\frac{L_0}{t_0 U_0}$ 即为斯托拉哈数(St),式(14-13)右侧第一项系数 $\frac{g_0 L_0}{U_0^2}$ 是弗劳德数(Fr)的倒数,右侧第二项系数 $\frac{P_0}{\rho_0 U_0^2}$ 是欧拉数(Eu),右侧第三项系数 $\frac{\nu_0}{U_0 L_0}$ 是雷诺数(Re)的倒数。

(2)量纲分析法与 π 定理

我们所知的物理量可以分为基本物理量与导出物理量,基本物理量指可通过物理定律导出的彼此独立的物理量,而导出物理量可由基本物理量通过推导得到。量纲是由基本物理量的幂的乘积表示的数字系数为 1 的量的表达式,它表达了导出物理量和基本物理量间的关系。

对于物理现象没有明确的控制方程,可列出与物理现象有关的物理量,再将其无量纲化。对于一般力学问题,常用的基本物理量有三个:长度、质量、时间,所以一般将四个物理量进行适当组合就可以得到一个无量纲量。例如将桥梁结构的质量 m、刚度 k、尺度 B 和风速 U 组合,可得无量纲参数 π:

$$\pi = m^{\alpha_1} k^{\alpha_2} U^{\alpha_3} B^{\alpha_4} \tag{14-14}$$

将各物理量量纲代入,得量纲关系式:

$$[\pi] = [M]^{\alpha_1+\alpha_2} [T]^{-2\alpha_2-\alpha_3} [L]^{\alpha_3+\alpha_4} \tag{14-15}$$

由于 π 被规定为无量纲参数,所以可得方程组:

$$\begin{cases} \alpha_1 + \alpha_2 = 0 \\ -2\alpha_2 - \alpha_3 = 0 \\ \alpha_3 + \alpha_4 = 0 \end{cases} \tag{14-16}$$

取该方程组的一个特解,即可获得无量纲参数 π,这种无量纲化方法也称为 π 定理。

14.3.2 基本试验参数的确定

1) 模型缩尺比的确定

模型缩尺比主要考虑风洞阻塞度和壁面效应的影响。当模型顺风向投影尺寸和风洞试验段截面尺寸相比不可忽略时,即风洞截面被模型阻塞,模型周围风速会比实际情况偏大,导致测得的作用于模型上的风荷载偏大,这种现象称为阻塞效应。为避免阻塞效应,风洞试验一般要求风洞阻塞度小于 5%,即模型顺风向投影面积与风洞试验段截面积之比小于 5%。在满足风洞阻塞度要求的同时,模型尺寸也不宜过小,以方便制作和安装传感器。除此之外,模型与风洞试验段洞壁的距离也不应过小,否则模型周围的风流动会受到壁面的影响,即产生壁面效应。

原则上,风洞试验模型的缩尺比应由自然风的湍流积分尺度和风洞中模拟出的湍流积分尺度之比决定,即令模型的特征尺度 B_model 与实际结构特征尺度 B_full 之比,和风洞中模拟出的湍流积分尺度 $L_{x,\text{model}}$ 与自然风的湍流积分尺度 $L_{x,\text{full}}$ 之比相等。

$$\frac{B_\text{model}}{B_\text{full}} = \frac{L_{x,\text{model}}}{L_{x,\text{full}}} \tag{14-17}$$

对于桥梁的全桥气弹模型而言,模型尺度较小,一般可以满足湍流积分尺度的相似。但是对于桥梁节段模型,如果按照湍流积分尺度的相似来确定缩尺比,会使模型尺寸过小。此时可以放弃满足式(14-17)的要求,利用其他方式考虑湍流积分尺度的影响。

2) 试验风速的确定

试验风速的确定与试验类型有关。对于测压试验,仅需要考虑压力传感器的灵敏度和精度即可。当压力传感器最小压力分辨率为 p,待测风压系数分辨率为 C_p,应有:

$$p \leq \frac{1}{2} C_p \rho U^2 \tag{14-18}$$

可以得到:

$$U \geq \sqrt{\frac{2p}{\rho C_p}} \tag{14-19}$$

对于测振试验,当结构的重力作用可以忽略时,可以由斯托拉哈数(St)确定:

$$St = \frac{f_\text{model} B_\text{model}}{U_\text{model}} = \frac{f_\text{full} B_\text{full}}{U_\text{full}} \tag{14-20}$$

$$U_{\text{model}} = U_{\text{full}} \frac{B_{\text{model}}}{B_{\text{full}}} \cdot \frac{f_{\text{model}}}{f_{\text{full}}} \quad (14\text{-}21)$$

当结构的重力作用不可以忽略时,可以由弗劳德数(Fr)确定:

$$Fr = \frac{gB_{\text{model}}}{U_{\text{model}}^2} = \frac{gB_{\text{full}}}{U_{\text{full}}^2} \quad (14\text{-}22)$$

$$U_{\text{model}} = U_{\text{full}} \sqrt{\frac{B_{\text{model}}}{B_{\text{full}}}} \quad (14\text{-}23)$$

另外,还可以根据弹性条件,即柯西数(Ca)确定:

$$Ca = \frac{E_{\text{model}}}{\rho_{\text{model}} U_{\text{model}}^2} = \frac{E_{\text{full}}}{\rho_{\text{full}} U_{\text{full}}^2} \quad (14\text{-}24)$$

$$U_{\text{model}} = U_{\text{full}} \sqrt{\frac{E_{\text{model}}}{E_{\text{full}}}} \quad (14\text{-}25)$$

3)时间尺度的确定与采样定理

时间缩尺比一般根据斯托拉哈数(St)计算得到,即由模型几何缩尺比和风速缩尺比计算得到。根据式(14-20)可以得到:

$$T_{\text{model}} = T_{\text{full}} \frac{B_{\text{model}}}{B_{\text{full}}} \frac{U_{\text{full}}}{U_{\text{model}}} \quad (14\text{-}26)$$

另外,在非定常物理过程中,为了保证采集的数据能够准确体现出物理现象的周期性,数据的采样频率因当满足采样定理。采样定理一般表述为:采样频率应当不低于信号中最高频率成分的2倍。这样,采集得到的离散信号频谱中不会出现频率混叠,可以准确提取到原始信号的频率信息。

14.3.3 大气边界层的模拟

开展桥梁风洞试验的大气边界层风洞最重要的特征就是能够模拟大气边界层(Atmospheric Boundary Layer)的流动特性。靠近地面、受地面摩擦阻力影响明显的大气层底部为大气边界层。大气边界层高度随气象条件、地形地貌、地面粗糙度等因素变化,一般约为1000~2000m。

1)大气边界层流场特性

通常,大气边界层中风速的变化被视为平稳随机过程,这就可以将风速分解为长周期的平均风和短周期的脉动风分别进行讨论。

大气边界层中的平均风速由于受到地面摩擦的影响,沿高度按一定规律变化,其函数图像一般称为平均风速剖面,可以用对数律(Logarithmic Law)或者指数律(Power Law)进行描述。目前,国内外都倾向于用指数律来描述风剖面,指数律表达式如下所示:

$$U(z) = U_r \left(\frac{z}{z_r}\right)^\alpha \quad (14\text{-}27)$$

式中:$U(z)$——大气边界层中平均风速关于高度z的函数;

z——高度(m);

U_r——大气边界层中参考高度z_r处的平均风速(m/s);

z_r——参考高度(m);

α——粗糙度指数。

指数律基于两点假设:

(1)粗糙度指数 α 在梯度风高度内保持不变。

(2)梯度风高度仅与 α 有关。

我国的《公路桥梁抗风设计规范》(JTG/T D60—01—2004)将地面粗糙度分为 A、B、C、D 四种类型,其对应的边界层风剖面参数见表14-1。

地面粗糙度及响应平均风剖面指数律参数　　　　　　　表14-1

地面粗糙度	地形地貌	粗糙度指数 α	梯度风高度(m)	截断高度(m)
A	海面、海岸、开阔水面、沙漠	0.12	300	5
B	田野、乡村、丛林、平坦开阔地及低层建筑物稀少地区	0.16	350	10
C	树木及低层建筑物等密集地区、中高层建筑物稀少地区、平缓的丘陵地	0.22	400	15
D	中高层建筑物密集地区、起伏较大的丘陵地	0.30	450	20

注:梯度风高度:平均风速受地表干扰的大气边界层厚度,此高度以上认为风速不受地面摩擦影响。

截断高度:此高度以下,风速随高度变化紊乱,不符合指数律。

大气边界层中的脉动风变化,一般可以被视作各态历经的平稳随机过程,概率密度接近于正态分布。所以,我们通常采用一些统计特性来描述脉动风的特征。

湍流强度(Turbulence Intensity)是对脉动风总能量的度量,通常无量纲化为该方向脉动风速标准差与平均风速之比。以 x 方向为例,湍流强度表达为:

$$I_x = \frac{\sigma_x}{\overline{U}} \tag{14-28}$$

式中:σ_x——x 方向脉动风速标准差;

$\overline{U}$——平均风速。

大气边界层的湍流强度与地面粗糙度有关,且随高度增加而减小。

湍流积分尺度(Turbulence Integral Scale)是对涡旋平均尺度的度量。观测结果表明,大气边界层中的湍流积分尺度与地面粗糙度负相关,与高度正相关。湍流积分尺度一般表达为:

$$L_x = \overline{U} \int_0^\infty \rho_{xx}(\tau) \mathrm{d}\tau \tag{14-29}$$

式中:$\rho_{xx}(\tau)$——x 方向脉动风速的自相关系数;

$\overline{U}$——平均风速。

脉动风功率谱(Power Spectrum of Velocity Fluctuation)反映了脉动风能量随频率的变化情况,常用谱函数有 Davenport 谱、Kaimal 谱、Solari 谱和 Karman 谱。我国规范目前主要基于 Davenport 谱考虑,Davenport 谱一般表达式为:

$$\frac{fS_u(f)}{u_*^2} = \frac{4\overline{f}^2}{(1+\overline{f}^2)^{4/3}} \tag{14-30}$$

式中:$S_u(f)$——脉动风功率谱函数;

f——脉动风频率,$\overline{f} = fL/U_{10}$,L 取 1200m,U_{10} 为 10m 高度处平均风速;

u_*——摩擦速度。

由式(14-30)可以看出,Davenport谱不随高度变化。Davenport谱比其他谱函数偏大,会高估结构动力反应。

2) 大气边界层流场模拟方法

在大气边界层风洞中重现大气边界层流场,就是按照一定的相似准则在风洞中重现具有大气边界层流场特性的来流风场。大气边界层流场的模拟分为被动模拟和主动模拟两种方法。

图14-10展示了两种常见的被动模拟方法。被动模拟方法一般采用尖劈、地面粗糙元和地面挡板相结合,利用这些具有不同尺度和不同位置的装置阻塞风路,产生类似于大气边界层流场的来流。其优点在于装置简单,易于调节,对平均风剖面和脉动风功率谱的模拟较易实现,但是模拟湍流积分尺度和湍流强度较困难。除此之外,还可以采用格栅法,即利用格栅改变来流特征。这种方法简单易行,可以模拟高湍流强度的均匀流场,但平均风速剖面、脉动风功率谱和湍流积分尺度的模拟较难实现。

a) 尖劈和地面粗糙元

b) 格栅

图14-10 大气边界层被动模拟装置

图14-11展示了两种典型的主动模拟方法。主动模拟方法即对气流主动扰动,通过对湍流输入额外能量促进湍流生成。目前的主动模拟技术主要有振动翼栅和变频调速风扇阵列。主动模拟的优点主要在于可以控制流场品质参数,简化试验操作流程,但是装置相对复杂、昂贵,调试较为困难,而且仅适用于试验段截面较小的风洞。

a) 可控振动尖劈

b) 多风扇阵列

图14-11 大气边界层主动模拟装置

14.4 典型桥梁风洞试验

14.4.1 测压试验

1) 桥梁模型表面风压的测量原理与方法。

如 14.2.3 节中所述,目前在桥梁风洞试验中应用较多的是电气式测压传感器搭配电子压力扫描阀的方法。风洞试验模型表面测压孔处的压力通过测压管路传递到压力扫描阀,阀块上的压力传感器获取风压数据后以模拟信号的形式传递给数据采集系统,并转换为数字信号供计算机处理。

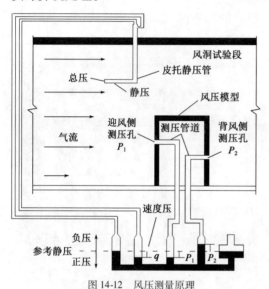

图 14-12 风压测量原理

利用如图 14-12 所示的测压装置,可以获取风洞试验段中的静压 $p_0(Pa)$、来流动压 $p(Pa)$ 以及第 i 个测压孔处的压力 $p_i(Pa)$。风洞试验模型表面测压孔处的风压系数可以表达为:

$$C_{pi} = \frac{2(p_i - p_0)}{\rho U^2} \quad (14\text{-}31)$$

其中,$p - p_0 = 1/2\rho U^2$,ρ 的单位为 kg/m^3,U 的单位为 m/s。

一般进行测压试验的桥梁模型是刚性节段模型,常用有机玻璃制作,并在外表面布置直径在 1mm 左右的测压孔,连接测压管路与压力扫描阀系统。测压模型的尺寸主要取决于风洞来流的几何缩尺比和风洞堵塞度的要求。在测压试验前,应首先预测模型上的风压分布情况,在风压梯度较大的位置密布测压孔。测压管路一般使用直径 1mm 的 PVC 管,管路布设应避免发生弯折。

2) 桥梁模型测压试验数据处理方法

采用压力扫描阀系统进行测压试验时,压力信号在较长的测压管中传递会发生畸变,需要进行修正。如果将测压孔处的压力时程作为系统的输入信号,而将测压管末端压力传感器测量结果作为系统的输出信号,通过傅里叶变换,可以表达为关于频率 ω 的函数 $A(i\omega)$ 和 $B(i\omega)$。那么测压管路的频响函数 $H(i\omega)$ 可以表达为:

$$H(i\omega) = \frac{B(i\omega)}{A(i\omega)} \quad (14\text{-}32)$$

测压管路的频响函数是测压管路的固有属性,仅与测压管的参数相关。如果能够获知测压管路的频响函数,就可以根据式(14-32)将传感器输出的信号修正为测压孔处的压力时程。

对于长度为 l 的简单等截面测压管路,可以作出以下假定:

(1) 空气在测压管内发生小扰动的层流流动。

(2) 管径远小于气流波长,可以近似认为压力在测压管内以平面波形式传播,轴向热传递与径向热传递相比可忽略。

（3）测压管壁视为等温刚体。

在上述假定下，测压管内气体流动应满足以下方程：

连续性方程：

$$\frac{\partial \rho}{\partial t} + \rho_0 \frac{\partial u}{\partial x} = 0 \tag{14-33}$$

动量方程：

$$\frac{\partial u}{\partial t} + \frac{1}{\rho_0} \cdot \frac{\partial p}{\partial x} = \nu_0 \left[\frac{1}{r} \cdot \frac{\partial}{\partial r} \left(r \frac{\partial u}{\partial r} \right) \right] \tag{14-34}$$

能量方程：

$$\frac{\partial T}{\partial t} = \frac{T_0(r-1)}{\rho_0} \cdot \frac{\partial \rho}{\partial t} + \frac{\nu_0 \gamma}{\sigma_0} \left[\frac{1}{r} \cdot \frac{\partial}{\partial r} \left(r \frac{\partial T}{\partial r} \right) \right] \tag{14-35}$$

状态方程：

$$\frac{\mathrm{d}p}{\rho_0} = \frac{\partial p}{\rho_0} + \frac{\mathrm{d}T}{T_0} \tag{14-36}$$

对上述方程做拉普拉斯变换，可以得到以下方程组：

$$\begin{cases} -\dfrac{\partial P(x,s)}{\partial x} = Z(s) Q(x,s) \\ -\dfrac{\partial Q(x,s)}{\partial x} = Y(s) P(x,s) \end{cases} \tag{14-37}$$

其中：

$$Z(s) = \frac{\rho_0 s}{A} \left[1 - \frac{2 I_1 \left(r_0 \sqrt{\dfrac{s}{\nu_0}} \right)}{r_0 \sqrt{\dfrac{s}{\nu_0}} I_0 \left(r_0 \sqrt{\dfrac{s}{\nu_0}} \right)} \right]^{-1} \tag{14-38}$$

$$Y(s) = \frac{As}{\rho_0 a_0^2} \left[1 + \frac{2(\gamma - 1) I_1 \left(r_0 \sqrt{\dfrac{\sigma_0 s}{\nu_0}} \right)}{r_0 \sqrt{\dfrac{\sigma_0 s}{\nu_0}} I_0 \left(r_0 \sqrt{\dfrac{\sigma_0 s}{\nu_0}} \right)} \right] \tag{14-39}$$

式中：$P(x,s)$——压力流量时程 $p(x,t)$ 的拉普拉斯变换；

$Q(x,s)$——体积流量时程 $\int_0^{r_0} 2\pi r u \mathrm{d}r$ 的拉普拉斯变换；

ρ_0——测压管内时均空气密度；

A——测压管横截面积；

r_0——测压管半径；

I_0、I_1——零阶和一阶虚宗量贝塞尔函数；

ν_0——时均运动黏度；

σ_0——普朗特数；

γ——绝热指数；

a_0——介质声速。

如果假设一段长 l 的测压管入口处 $x=0$, $P(x,s)=P_1(s)$, $Q(x,s)=Q_1(s)$, 出口处 $x=l$, $P(x,s)=P_2(s)$, $Q(x,s)=Q_2(s)$, 则由式(14-37)可得:

$$\begin{Bmatrix} P_1 \\ Q_1 \end{Bmatrix} = \begin{bmatrix} \mathrm{ch}\Gamma(s) & Z_c(s)\mathrm{sh}\Gamma(s) \\ \dfrac{1}{Z_c(s)}\mathrm{sh}\Gamma(s) & \mathrm{ch}\Gamma(s) \end{bmatrix} \begin{Bmatrix} P_2 \\ Q_2 \end{Bmatrix} \tag{14-40}$$

式中: $Z_c(s)$——特征阻抗, $Z_c(S) = \sqrt{Z(s)/Y(s)}$;

$\Gamma(s)$——传播算子, $\Gamma(s) = l\sqrt{Z(s)Y(s)}$。

风洞试验中常用的测压管路通常如图 14-13 所示,由 4 段不同长度、直径和材料的管道组成,当整个管路包含多个管段的时候,式(14-40)可写为:

$$\begin{Bmatrix} P_i \\ Q_i \end{Bmatrix} = \begin{bmatrix} \mathrm{ch}\Gamma(s) & Z_c(s)\mathrm{sh}\Gamma(s) \\ \dfrac{1}{Z_c(s)}\mathrm{sh}\Gamma(s) & \mathrm{ch}\Gamma(s) \end{bmatrix} \begin{Bmatrix} P_j \\ Q_j \end{Bmatrix} \tag{14-41}$$

令 $M_{i,j} = \begin{bmatrix} \mathrm{ch}\Gamma(s) & Z_c(s)\mathrm{sh}\Gamma(s) \\ \dfrac{1}{Z_c(s)}\mathrm{sh}\Gamma(s) & \mathrm{ch}\Gamma(s) \end{bmatrix}$, 称为传递矩阵, i、j 分别为管段起终点编号,则从测压管路入口到末端的参数传递关系为:

$$\begin{Bmatrix} P_1 \\ Q_1 \end{Bmatrix} = M_{1,2} \begin{Bmatrix} P_2 \\ Q_2 \end{Bmatrix} = M_{1,2}M_{2,3} \begin{Bmatrix} P_3 \\ Q_3 \end{Bmatrix} = M_{1,2}\cdots\cdots M_{4,5} \begin{Bmatrix} P_5 \\ Q_5 \end{Bmatrix} \tag{14-42}$$

令 $M = M_{1,2}M_{2,3}\cdots\cdots M_{4,5}$, 由于末端压力传感器完全堵塞管道,可以认为体积流量 $Q_5 = 0$, 这样式(14-42)可以简化为:

$$P_1 = m_{11}P_5 \tag{14-43}$$

式中: m_{11}——M 矩阵的第一行第一列的元素。

若取 $s = 2\pi if$, 根据式(14-32)对测压管路频响函数的定义,可得典型测压管路的频响函数:

$$H(f) = \frac{P_5(f)}{P_1(f)} = \frac{1}{m_{11}(f)} \tag{14-44}$$

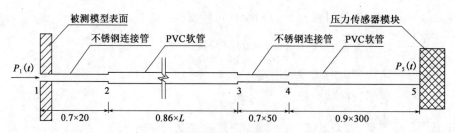

图 14-13 典型风洞试验测压管路示意图(单位:mm)

测压管路的频响函数由试验确定,即通过扬声器发出按正弦变化的空气压力波,对比一极短测压管路和待测测压管路末端压力传感器的测量结果。前者作为测压管路的输入信号,后者作为测压管路的输出信号,通过改变正弦压力波频率,计算确定 $H(f)$。最终在桥梁模型的风洞试验中,可以运用 $H(f)$ 修正测压管路造成的压力信号畸变。

测压管路频响函数曲线如图 14-14 所示，从图中可以注意到以下两点：一是测压管路越长，畸变越大；二是高频部分的信号畸变较大。一般在风洞测压试验中，当测压管路中 PVC 软管长度在 0.5m 以下时，可以不对测压结果进行修正。

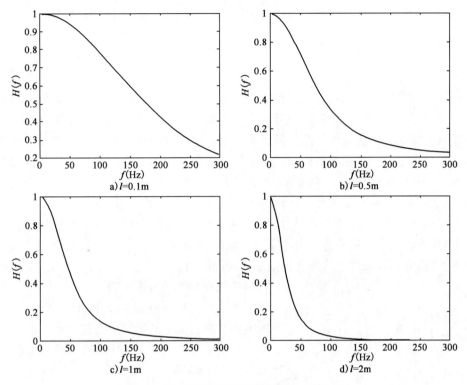

图 14-14 不同长度 PVC 软管测压管路频响函数对比

通过桥梁模型的测压试验，可以得到桥梁模型表面的压力分布，并以此判断桥梁承受的局部或整体风荷载。理论上，桥梁模型表面的压力连续分布，作用于桥梁模型的气动荷载可以由表面压力对模型外表面积分得到。但是实际测量中，测量得到的仅有测压孔处的压力，在模型表面呈离散分布，所以往往将测压孔处的压力视为测压孔周围部分面积承受的平均压力，而积分运算也就相应退化为对各测压孔周围面积所承受压力的求和运算。

以圆柱模型的测压试验为例，其测压模型和测压点布置如图 14-15 所示，其阻力系数和升力系数可以表达如下：

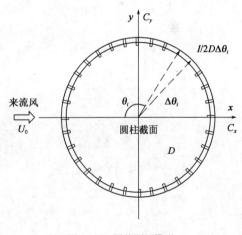

图 14-15 圆柱测压模型

$$C_x = \frac{F_x}{\frac{1}{2}\rho U_0^2 D} = \frac{\frac{1}{2}\rho U_0^2 \sum_i C_{pi} \cdot \frac{1}{2} D \Delta\theta_i \cdot \cos\theta_i}{\frac{1}{2}\rho U_0^2 D} = \frac{1}{2}\sum_i C_{pi} \cdot \Delta\theta_i \cdot \cos\theta_i \qquad (14\text{-}45)$$

$$C_y = \frac{F_y}{\frac{1}{2}\rho U_0^2 D} = \frac{\frac{1}{2}\rho U_0^2 \sum_i C_{pi} \cdot \frac{1}{2}D\Delta\theta_i \cdot \sin\theta_i}{\frac{1}{2}\rho U_0^2 D} = \frac{1}{2}\sum_i C_{pi} \cdot \Delta\theta_i \cdot \sin\theta_i \quad (14\text{-}46)$$

式(14-46)中 C_{pi} 的计算见式(14-31)，为第 i 个测压孔处测量的得到的压力。

14.4.2 测力试验

1) 测力试验系统

风洞测力试验主要采用六分量高频测力天平，模型被固定在天平顶面，将所受风荷载向下传递到天平的感应元件。六分量天平可以测量模型受到的阻力、升力、侧向力、俯仰力矩、侧倾力矩和扭转力矩。为了获得更广的测量频率范围，一般要求测量系统的固有频率足够高，即体系应具有较强的刚度和较轻的质量。另外测量时风洞的振动也会影响测量结果，因此测量系统往往采用一些刚度强、重量大的基座，或者采取一些隔振措施。

测力试验模型一般要求满足几何相似条件，而动力相似条件可以忽略。为了获得更高的体系固有频率，避免系统振动干扰测力试验结果，测力试验模型应尽量做到质量小且刚度大。另外，测力试验模型的相似条件应当考虑雷诺数的影响，必要时应采取增加模型粗糙度、增加流场压力、降低流场温度等方式降低雷诺数效应的影响。

2) 桥梁模型测力数据处理

桥梁模型进行测力试验时，模型的俯仰力矩和侧倾力矩中心与测力天平的测量中心往往不一致，若要计算模型受到的实际弯矩，必须对弯矩测量数据进行修正。如图 14-16 所示，若测力天平给出水平力测量结果 $F(t)$ 和俯仰力矩测量结果 $M(t)$，则水平力作用位置为：

$$l(t) = \frac{M(t)}{F(t)} \quad (14\text{-}47)$$

作用于模型底部的弯矩：

$$M'(t) = F(t) \cdot [l(t) - l_0] = M(t) - F(t)l_0 \quad (14\text{-}48)$$

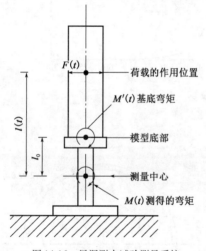

图 14-16 风洞测力试验测量系统

测力试验中测量得到的风荷载往往被换算为无量纲参数，即风力系数。对于桥梁节段模型，根据条带假定，往往基于横截面上的二维直角坐标系，给出桥梁的三分力系数，如图 14-17 所示，即：

阻力系数：
$$C_D = \frac{F_D}{1/2\rho U^2 A} \quad (14\text{-}49)$$

升力系数：
$$C_L = \frac{F_L}{1/2\rho U^2 A} \quad (14\text{-}50)$$

扭矩系数：
$$C_M = \frac{M_r}{1/2\rho U^2 AB} \quad (14\text{-}51)$$

式中：F_D ——阻力测量结果；

F_L ——升力测量结果；

M_r——扭矩测量结果；
ρ——空气密度；
U——来流风速；
A——特征面积，是特征尺度 B 与节段模型轴向长度的乘积。

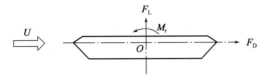

图 14-17　桥梁横截面内三分力系数

三分力系数可以采用风轴坐标系描述，也可以采用体轴坐标系描述。采用何种坐标系取决于测力天平的测量方向和试验要求。

14.4.3　节段模型测振试验

桥梁的风致振动试验中，由于桥梁模型种类的不同，试验系统也会有相应的差异。对于刚性的桥梁节段模型，往往根据试验目的选用强迫振动系统或自由振动系统，而对于全桥气弹模型，弹性和阻尼均由模型本身提供。

1）强迫振动刚性节段模型试验

强迫振动刚性节段模型试验主要用于获取桥梁横截面形状的颤振导数。强迫振动试验系统可以通过驱动机构直接激励桥梁节段模型的竖向或扭转振动，通过驱动机构上的测力传感器直接测定作用于桥梁节段模型的颤振自激力，继而推算颤振导数。强迫振动系统如图 14-18 所示。

强迫振动试验一般采用刚性模型，按满足风洞阻塞度要求并考虑试验易操作性确定缩尺比。模型应具有较轻的质量，以避免惯性力过大造成驱动机构的变形而使模型的运动状态发生变化。另外，模型的刚度和强度应当得到保证，以避免强迫振动过程中模型本身发生变形或破坏。

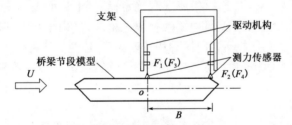

图 14-18　强迫振动试验系统示意图

利用强迫振动法识别颤振导数，需要分别在风速为 U 和 0 的情况下进行纯竖向振动和纯扭转振动试验，可以获得在模型中心位置和边缘位置作用的激振力 F_1、F_2、F_3、F_4 和 F_{10}、F_{20}、F_{30}、F_{40}（下标 0 表示 0 风速下测量结果）。那么作用于单位长度节段模型上的气动升力 L 和气动扭矩 M 可以表示如下：

$$L = \frac{(F_1 + F_2 + F_3 + F_4 - F_{10} - F_{20} - F_{30} - F_{40})}{D} \tag{14-52}$$

$$M = \frac{(F_2 + F_4 - F_{20} - F_{40})B}{D} \tag{14-53}$$

式中：B——模型宽度的一半；
　　　D——节段模型长度。

通过对不同风速下纯竖向振动和纯扭转振动的 F_1、F_2、F_3、F_4 进行测量，计算出对应的 L

和 M,并代入 Scanlan 二维颤振自激力的表达式,可以通过求解方程组解出颤振导数。

2) 自由振动刚性节段模型试验

自由振动刚性节段模型试验与强迫振动刚性节段模型试验最大的区别在于动力系统中除风荷载外没有外部能量输入,一般通过弹性悬挂刚性节段模型来实现。一个典型的桥梁刚性节段模型和弹性悬挂系统如图 14-19 所示。刚性节段模型通过弹簧和悬挂装置组成的弹性悬挂系统悬吊于风洞中,模型在风荷载作用下可以发生竖向平动和绕模型重心的扭转,并且可以通过调节悬挂装置改变模型攻角。

a)
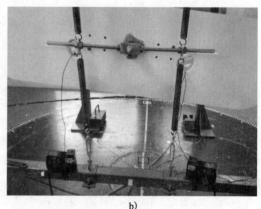
b)

图 14-19 桥梁刚性节段模型与弹性悬挂系统

弹性悬挂刚性节段模型试验采用的刚性模型一般应考虑风洞阻塞度要求和试验的易操作性,并保证较大的刚度以避免变形。除模型外,试验中的弹性悬挂系统也需要针对试验目的进行设计,弹簧刚度应按弹性参数柯西数(Ca)一致的相似准则确定,而悬挂阻尼和模型质量应按惯性阻尼参数斯克拉顿数(Sc)一致的相似准则确定[Ca 和 Sc 的表达式见式(14-8)和式(14-9)]。在正式试验之前,需要对模型自由振动参数进行测量,根据数据获取模型和弹性悬挂系统的真实结构动力特征(主要包括竖向振动和扭转频率、阻尼),并根据相似准则进行调整。

弹性悬挂刚性节段模型试验主要通过加速度传感器或位移传感器捕捉模型振动信息,一般用于获取桥梁的颤振导数、气动导纳函数等气动力特性,也用于验证桥梁的颤振、驰振稳定性以及测量风致振动响应。

14.4.4 全桥气弹模型试验

全桥气弹模型试验相比节段模型试验,可以展现桥梁结构在近地风作用下的多阶风致振动响应,更加接近于实际情况,所以全桥气弹模型试验常常用于桥梁的施工和成桥状态的抗风性能检验。图 14-20 展示了苏通长江大桥施工和成桥状态的全桥气弹模型。

全桥气弹模型试验一般需要保证两方面的相似:

(1) 风洞中的流场与实桥所在位置的近地边界层流场相似。

(2) 桥梁模型与实桥的几何和动力相似。

全桥模型的制作不仅需要考虑几何外形的相似,还应当考虑将斯托拉哈数、雷诺数、弗劳德数、斯克拉顿数和柯西数作为相似准则。由于风洞试验段截面尺寸的限制,全桥模型往往较实际桥梁缩尺很多,模型构件尺寸普遍较小,因此上述相似条件往往无法全部满足,需要根据实际情况取舍。一般全桥模型各部件需要满足的相似关系如表 14-2 所示。

a) 最大双悬臂施工工况

b) 最大单臂施工工况

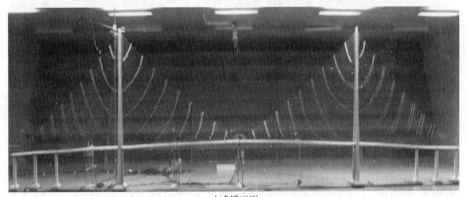
c) 成桥工况

图 14-20　苏通长江大桥全桥气弹模型

全桥气弹模型各部件需满足的相似关系　　　　表 14-2

构　件		形状相似	刚　度　相　似				气动力相似	不考虑
			EA	EI_x	EI_y	GJ		
加劲梁	主梁	√		√	√	√		
	护栏	√						
	照明柱						√	
主缆			√				√	
桥塔	塔柱	√	√	√	√	√	√	
	横梁	√	√	√	√	√		
	塔基	√						
桥墩		√	√	√	√	√		
基础								√

全桥气弹模型的制作和调试往往需要桥梁结构有限元计算的辅助。通过对桥梁结构有限元计算,可以获得桥梁的模态、频率信息,据此可以确定全桥模型的测点布置位置和信号采集频率。模型制作完毕后应先测量其自由振动的加速度或位移,识别模型的模态参数,并与有限元计算结果比对。若模型的模态参数与有限元计算结果差距较大,可以采取以下措施进行调

试优化：

(1) 调整配重分布位置。

(2) 调整拉索弹簧刚度。

(3) 调整拉索拉力。

(4) 调整阻尼器参数和位置。

(5) 调整边界约束条件。

全桥气弹模型往往需要经过多次动力参数调试才能满足试验需求。

全桥气弹模型试验的数据采集与处理和弹性悬挂刚性节段模型试验类似。

14.5 桥梁风洞试验示例

14.5.1 节段模型测压试验

1) 试验目的

针对成桥状态的某典型类流线型主梁断面，进行风洞测压试验，利用测压积分法测定该断面静力三分力系数。

2) 试验设备

本试验在大连理工大学 DUT-1 风洞实验室中进行。该风洞为闭口单回流式大气边界层风洞，试验段截面为 3m×2.5m(宽×高)，空风洞最大试验段风速为 50m/s，速度不均匀性 ≤1.0%，均匀流场紊流度 $\delta \leqslant 1.0\%$，湍流度 $I_U \leqslant 1.0\%$。

风压测量采用 Scanivalve 公司生产的电子压力扫描阀，试验共计需要 2 个阀块和 128 个测压通道。

试验模型水平贯穿风洞试验段截面，悬吊于风洞外的支架上，侧向位移由钢丝约束。

3) 试验模型和工况

试验模型的缩尺比主要考虑风洞阻塞度和壁面效应的影响，并且在上述限制范围内考虑适当放大模型尺寸以便于测压孔的布置。对于桥梁主梁的静力系数测量试验而言，来流风采用均匀来流，不模拟大气边界层风剖面，所以不必满足与来流风速剖面几何相似的要求。

考虑风洞阻塞度的限制，水平贯穿试验段的试验模型高度应小于风洞试验段高度的 5%，即 125mm。再考虑到试验的易操作性，模型缩尺比最终选定为 1∶42，具体尺寸如图 14-21 和图 14-22 所示。试验模型的安装如图 14-23 所示。

试验模型的测压孔布置如图 14-24 所示，在气流可能出现分离的断面棱角附近测压孔加密布置，共计 126 个测压孔。

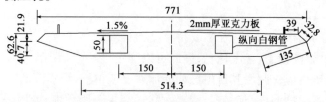

图 14-21 类流线型主梁节段模型断面示意(尺寸单位:mm)

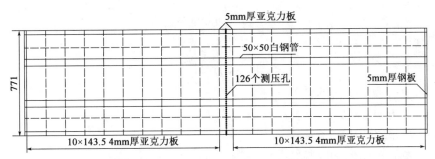

图 14-22 类流线型主梁节段模型俯视图(尺寸单位:mm)

a)

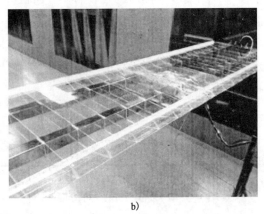
b)

图 14-23 类流线型主梁节段模型试验布置

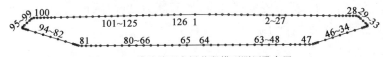

图 14-24 类流线型主梁节段模型测压孔布置

试验风速的确定主要考虑压力传感器的灵敏度和风洞的试验风速范围,定为10m/s。

测压频率在满足采样定理的基础上,在测压仪器允许的范围内可以适当提高,以获取更丰富的压力时程信息。测压频率定为156Hz。

4) 试验实施

(1) 架设模型,连接测压管路、数据传输线路和电力线路,调试试验模型和测量设备。

(2) 启动风洞,按风速校订表调至10m/s风速,等待至风速稳定。这一过程一般需要1~2min。

(3) 启动测压设备,分别进行3次采样,每次采样时长需大于60s,以保证采样结果的统计平均值接近实际平均压力。

(4) 保存采样结果,关闭设备,对数据进行处理。

5) 试验结果处理

桥梁主梁的静力三分力系数定义见14.4节中式(14-49)、式(14-50)、式(14-51)。其中气动力的测量根据各测压孔测压结果积分得到:

气动阻力:

$$F_\mathrm{D} = \sum_{i=1}^{126} p_i A_i \cos\alpha_i \tag{14-54}$$

气动升力:

$$F_L = \sum_{i=1}^{126} p_i A_i \sin\alpha_i \qquad (14\text{-}55)$$

气动扭矩：

$$M_T = \sum_{i=1}^{126} p_i A_i \sin\alpha_i D_i + \sum_{i=1}^{126} p_i A_i \cos\alpha_i D_i' \qquad (14\text{-}56)$$

式中：F_D——阻力测量结果(N)；

F_L——升力测量结果(N)；

M_T——扭矩测量结果(N·m)；

p_i——第 i 个测压孔测得的时均风压值(Pa)；

A_i——第 i 个测压孔代表的积分面积(m^2)；

α_i——第 i 个测压孔所受风压与水平方向夹角；

D_i——第 i 个测压孔距离节段模型形心的升力臂长度(m)；

D_i'——第 i 个测压孔距离节段模型形心的阻力臂长度(m)。

静力三分力系数的试验结果如表 14-3 所示。

类流线型主梁断面成桥状态静力三分力系数　　　表 14-3

风攻角	升力系数	阻力系数	扭矩系数
0°	-0.2037	0.2689	0.0103

14.5.2　节段模型测力试验

1) 试验目的

针对南京长江三桥的主梁节段模型,进行风洞测力试验,测量风偏角和风攻角均为 0°条件下,主梁节段模型的气动六分力系数。

2) 试验设备

本试验在同济大学 TJ-2 边界层风洞实验室进行。该风洞为闭口单回流式大气边界层风洞,试验段截面为 3m×2.5m(宽×高),试验段最大风速为 65m/s。

试验模型两端直接固定于测力架上。测力仪器采用两杆六分量应变式测力天平。

3) 试验模型和工况

试验模型的设计主要考虑风洞阻塞度和试验的易操作性,选取模型缩尺比为 1∶20。节段模型总长 2.4m,宽 0.6196m,高 0.0537m,长宽比 3.873。模型沿展向分为三段,中间是 1.2m 长的测试段,两端各有 0.6m 长的补偿段。试验中测力天平测量测试段受力,补偿段用来排除模型的端部效应影响。试验模型由铝合金框架提供刚度,框架表面覆盖高密度泡沫塑料模拟气动外形。

两杆测力天平分别固定在测力支架上,穿过上下补偿段,直接与模型测试段连接。上下补偿段与测试端间留有缝隙,避免相互接触干扰测力结果。试验模型和测力装置如图 14-25 所示。

试验风速定为 12m/s,风偏角和风攻角均取 0°工况。

4) 试验实施

(1) 架设模型,连接测力天平的数据传输线路和电力线路,调试试验模型和测量设备。

(2) 启动风洞,按风速校订表调至 12m/s 风速,等待至风速稳定。这一过程一般需要 1~2min。

a) 测力试验模型与支架　　　b) 模型测试段与测力天平

图14-25　测力试验模型和测力装置示意

(3) 启动测力天平，分别进行3次采样，每次采样时长需大于60s，以保证采样结果的统计平均值接近实际时均气动力。

(4) 保存采样结果，关闭设备，对数据进行后处理。

5) 试验结果处理

测量数据直接为主梁模型测试段所受的气动力，根据气动六分力系数定义即可求解，测量结果如表14-4所示。

桥梁六分量系数测量结果　　　　　　　　　　　　　表14-4

侧力系数	阻力系数	升力系数	扭矩系数	摇摆力矩系数	偏转力矩系数
-0.005	0.065	-0.039	-0.041	0.008	0.027

14.5.3　节段模型测振试验

1) 试验目的

针对气动改型后的张家界人行悬索桥的主梁断面，进行风洞测振试验，利用直接试验法测量主梁断面颤振临界风速。气动改型后的张家界人行悬索桥主梁断面如图14-26所示，和原桥相比主要是增加了风嘴，并将外倾式栏杆改为常规栏杆。

2) 试验设备

本试验在湖南大学风工程试验研究中心高速试验段进行。该风洞为闭口单回流式大气边界层风洞，高速试验段截面为3m×2.5m（宽×高），试验段风速0~60m/s连续可调。

振动测量采用两枚安装在模型中轴两侧的加速度传感器进行测量。

试验模型通过弹簧悬挂系统悬吊于风洞内的支架上，侧向位移由钢丝约束。

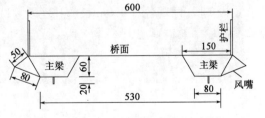

图14-26　气动改型的主梁断面尺寸(尺寸单位：cm)

3) 试验模型

试验模型的设计主要考虑风洞阻塞度和试验的易操作性，选取模型缩尺比为1:20。节段模型长1.54m,宽0.3m,骨架采用不锈钢方管,桥面和栏杆由ABS塑料板制成。

作为气动弹性试验,模型和悬挂系统的设计还应满足弹性参数、惯性参数和阻尼参数的相似。根据实际桥梁的设计,其颤振临界风速应当在51m/s以内,考虑风洞适宜测量的风速范围,模型试验风速区间定为0~17m/s,也即风速比为1:3。以无量纲弹性参数柯西数[式(14-9)]作为相似准则,可以得到频率相似比为20:3。以无量纲惯性参数斯克拉顿数[式(14-8)]作为相似准则,可以得到质量相似比为400:1。进而可以根据模型总质量和一阶频率求得悬挂系统刚度,其中竖弯刚度为3192.372N/m,扭转刚度为420.141N/m。弹簧悬挂系统由八根弹簧组成,每根弹簧应提供399.046 N/m的竖向刚度和52.518N/m的扭转刚度。

最终的模型设计参数如表14-5所示,模型与悬挂系统如图14-27所示。

测振试验模型参数　　　　　　表14-5

参　数	实桥	相似比(模型/实桥)	模型
主梁长度(m)	30.8	1/20	1.54
主梁宽度(m)	6	1/20	0.3
主梁高度(m)	0.6	1/20	0.03
等效质量(kg·m)	4.54×10^3	1/400	10.7
等效质量惯性矩(kg·m)	45×10^3	$1/1.6 \times 10^5$	0.278
等效惯性半径(m)	3.149	1/20	0.161
竖向频率(Hz)	0.26886	6.1728/1	1.660
扭转频率(Hz)	0.61952	6.2000/1	3.841
扭弯频率比	2.298		2.314
竖向阻尼比	0.5%		0.38%
扭转阻尼比	0.5%		0.39%

a)　　　　　　　　　　　　　　b)

图14-27　测振试验模型与弹性悬挂系统

4)试验实施

(1)架设模型,连接传感器的数据传输线路和电力线路,调试试验模型和测量设备。

(2)启动风洞至预定风速,按风速校订表逐级增加风速,每增加一级等待至风速稳定,进行加速度传感器的采样,并同时观察模型的振动现象。

(3)当风速增高至某一级,发现加速度采样结果呈现发散特征,观察模型出现大幅度且振幅逐渐增加的剧烈振动现象,可认为模型发生颤振。此时应立即降低风速至安全范围。

(4)通过调节弹簧悬挂系统变换模型攻角,重复(2)~(3),依次完成0°、±3°、±5°和±7°工况的试验。

(5)所有工况测试完毕后,保存采样数据,检查测量设备和模型悬挂系统,关闭风洞。

5)试验结果处理

对于直接试验法测量颤振临界风速试验,模型发生颤振时的风速即为颤振临界风速。试验结果如表14-6所示。试验结果表明,经过气动改型的桥梁主梁端面在各攻角条件下,颤振临界风速均在52.16m/s以上,高于原始桥梁断面51m/s的颤振临界风速。这种气动改型能够有效提高颤振临界风速。

颤振临界风速测量结果　　　　　　　　　　　　　　表14-6

风攻角	试验颤振临界风速(m/s)	风速比	对应的实桥颤振临界风速(m/s)
+7°	>16.1	$\lambda=1/3.24$	>52.164
+5°	>16.1	$\lambda=1/3.24$	>52.164
+3°	>16.1	$\lambda=1/3.24$	>52.164
0°	>16.1	$\lambda=1/3.24$	>52.164
-3°	>16.1	$\lambda=1/3.24$	>52.164
-5°	>16.1	$\lambda=1/3.24$	>52.164
-7°	>20.0	$\lambda=1/3.24$	>64.8

14.6　本章小结

桥梁风洞试验是桥梁结构抗风研究和设计中必不可少的试验研究手段,主要用于获取桥梁结构的气动参数和风响应特征,对桥梁的施工或成桥状态做抗风安全性评估。桥梁风洞试验一般在低速大气边界层风洞中进行,常用试验仪器包括:测速仪器(皮托管、热线风速仪)、测压仪器(电气式压力传感器、电子压力扫描阀)、测力仪器(测力天平)、测振设备(位移传感器、加速度传感器)。桥梁风洞试验往往需要对试验模型进行缩尺,因此风洞试验参数需要依据无量纲参数组成的相似准则,相似准则可以由相似变换法或量纲分析法推导得到。桥梁风洞试验需要令风洞来流模拟大气边界层的来流特征,一般是通过被动模拟或主动模拟方法,在风洞中重现大气边界层的平均风速剖面、湍流强度、湍流积分尺度和脉动风功率谱。桥梁风洞试验中的测压试验通常采用电子压力扫描阀系统,由于较长的测压管路会导致压力信号的畸变,所以相关数据需要采用测压管路频响函数进行修正。测力试验要求模型质量小、刚度大,测量结果常表示为无量纲的三分力系数。气弹振动试验可以分为刚性节段模型强迫振动试验、弹性悬挂刚性节段模型试验和全桥气动弹性模型试验,主要需要保证桥梁模型的几何相似和动力相似。

目前的桥梁风洞试验以节段模型为主,全桥气弹模型试验往往受限于模型制作精度,在颤振导数测量、气动力测量等方面不如节段模型准确。但全桥气弹模型试验能较好地反映实桥的风致振动响应,特别是展现空间效应和多阶模态的耦合效应,随着模型制作精度和测量技术的提高,利用全桥气弹模型进行试验可以在颤振机理分析、多模态耦合响应分析等领域得出更丰富的研究结果。另外,在测量技术方面,基于光学的非接触式测量方法在桥梁风洞试验领域有着广阔的前景。该技术可以通过光学方法测量模型表面风压、流场流速和模型的微小形变,测量精度高且避免了常规测量仪器本身对流场的干扰。光学测量方法在桥梁风洞试验中的应用尚属起步阶段,仍有大量技术问题需要攻关;光学测量方法对于提升桥梁风洞试验的测量精度和获取更丰富的流场信息有着重要意义。

【习题与思考题】

1. 为什么要进行桥梁风洞试验?风洞试验手段相比理论分析、数值模拟和现场实测有什么优势和不足?
2. 简述大气边界层风洞的构造与特点。
3. 简述大气边界层流场特征和风洞试验模拟方法。
4. 简述皮托管、热线风速仪、电子压力扫描阀系统的工作原理。
5. 试编写测压管路修正程序。

本章参考文献

[1] J. E. Cermak. Application of wind tunnels to investigation of wind engineering problems[J]. AIAA Journal. 1979, 17(7): 679-690.

[2] H. P. A. H. Irwin. The design of spires for wind simulation[J]. Journal of Wind Engineering and Industrial Aerodynamics. 1981, 7: 361-366.

[3] Ben L. Sill. Turbulent boundary layer profiles over uniform rough surfaces[J]. Journal of Wind Engineering and Industrial Aerodynamics. 1988, 31(2-3): 147-163.

[4] J. E. Cermak, L. S. Cochran. Physical modeling of the atmospheric surface layer[J]. Journal of Wind Engineering and Industrial Aerodynamics. 1992, 42(1-3): 935-946.

[5] 项海帆. 结构风工程研究的现状和展望[J]. 振动工程学报. 1997,10(5): 258-263.

[6] Gunter Schewe, Allan Larsen. Reynolds number effects in the flow around a bluff bridge deck cross section[J]. Journal of Wind Engineering and Industrial Aerodynamics. 1998,74-76: 829-838.

[7] 项海帆. 21世纪世界桥梁工程的展望[J]. 土木工程学报, 2000,33(3): 1-6.

[8] K. Matsuda, K. R. Cooper, H. Tanaka, et al. An investigation of Reynolds number effects on the steady and unsteady aerodynamic forces on a 1:10 scale bridge deck section[J]. Journal of Wind Engineering And Industrial Aerodynamics. 2001,89.

[9] Ricciardelli F., Hangan H. Pressure distribution and aerodynamic forces on stationary box bridge sections[J]. Wind and structure. 2001,4(5): 399-412.

[10] 王勋年. 低速风洞试验[M]. 北京:国防工业出版社, 2002.

[11] G. I. Larose, S. V. Larsen, A. Larsen, et al. Sectional model experiments at high Reynolds number for the deck of a 1018m span cable-stayed bridge[J]. Journal of Wind Engineering And Industrial Aerodynamics. 2003,95.

[12] 中华人民共和国行业标准. JTG/T D60-01—2004 公路桥梁抗风设计规范[S]. 北京:人民交通出版社, 2004.

[13] Zhu L. D. Buffeting response of long-span cable-supported bridges under skew winds. Part1: theory[J]. Sound and Vibration. 2005,281: 656-657.
[14] 陈政清. 桥梁风工程[M]. 北京：人民交通出版社. 2005.
[15] 项海帆,葛耀君,朱乐东,等. 现代桥梁抗风理论与实践[M]. 北京：人民交通出版社,2005.
[16] 包海峰. 考虑静风位移的大跨度桥梁斜风抖振响应频域分析[D]. 上海：同济大学,2008.
[17] 李桂春. 风洞试验光学测量方法[M]. 北京：国防工业出版社,2008.
[18] 许福友,马如进,陈艾荣,等. 苏通大桥全桥气弹模型设计与模态调试[J]. 工程力学,2009,26(12): 150-154.
[19] M. Matsumoto, T. Yagi, H. Hatsuda, et al. Dry galloping characteristics and its mechanism of inclined/yawed cables[J]. Journal of Wind Engineering and Industrial Aerodynamics. 2010,98: 317-327.
[20] 邱冶. 大矢跨比球壳的风荷载特性研究[D]. 哈尔滨：哈尔滨工业大学,2010.
[21] 辛金超. 大气边界层的风洞被动模拟研究[D]. 哈尔滨：哈尔滨工业大学,2010.
[22] 大熊武司,等. 建筑风洞试验指南[M]. 孙瑛,等,译. 北京：中国建筑工业出版社,2011.
[23] 葛耀君. 大跨度悬索桥抗风[M]. 北京：人民交通出版社. 2011.
[24] 郭隆德,等. 风洞非接触测量技术[M]. 北京：国防工业出版社,2013.
[25] 喻梅,廖海黎,李明水,等. 大跨度桥梁斜风作用下抖振响应现场实测及风洞试验研究[J]. 试验流体力学,2013,27(3): 51-55.
[26] 武岳,孙瑛,郑朝荣,等. 风工程与结构抗风设计[M]. 哈尔滨：哈尔滨工业大学出版社,2014.
[27] 谢理文. 大跨度人行悬索桥抗风稳定性研究[D]. 长沙：湖南大学,2014.
[28] 李周复,等. 风洞试验手册[M]. 北京：航空工业出版社,2015.
[29] 彭运动,罗强,孟凡超,等. 贵州坝陵河大桥建设关键技术[M]. 北京：人民交通出版社股份有限公司,2015.
[30] 王思涛. 典型桥梁主梁断面气动特性风洞试验研究[D]. 大连：大连理工大学,2015.
[31] 葛耀君,陈政清,李惠,等. 大跨桥梁的风致灾变[M]. 北京：科学出版社,2016.